$A^t V$

SOMA MORGENSTERN wurde 1890 in einem ostgalizischen Dorf bei Tarnopol geboren und wuchs in orthodox-jüdischer Tradition auf. Nach dem Besuch des Gymnasiums studierte er mit Unterbrechung durch den Kriegsdienst an der Ostfront von 1912 bis 1921 Jura in Wien. 1927 wurde er Kulturkorrespondent bei der »Frankfurter Zeitung«. Seiner jüdischen Herkunft wegen verlor er 1934 diese Stellung. Am Tage des »Anschlusses« Österreichs an Deutschland flüchtete er nach Frankreich. Nach mehreren Internierungen gelang es ihm 1941, über Marseille, Casablanca und Lissabon nach New York zu entkommen. 1946 erhielt er die amerikanische Staatsbürgerschaft. Von der Öffentlichkeit kaum beachtet, starb er 1976 in New York.

Soma Morgenstern schrieb zeitlebens in deutscher Sprache: Erinnerungen, Dramen, Feuilletons und vor allem Romane. Von der Romantrilogie »Funken im Abgrund« erschien der erste Band »Der Sohn des verlorenen Sohnes« noch Ende 1935 im Berliner Verlag Erich Reiss, mit Band 2 (»Idyll im Exil«) und Band 3 (»Das Vermächtnis des verlorenen Sohnes«) kam die Trilogie erstmals, in amerikanischer Übersetzung, von 1946 bis 1950 in den USA heraus. Ebenfalls in amerikanischer Übersetzung erschien 1955 »Die Blutsäule. Zeichen und Wunder am Sereth« (deutsch 1964 in Wien, hebräische Übersetzung 1976). Als Erstveröffentlichungen erschienen innerhalb der Edition »Soma Morgenstern: Werke in Einzelbänden« im zu Klampen Verlag, Lüneburg: »Joseph Roths Flucht und Ende. Erinnerungen« (1994), »Alban Berg und seine Idole. Erinnerungen und Briefe« (1995), »In einer anderen Zeit. Jugendjahre in Ostgalizien« (1995), »Flucht in Frankreich. Ein Romanbericht« (1998).

Im Aufbau Taschenbuch Verlag liegt vor: »Joseph Roths Flucht und Ende. Erinnerungen«.

»Morgensterns authentische Zeitgenossenschaft, seine wache Beobachtungsgabe und sein geschliffener Stil machen dieses ›Gruppenbild mit Alban Berg‹ zu einem fesselnden, bewegenden, auch menschlich aufwühlenden Dokument. Mit der Klage und Anklage im Zusammenhang des Bergschen Todes legt es zugleich Spuren zu einer Tragödie, deren Rätsel niemals ganz zu ergründen sein werden.«

FRANKFURTER RUNDSCHAU

»Gleichzeitig … verfolgen wir in dem Buch Soma Morgensterns eigene Lebensspuren. In knappen Zügen, ohne jegliche Wehleidigkeit, vergegenwärtigt der Autor Atmosphäre und Bedrohung des damaligen Alltags, der auch seinem Freund Alban Berg zusetzte …«

NEUE ZÜRCHER ZEITUNG

Soma Morgenstern

Alban Berg und seine Idole

Erinnerungen und Briefe

Herausgegeben
und mit einem Nachwort
von Ingolf Schulte

Aufbau Taschenbuch Verlag

ISBN 3-7466-1455-4

1. Auflage 1999
Aufbau Taschenbuch Verlag GmbH, Berlin
© Dietrich zu Klampen Verlag GbR, Lüneburg
Einbandgestaltung Torsten Lemme unter Verwendung einer
Porträtaufnahme von Alban Berg, Ullstein Bilderdienst
Druck Clausen & Bosse, Leck
Printed in Germany

Inhalt

Erklärung

Dies ist kein Buch der Erinnerungen an Alban Berg. Es ist eine Reihe von lose zusammenhängenden Kapiteln, meiner Autobiographie entnommen, in denen von Alban Berg die Rede ist. Die einzelnen Stücke sind nicht genau chronologisch eingerichtet. Sie sind als ein Rahmen anzusehen für das Selbstbildnis, das der Komponist und teure Freund in seinen Briefen an mich so gut entworfen hat, daß es seinen bereits tätigen und gewiß noch kommenden Biographen nicht leicht fallen sollte, es zu übertreffen oder gar zu entstellen.

Meine Autobiographie sollte den Titel haben: Ein Leben mit Freunden. Ich war noch nicht so alt, als ich sie begonnen habe. Nach dem ersten Entwurf, der mich eine lange Zeit und nicht wenig Überwindung kostete, gab ich den Plan auf, als ich mit Bestürzung sah, daß ich zwar die Wahrheit, aber nicht die ganze Wahrheit aufgeschrieben hatte. Nach längerem Nachdenken kam ich dieser Verfehlung auf den Grund: Ich hatte, ohne es mir gesagt zu haben, an eine Veröffentlichung gedacht.

Mehrere Jahre vergingen, und ich habe weder eine Ergänzung noch eine Verbesserung gesucht. Eines Tages blätterte ich in dem großen Buch des großen Marcel Proust. Ich wollte die Stelle finden, wo die lange, gehässige Tirade des Baron Charlus gegen die Juden steht, die gar so eifrig sich zu den christlichen Passionsspielen drängen.[1] Ich verirrte mich aber an eine andere Stelle im Buch, wo Proust vom Fortleben nach dem Tode spricht. Er behauptet, daß man vom Jenseits gar viel redet, aber im Grunde nicht ernstlich daran glaubt. Wenn einer stirbt, sagt Proust, fängt man bald an, von ihm so zu reden, wie man es nicht wagen würde, wenn man glaubte, daß man ihm noch einmal begegnen könnte.[2]

Daraufhin untersuchte ich den Entwurf meiner Autobiographie, oder was von ihr schon da war, und fand die Stellen, wo von Alban Berg die Rede ist. Wie angenehm berührt war ich da, als ich merkte,

---

1 Marcel Proust, *À la recherche du temps perdu*. Édition établie et présentée par Pierre Clarac et André Ferré, Paris: Gallimard, 1954, Bd. II, S. 1105 (*Auf der Suche nach der verlorenen Zeit.* Übersetzt von Eva Rechel-Mertens, Frankfurt a. M. 1967, Bd. II, S. 2726 f.).

2 A.a.O., Bd. III, S. 617 (*Auf der Suche nach der verlorenen Zeit*, a.a.O., Bd. III, S. 3595).

daß alles, was ich über ihn aufgeschrieben hatte, weder mich noch ihn in Verlegenheit bringen würde, wenn ich ihm auf einem anderen Planeten begegnete, und wir noch beide in der Laune wären, es zu lesen. Daraufhin beschloß ich, diese Kapitel als einen Rahmen für seine Briefe zu veröffentlichen.

Der unfreundliche Leser wird gewiß bemerken, daß in diesem Buch, wo von Alban Berg die Rede sein soll, der Verfasser selber nicht gar so selten zu Worte kommt. Der freundliche Leser wird sich sagen, daß viele Bilder – und gerade die kostbaren – meistens massive Rahmen haben. Und er wundert sich nicht. Dem unfreundlichen Leser sei es noch einmal gesagt: diese Aufzeichnungen sind Teile einer Autobiographie. Und wo gab es je eine Autobiographie, deren erste Tugend zurückhaltende Bescheidenheit war!

Schon kurz nach dem Beginn unserer Freundschaft sah ich ein, daß Albans Lebensproblem das Verhältnis zu seinem Lehrer und Freund, Arnold Schoenberg, war. Da ich erst nach zwei Jahren den Meister persönlich kennengelernt habe, fiel es mir nicht schwer, Albans Personenkult indirekt zu schwächen, ohne in den Verdacht zu geraten, daß es mir an Bewunderung für Schoenberg fehlte. Ich habe schon damals nicht zu jenen Kunstbeflissenen gehört, denen die Kunst ein Ersatz für Religion ist. Ich versuchte, Alban wenigstens den Glauben an die Heiligkeit der Künstler zu demolieren. Daher so manche meiner nonchalanten Äußerungen über einige ›Genies‹ auf verschiedenen Gebieten, zum Beispiel über Wagner. Natürlich kam es oft zu scharfen Debatten. Am bittersten waren die über Karl Kraus. Aber nicht ohne Erfolg. Völlig erfolglos die über Wagner. Meine Invektiven über Bach duldete er als Jugendsünden, was sie zum Teil auch waren.

Noch eine Bemerkung, pro domo: Die Kapitel, die ich hiermit der Öffentlichkeit übergebe, sind formal nicht angeglichen. Sie sind in verschiedenen Situationen und in verschiedenen Jahren entstanden, manche notiert und aufgeschrieben, manche nur diktiert.

Im Trauerhaus

Er war edel mit dem Adel einer neuen Zeit, die Peter Altenberg, ihr großer Seher, verkündete: mit dem Adel der Natürlichkeit.

Zur Natur hatte er tiefste Beziehung. Sie leuchtete ihm nur selten lieblich. Erschauend ihre Abgründe, erhorchend ihre Dämonien, verklärte er sie nicht: er erleuchtete sie mit dem Lichte seines Geistes, er er-klärte sie mit dem Lichte seiner Töne. So ist seine Landschaft mit der Gustav Mahlers eng und streng verwandt.

Der großen Überlieferung der Musik, der Tradition der reinen Formen, den großen Formatoren der Musik war er ein gläubiger Hüter und Bewahrer wie sein Lehrer und Freund Arnold Schönberg. Beide, der bahnbrechende und der jüngere Meister, Neu-Töner, Re-Formatoren, denen nur der teils böse, teils bloß finstere Mißverstand mit dem Anathema »Atonal!« zu begegnen sich erdreisten durfte.

Er hatte zarte, feine, nervige Hände, schöpferische Hände, mit denen man die feinsten Dinge ganz genau, ganz ohne Schnörkel, ganz rein machen kann. Adolf Loos liebte ihn.

Im Leben der gütigste, konzilianteste Mann, liebte er in der Kunst: das Kämpferische, das Strenge, das Kompromißlose, das Unerbittliche. Das geistreich-spielerische, das treffende, reinigende, richtende, schlagende Wort war ihm höchste Geisteslust. Karl Kraus verehrte er geradezu fanatisch.

In wohldurchdachter Ehrerbietung sind hier fünf große Namen genannt. Es geschieht durchaus im Sinne des toten Freundes: rein als sein Vermächtnis stehen sie da. Diese fünf Namen, sie waren die Sterne seiner Welt, seine Leitsterne, und er verlegte sie nicht in einen fernen Himmel, sie waren seine Hausgötter und er lebte in ihrer Nähe, bescheiden genug, um nicht einmal gewahr zu werden, wie er unter diesen Sternen ein Stern gleichen Lichtes war.

Soma Morgenstern

Dieser Nachruf für Alban Berg wurde veröffentlicht in: 23. Eine Wiener Musikzeitschrift, Nr. 24/25: »Alban Berg zum Gedenken«, 1. Februar 1936, S. 16.

Die Erinnerungen

Erster Teil

Arnold Schoenberg : Alban Berg = 500 : 50?

1

Im Frühjahr 1948 gab es im Monat Mai ein paar schwüle Julitage. An solchen Tagen grüßten sich die Einwohner von New York meistens mit den Trostworten: »Es ist die Hitze«, worauf der andere ebenso ironisch: »Es ist die Feuchtigkeit.« Ferruccio Busoni hat für die Plage dieses Wetters die treffende Formel gefunden. Er schrieb an seine Frau nach Schweden: Es ist wie eine Hautkrankheit. Ich weiß nicht, welche Hautkrankheit Busoni gemeint hat, aber ich vermute, er dachte an Krätze, eine Krankheit, die ich mir einmal in der Großen Kriegszeit zugezogen habe. Obwohl darüber schon viele Jahrzehnte vergangen sind, fühle ich noch heute, wie es damals war: man wünscht mit allem Fleisch und allen Knochen aus der Haut zu fahren!

An einem solchen Tage erhielt ich von dem Telephonfräulein in meinem Hotel die Auskunft: die Redaktion des *Time*-Magazine habe angerufen, eine Dame des Redaktionsstabs, die mich dringend interviewen möchte. Das sonst recht phlegmatische Fräulein war so eifrig bei der Sache, daß sie der *Time*-Dame versprochen hatte, sie unverzüglich zu verständigen, sobald sie mich mit der so wichtigen Bestellung erreicht haben würde. Ich nahm den Telephonzettel und ging langsam zum Fahrstuhl, kurz entschlossen, eine kühlere Witterung geduldig abzuwarten. Es kam aber anders. Noch hatte ich die Tür meines Zimmers nicht völlig aufgeschlossen, als ich das drängende Geläute des Telephons vernahm. Schon war sie da, die *Time*-Dame. Sie hatte eine angenehme Stimme und tat nicht so, als wüßte sie genau, wer ich sei und was ich treibe in New York, wie das ein Interview erwartende Journalisten meistens vorgeben. Sie sagte mir folgendes: *Time,* das heißt in diesem Falle die Musikabteilung des Magazins, habe beschlossen, daß es nun an der Zeit sei, einen erschöpfenden Artikel über den Wiener Komponisten Alban Berg zu bringen. Als Leiterin des Musik-Departments habe sie mit der vorbereitenden Arbeit begonnen und mit einigen in New York lebenden Wiener Musikern und Freunden Alban Bergs gesprochen. Fast alle hätten ihr ge-

13

raten, sich vorerst an mich zu wenden, den nächsten und intimsten Freund Alban Bergs.

Zur Kontrolle erkundigte ich mich nach den Namen der Freunde, mit denen sie bereits gesprochen hatte. Sie nannte mir einige, die sich hier als Schüler von Alban ausgaben, was mich in meiner Absicht bestärkte, das Interview auf eine kühlere Witterung zu verschieben. Als sie mir aber auch den Namen meines lieben Freundes Edward Steuermann[1] nannte und sagte, er sei der erste gewesen, der ihr geraten habe, sich an mich zu wenden, verabredete ich mit ihr eine Zusammenkunft für den nächsten frühen Nachmittag.

Die Dame war pünktlich zur verabredeten Stunde im Hotel, und in unserer kurzen Bekanntschaft hat sie mir auch sonst einige Überraschungen bereitet. Wenn ich eine von jenen smarten Journalistinnen erwartet hatte, die vom Kopf zum Gürtel mit allen Wassern gewaschen, allen Salben geschmiert, und vom Gürtel zur Sohle recht luftgekühlt erscheinen, so war das mein bedauerlicher Irrtum. Sie war tatsächlich eine Dame. Nicht mehr sehr jung, von schlankem Ebenmaß der Gestalt, mit gutem Geschmack gekleidet, von jener natürlichen Freundlichkeit, die nur schönen Frauen eigen ist, die keinen Grund haben, mit ihrer Erscheinung Unfug zu treiben, hat sie es fertiggebracht, vom Fleck weg alles Mißtrauen zu verscheuchen, das schon das Wort ›Interview‹ in mir wachrufen kann. Ich erklärte mich also bereit, ihr die Arbeit nach Tunlichkeit zu erleichtern, unter nur einer Bedingung: daß ich den Bürstenabzug des Artikels, der in ihrem Magazin gedruckt werden sollte, rechtzeitig zur Einsicht bekomme. Ich sagte ihr: »Ich war ein Jahrzehnt lang Journalist, wenn auch meistens als Kritiker bloß, und ich schrieb fast diese ganze Zeit für *eine* Zeitung, die so wenig von Interviews hielt, daß sie allen ihren Mitarbeitern als erstes Gebot einschärfte: »Keine Interviews – und gelänge es Ihnen, den Kaiser von China persönlich zu interviewen«.

---

1 Der Pianist und Komponist Eduard Steuermann (1892-1964), ein wichtiger Vermittler neuer Musik, war einer der frühesten Freunde Morgensterns. Von den ›Schoenbergianern‹ stand ihm – nach Alban Berg – Steuermann, den er für den Gebildetsten unter ihnen hielt, am nächsten. Im amerikanischen Exil änderte Steuermann seinen Vornamen in *Edward*. Morgenstern nennt ihn in seinen Erinnerungen stets so. Daran hat sich der Herausgeber gehalten; selbstverständlich blieb die ursprüngliche Namensform gewahrt, wo sie in Zitaten erscheint, desgleichen, um einen Anachronismus zu vermeiden, in Gesprächen der Zeit vor dem Exil, sofern sie von Morgenstern in direkter Rede wiedergegeben sind. Analog wurde im Falle Arnold Schönbergs (1874-1951) verfahren, der seinem Namen in Amerika die Schreibung *Schoenberg* gegeben hat, welche Morgenstern allerdings nicht durchgängig einhält.

Sie verstand und versprach, mir den Artikel vor Abdruck zu zeigen und meine Einwände zu berücksichtigen. Die Unterredung dauerte fast drei Stunden. Und sie schrieb, indes ich redete, alles in Kurzschrift auf. Zum Schluß sagte sie in Staunen, und auch in Trauer: »My God, Sie haben Material für ein ganzes Buch. Warum schreiben Sie es nicht?« Ja, warum schrieb ich es nicht? Das Erinnerungsbuch, schon vor einem Jahrzehnt, ja schon vor 20 Jahren geplant? Der Leser, der mit den vorangegangenen Teilen meiner Erinnerungen bekannt ist, wird schon die Antwort auf diese Frage kennen.[1]

Sagte ich eben, das Interview habe drei Stunden gedauert? Die Dauer stimmt. Aber nach der ersten Viertelstunde war es kaum noch ein Interview, sondern eher ein offenes Gespräch, das nach Ablauf der ersten Halbzeit zu einem Monolog ausartete. Gleich zu Beginn nämlich fiel es mir nicht schwer, dahinterzukommen, was eigentlich das Interesse der Wochenschrift an einem ihr gewiß nicht gar zu nah am Herzen liegenden Musiker so plötzlich erweckt hatte. *Time* wollte dies und jenes, ja, womöglich alles Interessante über Alban Berg wissen. Aber all ihre Wißbegierde nährte sich von dem einen Motiv: einen oder gar mehrere authentische Zeugen für die geplante Sensation zu finden, daß Alban Berg, der »Twelve Toner«, der so berühmt gewordene Schüler von Arnold Schoenberg, in den letzten Jahren seines Lebens von seinem Meister abgefallen wäre. Die Zeitschrift mutete mir ein solches Zeugnis nicht gerade zu. Sie dürfte es mir, durchaus bona fide, zugetraut haben. Denn wer könnte mehr daran interessiert sein, für Alban Berg eine so große sensationelle Reklame umlaufen zu lassen, als seine besten Freunde – und wäre es selbst auf Kosten von Arnold Schoenberg?

Die Gerüchte von Bergs Abfall von der Schoenberg-Schule waren nicht auf amerikanischem Boden gewachsen, sondern selbstverständlich auf dem Misthaufen eines rassenmörderischen Europas. Leider sind sie offenbar nach dem Krieg immer wieder kolportiert worden, um als aufgewärmte Sensation in die Neue Welt eingeschmuggelt zu werden.

---

1 Morgenstern spielt hier auf das Exil an, in das auch er, gut zwei Jahre nach Alban Bergs Tod, beim »Anschluß« Österreichs an Hitlerdeutschland gezwungen wurde. Seine Erinnerungen an diese schwierige Zeit in Frankreich hat er niedergelegt in dem Buch *Joseph Roths Flucht und Ende. Erinnerungen*, Lüneburg 1994, sowie in seinem Romanbericht *Flucht in Frankreich*, Lüneburg 1998.

15

Es ist mir leicht gelungen, das berufliche – und also nach unmenschlichem Ermessen berechtigte – Interesse an einer Sensation auf das menschliche Interesse einer liebenswürdigen Dame an der Wahrheit abzulenken. Wie ich das gemacht habe? Ganz einfach: ich habe in meinem auch heute noch nicht sehr fließenden Englisch erzählt, wer Alban Berg als Mensch, als Künstler, als Freund gewesen ist, wie liebenswert sein Wesen, wie lauter sein Charakter, wie schön anzuschauen der Mann, wie Gott und allen Menschen gefällig. Und – last not least – wie treu in Liebe und Bewunderung ein ergebener Schüler und Freund von Arnold Schoenberg.

Mit wiederholten Worten des Danks und wiederholtem Versprechen, mir den Bürstenabzug des bald zu erwartenden Artikels rechtzeitig zu schicken, mit einer Mappe voll Aufzeichnungen verließ mich in guter Stimmung die sehr sympathische Frau.

Den versprochenen Bürstenabzug hat sie mir nicht geschickt. Dennoch kann ich nicht behaupten, daß sie ihr Wort nicht gehalten hat. Ich habe sie nicht wiedergesehen. Aber sie rief mich noch einmal an, um mir folgendes mitzuteilen: Die Musikabteilung der Zeitschrift hat sich die Sache überlegt... Sie wird den längst fällig gewesenen großen Artikel über Alban Berg nicht bringen... Aber aufgeschoben heißt nicht aufgehoben. Eines Tages wird man das Material, das sie bei mir eingesammelt hat, zu einer Würdigung des Komponisten Alban Berg verwerten... Diesmal wird man bloß eine kurze Mitteilung bringen mit einem Bild Bergs, darunter eine »caption«, die mir gewiß gefallen wird, weil sie wahr ist... – Sie las mir die ganze Notiz vor. Ich hatte keinen Einwand. Umsoweniger, als sie nur ein wörtliches Zitat von mir brachte, das richtig war, und mich bloß als »friend« ohne Namensnennung erwähnte. Die »caption«: »For Schoenberg« habe ich, wie die Dame mir voraussagte, mit Genugtuung gelesen.

Die Erfahrung, daß eine so rührige Zeitschrift nur Platz gehabt hätte für einen Artikel über Alban Berg, wenn sie ihren Lesern die Sensation hätte liefern können, daß er ein Verräter an seinem Meister und Freund geworden war, bedeutete für mich keine zu tiefe Bestürzung. Was von gar rührigen Zeitungen zu wissen ist, habe ich schon in Europa gewußt, gelernt namentlich schon in Wien, und das so gründlich, daß mir in USA nichts zu lernen übriggeblieben ist. Wie es ja hier kaum ein wesentliches Übel gibt, das nicht europäischen Ur-

16

sprungs wäre. Das aber wird eine gewisse Sorte von Emigranten nie daran hindern, immer wieder – und mir *ad nauseam* – den ausgeleierten Schlager zu singen: von der ach so tiefen Kultur und dem ach so edlen Geschmack Europas einerseits, und von dem groben Materialismus und dem so schlechten Geschmack Amerikas andrerseits. Im Jahre 1948 hat Schoenberg noch in Kalifornien gelebt, und ich denke heute, daß ich ihm meine Erfahrung mit dem *Time*-Artikel hätte mitteilen sollen. Damals wollte ich den verehrten alten Mann damit nicht in seiner Arbeit stören.

Im Jahre 1948 hatte ich endlich eine über Jahre andauernde Schreiblähmung überwunden und an dem Buch zu schreiben begonnen, dem ich vorläufig den Titel *Zeichen und Wunder am Sereth* gegeben hatte.[1] Noch hatte ich den ersten Entwurf nicht zu Ende gebracht, als mich die Begegnung mit der *Time*-Dame durchaus nicht unliebsam unterbrach. Ich ging sogleich an meine Arbeit zurück, als sei nichts geschehen. Aber das war mein Irrtum. Es war etwas geschehen, und es kostete mich eine Reihe von unfruchtbaren Tagen, bis ich darauf kam, was geschehen war, und wie es geschehen. Nachdem ich die Notiz über Alban gelesen, das liebe Gesicht des toten Freundes, das Photo mit der mir vertrauten Krawatte (ich erinnerte mich, wer sie ihm geschenkt hatte) gesehen, überfiel mich plötzlich mit einem scharfen Schmerz der Gedanke: ich hatte doch einmal einen Brief von Alban, in dem er mit unübertroffener Entschiedenheit und der ihm eigenen Noblesse sein Verhältnis zu Schoenberg ausgedrückt hat. Ich erinnere mich nicht mehr, zu welchem Anlaß, aber ich sehe noch den Brief. Er war mit der Maschine geschrieben. Alban hatte sich mit den ersten Tantiemen von *Wozzeck* gleichzeitig ein Sportskabriolet und eine Schreibmaschine angeschafft. Er war schon immer ein fleißiger Briefschreiber, aber die Briefe wurden jetzt länger. Er war sehr stolz auf beide Anschaffungen, und ich nannte ihn oft »der mechanisierte Alban«. Vielleicht weil er mit der Maschine geschrie-

---

1 Soma Morgenstern, *Die Blutsäule. Zeichen und Wunder am Sereth*, Lüneburg 1997. Zuerst erschien das Buch in amerikanischer Übersetzung unter dem Titel *The Third Pillar*, translated from the German by Ludwig Lewisohn, Philadelphia: The Jewish Publication Society of America; Copyright by Farrar, Straus & Cudahy, New York, 1955/5715. Eine deutschsprachige Ausgabe erschien fast ein Jahrzehnt später, 1964, im Hans Deutsch Verlag in Wien. Eine Hörspielfassung von Heinz von Cramer sendeten unter dessen Regie der Südwestfunk Baden-Baden und der Norddeutsche Rundfunk 1963 und 1965. In Israel erschien das Buch in hebräischer Übersetzung unter dem Titel עמוד הדמים (*Amud Hadamim*), übersetzt von Manfred Winkler, Tel Aviv: Mossad Abraham Joshua Heschel, 1976.

17

ben war, konnte ich den letzten Satz noch erinnern. Wie wichtig wäre es, diesen Satz den Gerüchtemachern vorzuhalten. Wie schade, daß ich ihn der *Time*-Dame nicht zitieren konnte. Es ist mir gelungen, die Frau, weil sie guten Willens war, zu überzeugen, daß die Gerüchte falsch waren. Aber wie, wenn sie mir nicht geglaubt hätte?

Wo war der Brief? Verloren. Verloren mit all seinen anderen Briefen. Es waren mehr als sechzig. Nicht viel für eine innige Freundschaft von zwölf Jahren, aber überraschend viele, wenn ich bedenke, daß wir für ein Jahrzehnt sehr nahe Nachbarn waren, Gasse zu Gasse und einmal sogar in derselben Straße gewohnt haben, und demzufolge auf Briefe nicht angewiesen. Wir schrieben uns nur, wenn wir beide in Ferien oder einer von uns auf Reisen war. Ich wette, Alban hatte keine sechzig von mir. Er war der fleißigere Briefschreiber. Und alle sind verlorengegangen. Wie die Briefe, sehr viele, von Joseph Roth; wie die wenigen, aber mir sehr wichtigen, von Robert Musil und anderen Freunden. Aber ich gäbe viele für den einen, jenen einzigen von Alban, den ich jetzt so gut brauchen könnte. Gegen die echten Verehrer, die falschen Zeugen, die nicht einmal merken, wie sie ihn verraten, wenn sie ihn als Verräter von Schoenberg ausrufen.

Allein das menschliche Gedächtnis ist nicht völlig ein Computer. Das Wort »verloren« brach andere Schichten auf. Verlorene Briefe, verlorene Freunde, verlorene Welt. Bruder verloren in Dachau, Schwester verloren in Birkenau, Mutter verloren in Theresienstadt. Sechs Millionen verloren. Man hat so viel verloren, so viel Blut, daß man vergessen hat, was noch sonst verlorenging. Ich hatte Alban nicht vergessen. Aber daß ich so viele Briefe von ihm hatte, daran hatte ich in Jahren nicht gedacht. Erst jetzt, wo ich sein Zeuge sein sollte, kamen mir die Briefe in Erinnerung, die seine besten Zeugen wären, wenn ich sie noch zur Hand hätte, die vielen Briefe, meistens in gelben Umschlägen, die gesammelt und nach seinem Tode von meiner Frau gut aufgehoben worden waren.

Wo sind sie verlorengegangen? In Wien? Habe ich sie im Jahre 1938 nach Paris und hernach ins Konzentrationslager in Montargis oder 1940 in das Konzentrationslager in der Bretagne mitgenommen? Habe ich sie noch in Marokko 1941 gehabt? Vielleicht aber blieben

18

sie in meinem Koffer, den ich bei der braven Madame Alazard im Hôtel de la Poste zurückgelassen habe.[1]

Im Jahre 1948 war meine Frau schon hier in New York; sie konnte sich aber nicht erinnern, ob sie mir die Alban-Briefe mitgepackt hatte, als ich von Wien noch rechtzeitig flüchten konnte. Sie erinnerte sich aber ganz deutlich, daß die Briefe, in zwei Päckchen gesondert, mit einem blauen Bändchen umbunden und in einem Holzkistchen aufbewahrt gewesen waren.

2

Im Jahre 1950 reiste ich über London, Paris, Bayern, Wien, Zürich und Marseille nach Israel. In allen Städten habe ich damals noch Freunde vorgefunden. In Bayern blieb ich einen ganzen Monat bei meiner Schwiegermutter auf ihrem Landgut. Hier haben Alban und Helene Berg im Jahre 1925 bei meiner Schwiegermutter einen Sommer verbracht.[2] Aber, obgleich einer seiner Vorfahren aus Bayern stammte, liebte Alban hier weder Land noch Leute. Er machte sich sogar den Spaß, einige Dörfer der Umgebung umzunennen. Ein Dorf, das Ecking heißt, nannte er Drecking, ein anderes, das mir gut gefiel, Pietzing, nannte er Pfützing, und München, die Hauptstadt: die dümmste Stadt Deutschlands.

Auf dem Dachboden des alten Hauses lag noch, in vielen Kisten verpackt, ein großer Teil der Bibliothek meiner Schwiegermutter, wie sie sie vor ihrer Flucht nach Dänemark hinterlassen und nach ihrer Rückkehr noch immer nicht ausgepackt hatte. Dort war auch ein Teil

---

1 Während seiner Pariser Exilzeit wohnte Morgenstern in der Rue de Tournon nahe dem Jardin de Luxembourg, in dem kleinen Hôtel de la Poste, zu dem das Café Tournon gehörte. Hotel und Café wurden von Madame Germaine Alazard und ihrem Mann geführt. Von April 1938 bis zu seiner Verhaftung und zweiten Internierung im Mai 1940 wohnte Morgenstern hier, anfangs zusammen mit dem Freund Joseph Roth, der bis zu seinem Tode von Madame Alazard hingebungsvoll umsorgt wurde. (Siehe Morgenstern, *Joseph Roths Flucht und Ende*, a.a.O.)
2 Morgenstern verehrte seine für die Künste aufgeschlossene Schwiegermutter sehr. Annemarie von Klenau, geb. Simon (1878-1977) war eine Enkelin Leopold Sonnemanns, des Gründers der *Frankfurter Zeitung*, und die Schwester Heinrich Simons, der bis zu seinem durch die Nazis erzwungenen Rücktritt 1934 der Herausgeber war. Bis zur Scheidung 1926 war Annemarie von Klenau mit dem dänischen Komponisten und Kapellmeister Paul August von Klenau (1883-1946) verheiratet. Ihre Tochter Ingeborg und Morgenstern heirateten im September 1928. Auf dem Klenauschen Gut Keilhof im oberbayerischen Beuerberg am Simssee verbrachten die beiden bis 1933 oft ihre Ferien. Alban und Helene Berg waren hier im Juni 1925 zu Gast.

unserer Bücher, die meine Frau vor ihrer Flucht aus Wien in das Haus ihrer Mutter hatte expedieren lassen. Eines Abends erwähnte meine Schwiegermutter, daß im Nachlaß ihrer Mutter die Handschrift eines Gedichts von Matthias Claudius sich befinde, die sie mir zum Geschenk machen wolle. – Ich hasse Dachböden, ich hasse verpackte Kisten, und – offengestanden – habe ich kein großes Interesse für Handschriften. In jungen Jahren wußte ich nicht, warum dem so sei, aber ich haßte alles, was an Staub auch nur im entferntesten gemahnte. Meine Nase witterte das geringste Quentchen Staub in einem Zimmer, und schon in jungen Jahren, in meiner Studienzeit, litt ich an allen Symptomen einer Erkältung, wenn ich ein paar Stunden in einer Bibliothek verbracht hatte. Dank Professor Pirquet weiß man heutzutage, daß dies keine Einbildung, keine Übertreibung, sondern das ist, was er Allergie genannt hat, ein schöner Name für ein sonderbares Gebrechen, ohne das ich vielleicht – ein schrecklicher Gedanke! – am Ende ein Bücherwurm geworden wäre.

Hätte meine Schwiegermutter mir die Handschrift eines Gedichts von Schiller, ja – ich versündige mich – selbst von Goethe versprochen, ich hätte keine Hand an eine verstaubte Kiste gelegt, dessen bin ich gewiß. Aber eine Handschrift von Claudius! Eine heilige Handschrift des heiligen Matthias! Es gibt in der deutschen Literatur nur noch zwei Männer, in deren Namen ich einen Dachboden besteigen und in den Bücherstaub einer Kiste die Nase stecken würde: Johann Peter Hebel und Heinrich Heine. In Ehrfurcht vor Matthias Claudius tat ich es ein paar Vormittage stundenlang. Aber ich habe dennoch nicht alle Kisten durchsucht. Denn schon in die vierte habe ich so viel hineingeniest, daß ich das weitere Suchen mir versagen mußte. Ich fand aber bei dieser Gelegenheit eine Kiste, die nicht meiner Schwiegermutter gehörte, sondern das Eigentum meiner Frau sein konnte, und ich beschloß, die Ankunft meiner Frau abzuwarten und ihr das weitere Suchen nach der heiligen Handschrift (wie vielleicht auch nach den Alban-Briefen) zuzumuten.

Meine Frau hat länger gesucht als ich. Die Claudius-Handschrift hat sie nie gefunden. Während des Krieges haben hier »Arier« gehaust. Und »geerbt«. Hingegen fand sie in der Kiste, die ich in Verdacht hatte, uns zu gehören, eine Holzschachtel, und in dieser Holzschachtel ein kleines, in Papier sauber gewickeltes, mit blauem, schmalem Bändchen verschnürtes Päckchen. Mein Herz ging fühlbar schneller, als ich die blaue Schleife entband und das Paket öffnete. Es waren Briefe in zartgelben Umschlägen, die Alban meistens benutzte. Aber noch ehe das Auge sich an der wohlbekannten Farbe erfreuen konnte, hatte bereits das Herz an den ihm vertrauten Zügen der Handschrift sich entzückt. »Albans Briefe«, sagte Inge.

Nicht alle, leider, aber gut die Hälfte, und alle in unversehrtem Zustand und, selbst die mit Bleistift und in Eile hingekritzelten, alle recht gut lesbar. In dem Paket war ein Brief von besonderem Gewicht und ungewohnter Form: er war nicht in Hand-, sondern in Maschinenschrift. Ohne ihn zu öffnen, wußte ich gleich die Zeit, die Umstände, da er geschrieben war. Es war das Jahr, da Alban maschinensüchtig geworden war. Von Alban und Helene als Autobesitzer (und von ihren Chauffeurkünsten) werde ich vielleicht einmal in der Laune sein, noch zu erzählen. An der Schreibmaschine hatte Alban eine närrische Freude. Mit kindlichem Entzücken erzählte er, was für Kunststücke diese Maschine fertigbrachte. Daß sie in zwei Farben schreiben konnte, machte ihm so viel Spaß, daß er besonders lange Briefe zu schreiben begann und die Stellen, die er hervorheben, betonen wollte, schrieb er in roter Farbe, deren die Maschine fähig war. Schnell entnahm ich dem mit der Schreibmaschine adressierten Umschlag den dicken Brief: In der rechten oberen Ecke das Datum, 6. 8. 29, links Trahütten in Steiermark, Post Deutsch-Landsberg, via Graz. Albans Sommeradresse, die »Asthma-Adresse«, wie wir sie beide nannten. Hier, in diesem Trahütten, pflegte er Jahr um Jahr an Asthmaanfällen zu leiden, was ihn nicht hinderte, Jahr um Jahr dort einen Teil seines Sommers zu verbringen. Bis er sich dessen bewußt geworden war, daß ihm seine materiellen Mittel bereits gestatteten, sich eine bessere und komfortablere Sommerfrische zu leisten.

In der Erregung des Wiedersehens durchflog ich hastig die ersten und in Ungeduld sogleich die letzten Zeilen des sehr langen Briefes und – Hosianna! – das war er! Das war der Brief, den ich nach der Unterredung mit der *Time*-Dame und Jahre hernach so schmerzlich vermißt hatte. Just die letzten Sätze dieses Briefes beziehen sich auf Arnold Schoenberg und sagen das aus, was ich zu zitieren so begierig war.

Ein Freund von Fußnoten (ich lese gern alle Fußnoten und habe schon öfter die Fußnoten interessanter und nicht selten auch wichtiger und von bleibenderem Wert gefunden als die Texte, zu deren Füßen sie bescheiden liegen) werde ich alles, was zum Verständnis dieses Briefes von Alban erforderlich ist, vorwegnehmen – und also meine Fußnoten zu Kopfnoten befördern.

In den zwanziger Jahren hat die sozialdemokratische Verwaltung der Stadt Wien alljährlich Preise für Literatur, Musik und bildende Künste verteilt. Vernünftigerweise hat man nicht mehrere Mitglieder der Jury ernannt, sondern alljährlich je einen einzelnen Preisrichter für jedes Kunstgebiet. Im Jahr 1929 war Alban Berg selbst in seiner Heimatstadt schon so weit anerkannt, daß der sozialdemokratische Bürgermeister einen radikalen Schoenbergianer zum Preisrichter für Musik ernannte. Es war das erste Mal, daß ein atonaler Komponist zum Preisrichter gemacht wurde. Alban nahm die Arbeit, die mit der Preisverteilung verbunden war, sehr ernst. Alle Freunde der Neuen Musik waren nun sicher, daß diesmal kein Protégé eines politischen Bonzen den Musikpreis der Stadt Wien bekommen sollte.

Mit der ihm eigenen Gewissenhaftigkeit prüfte Alban die eingereichten Manuskripte, ohne etwas annähernd Preiswürdiges zu finden. Nachdem er mit dem Studium des Materials fertig geworden war, rief er mich an und sagte mir, er habe zwar nicht »befürchtet«, ein Meisterwerk zu finden, aber das ganze Material sei geradezu deprimierend. Und er stellte mir die Frage: »Wenn du einmal das Pech haben wirst, zum Preisrichter ernannt zu werden, was wirst du in so einem Fall tun?« Darauf habe ich ihm geantwortet: »Ich werde das tun, was du eben getan hast, einfach sagen: ich habe nichts Preiswertes gefunden. Und keinen Preis empfehlen.« Wien wäre nicht Wien, wenn es sich nicht nur zu bald herumgesprochen hätte, daß Alban Berg nichts Rechtes gefunden habe.

Indessen hatte ich ein Zerwürfnis mit der *Frankfurter Zeitung* und mußte hinreisen.[1] Nach meiner Rückkehr erfuhr ich, daß einige Freunde Albans ihm zuredeten, den Preis doch zu erteilen, und zwar dem Verfasser und Komponisten einer Oper, die von dem Verlag er-

---

1 Über seinen damaligen Konflikt mit der Feuilletonredaktion der *Frankfurter Zeitung* berichtet Morgenstern in *Joseph Roths Flucht und Ende*, a.a.O., S. 72 ff.

worben wurde, der auch der Verlag der Schoenberg-Schule war. Die Gerüchte wollten auch wissen, daß ich Alban abgeraten habe, diesen Komponisten für den Preis vorzuschlagen. Das war mir nicht gerade angenehm. Erstens, weil mein Rat, von einer Verteilung des Preises abzusehen, zu einer Zeit gegeben war, da ich keine Ahnung davon hatte, daß irgend jemand in Frage komme. Zweitens, weil der Komponist dieser Oper nicht gerade ein Freund, aber doch ein guter Bekannter schon seit meiner Schulzeit war.

Das alles erfuhr ich von Alban selber nach meiner Rückkehr nach Wien. Als er mich bei dieser Gelegenheit nochmal gefragt hat, was ich in seinem Falle täte, gab ich ihm dieselbe Antwort, die ich ihm telephonisch gegeben hatte. Damit hatte es für mich, und wie sich dann herausstellte, auch für Alban, ein Ende. – Mir waren damals und sind noch heute Kunstpreise und alles, was damit zusammenhängt, odios. Ein Wiener Schriftsteller, der meinen Mangel an Interesse an Kunstpreisen und meinen Abscheu vor dem Getriebe um solche Preise teilte, sagte mir einmal: »Ich werde nie einen Preis annehmen. Warum? Ein Preis wird doch immer von einer Jury gegeben. Eine Jury besteht doch mindestens aus drei Richtern. Nun, mit einer Annahme des Preises gibt man doch zu, daß so eine Jury ein richtiges Urteil fällt. Das will ich aber nicht zugeben. Weil ich nie zugeben werde, daß es in Wien drei Männer gibt, die von Literatur wirklich was verstehen.« Ich habe also – man wird mir das glauben – die ganze Affaire nicht zu ernst genommen. Es war mir ganz gleichgültig, wer einen Preis bekommt. Was mir nicht gleichgültig war, ist, daß Alban Berg aus einem Wiener Getriebe um einen Musikpreis sauber herauskäme.

4

Nun: Zusätzliche Kopfnoten zu dem Brief:

Eine wohlmeinende Sängerin, die wenig Stimme, aber Geld genug hatte, bestellte bei Alban etwas zum Singen. So ist die Arie zu Baudelaire-Texten entstanden.[1] Ich habe ihm abgeraten, die bereits begon-

---

1 Die tschechische Sängerin Růžena Herlinger, die für den Schoenberg-Kreis einiges getan hat, bestellte bei Berg für 5000 Schillinge eine große Arie; daraufhin wählte Berg drei Gedichte aus

23

nene Arbeit an der *Lulu* deswegen zu unterbrechen, und die Bestellung erst nach den Ferien auszuführen. Aber er brauchte das Honorar, wie er mir vor meiner Abreise nach Frankfurt versicherte. Zwei Wochen später schrieb er mir einen dringenden Brief, in dem er mich bat, ihm eine unverständliche Stelle in einem Baudelaire-Gedicht auf Grund des Originals zu erklären.[1] Indessen war ich bereits über München nach Tirol abgereist und hatte im Zillertal meine alljährlichen Hochtouren begonnen. Der Brief erreichte mich erst drei Wochen später, als ich zu meiner Base: Mayrhofen, zurückkehrte. Nur ein passionierter Hochtourist wird verstehen, wie nicht sehr wichtig einem eine dunkle Stelle in einem Baudelaire-Gedicht vorkommt, wenn man sich in Mayrhofen befindet. Und wo nähme ich eine Originalausgabe der *Fleurs du Mal* in Mayrhofen her? Ich telegraphierte Alban, er möchte sich an Dr. Wiesengrund (später Adorno) in Frankfurt wenden.[2] Und setzte unbekümmert meine Hochtouren fort. Es war das schönste Wetter, als ich zum dritten Mal von der Graizer Hütte über den Schwarzenstein-Gletscher zur Berliner Hütte ging, nicht ahnend, welchen Kummer ich Alban bereitet hatte.

Im Jahre 1930 teilte der deutsche Musikkritiker Walter Schrenk meinem Freunde Karol Rathaus[3] in Berlin mit, daß die Nazipartei mich wegen eines Artikels in der *Frankfurter Zeitung* auf ihre Schwarze Liste gesetzt habe.[4] Das hat mir damals so wenig Eindruck

Baudelaires Zyklus *Le Vin* in Stefan Georges Übersetzung und komponierte im Sommer 1929 seine Konzertarie mit Orchester *Der Wein*.
1 Bergs ausgeprägter Sinn für die Literatur spricht nicht nur aus der Wahl der Texte, die er komponiert hat, sondern im Falle der Konzertarie ebenso aus der Tatsache, daß er die Baudelaire-Gedichte nicht nur in der Übersetzung, sondern auch im französischen Original vertont hat.
2 Morgenstern hatte den jungen Theodor Wiesengrund-Adorno (1903-1969) kennengelernt, nachdem dieser 1925 nach Wien gekommen war, um bei Berg Komposition zu studieren und bei Steuermann sich pianistisch zu vervollkommnen.
3 Der aus dem ostgalizischen Tarnopol stammende Komponist Karol Rathaus (1895-1954), einer der ältesten Freunde Morgensterns, lebte damals in Berlin. Hier war Walter Schrenk (1893-1932) Musikkritiker der *Deutschen Allgemeinen Zeitung*.
4 Es handelte sich um den Artikel *Worte fallen in den Herbst der Wahlen* (FZ 798, 25. Oktober 1930), worin Morgenstern sich über die braune Propaganda in Wien folgendermaßen geäußert hatte: »In der Inneren Stadt sah man vor ein paar Tagen die erste Hilfe der Nazis, die ja dem österreichischen Bruder eine ausgiebige Propagandahilfe bei den Wahlen versprochen hatten. [...] Vielleicht ist es aber bloß Selbsthilfe. Wir haben auch ein Häuflein Nazis. Zwei junge Burschen standen Propaganda und wandten ihre Adjustierung dem Korso zu. [...] Dem hübschen, noch jüngeren Jungen saß das Braunhemd wie eine Haut am Leibe. (Gibt es Braunhemden nach Maß?) Das große Hakenkreuz blühte ihm wie die Blume einer exotischen Krankheit am Arm. Als sei er für die Politik schwer geimpft worden, ein Pockenträger des Hitlerheils.« Von seiner Erfahrung mit der Schwarzen Liste berichtet Morgenstern ausführlicher in *Joseph Roths Flucht und Ende*, a.a.O., S. 120 f.

gemacht, daß ich es gleich völlig vergessen habe. Bis zu dem Jahr 1940. Da hat mich auf der Präfektur in Marseille ein französischer Polizeikommissar daran erinnert. Aber im Jahre 1929 hat mich ein Satz in dem Brief Albans, von dem hier die Rede ist, schon etwas gewundert, nämlich der Satz: »Vorerst: Heil, mein Lieber, zu der erfreulichsten Nachricht!« Daß Alban mich ernstlich und harmlos mit dem Wörtchen »Heil« begrüßte, hat mich leicht verdrossen, obwohl auch ich damals noch nicht geahnt habe, wie aus diesem nationalistisch mißbrauchten theatralischen Heldenruf in Verbindung mit dem Namen Hitler ein Weltgestank werden sollte. Sonst hätte ich wohl kaum die Warnung, die mein Freund Rathaus an mich weitergeleitet hatte, für so viele Jahre vergessen können. Kein Mensch weiß besser als ich, daß Alban Berg keine Reinwaschung von mir braucht. Aber wie es so gekommen ist, wurde mir erst sechs Jahre später völlig klar.

Im Jahre 1935 ist Alban Berg 50 Jahre alt geworden. Zu diesem Anlaß kam natürlich ein Gruß von seinem Meister und Freund Arnold Schoenberg. Der Gruß kam aus den Vereinigten Staaten. Die Form war damals ungewöhnlich. So ungewöhnlich, daß Alban in großer Erregung mich antelephonierte, sofort herüberzukommen. Natürlich war ich auf einen Brief von Arnold Schoenberg, der Alban in solche Aufregung versetzte, sehr neugierig. Ich beeilte mich, so gut ich konnte. Alban öffnete mir. In der Hand hielt er eine Grammophonplatte. Zuerst zeigte er mir, wie schön die Platte war, dann setzte er sie gleich auf. Und nun kam es: »Heil dir, Alban Berg!« Von der Westküste über die Vereinigten Staaten über den ganzen Atlantischen Ozean kam der Ruf von Held zu Held. Der Wagnerruf! Jetzt verstand ich's. (Die Schoenberg-Schule war durch und durch dem Wagnerkult ergeben. Mit einer einzigen Ausnahme: Edward Steuermann.)

Dreimal setzte Alban die Platte auf. Er konnte sich an dem Geburtstagsgeschenk nicht satthören. Schoenbergs Stimme! Mit knabenhaftem Entzücken folgte er jeder Biegung der Stimme, jedem so natürlich und ihn direkt ansprechenden Wort.[1] Als er die Platte zum vierten Mal aufsetzen wollte, sagte Helene: »Jetzt aber Schluß. Soma ist ja nicht so narrisch verliebt in Schönberg wie du!« Narrisch ver-

---

1 In seinem Dankesbrief schrieb Berg am 9. Februar 1935 an den seit Herbst 1933 im amerikanischen Exil lebenden Schoenberg: »Wie wir Deine geliebte traute Stimme vernahmen, brachen wir Beide: Helene u. ich in Tränen aus: es war so, als wärst Du nach langer, langer Trennung zu uns ins Zimmer getreten...« (nach Josef Rufer, *Dokumente einer Freundschaft*, in: Melos, Jg. 22, 1955, S. 45)

liebt, das war er in diesem Moment und ganz verjüngt in seiner Bewunderung. Was aber ist Bewunderung? Man sagt: Hohe Achtung plus Liebe. Es hätte mich keine Anstrengung gekostet, die Platte auch zum vierten Mal zu hören, wenn nicht das Wagner-Heil aus dem Munde Arnold Schoenbergs. Also hielt ich es diesmal mit Helene. Jetzt verstand ich, warum es Alban völlig natürlich aus der Feder kam, mich mit »Heil« zu begrüßen, nachdem meine Inge seiner Helene mitgeteilt hatte, daß wir ein Kind erwarteten.

Zu dem dritten Absatz des Briefes muß ich wohl von seiner und meiner Zahngeschichte erzählen. Da werde ich mit Recht heruntergekanzelt. Was Zahnprobleme betrifft, war Alban Berg radikal für die »englische Methode«, wie er sie nannte. Wenn ein Zahn einen belästigt – heraus damit! So kam ich eines Tages zu ihm, und er zeigte mir stolz und heiter eine ganz neue Zahnreihe. »Ist's nicht schöner so?« fragte er mich. Er hatte sich drei lange männliche Vorderzähne ziehen lassen. Er zeigte mir drei schimmernde Perlen. Ich fand ihn entstellt, und die schimmernden Perlenzähne machten mich auf der Stelle fast seekrank. »Was ist denn los, du Kindskopf?« sagte er, als ich ein Würgen nicht unterdrücken konnte. Ich sagte ihm: »Goethe war fünfzig Jahre alt, und er weinte, als ihm der erste Zahn herausfiel.« Darauf sagte er: »Goethe hat geweint, wie *ihm* ein Zahn herausfiel. Du weinst, weil *ich* drei Zähne verloren habe. Das ist der Unterschied zwischen dir und Goethe. Noch ein Unterschied«, fügte er hinzu, »Goethe hat geweint, weil ihm mit fünfzig Jahren ein Stück von seiner vollkommenen Natur aus dem Mund herausgefallen ist. Meine Natur ist nicht vollkommen.« Eine Zeit später mußte ich zum Zahnarzt. Natürlich ging ich im letzten Moment – wegen einer Wurzelentzündung. Mein Zahnarzt war nicht für die angeblich englische Methode und wollte meinen Zahn retten. Was auch ihm gelungen ist. Aber es war eine sehr schmerzliche Behandlung. Eine Woche lang war eine Backe so geschwollen, daß ich mich nicht unter Menschen getraut habe. Aber im Jahre 1928 wohnte ich in der Trauttmansdorffgasse schräg gegenüber von Alban.[1] Wenn wir uns beide aus unsern Fenstern beugten, konnten wir uns Guten Morgen

---

1 Im Typoskript ist der Zeitraum 1928-29 genannt. In der Trauttmansdorffgasse, in der zweiten Etage des Hauses Nr. 34, wenige Schritte von Bergs Wohnung entfernt, wohnte Morgenstern jedoch nur von Mitte Februar bis Ende Juni 1928, als er soeben Wiener Kulturkorrespondent der *Frankfurter Zeitung* geworden war.

zurufen. Vor ihnen konnte ich mich natürlich nicht verstecken. Und eines Tages wollten sie mich zum Mittagessen haben. Alban kam, um mich zu holen, weil er keine Ausrede duldete. Dann sah er mich, geschwollen wie ich war, und war ganz entsetzt. Und er sagte gleich: »So was geschieht ja nur bei Bauern!«

Im nächsten Absatz des Briefes teilt mir Alban mit, daß er von Karl Kraus das Manuskript der Urfassung der *Lulu* zur Verfügung bekommen habe. Und er wundert sich, daß der von uns beiden geheimgehaltene Opernplan publik geworden ist. Alban Bergs Bekanntschaft mit der Urfassung hatte eine mißliebige Folge. Darüber werde ich noch in einem anderen Zusammenhang sprechen. Was die Aktion für Karl Kraus betrifft, der damals mit seinen Offenbach-Vorlesungen großen Erfolg hatte, so endete die von Alban eingeleitete Aktion[1] damit, daß ein Aufruf an das Publikum verfaßt und gedruckt wurde. Eine öffentliche Aufforderung, einen Fonds aufzubringen, um ein Offenbach-Theater zu gründen unter der Leitung von Karl Kraus. Auf Wunsch von Alban und Steuermann habe auch ich diesen Aufruf unterschrieben (was mir den Ruf eines »Krausianers« eingetragen hat). Natürlich hatte der Aufruf keinen Erfolg.

Die Stelle des Briefes, die ich so schmerzlich vermißt hatte, kommt erst zum Schluß des langen Briefes. Sie spricht für sich selbst. Was dazwischen liegt und den größten Teil des Briefes ausmacht, ist eine erregte Klage über den Erfolg der von ihm nicht preisgekrönten

---

1 Anläßlich der Jacques Offenbach-Lesungen hatte der ehemalige Schoenberg-Schüler Paul Amadeus Pisk, Kritiker der Wiener *Arbeiter-Zeitung*, Karl Kraus am 9. Juni 1929 »Verunstaltung der Musik« vorgeworfen, »die er ihrer eigentlichen Ausdrucksmittel beraubt«: »Der Musiker hört schon nach wenigen Takten, daß dem Vortragenden die Fähigkeit fehlt, Melos und Rhythmus durch seinen Gesang auszudrücken.« Kraus antwortete in der *Fackel* mit einer Polemik gegen »das Schulbeispiel einer journalistischen Abmachung [...]: des Versuches, Rache als Fachwissen zu verkleiden«, und druckte zum Schluß die Zuschrift des Musikers Eduard Steuermann, worin dieser, auch im Namen Bergs und Kolischs, »die rein musikalische Wirkung« der Offenbach-Lesungen von Kraus bezeugt: »Daß es auch Musik ohne Noten geben kann, daran glauben doch alle Musiker gerne – durch Sie haben wir es wieder einmal erfahren, und dafür danken wir Ihnen.« (Karl Kraus, *Verklungen und vertan*, Fackel Nr. 811-819, Anfang August 1929, S. 75-93; siehe ferner Karl Kraus, *Die Wohnbaukantate*, Fackel Nr. 820-826, Ende Oktober 1929, S. 57-64) – Von dieser Affäre spricht Berg in seinem Brief. Morgenstern verwechselt sie an dieser Stelle mit dem späteren Spendenaufruf. Dieser von Morgenstern mitunterzeichnete, als Handzettel gedruckte Aufruf vom Mai 1931, mit dem für die Gründung eines »Ensembletheaters der Dichtung« im Kraus'schen Sinne geworben wurde, trägt 39 Unterschriften; neben Berg und Steuermann unterschrieben Ernst Křenek und Anton Webern, der Dirigent Jascha Horenstein, die Wiener Architekten Adolf Loos und Josef Frank, der französische Ethnologe Lucien Lévy-Bruhl sowie die Schriftsteller Ludwig Ficker und Werner Kraft, um nur die bekanntesten Namen zu nennen.

Oper und seine Verbitterung über die immer wieder verschobenen Aufführungen des *Wozzeck*, namentlich in Moskau und in Frankfurt. Diese Oper war zwar nie in Moskau, aber schon in Leningrad mit großem Erfolg aufgeführt worden, und Alban Berg war zur Aufführung eingeladen. Die Aufführung in Frankfurt am Main kam später und mit großem Erfolg.

Nun der Brief:

Trahütten in Steiermark
Post: Deutsch-Landsberg
     via Graz   6. 8. 29

Mein lieber Soma, mein langes Schweigen soll natürlich keine Revanche dafür sein, daß Du meine dringende Anfrage, die Baudelaire-Texte betreffend, fast 5 Wochen unbeantwortet ließest. So lange, bis ich mit der Komposition fast fertig war. Nein, ich hätte Dir längst geschrieben, wenn ich nicht tatsächlich meine gesamte Freundes-Post in der letzten Zeit hinausschob, bis ich mit der Arie, die pünktlich fertig werden mußte, unter Dach war. Das bin ich nun Gott sei Dank seit 8 Tagen ca. Dann kam die Übersiedlung hierher, die ersten Tage mit dem unvermeidlichen Asthma, Erledigung vieler beruflicher, ebenfalls liegen gebliebener Korrespondenz und jetzt endlich der erste Ruhepunkt in diesem Sommer, den ich mit Freude dazu benütze, Dir zu schreiben.

Vorerst: Heil, mein Lieber, zu der erfreulichsten Nachricht! Das hat uns riesig gefreut und wir sehen mit Euch voll innigster Teilnahme diesem großen Ereignis entgegen. Helenens Brief an Inge ist indessen wohl an diese gelangt. Wenn Du mir wieder einmal schreibst, vergiß nicht, uns zu sagen, wie es ihr gesundheitlich geht.

Dann: Du bist doch mit Deiner Zahngeschichte hoffentlich ganz in Ordnung! Da mußt Du einmal radikal dazuschaun, daß sich so etwas, was doch bei regelmäßig und rechtzeitig in Behandlung stehenden Städtern nicht vorkommt, nicht mehr wiederholt. Du mußt ja schauerlich gelitten haben!!!

Dann: Gratuliere zur weiterhin gefestigten Stellung bei der Frankfurter Zeitung. Allerdings, wenn daraus wirklich Eure Übersiedlung nach Berlin resultiert, so ist das mehr als traurig für uns, wenn ich auch einsehe, daß es für Dich von ganz großer Bedeutung sein wird, dort zu sein. Auch wegen Deines sonstigen, nicht nur im Rahmen der Zeitung geplanten Schaffens. Diese Deine Andeutung hat mich besonders gefreut; wie stehts damit?

Was mich betrifft, so plane ich, wenn ich jetzt mit den Schreibarbeiten an der Arie, mit der ich recht zufrieden bin, fertig bin (Partitur-Reinschrift, Klavierauszug etc.) endlich wieder an die »Lulu« zu gehen. Mit

28

Frau Wedekind bin ich indessen nach hartnäckigen Unterhandlungen zu einem recht befriedigenden Abschluß gekommen. Leider ist dieser mein Opernplan, wie Du auch schreibst: public geworden. (Ich weiß nicht wer dahinter steckt.) Ich sage »leider«, weil es bei dem langsamen Tempo meiner Produktion bis zur endgültigen Realisierung ja noch jahrelang hin ist. Es wird Dich übrigens interessieren, daß mir Karl Kraus sagen ließ, daß er mir die Urfassung der »Lulu« zur Verfügung stellen kann. Und da fällt mir ein, daß Du ja vielleicht gar nichts von der neuen Affaire gehört hast! Lies zu diesem Zweck zuerst die beiliegende Kritik Pisk's über die Offenbach Vorlesungen. Eine von uns (Steuermann, Kolisch und Kapellmeister Fritz Mahler I: jenem Schüler von mir, der eine Offenbachoperette mit der Regie Karl Krausens in Stendal uraufführte :I und mir) entrierte Aktion, die den Zweck haben sollte, das hohe musikalische Niveau jener Vorlesungen zu beweisen – ich dachte an eine Adresse, die von möglichst vielen wirklichen und prominenten Musikern unterzeichnet hätte werden sollen – fiel leider nicht so wirksam aus, als ich erhoffte. Sie beschränkte sich schließlich auf einen (übrigens sehr feinen) auch in meinem und Kolisch's Namen an Kraus adressierten Brief, der in der nächsten Fackel (Anfang Aug.) erscheinen wird. Schad, schad, daß ich nicht in Wien war! Ich habe dabei übrigens einige interessante Erfahrungen gemacht. Hievon mündlich mehr!

Aber auch eine andere Erfahrung habe ich in diesen Sommerwochen gemacht. Nämlich wiedereinmal die Erfahrung, Recht zu behalten, wenn es keine Freude mehr ist (wie etwa im scharfen Disput, wo ich selbst schwächeren Wortkämpfern, als Du einer bist, rettungslos unterliege). Ich meine die Erfahrung im Falle »Maschinist Hopkins«[1].

Dieses Machwerk hat also tatsächlich den Erfolg erzielt, den ich ihm prophezeit habe, prophezeit auf Grund meiner Kenntnis von Publikum und seinen augenblicklichen Wünschen, und von der Art, wie in diesem »Werk« diesen dreckigen Wünschen in *jeder* Beziehung und auf geschickteste Weise Rechnung getragen wird. Du, der Du Dich in Dingen des Theaters und der Zeitung doch gut auskennst, wirst jetzt nicht mehr behaupten, daß es sich hier lediglich um einen von der U. E.[2], aufgezäumten Provinzerfolg handelt, der in Nichts zusammenfällt, wenn die Großstadt-Kritik eingreift, wenn die derzeitigen Macher der großen Opernbühnen ein Wort zu reden haben; und die Rathäuser und Horensteine[3] können

1 Diese von dem Wiener Max Brand (1896-1980) nach eigenem Libretto komponierte Zeitoper, am 13. April 1929 in Duisburg uraufgeführt, war dort Anfang Juli 1929 beim 59. Tonkünstlerfest des Allgemeinen Deutschen Musikvereins im Rahmen der Opernfestwoche aufgeführt worden. Die Universal Edition, der Wiener Musikverlag, der auch die Werke des Schoenberg-Kreises verlegte, hatte diese Oper erworben.
2 Universal Edition.
3 Zwei enge Freunde Morgensterns, der schon erwähnte Komponist Karol Rathaus und der Dirigent Jascha Horenstein (1898-1973).

nicht mehr leugnen, daß der Brand, »dem die einfachste Harmonisierung eines Volksliedes nicht zuzutrauen ist« (wie schlagend klingt so ein Argument im Disput; da fällt einer wie ich natürlich »auf die Pappen«) da nicht etwas zuwege gebracht hat, was derzeit als veritable »Oper« Geltung hat, die ihr im Hinblick auf andere (wertvolle und auch wertlose) Produkte immerhin sehr großes Publikum findet, und selbst von denen, die diese Musik durchschauen und ablehnen, ernst genommen wird.

Lies auf das hin allein das Feuilleton Einsteins[1], der als einer der feinsten und heute als führender Musikkritiker Deutschlands gilt, und der nicht die geringste Beziehung zur U. E. hat.

Bedenke, daß selbst die *Frankfurter Zeitung*, die anderen Dreck dieser Opernwoche (ebenso wie die Berliner Zeitungen) rückhaltlos geißelt, es »geradezu als ein Glück« bezeichnet, »daß die Opernwoche wenigstens mit einem theatralisch zugkräftigen und musikalisch annehmbaren Stück schließen konnte«, das sich »als das Werk eines Könners darstellt, der mit genauer Kenntnis der Bedürfnisse des Publikums seine bescheidene Potenz höchst rationell auswertet.«[2]

Und der gegen die U. E. grundsätzlich feindlich eingestellte Marschalk (Vossische) schreibt sogar von einem »in gewissem Sinne interessanten Werk«, das zumindestens »dem *Dichter* gelungen ist« dessen »Maschinist Hopkins« »einen dem Leben und dem Geist unserer Zeit zugewandten Dichter-Komponisten(!) zeigt«.[3] Daraus magst Du, lieber Soma, aber auch ersehen (wovon ich Dich im Wortstreit nie überzeugen konnte), was als Operntext *möglich* ist, über dessen Inhalt und dramatische Konzeption tatsächlich jeder Musikrezensent und Musikschriftsteller(!) in ernsthaftem und nicht etwa in ironischem, geschweige vernichtendem Ton referiert, und weiters, daß Deine felsenfeste Annahme, der Erfolg dieser Oper werde der darin enthaltenen Jazzmusik (Du weißt, was ich meine) zu verdanken sein, falsch ist, und *meine* Annahme, selbst in solchen Details, die richtige war, daß diese Musik *ebenso* wertlos ist, wie die übrige, ja noch weniger inspiriert als die mancher anderen lyrischen oder dramatischen Stellen. »Moderne Tänze mit mehr Geist und mit mehr Witz zu schreiben und raffinierter zu instrumentieren, gelingt heutzutage vielen«.

Aber nicht nur die *Presse* hat alles getan, damit ich Recht behalte; auch die Kunststätten selbst tragen das Ihre dazu bei:

[Zeitungsausriß:]

Aus F r a n k f u r t wird berichtet: Intendant Professor T u r n a u hat die vor kurzem auf dem Opernfest in Duisburg mit großem Erfolg

---

1 Alfred Einstein, *Opern-Woche im Industrie-Gebiet*, Berliner Tageblatt, 10. Juli 1929.
2 Karl Holl, *Das Duisburger Musikfest*, FZ 501, 8. Juli 1929.
3 Max Marschalk, *»Maschinist Hopkins«*, Vossische Zeitung, 12. Juli 1929, Unterhaltungsblatt Nr. 160 (die Hervorhebung stammt von Berg).

uraufgeführte Oper »M a s c h i n i s t   H o p -
k i n s« des Wiener Komponisten Max B r a n d
für das Frankfurter Opernhaus erworben.

Also nicht etwa München, die dümmste Stadt Deutschlands; nein ausgerechnet die intelligenteste fällt auf das hinein. Fällt ebenso hinein, wie
Moskau, der Hochsitz des Theaters, die Stadt Stanislawskis, Meyerholds
und Tairows[1]:

[Zeitungsausriß:]

Die M o s k a u e r   O p e r beabsichtigt im Laufe
der kommenden Spielzeit den »F i d e l i o« unter
Leitung von Otto K l e m p e r e r aufzuführen.
Weiterhin stehen auf dem Spielplan H i n d e -
m i t h s   »N e u e s   v o m   T a g e«,   B r a n d s
»M a s c h i n i s t   H o p k i n s« und drei russische
Opern »Almaste«, »Sagmok« und »Die Mutter«.

Womit – selbst wenn es nicht zur Aufführung kommt – bewiesen ist, daß
selbst eine auf solcher Höhe des Theaters stehende Bühne diesen
Brand'schen Blödsinn als richtiggehendes Theater zu empfinden scheint
und es geeignet findet, damit dem verwöhntesten Publikum der Welt, dem
Publikum eines Millionenreiches nicht anders den »Tritt der Arbeit« zu
versetzen als dies seitens eines obskuren Provinzregisseurs den paar tausend Duisburgern gegenüber geschehen ist.

Reicht sich damit Ost und West in schönster, von mir vorausgesehener
Eintracht die Hand – und gleich alles was dazwischen liegt:

[Zeitungsausriß, Hervorhebungen von Berg:]

Der Erfolg eines Wiener Komponisten. »Maschinist Hopkins« bereits von mehr als *zehn* Opernhäusern angenommen
Max Brands Oper »Maschinist Hopkins« wurde
auf Grund außerordentlichen Erfolges beim
Duisburger Tonkünstlerfest sofort von einer
großen Reihe von Opernhäusern zur Aufführung
erworben, darunter: Städtische Oper *Berlin*,
Opernhaus *Dresden*, Staatsoper *Stuttgart*, Stadttheater *Nürnberg*, Opernhaus Frankfurt am
Main, Nationaltheater *Weimar*, Opernhaus
B r e s l a u, Landestheater *Braunschweig*, die
Stadttheater *Hagen* in Westfalen, *Chemnitz und
andere*.

– so geschieht dies nicht nur, damit ich Recht behalte, sondern auch auf
meine Rechnung (woraus Du allein ersehen kannst, daß mich dieses
Rechthaben gar nicht freut) indem ausgerechnet in Frankfurt und Moskau
der dort seit Jahren und auch heuer wieder angekündigte »Wozzeck« zu-

---

1 Konstantin Stanislawski, Wsewolod Meyerhold, Aleksandr Tairow, die russischen Schauspieler, Regisseure, Theaterleiter.

gunsten jenes Schundes zurücktreten muß. Woraus Du aber weiter auch ersehen kannst, daß Du den Anteil der U. E. (die sich übrigens für meine Oper seit 5 Jahren zerkratscht) an solchen Erfolgen, und die Beeinflussung der Opernbühnen seitens Hertzkas und Heinsheimers[1], weit überschätzt. Dort wo nichts zu holen ist (wie etwa in dem von ihnen gleichermaßen in Duisburg lancierten »König Roger« von Szymanowski[2]) ist ihr Einfluß auch nicht größer, als der anderer *Verlagsunternehmungen* und ihre Praxis auch nicht verwerflicher als die der *Opernbühnen*, die ihre Geschäfte machen wollen, und als der Anteil *von Presse und Publikum*, die die von der U. E. in jeder Saison herausgestellten Unsterblichkeiten erst zu solchen machen; und sei es zu einer Unsterblichkeit von einem Fünfviertel-Jahr, die ich dem »Maschinist Hopkins« von vornherein konzedierte, oder einer von fünf Jahren, wie die Jonnys und der Dreigroschenoper[3], oder einer von fünfzig Jahren, wie....., und welche Presse und welches Publikum eine solche Unsterblichkeit von fünfhundert Jahren, wie die von Schönbergs Opernmusik, nicht wird hindern können.

Bei welcher fast statistischen Aufzählung ich ein Werk, dem ich die Geltungsdauer von fünfzig Jahren zubillige, aus rührender Bescheidenheit nicht nennen konnte und von dem ich nur sagen kann, daß Du den Namen seines Autors nie erfahren wirst: es ist der Deines

Dich innigst grüßenden

Alban Berg

Sage bitte auch Inge alles Liebe und Gute von mir. Und auch ihrer lieben Mutter und den übrigen Keilhofern. Und all dies auch im Namen von Helene.

Der Ordnung halber: Die von Dir angekündigte Frankfurter Zeitung ist nie eingelangt.

P. S. Ich erhalte eben aus Wien die neue »Fackel« (811-819) 176 Seiten. Laß sie Dir kommen; sie scheint hochinteressant zu sein!

Zwei Beilagen

---

1 Emil Hertzka (1869-1932), seit 1907 Leiter der Universal Edition. – Hans W. Heinsheimer leitete damals die Opernabteilung der Universal Edition.
2 Auf Betreiben der Universal Edition hatte im Oktober 1928 in Duisburg die deutsche Erstaufführung der Oper *König Roger* von Karol Szymanowski stattgefunden; daraufhin war sie in die Opernfestwoche 1929 übernommen worden (vgl. K. Szymanowski, *Briefwechsel mit der Universal Edition 1912-1937*, hg. von Teresa Chylinska, Wien 1981, S. 94 ff.).
3 Die Opern *Jonny spielt auf* von Ernst Křenek und *Die Dreigroschenoper* von Bertolt Brecht und Kurt Weill.

Anmerkung 1962:

Der liebe Alban! Wie jeder impulsive Mensch, der nicht zum Debattieren geboren ist, prophezeite er gern. Hier prophezeit er dem *Maschinist Hopkins,* wie er sich ausdrückt, eine Unsterblichkeit von einem Fünfviertel-Jahr. Dazu ist zu sagen: eine Unsterblichkeit von einem Fünfviertel-Jahr erreicht bald jede Leiche. Der Oper *Jonny spielt auf* gibt er eine Unsterblichkeit von fünf Jahren. Soweit ich mich erinnere, hat Křenek selber schon nach drei Jahren, als ich seine Oper im Gespräch erwähnte, mich gebeten, das nie mehr zu tun. Eine fünfjährige Unsterblichkeit prophezeit Alban auch der *Dreigroschenoper.* Hier hätte ich ihm damals zugestimmt. Wir haben uns beide gründlich geirrt. Die *Dreigroschenoper* lebt, namentlich in USA, entschlossen weiter fort. Aber dieses Fortdauern ist kompliziert. Das Sujet dieser Oper hat schon Jahrhunderte überlebt, ehe Brecht und Weill ihm neues Leben schöpferisch eingehaucht haben. Was die kommunistische Propaganda zu diesem Fortdauern beiträgt, wäre interessant zu untersuchen. Aber das überlasse ich den Soziologen oder einer Kombination von einem Soziologen und einem Musikologen, wie zum Beispiel dem Musiko-Soziologen Professor Adorno. Merkwürdig genug, daß gerade in den Vereinigten Staaten dieses Werk bei weitem hartnäckiger fortlebt als in den weniger kommunistenfeindlichen Ländern.

Diese Prophezeiungen waren natürlich deutlich jokos gemeint. In allem Ernst aber verspricht er seinem eigenen Werk eine »Geltungsdauer von fünfzig Jahren«. Nun, sein *Wozzeck* hat das vierzigste Jahr längst überschritten und wird von Jahr zu Jahr jünger. Und schöner. Wie schön, wage ich zu sagen, hat Alban tatsächlich selbst nicht realisiert. Denn von einer Aufführung zur andern, je mehr die Darsteller gesungen haben anstatt sich mit einer Art nasalem Parlando zufrieden zu geben, desto mehr staunte der Komponist selber. In der Uraufführung in Berlin hat eigentlich nur die Darstellerin der Marie gesungen, und Alban war höchst zufrieden.

Sich hat also Alban unterschätzt. Hat er seinen Meister und Freund, dem er 500 Jahre Unsterblichkeit zugemessen hat, überschätzt? Wann ist die Gefahr im Prophezeien größer: wenn man auf kurze Frist oder *à la longue* prophezeit? Arithmetisch erwogen, ist selbstverständlich eine Prophezeiung *à la longue* gefährlicher, weil man mit größeren Zahlen rechnet. Dennoch glaube ich, daß Alban mit seiner Prophezeiung für seinen *Wozzeck* einen größeren Irrtum begangen hat als mit der Einschätzung Schoenbergs. Ich werde mich hüten, mich als Propheten zu etablieren, namentlich auf dem Gebiete der Musik. Als Jude weiß ich, daß mit der Zerstörung des Tempels in Jerusalem die Zeit der Propheten vorbei war. Aber man wird doch noch raten dürfen! Also will ich mich mit der Vermutung vorwagen, daß beide, der Meister und der Schüler, ein gleich langes Leben haben werden.

Anmerkung 1972:

Ich habe schon einmal erwähnt, wie Schoenberg am Abend des Tages, da er das Ballett in *Moses und Aron* zu Ende komponiert hatte[1], im Hause Mahler-Werfel in Hollywood diese erfreuliche Nachricht mit der Feststellung mitteilte, daß das Ballett nicht nur unaufführbar, sondern auch nicht-spielbar wäre. Ich habe einige Jahre später die Platten der ersten Aufführung mehrmals gehört. Dabei machte den stärksten Eindruck immer wieder gerade das Ballett. Mit Wehmut denke ich an Schoenbergs pessimistische, aber apodiktische Meinung von seinem nicht-spielbaren Ballett. Jetzt habe ich hier in New York zum ersten Mal die Oper lebendig aufgeführt gehört, nicht auf der Bühne, sondern in Konzertform, dirigiert von Solti[2]. Nie hätte ich gedacht, daß diese zwei Akte mit so dramatischer Wucht einschlagen könnten. Gewiß hat auch die wunderbar einstudierte Aufführung ihren verdienten Teil an dem Erfolg gehabt. Aber der Jubel eines Publikums, zum Großteil die neue amerikanische Generation, war die glücklichste Überraschung, die ich hier erlebt habe. Man denke: Nach Schoenbergs *Moses und Aron* eine begeisterte Ovation wie nur noch nach Tschaikowskys *Pathétique* mit Nikisch[3] am Pult!

1 Die »Anmerkung 1972« schrieb Morgenstern, als er die überwiegend in den sechziger Jahren entstandenen Teile seiner Erinnerungen nochmals durchsah, um sie zu zwei Konvoluten – dem Berg-Buch und dem Roth-Buch – zusammenzustellen und für eine mögliche Veröffentlichung vorzubereiten. Daher hier sein Hinweis auf das Kapitel »Mit Schoenberg in Kalifornien« (siehe unten S. 348 ff.), worin Morgenstern erzählt, wie er Schoenberg im Jahre 1943 in Hollywood noch einmal sah. Dabei ist Morgenstern offenbar eine Verwechslung unterlaufen: zwar hoffte Schoenberg bis zuletzt, den kurzen dritten Akt seiner unvollendet gebliebenen Oper *Moses und Aron* noch komponieren zu können, die Musik der ersten beiden Akte hingegen, also auch das von Morgenstern erwähnte Ballett aus dem zweiten Akt, der »Tanz um das Goldene Kalb«, war schon in den Jahren 1930 bis 1932 entstanden.
2 Der 1912 geborene Georg Solti.
3 Der Dirigent Arthur Nikisch (1855-1922).

34

Es gibt in der Musikgeschichte kaum einen großen Komponisten, der es sich im Leben so schwergemacht hat wie Schoenberg. Allein mit den Texten. Vermutlich unter dem Einfluß von Wagner haben Opernkomponisten angefangen, ihre Libretti selbst zu dichten. Schoenberg war ein reichbegabter Mann. Er war sogar ein talentierter Maler. Ein Dichter war er nicht. Wahrscheinlich auch unter dem Einfluß von Wagner hat er es mit der Idee des Gesamtkunstwerks zu tun gehabt. Eine ins zwanzigste Jahrhundert verschleppte romantische Erkrankung. Immer nach dem Höchsten greifend, suchte er sich das selbst in der Bibel größte Ereignis: Sinai. Er war sein Leben lang religiös. In jungen Jahren hat er, wahrscheinlich dem Beispiel Gustav Mahlers folgend, das Judentum verlassen, um im Jahre 1933, angewidert von der anschwellenden Hitlerpest, sich rechtzeitig ins Judentum zurückzuretten, und zwar offiziell.[1] Begonnen hat er das Buch im Juli 1930 in Lugano.[2] Es ist kein Zufall, daß die Inspiration zu seiner Oper vom Fünfbuch herrührt. Es geschah nicht aus künstlerisch-literarischen Gründen. Er war gewiß nicht beeinflußt von Friedrich Nietzsche. Dieser große Denker, der ein unfehlbares Urteil über große Werte des Schrifttums hatte, hat den Satz aufgeschrieben[3]:

Dieses neue Testament, eine Art Rokoko des Geschmacks in jedem Betrachte, mit dem alten Testament zu Einem Buche zusammengeleimt zu haben, als »Bibel«, als »das Buch an sich«: das ist vielleicht die größte Verwegenheit und »Sünde wider den Geist«, welche das litterarische Europa auf dem Gewissen hat.

Er hat auch vermutlich nicht den Aufsatz seines literarischen Idols, August Strindberg, gelesen, den ich zufällig in einer Zeitschrift in deutscher Sprache gelesen habe. Der bittere Skandinavier vergleicht hier eine Stelle aus dem Buch Hiob mit einem entsprechenden Zitat von Homer und statuiert das Urteil: Verglichen mit der Bibel ist selbst Homer Kunstgewerbe. Schoenberg haben offenbar religiöse Gründe zum Fünfbuch geführt. Soweit ein Denker einen Operntext schreiben

---

1 Im Juli 1933 war Schoenberg in einer Pariser Synagoge auch formell zum mosaischen Glauben zurückgekehrt.
2 Schoenberg schrieb seine Oper nach eigenem Text, der in einer ersten Fassung vorlag, als er im Juli 1930 in Lugano daranging, den ersten Akt zu komponieren. Erst während der kompositorischen Arbeit nahm der Text seine endgültige Gestalt an.
3 Friedrich Nietzsche, *Jenseits von Gut und Böse*, 52. Stück. *Sämtliche Werke*, Kritische Studienausgabe, München 1980, Bd. 5, S. 72.

kann, hat Schoenberg sein gutes Werk getan. Aber daß es eine Oper geworden ist, dazu hat das Libretto nicht geholfen, sondern die Musik allein. Daß er zwanzig Jahre, wenn auch mit großen Unterbrechungen, an diesem Werk gearbeitet hat, liegt gewiß nicht nur an den äußeren Schwierigkeiten. Der Text hat seinen Anteil daran. Diesem Text eine Oper abzugewinnen, dazu gehörte eine Inspiration, die nicht vom Text ausging. Seinem schöpferischen Willen nach sollte es eine Oper werden. Und es ist eine geworden. Dazu gehörte nicht nur der Wille des Genies, sondern auch die Hartnäckigkeit seines Charakters (die sich auch in täglichen kleinen Dingen äußerte). Die Musik hat die religiöse Aura der Bibel – der Text hat die Akzente eines Kommentars. Bibel-würdig ist der Einfall, die Hauptgestalt der Oper nicht singen, sondern sprechen zu lassen. Der Zweite Akt schließt mit den Worten:

> So war alles Wahnsinn, was ich
> gedacht habe,
> und kann und darf nicht gesagt
> werden!
> O Wort, du Wort, das mir fehlt!

Schoenberg leistet sich auch eine *licentia poetica*, wenn er Aron folgendes in den Mund legt[1]:

> [...]
> dieses Volk soll erhalten bleiben.
> Aber ein Volk kann nur fühlen.
> Ich liebe dieses Volk,
> ich lebe für es
> und will es erhalten!

Und läßt Moses antworten:

> Um des Gedanken willen!
> Ich liebe meinen Gedanken und lebe
> für ihn!

Sein Bruder liebt also das Volk mehr, als Moses das Volk liebt. Diese *licentia poetica* erlaube ich selbst Schoenberg nicht, ohne etwas dazu zu sagen. Hier hat Schoenberg die Bibel nicht sehr genau gelesen, wie

---

1 Zweiter Akt, 5. Szene.

36

es scheint. Denn das Volk, das Aron so liebt, daß er mit ihm gemeinsam um das Goldene Kalb tanzt – Heine sagt: »wie ein Bock«[1] – hat es einzig und allein Moses zu verdanken, daß es diesen Tanz überleben konnte. Im 2. Buch Moses, 32. Kapitel, Vers 9 und 10, heißt es: »Und der Ewige sprach zu Moses: Beobachtet habe ich dieses Volk, und siehe, ein hartnäckiges Volk ist es. – Nun denn, laß mich, und mein Zorn entbrenne über sie, daß ich sie tilge, dich aber will ich machen zu einem großen Volke!« – Hier erweist der Schöpfer der Ewigkeit seinem Knecht Moses die Ehre, ihn in Versuchung zu führen, ohne sich des Satans zu bedienen. Es ist in dem an hohen Tagen so reichen Leben Moses' der höchste. Er widersteht der göttlichen Versuchung: »Da flehete Moses vor dem Ewigen, seinem Gott, und sprach: Warum, Ewiger, soll dein Zorn entbrennen über Dein Volk, das du herausgeführt hast aus dem Lande Ägypten mit großer Kraft und mit allgewaltiger Hand? – Warum sollen die Ägypter sprechen: in böser Absicht führte er sie heraus, um sie zu töten im Gebirge und sie zu tilgen von dem Erdboden hinweg? ... Sei eingedenk Abrahams, Isaaks und Israels, denen du zuschworst bei dir selbst, und redetest zu ihnen, vermehren will ich euren Samen, wie die Sterne des Himmels, und dieses ganze Land, von dem ich sprach: ›ich gebe es eurem Samen‹, sollen sie besitzen auf ewig!«[2]

Darf eine *licentia poetica* so weit gehn? Die Antwort wäre ein entschiedenes Nein. Aber Schoenberg nennt sein Geschriebenes nicht ein Buch. Er nennt es ein Libretto. Und in einem Libretto ist alles gestattet, was der Musik dient.

Die größte Gestalt der Bibel (und das heißt was!) hat den Künstlern und Denkern aller Zeiten viel zu schaffen gegeben. Wenn man alles zusammentragen wollte, was den Künstlern und Denkern zu Moses eingefallen ist, müßte man ein Museum errichten so groß wie das Pentagon, um für alles Platz zu finden. Aber nur wenige, die sich mit ihm einließen, sind nicht zu Schaden gekommen, und manche zu Schanden. Um unter den wenigen gleich den Größten zu nennen: Michelangelo. Sein Moses sitzt. Aber kein Standbild steht so groß, kein Antlitz so weise, kein Marmormund so sprechbereit. An einem seiner Beine ist eine Wunde zu sehn. Eine Legende behauptet, daß der Mei-

---

1 Heinrich Heine in seinem Gedicht *Das goldene Kalb* aus dem *Romanzero*.
2 2 Mose 32, 11-13.

ster, da er das Werk vollendet sah, dem Bildnis einen Schlag versetzte und von ihm verlangte: »Sprich!«

Ich vermute gern, daß auch ein frommer Jude, jedem Bildnis abhold, hier sagen könnte: Das ist unser Moses.[1] Leider Gottes hat dieser Moses Hörner. Kleine, winzige, die man entschuldigend, aber falsch, noch als Haar deuten könnte – aber doch Hörner. Der Meister ist nicht schuld daran. Das haben in ihrem Stumpfsinn die Übersetzer getan. Im Hebräischen steht nichts von Hörnern. Da ist nur vom Strahlenglanz auf seinem Antlitz die Rede.

Ein nicht hoch genug zu rühmendes, aber jetzt nicht mehr bekanntes Beispiel aus der Literatur: Johann Gottfried Herders *Moses*. Das große Prosastück fängt mit dem Satz an:

> Ich nahe mich dir, ernster, heiliger Schatte! Einer der ältesten Gesetzgeber und Wohlthäter des menschlichen Geschlechts! Dein Antlitz glänze nicht zu sehr, daß ich deine Züge erkenne […]. Er versprach seiner Nation in seinen letzten Reden Propheten, d. i. weise, von Gott gesandte und erleuchtete Männer, wie er gewesen; er besserte selbst an seinen Gesetzen und that nach Beschaffenheit der Umstände hinzu; er sagte selbst zuletzt, daß Liebe Gottes von ganzem Herzen, nicht sklavische Furcht und ägyptischer Knechtsdienst, das Wort im Herzen und das größeste aller Gebote bleibe.[2]

Jeder Satz dieser Herderschen Prosa erweckt einen schier unwiderstehlichen Drang zu zitieren. Hier nur noch ein Satz:

> […] denn dieß Lied ist, wie man offenbar siehet, gleichsam die Urweissagung, das Vorbild und der Kanon aller Propheten.[3]

Dieser Moses ist *unser* Moses.

Die Juden wissen, daß selbst in den Reihen der Propheten, wo ein Jesaiah steht, er, Moses, der größte ist auch als ein Prophet. Trotzdem nennen sie ihn: Moses, unser Lehrer. Und das ist sein höchster Titel. Und Moses-Porträts und -Biographien brauchen sie nicht.

---

1 »Mein Moses gleicht – als Erscheinung allerdings nur – etwa dem Michelangelos. Er ist gar nicht menschlich.« So Schoenberg 1933 in einem Brief an Walther Eidlitz, der ihm sein Moses-Drama *Der Berg in der Wüste* (Wien 1923) geschickt hatte (Arnold Schoenberg, *Briefe*, ausgew. u. hg. von Erwin Stein, Mainz 1958, S. 188).
2 Johann Gottfried von Herder, *Vom Geist der Ebräischen Poesie*. Sämmtliche Werke, hg. von Johann Georg Müller, Stuttgart u. Tübingen 1827, Abt. I, Bd. 2, S. 61 u. 65.
3 A.a.O., S. 68 f.; die Rede ist hier von 5 Mose 32, 1-43.

Dennoch ist es vorgekommen, daß im Neuhebräischen schon vor etwa sechzig Jahren ein Buch über Moses erschienen ist. Von dem prominenten Denker Achad Ha'am.[1] Ich gestehe, ich habe es nie gelesen. Aber der große Mann, dem man mit Recht nachrühmt, daß mit ihm sowohl die neue hebräische als auch die neue jiddische Literatur beginnt, Mendele Mojcher Sforim[2], hat, nachdem er das Buch gelesen, kurz und bündig festgestellt: »Jetzt weiß ich, wo Moses begraben ist.«

Zum Schluß noch ein abschreckendes Beispiel: Thomas Mann. Seine ohnehin nicht zu große Pietät für die Gestalten der Bibel, erschöpft von dem langwierigen psychoanalytischen Umgang mit ihnen, reicht nicht einmal mehr für einen Schattenriß der ehrwürdigen Gestalt. Dennoch versucht er, uns ein Bild zu geben.[3] Für den Erfolg dieser Mühe finde ich, durchaus kein Deutscher, kein deutsches Wort. Ich muß mir ein ukrainisches ausborgen, das solche künstlerische Leistung ins Herz trifft. Das Wort ist *Bohomás*, Gottschmierer. So nennen sie die Schmierer, die Christusbilder für das einfache Volk malen. Aber Thomas Manns Bildnis ist von einem ukrainischen *Bohomás* gemalt, der nach dem Blitzkrieg von der deutschen Besatzung schon gelernt hat, wie ein Individuum aussieht, das kein Arier ist. Er gibt ihm nicht etwa eine jüdische Nase. Diesen Moses erkennt man an seinem Haar. An dem dichten Haar, das ihm an den Händen und auf den Handrücken wächst. Mit diesem wiederholten Kennzeichen tritt Moses wie mit einem Wagnerischen Leitmotiv auf. Ich habe den Text nicht vor mir und ich weiß nicht, wie oft er diese Haare in das Bildnis eingeschmiert hat. Es ist das einzige, was ich aus diesem Aufsatz noch erinnere.[4] – Nach fünfzig Jahren der Psychoanalyse erwarte ich keine Pietät für biblische Gestalten (Mann hat offenbar von Freud noch nicht gehört, daß Moses ein Ägypter war). Aber von einem Deutschen, der sich selbst einen Dichter nennt, der zum Reprä-

---

1 Achad Ha'am (1856-1927) veröffentlichte seine Schrift *Moses der Prophet* in deutscher Sprache in einem Sammelband mit dem Titel *Moses* (Berlin 1905), zusammen mit Moses-Abhandlungen von Adolf Gelber, Henry George und Herder.
2 Mendele Mojcher Sforim (1835-1917).
3 Thomas Manns Moses-Erzählung *Das Gesetz* aus dem Jahre 1944.
4 Thomas Mann über seinen Moses: »Haben Sie die Ähnlichkeit des Mose mit Michelangelo bemerkt? – nicht mit seinem Moses, sondern mit ihm selbst.« (Thomas Mann/Agnes E. Meyer, *Briefwechsel 1937-1955*, hg. von Hans Rudolf Vaget, Frankfurt a. M. 1992, S. 553, Brief vom 18. April 1944)

sentanten geboren ist[1], darf man wenigstens Ehrfurcht vor dem Moses des ehrwürdigen Johann Gottfried Herder erwarten.

Das als posthume Genugtuung für alle Schoenbergianer.

1 »Ich bin weit eher zum Repräsentanten geboren als zum Märtyrer«, so Thomas Mann am 1. Januar 1937 in seiner Entgegnung an den Dekan der Philosophischen Fakultät der Universität Bonn, nachdem ihm die Ehrendoktorwürde entzogen worden war (Thomas Mann, *Briefe 1937-1947*, hg. von Erika Mann, o.O. 1963, S. 10).

Erste Begegnung

1

Im Herbst 1920 beschloß ich, in einen der Außenbezirke von Wien zu übersiedeln. Meine Freundin Renée, eine bessere Kennerin der Stadt wie der Umgebung als ich damals war, riet mir, nach Hietzing zu ziehen, und sie war es auch, die mir dort eine sehr ruhige Gartenwohnung gefunden hat, und zwar in dem Teil von Hietzing, der schon fast ganz chinesisch heißt: Penzing. Ende Oktober war ich bereits in der neuen Wohnung untergebracht, die aus einem ungewöhnlich winzigen Schlafkabinett und einem ebenso ungewöhnlich großen Wohnzimmer bestand und, weil eben noch nicht richtig im vornehmen Hietzing, sondern in Penzing gelegen, obendrein viel billiger war als das eine schäbig möblierte Studentenzimmer im VIII. Bezirk.[1] Mein Plan war, hier in Penzing in aller Ruhe mich zu meinem letzten Rigorosum vorzubereiten und nach bestandener Prüfung zur Promotion zum *utriusque juris Doctor et rerum politicarum* (so mittelalterlich lateinisch heißt dort vermutlich noch heute der Titel eines Doktors der Rechte) in die Innere Stadt zurückzukehren.

Diesen Plan auszuführen ist mir aber nur zum Teil gelungen. Die Prüfung machte ich zum geplanten Termin ohne große Anstrengung.[2] Meine Augen waren völlig geheilt. Ich brauchte keine Hilfe mehr von Vorlesern. Wie der Dozent Kramer – seligen Angedenkens – mir versprochen hatte, waren meine Augen »so gut wie neu« geworden. Ich war kein Halbblinder mehr, wie einst vor dem Krieg ein flinker Lerner, hatte ich am Ende des Studiums so wenig Angst vor Prüfungen wie am Anfang. Was aber den übrigen Teil meiner Zukunftspläne betrifft, namentlich die Rückkehr in die Innere Stadt, so ist mir das wohl

---

1 Im Laufe seiner Wiener Jahre, also zwischen 1912 und 1938, hat Morgenstern mehr als 20 Mal seine Adresse gewechselt; begreiflich, daß ihm vierzig Jahre später Verwechslungen und falsche Datierungen unterliefen. Aus dem »schäbig möblierten Studentenzimmer« in der Albertgasse zog er, wie die Meldezettel belegen, erst Mitte Januar 1921 nach Hietzing um, vier Monate vor seiner Promotion, zunächst in ein Hotelzimmer, einen Monat später dann in die Penzinger Straße. Die Gartenwohnung bezog er Mitte Oktober 1921, und zwar in der Maxingstraße 30 in Alt-Hietzing, und wohnte hier bis Juni 1924.
2 Am 23. Mai 1921, kurz nach seinem 31. Geburtstag, wurde Morgenstern von der Wiener Universität zum Doktor jur. promoviert.

41

auch gelungen, aber mit einer Verzögerung von nicht weniger als zwölf Jahren. Erst im Herbst 1932, bereits verheiratet und Vater eines dreijährigen Sohnes, übersiedelte ich mit Familie nach dem IV. Bezirk in die Belvederegasse.

Diese Verzögerung hatte begreiflicherweise eine beträchtliche Zahl von Ursachen und Folgen, die ich kaum je in eine übersichtliche Reihe zu stellen vermöchte. Angebahnt worden ist sie aber von einer Linie des Wiener Straßenbahnsystems, die man mit der Nummer 59 bezeichnet hat, oder wie der Volksmund diesen Straßenbahnwagen benannt hat: der Nanafuchziger. Er kommt von Speising über Alt-Hietzing und im weiteren Lauf, schon im Begriffe, an dem Prunkstück der Habsburger, an dem Schloß von Schönbrunn vorbeizurollen, macht er fast in geradem Winkel ein Knie, um gleich an der ersten Straße haltzumachen und so die kürzeste direkte Verbindung zwischen Penzing und Innerer Stadt herzustellen.

Diesem Nanafuchziger habe ich viele Bekanntschaften zu verdanken. Angenehme und zuwidere, flüchtige und andauernde, sehr wichtige und völlig wertlose, wie es so das fast tägliche Hin- und Herreisen zwischen Vorort und Stadt im Gang der Jahre mit sich bringen muß, in einem Milieu obendrein, wo Menschen nicht gar zugeknöpft stehen, warten, sitzen und nur zu oft recht engzusammengedrängt miteinander reisen. Wieviel liebe Gesichter trug ich jahrelang mit in mein späteres Leben! Wieviel trug ich noch selbst in die Neue Welt mit! Wieviel sind verlorengegangen, vermutlich für immer aus dem Bewußtsein hinaus in den taubstummen Sand des Vergessens gefallen! Nach einigen vierzig Jahren würde ich kaum noch das Sentiment aufbringen, jetzt von der Nummer einer Trambahn wie von was Nennenswertem, ja wie von was Wertem zu reden, ja es aufzuschreiben, hätten die ungezählten Fahrten mit dieser Bahn, von denen noch in einem anderen Zusammenhang die Rede sein wird – hätte mir also just der Nanafuchziger nicht die Bekanntschaft und Freundschaft mit Alban und Helene Berg vermittelt.

In Penzing wohnte ich als Untermieter bei der Besitzerin des Hauses, einem unvermählten Fräulein von weit über achtzig Jahren, die alle Wochentage zu Bett lag und nur an Sonntagen ihr Schlafzimmer zu verlassen pflegte, um sich zur sehr frühen Messe zu begeben, in einem Rollstuhl, mit zärtlicher Behutsamkeit geschoben von der Hausmeisterin, zugleich Köchin und Pflegerin, Frau Podrobny, einer sehr reschen Kriegswitwe. Obgleich katholisch wie ihre fromme Brotgeberin, war die Witwe Podrobny ein ebenso frommes Mitglied der Sozialdemokratischen Partei, und sie glaubte es dieser Gesinnung schuldig zu sein, ihre Kirchenscheu nicht bloß dadurch zu manifestieren, daß sie den Rollstuhl mitsamt dem greisen Fräulein noch gerade vor das Kirchentor, und keinen Schritt weiter, schob, sondern – wie das gutmütige Fräulein mir öfter erzählte – ihren Rückzug von der Kirche jeden Sonntag mit den Worten zu begleiten: »Auf das Weitere bin i net neugierig.« Mein Kontakt mit der energischen und gesprächigen Hausmeisterin beschränkte sich meistens auf die kurze Frühstückszeit am Morgen. Pünktlich um acht klopfte sie an und, eingetreten und Guten Morgen gewünscht, stellte sie mir dasselbe Ultimatum: »Reagieren S', Herr Doktor, heut auf eine Eierspeis oder scho' wieder auf zwa kernweiche Eier?« Eigentlich »reagierte« ich jeden Morgen auf zwei kernweiche Eier. Aber ich konnte es der Frau nicht antun, ihr das ein für alle Mal einzuschärfen. Sie kam sich sehr gebildet vor, dieses Fremdwort anzuwenden, und aus einem nicht leicht verständlichen Grunde glaubte sie, das schöne Wort wäre nur im Falle einer Alternative gebräuchlich. Um ihre Redefreiheit nicht einzuschüchtern, reagierte ich hin und wieder auf eine rein hypokritische Eierspeis, aber nach ihrem Sprachgefühl offenbar nicht oft genug. Es dauerte eine lange Zeit, bis ich ihr abzulauschen vermochte, daß sie das Wort ›reagieren‹ für ein ebenso sozialdemokratisches Wort hielt wie das Wort ›agitieren‹.

Mich schätzte sie hoch. Erstens, weil ich den ganzen Tag so »mörderisch« studierte, wie sie dem greisen Fräulein täglich lobend berichtete. Zweitens, weil ich, von ihrer Robustheit, ihrer Parteifrömmigkeit und ihrer Zudringlichkeit an die Wand gedrückt, ihr versprechen mußte, gleich nach der Promotion zum Doktor »ihrer« Partei beizutreten. Selten ließ sie eine vermeintliche Gelegenheit aus, mich an das Versprechen zu erinnern, und ungeachtet ihrer nur zu keck zur Schau getragenen Religionsfeindlichkeit gefiel es ihr, mein vages Versprechen zu einer eidesstattlichen Erklärung zu befördern, indem sie es mir immer wieder als mein »heiliges« Versprechen in Erinnerung brachte. Ahndungsvolle Hausmeisterin! Mir ist es nicht oft gelungen, ein heiliges Versprechen so leichtherzig zu brechen. Denn bald nach der Promotion lernte ich die Partei der Witwe Podrobny von einer Seite kennen, die in mir das von jeher rege Lustgefühl,

43

keiner Partei anzugehören, für die Zeit meines Lebens wach erhalten sollte.

2

In sehr frühem Alter hatte ich eingesehen, daß ich kein Mann der Tat werden sollte, denn schon die Vorstellung, daß ich an einer politischen Parteigesinnung teilhaben könnte, hat nahezu physisches Unbehagen in mir hervorgerufen. Nach dem Krieg gehörten meine Sympathien wohl der Linken – sie war es ja doch, die mindestens seit 1916 in fast allen kriegführenden Ländern gegen die sinnlos gewordene Menschenschlächterei protestierte, wenn auch spät und mutlos genug. Aber kein Mann der Tat eben, hatte ich übergenug damit zu tun, wieder ein Zivilist zu werden und mein eigenes Fortleben in Wien einzurichten. Das »mörderische« Tempo im Studium hatte ja darin seinen Grund: mir lag es am meisten daran, möglichst bald mit der Juristerei fertig zu werden, um endlich und ausschließlich wenigstens eine Probezeit das zu tun, was ich zeit meines Lebens zu tun gedachte: schreiben, schreiben, schreiben!

Meine Freundin Renée, die mir dabei behilflich war, mich in einen Außenbezirk zu verbannen, war aber der Ansicht, daß ich mindestens einmal in der Woche »in die Stadt kommen sollte, um unter Menschen zu sein«, das hieß in ihrer Auffassung, in ein Theater, noch lieber, in ein Konzert zu gehen. Mich zog es damals mehr zum Theater, Renée, wie immer, mehr zur Musik. Um diesen Interessenkonflikt auszugleichen, entschloß sie sich, für uns beide ein Abonnement für einen außerordentlichen Zyklus von Orchesterkonzerten zu nehmen. Es war ein Mahler-Zyklus. Nicht alle Symphonien: acht und *Das Lied von der Erde*. Dirigiert von Oskar Fried.[1] Renée hat sich schon immer gewundert, wie ich es zuwege bringen konnte, seit 1912 in Wien zu leben, ohne Mahlers Musik je gehört zu haben. Nun war die Gelegenheit da, die Lücke im Lauf von einer Saison einigermaßen auszufüllen. Die Daten der Konzerte habe ich nie genau gewußt. Aber an

---

1 Oskar Frieds großer Mahler-Zyklus fand im September und Oktober 1920 statt und brachte in acht Konzerten die Sinfonien mit Ausnahme der Achten, *Das Lied von der Erde*, die *Wunderhorn*-Lieder, die *Lieder eines fahrenden Gesellen* und die *Kindertotenlieder*. Zu dieser Zeit wohnte Morgenstern noch nicht in Hietzing, sondern in Rudolfsheim, in der Grenzgasse, nahe der Mariahilfer Straße.

den Tag, obgleich nicht an das Datum, des ersten Konzertes kann ich mich gut erinnern.[1] Denn an jenem schönen Herbstnachmittag hab ich Alban und Helene Berg zum ersten Mal gesehen.

Gegen vier Uhr Nachmittag stieg ich an der Haltestelle Penzinger Straße in den Nanafuchziger. In dem um diese Tageszeit immer fast halbleeren Nichtraucherwagen saß ein Paar, das jeder Menschenfreund mit Vergnügen auch in einem vollbesetzten Raum gesichtet hätte und gewiß mit Genugtuung gebilligt, daß diese zwei einander gefunden oder, wie die Wiener Redensart geht, daß diese zwei sich so schön »zusammensepariert« haben. Wenn man nun erwartet, daß ich jetzt gleich damit anfangen werde zu beschreiben, wie ähnlich Berg (schon auf den ersten Blick) Oscar Wilde sah, wird man enttäuscht sein. Weder damals noch je später habe ich Alban Berg dem berühmten Sexualmärtyrer ähnlich gefunden. Ob es in seiner frühen Jugend anders war, weiß ich nicht. Vielleicht in den sehr jungen Jahren, da ihm seine Nase erst zu wachsen begonnen hatte. Oscar Wilde hatte, wie das Porträt von Toulouse-Lautrec zeigt, eine sehr kurze Nase. Von der Stirne weg setzt sie gleich zum Schwung an, aber plötzlich ist es zu Ende – mit dem Schwung und mit der Nase zugleich. Das gibt dem schon alternden, fleischreichen Gesicht seinen charakteristischen Ausdruck: Hochmut. Alban Bergs Nase hatte den sanft ansetzenden Schwung der ganzen kräftigen Länge nach. Der Mund war breit, mit vollen Lippen über großen starken Zähnen. Die Augen waren hellgrau, das Haar dunkel, reichlich, fast immer zu lang gelassen. Auch ohne die schwarze Lavallière und das weiche Veloursütchen konnte man ihm den Künstler vom Gesicht ablesen, vielleicht auch schon den Musiker. Das letztere kann ich bloß vermuten, denn mein erster Blick auf das Paar fiel gleichzeitig auf ein Buch, das sie beide, jedes mit einer Hand, einander offen vorhielten. Es war ein umfangreiches Notenbuch, auf dessen Deckel zu lesen stand, daß sie beide Musiker waren. Das Notenbuch, in dem sie stumm lasen, war: Gustav Mahlers II. Symphonie. Sie waren also auf dem Weg zum Konzert und hatten, vermutlich ebenso wie ich, noch eine Nachmittagsverabredung in der Stadt. Mit dem Neid eines Musikliebhabers, der zusehen muß, wie zwei Professionelle noch auf dem Weg zu einem Konzertsaal in ein Werk sich vertiefen können, das ihm selbst völlig unbekannt ist, beobachtete ich die zwei

---

1 Der Zyklus begann am 24. September 1920 mit Mahlers Zweiter Sinfonie.

Lesenden. Ich durfte das ungestört tun: sie lasen tatsächlich beide gleich intensiv. Meistens ist es ja in solchen Fällen, daß der Mann, der Musiker, im Ernst in die Noten sich vertieft, indes die Frau nur so tut, als hätte sie mit Musik mehr gemeinsam als einen Musiker.

Beim Durchblicken dieser Zeilen sehe ich eben den Satz: an jenem Tage hab ich Alban und Helene Berg zum ersten Mal gesehen. Der Satz ist wahr bis auf die Wortfolge, die nicht ganz richtig ist. Der Satz, wenn er völlig richtig sein sollte, müßte lauten: an jenem Tag hab ich Helene und Alban Berg zum ersten Mal gesehen. Denn bei dieser ersten wie bei mehreren folgenden Begegnungen in dem Neunundfünfziger interessierte mich die Frau bei weitem mehr als der Mann. Nicht das Erinnern – der Erinnernde spielt solche Streiche. Nicht das Erinnern, der sich Erinnernde färbt die Vergangenheit mit den Farben der Gegenwart. Nicht nur, weil Alban Berg der weltberühmte Komponist geworden, nicht nur, weil er der Teuerste in meinem an guten Freunden vielgesegneten Leben geworden ist. Daß er der erste von meinen Freunden war, der so plötzlich früh hinweggerafft wurde, das macht ihn persönlich deutlicher und näher als andere noch so lebhaft Erinnerte. Ich mache immer wieder die Erfahrung, daß auf die Erinnerung kein sicherer Verlaß ist, es sei denn: man unterwirft sich dem unkontrollierten Assoziationsprozeß der Gedanken. Die beste Kontrolle des Gedächtnisses ist: gar keine. Man kann die Erinnerung nicht melken. Man überlasse sie ihrem freien Fluß. Eine spätere Erinnerung wird schon dartun, daß ihr scheinbar verworrener, scheinbar zufälliger Drang einen fast immer richtig assoziierten Zusammenhang hatte.

Apropos: es fällt mir jetzt ein, warum ich freiwillig gestehe, daß mich damals Helene mehr interessierte als Alban. Nicht nur weil ich gerade damals in dem Alter stand, da man naturgemäß mehr Interesse für das andere Geschlecht hat. Wie gesagt, war Alban mit seiner Lavallière, Haarpracht und obendrein mit dem Notenbuch auf den ersten Blick mehr als ausreichend indentifiziert. Mit Helene war das nicht so leicht. Sie hatte ein altmodisches Mäntelchen an mit breitem gedoppelten Kragen, und sie sah darin fast mädchenhaft aus. Reiches, aschblondes, mit Sorgfalt, aber nicht zu streng ordentlich geflochtenes Haar rahmte ein Gesicht von der flaumigen Farbenfrische eines Renoir-Bildes, der Mund noch voller aufgewölbt, als er auf solchen Bildern zu finden ist. Die deutlichen Backenknochen machten die Ge-

46

sichtszüge slawisch – ein Gesicht, welches es dem Peter Altenberg so angetan hat, dem unverwüstlichen Schwärmer für aschblonde Mädchen mit »flachen Gesichterln«. Die Augen konnte ich nicht sehen, denn sie wollte und wollte ihren Blick von den Noten nicht abnehmen. Auf einmal begann er, mit einem Finger auf eine Notenzeile tippend, mit tiefer Stimme laut zu brummen, worauf sie mit der sehr schnellen Bewegung, die man im Tennis *backhand* nennt, ihm den Mund stopfte und mit verlegen belustigtem Blick in die Runde sah, die Zuhörer zu versöhnen. Sie hatte blaue Augen, die, obgleich sie eher dunkel- als hellblau waren, mich daran denken machten, daß der Mond auf lateinisch *luna* heißt und mit Recht weiblich ist. Wie sie nah der Endstation sich zum Aussteigen erhoben, sah ich, daß ihr altmodisches Mäntelchen ein sehr langer Mantel war und das mädchenhafte Gesicht einer sehr hochgewachsenen Frau gerade noch angemessen war. Ihrem Mann konnte man schon den hohen Wuchs beim Sitzen an den langen Beinen ansehen, die immer wieder ihren Platz im Wagen wechselten, weil sie keinen bequemen finden konnte. Seine schmalen Schultern sowie die ungezwungene, lässige Haltung machten den Eindruck, als nähme er im Raum bei weitem weniger Platz ein, als ihm naturgemäß zustand. Ich möchte schon hier feststellen, daß diese seine Haltung nicht bloß eine körperliche, sondern eine seiner charakteristischen Eigenschaften war. Helene, obwohl einen Hut kleiner als er, trug dennoch mehr zu dem Eindruck bei, den beide zusammen bei erster Begegnung machten: Das hohe Paar. In der angenehmen Erwartung, das Paar im Konzerthaus wiederzufinden, ging ich meines Wegs, der mich verabredungsgemäß ins Café Herrenhof führte. Alban und Helene gingen, wie ich nach Jahren erfuhr, wenn wir von dem ersten Konzert des Mahler-Zyklus sprachen, zur Jause bei Alma Mahler[1].

3

Wenn ich damit gerechnet hatte, das Paar im Konzert wiederzufinden, so hatte ich diesmal die Rechnung ohne Gustav Mahler gemacht. Im Konzertsaal, in angeregter Spannung vor dem Eintritt in den bis dahin

---

1 Alma Maria Mahler, geb. Schindler (1879-1964), die Witwe Gustav Mahlers, später mit Walter Gropius, schließlich mit Franz Werfel verheiratet, wohnte in Wien auf der Hohen Warte.

47

unbekannt gebliebenen Bereich eines vielgerühmten und vielumstrittenen Meisters, über den ich manches gelesen, viel reden gehört, so manche Anekdote, aber noch keine einzige Symphonie zu Gehör bekommen hatte, vergaß ich mein Vorhaben, das Paar im Auditorium zu suchen. Der erste Impakt der Musik war zu ungewohnt, alle Aufmerksamkeit war ausschließlich von ihrem aggressiven Zauber in Anspruch genommen. In der großen Pause wurde ich gewahr, daß hier nicht ein gewöhnliches Publikum den größten Konzertsaal der Stadt bis aufs letzte Plätzchen besetzt hatte, um melomanisch in Emotionen zu schwelgen, wie das ja bei einem großen Auditorium vorzüglich und überall in der Welt der Fall ist. Hier war eine große Gemeinde von Kennern und Kämpfern, die bereit waren, kennerisch zu verstehen, enthusiastisch aufzunehmen und – nötigenfalls – in entschlossenem Eifer zu kämpfen, sich einzusetzen.

Es war aber bereits in der Pause klargeworden, daß es diesmal einen Sieg, ja, einen Triumph ohne Kampf geben wird. Nach Abschluß des Mahler-Zyklus gab es sogar leichtherzige Optimisten, die überzeugt waren, daß der heiß umstrittene Gustav Mahler mit seiner Musik sogar schon in Wien, wo die verbissenste Gegnerschaft gegen ihn gewütet hatte, sich durchzusetzen vermöchte. Es war aber noch lange nicht der Fall. Es ist, so grotesk es denen vorkommen mag, die das Wien und das Österreich heutzutage nur als wohlgelaunte Touristen kennen, noch heute nicht der Fall.

Im Frühherbst *1957* besuchte ich die Stadt, die ich einst so sehr geliebt habe. Schon auf dem Weg vom Westbahnhof zum Hotel erblickte ich an den Litfaßsäulen große Affichen, die ein Konzert ankündigten, dirigiert von Dimitri Mitropoulos, mit der Dritten Mahler auf dem Programm. Ich hatte diese Symphonie noch nie von dem vortrefflichen Mitropoulos gehört, und es betrübte mich sehr, befürchten zu müssen, daß ich leider etwas zu spät angekommen war, denn das Konzert fand schon am nächsten Mittag statt.[1] Aber von der mir einstens so wohl wie übel bekannten Sphäre auf der Stelle angeheimelt, ermunterte mich ein Gedanke, daß in dieser Stadt, wo durch Beziehungen alles und ohne diese nichts zu erreichen war, sogar ich vielleicht noch irgendeine alte, zufällig von den Nazis nicht

---

1 Mitropoulos gab damals in Wien nicht die Dritte, sondern die Sechste Mahlers mit den Wiener Philharmonikern. Morgenstern dürfte das Matinee-Konzert am Sonntag, den 22. September 1957, gehört haben.

48

ermordete Beziehung in dem Telephonbuch finden könnte. Kaum den Koffer ausgepackt, nach einer kurzen Beratung mit dem Telephonbuch, fand ich eine. Der Angerufene war nicht nur nicht ermordet, sondern nach dem Krieg befördert worden. Er hatte sogar den Titel: Professor, vor seinem Namen. Er freute sich auf ein Wiedersehen und es ist ihm leicht gelungen, meine Sorge wegen eines Konzertbillets zu verscheuchen. Er versicherte mir, daß ich nicht eine, sondern zwei und mehr Karten kriegen könne, ohne Schwierigkeiten und auf dem normalsten Weg: in einem Konzertbüro. Ich mußte mich sehr wundern. Am nächsten Tag? Zu einem Konzert im Musik-vereinssaal? Mit Mitropoulos am Pult? Bin ich in Wien? Freilich, meinte mein Freund, ein Musiker, ein Professor an der Musikaka-demie, ein treuer Freund meines Freundes Hanns Eisler, jetzt Präsident des Mahler-Vereins in Wien. Schau, erklärte er mir, wenn es auf Mahler ankommt, ist es bei den Abonnementkonzerten der Wiener Philharmoniker genauso, wie es schon immer war: du weißt doch, wenn auf dem Programm eine Symphonie von Mahler stand, schickten manche Abonnenten ihre Karten zurück. Daran hat sich nichts geändert. Da hilft auch kein Mitropoulos. Hast schon vergessen? Ja, ich hatte es vergessen. Aber es kostete mich keine zu große Anstrengung, mich zu entsinnen. Ich erinnerte mich sogar, daß im Jahr 1929, da die Wiener Staatsoper endlich sich bewegen ließ, Alban Bergs *Wozzeck* aufzuführen, sich in dem weltberühmten Haus kein Mann fand, der die Partitur Alban Bergs den Wiener Philharmonikern einzustudieren imstande wäre. Man mußte einen Korrepetitor aus dem kleinen deutschen Städtchen Oldenburg holen. Ausgerechnet.[1]

In einem akuten Anfall von Geistesgegenwart muß ich jetzt be-merken: wenn ich, der ich Wien einigermaßen gekannt habe, verges-sen konnte, was für eine gewisse Sorte von Abonnenten die Wiener Philharmoniker haben, so ist es nicht unmöglich, daß der Leser dieser Zeilen schon vergessen hat, wann dieses Gespräch stattgehabt hat. Es sei also wiederholt: Im Herbst *1957*. Daß es zeit seines Lebens einen Kampf um Mahler gegeben hat, ist die Schande nicht nur der Stadt

1 Noch vor Amtsantritt als Direktor der Wiener Staatsoper hatte Clemens Krauss die österreichi-sche Erstaufführung des *Wozzeck* auf einer Pressekonferenz angekündigt (siehe Morgensterns Brief vom 13. Juni 1929). Man holte den jungen Komponisten Winfried Zillig aus Berlin, einen Schoenberg-Schüler, nach Wien; er hatte schon bei der Oldenburger Einstudierung als Korrepeti-tor gewirkt.

Wien. Es hat fast überall einen Kampf um das »Neue« in der Kunst gegeben. Aber die Mittel, deren man sich in diesem Kampf bediente, hatten bereits den autochthonen deutschösterreichischen Geruch. Es war noch nicht die teutonische Volkswut über den verlorenen Weltkrieg, die sich später in dem unbedingten Glauben an die Dreieinigkeit von Volk, Reich und Führer den Weg nach Auschwitz bahnen sollte.

Das interessante Paar fiel mir erst wieder ein auf dem Weg zur Haltestelle des Neunundfünfzigers, als ich zum zweiten Konzert des Mahler-Zyklus in die Stadt fuhr. Diesmal hatte ich kein Glück. Der Wagen kam, das Paar war nicht drinnen. Erst nach dem dritten Konzert sah ich beide wieder, nach Schluß des Konzertes, nachdem auf dem Podium das Licht bereits erloschen war, zum Zeichen, daß der ermattete Oskar Fried nicht mehr erscheinen würde, um den immer neu entfachten Applaus zu empfangen.[1] Hernach fand ich sie in fast jedem Konzert entweder unter den unentwegten Letzten vor dem Podium oder beim Ausgang vom Konzerthaus. Aber erst an dem Abend des Konzertes, das die Siebente auf dem Programm hatte, ergab sich die Gelegenheit, den Namen zu erfragen.[2]

Renée, die eine Schülerin von Leschetitzki[3] gewesen war und in der Vorkriegszeit viele Musiker kannte, glaubte ihn als einen von den Schülern Arnold Schoenbergs zu erkennen, wußte aber seinen Namen nicht. Auch mein Freund Karol Rathaus kannte Alban Berg damals noch nicht. Wir waren in der großen Pause im Büffetraum, wo Alban, gierig rauchend, in lebhaftem Gespräch mit einigen neben ihm sehr klein aussehenden Männern stand. Nur einer von den Kleinen tat das, was man in einem Büffet von rechtswegen tun sollte: er aß, indes die anderen rauchten und eifrig debattierten. Der Esser war Hanns Eisler, einer von den zwei Schoenberg-Schülern, die ich damals persönlich kannte.[4] Als er mit seinen Schinkensemmeln und dem Bier fertig geworden war, kam er zu uns herüber, gutgelaunt wie immer. Von ihm hörte ich nun den Namen Alban Berg zum ersten Mal. Renée erin-

1 Das 3. Konzert am 30. September 1920 brachte Mahlers Dritte.
2 Mahlers Siebente stand zusammen mit den *Kindertotenliedern* auf dem Programm des 6. Konzerts am 11. Oktober 1920.
3 Der berühmte Pianist und Musikpädagoge Theodor Leschetitzki (1830-1915) war der international begehrte Lehrer einer ganzen russischen Pianistengeneration. Bei ihm hatte auch Alban Bergs Schwester Smaragda Unterricht genommen.
4 Der Komponist und Kritiker Hanns Eisler (1898-1962).

50

nerte sich nun, ihn oft gesehen zu haben. Als Hanns Eisler von ihr hörte, daß sie bei dem Konzert gewesen war, da die von Alban Berg komponierten Peter Altenberg-»Ansichtskarten« den schon notorischen, wenn auch noch lange nicht historisch berühmten Skandal hervorgerufen hatten, konnte er nicht genug davon hören. Renée mußte ihm versprechen, uns alle einmal im Cafe Museum zu treffen und alles ausführlich zu erzählen.[1] Hanns Eisler war schon damals recht rundlich und früh verglatzt, immer zum Lachen bereit. Er war einer von den zwei Schoenberg-Schülern, mit denen ich mich angefreundet hatte. Der andere war Edward Steuermann. In Wien, erinnere ich mich, habe ich Hanns Eisler sehr oft im Café und hin und wieder in einem Konzert getroffen. Erst in Berlin fingen wir an, uns gegenseitig zu besuchen.[2]

4

Zwischen Konzert und Konzert des Mahler-Zyklus hätte ich wohl Gelegenheit gefunden, Alban Berg kennenzulernen, wenn ich eine gesucht hätte. Das hab ich aber nicht getan. In dem halben Jahr hatte ich so viele Musiker kennengelernt, als der Zufall es mit sich brachte. Bekanntschaft mit Männern zu suchen war zeit meines Lebens meine Sache nicht. Ich mußte erst recht alt werden, um die Versäumnisse zu beklagen, die auf diese meine Unart zurückzuführen sind. Ihre Zahl ist nicht auszurechnen, wie mein Bedauern nicht zu ermessen. Daß es

1 Das plakatierte Programm dieses Konzertabends am 31. März 1913 im Großen Musikvereinssaal in Wien, bei dem Schoenberg die Orchesterleitung hatte, sah vor: Weberns *Sechs Stücke für Orchester*, op. 6, Zemlinskys *Vier Orchesterlieder nach Gedichten von Maeterlinck*, Schoenbergs *Kammersymphonie*, op. 9, zwei Lieder aus Bergs Zyklus *Orchesterlieder nach Ansichtskartentexten von Peter Altenberg*, op. 4, und zum Abschluß Mahlers *Kindertotenlieder*. Mahlers Lieder konnten jedoch nicht mehr gespielt werden, denn es kam zu einem der größten Skandale der Musikgeschichte. Ein reaktionäres Gegenkonzert, mit Ratschen, Pfeifen und Haustorschlüsseln offenkundig gut vorbereitet, wurde gegen die Musik Weberns und Schoenbergs, vor allem aber gegen Bergs Lieder mobilisiert. Die Veranstaltung ging nach der Pause in Tumulten unter und wurde daraufhin polizeilich geschlossen.
2 Morgenstern siedelte, wohl im Herbst 1926, nach Berlin über, in der Absicht, hier bessere Möglichkeiten der Mitarbeit an Zeitungen zu finden, vornehmlich als Theaterkritiker. Die *Vossische Zeitung* und Ernst Heilborns Zeitschrift *Die Literatur* druckten eine Reihe von Buchrezensionen, die dazu beitrugen, daß Morgenstern Ende 1927 eine Anstellung bei der renommierten *Frankfurter Zeitung* fand, als deren Kulturkorrespondent er im Februar des folgenden Jahres nach Wien zurückkehren konnte.

51

in dem Falle Alban Berg nicht auch ein Versäumnis geworden ist, ist sein Verdienst durchaus.

Etwa zwei oder drei Jahre nach unserer Begegnung im Nanafuchziger, auf dem Weg vom Rothschildspital (wo man mir ein altes und verhärtetes Gerstenkorn herausoperiert hatte) zu meiner Mutter, entstieg ich einer Straßenbahn der Gürtellinie, wo sie die Mariahilfer Straße kreuzt. Es war ein herrlicher Tag im Juni. Die Kastanienbäume blühten rosa und weiß, und die Straßenbahnen leuchteten rot in dem Heidenlärm, den sie selbst erzeugten. Zur Wohnung meiner Mutter fast am Ende der Mariahilfer Straße führten mehrere Bahnlinien. Aber sei es auch Gewohnheit, sei es in Gedankenlosigkeit, ließ ich einige Wagen vorbeifahren in der Erwartung eines Nanafuchzigers. Mir war recht wohl zumute. Seit der Heimkehr vom Krieg hatte meine Mutter mir zu dieser Augenoperation zugeredet. Heute war es geschehen. Das Gerstenkorn, mein einziges sichtliches Kriegsmal, war weg. Ich war neugierig, wie lange meine Mutter brauchen würde, um es zu bemerken. Endlich kam der Nanafuchziger. Ich stieg ein und blieb auf der Plattform stehen, weil ich nur eine kurze Strecke zu fahren hatte. Als der Schaffner, der zunächst den Türrahmen ausfüllte, zu mir herunterkam, um meine Fahrkarte zu löchern, erblickte ich einen einzelnen Mann im Innern des Wagens. Der einsame Passagier war Alban Berg. Während ich überlegte, ob ich doch in das Innere des Wagens eintreten sollte, füllte der Schaffner mit seiner ganzen Breite den Türrahmen wieder und ließ mir also Zeit zur Annahme, daß ich unbemerkt draußen bleiben könne. Ich hatte Alban einige Monate nirgendwo getroffen, und ich hatte das Gefühl, daß es fast schon unanständig wäre, in den leeren Wagen ohne Gruß einzutreten. Andrerseits war aber zu überlegen, ob es nicht bedenklich wäre, draußen zu bleiben und – – Dieses andrerseits konnte ich nicht mehr zu Ende denken, denn schon war Alban an der Stelle des Schaffners im Türrahmen erschienen, und mit ausgestreckter Hand mir entgegenkommend, sagte er: »Wir haben längst beschlossen, Sie auf Ihr Gesicht hin anzusprechen.« Ich sagte: »Ich freu mich sehr, Herr Berg. Offen gestanden, wie ich Sie so allein drinnen erblickt habe, dachte ich mir: Wenn ich jetzt ohne Gruß hineingehe, wäre es fast unanständig. Andrerseits – –« – »Gor net andrerseits. Ich hab gesagt, *wir* haben es so beschlossen. Das war kein pluralis majestatis. Ich wollte sagen, daß meine Frau auch meint, es ist höchste Zeit, daß wir uns kennen, kennen*gelernt* haben wir uns schon lang genug.« – »Fast drei Jahre«, sagte ich. »Bei der Zweiten Mahler mit Oskar Fried«, sagte er. Gerührt von seiner so offenen Liebenswürdigkeit schwieg ich, und aus dem Gespräch herausgefallen, bemerkte ich, daß wir bereits an der Haltestelle angekommen waren, wo ich auszusteigen hätte. »Sie wohnen nicht mehr in der Penzinger Straße?« fragte er. »Nein«, sagte ich, »ich wohne jetzt in der Maxingstraße.«[1] »In der Maxingstraße? Das ist ja ganz nahe von uns. Um die Ecke, sozusagen. Wir wohnen in der Trauttmansdorffgasse.« In meiner befangenen Höflichkeit war ich bereits eine Haltestelle über mein Reiseziel hinweggefahren. Zum Abschied entschlossen, nahm ich meinen Hut ab, aber noch ehe ich ihm erklären konnte, warum ich diesmal nicht nach Hietzing führe, überraschte er mich mit der Bemerkung: »Ich freue mich riesig, daß Sie Ihr Gerstenkorn endlich losgeworden sind.« – »Das sieht man mir so deutlich an?« wunderte ich mich. »Ich sehe so was gleich, weil ich leider nur zu oft an diesem Übel zu leiden hatte.« – »Ich hab mir das zum ersten Mal in einer staubigen Kaserne während des Krieges zugezogen.« – »Ach, was Sie nicht sagen! Ich auch. In einer Kaserne. Aber nicht zum ersten Mal.« Indessen war bereits die dritte Haltestelle erreicht. »Ich freue mich sehr, Ihre Bekanntschaft gemacht zu haben. Ich fahre diesmal nicht nach Hietzing. Auf Wiedersehn, Herr Berg.« Das kam ziemlich abrupt. Ausgestiegen, blieb ich eine Weile auf der Stelle, bis der Wagen sich wieder in Bewegung setzte, um mit dem Hut in der Hand noch einmal zu grüßen. Aber er war schon wieder drinnen und es fiel ihm nicht ein, zum Fenster hinauszuschauen. Ich hatte wohl das Gefühl, daß ich mich recht ungeschickt betragen hatte – aber was war da zu machen? Hätte ich meine Mutter mit dem Mittagessen noch länger warten lassen sollen? Ich bin ohnehin mit Verspätung angekommen. Kaum bei ihr eingetreten, hörte ich meine Mutter freudig ausrufen: »Endlich! Gott sei Dank! Jetzt bist du wieder mein sauberer Sohn! Hat es sehr weh getan?« – »Offen gestanden, ja. Der Professor ist ein sehr berühmter Augenarzt, aber er ist schon ein sehr alter Herr. Seine Hände zittern und sie haben mir sehr weh getan, ehe es ihm gelungen ist, das Korn aus meinem Lid herauszuschälen.« – »Du siehst aber beinahe glücklich aus«, sagte meine Mutter. »Es tut also nicht mehr

---

1 In der Maxingstraße 30 in Alt-Hietzing bewohnte Morgenstern von Oktober 1921 bis Juni 1924 die schon erwähnte Gartenwohnung.

53

weh.« – »Ich habe soeben in der Straßenbahn eine sehr liebe Bekanntschaft gemacht.« – »Blond oder brünett?« – »Brünett. Ein Mann. Der übrigens ebenso wie du mein Gerstenkorn auf den ersten Blick vermißt hat.« – »Du wirst sehen, alle deine Freunde werden es dir sofort ansehen. Es gehört nicht viel dazu«, meinte meine Mutter. Dem war aber nicht so. Es vergingen mehrere Wochen, bis einer meiner nahen Freunde die Veränderung bemerkte. Denn gewöhnlich sieht der Mensch wohl auf den ersten Blick den Balken im Auge seines Nächsten, aber ein verschwundener Splitter bleibt unbemerkt.

Der erste Besuch

Das Postamt in Alt-Hietzing war damals noch in einer kleinen Villa untergebracht. Wie fast alle Gebäude in dieser höfischen Umgebung[1] war auch diese Villa in hellem Habsburggelb gestrichen und sah aus wie ein k. k. Postamt in einer österreichischen Sommerfrische. Ein paar Treppen führten zu dem Eingangstor, vor dem draußen, wie hinter ihm drinnen, kaum je ein Menschengedränge vorgekommen sein wird. Die Althietzinger waren zum Drängen nicht geboren, und die neu Hinzugezogenen waren, wie ich, für die Dauer hingezogen, weil man sich hier, in Alt-Hietzing, nie zu drängen hatte. Aber ein Telegramm aufgeben oder einen Brief einschreiben lassen muß hin und wieder auch ein Althietzinger persönlich tun. Das eben getan, ging ich eines Nachmittags zum Tor dieses Postamts hinaus, und von der Treppe erblickte ich Frau Helene Berg langsamen Schritts in der Richtung zum Postamt kommen. Sie war in Schwarz vom Kopf zu den Füßen gekleidet. Ich muß wohl einen bestürzten Eindruck gemacht haben, obwohl ich Zeit hatte zu bemerken, daß sie nur in Halbtrauer war (sie trug keinen Schleier). Denn schon auf der Treppe streckte sie mir eine schwarz behandschuhte Hand vor und beruhigte mich: »Sie brauchen mir keine Kondolenz zu sagen. Wir haben heute eine hochbetagte alte Tante zur ewigen Ruhe gebracht. Schlimmeres soll uns nicht passieren.«

In diesen ersten Minuten unserer Bekanntschaft fiel mir schon ein charakteristischer Zug auf in ihrer Art sich auszudrücken, ohne daß ich gleich hätte sagen können, worin dieser Zug bestand. Ich fühlte mich auf der Stelle veranlaßt, ihr zu erklären, wie sehr ich mich gefreut hatte, die Bekanntschaft ihres Mannes zu machen, und wie sehr ich ihm für seine Freundlichkeit dankbar war. »Oh!« rief sie schnell aus, als läge hier ein Grund zur Überraschung vor. »Das hätten Sie ihm aber deutlicher klarmachen sollen.« – »Wie denn? Habe ich es nicht?« – »Offenbar nicht«, sagte sie mit großem Ernst. »Alban ist damals sehr betrübt nach Haus gekommen. Er hat mir gleich erzählt, wie er Sie in der Trambahn angesprochen hat, wie Sie erst getan ha-

---

1 Nämlich in unmittelbarer Nähe des Schlosses Schönbrunn.

ben, als wären Sie sehr erfreut. Dann aber sind Sie plötzlich noch auf der Mariahilfer Straße ausgestiegen, an einer Haltestelle, wo kein Hietzinger je was zu suchen g'habt hat.« – »Herr Berg hat Ihnen genau berichtet«, erwiderte ich, zu meiner eigenen Überraschung in völliger Gemütsruhe. »Ich bin bei einer Haltestelle ausgestiegen, wo kein Hietzinger was zu suchen hat, erstens, weil ich kein so echter Hietzinger bin, zweitens, weil ich dort auch nichts zu suchen hatte: ich bin nämlich zu weit mitgefahren, um mit Herrn Berg eine Weile länger zu bleiben, obwohl ich drei Haltestellen früher hätte aussteigen sollen, wo ich tatsächlich etwas Dringendes zu suchen, ja zu besuchen hatte, nämlich meine Mutter.« – »Is wirklich woahr?« rief sie, höchst erfreut, in echtem Wienerisch. »Ihre Mutter wohnt auf der Mariahilfer Straße?«

»In einer stillen Seitengasse, ganz in der Nähe vom Schwenderhof.« – »Das müssen Sie aber dem Alban erzählen. Gehn S', rufen S' ihn an und erzählen Sie's ihm so, wie Sie's mir erzählt haben.« – »Ich werd es gern tun, gnädige Frau. Aber bitte, sagen Sie mir: hat Herr Berg im Ernst annehmen können, daß ich mich nicht riesig gefreut habe, seine Bekanntschaft zu machen?« – »Er hat im Ernst geglaubt, daß er Sie belästigt hat. So ist der Alban. So sind sie, die Schönbergianer, alle. Weil – Sie werden schon sehn, bis Sie ein paar von ihnen kennenlernen.« – »Ich kenne schon zwei, Eduard Steuermann und Hanns Eisler.« – »Der Eisler, also mit dem ist's was andres, der ist viel zu lustig. Aber der Steuermann, der ist grad' so wie der Alban. Einerseits sehr eingebildet, und dann wieder Minderwertigkeitsgefühle. Ich verstehe nicht, wie das zusammengeht. Vielleicht können Sie mir das mal erklären. Aber vergessen Sie nicht, den Alban anzurufen.« Um ja nicht zu vergessen, rief ich ihn schon auf dem Weg nach Hause vom nächsten Telephon an. Er war überrascht. Wie ich ihm alles erklärt hatte – und das war nicht so einfach, denn er stellte viele Fragen und wollte alles genau wissen, wo meine Mutter wohnte, und warum ich gerade an diesem Tage sie besuchte und so weiter –, fragte er plötzlich: »Wo sind Sie jetzt? Zu Hause? Wenn Sie nichts Wichtiges zu tun haben, kommen Sie bitte gleich zu uns. Ich möchte Helene überraschen. Sie geht vom Postamt noch zu ihrer Mutter. Bis dahin können wir zwei uns kennenlernen.« Ich beeilte mich und war noch schneller, als er mich erwartete, bei ihm. »Wenn

56

die Helene kommt und Sie hier findet, die wird a G'sicht machen! Ich freu mich schon drauf.«

Sie hatten eine Dreizimmer-Wohnung im Parterre, ein Arbeitszimmer, ein Eßzimmer, ein Schlafzimmer mit einer schönen Gartenveranda und eine Küche. Als er mich durch die Wohnung führte, entdeckte ich im Schlafzimmer eine eingerahmte Photographie an der Wand: ein Doppelbildnis von Peter Altenberg mit Adolf Loos.[1] Es war ein bekanntes Photo, das im Laufe der Jahre immer wieder in illustrierten Zeitschriften erschienen war, Peter Altenberg mit noch kräftigen Zügen und buschigem Schnurrbart, Adolf Loos noch jung und sehr elegant.

Im Arbeitszimmer gerieten wir gleich in ein langes Gespräch über Peter Altenberg. Das war ein glücklicher Zufall. Peter Altenberg las ich schon vor dem Ersten Weltkrieg. Ich habe fast alle seine Bücher gekannt und den Verfasser schon damals nicht weniger bewundert als irgendeiner von seinen Anhängern in Wien. Noch als Gymnasialschüler hatte ich mich mit einem älteren Studenten angefreundet, einem Sonderling, der in Wien Architektur studierte. Er war fünf Jahre älter als ich und völlig den bildenden Künsten ergeben. Aber Peter Altenberg hatte es ihm in einer Weise angetan, daß er nicht einfach ein begeisterter Leser seiner Bücher, sondern ein Adept des Meisters war, um die Verbreitung seiner Lehren in Eifer bemüht. Alle Regeln seiner Lebensweisheit beherzigte er ausnahmslos. Wie es in solchen Fällen geschieht, nahm er just die verstiegensten Einfälle und Aussprüche des bezaubernden Dichters für gültige Lebensregeln. P. A., wie sich Richard Engländer nannte, Dichter, Denker, Humorist, Kulturkritiker, Erzieher, Bohémien, Bettler, übte jahrzehntelang eine durchaus mächtige, wenn auch drollige und zärtliche Tyrannei auf eine nicht große, aber selekte Leserschaft Österreichs aus. Der Meister schrieb einmal den lapidaren Satz auf: Ein schöner Fuß ist schöner als ein schöner Schuh. Und er nahm sich selbst beim Wort, zog seine Schuhe aus, steckte seine Füße in Ledersandalen und ging: ein älterer, schon beleibter, glatzköpfiger Herr mit slowakischem Schnurrbart und einem Zwicker am schwarzen Bändchen, in die Kaffeehäuser, in die

1 Ein Exemplar dieser Fotografie Peter Altenbergs (1859-1919) mit Adolf Loos (1870-1933) trägt eine Widmung von der Hand des ersteren: »Architekt Adolf Loos und Peter Altenberg! 1918 / Zwei, die sich ›hinweg-setzen‹. Über das, was *bisher* unrichtig war! Peter Altenberg« (abgebildet in der Festschrift *Adolf Loos zum 60. Geburtstag am 10. Dezember 1930*, Wien 1930).

57

Nachtlokale und auf den Korso am Graben. Mein Freund Józek, der Architekturstudent, begegnete ihm einmal in dieser Tracht im Volksgarten und beschloß auf der Stelle, sich dem Naturkult des Meisters ganz zu ergeben. Nicht nur in Wien, der Großstadt, wo ein Narr kein zu großes Aufsehen macht. Eines Sommers kam er für die Großen Ferien in seine ostgalizische Heimatstadt Tarnopol und erschien zum Ergötzen der Bevölkerung auf dem Mittagskorso, ein Adept des Meisters, barfüßig in Sandalen. Zum Unterschied von P. A. war mein Freund erst 22 Jahre alt, über sechs Fuß hoch, mit einer hochgeschwungenen langen Nase und einem feminin schwebenden Gang, obgleich er durchaus nicht so gesinnt war, sondern im Gegenteil, wie der Meister, ein Liebhaber von langbeinigen Tänzerinnen mit kurzen Stupsnäschen im kindlichen Gesicht. Da ihm der Schnurrbart kaum sprossen wollte, ließ er sich einen schütteren Spitzbart wachsen, gürtete seine Jacke, auch das nach dem Beispiel des Meisters, mit einem schwarzlackierten Gürtel. Wer ihn bei seinem ersten Auftritt auf dem kleinstädtischen Korso nicht gesehen hat, wird sich nicht leicht vorstellen, wie der übergroße Sandalenträger mit seinen großen, nackten Füßen vor dem Ersten Weltkrieg gewirkt hat. Dennoch ist er nicht zu Schaden gekommen. Die unbändige Heiterkeit war nicht grausam. In einer Kleinstadt kennt man jeden. Sein Vater war ein reicher Kaufmann und Mühlenbesitzer. Er hatte vier überlebensgroße Söhne. Józek war der jüngste und sympathischste. Es gab auch schon damals ein paar Dutzend P. A.-Enthusiasten selbst in einer galizischen Kleinstadt. Man gewöhnte sich erstaunlich schnell an den Anblick des ersten *Beatniks* der Weltgeschichte[1].

Aber P. A. schrieb auch andere Maximen. Nacktkultur war wichtig, gewiß, aber wichtiger ist die Diät. Was soll der Mensch des zwanzigsten Jahrhunderts essen, wenn er nicht am Übermaß seiner Zivilisation zugrunde gehen soll? Püree, Püree und wieder Püree. Kartoffelpüree, Erbsenpüree und vor allem: Spinat. Spinat in jeder Form. Ich habe leider keine Sammlung von P. A.-Büchern zur Hand, indes ich hier schreibe. Aber ich nehme es auf mein Gewissen und sogar auf meinen Eid: Die Worte »der fast schon heilige Spinat« stehen in einem, wenn nicht in mehreren von den elf »heiligen« Büchern des sonst so wahren Weisen P. A. Doch war es im Punkte

---

1 So über Peter Altenberg auch Elisabeth Freundlich, *Der erste Beatnik*, in: Die Kultur (Stuttgart), Jg. 10 (1961/62).

58

Nacktkultur: gesagt – getan, mit der Befolgung seines Speisezettels war es Essig. P. A. predigte Spinat, ließ es sich aber bei Rindsgulasch, Kalbsgulasch, Zwiebelrostbraten, und namentlich Kalbsnierenbraten, wohl gehen. Nicht so mein Freund Józek. Er kehrte in das jüdische Vaterhaus als ein konvertierter Vegetarier heim, und rücksichtslos wie die wahre Tugend ist, wühlte er den Frieden des Hauses auf, namentlich in der Küche. Sein Vater sagte: »Frisch, gesund und meschugge.« Und der alte Schalit fragte mich: »Schämst du dich nicht, mit meinem Meschuggenen spazierenzugehen? Wirst du auch Gras essen, wie der König Nebukadnezar und mein Sohn Josef?« Nein, Gras essen wollte ich nicht. Aber geschämt, mit dem Prä-Beatnik spazierenzugehn, hab ich mich nicht. Ich bewunderte seinen Mut, gegürtet, mit offenem Hemdkragen, barfuß in seinen Sandalen, die Spießer der Kleinstadt herauszufordern. Die Köchin im Vaterhaus klagte mir ihr Leid: »Was weißt du, was ein Vegetarier ist? Den ganzen Tag frißt er wie ein Pferd. Und er wird nicht satt! Wir haben keine Ruhe mehr in der Küche. Den ganzen Tag backen und kochen, backen und kochen!«

Aber mein Freund hat von P. A. Liebe, Respekt und noblen Umgang mit Dienstmädchen und Köchinnen gelernt. Er schenkte der Köchin 15 Kronen im Monat, und sie sagte gerührt: »Du frißt wie ein Pferd, Józek, aber ein gutes Kind bist du geblieben.« In den Büchern des Meisters ist von der Tätigkeit als Trinkgeldgeber mehr als von jeder anderen, selbst der Liebe, die Rede. Trinkgeldnehmer und Hürchen sind die einzigen Wesen, vor denen P. A. als Geber sich zeigt. Sonst ist er, wie die meisten Lehrer der Lebensweisheit: purer Nehmer gewesen. Adolf Loos, *der* Freund seines Lebens, der avantgardistische Architekt, in vielen Dingen ein Schüler von P. A., erzählte liebevoll von zufälligen Begegnungen mit P. A. auf der Straße. Ein kurzer Dialog, dann gehen beide zum Nachtmahl. Dialog: P. A.: »Adolf, kannst du mich heute zum Nachtmahl einladen?« Loos: »Von Herzen gern, Peter, das weißt du. Aber gerade heute bin ich ganz stier.« – »Das macht nichts«, sagt P. A. in all seiner Hilfsbereitschaft, »ich borg' dir zehn Kronen.« Er hatte die Offenherzigkeit eines Kindes und die dazugehörige Unbekümmertheit für ihre Folgen. Der Schriftsteller Leo Perutz[1] erzählte mir: Eines Sonntags begegnete er auf dem Weg zum Mittagessen dem offenbar

---

1 Der Prager Erzähler Leo Perutz (1882-1957).

59

zum Genuß des herrlichen Wetters ausnahmsweise schon früh, das heißt gegen Mittag erwachten Peter Altenberg. Nach der Begrüßung und auf seine Frage erzählte ihm Perutz, daß er eine von seinen Novellen einer deutschen Filmgesellschaft um eine für damalige Verhältnisse beträchtliche Summe verkauft habe, in freudiger Bereitschaft, P. A. aus diesem Anlaß zum Mittagessen einzuladen. Stattdessen erlebte Perutz, der sich einbildete, den Meister genau zu kennen, eine köstliche Überraschung. Nachdem er den genauen Verkaufspreis erfragt und vernommen hatte, schlug P. A. beide Hände vor die Stirn, und mit dem Schrei: »Das ist mein Sonntag!« lief er schnell davon, um mit seinem Schmerz allein zu sein. Anton Kuh[1], Schriftsteller, geistreicher Kritiker, und freier Bettler auch er, erzählte mir: »Ein Prager Millionär (der wie mein Freund Jósek die Speisegesetze Peter Altenbergs ernst genommen hatte) kam nach Wien und bat Kuh, ihn mit Peter Altenberg bekannt zu machen. Zu dritt, wie sie beim Abendessen waren, bestellte der vegetarische Millionär zum Entsetzen P. A.'s dessen Speisefolge: Gemüsesuppe, Pürees, Spinat, Nüsse. Der Meister, um seinen Schüler nicht zu enttäuschen – namentlich wenn er ein Millionär war – folgte in Erbitterung dem Beispiel seines Adepten, indes Anton Kuh, nachdem er mit einer *paté maison* begonnen, sich unerschrocken durch die Speisekarte des damals mit Recht vielgerühmten Sacher-Restaurants von Gang zu Gang durchfraß. Wie er beim Chateaubriand angelangt war, zischte ihm, unhörbar für den Millionär, Peter Altenberg ins Ohr: »Ein begabter Junge sollte nicht so fressen!«

Alban erzählte mir von der Bewunderung, die Altenberg für Millionäre hatte – nicht für das, was sie besaßen, sondern für das, was sie sich leisten konnten. In einer Sommernacht saß er in seiner Eigenschaft als Nachtlokalberichterstatter (fünfzig Jahre vor Earl Wilson) in einem Kabarett. Im ausverkauften Haus war es heiß, die Luft stickig und voller Rauch. P. A. vertrug das schlecht. Frische Luft war ihm fast so heilig wie Spinat. In einem stillen Augenblick erhob er seine Stimme und schrie: »Fünf Millionäre sitzen hier im Rauch, und keiner läßt ein Fenster öffnen!«

Jedoch von Millionären allein kann ein Bettler nicht leben, und wäre er auch als Bettler ein Genie. Peter Altenberg hatte einen edlen Bruder, der in der Lage war, seinem ältern Bruder im Bedarfsfall zu

---

1 Der Wiener Feuilletonist, Essayist und Satiriker Anton Kuh (1891-1941).

60

helfen. Irgendwo in Wien ist unter verschiedenen andern ›Altenberg-iana‹ ein Telegramm von P. A. an seinen Bruder aufbewahrt: »Lieber Georg, schick sofort 100 Kronen. Habe alle Ersparnisse auf die Bank gebracht und stehe vor dem Nichts.«

Dieses Telegramm kannte Alban nicht. »Hat er nicht recht gehabt mit dem Telegramm?« rief er aus. »Freilich hat er recht gehabt«, sagte ich. »Ich habe David Ricardo, Adam Smith und Karl Marx, die drei größten Nationalökonomen studiert. Bei keinem habe ich eine so abgrundtiefe Wahrheit über die Banken gefunden. P. A.'s Telegramm ist, glaube ich, aus dem Jahre 1912. Wir haben es erst im Jahre 1920 begriffen, daß man vor dem Nichts steht, wenn man sein Geld auf die Bank gebracht hat.«

Die Drolerien seiner Aussprüche, wie sind sie zu erklären? Es saßen Schlauberger an seinem Cafétisch, und sie gingen belustigt weg. Sie sagten sich: Ein Clown. Sein treuer Freund Egon Friedell[1], den Karl Kraus, witzig und boshaft wie immer, mit Unrecht wie meistens, einen »munteren Seifensieder« nannte[2], versuchte ihn mit nüchternen Fragen, obwohl er selber meistens angeheitert war. Ihm, Egon Friedell, verdankt die Überlieferung eine Reihe von P. A.-Kostbarkeiten. Allein der Vorrat ist unerschöpflich. In all seiner Kindlichkeit war er allen überlegen. Denn er war ein Kind und ein Fuchs zugleich. Er schätzte Karl Kraus, aber er überschätzte ihn keineswegs. Karl Kraus war klug. Der erste Teufel der Hölle ist nicht klüger. Aber was ist schon Klugheit? Bestenfalls fragt sie unmensch-lich schlau und antwortet teuflisch klug. Die Weisheit aber, sie fragt menschlich klug und antwortet göttlich närrisch. P. A. war ein Weiser.

Peter Altenberg wohnte Zeit seines Lebens in einem kleinen Ho-telzimmer im Zentrum der Stadt. Wenn ein Mann in einem Ho-telzimmer wohnt, hat er im Grunde nur eine Schlafstätte. Er tapezierte seine Zimmerwände mit Ansichtskarten aus, die er nach seiner Laune beschriftete. Wenn die deutschen Mordbrenner sie nicht vernichtet haben, sind vielleicht in Wien noch irgendwelche zu sehen. Gedichtet, geschrieben oder, wie er sagte, gekritzelt, hat er ambulant. Er hat sich

1 Der Wiener Essayist Egon Friedell (1878-1938) veröffentlichte über Peter Altenberg die Monographie *Ecce poeta* (Berlin 1912) sowie verschiedene Essays. Nach dem Tod des Freundes gab er den Sammelband *Das Altenberg Buch* (Wien 1921) heraus.
2 Karl Kraus, *Das unmögliche Burgtheater*, Fackel Nr. 546-550, Juli 1920, S. 35.

seine eigene literarische Form erfunden: die lyrische Skizze. *Wie ich es sehe* war der Titel seines ersten Buches. Ein anderes nannte er: *Was der Tag mir zuträgt.*[1] Beide passen für sein ganzes Lebenswerk. Hin und wieder wuchs sich eine Skizze zu einem Kunstwerk aus. Oft entartete sie zu einer lächerlichen Aussage vom Segen der Nacktkultur, den Sandalen, vom Heil einer Schlafpille. Das Wertloseste natürlich sind seine diätetischen Vorschriften, die er nicht müde wird, seinen Lesern einzuschärfen. P. A. waren beide, die kleinen Kunstwerke und die Hymnen auf den Spinat, gleich wichtig. Er scheint sich nicht des Wertes von jenen noch des Unwerts von diesen auch nur im geringsten bewußt gewesen zu sein. Beide waren ihm keine Kunst, beide waren Lehrmittel. Sein Lehrstoff war grenzenlos. Der Vagabund belehrte die Architekten und die feinen Leute, was vernünftige Wohnungseinrichtung ist. Der freie Junggeselle lehrte die Väter und Mütter Verständnis für die Kinderseele. Er war Expert und wußte guten Rat in Sachen der Ehe, der Mode, der Liebe, der wahren wie der käuflichen. »Käufliche Liebe«, stellte er einmal fest, »ist natürlich nicht das richtige. Aber gar nicht schlecht, gar nicht schlecht.« Er trank mehr als gut für ihn war. Er hatte Verständnis für alle Lust und alle Laster dieser Welt, aber der Tugenden höchste war ihm Gesundheit und Schönheit, die ihm identisch waren. Er lehrte die Schönheit der farbigen Rassen und, wie alle Romantiker, den natürlichen Adel der Primitiven. Als auf der Weltausstellung in Wien ein Aschanti-Negerdorf im Prater zu sehen war, schenkte er ihm sein ganzes Herz voll Liebe, die ihren entzückten Ausdruck fand in dem Aschanti-Buch[2] von Peter Altenberg, dem großen Schwärmer für das Kindliche im Menschen. Seine Themen waren Unzahl, Unzahl auch die Ausrufungszeichen, mit denen er seine unbestechliche Liebe und seinen unbestechlichen Zorn gegen die »Feinde des Lebens« ausdrückte. Wahre Bewunderung hatte er im Grunde nur für den Dichter, für den Künstler. Nur diese sind, trotz allem, die Glücklichen. Ihr Glück hat die Quelle in dem, was ihnen ihre Augen, ihre Ohren zutragen. Dieser Bettler liebte das Leben über alles. P. A. krönte sich selbst mit dem lapidaren Bekenntnis: »Zwei Augen habe ich, zwei Ohren habe ich.

---

1 Peter Altenberg, *Wie ich es sehe*, Berlin 1896. – *Was der Tag mir zuträgt*, Berlin 1901.
2 Peter Altenberg, *Ashantee*, Berlin 1897.

Ich Kaiser!«[1] Vor der Kraft seiner Sprache wird auch der naive Leser, der im Zarten die Kraft nicht erfühlt, sich beugen, wenn er Peter Altenbergs Aufruf für Knut Hamsun kennenlernt.[2] Als ein wahrer Weiser ist P. A. vor der Zeit gestorben. Vor der Zeit, die ihn, wie es in der Sprache der Nazi-Mordbrenner heißt: schlagartig belehrt hätte, welch ein echter Nazi in diesem pseudoromantischen Naturhysteriker Hamsun steckt.

Alban wollte wissen, ob ich Altenberg je gesehen hätte. Ich habe ihn oft gesehen. Ich erinnere mich noch genau an das erste Mal.[3] Im Jahre 1912 kam ich nach Wien, um dort zu studieren. Eines schönen Oktobertages führte mich mein Freund Józek in den Volksgarten und versprach mir, daß wir dort bestimmt P. A. sehen würden. Wir setzten uns auf eine Bank in der Nähe des Kinderspielplatzes und warteten sehr lange, viel länger als mein Freund angenommen hatte, bis der bewunderte Mann leibhaftig erschien. Mit seinem Schlapphut, dem gegürteten Rock, den Franziskaner-Sandalen, seinem auf Glanz polierten Knotenstock, dem mächtigen Schnurrbart machte er mir genau den Eindruck, den er wahrscheinlich wünschte. Als er vorbeiging, erhoben wir uns und grüßten ihn. Er dankte würdig. Mein Freund bildete sich ein, daß er seine, Józeks, Sandalen wohlwollend bemerkte. Ich war schon damals und bin nach vielen Jahren erst recht der Ansicht, daß P. A. die Sandalen meines Freundes mißbilligte. Ich habe ihn dann von Zeit zu Zeit gesehen, in einem Park, im Theater, im Konzert. Während des Krieges sah ich ihn nur einmal, schon sehr gealtert und zerstört. Im Gegensatz zu den meisten Wiener Bohémiens war er ein Patriot. Ob ich bei seinem Begräbnis war, wollte Alban wissen. Da war ich leider nicht dabei. Ich habe meinen Kriegsdienst mit einer Dienstreise nach der Ukraine beendet. Dort erreichte mich die Nachricht von dem Zusammenbruch der Front. Auf der Rückreise über Rumänien zog ich mir die spanische Grippe zu, die ich – zu meinem großen Erstaunen – nach drei Monaten schwerer Erkrankung überwunden habe. P. A. ist Anfang Januar 1919 gestorben. Da war

---

1 »Zwei Augen, zwei Ohren besitze ich, ich Kaiser!« (Peter Altenberg, *Marionetten-Theater*, in: *Was der Tag mir zuträgt*, 3., vermehrte u. veränderte Auflage, Berlin 1906, S. 128)
2 Peter Altenberg, *Knut Hamsun-Aufruf*, in: *Was der Tag mir zuträgt*, a.a.O., S. 285 ff.
3 Eine im Nachlaß erhaltene Notiz, die der alte Morgenstern sich wohl für dieses Altenberg-Kapitel machte, hält fest: »P. A. zum ersten Mal gesehen: Oktober 1913«.

ich noch nicht heimgekehrt.[1] Alban erzählte mir von dem Eindruck der Grabrede von Karl Kraus, die mit dem Satz endete: »Ein Bettler ging von uns. Wie sind wir arm!«[2] Wie es Bettlern nicht selten geschieht, hat P. A., wie mir Alban erzählte, ein nicht unbeträchtliches Vermögen auf der Bank hinterlassen. In österreichischen Kronen selbstverständlich, die nur zu bald nach seinem Tode zu dem Nichts einschrumpften, das er in dem Telegramm an seinen Bruder schon 1912 gesehen hat.

Es waren mehr als zwei Stunden vergangen, ohne daß wir es im eifrigen Gespräch über den geliebten Mann bei einer Flasche Cognac bemerkt hätten. Ich hatte dennoch das Empfinden, für einen ersten Besuch schon lange genug geblieben zu sein, und ich sagte es Alban. Geradezu entrüstet wendete er ein, daß ja dann der Streich, den er Helene spielen wollte, und sein Vergnügen daran, verpaßt wäre. Wir setzten also noch eine gute halbe Stunde unser Gespräch fort, ehe Helene heimkam. »Ich freu mich diebisch«, sagte er, und man sah es ihm an. »Die wird a G'sicht machen!« Als sie eintrat und tatsächlich das Gesicht machte, das er von ihr erwartet hatte, sah ich gleich bei meinem ersten Besuch, wie sehr er zu solchen knabenhaften Streichen geneigt war. Helene sah mit einem Blick auf die fast geleerte Cognacflasche und entschied: »Jetzt bleiben Sie aber doch zur Jause.« Und zu Alban gewendet: »Wenn nicht ich, wäre ja der Herr Doktor gar nicht hier.«

Bei der Jause sagte Alban: »Du, der Herr Doktor, der kennt Dir den Peter Altenberg besser als wie wir beide zusammen.« Er fing an, ihr die Geschichte von meinem Freund Józek zu erzählen, unterbrach sich aber bald und forderte mich auf, die ganze Geschichte noch einmal zu erzählen. So wollte unser Gespräch über P. A. an jenem Tage schier kein Ende haben. Nach der Jause und wieder im Arbeitszimmer, suchte Helene ein Buch von P. A. heraus und zeigte mir die Stelle, wo von ihr die Rede ist. Tatsächlich stand in einer von den Skizzen, die er »im Telegramm-Stil der Seele«[3] schrieb, der Name

---

1 Im Wiener Stadt- und Landesarchiv existiert jedoch ein auf den 17. Dezember 1918 datierter Meldezettel Morgensterns.
2 Mit diesem Vers endet Karl Kraus' Gedicht *Peter Altenberg* (Fackel Nr. 508-513, Mitte April 1919, S. 12). Seine Grabrede schließt mit dem Goethe-Zitat: »Wehe der Nachkommenschaft, die Dich verkennt!« (a.a.O., S. 10)
3 Peter Altenberg, *Selbstbiographie*, in: *Was der Tag mir zuträgt*, a.a.O., S. 6.

Helene N.[1] N. stand für Nahowski, der polnische Name ihres Vaters. Helene war mit Recht stolz auf die Begeisterung P. A.'s über ihre Schönheit.

Beide haben Peter Altenberg in ihren jungen Jahren gekannt, zur Zeit, da sie verlobt waren. Alban erinnerte sich, wie P. A. ihm von der Heirat abgeraten hat: »Ein junger Künstler wie Sie heiratet nicht die Tochter eines Hofbeamten!« Ihr riet er nicht weniger eindringlich ab: »Ein so schönes, vornehmes Mädchen heiratet nicht so einen jungen Bohémien. Aus dem wird nix!« P. A. war damals Anfang vierzig, als er so launige Einfälle hatte. Mein Freund Joseph Roth war viel jünger, als ich ihn Inge vorstellte, worauf er genau nach Peter Altenbergs Rezept vorging. Er sagte mir: »Ein galizischer Jud' heiratet nicht ein Fräulein von Klenau.« Ihr sagte er: »Ein Fräulein von Klenau heiratet nicht einen Ostjuden«, offenbar in der Annahme, daß *seine* ostjüdische Herkunft Inge nicht bekannt war.

Wir waren noch mit Altenberg nicht fertig, als beide sich erkundigten, ob ich am Abend was vorhätte. Als ich sagte, daß ich ins Kino gehen wollte, meinten beide, das könne ich verschieben und lieber zum Nachtmahl dortbleiben. Ich blieb zum Nachtmahl. Helene kochte, obwohl sie eine Köchin hatten. Beim Abendessen erkundigte sich Alban nach meinem Freund Józek. Er wollte wissen, ob er als Architekt in Wien lebte. Er lebte wohl in Wien. Aber Architektur hatte er nicht zu Ende studiert. Er hatte umgesattelt und studierte Chemie – auch nicht zu Ende. Sein Vater hatte im Krieg sein ganzes Vermögen verloren, und er mußte sein ohnehin schon über zu viele Jahre ausgedehntes Studium abbrechen. Er brachte sich aber ganz gut als eine Art Winkelchemiker durch. Das hatte er seiner großen und sehr feinen Nase zu verdanken. Er hatte die Gabe, Wohlgerüche zu kombinieren und verkaufte seine gelungenen Muster an Drogerien. Vom Adepten wendete sich das Tischgespräch wieder zurück auf den Meister. Wir überlegten zu dritt, was von ihm am längsten bleiben werde. Wir waren uns einig, daß alles, was er über Kinder geschrieben hat, sich als das Wertvollste erweisen wird.

Es war ein glücklicher Zufall, daß P. A. das Hauptthema meines bis tief in die Nacht ausgedehnten ersten Besuches war. Das merkte

1 Drei der Stücke in seinem Buch *Neues Altes* (Berlin 1911) hat Peter Altenberg Helene Nahowski gewidmet: *H. N.* (S. 45), *Bekanntschaft* (S. 87 f.) und *Besuch im einsamen Park* (S. 205 ff.).

65

ich schon bei meinem zweiten Besuch. Diesmal gerieten wir beide wiederholt in Aufregung und der Besuch endete beinahe mit einem Zerwürfnis. Diesmal kamen wir auf Karl Kraus zu sprechen.

Der zweite Besuch

Es hat nicht viel gefehlt, daß der zweite Besuch der noch nicht einmal begonnenen Freundschaft ein Ende gemacht hätte. Die Einladung kam von beiden, offenbar von Alban scherzhaft arrangiert: Helene lud mich telephonisch zum Abendessen ein, und als ich mit Dank angenommen hatte, nahm Alban ihr den Hörer ab und lud mich seinerseits zur Jause ein, um, wie er sagte, den ersten Besuch zu kopieren. Wir waren zunächst allein. Unser Gespräch fing damit an, daß er mich fragte, was der Grund war, daß ich meine Übersiedlung nach Hietzing mit der Penzingerstraße begonnen hatte. Ich erklärte es damit, daß ich bei einem wichtigen Umzug eine Freundin zu Rate zu ziehen pflegte, die eine echtere Wienerin war als ich und auf Wohnungen sich besser verstand. Vielleicht spielte dabei der Gedanke mit, daß ich in der Penzingerstraße mehr vom städtischen Getriebe isoliert war, da ich mich ja aufs äußerste für mein letztes Rigorosum zu konzentrieren gedachte. Dabei erwähnte ich meine guten Beziehungen zu dem alten Fräulein, der Hausbesitzerin, und ihrer Hausmeisterin, Frau Podrobny, der eifrigen Werberin für die Sozialdemokratische Partei. Ich unterließ dabei nicht, ihre tägliche Frage zu erwähnen, ob ich auf eine Eierspeise oder weichgekochte Eier reagiere. Ob ich sie je wieder besucht habe, wollte er wissen. Das war ein trauriger Bericht. Das alte Fräulein hatte einen Neffen, einen Volksschullehrer, der ungeduldig auf die Erbschaft wartete. So ungeduldig, daß er sie täglich zum Verkauf des Hauses drängte, das ja damals nicht viel eintrug. Er hatte den Plan, mit dem Verkaufserlös Geschäfte zu machen und ein luxuriöses Leben mit seiner frommen Tante zu beginnen. Schließlich gab sie nach und sie verkauften das Haus, etwa ein halbes Jahr vor dem Beginn der Inflation. Die unvermeidliche Katastrophe überlebte der Neffe, aber nicht die Tante. Das alles erzählte mir die Frau Podrobny, die als einzige dem Hause erhalten blieb. Sie war mit dem Wechsel nicht zufrieden. Sie trauerte offen dem alten Fräulein nach und verzieh ihr nunmehr, daß sie eine so eifrige Kirchengängerin gewesen war. Die neue Besitzerin, sagte sie, war keine richtige Besitzerin. Sie war eine Firma. Und das machte sie recht traurig. Um ihren Kummer zu verscheuchen, entschloß ich mich auf der Stelle, geradewegs zu lügen, als sie mich fragte, ob ich bereits ihrer Partei beigetreten wäre.

Zu meinem Erstaunen fragte mich Alban so nebenbei, ob ich je daran gedacht hätte, der Sozialdemokratischen Partei beizutreten. »Nein«, sagte ich ihm. Er wunderte sich, denn nach dem Krieg waren die meisten abgerüsteten Heimkehrer, insofern sie nicht enragierte Anhänger der Christlichsozialen Partei waren, Sozialisten geworden. Ich sagte ihm, daß ich wohl im Gymnasium, wahrscheinlich weil es verboten war, der zionistischen Jugendbewegung angehört hatte, aber nach der Matura nicht die geringste Neigung verspürt habe, irgendeiner politischen Partei beizutreten. Ich hatte eingesehen, daß ich nicht ›tätig‹ genug bin, um irgendwo Mitglied zu sein. Und abgesehen davon fand ich in mir nichts, was mit einer strikten Parteigesinnung zu schaffen hatte. Ich habe Alban damals nicht danach gefragt, ob er je Mitglied einer politischen Partei war. Karl Kraus, der nach dem Krieg zur allgemeinen Überraschung sehr freundliche Beziehungen zu der Partei aufgenommen hatte, eröffnete nach nicht zu langer Zeit einen Kampf gegen die Sozialdemokraten, der nicht wenige linksgerichtete Intellektuelle unter seinen Anhängern in äußerste Verwirrung stürzte. Der Kampf war dramatisch sowohl als auch humoristisch und dauerte über Jahre hinaus, über das Ende der Partei, ja bis zu seinem Tode. An jenem Tag hatte Alban offenbar eine frische Invektive gegen die *Arbeiter-Zeitung* in der *Fackel* gelesen, und es lag ihm daran zu erfahren, wie ich dazu stand. Ich stand nicht neben Kraus, zu Albans Enttäuschung. Ich fand, daß die Motive, die Karl Kraus nach dem Krieg zur tätigen Sympathie für die Wiener Sozialdemokraten bewegten, verständlich und ernst waren. Daß er so weit ging, persönlich an ihren öffentlichen Veranstaltungen teilzunehmen und Vorträge für die Arbeiter zu halten, fand ich geradezu bewundernswert. Bewundernswert umsomehr, als er es zur allgemeinen Verblüffung tatsächlich zuwege brachte, seinen nicht gerade für die Ohren einer Arbeiterversammlung angemessenen Stil auf diese ihre Ohren bravourös abzustimmen. Es ist auch begreiflich, daß eine solche unnatürliche Symbiose nicht lange dauern konnte. Ein hartgesottener Einzelgänger wie Karl Kraus würde es selbst in der himmlischen Gemeinschaft nicht lange aushalten. Weniger verständlich, daß er, der Durchschauer par excellence, sich selbst daraufhin nicht durchschaut hatte. Darin ist vielleicht der

Grund zu suchen, daß die Trennung so gar nicht schwerwiegende Motive hatte.

Ich merkte sogleich, daß schon eine solche Bemerkung Alban verstimmte. »Wann haben Sie die *Fackel* zu lesen begonnen?« fragte er mich, offenbar um eine Entschuldigung für meine leichtfertige Äußerung zu suchen. Ich erzählte ihm, daß ich erst im ersten Kriegsjahr die *Fackel* entdeckt habe. Ein mir befreundeter Offizier, der in Wien auf Urlaub gewesen war, brachte mir eine Nummer nach der Steiermark mit, wo ich damals in Wildon bei Graz eingerückt war. Im Laufe des Krieges habe ich nur sporadisch Gelegenheit gehabt, mir eine *Fackel* zu beschaffen. Erst im Jahre 1919 machte ich gründliche Bekanntschaft mit den Schriften von Karl Kraus. In dem Wintersemester, da ich mir überlegte, ob ich meine juristischen Studien noch fortsetzen sollte, vernachlässigte ich die Vorlesungen und saß stattdessen in Bibliotheken und las die *Fackel.* Von der ersten Nummer an. Gleichzeitig, fasziniert von der Lektüre, verschaffte ich mir die drei Pasquille, erstens *Die demolierte Literatur,* zweitens *Eine Krone für Zion,* und – last not least – drittens das infame *Heine und die Folgen.*[1] Kaum hatte ich das Wort ›infam‹ ausgesprochen, als Alban aufsprang und ins Vorzimmer rannte. Ich nahm an, daß er zum Telephon gerufen wurde und erwartete in aller Unschuld seine Rückkehr. Er setzte sich, und mit geschlossenen Augen, als vertrüge er meinen Anblick zu schwer, fragte er: »Wieso Pasquill? Wieso infam?« Ich erklärte: »Pasquill heißt nichts Schlimmes. Es ist eine Gattung der Literatur. Zu deutsch: eine Schmähschrift. Und das ist die Broschüre gegen Heine.« – »Eine Streitschrift«, sagte er. »Ja«, sagte ich, »eine polemische Schrift *ad hominem* ist eine Schmähschrift.« – »Aber wenn sie wahr ist?« – »Wenn sie wahr ist, ist sie noch immer eine Schmähschrift, wenn sie ja doch schmäht. Aber, wo ist da der Beweis der Wahrheit?« – »Darum also infam?« – »Nein«, sagte ich, »infam ist sie aus einem andern Grunde.« – »Aus welchem?« wollte er wissen. »Infam ist die Schmähschrift gegen Heine, weil hier ein Schriftsteller, der Heinrich Heine seine ganze schriftstellerische Existenz verdankt, seinen Meister verschmäht.« Alban mußte wieder zum Telephon. Als er wiederkam und eine Weile schweigend mir gegenübersaß, hoffte ich, daß er die Debatte als beendet betrachte. Nach einer Weile sah ich, daß es

---

1 Karl Kraus, *Die demolirte Litteratur*, Wien 1897. – *Eine Krone für Zion*, Wien 1898. – *Heine und die Folgen*, München 1910.

69

nicht so war. »Sie sprechen von Kraus, als wäre er ein Schüler von Heine.« – »Ein Heine-Epigone«, sagte ich. »Kraus verdankt also Heine seine Existenz?« – »Ja«, sagte ich, »im wahren Sinne des Wortes. Ohne Heine gäbe es die Sprache nicht, die er gegen Heine führt.« – »Es ist also ein Verrat?« – »Um mit Karl Kraus zu sprechen: er spuckt in die Quelle, aus der er getrunken hat.« Zum Glück läutete es jetzt im Vorzimmer, und ich merkte erst jetzt, daß Alban zweimal hinausgelaufen war, um sich zu beruhigen, weil offenbar die andere Alternative gewesen wäre, mich hinauszuwerfen.

Diesmal hatte ihn das Telephongespräch tatsächlich beruhigt. Er nahm das Gespräch wieder auf und zitierte ungefähr aus der Schmähschrift: »›Heinrich Heine hat der deutschen Sprache das Mieder gelüftet, so daß jeder Kommis an ihren Brüsten fingern kann‹, sagt Kraus in der Polemik gegen Heine. Ist das nicht wahr?«[1] – »Selbst wenn es wahr wäre, kann Heine nichts dafür. Ebensowenig wie man Nietzsche nicht dafür verantwortlich machen kann, daß die deutschen Antisemiten ihn zu ihrem Lehrmeister erklären. Übrigens wissen Sie wahrscheinlich so gut wie ich, daß Nietzsche gerne und in großer Dankbarkeit zugibt, daß er sowie die ganze neue deutsche Literatur von Heine stammt. Nietzsche, ehrlich wie er war, gibt auch zu, daß er von Heine seine Idee vom heiteren, unbeschwerten griechischen Heidentum und von dem tristen, lebensfeindlichen Christentum hat.« – »Sie finden auch die Heine-Gedichte, die Kraus verspottet, wie: *Du hast Diamanten und Perlen*, bedeutend?« – »Das nicht. Aber es gibt von Heine eine Reihe von großen, echten Gedichten, und auch die leichteren, die uns heute so süßlich und romantisch-lächerlich vorkommen, waren an ihrem ersten Tage jung und frisch, als echte Blumen der Romantik. Ich bin sehr froh, daß Sie gerade das erwähnen. Ich hatte nämlich diese sentimentalen Ausbrüche des jungen Heine fast ebenso mißverstanden und verachtet, wie es jetzt Mode geworden ist, bis ich eines Tages in einem Konzert zum ersten Mal Robert Schumanns *Dichterliebe* hörte.[2] Und da wir nun glücklicherweise bei der Musik angelangt sind, bitte ich Sie, wenn wir weiter über Heine sprechen

---

1 Seit 1909 kehrt diese Bemerkung, leicht variiert, mehrfach wieder. In *Heine und die Folgen* lautet sie: »[...] jenem Heinrich Heine, der der deutschen Sprache so sehr das Mieder gelockert hat, daß heute alle Kommis an ihren Brüsten fingern können.« (Fackel Nr. 329/330, 31. August 1911, S. 11)

2 *Dichterliebe*, op. 48, Schumanns Liederzyklus von 1840 nach Gedichten aus Heines *Buch der Lieder*.

wollen, daran zu denken, was Robert Schumann in Heine gefunden hat. Das sind wohl ganz andere Folgen von Heine als die ihm Karl Kraus zuschiebt. Und jetzt sind Sie dran, mir die Liederreihe von Schumann auf Ihre Art zu interpretieren. Denn da finde ich mich in Ihrer Gegenwart nicht zuständig.«

Alban blickte mich prüfend an und gab so lange keine Antwort, daß ich Zeit hatte, ihm anzusehen, was er in dem Moment dachte: Wie werde ich diesen Kerl nur los. Gleichzeitig beschäftigte mich bereits die Frage: Wie komme ich hier davon? Rückdenkend, erkläre ich mir meinen Zustand so: Wie ich damals lebte, war ich gar nicht darauf eingestellt, Einladungen zu ausgedehnten Besuchen, namentlich zum Abendessen, anzunehmen. Wenn ich nicht in ein Theater oder ein Konzert ging, verbrachte ich meine Abende in meinem Stammcafé mit Freunden. Ich lebte das Leben eines gemäßigten Bohémiens. Einladungen zum Essen waren eine bürgerliche Affaire. Sooft ich, sei es pflichtgemäß, sei es wie in diesem Falle, durch Neugier auf eine neue, mir interessant scheinende Bekanntschaft verlockt, eine Einladung annahm, tat ich es mit Bedauern. Es ging mir so wie etwa einem leidenschaftlichen Raucher, der aufgefordert wird, irgendwo einen Abend zu verbringen, wo nicht geraucht werden darf. Es mußte schon eine sehr angenehme oder sehr interessante Gesellschaft sein, um mir das Gefühl eines verlorenen Abends nicht aufkommen zu lassen.

Mit einem fanatischen Krausianer zu debattieren, war verlorene Mühe, verlorene Zeit. Ich kannte seit Jahren diesen Typ. Es waren meistens jüdische Intellektuelle, echte Gläubige, fanatisch und demzufolge intolerant und gehässig. Die nichtjüdischen Krausianer waren das alles auch, aber diese ertrugen einen Einwand ohne zu leiden. Alban schien mir einer Gehässigkeit unfähig zu sein, umsomehr litt er. Schon hatte ich mir, um ihm weitere Pein zu ersparen, ausgedacht, unter welchem Vorwand ich mich davonschleichen könnte, als Helene ins Zimmer trat. Wir hatten sie beide nicht kommen gehört. Schlank, leichtfüßig, sehr schön, nicht gerade vorteilhaft gekleidet. (Es war das erste Mal, daß ich das an ihr bemerkte.) Sie sah Alban an, reichte mir die Hand und fragte ihn: »Ihr habt euch gestritten?« Und zu mir: »Natürlich habt ihr euch gestritten! Ich freu mich, daß Sie da sind. Setzen Sie sich wieder. Und erzählt!« – »Der Herr Doktor hat versucht, Karl Kraus zu demolieren«, sagte Alban. »Und er ist

71

aufgestanden und ins Vorzimmer gelaufen?« fragte Helene mich. »Ja«, sagte ich, »zum Telephon.« – »Ach«, sagte sie, »niemand hat ihn angerufen. Er läuft immer hinaus, um sich zu beruhigen.« – »Um nicht unhöflich zu sein«, sagte ich. »War ich unhöflich? War ich unhöflich?« – »Nein«, sagte ich, »aber Sie haben soeben Ihre Frau falsch informiert. Ich habe nicht versucht, Karl Kraus zu demolieren.« – »Karl Kraus ist ein kleiner Heine-Epigone. Haben Sie das nicht gesagt?« – »Ich habe ›Epigone‹ gesagt, aber nicht ›kleiner‹«, sagte ich. »Das Wort ›Epigone‹ allein, ist das nicht schon verächtlich?« meinte er. »Nicht immer. Im Gegenteil. Es gibt bedeutende, hochgeschätzte und liebenswerte Epigonen.« – »Nennen Sie mir so einen Heine-Epigonen«, sagte er. »Daniel Spitzer, zum Beispiel«, sagte ich.[1] »Den schätzen Sie und lieben ihn?« – »Sehr!« sagte ich. »Ich schätze ihn und liebe ihn.« – »Und Karl Kraus ist ein kleinerer Epigone als Spitzer?« – »Nein«, sagte ich, »ein größerer. Der größte von allen, die von Heine gelernt haben. Übrigens hat Kraus auch von Spitzer gelernt, was auch keine Schande ist.« – »So«, sagte Alban überrascht, »Sie schätzen also Kraus sehr hoch ein? Aber Sie haben doch so auf ihn geschimpft!« – »Ich habe von seinen Eigenschaften gesprochen. Nicht von seinen Fähigkeiten. Die schätze ich sehr hoch. Ja, ich liebe sie.« Helene darauf: »Was willst du vom Herrn Doktor? Karl Kraus ist doch nicht jedem sein Papst. Jetzt Schluß damit. Jetzt mach« ich euch einen Kaffee, und dann könnt ihr weiterraufen.«

Wir rauften uns nicht mehr an jenem Tag, aber das will nicht heißen, daß unser Gespräch über Kraus damit zu Ende war. Im Gegenteil, wir sprachen fast den ganzen Abend über ihn. Es war nicht schwer, mit einem Krausianer eine Debatte über sein Idol zu beginnen. Schwer war es, sie zu beenden oder Schluß zu machen. Viele Jahre später erlebte ich mit einem Krausianer, einem nicht ganz fanatischen, doch besessenen, aber humorvollen, folgenden Spaß: Ich war im Gebirge in Ferien, und mein Freund Jascha Horenstein kam für ein paar Tage nach Tirol, um mich zu besuchen. Im Gebirge bin ich kein Intellektueller. Mein Freund wußte das. Aber es war stärker als er. Eines Tages fing er an: »Karl Kraus sagt...« Ich unterbrach ihn in offener Unhöflichkeit: »Wer den Namen Karl Kraus noch einmal erwähnt, zahlt zehn Schilling.« Jascha verließ das Zimmer und tat gar nicht beleidigt. Nach einer Weile klopfte es an die Tür und herein trat

---

1 Der Wiener Feuilletonist und Satiriker Daniel Spitzer (1835-1893).

Jascha, legte eine Fünfzig-Schilling-Note auf den Tisch und setzte fort: »Karl Kraus sagt…«

An jenem Abend kamen die Worte »Karl Kraus sagt…« unzählige Male vor. Natürlich brauchte Alban mehr als einen Abend, mehr als eine Woche, mehr als einen Monat und sogar mehr als ein Jahr, um in aller Ruhe Einwände gegen das, was »Karl Kraus sagt«, hinzunehmen. Aber die Luft war gereinigt. Das sah ich schon mit Vergnügen, als ich sehr spät am Abend Abschied nahm. Denn nachdem Alban Gute Nacht gesagt hatte, fügte er in der ihm eigenen Herzensgüte hinzu: »Wenn Sie nächstens hier sind, setzen wir uns beide ans Klavier und lesen uns Schumanns *Dichterliebe* zusammen durch.«

Kaffeeklatsch unter Nachbarn

Ein paar Wochen vergingen. Ich hörte nichts von ihnen, und ich rief auch nicht an. Eines Tages begegnete ich Alban zufällig auf der Hietzinger Hauptstraße. Er war auf dem Wege zum Friseur und ich zu einem Morgenspaziergang im Schönbrunner Park. Um mit den Amerikanern zu sprechen: He badly needed a haircut, was bei ihm damals oft der Fall war, wie übrigens bei mir auch. Dennoch entschloß er sich, mit mir in den Park zu gehen. »Ich wollte Sie schon anrufen«, sagte er, »um Sie was zu fragen, unterließ es aber, weil ich mit Ihnen ausführlicher darüber sprechen wollte. Ich wollte Sie fragen, was Sie von Lord Byron halten. War er wirklich ein großer Dichter?« – »Ein großer Dichter war er meiner Ansicht nach nicht«, sagte ich, »vermutlich aber eine faszinierende Persönlichkeit. Er hat zeit seines Lebens erstaunliche Furore gemacht und einen leider mächtigen Einfluß auf die Literatur gehabt.« – »Mit wem würden Sie ihn in der Musik vergleichen – wenn so was zulässig wäre. Mit Schumann vielleicht?« – »Nein«, sagte ich entschieden, »ich würde sagen mit Franz Liszt. Beide waren Virtuosen. Ich meine nicht den Pianisten Liszt, sondern just den Komponisten. Rauschend-romantisch. Und eklatant-dämonisch. Natürlich, wie Sie selbst gesagt haben, wenn man Dichter mit Musikern vergleichen kann. Byron hat eine ganze Reihe erlauchter Dichter beeinflußt: einen Puschkin, einen Lermontow, einen Słowacki[1] hat er mit seinen ›satanischen‹ Charakteren angesteckt. Der junge Stendhal gesteht, daß er bei der Begegnung mit Seiner Lordschaft in einer Theaterloge in Mailand dem Impuls, vor ihm niederzuknien, nur schwer widerstehen konnte. Stendhal war damals sehr jung, noch kein Stendhal. Die Ehre, Seiner Lordschaft vorgestellt zu werden, hat er nur dem Umstand zu verdanken gehabt, daß Byron neugierig war, einen Mann kennenzulernen, der mit der ›Grande Armée‹ den Russischen Feldzug mitgemacht hatte.[2] Selbst Heinrich

---

1 Juliusz Słowacki (1809-1849), der polnische Dramatiker und Erzähler.
2 Vgl. Henri Beyle-de Stendhal, *Reise in Italien*, Gesammelte Werke, hg. von Friedrich v. Oppeln-Bronikowski, Bd. 5, 3. Auflage, Berlin o.J., S. 418 f. Stendhal (eigentlich Henri Beyle, 1783-1842) wurde Lord Byron (1788-1824) am 16. Oktober 1816 im Theater der Mailänder Scala vorgestellt. Diese und weitere Begegnungen mit Byron hat er auch in einem Brief vom 24. September 1824 an Louise Swanton-Belloc geschildert, die an einem Buch über Byron arbei-

Heine, ein Mann, der sein Jahrhundert sowohl als auch die echten und falschen Größen seiner Zeit richtig einzuschätzen imstande war, ist auch dem Zauber des Lords erlegen. Heine hatte nicht viel Platz für seine satanischen Charaktere. Aber die romantische Manier, mittendrin in einer Dichtung ironische Seitenblicke und sarkastische Witze zu versprühen, hat er von dem englischen Lord abbekommen. Dem Engländer hat man diese Manier nachgesehen. Dem deutschen Juden hat man sie als echt jüdischen Sarkasmus angekreidet, dem nichts heilig ist, wenn einem dazu ein Witz einfällt.« Worin lag der Zauber Byrons? überlegten wir beide. »Er war ein Dichter und ein Kriegsheld«, sagte Alban. »Ein Kriegsheld, der für die Freiheit eines Volkes gefallen ist, das angeblich den Begriff der Freiheit erfunden hat.« – »Gegen die Türken, ein Volk, das bekanntlich ein störender Fremdkörper in Europa war«, sagte Alban. »War er ein großer Dichter? Man hat nicht daran gezweifelt. Er war ein englischer Lord, und das allein war ungewöhnlich. War er wirklich ein Kriegsheld? Man hat nicht danach gefragt. Es stellte sich dennoch heraus, daß er wohl in den Krieg gepilgert ist, aber auf dem Wege zog er sich eine Erkältung zu und ist dieser Erkältung friedlich erlegen!« – »Sein Ruhm aber war von dauerhafter Qualität, wie alles, was mit der Marke ›Made in England‹ versehen ist«, sagte Alban, der von englischer Qualität sehr viel hielt.

Wie dauerhaft, sah ich etwa zwanzig Jahre nach dem Tode Albans erst ein, als ich die Geschichte der Philosophie von Bertrand Russell gelesen habe. Dieser ehrenwerte und bedeutende Philosoph hat in einer Geschichte der Philosophie Platz für seinen Landsmann Byron gefunden.[1] Wohl, sagt er, gehört Byron eigentlich nicht herein. Aber er hat einen so großen Einfluß auf das Denken gehabt, daß er ihm Raum in der Philosophie geben muß. Das tut Bertrand Russell nicht, weil er selber ein Lord ist. Auch nicht, weil Byron sein Landsmann ist. Ich glaube eher, er tut es, weil er, Bertrand Russell, die marxistische Auffassung der Geschichte hat. Fast in derselben Zeit, da ich Russells

tete. Der Brief ist auszugsweise abgedruckt in Henri Beyle-de Stendhal, *Bekenntnisse eines Ichmenschen*, Gesammelte Werke, hg. von Friedrich v. Oppeln-Bronokowski, Bd. 7, Berlin o.J., S. 437 ff. Die entsprechenden Bände dieser Propyläen-Ausgabe könnte Morgenstern damals gelesen haben. Von einem Impuls Stendhals, vor Byron niederzuknien, ist allerdings an den genannten Stellen, auch anderer Ausgaben der Zeit, nicht die Rede.
1 Bertrand Russell, *History of Western Philosophy and its Connection with Political and Social Circumstances from the Earliest Times to the Present Day*, London 1946, S. 774-780 (Book Three, Chapter XXXIII: *Byron*).

Geschichte der Philosophie gelesen habe, brachte mir die Post einen Ausschnitt aus einer Zeitung, den mir ein Freund zukommen ließ. In diesem Ausschnitt war eine Mitteilung, daß man aus irgendeinem Grunde das Grab und den Sarg Byrons geöffnet hatte. Dabei stellte sich heraus, daß der satanische Dichter nicht *einen* Klumpfuß, wie man wußte, sondern zwei Klumpfüße hatte. Vielleicht trug das nicht wenig zu seiner mächtigen persönlichen Wirkung bei. Zwei Klumpfüße dürften noch seltener sein als ein Genie. Wie ein griechischer Held auf der Bühne schritt er auf zwei Kothurnen auf den Höhen der europäischen Menschheit seiner Zeit durch die Geschichte Europas.

Im Park gingen wir an den Orangerien vorbei in der Richtung zu dem wenig besuchten Teil des Gartens. Wenn wir über die Mauer blickten, konnten wir die Zeile der Maxingstraße sehen, und ich zeigte ihm das Haus, wo ich damals wohnte. In der Mauer war eine schmale Tür eingelassen, die immer verschlossen war. Schon vor dem Krieg, in meinem ersten Jahr in Wien hatte mir mein Freund Józek diese Tür gezeigt und mich informiert: das ist die Tür, die der Kaiser benutzt, wenn er inkognito zu seiner Freundin Katharina Schratt zu Besuch geht.[1] Ich fragte Alban, ob das stimmte. »Es ist fast wahr«, sagte er. »Aber die Tür ist älter als die Freundschaft des Kaisers mit der Schratt.« Es fiel mir auf, daß er dabei eine verschmitzte Miene hatte, als ob er von der Tür mehr zu erzählen wüßte, aber momentan nicht in der Laune war. Nach einem Jahr, fast um dieselbe Jahreszeit, sollte ich erfahren, was er mir damals verschwieg.

Während des Spaziergangs sprachen wir wenig, vermutlich, weil wir beide Bergsteiger waren, und Hochtouristen reden nicht viel beim Gehen. Auf dem Rückweg, beim Hietzinger Tor, fiel es ihm ein, daß er das Haarschneiden um einen Tag verschieben könnte und er schlug mir vor, einen Kaffee zu trinken. Wir gingen ins Café Stöckl. Das war sicherlich das schönste Kaffeehaus, das ich je irgendwo gesehen habe. In einem Schlößchen, das noch innerhalb des Schönbrunner Parks stand und das nach dem Sturz der Habsburger bereits vermietet wurde, waren ein elegantes Restaurant, eine Tanzbar und ein Café eingerichtet. Alles echt Biedermeier: die Stühle, die Tische, die Vorhänge. Alban war das Café fast unbekannt, denn als alter Hietzinger hatte er sozusagen von Kindesbeinen an ein anderes Stammlokal,

---

1 Katharina Schratt (1855-1940), Schauspielerin am Wiener Burgtheater, war eine Geliebte des Kaisers Franz Joseph I.

76

wenn er überhaupt in der Nachbarschaft ein Café suchte. Im Café Stöckl war das Publikum damals zum großen Teil ungarisch. Fast die ganze ungarische Emigrantenliteratur und -kunst hatte das Café Stöckl zu ihrem Sammelpunkt gewählt. Albans Interesse wurde erst recht lebhaft, als ich ihm einen stämmigen rothaarigen kleinen Mann zeigte, dessen energische kühne Augen von seinem völlig mit Sommersprossen bedeckten Gesicht ablenkten, und ihm sagte: »Das ist der Mann, der Béla Bartók den Text zu seiner Oper *Herzog Blaubarts Burg* und das Ballett *Der holzgeschnitzte Prinz* geschrieben hat. Er heißt Béla Balázs.«[1] – Alban kannte Béla Bartóks Musik sehr gut und hatte viel Verehrung für den ungarischen Meister, wie auch Schoenberg selbst und daher die ganze Schoenberg-Schule. – »Kennen Sie ihn?« fragte Alban. »Ja«, sagte ich, »ich kenne ihn sehr gut. Wollen Sie ihn kennenlernen? Er ist hier Theaterkritiker und ein sehr neugieriger Mann.« – »Noch nicht«, sagte Alban. »Haben Sie den hier kennengelernt?« fragte er. »Das ist eine längere Geschichte. Aber es wird Sie interessieren«, sagte ich. »Dieses Café besucht am Abend täglich auch der Baron Ludwig Hatvany[2], ein Schriftsteller, der hier eine täglich erscheinende ungarische Emigrantenzeitung herausgibt, an der die meisten Gäste, die da sitzen, und noch viele andere mitarbeiten. In den ersten Jahren waren sie noch zahlreicher als jetzt. Im Winter 1921/22 pflegten wir hier bis spät am Abend zu sitzen. Wir lasen hier und schrieben auch hier, denn wie Sie sich erinnern werden, waren die Wiener Wohnungen damals sehr kalt. In dem Café saßen auch täglich zwei Herren, von denen die Kellner behaupteten, daß sie emigrierte weiße russische Offiziere waren. Diese kamen meistens noch früher als wir und blieben noch später in der Nacht. In einer Winternacht ging ich früh am Morgen nach Haus. In der Maxingstraße ging mir ein hochgewachsener Mann voraus, den ich schon von der Ferne als den Baron Hatvany erkannte. Die Maxingstraße hat nur eine Häuserzeile, da die Mauer des Schön- brunner Parks die andere Seite einnimmt. Wie es in solchen

---

1 Der ungarische Schriftsteller, Kritiker und Filmtheoretiker Béla Balázs (1884-1949).
2 Baron Ludwig (Lajos) Hatvany-Deutsch (1880-1961), ungarischer Schriftsteller und Publizist, veröffentlichte unter anderem die Romane *Das verwundete Land* (Wien 1921) und *Bondy jr.* (München 1929). Nach dem ersten Weltkrieg war er politisch in der ›Radikalen Partei‹ engagiert und flüchtete beim Ende der ungarischen Räterepublik vor dem faschistischen Horthy-Regime nach Wien. Die NS-Zeit überlebte er im Oxforder Exil und kehrte bei Kriegsende nach Budapest zurück.

einzeiligen Gassen in alten Städten zu sein pflegt, ist das Trottoir sehr schmal. Um den langsam gehenden Baron zu überholen, hätte ich ihn fast streifen müssen. Ich gehe immer sehr schnell – « – »Das habe ich bemerkt«, unterbrach mich Alban. »Das paßt gar nicht zu einem Hochtouristen.« – »Ich zwang mich aber diesmal zu einem langsamen Tempo, was er vermutlich bemerkte, denn plötzlich drehte er sich um und sagte: ›Erlauben Sie, daß ich mich vorstelle. Wir kennen uns ja vom Sehen. Ich heiße Dr. Ludwig Hatvany.‹ Ich sagte ihm meinen Namen und, obwohl die Straße nur spärlich beleuchtet war, hatte ich den Eindruck, daß er ihn mit sichtlicher Erleichterung zur Kenntnis nahm. Als ich am nächsten Abend das Kaffeehaus betrat, strahlten mir viele ungarische Gesichter in freundlicher Belustigung entgegen. Einer von den Ungarn sprang auf – es war der kleine Balázs – so hoch er konnte und kam mir entgegen. ›Ich heiße Dr. Balázs, und wie Sie heißen, wissen wir Ungarn jetzt alle.‹ – ›Wieso, wie komme ich zu der Ehre?‹ – ›Das werde ich Ihnen gleich erzählen.‹ Und er erzählte. Der Baron Hatvany, der von sich selber behauptete, daß er sehr ängstlich sei und von Béla Balázs geradezu als Feigling bezeichnet wurde, hielt mich – wie übrigens alle Ungarn in dem Café – für den dritten weißen Offizier, vor denen sie alle Angst hatten. Die zwei weißen Russen waren übrigens weder weiß noch russisch. Beide waren Ukrainer, wie ich gelegentlich später erfahren habe. Baron Hatvany war sehr bestürzt, als er mich spät in der Nacht in der dunklen Straße hinter sich so vorsichtig gehen hörte. So bestürzt, daß er in einem Anfall von Verwegenheit sich umdrehte und lieber der Gefahr ins Auge blicken wollte, als ein meuchlerisches Attentat abzuwarten. Wie erleichtert war er, meinen Namen zu hören! So erleichtert, daß er trotz später Stunde in der Laune war, mit mir die Maxingstraße auf- und abzugehen, um über Literatur und Politik zu sprechen. Einmal begleitete ich ihn, den Älteren, nach Hause, dann er mich, den Jüngeren. So ging es bis vier Uhr morgens in angenehmem Gespräch, bis ich endlich vor der Villa Katharina Schratts, wo der Baron wohnte, Abschied von ihm nahm.«

»Der wohnte bei der Schratt?« wunderte sich Alban. »Ja«, sagte ich. »Der konnte sich das leisten. Er hatte ihr die halbe Villa abgemietet. War übrigens der Gatte der Katharina Schratt nicht ein Ungar? – Jetzt wissen Sie, wie ich die ungarische Emigration kennengelernt habe, die mich sehr interessierte, auch aus dem Grund, da ich während des Krieges fast zwei Jahre in Ungarn verbracht und die ungarische Sprache, wenn auch nicht gründlich, einigermaßen gelernt habe.«

»Warum lag es Balázs daran, den Baron als Feigling hinzustellen?« fragte Alban. Das war mir auch aufgefallen und ich habe mich danach erkundigt, denn er tat es bei jeder Gelegenheit. »Das hat einen guten Grund. Während des Krieges veröffentlichte Béla Balázs einen Gedichtband unter dem Titel: *Lélek a háboruba*. Das heißt: Seelen im Krieg. Der Baron Hatvany, sei es, daß ihm die Gedichte nicht gefielen oder aus Patriotismus, meinte, der Titel des Gedichtsbandes würde besser lauten: *Félek a háboruba* – Ich fürcht' mich im Krieg. Darüber sind Jahre vergangen, aber Balázs ist nicht der Mann, der so was vergißt.« – »Schrieb er weiter Gedichte?« – »Der schreibt alles: Gedichte, Dramen, Texte für Bartók, Romane. Hier schreibt er Theaterkritiken im *Tag*. Er schreibt kühn. Sie sollten das schon wissen.« – »Wieso? Wie komm ich dazu!« wehrte sich Alban. »Wieso? Karl Kraus hat ihn schon erwischt. Er zitiert in der *Fackel* einen Satz von Balázs, eine ungarische Perle: ›Paul Wegener bohrt sich im Herzen wie man sich in der Nase bohrt.‹[1] Er ist aber trotzdem ein sehr begabter und interessanter Mann. Abgesehen davon hab ich ihm die Bekanntschaft mit zwei bedeutenden Schriftstellern zu verdanken: mit Georg Lukács und Robert Musil, mit dem ich nun befreundet bin. Wir haben einmal im Hause von Balázs zu viert stundenlang über Literatur debattiert, hauptsächlich über russische. Von Georg Lukács war damals seine originelle und tiefe Romantheorie bekanntgeworden, und das war ein guter Anlaß zur Debatte.[2] Ich war der Jüngste unter ihnen und hörte gierig zu, gierig und meistens schweigend. Ich erlaubte mir nur einmal, Lukács zu fragen, ob man das Christentum Dostojewskis nicht überkommentiert. Was man bei Dostojewski als christlich mißdeutet, ist nicht selten die Kehrseite seines Sadismus,

---

1 Kraus zitiert, ohne den Urheber zu nennen: »…Was Paul Wegener zu sagen hat, ist grauenhaft, das Wie gibt die überbrückende Groteske. Er mauschelt die Worte tiefster Qual und windet sich mit den Gebärden des polnischen Ghettos. Er b o h r t s i c h im Herzen so ekelhaft, wie m a n s i c h in der Nase bohrt.« Kraus' Kommentar: »Wer sich?« (Fackel Nr. 622-631, Mitte Juni 1923, S. 43)

2 Damals gerade erschienen war Lukács' Schrift *Die Theorie des Romans. Ein geschichtsphilosophischer Versuch über die Formen der großen Epik*, Berlin 1920. Über das Treffen hat Morgenstern 1973 Karl Corino brieflich berichtet. Dieser Bericht wurde veröffentlicht unter dem Titel: *Robert Musil – György Lukács: eine Begegnung*, in: Annali, Sezione Germanica/Studi Tedeschi (Napoli), Jg. 23 (1980) Heft 2/3, S. 315-321.

nämlich Masochismus.« – »Das haben Sie gewagt!« wunderte sich Alban. Es schien ihm aber zu gefallen. »Wie ging das aus?« wollte er wissen. »Es entwickelte sich daraufhin eine scharfe Debatte: ich hatte zustimmende Hilfe von Musil, Entrüstung von Balázs und ruhige, sachliche Erörterungen von Lukács.« – »Habt ihr auch über einzelne Werke der Autoren gesprochen?« – »Ja, gewiß.« – »Wer hat Ihrer Meinung nach am richtigsten geurteilt?« – »Robert Musil natürlich«, sagte ich. »Wieso natürlich, wenn Sie doch sagen, daß Lukács eine so tiefschürfende Romantheorie geschrieben hat?« fragte Alban. »Tiefes Wissen und richtige Beurteilung eines einzelnen Werks sind zwei verschiedene Dinge. Zumindest gehen sie nicht immer zusammen. Die Vorstellung, daß ein tiefer ästhetischer Denker auch ein einzelnes Kunstwerk richtig beurteilt, scheint mir ähnlich der Annahme, daß ein bedeutender Zoologe auch ein guter Pferdekenner sei.« – »Kennen Sie den Balázs gut?« – »Ja, ich kenne ihn sehr gut. Im Anfang sah ich ihn meistens mit Ludwig Hardt, mit dem er befreundet ist.«[1] – »Mit dem sind Sie auch befreundet? Erzählen Sie, wie ist er?« – »Als Vortragskünstler meinen Sie?« – »Als Vortragskünstler, als Mensch...« sagte Alban. »Als Vortragskünstler hat er nicht seinesgleichen. Als Mensch ist er das freieste Individuum, dem ich je begegnet bin. In seiner Lebensweise ein echter Bohémien, aber in seiner Kunst sehr genau und sehr gewissenhaft. Sie wissen vielleicht, daß er alles auswendig vorträgt. Ich habe unzählige Vortragsabende von ihm gehört, und kein einziges Mal hat er auch nur den geringsten Irrtum im Text gemacht. Seine Programme sind der beste Beweis für sein tiefes Verständnis namentlich für die lyrische Dichtung. Haben Sie ihn nie gehört?« – »Nein«, sagte er. »Sie können sicher erraten warum nicht.« – »Wegen Kraus«, sagte ich. »Jetzt sind wir aber wieder bei Kraus angelangt. Wollen wir wieder raufen, wie Frau Helene sagt?« – »Nein«, sagte Alban, »wir werden diesmal nicht raufen. Wenn Sie mit Hardt befreundet sind, wissen Sie wahrscheinlich, was zwischen ihm und Kraus vorgefallen ist.«

---

1 Der damals sehr bekannte Rezitator Ludwig Hardt (1886-1947) war einer der ersten, die für das Werk Kafkas eintraten. Einen Eindruck von seinem ebenso erlesenen wie umfangreichen Repertoir nicht nur der deutschsprachigen Literatur gibt der von ihm selbst zusammengestellte Band: *Vortragsbuch Ludwig Hardt. Die Hauptstücke aus seinen Programmen nebst Darstellungen seiner Vortragskunst sowie etliche Glossen von ihm selbst,* Hamburg 1924. Morgenstern hat in den zwanziger Jahren mehrfach über Hardt geschrieben.

Diese Affaire kannte ich leider nur zu gut. Ludwig Hardt hat mich, als sie im Gange war, oft genug damit geplagt. Ich kann mich nicht mehr erinnern, wie und wann Ludwig Hardt Karl Kraus persönlich kennengelernt hat. Ich vermute, durch Else Lasker-Schüler in Berlin. Am Anfang der Bekanntschaft war Karl Kraus von Hardt entzückt, wie ja auch Else Lasker-Schüler, die auf Hardt sogar ein Gedicht verfaßte, aus dem ich noch die treffende Zeile erinnere: »Seine Nase ist geharnischt.« Und noch eine Zeile: »Oh, Ludwig Hardt liebt seine Dichter, die er spricht.«[1] Er liebte auch Kraus, die Gedichte namentlich aus dem Buch *Die letzten Tage der Menschheit,* die er sprach. Er rezitierte auch privat für Kraus, der so von dem Vortrag entzückt war, daß er ihm vorschlug, mit ihm zusammen aufzutreten. »Is woahr?« fragte Alban. »Ja, das ist wahr. Aber es ist nie dazu gekommen, aus folgendem Grunde: Als frei im Leben vagabundierendes Individuum war Ludwig Hardt zu meinem und aller seiner Freunde großen Leidwesen auch zuweilen frei von primitivster Rücksicht. Wenn in Wien, war Ludwig Hardt oft Gast bei Karl Kraus. Wie Sie wissen, empfing Kraus sehr spät am Abend. Eines Abends, da er ihn verabredungsgemäß erwartete, ist Ludwig Hardt nicht erschienen. Nicht nur ist er nicht erschienen, er hat es sogar unterlassen, telephonisch den Besuch abzusagen. Er hatte den Abend in einer Gesellschaft verbracht, wo er eine Schauspielerin, eine sehr schöne und sehr liebenswürdige Frau, kennengelernt hatte. Leichtsinnig wie er Verabredungen zu nehmen gewohnt war, glaubte er, daß eine Entschuldigung am folgenden Tag früh genug sein würde. Wie bestürzt war er dann, als er am nächsten Tag anrief, um sich zu entschuldigen und K. K., kaum daß er den Namen Hardt hörte, kurz abhing.« – »Es wundert mich, daß Ludwig Hardt, der offenbar ein Leser der *Fackel* war, nicht weiß, wie heikel Kraus in solchen Dingen ist. Sie wissen ja, daß er schon eine Aufforderung, ihn zu besuchen, als eine große Auszeichnung betrachtet«, sagte Alban. »Hardt weiß das gewiß. Aber er ist anscheinend nicht so eingedrillt, wie die Wiener Leser der *Fackel.* Obwohl er kein Österreicher ist, hat er noch nach dem mißglückten Anruf in einem Brief an Kraus sich mit dem Argument zu entschuldigen versucht, das in der

---

1 Die Zeile lautet: »Und geharnischt ist seine Nase«; das Gedicht endet: »Oh, Ludwig Hardt liebt seine Dichter, / Die er spricht. // Und er vermählt sich mit den Gedichten, / Die er schlicht zu sagen versteht. // Nie deklamiert er! / Das ist es eben.« (*Vortragsbuch Ludwig Hardt,* a.a.O., S. 20)

81

österreichischen Armee gebräuchlich und bei geringeren Vergehen gegen die Disziplin wirksam war. Sie waren beim Militär lange genug, Herr Berg, um sich zu erinnern, daß die Ausrede auf ›ein Madl‹ oder auf ›ein Pupperl‹ meistens wie ein Zauberwort auf das gestrenge Herz der Vorgesetzten wirkte. Aber Kraus war unerbittlicher als die Armee. Was mich ebensowenig überraschte wie Sie, Herr Berg. Hardt zeigte mir den Brief, und ich prophezeite ihm, daß das Madl-Argument bei Kraus nicht wirken würde. Dennoch war ich überrascht, daß K. K. auch in diesem Falle genau so reagierte wie in seinem Zwist mit den Sozialdemokraten. Nicht nur hat er jede persönliche Beziehung mit Hardt abgebrochen; wie Sie wohl wissen, hat er dann in der *Fackel* nicht nur den Mann verstoßen, sondern den Künstler, den einst von ihm geschätzten Rezitator, völlig verworfen.[1] Sie haben mich nach der Affaire Hardt gefragt. Jetzt kennen Sie sie. Ich hoffe, daß Sie nicht wieder zornig werden, wenn ich zu dem Fall Hardt noch etwas hinzufüge. Ein sozialdemokratischer Funktionär behauptete, daß K. K. mit der Partei gebrochen hat, weil man ihm nach den Vorträgen, die er für sie gehalten hat, nicht schnell genug ein Taxi zur Heimkehr bestellte. Ich habe damals darüber gelacht. Ich habe es abgelehnt zu glauben, daß K. K. aus einem so läppischen Grunde mit den Sozialisten sich verfeindet und später auch so weit geht, nicht nur die sozialdemokratische Idee zu verwerfen, sondern einen sehr kunstvoll gebauten Satz zu komponieren, den sogar ein so hervorragender Denker wie Walter Benjamin als ein Bekenntnis K. K.'s zum Kommunismus reklamiert:

Was ich meine, ist – und da will ich einmal mit dieser entmenschten Brut von Guts- und Blutsbesitzern und deren Anhang, da will ich mit ihnen, weil sie ja nicht deutsch verstehen und aus meinen ›Widersprüchen‹ auf meine wahre Ansicht nicht schließen können, einmal deutsch reden […] – was ich meine, ist: Der Kommunismus als Realität ist nur das Widerspiel ihrer eigenen lebensschänderischen Ideologie, immerhin von Gnaden eines reineren ideellen Ursprungs, ein vertracktes Gegenmittel zum reineren ideellen Zweck – der Teufel hole seine Praxis, aber Gott erhalte ihn uns als konstante Drohung über den Häuptern jener, so da Güter besitzen und alle andern zu deren Bewahrung und mit dem Trost, daß das Leben der Güter höchstes nicht sei, an die Fronten des Hungers und der vaterländischen Ehre treiben möchten. Gott erhalte ihn uns, damit dieses Gesindel,

---

1 Am drastischsten, und ohne Hardts Namen zu nennen, in dem Gedicht *Der neue Rezitator* (Fackel Nr. 622-631, Mitte Juni 1923, S. 74 f., dazu S. 113 f. u. 121).

das schon nicht mehr ein und aus weiß vor Frechheit, nicht noch frecher werde, damit die Gesellschaft der ausschließlich Genußberechtigten, die da glaubt, daß die ihr botmäßige Menschheit genug der Liebe habe, wenn sie von ihnen die Syphilis bekommt, wenigstens doch auch mit einem Alpdruck zu Bette gehe! Damit ihnen wenigstens die Lust vergehe, ihren Opfern Moral zu predigen, und der Humor, über sie Witze zu machen![1]

Wären wir in seinem Hause gewesen, hätte Alban gewiß jetzt eine Zuflucht zum Telephon gesucht. Aber wir waren im Café, und die Ungarn interessierten ihn zu sehr. Um diese Tageszeit waren nicht viele Emigranten im ›Stöckl‹. Aber es war da eine rundliche Brünette, eine Journalistin, die sich für die letzte Geliebte des berühmten ungarischen Dichters Endre Ady[2] ausgab. Und sie war es gewesen. Zugegen war auch ein Schriftsteller namens Eugen Hajnal, den ich schon damals sehr mochte. Es war ein kleiner, stets wohlgelaunter Mann, der in der linken Regierung der ersten Nachkriegszeit zum Postminister ernannt worden war. Seine erste Tat als Postminister war: Abschaffung der Briefmarken. Natürlich war das selbst für eine kommunistische Regierung zu radikal, und sie schaffte folgerichtig diesen Postminister ab. Er behauptete, die Absetzung absichtlich provoziert zu haben. Aber das erzählte er nur ganz nahen Freunden. Sonst behauptete er, das sei ein Einfall einer Budapester humoristischen Zeitung gewesen und völlig aus der Luft gegriffen.

Auf dem Heimweg wollte Alban wissen, womit das Phänomen zu erklären wäre, daß die Ungarn auf jedem Gebiet, in dem sie sich betätigen, so tüchtig und erfolgreich sind. Diese Frage habe ich selber oft gestellt, mir selbst und meinen ungarischen Freunden. Ich habe verschiedene Theorien gehört. Nicht alle, nicht einmal die von meinen ungarischen Freunden, waren immer schmeichelhaft. Ich, ein Außenstehender, erlaube mir eine Kombination von Erklärungen vorzuschlagen. Erstens hängt das mit der Romantik des 19. Jahrhunderts

1 Karl Kraus, *Antwort an Rosa Luxemburg von einer Unsentimentalen*, Fackel Nr. 554-556, November 1920, S. 8; diese Stelle zitiert Walter Benjamin in seinem Essay *Karl Kraus*, FZ, März 1931 (Gesammelte Schriften, Bd. II, hg. von Rolf Tiedemann u. Hermann Schweppenhäuser, Frankfurt a. M. 1977, S. 366). Anders allerdings, als Morgenstern hier konstatiert, las Benjamin das zitierte »politische Kredo von Kraus« als »ein Bekenntnis, an dem alles erstaunlich, unverständlich aber allein das eine ist, daß nicht die größten Lettern der ›Fackel‹ es aufbewahren, und daß man diese stärkste bürgerliche Prosa des Nachkriegs in einem verschollenen Hefte der ›Fackel‹ – November 1920 – zu suchen hat« (a.a.O., S. 365 f.).
2 Der besonders für seine symbolistische Liebesdichtung berühmte ungarische Lyriker, Erzähler und Essayist Endre Ady (1877-1919).

zusammen. Die Ungarn, romantisch von Natur und auch von Geographie, sind namentlich nach der Niederschlagung ihres Freiheitskampfes gegen Österreich die Lieblinge Europas geworden. Wie vor ihnen die polnischen Emigranten trugen die ungarischen ihr nationales Leid über die Welt. Einer der tiefsten Kenner des 19. Jahrhunderts, Lord Acton, behauptet, daß das Schicksal der Polen nach der Teilung ihres Landes einen großen Einfluß auf die Entstehung und Entwicklung des nationalen Gedankens im modernen Sinne gehabt hat.[1] Viel weniger, aber gar nicht wenig, trugen die ungarischen Emigranten auch dazu bei. Man muß den triumphalen Empfang, der dem ungarischen Nationalhelden Kossuth[2] bei seiner Ankunft in USA bereitet wurde, nachlesen, um die Wirkung der Emigranten in Europa zu ermessen. Allein, die Polen, wie sie als Nation politisch nie so begabt waren wie die Ungarn, waren sie auch als Individuen im Ausland nie so tüchtig wie die Ungarn.

An dem Tage, da mir Alban die Frage gestellt hat, habe ich Lord Actons Essays über den modernen Nationalismus noch nicht gekannt. Aber ich hatte die ungarische Intelligenz in ihrem Lande, soweit ich während des Krieges Kontakt mit ihr hatte, flüchtig kennengelernt, und diese Kenntnisse kamen mir jetzt während meiner Hietzinger Symbiose mit den ungarischen Emigranten zugute. Ethnische Eigenschaften zu verallgemeinern ist im selben Maße irreführend wie unvermeidlich. Eine Wissenschaft kann man daraus nicht machen. Und die es tun, gehen immer ein größeres Risiko ein, als sie voraussetzen. Aus diesem Grunde wage ich nur, *eine* Eigenschaft anzuführen, um die auffallende Tüchtigkeit zu erklären, die die Ungarn auf allen Gebieten und in allen Ländern erfolgreich macht. Sie sind alle geborene Großstädter. Das ist mir schon in der Kriegszeit aufgefallen, da ich in einer Stadt von kaum 70 000 Einwohnern lebte.[3] In dieser Stadt gab es ein halbes Dutzend täglich erscheinender Zeitungen. Die Journalisten und die Leser erzeugten die Atmosphäre einer Großstadt, ohne dieser Provinzstadt die leichte Durchsichtigkeit ihres provinzlerischen

---

1 John Emerich Edward Dalberg-Acton in seinem Essay *Nationality* (1862), in: Ders., *Essays on Freedom and Power*, selected by Gertrude Himmelfarb, Glencoe, Illinois 1949, S. 166 ff.
2 Lajos Kossuth (1802-1894) führte die ungarische Unabhängigkeitsbewegung von 1848/49 und setzte seinen Kampf im Exil fort.
3 In Nagyvárad, mit deutschem Namen Großwardein, einer der ältesten Städte im damaligen Ungarn, war Morgenstern seit Frühjahr 1916 etwa zwei Jahre lang als Soldat stationiert. Heute heißt die Stadt Oradea Mare und gehört zu Rumänien.

Lebens zu nehmen. Diese Eigenschaft trägt der Ungar mit sich, und da es meistens die Großstädte sind, in denen er als Emigrant Zuflucht sucht, ist er überall in der großen Welt sehr bald zu Hause. Der ungarische Schriftsteller, der für Béla Bartók die Texte schrieb und in Wien Theaterkritiker geworden ist, konnte schon nach einem Jahr in aller Unbefangenheit sagen und schreiben: »In unserem Graben«. Oder »in unserer Kärntnerstraße«. Etwas, was ich noch nach zwanzig Jahren in Wien nicht einmal in Gedanken zuwege gebracht habe, obwohl meine Familie seit 1772 österreichisch war.

»Sie kennen die Zeitschrift *Die Bühne*? Das ist eine Gründung der ungarischen Emigranten. Eines Tages erschien eine Nummer dieser Zeitschrift mit dem Bild einer Frau mit der überraschenden Auskunft: ›Maria Korda, die schönste Frau von Europa.‹ Die Frau ist mit einem Herrn Korda verheiratet, der in Budapest etwas mit dem Film zu tun hatte und hier offenbar den Versuch unternommen hat, aus seiner Gattin einen Filmstar zu machen. Das war der erste Schritt. Ich sah das Paar sehr oft im Café, auffallend dadurch, daß sie sehr oft laut miteinander stritten. Ich war einmal Zeuge, wie sie ihm ein Glas Wasser ins Gesicht warf, offenbar schon die Primadonna-Allüren vorwegnehmend. Als ich die Ungarn im Café in aller Unschuld fragte, wer Maria Korda als die schönste Frau Europas gewählt hat und wo, lachten sie und sagten: ›Sind Sie ein Provinzler. Korda natürlich, hier!‹« —
»Ist sie eine berühmte Filmschauspielerin geworden?« fragte Alban.
»Keine Spur«, sagte ich. (Ein paar Jahre später ist Korda ein weltberühmter Filmregisseur geworden[1], und ich habe mit Vergnügen in der Zeitung gelesen, daß er Merle Oberon geheiratete hat, obwohl sie von ihm nie als schönste Frau von Europa proklamiert wurde. Ich gönnte es ihm, denn er war ein netter Mann und hat im Café Stöckl viel gelitten.)
Alban wollte wissen, ob ich meine Theorie, die den Erfolg der Ungarn in aller Welt erklärt, mit meinen ungarischen Freunden diskutiert habe. Das hab ich selbstverständlich oft getan. Ihre Ansicht hing davon ab, ob sie meine Theorie als Kompliment oder als Kritik auffaßten. Es hing auch davon ab, ob ich meine Auffassung in allem Ernst vorbrachte oder nur so nebenbei als Randbemerkung. Ich habe mir

---

1 Sándor (Alexander) Korda (1893-1956) trug als Regisseur und Produzent in Großbritannien, wo er seit 1932 lebte, mit Filmen wie *The private life of Henry VIII.* (1932) und *Rembrandt* (1936) wesentlich zur Entwicklung der Filmindustrie bei.

natürlich nicht alle ihre Ansichten gemerkt. Eine blieb mir klar im Gedächtnis. Ich fragte Baron Hatvany, wie es kommt, daß die Ungarn sich überall in der großen Welt durchsetzen. Er erwiderte zunächst mit einer Frage: »Glauben Sie das im Ernst?« – »Ja«, sagte ich, »darum frage ich Sie.« Darauf Dr. Ludwig Hatvany: »Ich habe bemerkt, daß sie sich meistens nur in der Halbwelt großartig durchsetzen, namentlich unsere Frauen.« Darauf antwortete ich: »Das mag richtig sein. Aber das ist nur eine Erweiterung meiner ›Theorie‹ und keine Widerlegung, es sei denn, daß man die große Welt überschätze und die große Halbwelt unterschätze.« Damit gab sich Baron Hatvany sichtlich zufrieden. Denn er war im Grunde ein heißer Patriot. Er hatte gerade sein Buch *Das verwundete Land* geschrieben, eine leidvolle und leidenschaftliche Anklage gegen die Zerstückelung seines Vaterlandes.

Zum Abschied äußerte Alban den Wunsch, wieder einmal mit mir ins Café Stöckl zu den Ungarn zu gehen. »Da müssen Sie mich aber anrufen«, sagte er. »Und wenn wir schon beim Telephonieren sind: Helene findet, daß Sie schon längst hätten anrufen können.« – »Ihre Frau hat natürlich recht. Es ist kein Zufall, daß ich nicht angerufen habe. Ich bin ein sehr schlechter Anrufer. Ich leide an Telephobie. (Ich habe das Wort erfunden – es paßt nur zu mir, und es müßte eigentlich Telephonophobie heißen. Aber ich habe mir als Muster das Wort ›Mineralogie‹ genommen, das ja auch eine falsche Zusammensetzung ist, denn es sollte ja heißen: Mineralologie. Aber die Wissenschaft hat es vorgezogen, das ›l‹-Gedränge zu vermeiden und sagt kurz und schön: Mineralogie. Demzufolge sage ich: Telephobie.) Dieses Gebrechen habe ich mir auf gesundem Wege zugezogen. Ich bin in einem Dorf aufgewachsen, wo nicht einmal die Eisenbahnstation ein Telephon hatte. Hernach besuchte ich das Gymnasium in einer kleinen Stadt, wo nur die Banken, die Kaffeehäuser und die Spitäler Telephon hatten. Ich war ganze siebzehn Jahre alt, als ich zum ersten Mal telephonierte. Und das war eine Art Trauma. Ich war im Hause eines Bankdirektors, dessen Tochter ich unterrichtete. Eines Tages wurde ich in sein Bureau gerufen, wo er mir den Telephonhörer einhändigte und sagte: ›Herr Fuchs will mit Ihnen sprechen‹. Herr Fuchs war der Vater eines Mitschülers, dem ich Hilfestunden in Latein und Griechisch gab. Er wollte mir ausrichten, daß sein Sohn erkrankt sei und ich nicht zu kommen brauche. Ich übernahm den Telephonhörer und hielt ihn zunächst verkehrt an mein Ohr. Mit dem mir eingeborenen Scharfsinn bemerkte ich meinen Fehlgriff und korrigierte ihn, ohne daß der Bankdirektor ihn bemerkte. Aber nach Beendigung des Gesprächs wußte ich nicht, was ich mit dem Hörer machen sollte und ließ ihn einfach auf seinem Schreibtisch liegen. Ich kann noch heute sein Gesicht sehen, während ich fluchtartig das Zimmer verließ. Seit jenem Tag leide ich an Telephobie. Ich habe in meinem Leben viel versäumt und viele liebe Menschen damit gekränkt. Ich werde das nächstens Frau Helene erklären.« – »Vielleicht rufen Sie sie heute nachmittag an und erklären ihr das telephonisch. Und wenn Sie's bis morgen nicht tun, werde ich ihr übermorgen sagen, daß Sie in ihrer Abwesenheit mich angerufen haben.« Dermaßen schlau und nobel belehrt, habe ich gleich am Nachmittag angerufen. Helene war zu Hause. So kam die dritte Einladung zustande.

Im Licht und Schatten der *Fackel*

1

Ernest Renan braucht eine Seite, um das Phänomen zu beschreiben, das wir dank dem Wiener Alfred Adler mit einem kombinierten Wort abtun: Minderwertigkeitskomplex. Aber es hat Menschen, ja ganze Völker gegeben, die mit dieser Schwäche belastet waren, ehe man sie beschrieben und benannt hat. In dem Jahr, da ich Alban Berg kennenlernte, hat es wahrscheinlich noch keine Schocktherapie gegeben, dem Namen nach. Aber ich selbst habe so etwas wie Schocktherapie angewendet, als Alban mich eines Tages zu sich gebeten hat, um »ungestört, en deux« uns gründlich über Karl Kraus auszuraufen. Da ich nicht sicher war, daß er in seiner Bibliothek alle Jahrgänge der *Fackel* hatte, borgte ich sie bei einem Freund aus, der just die erste Nummer der *Fackel* als eine Kostbarkeit aufbewahrte. Sicherheitshalber nahm ich auch die Streitschrift von Kraus gegen Heinrich Heine zu der Séance mit.

Alban empfing mich sehr freundlich und traktierte mich mit Cognac. Ich begann damit, Alban zu gestehen, daß auch ich, obgleich nicht mit der *Fackel* erzogen, die zwei letzten Kriegsjahre und noch die zwei Nachkriegsjahre dem Banne des unerschrockenen Kämpfers gegen den Krieg kritiklos verfallen war. Nach Beendigung meiner Studien nahm ich mir Zeit, um die versäumten Jahrgänge der *Fackel* nachzuholen, die damals schon die Reife von 22 Jahren erreicht hatte. Die Streitschrift gegen Heine hatte ich bereits vor Jahren gelesen. Ich erinnerte mich noch sehr genau an die geistreichen Sätze, mit denen Kraus seine Demolierung Heinrich Heines vorbereitet. Ich zeigte sie Alban Berg.

Heinrich Heine, der Dichter, lebt nur als eine konservierte Jugendliebe. [...] Man ist nicht kritisch, sondern pietätvoll, wenn man Heine liebt. Man ist nicht kritisch, sondern pietätlos, wenn man dem mit Heine Erwachsenen seinen Heine ausreden will. [...] Und Heine hatte das Talent, von den jungen Seelen empfangen und darum mit den jungen Erlebnissen assoziiert zu werden. Wie die Melodie eines Leierkastens, die ich mir nicht verwehren ließe, über die Neunte Symphonie zu stellen, wenns ein subjektives Bedürfnis verlangt. [...] Ja, von dem Glück der Assoziation lebt Heinrich Heine. [...] Man hatte die Masern, man hatte Heine [...]. Hier schweige die Kritik. Kein Autor hat die Revision so notwendig wie Heine [...]. Aber ich habe nur den Mut, sie zu empfehlen, *weil ich sie selbst kaum notwendig hatte, weil ich Heine nicht erlebt habe in der Zeit, da ich ihn hätte überschätzen müssen.*[1]

Ich las ihm die Sätze vor und sah es Alban an, mit welchem Genuß er zuhörte, ohne mich selber ihrem Reiz zu entziehen. Dann schloß ich die Streitschrift, nahm die erste Nummer der *Fackel* vor und las aus dem Aufsatz von Kraus gegen den damals in Wien populären, von Kraus verachteten »Humoristen« Julius Bauer, *Die Vertreibung aus dem Paradiese*, folgendes vor:

> Weit wäre es mit der neu-österreichischen Literatur gekommen, wenn sie ernstlich darauf angewiesen bliebe, sich ihre Wege von dem Hofnarren Rothschilds, vom Aristophanes des Herrn von Taussig bestimmen zu lassen. Wir werden es nicht mehr dulden, daß die wichtigsten Ehrenstellen, welche die Literaturgeschichte zu vergeben hat, in einer Ausschußsitzung des Pensionsfonds der »Concordia« vertheilt werden, und da *Heinrich Heine und die andern Großen* kein anderes Mittel der Abwehr mehr haben, als sich gegebenenfalls *so im Grabe umzudrehen,* daß sie mit der Rückenseite gegen Herrn Julius Bauer und die ihn heute noch umheulende Rotte liegen bleiben – wird unsere Pflicht es sein, *ihre Namen gegen freche Verunglimpfung zu schützen.*[2]

Ich wunderte mich nicht über die Bestürzung Albans. Ich erinnerte mich an den Schock, den ich erlitten hatte, da ich dieses pathetische Geständnis, »Heinrich Heine und die andern Großen ... gegen freche Verunglimpfung zu schützen«, mit seiner frechen Streitschrift konfrontieren mußte – verfaßt zu einem späteren Zeitpunkt, da es Karl Kraus beifiel, sich seine satirischen Sporen gegen einen Großen, Heinrich Heine, zu verdienen. Nachdem Alban sich erholt hatte, nahm er mir die *Fackel*-Nummer aus der Hand und las die Stelle, die ich ihm eben vorgelesen hatte, sehr langsam durch. Dann sagte er – und nie war das Wort ›halblaut‹ so gut am Platze –: »Das hab ich nie gele-

---

1 Karl Kraus, *Heine und die Folgen*, Fackel Nr. 329/330, 31. August 1911, S. 16 f. (Hervorhebung von Morgenstern).
2 Karl Kraus, *Die Vertreibung aus dem Paradiese*, Fackel Nr. 1, 1899, S. 22 (Hervorhebungen von Morgenstern). Rothschild, die Bankiersdynastie; Theodor Ritter von Taussig, österreichischer Bankier und Industrieller. Julius Bauer (1853-1941), Journalist und Librettist, war Mitglied der ›Concordia‹, des Standesverbands Wiener Schriftsteller und Journalisten.

sen. Ich war vierzehn Jahre alt, wie die erste Nummer der *Fackel* erschien. Ich war damals noch nicht soweit, mich für eine Zeitschrift wie die *Fackel* zu interessieren, obwohl einige Mitschüler in meiner Klasse schon soweit waren. Es ist möglich, daß ich das Jahre später nachgeholt habe. Es ist mir aber nicht aufgefallen, daß er Heine früher einmal zu den Großen zählte und ihn bewunderte.« Ich erklärte Alban, daß es mir vielleicht auch nicht aufgefallen wäre, wenn ich nicht die Streitschrift gegen Heine ein paar Jahre früher gelesen hätte als diese erste Nummer. Ich tröstete ihn und sagte, daß es auch für mich einen solchen Schock bedeutet hat. Was uns beide damals wunderte, war, daß keiner von seinen vielen Feinden, die er angegriffen hatte, diesen Widerspruch benützte, um in aller Öffentlichkeit Karl Kraus als einen Lügner bloßzustellen.

An diesem Tage sprachen wir nicht weiter über Kraus. Alban war zu deprimiert. Diesmal lief er nicht mehr »zum Telephon«, um sich abzukühlen. Er hat mich auch nie mehr eigens zu einer Debatte über Kraus eingeladen. Im Lauf der Jahre hatten wir unzählige Gespräche über Kraus und seine *Fackel.* Einige sind mir bis heute in Erinnerung geblieben.

Er begann einmal wieder damit, mich auszufragen, warum ich beschlossen habe, alle Jahrgänge der *Fackel* zu lesen, und ob diese Entdeckung in der ersten Nummer meine Haltung zu Kraus und seinem Werk für immer bestimmt hat. Ich erklärte ihm daß das nur in einer Hinsicht meine Haltung zu ihm bestimmt hat. »Das hab ich mir schon gedacht«, sagte er. »Schließlich hat Kraus noch was anderes zuwege gebracht als die eine Ungenauigkeit in der Streitschrift gegen Heine.« – »Ungenauigkeit?« sagte ich, »Ungenauigkeit nennen Sie das?« An jenem Tage hatte ich noch lange nicht das Gefühl, daß wir einmal nahe Freunde werden sollten. »Es ist eine Lüge, und zwar eine so leicht beweisbare, daß jeder von seinen Widersachern, wenn er ihn in aller Öffentlichkeit Lügner nennt, den Prozeß, den Kraus machen müßte, gewinnen wird.« – »In welcher Hinsicht«, wollte er wissen, »hat Sie das für immer gegen ihn beeinflußt? Für mich war es auch ein Schock, aber ich habe ihn schon überwunden.« Bei dieser Gelegenheit sah ich mich veranlaßt, Alban ungefähr folgendes zu sagen. Ich hatte bei Karl Kraus schon längst bemerkt, daß er mit Gusto antisemitelte. Es hat ihm nicht genügt, sich taufen zu lassen, um sich von dem Herausgeber der *Neuen Freien Presse,* Moritz Benedikt, von

90

Felix Salten und der ganzen liberalen »Journaille« katholisch zu unterscheiden. »Sie, Herr Berg, haben Kraus schon die Lüge verziehen. Mich hat es so aufgebracht, daß ich beschlossen habe, auf seine Streitschrift, *Heine und die Folgen*, eine Antwort zu schreiben mit dem Titel *Karl Kraus und die Ursachen*. Ich schrieb den Entwurf und machte mich daran, alles, was damals von Kraus schon da war, zu lesen. Ich las die höhnische Streitschrift *Eine Krone für Zion*[1]. Diese Lektüre stärkte meinen Entschluß, die Polemik noch zu erweitern. Aber ich las weiter. Monatelang studierte ich die *Fackel*-Nummern. Aber auch die Bücher. Ich las noch einmal große Teile seiner *Letzten Tage der Menschheit*[2] und hing noch immer an dem Gedanken an meine Antwort.« Gegen seine Gewohnheit unterbrach mich Alban: »So viel haben Sie gelesen und nichts hat Sie mit ihm versöhnt? Ich habe sehr viel von ihm gelernt. Ich war, wie Sie wissen, ein Realschüler und habe keine andere Schule mehr besucht. Von Karl Kraus hab ich erst gelernt, wie man in Worten einen Gedanken ausdrückt. Von ihm habe ich gelernt, wie wir täglich von den Zeitungen, die wir lesen, nicht nur belogen und betrogen werden, sondern auch verdorben. Er hat einer ganzen Generation die Ehrfurcht vor der Sprache beigebracht. Männer wie Arnold Schönberg, wie Gustav Mahler, verehren ihn.« – »Wenn ich in Wien aufgewachsen wäre, hätte ich das sicherlich auch von ihm gelernt. Aber ich habe keinen Grund, Ihnen zu verhehlen, daß ich auch Wichtiges von ihm gelernt habe. Sie gingen jahrelang in die Schule der *Fackel*. Ich habe als Erwachsener einen Schnellkurs genommen. Ich las, wie gesagt, die Jahrgänge und suchte Material gegen den Verfasser der Streitschrift. Indessen merkte ich wohl, obschon ich nicht gerade mit liebenden, sondern mit spähenden Augen las, wieviel Freude, wieviel Entzücken, ja geradezu Lust ich an der Bekanntschaft mit dem Verächter Heines hatte. Nach der Lektüre seines Buchs *Sittlichkeit und Kriminalität*[3] gab ich meinen Plan auf, gegen einen Mann zu schreiben, den ich nun als einen von den größten Satirikern aller Zeiten erkannte. – Sie sagen sich jetzt sicher, daß ich wahrscheinlich eingesehen habe, diesem Polemiker nicht gewachsen zu sein. Das war nicht der Grund, warum ich meinen Plan aufgab. Daß ich ihm als Polemiker nicht gewachsen

---

1 Karl Kraus, *Eine Krone für Zion*, Wien 1898.
2 Karl Kraus, *Die letzten Tage der Menschheit*, Wien, Leipzig 1922.
3 Karl Kraus, *Sittlichkeit und Kriminalität*, Wien 1908.

war, konnte ich schon an seiner Streitschrift gegen Heine erkennen. Ich hatte andere Gründe. Bessere Gründe. Erstens sah ich ein, daß man in schlechte Gesellschaft gerät, wenn man gegen diesen Mann schreibt. Zweitens, daß es nicht gerade tiefgründig wäre, einem geborenen Satiriker, obendrein einem von seinem Rang, Mängel des Charakters anzukreiden. Drittens habe ich aus der *Fackel* und aus anderen Büchern sehr Wichtiges gelernt. Ich habe einen Schnellkurs in hinreißender Kulturkritik genommen. Ich, der ich aus dem Osten und obendrein vom Lande und aus einer Provinzstadt nach dem Westen kam, habe die von mir damals noch bewunderte westliche Kultur durchschauen gelernt. So gründlich, wie ich ohne diese Lektüre sie erst in vielen Jahren erkannt hätte. Ich habe im Krieg viel gelernt. Aber was er gegen den Krieg schrieb, hat mich, so wie Sie, noch besser belehrt. Viertens, und dieser Punkt war ausschlaggebend: eines Tages erinnerte ich mich, was Heinrich Heine sagte, als er aufgefordert wurde, gegen Goethe zu schreiben. Ich zitiere aus dem Gedächtnis: ›Weil mir ein Stern ungünstig ist, soll ich ihn für ein Irrlicht erklären?‹ Und er fügt hinzu: ›Überhaupt finde ich es dumm, gegen einen großen Mann zu schreiben, auch wenn man etwas Wahres gegen ihn sagen könnte.‹[1]«

Alban wiederholte genießerisch: »Weil mir ein Stern ungünstig ist, soll ich ihn für ein Irrlicht erklären? Das is' ja wunderboar. Karl Kraus kann auch so was sagen.« Ich war nicht der Ansicht. Dieser Satz von Heine ist in erster Reihe nobel. Und darum groß. Karl Kraus kann auch einen großen Satz in wenigen Worten bilden. Nobel ist er nie.

1 Heine an Karl August Varnhagen von Ense, 28. November 1827.

92

2

Im ersten Jahr unserer Bekanntschaft verging kein Zusammensein mit Alban, ohne daß er auf Kraus zu sprechen kam. Damals war auch ich ein regulärer Leser der *Fackel*. Dennoch unterließ er es nie, mich telephonisch vom Erscheinen einer *Fackel*-Nummer zu verständigen, als wäre es ein besonderes Ereignis. In jener Zeit schrieb Karl Kraus selber die *Fackel* von der ersten bis zur letzten Seite. Er war der Eigentümer, der Herausgeber und Verfasser der geistreichsten, stets aufregenden und nicht zuletzt äußerst amüsanten Zeitschrift. Sie erschien damals nicht mehr als Wochenschrift, nicht einmal als Monatsschrift, sondern je nach dem Plan, den Kraus selber angemessen fand. Er schrieb über alles. Er schrieb den politischen Leitartikel, die Theaterkritik, er war der Sittenrichter, der Literaturkritiker, der Aufspürer von Korruption auf allen Gebieten, der Anprangerer des Nepotismus an der Universität – kurzum, kein Thema war ihm zu klein, keines zu groß. Was er über die Übel der Justiz, über die Skandale in den Gerichtssälen, über die Plage der Justizmorde in der *Fackel* geschrieben und hernach in Büchern veröffentlicht hat, gehört zu den Meisterwerken der Kulturkritik. Jede Nummer der *Fackel* wirkte wie die Säuberung einer verdorbenen Atmosphäre durch eine ozonreiche Brise. Leider hat er es kaum in einer Nummer fertiggebracht, seinen Drang zum Antisemitismus zu unterdrücken.

Eines Tages provozierte Alban eine längere Debatte über Karl Kraus durch die plötzliche Bemerkung, er glaube nicht, daß ich K. K. nur seine Schriften gegen Heine und gegen Herzl übelnehme. »Sie haben recht«, sagte ich ihm, »ich habe mit ihm noch andere jüdische Rechnungen. Aber das ist kein Thema, das man so beiläufig behandeln kann. Da müßte ich Ihnen einen ernsten Vortrag halten. Ich glaube nicht, daß er für Sie gar so interessant wäre.« Alban versicherte mir, daß es ihn sehr interessieren würde, sonst hätte er damit gar nicht erst begonnen. Ich begann ungefähr so: »Sie, Herr Berg, haben das Glück, in Wien aufgewachsen zu sein, in einer Zeit, wo es von bedeutenden Persönlichkeiten geradezu gewimmelt hat. Sie hatten den guten Geschmack oder den beneidenswerten Instinkt, für Ihre jugendliche Bewunderung die Besten auszusuchen: Gustav Mahler, Arnold Schönberg, Peter Altenberg, Karl Kraus, und last not least, Adolf Loos. Ich werde Ihnen gewiß nicht zu nahe treten, wenn ich vermute, daß diese fünf – welch ein Quintett! – entscheidenden Einfluß hatten auf Ihr Leben. Es kann Ihnen gewiß nicht entgangen sein, daß von diesen großen fünf nicht weniger als vier abtrünnige Juden sind.« – »Wieso vier?« fragte Alban. »Altenberg war doch kein Jud. Altenberg ist doch kein jüdischer Name.« – »Altenberg ist kein jüdischer Name, Mahler ist auch kein jüdischer Name. Alle diese Namen sind gute deutsche Namen. Jüdisch werden sie nur, wenn Juden so heißen. Ich habe in Galizien Juden gekannt, die Altenberg hießen. Aber das hat Richard Engländer, der sich Peter Altenberg nannte, offenbar nicht gewußt, und er hat sich nach dem Dorf Altenberg so benannt.« – »Ach ja. Sie haben recht. Ich hab das mal gewußt, aber ich hab's vergessen.«

Hier setzte das Gespräch aus. Ich hätte es nie für möglich gehalten, daß es in Wien, in ganz Österreich-Ungarn, ja in der ganzen christlich-germanischen Zone Mitteleuropas auch nur einen Katholiken gäbe, der vergessen könnte, daß einer ein Jud war. Nachdem ich mich von diesem sehr wohltuenden Schock erholt hatte, erklärte ich Alban den Grund meiner momentanen Verwirrung. Er sah mich mit seinen klaren grauen Augen gutmütig an und sagte: »Es liegt wohl daran, daß ich kein so guter Katholik bin. Ich glaube aber, daß Sie übertreiben. Es wird schon noch ein paar Katholiken geben in der, wie Sie es nennen, christlich-germanischen Zone, denen das passieren kann.« – »Herr Berg, es wird Ihnen nicht gelingen, sich bei mir zu unterschätzen. Würden Sie, Herr Berg, vergessen, daß einer ein Buckliger ist? Die meisten Christen empfinden das Judesein geradezu als einen physischen Makel. Sie sind eine sehr seltene Ausnahme. Das werde ich Ihnen nicht vergesssen.« Alban lenkte in Verlegenheit das Gespräch ab: »Ich erinnere Sie, daß Sie mir einen Vortrag über abtrünnige Juden machen wollten. Das interessiert mich.« Ich hatte tatsächlich den Faden verloren, und es war mir recht, daß er mich zum Beginn des Gespräches zurückführte. »Abtrünnige Juden sind meiner Meinung nach wie die Tenöre in zwei Gruppen einzuteilen: in gutartige und bösartige. Von Ihren vier Abtrünnigen sind drei gutartig und einer bösartig. Das ist Kraus. Die gutartigen verzeihen es sich und den Juden, daß sie abtrünnig geworden sind, um es sich im Leben bequemer zu machen. Heine betrachtete die Taufe als eine Eintrittskarte in die europäische Zivilisation. Ihm haben selbst die Ostjuden, die ihn lesen konnten, den Verrat verziehen. Sie liebten und bewunderten ihn

94

als jüdischen Dichter, der deutsch schrieb. Mit Recht. Ein Gedicht wie die *Prinzessin Sabbath* ist so jüdisch, wie ein hebräisches Gedicht von Chaim Nachman Bialik[1]. Gustav Mahler ließ sich taufen, damit er Direktor der Wiener Staatsoper werden konnte. Er hat es damit sich und Kaiser Franz Joseph leichtergemacht. Er hat sein Getauftsein sonst nie hervorgekehrt. Als ihm jemand riet, eine Messe zu komponieren, hat er es mit der Begründung abgelehnt: ›Ich könnte mit gutem Gewissen kein Credo schreiben.‹ Arnold Schönberg ließ sich vermutlich taufen, weil Gustav Mahler sich hat taufen lassen.« – »In diesem Falle haben Sie wahrscheinlich recht«, sagte Alban. »Ich habe mich oft gefragt.« – »Warum Altenberg es getan hat, weiß ich nicht. Ich habe oft darüber nachgedacht und keine Erklärung gefunden, es sei denn, weil er auch legal mit dem Vornamen Peter heißen wollte, was sonst ohne Taufe nicht möglich war. Was Karl Kraus betrifft, gehört er zu den Juden, die nicht zum dertaufen sind, und das hat er den Juden nie verzeihen können. Daher hat sich bei ihm die Gesinnung des Assimilanten bis zum virulenten Antisemitismus gesteigert.« – »Peter Altenberg macht doch auch hier und da eine antisemitische Bemerkung, zum Beispiel wenn er sagt: ›Die Juden, sie wollen, daß dieses Kapital Leben sich mit 100% verzinst. Andere Rassen geben sich mit 10% zufrieden.‹[2]« – »Ich finde den Ausdruck durchaus nicht antisemitisch. Die Formulierung ist geradezu entzückend, und außerdem hat er vermutlich recht. Wir Juden haben alle für das Leben viel übrig.« Wie immer, wenn wir an Altenberg gerieten, kamen wir nicht leicht von dem uns beiden so lieben Manne weg, bis mich Alban wieder ermahnte, daß ich ihm einen Vortrag über abtrünnige Juden versprochen hatte. »Ich habe den Faden verloren, weil ich noch immer die freudige Überraschung nicht überwunden habe, daß ein Wiener Katholik so vorurteilslos sein kann zu vergessen, daß einer ›a Jud‹ ist.« – »Sie nannten Kraus einen bösartigen Abtrünnigen. Warum?« – »Ja, das ist er. Das war er schon gleich zum Beginn der *Fackel*. Sie haben leider die ersten Jahrgänge

---

1 Chaim Nachman Bialik (1873-1934), der aus Wolhynien stammende Autor hebräischer Sprache.
2 Peter Altenberg, *Was der Tag mir zuträgt*, a.a.O., S. 275: »*Semitische Rasse*. Es wird soviel herumphilosophirt – – – und es ist doch so einfach! Sie haben eben die p e r f i d e L e b e n s - S e h n s u c h t ! Sie wünschen es, daß dieses K a p i t a l ›Leben‹ sich mit 1 0 0 P r o z e n t verzinse! Die Anderen begnügen sich mit 3!« (Hervorhebungen von Altenberg)

der *Fackel* nicht gelesen und haben vielleicht nie gewußt, daß K. K. in der Dreyfus-Affaire auf der Seite der Anti-Dreyfusards stand. Er hat sogar dem vermutlich damals schon senilen alten Liebknecht in der sonst so exclusiven *Fackel* für seine Artikel gegen Dreyfus Platz gemacht.[1] Beide, Kraus und Liebknecht, haben auch nach der Revision des Prozesses die Meinung vertreten, daß die Dreyfus-Affaire eine Erfindung der liberalen Presse war. Sie werden zugeben, daß K. K. schon damals nicht zu den politisch Naiven gehört hat. Wie er so verblendet sein konnte, daß er nach der schmählichen Niederlage der Anti-Dreyfusards weder Reue noch Scham gezeigt hat, ist nur damit zu erklären, daß er mit seinem Antisemitismus seine legitime Zugehörigkeit zu der ›besseren Gesellschaft‹ zeigen wollte. Auch um einen Skandal zu erregen und die Wiener liberale ›jüdische Presse‹ zu entsetzen.«[2] Alban war damals zu jung, um die Dreyfus-Affaire in den Zeitungen zu verfolgen. Später, als er schon Mahler kannte, der mit dem General Picquard[3] befreundet war, war er immer noch nicht politisch interessiert genug, um die historische Tragweite der Dreyfus-Affaire zu beurteilen. Damit konnte mein Vortrag über die getauften Juden ein Ende nehmen. Alban Berg kam oft gesprächsweise auf die Affaire zurück. Der Gespräche über Kraus war kein Ende. Aber seit diesem Tage waren es eben Gespräche, keine aufregenden Debatten.

3

Seit dem Tage gab es nie wieder einen Streit über K. K. zwischen uns. Alban sah ein, daß es gute Gründe gab, an diesem seinem Idol etwas

---

1 Wilhelm Liebknecht, *Nachträgliches zur »Affaire«*, Fackel Nr. 18, Ende September 1899, S. 1-10; Nr. 19, Anfang October 1899, S. 1-12.
2 Der französische Hauptmann Alfred Dreyfus, jüdischer Herkunft, war wegen angeblicher Spionage für die Deutschen im Jahre 1894 zur Deportation verurteilt worden. Die Revision des Prozesses endete am 9. September 1899 mit dem Spruch »Schuldig des Hochverrats mit mildernden Umständen« und einer Gefängnisstrafe von zehn Jahren. Dieser Ausgang beendete die Affäre keineswegs, und so bot die Regierung schließlich notgedrungen Begnadigung an, die Dreyfus annahm. Für die politisch bewußten Teile der europäischen Judenheit bedeutete die Dreyfus-Affäre das unmißverständliche Ende des Assimilationsgedankens. Karl Kraus aber erklärte am 12. Oktober 1899 seinen Austritt aus der mosaischen Glaubensgemeinschaft. Die katholische Taufe vollzog er im Jahre 1911. Dreyfus erlangte endlich 1906 seinen Freispruch und Rehabilitierung. Die Hauptbelastungsstücke gegen ihn waren Fälschungen von französischen Offizieren.
3 Der französische General Marie Georges Picquard (1854-1914).

96

auszusetzen. Mir brauchte niemand zuzureden oder mich zu belehren, daß K. K. ein bedeutender Satiriker war, und der Zauber der *Fackel* war für Alban nicht geschwächt. Nie versäumte er, mich auf das Erscheinen einer neuen Nummer aufmerksam zu machen, da er wußte, daß ich kein Abonnent war, weder für Tageszeitungen, die ich im Kaffeehaus las, noch für Zeitschriften – auch nicht für die unregelmäßig erscheinenden. Wenn ihm ein Ausspruch besonders auffiel, ein Satz oder auch nur ein Wort, machte er mich immer drauf aufmerksam, manchmal sogar telephonisch, in aller Frische seines Enthusiasmus. Ein Beispiel: wir hatten zusammen ein Theaterstück gesehen, in dem ein Wiener Schauspieler, der in Berlin groß war, Fritz Kortner, die Hauptrolle hatte. Da Karl Kraus ihn nicht mochte, war Alban, sonst ein Kind, leicht beglückt im Theater, diesmal ein kühler Zuschauer. Der Schauspieler war aber ein Mann von reißendem Temperament, und er riß das Theaterkind in Alban mit. Es kam eine Szene, in der der Held mit Gott zu hadern hatte, und da fiel der verberlinerte Schauspieler plötzlich in den echten Wiener Volkston atavistisch zurück und wir zwei waren nicht die einzigen im Auditorium, das zu bemerken. In der Pause sagte Alban: »Da hat ja Karl Kraus recht – der ist ja ordinär, net wahr?« – »Ja«, sagte ich, »er hadert mit Gott wie ein Wiener Hausmeister, der gegen den Hausherrn ›an Zorn kriegt‹.« Ein paar Wochen später rief mich Alban an. Eine neue *Fackel* war erschienen. Karl Kraus hatte sich diese Vorstellung angesehen, und Alban las mir seine Bemerkung über diese Szene vor und fügte hinzu: »Diesmal sagt K. K. ungefähr, was du gesagt hast.« – »Leider nur ungefähr«, sagte ich, »denn ich brauchte einen ganzen Satz. Er sagt es kürzer: Ein Krakeel gegen Gott.«[1]

K. K. dichtete auch. Alban schätzte auch diese seine Schöpfungen hoch. Ich kannte nur wenig davon. Eines Tages zitierte mir Alban ein Gedicht, das mit dem Satz beginnt:

> Ich bin nur einer von den Epigonen,
> die in dem alten Haus der Sprache wohnen.[2]

Er erinnerte mich daran, daß ich K. K. einen Epigonen gleich zu Beginn unserer Bekanntschaft genannt hatte. Ich unterließ es, ihn darauf

---

1 »[…] bis er plötzlich bei unpassender Gelegenheit mit dem Himmel zu krakehlen anfing.« (Karl Kraus, *Lear im Burgtheater*, Fackel Nr. 906-907, April 1935, S. 22)
2 Aus dem Gedicht *Bekenntnis* (Fackel Nr. 443-444, 16. November 1916, S. 28).

aufmerksam zu machen, daß Karl Kraus sich als Epigone ansieht, der im »alten Haus der Sprache« wohnt, nicht, was ich behauptete, ein Epigone im neuen Haus der Sprache, das Heine, Börne und Nietzsche errichtet haben. Das war im Jahre 1929. Jetzt waren wir schon gute Freunde. Wir sagten nicht mehr »Herr Berg« und »Herr Doktor«, wir waren per du und stritten uns nur noch über Fußball.

Eines Tages erlebte ich es sogar, daß ich K. K. gegen Alban zu verteidigen hatte. Er las mir aus der *Fackel* einen Satz vor, der ihm mißfiel und mich überaus entzückte. Kraus verspottete in seiner Art einen Schweizer Denker, der damals en vogue war, und setzte zu seinem Namen, der mir heute nicht einmal mehr einfällt, die Worte hinzu: »dessen hochalpines Denken an ›Zarathustra‹ gemahnt«[1]. Wie ich war auch Alban im Banne von Nietzsches *Also sprach Zarathustra* aufgewachsen, aber ich hatte meinen Enthusiasmus für das pseudo-prophetische Werk Nietzsches in all seiner falschen Erhobenheit längst durchschaut, und ich fand die Worte »hochalpines Denken« nicht nur eine berechtigte Bewertung, sondern geradezu eine Offenbarung. Der große Denker und Dichter war damals offenbar von seinem unheilbaren Wahn angeschattet. Hätte Wagner dieses Werk gekannt, er wäre berechtigt gewesen, es zu vertonen. Ich sagte das Alban, aber es gelang mir nicht, ihn zu überzeugen, und wir gerieten wieder einmal in eine Diskussion über Wagner, den er, wie Schoenberg und alle seine Schüler, in hoher Verehrung hielt. Erst als ich ihn erinnerte, wie hohl ihm Richard Strauss' symphonische Dichtung *Zarathustra* schon immer erschienen war, die wir nunmehr dank K. K. mit dem Wort »hochalpines Musizieren« nicht weniger treffend bezeichnen könnten, ließ er mit sich reden. Denn die Musik Richard Strauss' schätzte er, mit wenigen Ausnahmen, gar nicht. Er nahm sich vor, das pseudo-prophetische Werk wieder einmal zu lesen.

Im Jahre 1931 erschien das Buch *Trotzdem* von Adolf Loos. Alban ließ es sich nicht nehmen, mir bei einem Besuch, kaum daß ich in sein Zimmer eingetreten war, mit dem Buch entgegenzukommen und mir gleich die Stelle vorzulesen, in der Adolf Loos sein Urteil über Kraus in aller Kürze äußert:

---

1 Es war der österreichische Autor Wladimir Hartlieb (1887-1951), ein Kraus-Verehrer, mit seinem Buch *Fortschritt ins Nichts*, »dessen individualistischer Schwung an ein hochalpines Denken von Zarathustra-Dimensionen streift« (Fackel Nr. 820-826, Ende Oktober 1929, S. 66).

98

Er steht an der schwelle einer neuen zeit und weist der menschheit, die sich von gott und der natur weit, weit entfernt hat, den weg. Den kopf in den sternen, die füße auf der erde, schreitet er, das herz in qual über der menschheit jammer. Und ruft. Er fürchtet den weltuntergang. Aber, da er nicht schweigt, weiß ich, daß er die hoffnung nicht aufgegeben hat. Und er wird weiter rufen und seine stimme wird durch die kommenden jahrhunderte dringen, bis sie gehört wird. Und die menschheit wird einmal Karl Kraus ihr leben zu danken haben.[1]

Mit dem Buch in der Hand stand Alban vor mir: »Jetzt werd ich dir drei Fragen stellen. Erstens: was denkst du dir jetzt?« – »Ich bin ein guter Zuhörer«, sagte ich, »aber ich verlasse mich mehr aufs Lesen. Bitte gib mir das Buch.« Er hielt mir das Buch mit beiden Händen vor, so daß ich nur die Bemerkung über Kraus lesen konnte. Ich las und war erstaunt, daß die Bemerkung auf dem Papier sehr kurz war, so tief hat mich der Inhalt beeindruckt. Alban nahm mit einer schnellen Bewegung das Buch wieder an sich. »Also was sagst du dazu?« – »Loos macht eine Feststellung über die Bedeutung von K. K., die mir nicht übertrieben vorkommt. Aber die Prophezeiung, daß die Menschheit einmal Karl Kraus ihr Leben zu danken haben wird, ist ein frommer Wunsch, fromm und naiv.« – »Zweitens: rate, wann hat Loos das geschrieben?« – »Nach dem Krieg sicher«, sagte ich schnell, wie es meine schlechte Gewohnheit ist. Albans Gesicht war so von Triumph erleuchtet, wie ich es nie vorher und auch nie nachher gesehen habe, nicht einmal nach seinem Erfolg in der Wiener Oper nach der Première des *Wozzeck* auf der Bühne, die Gustav Mahler zehn Jahre beherrschte. »Da schau: 1913!« Ich sagte: »Dieses Urteil über Kraus, geschrieben 1913, so hoch es ihn bewertet, ehrt ihn nicht mehr als Adolf Loos selbst. Nach den *Letzten Tagen der Menschheit* und nach allem, was Karl Kraus im Krieg geschrieben hat, hat so mancher das erkannt, was Loos schon 1913 gesehen hat. Was die Prophezeiung betrifft, so wird sie kaum in Erfüllung gehen. Ich glaube nicht, daß die Stimme von Kraus die Menschheit je erreichen wird. K. K. ist kein Prophet. Er ist ein Satiriker. Wäre die österreichisch-ungarische Monarchie nicht zugrunde gegangen, hätten *Die Letzten Tage der Menschheit* vielleicht ganz Westeuropa erreicht. Mit dem Untergang

---

1 Adolf Loos, *Karl Kraus*, in: Der Brenner, 15. Juni 1913, wieder abgedruckt in Loos' Sammlung *Trotzdem. 1900-1930*, Innsbruck 1931; unveränderter Neudruck, hg. von Adolf Opel, Wien 1988, S. 119.

der Monarchie ist Wien eine Provinz geworden. Und eine Satire aus der Provinz reicht nicht sehr weit. Es ist schon jetzt so, daß ein zwanzigjähriger Leser, selbst ein Wiener Leser, sein großes Werk ohne Fußnoten (die einmal kommen werden) nicht versteht. Hinzu kommt, daß Karl Kraus' polemische Sprache einer Übersetzung schier unüberwindliche Schwierigkeiten stellt. Aber die *Letzten Tage der Menschheit* sind eine gigantische Montage, ein mit diabolischer Akribie errichtetes Wachsfigurenkabinett.« – »Daraufhin trinken wir einen Cognac«, sagte Alban, und er zog unter dem Sofa die Flasche hervor und wir tranken eins zu Ehren von Adolf Loos. So gelabt, erinnerte ich mich, daß Alban mir drei Fragen stellen wollte, und ich reklamierte die dritte. Alban stärkte sich mit einem Gläschen und sagte: »Die dritte Frage hab ich nur für den Fall vorbereitet, wenn du mit dem geradezu prophetischen Urteil von Loos über Kraus nicht einverstanden gewesen wärest. Jetzt ist sie nicht mehr nötig.« Ich war aber neugierig. Und ich bestand darauf. »Ich wollte in dem Fall dir eine Frage stellen, die ich mir schon längst vorgenommen hab. Ich wollte dich fragen, ob du einmal einen guten Tag hast, an dem du vergißt, daß du ein Jud bist. Und auch die jüdische Rechnung vergißt, die du mit K. K. hast.« – »Ich muß eine Weile nachdenken«, sagte ich. Indes gestand Alban, daß er sich nur an den Tagen erinnerte, ein Katholik zu sein, wenn einer in der Familie starb und er zum Begräbnis ging. »Wenn ich so recht bedenke, habe ich hie und da nicht nur einen Tag, sondern eine Reihe von Tagen, da ich in den Bergen herumwandere, ohne daran zu denken, daß ich ein Jude bin und eigentlich im Kaffeehaus sitzen sollte. Aber hier in Wien, unter Christen, gelingt mir das nicht. Damit möchte ich nicht sagen, daß ich geradezu darauf aus bin zu vergessen, daß ich ein Jude bin. Aber schau: wir leben in einer Stadt, wo bei den städtischen Wahlen circa 72% der Bevölkerung sozialdemokratisch wählen. Trotzdem laufen hier Mordbuben mit Hakenkreuzen am Arm herum, brüllen ihr: Deutschland erwache, Juda verrecke! – und sehen so aus, als ob sie es tödlich ernst meinten. Und das tun sie! Trotzdem stellen ihnen, diesen Mordbuben, die Behörden keine Hindernisse in den Weg. Das im Namen einer Demokratie, die nicht merkt, daß, wenn es darauf ankommt, sie, die Demokratie, mit den Juden zusammen ermordet werden soll.« – »Das ist doch eine kleine Minorität. Bis jetzt haben sie noch nicht die Macht, einen Straßenkehrer in Wien durchzusetzen.« – »Aber sie sind laut genug, um die Stadt mit ihrem Mordgeschrei zu verstänkern, und die sozialdemokratische Führung duldet das alles im Namen einer falsch verstandenen Freiheit, die für sie sakrosankt ist, weil sie sonst nichts Heiliges mehr anerkennt.«

Dieses Gespräch fand, wie gesagt, im Jahre *1931* statt, in dem Jahr, da das Buch *Trotzdem* von Adolf Loos erschien, das ich mir bald anschaffte und in dem ich die Bedeutung von Adolf Loos erst gründlich erkannte. Zeit seines Lebens liebte er alles Echte und Schöne, und alles Verbogene und Unechte haßte er mit einem Haß, den er sonst nur noch für Architekten übrig hatte. Denn dieser Architekt war in seiner Jugend ein Maurer gewesen. Er liebte das ehrliche Handwerk. Die angewandten Künste haßte er.

Ich habe hier viele, aber kaum zu viele Gespräche über Karl Kraus mitgenommen, weil dieser Mann sehr großen Einfluß auf Alban hatte. Daß er in diesen wie in den meisten Gesprächen mit mir viel weniger spricht als ich, liegt daran, daß Alban in hohem Maße artikuliert war, wenn er schrieb. In Gesprächen liebte er es zuzuhören, und er suchte nur zu Worte zu kommen, um vom Gespräch zu einer Debatte zu gelangen. Debatten liebte er über alles. Darum schätzte er von allen Werken Thomas Manns, soweit ich mich erinnere, nur den *Zauberberg*. Und in diesem Roman entzückten ihn die Debatten zwischen Settembrini und Leo Naphta. Er selber, Alban, war ein sehr schwacher Debattierer, wie der Leser vielleicht bemerkt hat.

4

K. K. war vielen seiner Anhänger ihr Alles. Ein Weiser war er nicht. Dennoch starb er wie die Weisen: vor der Zeit. Vor der Zeit, deren Horror ihm gezeigt hätte, wie sein ruchloser Assimilationswahn ein in der Geschichte beispielloses Ende genommen hat. Ich hätte es ihm gegönnt, noch das Europa von Auschwitz zu erleben. Ich hätte es ihm gegönnt, eine Zeit, wenn auch nicht in einem Vernichtungslager, so doch wenigstens in einem kleineren der Orte des Grauens mit zehntausend Juden zu verbringen, und durch ein Wunder gerettet zu werden. Warum zehntausend? Hier in New York, wo ich Teile dieser Blätter diktiere, hat mich ein Freund, ein Wiener, ein echterer Wiener als ich, ein lyrischer Dichter, einer der K. K. noch heute so verehrt wie Alban Berg und ihn noch gründlicher kennt als Alban und ich zusammen, auf einen Vierzeiler aufmerksam gemacht, der in einem von den Bänden *Worte in Versen* zu lesen steht:

> Der Diener ist schon alt, als hätt' er viele Jahre
> schon Gott gedient, so sieht er in die fremde Zeit.
> Zehntausend Juden sind nicht wert dies eine wahre,
> einfältige Gesicht voll Dienst und Dankbarkeit.[1]

Das gedruckt im Jahre 1919! In der Zeit, da im Osten Europas die befreiten Völker in ihren Bürgerkriegen, hauptsächlich in der Ukraine, eine halbe Million Juden in Pogromen umgebracht haben. – Über dem Eingangstor zum Vernichtungslager von Auschwitz stand zu lesen: Arbeit macht frei. Hätte Himmler *Worte in Versen* gelesen, er hätte vielleicht diesen Vierzeiler von Karl Kraus am letzten Eingang zu den Gaskammern anbringen lassen. Er wäre da nicht fehl am Ort gewesen.

5

In meinem Roman *Der Sohn des verlorenen Sohnes* zitiere ich den Satz eines berühmten deutschen Juden, berühmt als Großindustrieller, als Schriftsteller und als Politiker, den ich im Roman nicht mit Namen nenne, weil ich damals noch unter dem Eindruck seines entsetzlichen Todes stand. Sein Name: Walther Rathenau. Man weiß, wie er als Außenminister der Weimarer Republik ermordet wurde. Als dreißigjähriger Schriftsteller schrieb er einen Aufsatz unter dem Titel *Höre, Israel!*, in dem er den Juden – nicht nur den deutschen, allen Juden – Vorschriften gibt für ihre Lebenshaltung. Ich zitiere im Roman nur eine von den Vorschriften: »Die Juden sind gehalten, sich sogar ihrer guten Eigenschaften zu begeben, wenn diese an sich guten Eigenschaften geeignet sein sollten, das Wirtsvolk zu reizen.«[2] Ich bin

---

1 Strophe aus Karl Kraus' Gedicht *Die Krankenschwestern*, in: *Worte in Versen I*, 1916, 2. Auflage 1919 (Werke, hg. von Heinrich Fischer, Bd. 7, München 1959, S. 50). Der Wiener Lyriker, der Morgenstern in New York auf die Strophe aufmerksam machte, könnte Ernst Waldinger gewesen sein.
2 Zur Zeit der Dreyfus-Affäre, 1897, im Jahr des ersten Zionistenkongresses, veröffentlichte Walther Rathenau (1867-1922) unter dem Pseudonym W. Hartenau in Maximilian Hardens *Zukunft* seinen Aufruf *Höre, Israel!* Fünf Jahre später, als Rathenau die Schrift in seine Sammlung *Impressionen* aufgenommen und sich damit als ihr Verfasser zu erkennen gegeben hatte, kam es zum Skandal. Denn er forderte in seinem Aufruf »die bewußte Selbsterziehung einer Rasse zur

heute nicht sicher, ob er Wirtsvolk schrieb oder Umgebung. Einerlei. Ich habe nicht seine Literatur zur Hand, um es nachzuschauen. Ich hielt damals diesen Satz für den Ausdruck niedrigster Gesinnung, deren ein Assimilant fähig ist. Ich muß jetzt Walther Rathenau, der vermutlich in seinem späteren Leben solche und andere Ausdrücke bereut haben dürfte, Abbitte tun. Karl Kraus ist tiefer gesunken und war kein junger Mann mehr, wie er diesen Vierzeiler ›dichtete‹. Er hat ihn nie bereut. Reue war zeit seines Lebens nie seine Sache. Er hat weder den Angriff auf Heine noch den auf Herzl je bereut. (Um genau zu sein: er hat in den letzten Jahren seines Lebens seine Taufe bereut. Nicht ganz ernst. Er spielte mit der Reue. Das spielte sich so ab: er hatte herausgefunden, daß man nach einem neuen Gesetz der Republik Österreich aus der katholischen Kirche ohne besonderes Zeremoniell einfach durch eine Erklärung auf einer Postkarte austreten konnte. Sooft in dem Organ der katholischen Partei, in der *Reichspost,* etwas zu lesen stand, das ihm mißfiel, drohte er mit der Postkarte... Ich weiß nicht, ob er diese Karte je geschrieben hat. Daß die Antisemiten dieses Spielchen mit dem Austritt widerwärtig fanden, ist selbstverständlich. Ich selber war in diesem Fall auf der Seite der Antisemiten der *Reichspost.*)

Alban hat offenbar, wie ich, den perfiden Vierzeiler nicht gekannt. Noch heute bin ich froh, daß ihm dieses Bekenntnis in Versen erspart geblieben ist.

Anpassung an fremde Anforderungen«, und er tat es überdies in einigermaßen arrogantem Ton. »Das Ziel des Prozesses«, so erklärte er, »sollen nicht imitirte Germanen, sondern deutsch geartete und erzogene Juden sein.« Rathenau dachte sich »eine Anartung in dem Sinne, daß Stammeseigenschaften, gleichviel ob gute oder schlechte, von denen es erwiesen ist, daß sie den Landesgenossen verhaßt sind, abgelegt und durch geeignetere ersetzt werden« (Walther Rathenau, *Impressionen*, Leipzig 1902, S. 10). Diese Stelle hat Morgenstern, wie man sieht, für seinen Roman umformuliert; dort steht übrigens nicht »das Wirtsvolk« sondern »die Umgebung« (*Der Sohn des verlorenen Sohnes*, Lüneburg 1996, S. 88). Der spätere Rathenau tat seinen Aufruf, den er sehr bald unterdrückt hat, als eine »Jugendflegelei« ab (vgl. Rudolf Kallner, *Herzl und Rathenau*, Stuttgart 1976, S. 291).

Mit Adolf Loos

Meine Wohnung in der Maxingstraße hatte kein elektrisches Licht. Das störte mich nicht im geringsten. Das Gaslicht war leicht zu öffnen. Man drehte an der Lampe einen kleinen Hahn, nicht größer als ein elektrischer Schalter, entzündete ein Streichholz, und das Zimmer war sanft erleuchtet. Denselben Vorgang wiederholte ich im Schlafzimmer. Am Anfang störte mich der Gasgeruch ein wenig, aber ich gewöhnte mich sehr schnell daran, weil die altmodische Prozedur zu der Gartenwohnung ganz gut paßte. Obwohl ich damals die Abende bis zu später Stunde im Kaffeehaus verbrachte, kam ich selten später als etwa zwölf, halb eins nach Hause. Und so dauerte es Jahre, bis ich drauf kam, daß der Gasstrom um zwei Uhr nachts ausgeschaltet wurde und erst um sechs Uhr morgens wieder geöffnet. Es ist möglich, daß meine Hausfrau, die Frau Oberst, mich darauf beim Einzug aufmerksam gemacht hatte, wie sie behauptete. Aber augenscheinlich hatte ich es vergessen. Jedenfalls bin ich dessen fast zu spät gewahr geworden.

In einer Silvesternacht[1] feierte ich den Anfang des Neuen Jahres bis fünf Uhr morgens, kam um halb sechs nach Haus, ging, ohne das Licht im ersten Zimmer zu öffnen, ins Schlafzimmer, öffnete das Gashähnchen der Lampe, entzündete das Streichholz – und nichts geschah. Kein Licht. Ich nahm an, daß eine Störung infolge des tiefen Schnees den Gasstrom unterbrochen hatte, zog mich im Dunkeln aus und schlief sofort ein.

Als ich wieder die Augen öffnete, sah ich einige Menschenschatten im Zimmer, hörte viel Lärm und verspürte einen kalten Luftstrom, gemischt mit Schneeflocken, der durch das weit offene Fenster eindrang. An meinem Bett standen die Frau Oberst, ihre Tochter, ihr Schwiegersohn und ein Mann in Uniform. In ihrer Bestürzung redeten alle durcheinander. Ich konnte nur verstehen, daß die Frau Oberst entrüstet war, die Tochter in Wut und der Schwiegersohn beschwichtigend auf beide einredete. Der uniformierte Mann hielt mir einen Brief vor und einen Zettel mit einem Bleistift in Erwartung einer Unter-

---

1 Es war die Jahreswende 1923/24.

104

schrift. Ich versuchte, mich zu erheben, mit dem Ergebnis, daß ich von einer Übelkeit überkommen wurde und beinahe aus dem Bett gefallen wäre, wenn nicht der brave Schwiegersohn mich gestützt hätte.

Kurzum, folgendes war geschehen: der Mann in Uniform war ein Briefträger, der mir, obwohl am Neujahrstag keine Post ausgetragen wurde, einen rekommandierten Expreßbrief brachte. Er klopfte an die Tür meines Wohnzimmers, versuchte zu öffnen, roch das Gas und alarmierte das ganze Haus. Die Frau Oberst war natürlich entsetzt. Sie konnte nicht ahnen, daß mir der Vorgang des Ein- und Ausschaltens des Gasstroms in Jahren unbekannt geblieben war, und sie nahm selbstverständlich einen Selbstmordversuch an. Als ich soweit war, daß ich erzählen konnte, wie es passiert war, war der Briefträger der erste, mir das zu glauben. Offenbar, weil er als mein Lebensretter mir gerne auch sonst helfen wollte. Nachdem ich mich so weit erholt hatte, daß ich den Empfang des Briefes bestätigen konnte und das übliche Wiener Briefträgergeschenk zum Neuen Jahr, den neuen Kalender, übernommen hatte, ging der Briefträger wohlgelaunt seines Wegs. Dem Schwiegersohn, der auch das Trinkgeld für den Briefträger für mich vorgestreckt hatte, gelang es nun auch, die Entrüstung seiner Damen einigermaßen zu beschwichtigen. Man ließ mich nun allein, und der Schwiegersohn versprach, mich bald mit einem schwarzen Kaffee zu laben.

Bei offenem Fenster, erfrischt von den Schneeflocken, die hin und wieder ins Zimmer hineintanzten, segnete ich den Namen der Briefschreiberin, die mir den Lebensretter, den Briefträger, rechtzeitig ins Haus geschickt hatte. Es war meine Freundin Renée, der ich es eigentlich zu danken hatte, daß ich den Krieg überlebte, wie ich an anderer Stelle meiner Erinnerungen genau erzählt habe. Diesmal war es so: Sie war mit ihrer Familie für die Feiertage auf den Semmering gefahren und wollte mir in all ihrer Liebe auch rechtzeitig ein glückliches Neues Jahr wünschen. Noch selten ist ein Neujahrswunsch so recht zur Zeit gekommen.

Ich verbrachte den Neujahrstag im Bett, ging erst am Abend aus, machte einen nicht ganz gelungenen Versuch, zu Abend zu essen, ging sofort wieder ins Bett und schlief ununterbrochen bis zum nächsten Mittag.

Vom Semmering zurückgekommen, insistierte die nachträglich nicht wenig erschrockene Renée darauf, daß ich die gasbeleuchtete

Wohnung aufgäbe. Da ich sehr ungerne umziehe, eine Eigenschaft, die ich mit keinem geringeren Mann als Leo Trotzki teile, blieb ich noch einige Monate in der mir wegen ihrer schattigen Stille liebgewordenen Wohnung. In jenen Wochen, sooft Renée und andere Freunde mir zuredeten, die Wohnung zu wechseln, dachte ich an Leo Trotzki. Ich erinnere mich noch heute, wie mich sein Geständnis, daß er ungern eine Wohnung wechselte, verblüffte. Man muß nur die Schilderung seiner Flucht aus Sibirien lesen, um zu verstehen, daß ich laut auflachen mußte, als ich jene Stelle in seinem Buch las. Trotzki, der auch noch erleben mußte, daß ihm die ganze Erde, wie er selber formuliert hat, ein »Planet ohne Visum«[1] geworden ist, hat nicht gern eine Wohnung gewechselt!

Nachdem auch Alban, obwohl er mich gern in seiner Nähe wohnen haben wollte, mir zuredete, zog ich in ein kleines Hietzinger Hotel um.[2] Hier hatte ich nur ein Zimmer, aber es war in einer stillen Gasse, ganz nahe dem Schönbrunner Park und auch dem Café Stöckl. Ich hatte nur über die Straße zu gehen, um in diesem Café zu frühstücken, bei gutem Wetter meistens im Garten, der mit einem nicht zu dichten Holzgitter vom Schönbrunner Park abgegrenzt war. Hier konnte ich auch ungestört ein paar Stunden schreiben, namentlich am frühen Nachmittag, ehe die Ungarn erwachten.

Obwohl das Hotel ihm nicht so nahe war wie meine frühere Wohnung, sah ich Alban öfter als früher, denn sooft er in der Hietzinger Straße zu tun hatte, überraschte er mich im Cafégarten. Einmal kam er gerade, wie ich mit Béla Balázs eine Verabredung hatte, und ich machte die beiden miteinander bekannt. Balázs sprach fließend deutsch, mit dem sonoren ungarischen Akzent, aber korrekt. Er war von Beruf Gymnasiallehrer gewesen und sein Gegenstand war deutsche Literatur. Alban war damals in Wien noch nicht berühmt. Balázs kannte den Namen nicht. Er hatte mir gerade wieder einmal seine Theorie von der Bedeutung der Zeit im Film auseinandergesetzt, aber ich lenkte das Gespräch auf Musik ab. Balázs wußte genug von der Schoenberg-Schule, um Alban bald als einen Schoenberg-Schüler zu erkennen. Ich konnte nicht umhin, Balázs als den Textdichter von

1 Nach dem gleichnamigen Kapitel in Trotzkis Buch *Mein Leben. Versuch einer Autobiographie*, Frankfurt a. M. 1974, S. 488.
2 Den Meldezetteln zufolge wohnte Morgenstern seit dem 4. Juni 1924 in der Hietzinger Hauptstraße 118 zur Untermiete, danach vom 21. August 1925 bis 17. Mai 1926 in der Dépendance Park Hotel Schönbrunn.

Béla Bartók vorzustellen, weil ich wußte, daß Alban sicherlich neugierig war, was er über Bartók zu erzählen hatte. Am Anfang ging das Gespräch über Bartók ganz gut vonstatten, aber Balázs lag an jenem Tag mehr daran, von seiner Zeittheorie zu reden. Es war nicht leicht, ihn von diesem Thema abzubringen, und nach einigen schwachen Versuchen gab ich es auf. Alban kam nicht ganz auf seine Kosten. Als Balázs gegangen war, fragte er mich, ob es Balázs nicht genug wäre, als Librettist von Bartók zu gelten. »Der war ja geradezu pikiert, daß wir ihn immer wieder über Bartók ausgefragt haben.« Ich erklärte Alban, daß Balázs die Bedeutung und den Ruhm Béla Bartóks keinesfalls unterschätzte. »Er spricht immer mit Liebe und Verehrung von seinem Freund Béla Bartók, aber er ist selber ein Dichter, ein Kritiker. Er schreibt Romane und hat seine Theorien über den Film, wie Sie gehört haben. Außerdem ist er, wie alle Kleingewachsenen, von nicht geringer Eitelkeit, und es paßt ihm nicht, nur als Librettist von Béla Bartók auf die Nachwelt zu kommen.« – »Was hat er alles geschrieben?« wollte Alban wissen. »Sein Neuestes ist ein dicker Band, großartig gedruckt, mit dem Titel: *Der Mantel der Träume*. Das Buch enthält echte chinesische Märchen.«[1] – »Sie meinen, chinesische Märchen, von ihm übersetzt?« – »Nein, von ihm gedichtet. Echte chinesische Märchen, gedichtet von Béla Balázs, mit einem Vorwort von keinem geringeren Kenner chinesischer Märchen als Thomas Mann.« – »Wirklich woahr?« fragte Alban. »Ja, wirklich wahr. Ich habe die Märchen gelesen. Zuerst das Vorwort von Thomas Mann, dann die Märchen von Béla Balázs, dann wieder das Vorwort, und bin zum Ergebnis gekommen, daß es anmaßend von mir wäre, Thomas Mann zu widersprechen.«[2] – »Wirklich woahr? Sind die wirklich so gut, die Märchen?« – »Ich sag doch, ich kann Thomas Mann nicht widersprechen. Er ist der große Kenner von Chinoiserien, nicht ich.« Damals waren die Bibelromane von Thomas Mann erst *in statu nascendi*.

In diesem Café, im Garten, saß ich einige Male mit Adolf Loos, der bei schönem Wetter hier oft zu Mittag speiste. Eines Tages kam er spät, setzte sich an meinen Tisch und aß sein leichtes Mittagessen, wie er betonte, der große Kämpfer gegen die schwere Wiener Küche

---

1 Béla Balázs, *Der Mantel der Träume. Chinesische Novellen*, München 1922.
2 Thomas Mann schrieb zu Balázs' Buch kein Vorwort, sondern eine Rezension: *Ein schönes Buch*, Neue Freie Presse (Wien), 21. Mai 1922.

»mit ihren Buchteln«. Im Café gab es ein Kätzchen, das Adolf Loos bevorzugte und gern auf seinem Schoß saß. Loos stellte es auf den Tisch und traktierte es mit einem Blättchen des grünen Salats, den die Wiener »Häuptlsalat«, die Deutschen, die nicht so zärtlich mit dem Essen sind, grob »Kopfsalat« nennen. Zu meinem großen Erstaunen nahm das Kätzchen das grüne Blättchen an, ohne lange zu schnuppern, einmal, zweimal und dreimal. Offenbar schon eingedrillt. Ich war sehr erstaunt und beglückwünschte Adolf Loos zu seinem Erfolg mit dem Kätzchen. Er quittierte das mit dem Ausspruch: »Bei mir essen auch die Katzen Salat.« Er war keinesfalls ein Vegetarier. Einmal saßen wir zu dritt mit Alban, der mich mit Adolf Loos bekannt gemacht hatte. Nachdem wir gegessen hatten, fragte mich Loos: »Haben Sie eigentlich schon meine Villa gesehen, eine der ersten, die ich hier in Hietzing gebaut habe?« Ich kannte die Villa nicht, und Loos bestand darauf, daß ich sie unbedingt sehen müßte. Er bestellte ein Taxi, und obwohl Alban die Villa sehr gut kannte, kam er mit. Adolf Loos führte uns hin und betrug sich, als ob die Villa sein Eigentum wäre. Er stellte uns der Eigentümerin, einer edel aussehenden, weißhaarigen Dame, nur so nebenbei vor. Dann führte er uns von Zimmer zu Zimmer, erklärte mir den Bau und schloß mit dem Satz: »Sehen Sie, in ein gutes Haus paßt alles hinein. Da ist alles auf dem Platz. Ich bin nicht einer von den Architekten, der seinen Klienten vorschreibt, was in den Zimmern stehen soll. Hier paßt alles hin, sogar der Dreck da.« Er zeigte dabei auf die Staffelei, wo ein offenbar von der Dame gemaltes Bild stand. Das alles im Vorbeigehen, zum Abschied von der Dame, die ihm mit strahlenden verliebten Augen nachblickte, als hätte er ihr ein schönes Kompliment gesagt.

Einmal begegnete ich ihm in dem Café gleich nach meiner Rückkehr von der Sommerfrische. Ich war sehr dunkel gebräunt nach den vielen Hochtouren, die ich in den Ferien gemacht hatte. Er sah es gern und fragte mich, wo ich die Ferien verbracht habe. Ich erzählte ihm, daß ich einen Monat in Tirol und hernach zwei Wochen in Oberbayern gewesen sei. Er fragte: »Waren Sie am Starnberger See? Haben Sie die Rundfahrt mit dem Dampfer um den See herum gemacht?« – »Ja.« – »Dort gibt es ein gutes Fischrestaurant«, sagte er. »Dort hab ich einmal geweint.« – Was ist geschehn, Herr Loos? Haben die Bayern Sie verprügelt?« – »Nein«, sagte er, »viel schlimmer. Auf dem Dampfer gab es die Speisekarte von dem Gasthaus. Frische

Forellen stand drauf. Ich fragte, wie lange der Dampfer da stehenbleibt. Nur zehn Minuten. Ich erkundigte mich, wie oft Dampfer dort vorbeikommen. Nur noch einer. Eine Stunde später. Das wäre der letzte. Herrlich, dachte ich, stieg aus und bestellte Forellen. Der Wirt war sehr nett, aber es dauerte, bis die Forellen herangebracht kamen. Es waren schöne Forellen. Aber paniert! Gebacken! Rochen danach! Ich hatte geglaubt, es mit einem Kulturvolk zu tun zu haben. Ich sah auf die Uhr. Es war keine Zeit mehr, Forellen blau zu bestellen. Es war zum Weinen. Und ich weinte...«

Adolf Loos war ein Künstler durch und durch, aber ein Genießer vor allem. Als Baumeister war er ein Führer der Aventgarde in der Architektur. Wie alle Neuerer war er aber auch ein Theoretiker, ein Denker und ein scharfer Kulturkritiker. Die Aufsätze, die er schrieb, waren immer eine Sensation, oft gar ein Skandal, zum Beispiel seine Kritik der Wiener Küche. Daß er die Wiener Mehlspeisen verwarf, haben ihm die Wiener nie verziehen. Sein Essay *Ornament und Verbrechen*, in dem er nachwies, daß die Vorliebe für Ornamente und der Drang zum Verbrechen nahe verwandt sind, war eine tiefgründige Entdeckung.[1] Diese seine Idee hat sich bewährt und hat vielen Denkern dauernden Eindruck gemacht, zum Beispiel Hermann Broch für seinen Essay über Kitsch und Verbrechen[2].

Gutes Handwerk bewunderte er nicht weniger als hohe Kunst. Sein Aufsatz über einen Sattlermeister ist ein schönes Denkmal für einen Handwerker.[3] Als ich im Jahre 1950 Israel besuchte, stand ich eines Tages lange vor dem Schaufenster einer Buchhandlung. Der hebräische Titel eines Buches überraschte mich. Er kam mir bekannt vor. Aber ich identifizierte ihn erst, als ich ihn vom Hebräischen ins Deutsche zurückübersetzte. Es war der Aufsatz über den Sattler. Wie hätte das Adolf Loos gefreut!

Mit Wehmut erinnerte ich mich an sein trauriges Ende. Mit zwei von seinen Freunden, dem Architekten Josef Frank und dem Maler

---

1 Die berühmteste Schrift von Loos, *Ornament und Verbrechen* aus dem Jahre 1908, von ihm auch des öfteren, unter begeistertem Beifall oder gegen wüsten Protest, als öffentlicher Vortrag gehalten, wurde zuerst gedruckt in: Cahiers d'aujourd'hui, Juni 1913, später in: Frankfurter Zeitung, 24. Oktober 1929, dann aufgenommen in seine Sammlung *Trotzdem. 1900-1930*, a.a.O. (Neuausgabe, a.a.O., S. 78-88).
2 Hermann Broch, *Das Böse im Wertsystem der Kunst* (1933).
3 Die Geschichte *Der sattlermeister* veröffentlichte Loos 1903 in seiner Zeitschrift *Das Andere. Ein Blatt zur Einführung abendländischer Kultur in Österreich: geschrieben von Adolf Loos*, später in *Trotzdem. 1900-1930*, a.a.O. (Neuausgabe, a.a.O., S. 24 f.).

Laszlo Gabor[1], besuchte ich ihn im Sanatorium in Lainz. Er war näher dem Ende als seine beiden Freunde angenommen hatten. Daß er mich nicht erkannte, war nicht verwunderlich. Ich konnte mich nicht zu seinen nahen Freunden zählen. Daß er Josef Frank nicht erkannte, hat uns sehr bestürzt. Die Krankenschwester war offenbar schon daran gewöhnt, daß er niemanden erkannte. Sie war gerade dabei, ihn zu füttern. Er nahm die Nahrung wie ein hilfloses Kind, ohne die Besucher zu beachten. Auf Wunsch der Pflegerin blieben wir eine Zeit, in sprachloser Erschütterung über den Verfall eines solchen Geistes. Wir zogen uns in eine Ecke zurück und schwiegen. Die Pflegerin fütterte ihn mit einem Teelöffelchen und schob ihm die Milchspeise wie einem Säugling über die Lippen in den Mund. Laszlo Gabor, der in naher Beziehung zu allen Wiener Architekten stand, sagte in seiner Erschütterung halblaut: »Ein solches Ende würde eher zu Josef Hoffmann passen.« Die Nennung dieses Namens erweckte den Kranken aus seiner Umnachtung. Er hob eine Hand und mit einem zitternden Finger warnte er die Pflegerin: »Hoffmann! – Hoffmann! – Ich warne Sie vor Josef Hoffmann!« Josef Hoffmann war der Name eines berühmten Wiener Architekten, den Adolf Loos als seinen Lebensfeind haßte.[2] Die Krankenschwester sagte aufgeregt: »So was! Das muß ich dem Herrn Chefarzt mitteilen. Der Professor wird's nicht glauben wollen!«

---

1 Mit dem Architekten Josef Frank (1885-1967) und dem Maler Laszlo Gabor war auch Morgenstern befreundet. Gabor stellte ihm später ein Affidavit für die Emigration in die USA.
2 Josef Hoffmann (1870-1956), der Architekt des Wiener Jugendstils.

Nach einer Begegnung mit Franz Nahowski

Alban telephonierte: »Ich geh mit meinem Schwager in den Park. Willst du mitkommen?« Wir trafen uns in dem kleinen Gärtchen vor der Kirche in Hietzing »Am Platz«, wo das traurige Denkmal des verunglückten Kaisers von Mexico, Maximilian, steht.

Helenes Bruder[1] war damals vielleicht Mitte dreißig, sah aber viel jünger aus, wie es bei Geisteskranken oft der Fall ist. Er hatte die dunkelvioletten Augen Helenes und wie sie aschblondes Haar. Alban überraschte ihn mit dem Vorschlag, daß wir zuerst den Tiergarten besuchen und dann weiter spazierengehen. Franzl, wie er ihn rief, freute sich darauf als das Kind, das er war, versuchte aber das zu unterdrücken, denn er hatte gute Tage, wo er sich völlig normal benehmen konnte.

Der Tiergarten Schönbrunn hatte sich nach den schweren Kriegsschäden, da die meisten Tiere verhungerten, wieder erholt. Ich kannte jeden Winkel gut, weil ein Freund von mir aus der Kriegszeit, mit dem ich zusammen in Ungarn gedient habe, die Wiederbelebung des Tiergartens sich zu seiner Aufgabe gemacht hatte. Er war ein wohlhabender Industrieller. Er hatte eine große Fabrik für landwirtschaftliche Maschinen geerbt. In den ersten Jahren nach dem Krieg widmete er viel Zeit der Wiederherstellung des Tiergartens und nahm mich oft mit, um mir die Fortschritte zu zeigen. Meine Kenntnisse kamen mir jetzt zugute bei Franzl, und Alban war stolz auf mich. Franzl strahlte die ganze Zeit vor Glück, und ich konnte ihn zu meinem Vergnügen unbemerkt beobachten. Dabei fiel mir auf, daß er eine frappante Ähnlichkeit mit einem Bildnis des Kaisers Franz Joseph hatte, einem Jugendbildnis, das ihn als jungen, bildhübschen Leutnant zeigt. Auf dem Heimweg begleiteten wir den Schwager nach Hause. Er wohnte bei seiner Mutter, nicht weit von Albans und meiner Wohnung. Auf der Maxingstraße kam ich auf die Ähnlichkeit Franzls mit dem Jugendbildnis Seiner Majestät zu sprechen. Alban blieb stehen und sagte: »Wenn du mir versprichst, daß du mit niemandem darüber reden wirst und auch Helene nicht merken läßt, daß du es weißt,

---

1 Franz Joseph Nahowski (1889-1942), Helene Bergs Bruder, Franzl genannt.

111

werde ich dir was sagen, was du mir wahrscheinlich nicht glauben wirst.« – »Wenn du mein Ehrenwort als k. und k. Offizier haben willst – da hast du's.«

Die Mitteilung, die nun kommt, hat mich so überrascht, daß ich zunächst den Verdacht hatte, Alban mache sich mit mir einen Spaß. Er teilte mir nämlich nicht weniger mit, als daß Franzl nicht zufällig dem Kaiserbildnis ähnlich sah, sondern tatsächlich ein Sohn des Kaisers war, illegitim, aber wahrhaft natürlich. Alban fügte noch hinzu: »Meine Schwiegermutter, die du ja kennst, war jahrelang die Vorgängerin der Frau Katharina Schratt. Es wird allgemein geglaubt, daß der Kaiser mit der Schratt eine platonische Freundschaft hatte. Vielleicht ist es wahr. Mit meiner Schwiegermutter hatte er es jedenfalls nicht. Und Franzl ist der Beweis. Mein vermeintlicher Schwiegervater war ein Hofbeamter, und der Kaiser hat meine Schwiegermutter einmal bei einem Hofball kennengelernt. Und weil ihr Mann ein Hofbeamter war, mußte und konnte man dieses Verhältnis so geheimhalten, daß selbst du jetzt mir wahrscheinlich nicht glaubst, daß der Kaiser, der notorisch fromme Katholik, auch ein keineswegs platonisches Verhältnis hatte wie angeblich mit der Frau Schratt.«[1]

»Die Villa Schratt, wo mein Freund Hatvany gewohnt hat, ist ja nicht weit entfernt von der Villa deiner Schwiegermutter.« – »Aber ja«, sagte Alban, »er hat der Schratt eine Villa geschenkt, und meiner Schwiegermutter hat er auch eine Villa geschenkt, ganz in der Nähe der Schönbrunner Mauer, damit er nur einen kurzen Weg außerhalb der Mauer machen mußte. Wir haben ja schon die schmale Tür gesehen, die eigens in die Mauer eingelassen wurde.«

Ich war kein Monarchist, gewiß nicht zu Lebzeiten der Monarchie. Aber wie alle galizischen Juden war ich ein großer Verehrer von Kaiser Franz Joseph. Auch noch nach dem Kriege, da sein Name bereits durch den Weltkrieg geschädigt worden war, den er angeblich mit seiner Kriegserklärung an Serbien verschuldet haben sollte. Ich fragte Alban noch: »Warum darf Helene nicht wissen, daß du mir das erzählt hast?« – »Weil ich zuerst herausbekommen will, ob sie nicht

---

1 Helene Bergs Mutter, Anna Nahowski, geb. Nowak (1859-1931), hat über ihre Beziehung zum österreichischen Kaiser ein Tagebuch hinterlassen, das nach Helene Bergs testamentarischem Willen veröffentlicht worden ist: *Anna Nahowski und Kaiser Franz Joseph. Aufzeichnungen,* erstmalig hg. u. kommentiert von Friedrich Saathen, Wien, Köln, Graz1986.

bös sein wird, wenn ich dir erzähle, daß sie auch ein Sprößling vom Kaiser ist.«

Helene hatte nichts dagegen. Sie war nicht einmal sehr verlegen, wie nach einigen Tagen dieses Thema wieder aufkam. Ich war sehr gerührt von dem Vertrauen, aber auch von Helenes Haltung. Nicht nur war sie nicht stolz auf ihre Abkunft, sondern sie nahm es als selbstverständlich an, ebenso wie Alban, daß ich den Kaiser von Österreich als einen der Urheber des Krieges verabscheue. Helene war ja auch eine Leserin der *Fackel,* wo der alte Kaiser als ein »Tepp« bewitzelt wurde. Es war eine groteske Situation, als ich in einem längeren Monolog ausführte, daß der Kaiser an dem Ausbruch des Krieges völlig unschuldig war, daß er von der Hofclique und der Kriegsclique belogen und betrogen worden war, daß der Ausbruch des Krieges infolge des Drucks des deutschen Generalstabs und der ungarischen Kriegsclique erpreßt worden war. Alban hatte zu eifrig die *Fackel* gelesen, um mir das zu glauben. Aber Helene, die mir offenbar glaubte, daß meine Apologie des Kaisers von Herzen kam, nahm sie mit sichtlicher Befriedigung auf. Und als ich ihr ein paar Stunden später zum Abschied die Hand küßte und dabei die tiefe ehrerbietige Haltung markierte, die einem Mitglied des kaiserlichen Hauses zukommt, ging sie darauf spielend ein und lächelte stolz und gnädig.

Ich hatte das Vergnügen, Helenes Mutter noch mehrmals im Hause Berg zu begegnen. Sie war damals an die siebzig – ich weiß es nicht genau. Sie war der Kaiserin Elisabeth nicht ähnlich, aber sie war von Gestalt derselbe Typus, eine »fausse maigre« noch in hohem Alter. Ich fragte Helene einmal, wie oft sie ihren Papa gesehen habe. Sie sagte: »Als Kind hab ich ihn, wie alle Wiener Kinder, oft bei Paraden gesehen, zu Fuß oder in der Hofkutsche, umgeben von seiner Suite. Natürlich habe ich als Kind nichts von dem Geheimnis gewußt. Als Erwachsene freilich, wie ich es schon wußte, war es mir merkwürdig zumute. Es war nicht nur das Bewußtsein der unüberbrückbaren Distanz, sondern es war auch eine Art Familiengroll. Der Roman meiner Mutter ging ohne ihr Hinzutun zu Ende, just zu der Zeit, da sie mit dem Franz schwanger war. Wahrscheinlich ist die Nervenschwäche meines Bruders darauf zurückzuführen. Denn für meine Mutter war es die Tragödie ihres Lebens.« – »Dich hat er wohl nie gesehen?« wollte ich wissen. »Doch, einmal«, sagte sie. »Aber ich kann es dir nicht sa-

113

gen, weil ich nicht weiß, ob es Alban recht ist.« Sie kam bei der nächsten Gelegenheit zu meiner Überraschung in Albans Gegenwart selbst darauf zurück. Er hatte nichts dagegen, obwohl er die Ursache der denkwürdigen Begegnung war. Im Jahre 1915 wurde Alban gemustert und zum Militär eingezogen. Helene war um seine Gesundheit sehr besorgt, und sie versuchte, die Beziehungen ihrer Mutter zum Hof zu benützen. Ihre Mutter wollte erst nichts davon wissen, aber schließlich erlaubte sie ihr, ein Bittgesuch an Seine Majestät zu richten. Beide erwarteten das Ergebnis in großer Unruhe, aber heimlich hofften sie dennoch auf eine günstige Erledigung des Gesuchs. Stattdessen kam die große Überraschung: Seine Majestät gewährte in allerhöchster Gnade, die Bittstellerin, Helene Nahowska, in Audienz zu empfangen. Der Kaiser versprach der jungen Bittstellerin, seinen Adjutanten, Exzellenz Grafen Paar, zu bitten, in der Sache etwas zu tun. Es ist augenscheinlich, daß der Kaiser die Audienz arrangierte, weil er auf seine Tochter neugierig war. Man darf annehmen, daß er sehr angenehm überrascht war, denn keine von den Erzherzoginnen, gewiß nicht die so populäre Gisela, war auch nur annähernd so schön wie Helene. Ob er ihr je etwas geschenkt habe, war ich noch neugierig zu wissen. »Aber na«, sagte sie, »der Geizhals?!« – »Der war ja fast so geizig als wie die Helene. Wenn sie eine echte Nahowska wäre, nachher wär sie ja nicht so geizig. Die Polen sind ja nicht geizig«, sagte Alban darauf, obwohl er es ihr und ihrem Papa zu verdanken hatte, daß er nach der militärischen Abrichtung zu einem besonderen Dienst in einem Ministerium versetzt wurde. Hier verbrachte er die ganze Kriegszeit – – eine gar nicht zu unterschätzende Lebensversicherung.

Wir sehen Chaplins *The Kid*

An einem Nachmittag gingen wir zu fünft, Alban, Helene mit ihrem Bruder Franzl, und Paul von Klenau, der Dirigent des Symphonieorchesters, der später zu seinem großen und meinem noch größeren Bedauern mein Schwiegervater wurde, in ein typisches Vorstadtkino zu dem in Wien schon längst enthusiastisch aufgenommenen Film von Chaplin *The Kid*. Ich saß neben Franzl und war, ebenso wie Helene, gespannt auch darauf, wie der Kranke auf den Film reagieren würde. Schon nach der ersten Szene bemerkte ich, daß er in hingerissener Teilnahme, wie wir alle, dem Spiel folgte, und war froh, diese zusätzliche Spannung loszuwerden. Vielleicht unter seinem Einfluß war ich zunächst mehr von dem Kind entzückt wie von Chaplin selber. In beglückender Heiterkeit reagierte er auf jede Wendung, bei der Jackie als Sieger hervorkam, und ich folgte ihm. Ich wurde dessen aber erst bewußt, als wir alle fünf, ohne uns erst zu verständigen, nach Schluß der Vorstellung, als wäre es selbstverständlich, einfach sitzen blieben und in dem halbleeren Vorstadtkino den Film mit unverminderter Beglückung uns noch einmal ansahen. Erst diesmal genoß ich die Kunst des erwachsenen wie die des bezaubernden kindlichen Meisters.

Franzl interessierte auch zum zweiten Mal das Kind mehr als der Erwachsene, und er fragte mich beim Herausgehen, was das für ein Name sei: Coogan. Ich erklärte ihm den Namen als eine Version von Cohen. Franzl hörte mit Erstaunen, daß die russische Sprache kein ›h‹ kenne und jedes ›h‹ im russischen sich in ein ›g‹ verwandle. Angeregt von dieser Information überlegten Alban und Paul von Klenau, ob Chaplin auch ein Jude sei. Ich war dessen gewiß. Ich kannte in meiner Jugend einen Schauspieler vom Jiddischen Theater namens Wettstein, dessen Art und Mimik frappante Ähnlichkeit mit Chaplin hatten. Aber ich sagte nichts, ich erwartete das Ergebnis der Debatte. Paul von Klenau meinte, gleichsam abschließend, daß es bei Amerikanern sehr schwer sei, ihre Herkunft zu erraten. Alban sagte darauf: »Der ist ja gar kein Amerikaner. Der ist ein Engländer!« Darauf Paul von Klenau: »Ach, wenn er ein Engländer ist, ist er bestimmt ein Jude.« Und das war der vernünftigste Satz, den ich je von meinem Schwiegervater gehört habe.

Notabene: Nach etlichen vierzig Jahren las ich mit großem Interesse und großem Vergnügen das autobiographische Werk Chaplins. Ich war namentlich beeindruckt und mit allem einverstanden, was er über Schauspieler und Schauspielkunst sagt. Meine Verehrung, die ich immer für ihn hatte, hat die Geschichte seines Lebens nur noch vergrößert. Aber wenn er meint, daß man ihm die nichtjüdische Abkunft seines Vaters glaubt – oder je glauben wird –, irrt sich hier der Meister.

Nach der Vorstellung verließ uns Helene mit ihrem kindlich-beglückten Bruder. Beide waren bei ihrer Mutter zum Abendessen geladen. Wir drei Männer beschlossen, in Hietzing zu bleiben und gingen in ein kleines aber recht gutes Gasthaus. In nicht nachlassender Erheiterung ließen wir uns Zeit mit dem Essen, und Klenau beschloß, daß wir das Erlebnis des Tages feiern sollten. Er bestellte Champagner. Nach dem ersten Glas sagte Alban zu mir: »Eigentlich dachte ich, daß wir einmal bei mir zu Hause Brüderschaft trinken werden. Aber wir sind heute in der richtigen Stimmung. Machen wir's hier.« Nachdem es geschehen, fügte er hinzu: »Es kam mir schon recht geschraubt und unnatürlich vor, dir immer wieder ›Herr Doktor‹ zu sagen.«

Nach dem Essen merkte ich zum ersten Mal, wieviel Cognac Alban brauchte, um kindlich-sanft daherzublicken und mit schwerer Zunge leichte Konversation zu machen.

»Ein Judenjunge aus Frankfurt am Main«

Eines milden Abends ging ich in das Konzerthaus. Auf dem Programm stand die Erste Mahler-Symphonie. Ich hatte es eilig, denn ich hatte im Vorverkauf keinen Platz besorgt. Wie erstaunt war ich, vor dem Eingang Helene zu entdecken, allein und sichtlich in Aufregung. Ich wußte, daß Bergs in der Loge von Alma Mahler Plätze hatten. Kaum, daß sie mich erblickte, stürzte sie mir entgegen: »Soma, Sie müssen uns helfen. Ein Judenjunge aus Frankfurt am Main ist angekommen. Er will bei Alban Kompositionsstunden nehmen. Wir haben ihn für drei Uhr nachmittags eingeladen, und wir konnten ihn nicht mehr loswerden. Er blieb zur Jause und ging auch nach der Jause nicht, und er redete in Alban so hinein, daß er schon ganz blaß vor Erschöpfung ist. Alban verstand gar nicht, was er da zusammenredete. Nach der Jause sagten wir ihm, daß wir mit der Alma zum Konzert verabredet sind und früher in die Stadt müßten. Er sagte; er kommt mit. Und er ist nicht weggegangen. Er ist mit uns gefahren, hat sich eine Karte gekauft, ist gleich in die Loge zu uns gekommen und steht jetzt weiter vor Alban und redet in ihn hinein. Alban hat mich heruntergeschickt. Wir sind nach dem Konzert bei der Alma eingeladen. Er wird bestimmt mitgehn wollen. Sie müssen uns retten!« – »Wenn er ein Judenjunge ist, obendrein von Frankfurt am Main, werde ich *ihn* retten.« – »Sie sind verrückt! Wir haben ihn nicht schlecht behandelt.« – »Wie heißt er?« – »Er heißt Dr. Wiesengrund.«[1] – »Also ein erwachsener Mann. Warum Judenjunge?« – »Ach, Soma, kommen Sie mit. Sie werden ja gleich sehen.« Ich kaufte eine Karte und ging mit. Ich hatte einen Balkonsitz, in demselben Rang, wo die Logen

---

1 Beim Allgemeinen Deutschen Musikfest im Juni 1924 in Frankfurt am Main hatte Hermann Scherchen Bergs *Drei Bruchstücke aus Wozzeck* mit sensationellem Erfolg uraufgeführt. Der junge Theodor Wiesengrund-Adorno war von dieser Musik derart beeindruckt, daß er beschloß, nach seiner Promotion bei Berg Komposition zu studieren. Durch Scherchen ließ er sich dem Komponisten vorstellen. In seinem Brief vom 5. Februar 1925 brachte er sich bei Berg in Erinnerung und umriß seinen Bildungsgang (auszugsweise abgedruckt bei Eva Adensamer, *Bergs geistige Umgebung. Briefe aus seinem Nachlaß*, in: *Alban Berg Symposion Wien 1980*, Wien 1981, S. 183). Einen Monat später, am 5. März 1925, traf Adorno in Wien ein. Seinen ersten Abend in der Stadt hat er in einer kleinen Skizze festgehalten: *Wiener Memorial* (Gesammelte Schriften, Bd. 20.2, hg. von Rolf Tiedemann, Frankfurt a. M. 1986, S. 535).

waren. Kaum auf dem Balkon, angesichts der Logen, sagte Helene: »Da schauen Sie!«

In der Loge, wo Alma mit ihrer Entourage saß, stand Alban, vor ihm eine schmale, neben Alban sehr kleine Gestalt, und sie redete tatsächlich auf ihn ein. Als Alban mich erblickte, hob er beide Arme hoch, aber nicht wie ein Grüßender, sondern wie ein Ertrinkender. »Sehen Sie, sehen Sie – Sie werden schon sehen«, sagte Helene. Ich hatte genug gesehen. »Es ist offenkundig ein Judenjunge. Sie sind freigesprochen.« Auf den ersten Blick erinnerte er mich, wie er so vor Alban stand und redete, in seinem ganzen Gebaren an fromme, zarte und linkische Judenjungen aus einer Jeschiwa im Osten[1]. Ich versprach ihr, nach dem Konzert in die Loge zu kommen und Alban zu retten.

Nach dem Konzert ging ich zur Loge hinüber und begrüßte Alma und Werfel. Dann machte mich Alban mit dem Dr. Wiesengrund bekannt, den ich, nicht so leicht wie ich es mir gedacht hatte, von Alban loslöste. An meiner Seite schien er weniger klein als vor Alban. Er war von zarter Gestalt. Obwohl es sehr mildes Wetter war, trug er einen Überzieher von unbestimmter Farbe. Er hatte ein mageres, knochiges Gesicht, einen gut geformten Kopf mit ganz kurz geschorenem, trotz seiner fast knabenhaften Erscheinung schon recht spärlichem Haar. Seine Augen waren groß, braun, leicht vorstehend. Für die ganze Gestalt sprachen am besten die Hände: schmal, mit langen Fingern, geradezu delikat, von einnehmender Sensibilität. Solche Hände sah ich nicht selten bei jungen Talmudschülern im Osten.

»Wie alt sind Sie, Dr. Wiesengrund?« war meine erste Frage, als wir ins Freie getreten waren. »Schon einundzwanzig«, sagte er, ohne sich zu wundern, daß ich ihn wie ein Kind befragt hatte. »Ist das Wetter hier oft so angenehm wie heute?« wollte er wissen. »Es war heute ein besonders milder Tag«, sagte ich, »sonnenlos und milde.« – »Es ist wie in Paris. Ein Tag, wie Baudelaire ihn liebte.« Und er fing gleich an, ein Gedicht von Baudelaire aufzusagen, erst in französisch, dann in der Übersetzung von George.

Ich hatte eine Verabredung mit meinem Freund Karol Rathaus und seiner Schwester im Café Museum. Das war vom Konzerthaus ein Spaziergang von etwa fünf Minuten. Wie ich ihn in der Loge über-

---

1 *Jeschiwa*: wörtlich ›Sitz‹ (der Gelehrsamkeit), höhere Lehranstalt für das Talmudstudium.

118

nommen hatte, beschloß ich, mit ihm bis zur Ringstraße zu gehen und dann bei der nächsten Haltestelle in Eile von ihm Abschied zu nehmen und schnell in einen Straßenbahnwagen zu springen. Aber nachdem er mit seiner andächtigen Baudelaire-Rezitation zu Ende gekommen war und mich fragte: »Kennen Sie Baudelaire?« beschloß ich, den Spaziergang mit ihm zu verlängern und ihn etwas genauer auszuhorchen. Und als er mir auf die Frage, ob er in einem frommen Haus aufgewachsen war, mit einem tiefen Atemzug antwortete: »Ja, mein Vater ist Sozialist«, beschloß ich, ihn ins Kaffeehaus mitzunehmen. Aber ich schlug ihm das nicht gleich vor, zum Teil, weil ich ursprünglich vorhatte, einen längeren Spaziergang zu machen. Meine Freunde waren im Theater, und das Konzert war viel früher zu Ende. Ich fragte ihn weiter: »Ihren Baudelaire haben Sie doch nicht von Ihrem Vater gelernt?« Er antwortete: »Nein. Den hab ich von meiner Tante gelernt. Meine Tante Agathe ist eine große Kennerin von Baudelaire, und sie hat ihn mir schon in meinen Knabenjahren nahegebracht.« Daraufhin lud ich ihn ein, mit mir ins Kaffeehaus zu kommen und bin, noch ehe meine Freunde zur Stelle waren, draufgekommen, daß dieser Frankfurter Judenjunge mit seinen einundzwanzig Jahren ein sehr wohlgelernter, wohlgebildeter Mann war. Leider hatte er sich, auch wenn er über Musik sprach, eine hegelianisch-marxistische Sprache zugelegt, mit phänomenologischer und freudianischer Terminologie durchsetzt. Warum er, wenn er Persönlichkeit meinte, immer Personalitäht (sic) sagte, konnte ich an jenem ersten Abend nicht herausfinden. Ich dachte zuerst, daß er mit mir so sprach, weil er zu seiner freudigen Befriedigung bemerkte, daß ich ihn verstand. Aber als meine Freunde sich zu uns gesellten und er Karol Rathaus als Musiker identifizieren konnte, setzte er sein philosophisches Volapük fort. So lernte ich ihn im Laufe des Abends ziemlich gut kennen. Er nahm an, daß jeder Sterbliche, in diesem Falle auch Fräulein Rathaus, genau wußte, was »verdinglicht«, was »verabsolutiert«, »objektiviert« und so weiter bedeutet. Daß er auch in dieser Sprache schrieb, sollte ich erst später lernen. Zu Albans und meinem Leidwesen, wie ich an anderer Stelle erwähne.

Gegen zwölf rief ich Alban bei Alma Mahler an. Ich sagte ihm, daß der Judenjunge aus Frankfurt am Main ein ungewöhnlich gebildeter junger Mann war auf vielen Gebieten und besonders ein gründlicher Musikkenner. Ich redete ihm zu, ihn als Schüler zu akzeptieren, auch wenn er kein großes Komponiertalent sein sollte. Alban versprach mir, ihn, wenn er morgen anriefe, zur Jause einzuladen, aber nur unter der Bedingung, daß ich mitkäme.

Um halb eins verließen wir das Kaffeehaus. Ich nahm Abschied von meinen Freunden und wollte mich auch von Dr. Wiesengrund verabschieden. Aber das war nicht so leicht. »Ich begleite Sie ein Stück«, sagte er, seine Hand noch in meiner. »Es ist ein sehr großes Stück, Dr. Wiesengrund«, sagte ich. »Ich wohne in Hietzing, wo Alban Berg wohnt. Das ist eine halbe Stunde mit der Straßenbahn.« – »Ich weiß, wo das ist. Ich fahre mit Ihnen.« – »Das werden Sie nicht, Dr. Wiesengrund. Ich mache Ihnen einen Vorschlag: ich gehe sehr gerne zu Fuß. Auch weite Strecken. Sie gehen mit mir bis zum Gürtel mit. Dann nehme ich die Straßenbahn nach Hietzing, und Sie eine zurück.«

Auf dem Wege bis zum Gürtel erzählte er mir von seinen Freunden: Dr. Siegfried Kracauer, Redakteur des Feuilletons der *Frankfurter Zeitung,* Dr. Walter Benjamin und Dr. Ernst Bloch[1], von seiner Mutter, die italienischer Abstammung war und Adorno hieß, und sehr viel von Tante Agathe Adorno. Als wir gegen 2 Uhr morgens beim Gürtel angekommen waren und ich Abschied von ihm nahm, stand er da, bis die Trambahn sich in Bewegung setzte, mit der Miene eines Mannes, den man mitten im Gespräch unterbrochen hat.

Folgenden Tags rief mich Alban an, um zu fragen, ob ich meine Meinung über seinen Gast aus Frankfurt am Main überschlafen und vielleicht geändert hätte. Er wollte wissen, ob er, wenn Dr. Wiesengrund ihn anriefe, ihn wirklich einladen sollte. Ich berichtete ihm über den mit Dr. Wiesengrund verbrachten langen Abend und versicherte ihm, daß ich gern bei der Jause dabeisein möchte.

Nachdem wir zu viert etwa zwei Stunden in eifrigem Gespräch verbracht hatten, wobei ich mir beinahe als Dolmetsch vorkam, beschloß Alban, Dr. Theodor Wiesengrund als Schüler zu akzeptieren, augenscheinlich sogar mit Zustimmung von Helene. Er blieb viele

---

1 Mit dem um vierzehn Jahre älteren Siegfried Kracauer (1889-1966), der sein philosophischer Mentor war, verband Adorno seit 1919 eine freundschaftliche, wenngleich nicht spannungslose Beziehung. Walter Benjamin (1892-1940) hatte er 1923 kennengelernt. Erst 1928 allerdings kam er in Verbindung mit Ernst Bloch (1885-1977), dessen *Geist der Utopie* ihm schon Jahre zuvor bleibenden Eindruck gemacht hatte. Morgenstern sollte die drei etwas später ebenfalls kennenlernen.

Monate lang in Wien.[1] Er nahm Kompositionsstunden bei Alban, der ihn, abgesehen von seinen musikalischen Kenntnissen, auch als recht begabten Komponisten schätzte, und nahm Klavierunterricht bei Edward Steuermann. Ich gab Wiesengrund, was von Kafka damals im Druck schon da war, und er war gleich von diesem ihm noch völlig unbekannten Schriftsteller durchaus entzückt. Das brachte ihn meinem Herzen nahe, und ich habe mich mit Teddie Wiesengrund ernstlich angefreundet. Unsere Freundschaft sollte einige Jahre durchhalten. Er war es, der die *Frankfurter Zeitung* auf mich aufmerksam machte. Er war es auch, der mir in Berlin riet, meinen Aufsatz über das berühmte italienische Marionettentheater von Podrecca an das Feuilleton der *Frankfurter Zeitung* zu schicken, die ihn sofort gedruckt hat und mich zu gelegentlicher Mitarbeit ermunterte.[2] Ich habe ihm das nicht vergessen.

Nach einigen Jahren, nachdem meine Stellung bei der *Frankfurter Zeitung* gefestigt war, schlug ich dem Herausgeber[3] vor, Teddie, der damals in Berlin lebte, von dort über moderne Musik berichten zu lassen. Ich nahm an, daß der alte Hermann Springer nichts dagegen haben würde.[4] Dr. Heinrich Simon sagte mir: »Offen gestanden, ich mag Ihren Freund, den ich länger kenne als Sie, gar nicht. Aber es ist eine gute Idee. Ich werde das mit den Herren vom Feuilleton besprechen.« Ich arbeitete damals für ein paar Monate in der Redaktion. Dr. Simon sagte mir eines Tages: »Das mit Ihrem Teddie ist nicht zu machen. Er wäre gewiß der rechte Kritiker für moderne Musik. Aber, was Sie vielleicht nicht wissen, Ihr Freund Teddie ist ein Mitglied der K. P. Wir engagieren keine Parteimitglieder, ausgenommen Mitglieder der

1 Adorno blieb als Kompositionsschüler Alban Bergs bis zum 25. August 1925 in Wien.
2 Diese Besprechung eines Berliner Gastspiels des von Vittorio Podrecca gegründeten Mailänder ›Teatro dei Piccoli‹, Morgensterns erste Veröffentlichung in der *Frankfurter Zeitung*, erschien unter dem Titel *Theater künstlicher Menschen* (FZ 873, 23. November 1926). Er faßt sein Urteil in den Satz zusammen: »Der Triumph des Geistes über die Materie, die etwas Besseres zu vergeben hat: das Seelenspiel ihrer Gesetze, feiert hier seine ergötzlichste Niederlage.«
3 Der musikbegabte Heinrich Simon (1880-1941), Enkel des Gründers der *Frankfurter Zeitung* Leopold Sonnemann, war seit 1919 ihr Mitinhaber und Herausgeber und schon seit 1914 Redakteur und Leiter der täglichen Redaktionskonferenz, in der er stimmberechtigt war wie jedes andere Konferenzmitglied. Nach seinem durch die Nazis erzwungenen Rücktritt 1934 emigrierte Simon mit seiner Frau nach Palästina, wo er Mitgründer und Geschäftsführer der ›Palestine Philharmonic Orchestra‹ wurde. Über Großbritannien ging er 1939 dann in die USA; hier gab er an einem College in Washington Musikkurse. 1941 wurde er Opfer eines nicht aufgeklärten Mordes.
4 Hermann Springer (1872-1945), Musikhistoriker und damals einer der führenden Musikkritiker, lebte in Berlin und schrieb auch für die *Frankfurter Zeitung*. (Siehe auch die Episode in Morgensterns Buch *Joseph Roths Flucht und Ende*, a.a.O., S. 73 f.)

Demokratischen Partei.« Ich wußte das einmal, aber ich hatte es vergessen.[1] Ich sprach darüber mit Kracauer, der der zweite Mann im Feuilleton war. Er war, wie Teddie mich immer glauben machte, sein bester Freund. In aller Unschuld fragte ich ihn, den besten Freund, ob er Teddie nicht zureden möchte, aus der K. P. auszutreten. Kracauer sah mich mit offener Wut an und stieß hervor: »Ich will ihn hier nicht haben!« Das war der längste Satz, den Kracauer, ein starker Stotterer, in einem Schuß mir je gesagt hat.

Die offene Wut Kracauers gab mir ebensoviel über Kracauer zu denken wie über Teddie. Beide waren Gehirnmenschen von ungewöhnlichem Scharfsinn, beide mehr Gehirn als Mensch. So war auch ihre Freundschaft ein Abenteuer zweier Gehirne.

Meine Freundschaft mit Teddie, die am Anfang in Wien eine herzliche Beziehung war, überdauerte eigentlich seinen Aufenthalt in Wien nicht. Dessen war ich aber nicht gewahr geworden. Was Freundschaft betrifft, habe ich in meinem Leben besonderes Glück gehabt. Ich kann ohne Übertreibung sagen, daß es der Segen meines Lebens war. Mit vielen bedeutenden Menschen lebte ich in ungetrübter Freundschaft, bedeutenden, die später berühmt werden sollten, wie Joseph Roth, Alban Berg, Robert Musil, Otto Klemperer, Josef Frank, Ernst Bloch, um nur einige zu nennen; mit vielen anderen, die nicht so viel Ruhm erreicht haben, und vielen sogenannten gewöhnlichen Sterblichen, die bedeutende Menschen waren, ohne Anspruch auf Ruhm je erhoben zu haben, aber meinem Herzen ebenso nahe- und manchmal noch näherstanden. Mit einer einzigen Ausnahme, die eigentlich zwei sind: mit Teddie Wiesengrund und Professor Theodor W. Adorno, die zwar miteinander identisch aber durchaus nicht verwandt sind. Es ist zu keinem Zerwürfnis zwischen uns gekommen. Aber unserer Freundschaft ging es, wie es in einem amerikanischen Sprichwort den alten Soldaten geht: Old soldiers never die – they just fade away. Aber wenn ich jetzt zurückdenke, wie es so gekommen ist, erinnere ich mich an den Tag, da das Siechen unserer Freundschaft begonnen hat.

1 Dieser Satz lautete im Typoskript, bevor er verändert wurde: »Ich wußte nicht, daß Teddie Mitglied der K. P. war, und es hat mich überrascht.« Die Änderung einer solchen Aussage in ihr gerades Gegenteil läßt auf die Ungesichertheit ihres Inhalts schließen, wie etwa bei einem Gerücht.

Ich traf ihn nach vielen Jahren des Nichtsehens in Frankfurt am Main. Er besuchte mich im Hotel Englischer Hof. Und wie er erschienen ist, hätte ich ihn kaum identifizieren können, wäre er nicht angesagt gekommen. Ich öffnete ihm die Tür, und wir umarmten uns. Indes wurde ich gewahr, daß ich einen dicken, fetten, früh verglatzten, gesetzten Frankfurter vor mir hatte, der von meinem Freund Teddie nur noch die schmalen, zarten, sensitiven Hände hatte. Eine solche erschütternde Veränderung habe ich nur noch erlebt, wie ich in Hollywood einem fetten, jungen, früh verglatzten Schauspieler begegnet bin und habe sagen hören, daß er Jackie Coogan heißt. Das war von dem einst alle Welt bezaubernden Kind übriggeblieben.

Ich würde mich nicht schämen zu behaupten, daß diese Freundschaft an ästhetischen Gründen zugrunde gegangen ist. Es wäre aber nicht wahr. Unsere Freundschaft ist an seinem rücksichtslos wuchernden Ehrgeiz gestorben, der ihn unter anderem auch bewogen hatte, dem Namen seines Vaters den jüdischen Wiesengrund abzumähen, des guten Vaters, dem er unter anderem auch den Sozialismus zu verdanken hatte. Man spricht von zerfressendem Ehrgeiz. Ihn hat der Ehrgeiz fett gemacht. So ist er der Professor Adorno geworden.

Soviel über Teddie Wiesengrund. Über Professor Theodor W. Adorno wird noch (in einem anderen Teil meiner Erinnerungen) in einem anderen Zusammenhang die Rede sein.

Am Berghof

Am Ossiacher See gibt es einen Gutshof, der Berghof heißt, so benannt nach dem einstigen Besitzer, dem Vater von Alban. Der Gutshof war längst in anderen Besitz übergegangen. Alban hatte nie von dem Gut erzählt, wie er ja überhaupt nur gelegentlich von den materiellen Verhältnissen seiner Eltern gesprochen hat. Zum Beispiel nur: In Ober St. Veit wurde Ende der zwanziger Jahre ein sehr vornehmes Gasthaus eröffnet. Es war in sehr noblem Stil eingerichtet. Man saß im Freien. Jeder Tisch, gleichsam in privater Absonderung, war in sichtbarer, aber nicht hörbarer Distanz von einem Nachbartisch. Wir gingen einmal eines Abends zu zweit zum Nachtmahl hin. Als wir in Erwartung des ersten Gerichts uns in der Gegend umsahen, erhob Alban seinen Arm, und einen ziemlich ausgedehnten Kreis in die Luft zeichnend, sagte er: »Siehst du, alle die Weinberge haben einmal meinem Vater gehört.« – »Was ist damit geschehen?« wollte ich wissen. »Alles hin.« Er sagte das ohne Bedauern, vermutlich, weil er zur Zeit dieses Verkaufs schon ein erwachsener Mann war.

Nach der Aufführung vom *Wozzeck* in der Wiener Staatsoper erhielt Alban einen begeisterten Brief von einem Dr. Löw oder Lewy, der ihm mitteilte, daß er sich schon immer für ihn sehr interessierte, weil er der Sohn des Mannes war, der von Albans Vater den Berghof erworben hatte. Damit begann die Bekanntschaft der beiden Berghofsöhne. Das war für Alban eine glückliche Fügung. Der Besitzer des Berghofs, der im Sommer längere Reisen zu unternehmen pflegte, stellte Alban ein Sommerhaus auf dem Berghof zur Verfügung, nicht einmal, sondern nach Belieben jeden Sommer.[1]

Natürlich war ich gleich im ersten Sommer auf dem Berghof eingeladen. Diesmal habe ich die Einladung nicht nur dankend zur Kenntnis genommen, sondern Gutes ahnend, bin ich tatsächlich hin-

---

1 Dieses Sommerhaus in Kärnten, die ›Denishube‹ genannt, das ihnen von dem Besitzer Dr. Erich Löwe zur Verfügung gestellt wurde, bezogen Helene und Alban Berg erstmals im August 1928 (also vor der Wiener *Wozzeck*-Premiere, die erst am 30. März 1930 stattfand). Sie waren von Trahütten in der Steiermark übergesiedelt, wo Helene Bergs Familie ein Haus besaß. Dort war Berg zunächst, wie fast stets nach der Ankunft in diesem Haus, schwer an seinem Asthma erkrankt, hatte dann aber mit der Komposition seiner Oper *Lulu* begonnen. Diese Arbeit setzte er auf dem Berghof fort.

124

gereist. Ich hatte lange Ferien gemacht. Ich war sechs Wochen in Tirol, hatte viele und herrliche Touren gemacht, und reiste für die letzte Woche des Urlaubs an den Ossiacher See.[1] Alban holte mich am Bahnhof von Villach ab, und da spielten wir eine Szene, an die ich mit Vergnügen zurückdenke. Ich hatte mir im Sommer einen Schnurrbart wachsen lassen. Auf den Berghütten war nicht immer warmes Wasser zu haben, und das Rasieren mit kaltem Wasser vertrug meine Oberlippe sehr schlecht. Alban staunte über mein Aussehen. Ich hatte einige Kilo abgenommen, und da ich auch sonst im Leben nicht gerade beleibt war, machte ich in meiner Gebirgsausrüstung einen knochigen Eindruck. Alban war entzückt und sagte: »Du, Helene wird dich bestimmt nicht erkennen!« Alban war nicht allein gekommen, sein Schüler, Dr. Willi Reich, der seinen Sommer in der Nähe verbrachte, war mitgekommen.[2] Beide freuten sich auf den Streich, den sie Helene spielen wollten. Ich wußte, daß Helene jedes Jahr mit Alban wettete, daß ich nicht kommen würde. Das hatte sie auch diesmal getan. Wir gingen zu dritt an das Ford Cabriolet, wo Helene am Steuer saß. Als wir näher herankamen, blickte sie den fremden Bergsteiger, der neben Alban stand, gar nicht an und rief laut aus, in gleichsam jubelndem Zorn: »Was hab ich g'sagt! Er ist wieder nicht gekommen!« Ich ging ganz nahe an das offene Wagenfenster heran und blieb vor ihr stehen. Sie sah mich kurz an, dann wandte sie sich wieder zu Alban und sagte, indem sie die Hand ausstreckte: »Fünfzig Schilling!« So viel hatte sie gegen mich gewettet. »Es tut mir leid, Helene«, sagte ich ihr, »aber du hast fünfzig Schilling verloren.« Ihr Gesicht haben wir drei lange nicht vergessen: Verlegenheit, daß wir ihr den Streich gespielt hatten und sie mich nicht erkannt hatte, Trauer über die verlorenen fünfzig Schillinge, und dennoch erstaunlicherweise auch Freude darüber, daß ich gekommen war. »Soma«, sagte sie, »ich hab verloren, aber ich freu mich trotzdem. Aber der Lump« – sie meinte Alban – »jedes Jahr haben wir um fünf Schilling gewettet. Dies Jahr bestand er auf fünfzig!«

1 Diese langen Ferien in den Tiroler Alpen mit dem anschließenden einzigen Besuch auf dem Berghof machte Morgenstern erst im Sommer 1932. Mitte August traf er bei den Bergs ein.
2 Der Kritiker und Musikschriftsteller Willi Reich (1898-1980), Bergs Freund und Schüler, redigierte damals die Wiener Musikzeitschrift *23*, die von 1932 bis 1937 erschien. Beim »Anschluß« Österreichs an Hitlerdeutschland flüchtete er in die Schweiz. Er publizierte zahlreiche Schriften und war Bergs erster Biograph.

Es war ein kleines Haus, aber gemütlich eingerichtet. Es stand ganz nahe am See.[1] Wir schwammen täglich im See, wir, das heißt Alban und ich. Helene ist, während ich dort war, nicht ein einziges Mal dem Wasser in die Nähe gekommen. Wir hatten ein geregeltes Programm. Wir zwei und das Küchenmädchen standen sehr früh auf, und Alban ließ es sich nicht ein einziges Mal nehmen, mir das Frühstück ans Bett zu bringen, wie er ja überhaupt als Gastgeber bezaubernd war. Es ist mir gelungen, ihn nicht bemerken zu lassen, daß das Frühstücken im Bett mir recht zuwider war. Nach dem Frühstück ging jeder an seine Arbeit bis zwölf Uhr. Dann gingen wir schwimmen. Alban rasierte sich täglich im See stehend auswendig (ohne Spiegel), indes er mir streng mündlichen Schwimmunterricht gab. »Sonst eher ein Kopfhänger, just im Wasser reißt du den Kopf hoch gegen den Himmel. Das macht dich ja zweimal so schwer wie du bist!«

Das tägliche Baden in jener Woche erinnerte mich an das erfrischende Baden meiner Kinderzeit im Fluß, im Schatten, ohne die moderne Menschenquälerei in der Sonnenglut. Nach dem erquickenden Bad gingen wir zum Lunch, wo uns Helene erwartete. Man sah es ihr an, daß sie keinesfalls spät geschlafen, vielleicht sogar zur selben Zeit aufgestanden war wie wir, aber an keinem der acht Tage, die ich dort verbrachte, zeigte sie sich uns Männern vor ein Uhr, Ihre Kaiserliche Hoheit. Nach dem Lunch setzten wir uns in das Ford Cabriolet und reisten in die Gegend, jeden Tag in eine andere Richtung. Alban wollte mir alle landschaftlichen Reize der Umgebung zeigen. Die große Sensation des Sommers war die Eröffnung der Großglockner-Straße, die bis zur Höhe von 2000 Metern hinaufführte. Noch ein Freund von Alban und Arnold Schoenberg, Dr. Erwin Stein[2], nahm an diesem Ausflug teil. Damals gehörte noch zur vornehmen Ausstattung für Autoreisende, namentlich im offenen Wagen: Staubmäntel und Autobrillen von Maskenformat. In weißem Staubmantel, Strohhut und violettem Schleier, unter dem ihr schönes, überreiches Haar her-

---

1 Berg schrieb am 28. August 1928 an Josef Polnauer: »[...] fühle mich hier, wo ich die 2te Sommerhälfte verbringe, so wohl wie 20, 30 Jahre lang nicht. Wir haben ein zum Berghof gehöriges, mit allem Komfort eingerichtetes Häuschen (Elektrolicht, Wasserleitung, W.C., Telefon, Autobus u. Motorboot vor der Nase) ganz für uns allein, u. ich arbeite an (Diskretion) *Lulu*!« (nach Erich Alban Berg, *Der unverbesserliche Romantiker. Alban Berg 1885-1935*, Wien 1985, S. 128)
2 Der mit Berg und Webern befreundete Musikschriftsteller und Dirigent Erwin Stein (1885-1958), ein Schoenberg-Schüler, redigierte in Wien damals die Zeitschrift *Pult und Taktstock* und war künstlerischer Berater der Universal Edition, bis er 1938 ins Exil nach Großbritannien ging. Er gab eine Auswahl von Briefen Schoenbergs heraus.

126

vordrang, sah Helene aus: vornehm 1910. Nur das Ford Cabriolet war *up to date*. Es war ein schöner Tag, als wir im Dorfe Heiligenblut die neue Straße erreichten. Mir altem Bergsteiger war damals die Vorstellung einer Autostraße, die bis zu 2000 Metern ins Gebirge hinaufführt, recht zuwider. Man macht sich alles zu bequem. Im Stillen hoffte ich noch, daß die hohen Berge irgendeinen Widerstand zuwege bringen würden. Es war ein Wochentag, und der Verkehr auf der schönen Bergstraße war gering. Ich erinnere mich noch heute, wie wenig Mitleid sich regte, als wir in nicht zu großer Entfernung von Heiligenblut ein stattliches Fahrzeug erblickten, das am Rand der Straße stillestand. Alban hielt den Ford an. Um den gestrandeten Wagen standen die hilflosen Reisenden, darunter ein Bekannter von Alban, der schon damals bekannte Dirigent Ormandy, bei seinem neuen, eleganten Packard.[1] Der Motor hatte sich heißgelaufen. Ormandys Schwager, ein lustiger rundlicher Rechtsanwalt, Kabarettist und Bergwerkbesitzer, den ich gut kannte, fand das sehr spaßig und sagte: »Der Großglockner wehrt sich!« Allein, Albans Cabriolet erklomm ohne das geringste Hindernis den stolzen Großglockner. Der Ausblick war so herrlich, namentlich für Helene, die, keine Bergsteigerin, noch nie so hoch im Gebirge gewesen war, daß ich mich mit der Idee von Autostraßen ins Hochgebirge auf der Stelle versöhnt habe.

Auf dem Rückweg saß ich neben Dr. Stein auf dem Notsitz, und er erzählte mir von Schoenberg. Ich hörte nicht aufmerksam zu, denn mich störte den Weg hinunter der Geruch von schwelendem Gummi. Alban meinte, es wären die an uns bergauf vorbeikeuchenden Autos, die den Geruch verbreiteten. Als wir aber in Heiligenblut haltmachten, um uns mit einem Kaffee zu erfrischen, stellte sich heraus, daß Alban es unterlassen hatte, die Handbremse zu lockern und wir die ganze Bergstraße mit angezogener Bremse gefahren waren. Es war kein Schaden entstanden, aber Albans Chauffeurstolz hatte für eine Zeit gelitten.

Ehe wir die Reise fortsetzten, kaufte Alban ein Dutzend Zigarettenschachteln. Die hielt er auf seinem Sitz neben sich. Als wir, schon nahe dem Berghof, durch ein kleines, junges Wäldchen fuhren, wo eine Gruppe von Arbeitern an der Verbesserung der Straße tätig war,

---

1 Der aus Budapest stammende, seit 1921 in den USA lebende Dirigent Eugene Ormandy (1899-1985).

verlangsamte er das Tempo und streute die Zigarettenschächtelchen über die Gruppe. Die Arbeiter kannten ihn bereits. Es war ein Zeremoniell, das sich täglich wiederholte. Als ich zum ersten Mal Zeuge dieser Szene war, erklärte er mir, nicht ohne Verlegenheit: »Ich kann nicht in meinem Auto wie ein Kapitalist an den Arbeitern vorbeifahren, ohne ihnen wenigstens zu danken.« Er fuhr zwar langsam, aber schnell genug vorbei, um ihren Dank nicht entgegennehmen zu müssen.

Er sah in diesen Ferien glänzend aus. Sein Asthma war von ihm gewichen. Er war heiter und gesund.

Anderen Tags fuhren wir an einen Ort, dessen Name mir entfallen ist. Dort befand sich eine Schwebebahn, die über ein Tal zu einer Bergspitze führte. Ich fühlte mich in der Schwebebahn nicht recht am Ort. Über Gletscherspalten zu springen war ein Vergnügen. Unbeweglich in einem Korb eingeklemmt in der Luft zu schweben und die Landschaft zu genießen, hatte ich ein für allemal genug. Ein paar Jahre später erhielt ich von Alban eine Ansichtskarte, wo hoch über der Schwebebahn ein großes Hakenkreuz farbenbunt die Landschaft »verschandelte«.[1] Alban verbrachte damals die Ferien bereits in seinem eigenen Haus. Seine letzte Adresse war: Waldhaus in Auen am Wörther See. Er hat mir dieses Haus gezeigt, wie er den Kauf erst plante.

Ich war glücklich, daß er seine »Asthma-Adresse« endlich losgeworden war.

---

1 Bergs Ansichtskarte »Villach mit Mangart« vom 28. April 1933 (Nr. 96).

Zur Entstehung der Oper *Lulu*

In dem Jahr, da ich Alban Berg kennengelernt habe, trug er sich mit dem Gedanken, Büchners *Leonce und Lena* zu vertonen. Er erwähnte das einmal, ohne mich um meine Meinung zu befragen. Zu Beginn unserer Bekanntschaft haben wir einander nicht sehr oft gesehen. Ich vermute aber, daß er damals noch nicht auf der Suche nach einem neuen Operntext war. Es war noch vor der sensationellen Entdeckung des *Wozzeck* in Frankfurt.[1] Er selber spricht in einem Brief von »dem langsamen Tempo meiner Produktion« lange nach dem Erfolg des *Wozzeck* in Berlin.[2] Es dauerte eine Zeit, bis er wieder auf *Leonce und Lena* zu sprechen kam, aber schon um mir zu sagen, daß er den Plan aufgegeben habe. Da waren wir schon sehr befreundet, aber ich hatte noch keinen Ton vom *Wozzeck* gehört.

Im Jahre 1924 habe ich ein Drama zu Ende geschrieben. Er und Helene hatten bereits das Manuskript meines ersten Bühnenwerks gelesen und waren auf das zweite neugierig.[3] Zu meiner Überraschung – ich möchte fast sagen: Bestürzung – gefiel mein Drama Alban so sehr, daß er mir gleich nach der ersten Lesung den Entschluß mitteilte, es zu vertonen. Ich sage »zu meiner Bestürzung« nicht aus falscher Bescheidenheit, sondern erstens, weil ich nicht überzeugt war, daß mir das Werk ganz gelungen ist. Es war ein Drama in drei Akten, hatte vorläufig den Titel *Im Kunstkreis,* und spielte in einem Wiener Künstlermilieu.[4] Zwei Akte hielt ich für gelungen, an dem Mittelakt wollte ich noch weiterarbeiten. Alban war gerade von dem Mittelakt sehr angetan und schlug noch eine Szene für den dritten Akt vor. Zweitens: es widerstrebte mir, als Librettist abgestempelt zu

---

1 Gemeint ist die Uraufführung der *Drei Bruchstücke aus Wozzeck* für Sopran und Orchester durch Hermann Scherchen beim Allgemeinen Deutschen Musikfest im Juni 1924 in Frankfurt am Main. Alban Berg, bis dahin nur wenigen bekannt, stand im Mittelpunkt des Festes. Das Ereignis bestärkte Erich Kleiber, den Chef der Berliner Staatsoper, in seinem Entschluß, Bergs Oper *Wozzeck* zur Uraufführung anzunehmen.
2 So Berg in seinem Brief aus Trahütten vom 6. August 1929 (Nr. 76). Seine Oper *Wozzeck* war am 14. Dezember 1925 in der Berliner Staatsoper Unter den Linden von Erich Kleiber uraufgeführt worden.
3 Morgensterns erste, wohl 1921/22 entstandene Arbeit für die Bühne, *ER oder ER. Ein Spiel in vier Akten,* ist als Typoskript im Nachlaß erhalten.
4 Diesem zweiten Stück, im März 1922 begonnen, gab Morgenstern später den Titel *Im Dunstkreis. Drama in drei Akten.* Es ist ebenfalls als Typoskript im Nachlaß erhalten.

129

werden. Und ich sagte ihm das offen. Alban verstand das wohl, berief sich aber auf das langsame Tempo seiner Produktion und meinte, daß das Drama bekannt sein würde als solches, ehe es als seine Oper fertig würde. Er hat auch nach kurzer Zeit versucht, Berthold Viertel, der damals noch sein eigenes Theater, ›Die Truppe‹, leitete, für mein Manuskript zu interessieren. Es ist aber nichts daraus geworden, weil die ›Truppe‹ schon bald aufgelöst wurde.[1] Schließlich gelang es mir, Alban den Plan auszureden, was er aber nur als verschoben betrachtete. Im Lauf der Jahre, wie man aus seinen Briefen sehen wird, kam er immer wieder darauf zurück. Was ihn am meisten an dem Stück reizte, war, wie er mir immer wieder gestand, das Verhältnis Schüler–Meister, das Hauptmotiv des Dramas. Nach der Uraufführung des *Wozzeck* in Berlin und dem geradezu stürmischen Erfolg merkte ich es ihm an, daß er jetzt Blut geleckt hatte und nun wirklich von der Idee einer neuen Oper besessen war. Wir waren in Berlin täglich zusammen, denn er war mit Helene in der Pension abgestiegen, in der ich wohnte.[2] Vor seiner Rückreise nach Wien schärfte er mir beim Abschied noch am Bahnhof ein, nach einem geeigneten Text für seine zweite Oper zu suchen.

Als ich im Jahre 1926 mich vorübergehend in Wien aufhielt, kam er mir gleich nach der Begrüßung mit der überraschenden Mitteilung, daß er endlich den rechten Stoff gefunden hatte. Er hatte den damals schon berühmt gewordenen *Dibbuk* von Anski mehrmals sich ange-

---

1 Unter den schwierigen Bedingungen der steigenden Inflation hatte 1923 der österreichische Regisseur, Schriftsteller und Lyriker Berthold Viertel (1885-1953) in Berlin sein Ensembletheater ›Die Truppe‹ gegründet. Alle Mitglieder, von denen nicht wenige namhafte Schauspieler waren, arbeiteten für eine Einheitsgage und Gewinnbeteiligung. Das Theater eröffnete im September 1923 mit Viertels Inszenierung von Shakespeares *Kaufmann von Venedig*, Fritz Kortner spielte den Shylock. Auch Stücke von Georg Kaiser und Karl Kraus wurden aufgeführt, Robert Musils *Vinzenz und die Freundin bedeutender Männer* kam hier zur Uraufführung. Die ›Truppe‹ brachte insgesamt sechs Inszenierungen von Berthold Viertel, zwei von Heinz Hilpert. Die Kritik verhielt sich im ganzen distanziert. Alfred Döblin etwa ließ sich im *Prager Tagblatt* über zwei Stücke von Kraus, die die ›Truppe‹ zum 25jährigen Bestehen der *Fackel* aufführte, folgendermaßen vernehmen: »Ich bin in der üblen Lage, zweierlei sagen zu müssen: ich habe sie nicht verstanden, und dann: sie waren beide schwach.« (Zitiert nach der Pressedokumentation in der Fackel Nr. 649-656, Anfang Juni 1924, S. 41.) Im Frühjahr 1924 schon mußte das Theater seine Arbeit einstellen, aus finanziellen Gründen. Vgl. *Berthold Viertel (1885-1953). Eine Dokumentation*, zusammengestellt von Friedrich Pfäfflin, München 1969.
2 Berg war mit seiner Frau in der zweiten Januarhälfte 1927 für acht Tage nach Berlin gereist, um Erich Kleibers Neueinstudierung des *Wozzeck* an der Staatsoper zu hören (s. Bergs Briefe vom 22. November 1926 und 29. Januar 1927). Morgenstern wohnte zu dieser Zeit in der Pension Duncan, Augsburger Straße, nahe dem Kurfürstendamm.

hört und war entschlossen.[1] Er war so glücklich, daß ich vorerst meine Bedenken verschweigen wollte. Er sah es mir aber an und fragte: »Was ist los? Ich habe geglaubt, Sie würden der Erste dafür sein! Wann haben Sie den *Dibbuk* gesehen?« Ich hatte den *Dibbuk* der ›Habima‹ in der hebräischen Fassung noch nicht gesehen. Doch hatte ich schon im Jahre 1921 das damals im Westen Europas noch völlig unbekannte Werk in jiddischer Sprache, gespielt von der ›Wilnaer Truppe‹, wiederholt gesehen. Ich hatte damals zum ersten Mal eine Reise in das neuerstandene Polen gemacht. Es war mein erster und letzter Besuch. Ich reiste mit meinem Freund Karol Rathaus, um dort die Ferien zu verbringen, und wir blieben einige Tage in Lemberg, damals schon – oder noch – das polnische Lwów, schon, weil es bis zum Jahre 1919 österreichisch Lemberg gewesen war, und noch, weil es 1939 eine ukrainische Provinzstadt geworden ist.

Gleich am ersten Abend gingen wir auf Anraten aller Freunde, jüdischer wie nichtjüdischer, ins Theater, um den *Dibbuk* zu sehen, der in Polen schon einen beträchtlichen Erfolg hatte. Es war eine Freiluftaufführung. Frei war es, aber die Aufführung fand statt in einem nicht zu großen Hof, zwischen billigen Mietshäusern im Judenviertel. Man saß auf rohgezimmerten Brettern, und der Juliabend war sehr heiß. Dennoch sollte es einer der schönsten und unvergeßlichen Theaterabende meines Lebens werden. In jiddischer Sprache, hinreißend, ekstatisch von den Wilnaern gespielt, war der *Dibbuk* ein Glücksfall höchster Theaterkunst, wo ein Volksstück zu hoher Kunst wird, weil hier in religiöser Atmosphäre das Folkloristisch-Mystische der Bühnenvorgänge mit dem Publikum zur vollkommenen Einheit wurde.

1 Morgensterns Erinnerung hat die *Dibbuk*-Episode irrtümlich in die Zeit nach Bergs Berlin-Aufenthalt verlegt, weshalb im Typoskript an dieser Stelle das Jahr 1927 angegeben ist. Dieses Datum wurde vom Herausgeber entsprechend den vorliegenden Zeugnissen geändert. Briefe Morgensterns zeigen, daß der *Dibbuk* im Jahre 1926 zur Debatte stand und daß Morgenstern dem Freund damals die deutsche Übersetzung beschafft und nach Trahütten geschickt hat. Das berühmtgewordene Bühnenstück, eine »dramatische Legende in vier Akten« des aus Witebsk stammenden Autors Anski (eigentlich Schlomo S. Rappoport, 1863-1920), der in Warschau lebte und jiddisch schrieb, galt zunächst als für die Bühne völlig ungeeignet. Der Regisseur David Herman bearbeitete die Originalfassung mit vielen Änderungen und Kürzungen, bevor das Stück unter seiner Regie 1920, einen Monat nach Anskis Tod, von der ›Wilnaer Truppe‹ in Warschau uraufgeführt wurde. Die umjubelte Inszenierung ging danach viele hundert Male über die Bühnen Europas. Die hebräische Fassung von Chaim Nachman Bialik wurde in der Inszenierung Jewgeni Wachtangows von der ›Habima‹, dem 1916 in Moskau gegründeten jüdischen Theater, erstmals 1921 gespielt und später durch Tourneen weltweit bekannt gemacht. Morgenstern sah beide Inszenierungen.

131

Ich schilderte Alban dieses seltene Erlebnis, das mir damals, übrigens auch heute noch, in lebendiger Erinnerung war. Und je deutlicher ich es zuwege brachte, umso trauriger wurde zusehends mein Freund. Als ich zu Ende war, sagte Alban: »Sie glauben wohl, das wäre was für einen Gustav Mahler, nicht für mich.« Ich sagte ihm: »Auch für einen Gustav Mahler nur für den Fall, wenn er ein Opernkomponist wäre wie Sie und mindestens so jüdisch wie ich.« – »Warum mindestens?« wollte er wissen. »Weil es eigentlich einer sein müßte, der etwa in Wilna zuständig wäre, der Stadt, die man das ›Jerusalem Litauens‹ nennt.« Impulsiv wie er war, meinte er: »Fahren Sie mit mir für einige Wochen nach Wilna. Wir werden von einer Synagoge zur anderen gehen, bis ich Ihnen sage, ich schaffe es.« Ich war bereit, mit ihm nach Wilna zu fahren. Aber ich war nicht überzeugt, daß er es schaffen würde. Und, nicht weniger impulsiv als er, sagte ich ihm das.

Ich änderte aber meine Meinung, als ich einige Tage später Wachtangows Inszenierung des Habima-*Dibbuk* sah. Ich telephonierte ihm noch am selben Abend.[1] So großartig die Regieleistung Wachtangows und das Ensemble der Habima waren, der Zauber der Wilnaer Truppe war weg. Das macht: der Zauber der Echtheit und der Einheit war nicht im Werk, sondern im Spiel der Wilnaer. Ich sagte Alban schon am Telephon: »Sie werden es schaffen. Wir fahren nach Warschau und nach Wilna. Was der Wachtangow im *Dibbuk* geleistet hat, können Sie mit Ihrer Musik auch. Sie sind nämlich nicht nur ein guter Komponist, sondern auch ein sehr guter Regisseur, Ihr eigener guter Regisseur. Sie haben den *Wozzeck* nicht nur vertont, sondern musikalisch in Szene gesetzt. Ein Opernregisseur, der Ihre Partitur lesen kann, wird die Oper immer so inszenieren, wie es ihm die Noten nicht nur des Textes, sondern auch der Zwischenspiele diktieren. Ein Regisseur, der Partituren nicht lesen kann und trotzdem Opern inszeniert, was wahrscheinlich vorkommen dürfte, wird Büchner inszenieren, nicht Ihre Oper. Ihr *Dibbuk* kann keine jüdische Oper werden, aber es wird eine gute Oper werden.« Ich versprach, ihm das Stück zu übersetzen und einzurichten.

---

1 Zu dieser Stelle in gewissem Widerspruch steht die Bemerkung in Morgensterns Brief vom 16. November 1926: »Ich weiß nicht, ob ich Ihnen schon über die hebräische Aufführung des ›Dybuk‹ geschrieben habe: also unerhört!« Demnach hatte Morgenstern, wohl noch in Wien, das ›Habima‹-Gastspiel zwar gesehen, ohne aber mit Berg darüber gesprochen zu haben. Morgenstern war am 18. Oktober nach Berlin übergesiedelt.

Alban ging daran, die Rechte zu erwerben. Darüber verging eine Zeit, bis Alban die Nachricht erhielt, daß eine deutsche Übersetzung in Berlin erschienen sei.[1] Wir ließen uns das Buch kommen, und nach der Lektüre wurde er in seinem Entschluß auch noch durch mich sehr bestärkt. Leider ist nichts daraus geworden. Es stellte sich nämlich heraus, daß der Wiener Pianist, Dr. Wilhelm Grosz, die Rechte bereits erworben hatte.[2] (Ich hatte damals den Verdacht, daß der Verlag in Berlin zu Unrecht den Anspruch auf das Copyright erhob, aber wir wollten in einen solchen Streit nicht verwickelt werden. Dr. Grosz hat diese Oper nie geschrieben.) Alban war lange Zeit sehr unglücklich darüber. Eines Tages machte er mir den Vorwurf: »Siehst du, wenn du mir deinen *Kunstkreis* nicht ausgeredet hättest, hätte ich, selbst bei meiner langsamen Produktion, die Oper schon fertig. Jetzt sind fast fünf Jahre vergangen, und ich hab nichts gefunden.« Das war im Jahre 1928.

Aus irgendeinem Grunde las ich einige Dramen von Gerhart Hauptmann wieder. Darunter auch *Und Pippa tanzt.* Dieses Märchenspiel schien mir ein für Alban geeigneter Operntext zu sein. Ich las es daraufhin noch einmal und kam zu dem Ergebnis, daß man die vier Akte in drei zusammenfassen müßte. Ich schlug das Alban bei nächster Gelegenheit vor. Er kannte das Stück.[3] Er las es sofort wieder, und sein Entschluß war gefaßt. Leider hat sich der Fischer Verlag so benommen, als hätte er ein unschätzbares Juwel im Besitz. Nach vielen Verhandlungen und Schreibereien gab Alban den Plan auf, angewidert von der Zumutung des Verlags: Fünfzig Prozent wollte er haben. Alban hatte damals noch nicht die Bekanntschaft Gerhart Hauptmanns gemacht. Später bedauerte es der große Dramatiker,

---

1 S. Anski, *Der Dybuk. Dramatische Legende in vier Akten.* Aus dem Jüdischen übersetzt von Arno Nadel. Einzige vom Dichter autorisierte Übertragung, Berlin 1921. (Ausgabe des Jüdischen Künstler-Theaters, Berlin.)
2 Der Wiener Komponist und Pianist Wilhelm Grosz (1894-1939).
3 Gerhart Hauptmanns Drama *Und Pippa tanzt!* aus dem Jahre 1905 trägt den Untertitel »Ein Glashüttenmärchen«. Um die schöne Pippa, Tochter eines italienischen Glastechnikers, werben der weise Wann, »eine mythische Persönlichkeit«, und der alte Huhn, ein ehemaliger Glasbläser. Pippa vermag der verführerischen Gewalt Huhns, vor dem sie zugleich tiefes Grauen empfindet, nicht zu widerstehen. Sie muß zur Okarina tanzen, bis sie tot zusammenbricht. Schon der junge Berg kannte das Stück, wie ein Brief von 1909 bezeugt, und sah in ihm den menschlichen Widerstreit zwischen tätigem Geist und brutaler Realität thematisiert (vgl. Alban Berg, *Briefe an seine Frau*, München, Wien 1965, S. 121). Morgensterns Vorschlag teilte er Adorno mit, der später berichtete: »Nach einer Postkarte vom 11. Januar 1926 riet ihm Soma Morgenstern zur Komposition der Pippa, und Berg bat mich, dazu Stellung zu nehmen.« (Theodor W. Adorno, *Berg. Der Meister des kleinsten Übergangs*, Wien 1968, S. 32)

133

nicht weil er Alban und seine Musik so schätzte, sondern weil ihm Helene so gut gefiel, daß er sie, wie sie mir ängstlich erzählte, »in jeder Ecke abknutscht«, was ihr gar nichts ausgemacht hätte, wenn sie nicht »immer so an Angst hätte, daß den alten Bock der Schlag trifft«.[1] Alban hat übrigens nach der Bekanntschaft mit Hauptmann beschlossen, die *Pippa* doch zu vertonen, aber erst, nachdem er mit der *Lulu* fertig sein wird.

Indessen hatte ich zu jener Zeit das Vergnügen, den bekannten Schauspieler und Lustspielschreiber Carl Rößler kennenzulernen.[2] Wir saßen oft im Café Museum mit Roda Roda und Dr. Löbel zusammen, und in dieser Gesellschaft war der Anekdoten kein Ende, denn auch Dr. Löbel war ein köstlicher Erzähler.[3] Wenn ich allein mit Rößler war, sprachen wir meistens über Wedekind, mit dem er lange Jahre befreundet war. Rößler war ein Literaturkenner und hatte ein scharfes Urteil. Einmal kamen wir auf Wedekinds *Büchse der Pandora* zu sprechen. Er sagte unter anderem: Sonderbar, Wedekind, der so viele echte, originelle Figuren zuwege gebracht hat, hat gerade in der Gestalt der Lulu, die seine berühmteste werden sollte, keine sehr sichere Hand gezeigt. Sie, die so elementar sein soll, ist nichts weniger als elementar. Eigentlich ist sie eine kalte Zerstörerin und nur im Urteil ihrer Opfer eine so bezaubernde Figur.

Mich hat dieses Urteil sehr stutzig gemacht. Ich kannte das Werk Wedekinds gut, aber es fiel mir nicht ein, dem alten Herrn zu widersprechen, der nicht wie ein Schriftsteller oder gar ein Schauspieler, sondern wie ein imposanter Bischof im Ruhestand aussah. Seine Äu-

---

1 Während eines Aufenthalts in Santa Margherita bei Rapallo als Gast Alma Mahlers und Franz Werfels hatte Berg zusammen mit seiner Frau am 30. Januar 1928 Gerhart Hauptmann (1862-1946) in dessen Feriendomizil kennengelernt und ihm seinen *Pippa*-Plan erörtert. Als dieser Plan, nach langwierigen Verhandlungen, an den maßlosen Forderungen des S. Fischer Verlags und wohl auch des Autors selbst zunichte geworden war, entschied sich Berg im Juni 1928 endgültig für das *Lulu*-Projekt.

2 Der gebürtige Wiener Carl Rößler (1864-1948) arbeitete in Berlin unter dem Pseudonym Franz Reßner als Schauspieler; von 1908 an lebte er als freier Schriftsteller in München. Eines seiner erfolgreichen Lustspiele, *Der Feldherrnhügel* (1910), schrieb er gemeinsam mit Roda Roda. Nach dem »Anschluß« Österreichs ans Nazireich ging er ins Exil nach London, wo er auch gestorben ist.

3 Der aus Slawonien stammende humoristisch-satirische Erzähler und Dramatiker Alexander Roda Roda, mit bürgerlichem Namen Sandór Friedrich Rosenfeld (1872-1945), machte vor allem die Verhältnisse der österreichischen Monarchie zum Gegenstand seiner Anekdoten und Komödien. Er lebte von 1933 bis 1938 in Wien und emigrierte dann über die Schweiz nach New York. – Dr. med. Josef Löbel (1882-1940), Wiener Kurarzt, verfaßte neben populärwissenschaftlichen Büchern und Aufsätzen auch Feuilletons. Nach dem »Anschluß« flüchtete er mit seiner Frau 1938 nach Prag. Kurz vor der möglichen Rettung durch Freunde nahmen die beiden sich das Leben.

134

ßerung regte mich aber an, die Dramen wieder zu lesen. Ich fand, daß er mit seiner Äußerung über die Gestalt der Lulu nicht so unrecht hatte. Ich fand aber auch etwas Überraschendes: was für ein Text für Alban! Was für eine Aufgabe für ihn! Wie sehr wird es ihn reizen, der Lulu das musikalisch hinzuzufügen, was dem Wedekind dichterisch nicht völlig gelungen war. Die einzige Gefahr: es könnte, Gott behüte, ein Musikdrama werden. Diese Gefahr schien mir so groß, daß ich einige Tage mit dem Gedanken umherging, diese Idee einfach zu unterschlagen. Denn ich war felsenfest davon überzeugt, daß Alban sich auf diesen Einfall geradezu stürzen und nichts und niemand ihn davon abbringen würde. Erstens war er ein großer Bewunderer von Wedekind, zweitens war gerade dieses Werk, das vom jungen Karl Kraus in Wien zum ersten Mal aufgeführt wurde, ein Jugenderlebnis von Alban, von dem er mir oft erzählt hatte. Ich wunderte mich jetzt geradezu, wieso er nicht selber darauf gekommen war, daß es ein guter Operntext für ihn wäre. Aber was ist da verwunderlich. Schließlich haben wir beide die *Pippa* gut gekannt, und keinem von uns war es eingefallen, daß es ein guter Operntext wäre. Drittens: der dem Lebenswerk Wedekinds innewohnende Drang ›pour épater le bourgeois‹ lag auch Alban im Blute und war auch außerdem eines von den Neben-Dogmen des Schoenberg-Kreises. Aber einige Tage genügten mir um einzusehen, daß die Idee zu wichtig war, für Alban und sein Werk zu wichtig, und daß meine Bedenken zum Teil auch darin ihren Grund hatten, daß ich einfach mich scheute, allein die Verantwortung dafür zu tragen. Ich beschloß also, ihm die Idee folgendermaßen mitzuteilen: zunächst einige Bedingungen zu stellen, und dann erst den Titel des Werkes zu sagen.

Auf meinen Anruf kam er sofort zu mir und war sehr erstaunt, daß ich ihm Bedingungen stellte. »Willst vielleicht, wie der Fischer Verlag, fünfzig Prozent?« fragte er. Ich sagte ihm: »Seit einigen Tagen schon trage ich mich mit einer Idee herum, die so gut ist – besonders für dich so gut ist –, daß ich befürchte, du wirst dich so darauf stürzen, daß nicht einmal ich dich davon abbringen könnte. Es handelt sich um ein Werk, von dem du schon begeistert warst, ehe ich den Namen des Dichters gekannt habe. Ich möchte aber allein nicht die Verantwortung dafür übernehmen, daß ich dich drauf gebracht habe. Ehe du dich entschließt, möchte ich noch zwei unvoreingenommene Zeugen fragen – einen, Schönberg, von dem ich glaube, daß er dafür

135

sein wird, und einen andern, von dem ich vermute, daß er eher dagegen sein wird. Schreib du also zwei Briefe: einen an Schönberg, einen an Dr. Wiesengrund.« Alban sagte: »Diese Bedingung hätte ich wahrscheinlich auch ohne deine feierliche Vorrede angenommen. Also wie soll meine neue Oper heißen? Heraus damit!« – »Deine neue Oper wird eine moderne Carmen sein. Sie wird ›Lulu‹ heißen, das heißt, wenn dir die Idee zusagt.«[1]

Um Albans Verblüffung zu beschreiben, muß ich mir bei Peter Altenberg was ausborgen, der irgendwo schreibt: Er ist so blaß geworden, wie nur Menschen in einem schlechten Roman blaß werden. »Wann ist dir das eingefallen?« wollte Alban wissen. Ich erzählte ihm von meinem Gespräch mit Carl Rößler. »Und damit bist du eine ganze Woche herumgegangen, ohne mir was zu sagen? Du hast recht, daß niemand mich von dieser Idee abbringen kann. Ich werde sofort schreiben, und selbst wenn der Schönberg nein sagen sollte, wird's mich gewiß betrüben, aber sicherlich nicht überzeugen.«

Von Schoenberg kam ein kurzes Telegramm: »Eine verblüffend gute Idee.« Von Dr. Wiesengrund kam ein Brief, »so tiefsinnig«, daß Alban mich bat, ihn erst »ins Deutsche« zu übersetzen. Unter anderen war auch der Einwand, den ich selber gegen meine Idee gemacht hatte, nämlich die Gefahr eines Musikdramas. Natürlich hat es auf Albans Entschluß keine Wirkung gehabt, und er schrieb ihm das auch.

---

1 Der zwanzigjährige Berg hatte am 29. Mai 1905 der legendären, von Karl Kraus veranstalteten und mit einem denkwürdigen Vortrag eingeleiteten Privataufführung der *Büchse der Pandora* im Wiener Trianon-Theater beigewohnt, an der neben Wedekind selbst und Kraus unter anderen Tilly Newes, Wedekinds spätere Frau, als Lulu sowie Egon Friedell und Adele Sandrock mitwirkten. Schon damals hatte Berg, wie er in einem Brief an Frida Semler 1907 sagte, »die ganz neue Richtung – die Betonung des sinnlichen Moments« angezogen (zit. nach *Alban Berg, Lulu. Texte, Materialien, Kommentare*, hg. von Attila Csampai u. Dietmar Holland, Reinbek 1985, S. 207). Wedekinds zwischen 1892 und 1904 entstandenen, ursprünglich als ein einziges Stück konzipierten, dann aber geteilten Lulu-Tragödien *Erdgeist* und *Die Büchse der Pandora* umfassen insgesamt sieben Akte, die Berg in ein Textbuch für eine dreiaktige Oper, überdies eine Zwölfton-Oper, zusammenzuziehen hatte – eine schwierige Arbeit, die ihn lange Zeit beanspruchen sollte. – Wann Berg erstmals daran gedacht hat, Wedekinds Lulu-Dramen als Textvorlage für eine Oper zu verwenden, liegt bis heute im dunkeln. Fest steht wohl einzig, daß er die erste Reihentafel zur *Lulu* bereits am 17. Juli 1927 abgeschlossen hat, also fast ein Jahr, bevor er sich endgültig für die *Lulu* entschied (vgl. Susanne Rode, *Alban Berg und Karl Kraus*, Diss. Hamburg 1988, S. 226). Demnach müßte Morgenstern seine Anregung in den ersten Monaten des Jahres 1927, wenn nicht bereits 1926, gegeben haben, zu einer Zeit also, als die beiden miteinander noch per Sie waren. (Im Herbst 1926 spielte das Staatstheater Berlin Wedekinds *Lulu*, eine Gelegenheit, die Morgenstern, der gerade aus Wien eingetroffen war, sicherlich wahrgenommen haben wird.) Jedenfalls hat Berg, der diesen Opernplan anfangs geheimzuhalten gedachte, Schoenberg und Adorno erst Monate später eingeweiht.

Worauf Dr. Wiesengrund etwas tat, was ich eher von einem geschäftigen Historiker als einem angehenden Komponisten erwarten würde: er bat Alban, ihm seinen Brief zurückzuschicken. Was Alban auch getan hat, nicht ohne gleichfalls wie ein Historiker zu handeln: er machte sich eine Abschrift des Briefes auf seiner Schreibmaschine.[1]

Wie aus einem Briefe ersichtlich ist, haben auch diesmal die Verhandlungen mit dem Verlag sich hingezogen. Aber schließlich kam es doch zu einem Abschluß mit Hilfe der Witwe Wedekinds.[2] Wir haben dann gemeinsam über die Form des Librettos beraten und waren uns immer einig. Bis auf den letzten Satz, mit dem die Tragödie schließt: »Nicht einmal ein Handtuch haben die Leute!«[3], den er nach vielen und hitzigen Debatten gegen meinen Rat mitgenommen hat. Ich bin noch heute der Meinung, daß der Satz billiger Sadismus ist, der eher störend wirkt, namentlich wenn gesungen. Ich war dafür, daß der Schauspieler diesen Satz nur spielt.

Meine Befürchtungen, die *Lulu* könnte in ein Musikdrama ausarten, dauerten noch lange an, und ich habe Alban gegenüber kein Hehl daraus gemacht. Wie glücklich war ich, als mich Alban eines Tages anrief und mir mitteilte, er habe soeben eine Arie für die Lulu komponiert. Eine Koloraturarie![4] Er bat mich hinauszukommen und spielte sie mir vor. Wir haben an dem Nachmittag einige Cognacs aufs Wohl der *Lulu* getrunken.

Wie Alban in dem Brief erwähnt, hat ihm Karl Kraus die Urfassung der *Lulu* zur Verfügung gestellt. Das sollte bedauerliche Folgen haben. Alban fand heraus, vermutlich aus einer Regiebemerkung von Wedekind, die im Druck des Werks nicht vorkommt, daß Casti-Piani ein Jude sei. Alban hat darauf an einer Stelle die Regiebemerkung »jüdelnd« gemacht. Ich hatte nicht die Gelegenheit herauszufinden, ob dieses Wörtchen im Wedekindschen Manuskript vorkommt oder

---

1 Nach Auskunft der Musiksammlung der Österreichischen Nationalbibliothek existiert dieser Brief Adornos dort nicht, ebensowenig eine Abschrift.
2 Siehe Berg an Morgenstern, 6. August 1929 (Nr. 76).
3 Jack, der Mörder Lulus und der Gräfin Geschwitz, kurz vor Schluß des dritten Aktes.
4 Das zentrale Stück der Oper, das 1933 entstandene *Lied der Lulu*, ist Anton Webern zu seinem 50. Geburtstag gewidmet und wurde von Berg dann in die *Symphonischen Stücke aus der Oper »Lulu«* aufgenommen, die er 1934, nach seinem Wort, als »Propaganda-Suite« für seine Oper zusammenstellte, wie ein Jahrzehnt zuvor schon die *Drei Bruchstücke aus Wozzeck* für Sopran und Orchester.

eine Hinzufügung von Alban ist.[1] Jahre nach dem Tode Albans hat Arnold Schoenberg, an den man herangetreten ist, die fehlenden Stellen der Oper zu komponieren, sich bereit erklärt, es zu tun. Aber als er im Manuskript auf das Wörtchen »jüdelnd« gestoßen ist, hat er es abgelehnt.[2] Schoenberg war, wie Alban Berg, ein großer Verehrer von Karl Kraus, der das Wort ›jüdeln‹ vermutlich öfter gebraucht haben dürfte, in Wort und Schrift, als einige Dutzend antisemitischer deutscher und Wiener Schriftsteller zusammen. Von ihm hat einmal ein Wiener geäußert: Wenn irgendwo im Kosmos einer etwas sagt und es klingt wie gejüdelt, hört es Karl Kraus in Wien.[3] Schoenberg wußte das so gut wie ich, und wenn er es abgelehnt hat, mit einem Manuskript, in dem das Wort ›jüdeln‹ vorkommt, zu tun zu haben, hat er es gewiß nicht getan, weil er Alban des Antisemitismus verdächtigt hätte. Aber das war schon nach den Greueln der Hitlerzeit. Damit war kein Spaß mehr zu treiben. Ich habe mit Arnold Schoenberg darüber gesprochen. Er war unerbittlich. Nicht, daß ich etwa versucht hätte, ihn zur Vollendung der Oper zu bewegen. Ich war schon immer der Ansicht, daß das gar nicht nötig sei. Außerdem gelingt es ja kaum, wie berühmte Beispiele zeigen. Aber es lag mir daran herauszufinden, wie tief Schoenberg darüber erbittert war.

1 Seine anfängliche Regieanweisung »jüdelnd« ersetzte Berg im Particell durch »mauschelnd«. Sie steht für den Bankier – bei Wedekind der Generaldirektor Puntschu –, nachdem der vom Journalisten »der Saujud« genannt wurde (3. Akt, 1. Szene). Bei Wedekind findet sich keine solche Regieanweisung.
2 »Und man kann wirklich nicht von mir erwarten, daß ich mich für diese Stelle so begeistere, als nötig ist, um diese Verhöhnung eines ›Schuftes, weil er Jude ist‹ durch meine Instrumentation zur höchsten Charakteristik zu bringen.« So schrieb Schoenberg – anders als Morgenstern annahm, bald nach Bergs Tod – in einem am 9. und 11. März 1936 verfaßten ausführlichen Brief an Erwin Stein. Es handelte sich um die Instrumentierung weiter Teile des dritten Aktes, eine Arbeit, die Schoenberg aus dem hier zitierten Motiv ablehnte. Zugleich aber sprach er sich dafür aus, seine Gründe vor der Öffentlichkeit und vor Helene Berg geheimzuhalten, um Berg nicht zu schaden: »Denn es tut mir leid, daß ich heute nicht mehr imstande bin, Judenhaß durch einen Liebesdienst, den ich ihm gerne erwiesen hätte, zu vergelten.« (Zit. nach *Alban Berg, Lulu. Texte, Materialien, Kommentare*, a.a.O., S. 246.) Dieser Brief wurde erst 1977 zum ersten Mal veröffentlicht. Morgenstern hatte Mitte der vierziger Jahre durch Steuermann von Schoenbergs Antisemitismus-Vorwurf gegen Berg erfahren und später in seinem Tagebuch den Vorsatz notiert, diese Sache Steuermann gegenüber richtigzustellen: »Ja, ich habe diese Pflicht: weil Alban sich wegen dieses Wörtchens ›jüdelnd‹ mit mir beraten hat.« (*Tagebuch Heft 13, Amerikanisches Tagebuch* (1949), S. [56], Eintrag vom 24. Mai 1949, Nachlaß)
3 »[…] auf allen Kreuz- und Querpirschgängen das Jüdeln im Kosmos rings hörend« – so charakterisierte Anton Kuh am 25. Oktober 1925 in seiner Stegreifrede *Der Affe Zarathustras* Karl Kraus, in eben jenem Wiener Konzerthaussaal, wo Kraus viele seiner Lesungen hielt (Anton Kuh, *Luftlinien. Feuilletons, Essays und Publizistik*, hg. von Ruth Greuner, Wien 1981, S. 178). Mit seinem Pamphlet gab der Mitarbeiter des Békessy-Blattes *Die Stunde* seinem Brotherrn öffentliche Unterstützung gegen Kraus (s. unten S. 156, Anm. 1).

138

Ein junger amerikanischer Freund erzählte mir einmal in Hollywood, daß er mit Erlaubnis von Schoenberg eine Grammophonplatte von einem seiner Werke gemacht hat. Die Kehrseite der Platte wollte er für ein Werk von Alban benutzen. Der junge Mann, ein Musiker und Ton-Ingenieur, erzählte, wie bestürzt er war, als Schoenberg das nicht haben wollte. Ich habe ihn mit der Vermutung getröstet, daß Arnold Schoenberg in gar keinem Fall mit einem andern Komponisten freiwillig eine Platte teilen würde.

Die Korrespondenz

1 Morgenstern an Helene und Alban Berg (Ansichtskarte: Venedig)

⟨Poststempel: Venezia, 16. VII. 1925⟩[1]

Sehr liebe Bergs,
Bleibe drei Tage hier, dann weiter nach Genua. Es ist herrlich hier und viel billiger als in Österreich. Grüße und Handküsse

Morgenstern

Teddie[2] schreib ich morgen.

2 Morgenstern an Berg (Ansichtskarte: Viareggio, Bagno Balena)

⟨Viareggio,⟩ 31. VII. 1925

Verehrter lieber Herr Berg,
Reise morgen nach Florenz und erbitte eine Zeile über Ihr Wohlbefinden dorthin. Poste restante. Wie geht es der gnädigen Frau? Es ist so heiß, daß ich es bis jetzt noch zu keinem Brief bringen konnte. Beste Grüße und Handküsse

Ihr Morgenstern

3 Morgenstern an Helene und Alban Berg

Verehrte gnädige Frau
Lieber verehrter Herr Berg
– Also die Villa Nahowski[3] scheint ja ein schloßartiges Gebilde zu sein! Und 1000 m Seehöhe! Da ist man ja geradezu schuldig, recht gut erholt und mit neuen – wie sagt man nur? – Standwerken reichlich versehen nach Wien zurückzukehren. –

Mit dem Anruf, auf welchen Sie, verehrte gnädige Frau, so spöttisch noch immer warten, war es ehrlich gesagt so: ich erinnerte mich plötzlich, daß Herr Berg meine Adresse haben wollte und da dachte ich mir, daß dies vielleicht als gelinde Abwehr gemeint war; umso

---

1 Alban Berg liebte es, in seinen Briefen oft Klammern zu benutzen, und zwar alle Arten. Da die Winkelklammer nur selten vorkommt, wird sie im Korrespondenzteil verwendet, um Zusätze des Herausgebers kenntlich zu machen.
2 Theodor Wiesengrund-Adorno.
3 Gemeint ist das Landhaus in Trahütten (Steiermark), das der Familie Helene Bergs gehörte und über viele Jahre das Sommerdomizil der Bergs gewesen ist.

mehr, als mir Herr Berg recht kurz und verstimmt zu sein schien. Ein paar Tage später hab ich selbst diesen Gedanken als recht töricht *ver-worfen*[1], aber da war es eben zu spät. Ich bin eben auch nicht immer ganz normal!

Meine Sache Josefstadt ist so weit, daß sie wahrscheinlich in nächster Woche ganz offiziell wird; in der zweiten Oktoberwoche soll ich »den Dienst« antreten.[2]

Wie ists mit dem Wetter? Sie müssen sich gründlich erholen, lieber Herr Berg: Sie haben letztens nicht gerade gut ausgesehen.

Ich wäre beinahe nach Berlin gereist – für 2 Wochen, als Ihre Karte kam. Nun will ich es mir doch so einrichten, daß ich zur Wozzeck-Premiere hinfahre. Hoffentlich gelingt es mir. Wann kommen Sie nach Wien? Bitte um eine Zeile. Viel Schönes von Ihrem

Wien 1. Oktober 1925   Soma Morgenstern

4 Morgenstern an Berg (Telegramm)

                          Aufgenommen:
                          Wien, 15. Dezember 1925, 2 Uhr 33 vorm.

Alban Berg
Staatsoper Berlin[3]

innigste glückwünsche lieber verehrter alban berg

                                            ihr morgenstern

---

1 In den Brieforiginalen einfach unterstrichene Wörter erscheinen im Druck stets *kursiv*, doppelt unterstrichene g e s p e r r t   k u r s i v .

2 Welcher »Dienst« hier gemeint war, ist nicht bekannt. Mit dem in jenen Jahren von Max Reinhardt geleiteten Wiener Theater in der Josefstadt stand Morgenstern, durch Vermittlung Hermann Thimigs, auch wegen einer – dann nicht zustande gekommenen – Aufführung seines Bühnenstücks *Im Kunstkreis* in Verbindung (s. Morgenstern an Berg, 10. Juli 1926, Nr. 11).

3 An der Berliner Staatsoper Unter den Linden wurde Alban Bergs Oper *Wozzeck* am 14. Dezember 1925 von Erich Kleiber uraufgeführt.

5 Morgenstern an Helene und Alban Berg; Ingeborg v. Klenau an Helene Berg

Lieber verehrter Herr Berg

Ich war schon in Ecking und Rutzing, – es war ein Frühlingstag und die Sonne schien, also begriff ich Ihre wortspielerische Umbenennung nicht recht[1]; aber seit dem Tage ist schon viel Wasser geflossen hier – der Anschluß an das Salzburger Wetter ist längst vollzogen. Ich bin aus Rache an der Landschaft – die übrigens herrlich ist – in den Schlafstreik getreten: ich schlafe soviel man mich läßt – also sehr viel; noch mehr als in Wien. Da ich es mir astronomisch nicht ausrechnen kann, hoffe ich bloß, daß Trahütten außerhalb und sehr fernab von dieser Wasserscheide liegt und nehme an, daß es Ihnen und Ihrer Arbeit besser geht.

Ich will hier bis 20. Juni bleiben, dann irgendwohin – vielleicht nach Tirol – wandern – genau weiß ich das noch nicht, muß zunächst eine Karte der österr. Sommerfrischen studieren. Bis dahin werde ich noch Verschiedenes ausführlicher berichten und wohl auch von Ihnen, lieber Herr Berg noch *Briefe* bekommen. Ich erlaube mir Sie innigst zu umarmen und bin Ihr ergebener

⟨Beuerberg[2],⟩ 31. Mai 26   Soma Morgenstern

⟨Ingeborg v. Klenau an Helene Berg:⟩

Liebe verehrte gnädige Frau

Vielen Dank für Ihre liebe Karte. Am Keilhof ist nach wie vor alles in bester Ordnung u. Wohlbefinden – nur leider ist das Wetter recht unfreundlich – u. es ist halt ein recht wichtiger Faktor am Land. Mit Sonnenbaden, Schwimmen u. Heuernten ists infolgedessen nichts – u. das ist besonders schade da Soma ja bald wegfahren muß –

Herzliche Grüße von allen Keilhofern auch an Herrn Berg

Ihre ergebene Inge

⟨Morgenstern an Helene Berg:⟩

Verehrte liebe gnädige Frau

Ich wohne nicht in dem kleinen Häuschen mit der Terrasse, bin aber sonst allen Bergspuren gefolgt. Bei den Bienen war ich auch schon: es gab nämlich schon zwei sonnige Tage hier! Ich schreibe auf gut

---

1 Der Brief Bergs, auf den Morgenstern sich hier bezieht, ist wohl nicht erhalten.
2 In Beuerberg am Simssee (Oberbayern) war Morgenstern häufig Gast seiner späteren Schwiegermutter Annemarie von Klenau auf ihrem Gut Keilhof.

Glück nach Trahütten, obwohl mich Ihre Karte an Inge, die I:die Karte!:I in Mariazell aufgegeben ist, einigermaßen desorientiert hat. Wie kamen Sie, liebe gnädige Frau, nach Mariazell? Wenn Sie doch nach Küb wollten?

Ich küsse Ihre Hände wünsche Ihnen und Herrn Berg gute Erholung und bin Ihr ergebener

Soma Morgenstern

6 Berg an Morgenstern

Alban Berg p. A. Nahowski
Trahütten in Steiermark
Post Deutsch-Landsberg

14. VI. 1926

Auf diesem vom Verlag Fischer zu einem Festgruß für Bernhard Shaw[1] bestimmten (für mich dazu vergeblich bestimmten) Büttenpapier grüße ich *Sie*, mein lieber Doktor Morgenstern, herzlichst und danke Ihnen bestens für Ihren Brief.[a] Ich benütze für seine Beantwortung eine kleine Atempause nach Vollendung eines Quartettsatzes u. vor Beginn eines nächsten[2], und damit habe ich Ihnen eigentlich alles, von unserm Trahüttner Aufenthalt Erzählbare verraten. Ich arbeite in größter Hast, da, wie alljährlich, böse Mächte daran sind, meine einzig mögliche Arbeitszeit zu verkürzen: am 24. Juli werden wir von hier vertrieben.[b] – Und damit beginnt für mich wieder das Arbeitsdilemma in Wien, wo man sich – im Sommer – nicht einmal für andere »Meisterschaften«[c], wenn schon nicht für die eigene, interessieren kann. {Sie sehn, lieber Doktor: wenn ich komponiere, bin ich größenwahnsinnig [fragen Sie nur Inge, die weiß es vom vorigen Jahr[3] (ich habe das »Fräulein« weggelassen: es paßt mir nicht in den Satz; Thomas Mann hätte es gewiß ebenfalls eliminiert ⟨die vielen Klammern sind das einzige, was ich von der Realschule behalten habe⟩)]}[4] Also keine Meisterschaften u. auch keine Länderspiele, wobei zu bemerken ist, daß ich das Glück hatte, einem solchen, nach Ihrer

---

1 Zum 70. Geburtstag George Bernard Shaws am 28. Juli 1926.
2 Berg arbeitete zu dieser Zeit an seiner sechssätzigen *Lyrischen Suite für Streichquartett*.
3 Alban und Helene Berg waren im Juni 1925 bei Annemarie von Klenau auf Gut Keilhof zu Gast gewesen.
4 Sämtliche Klammern so im Original.

145

Abreise von Wien, noch beizuwohnen, und bei dem ich, als Einziger gegen 20.000, mit meiner Prophezeiung des Sieges Rapids über die Engländer (Arsenal) – wie immer – Recht behielt (siehe obige Bemerkung über Größenwahn!). Das Match war infolge der rohen Spielweise der Engländer[d] so aufregend, daß es richtiger gewesen wäre, *mich* hinauszutragen, statt der allenthalben verletzten Rapidleute.

Um Ihnen auch sonst nichts zu verschweigen: Außer dem Komponieren gibt's auch Korrekturlesen (leider), Korrespondenz u. zw. private (Gottseidank) und berufliche (leider Gottseidank) und schließlich Lektüre: Nach Absolvierung von Fontanes »Irrungen Wirrungen«[1] (das erinnert sehr an »Wallungen Ballungen«), den meine Frau treffend als einen »Über Land und Meer«-Roman bezeichnet hat, dessen (– und das sage ich: –) evidente Langeweile auch nicht durch seine unbestreitbaren dichterischen Qualitäten wettgemacht wird..., steck ich mitten im Zauberberg[2] und bin auf das höchste gefesselt, begeistert, erwärmt u. entzückt u. fürchte ich auf den Moment, wo ich dieses Buch, als fertig gelesen, aus der Hand legen muß[e], wobei ich (um im Stil Manns zu reden:) nicht umhin werde können, noch einmal zurückzublättern, indem die mir vertraut gewordenen Seiten des letzten Bandes an dem, an ihrem Rand leicht aufgedrückten Daumen ganz langsam, und wie es gerade kommt, einzeln oder kleine Heftchen bildend, vorübergleiten werden. Etwas, was einem bei der Lektüre der Neuen Freien Presse nicht passieren kann. Trotzdem wird auch diese hier eifrig betrieben, umsomehr als Vater Korngold[3] unlängst den »Wozzeck« »die einzig in Betracht kommende Oper« (der letzten Moderne) nannte. Wenn ich Ihnen, lieber Doktor, noch sage, daß ich außer diesen Tätigkeiten täglich einen festen 2-3stündigen Marsch mache, und – im Gegensatz zu Ihnen – schlecht schlafe, und daß ich *gar nichts* rauche, fast nichts trinke u. normal esse, so sind Sie, glaube

---

1 Theodor Fontane, *Irrungen, Wirrungen*. Roman, Leipzig, Berlin 1887/88.
2 Thomas Mann, *Der Zauberberg*, Berlin 1924.
3 Julius Leopold Korngold (1860-1945) war damals der Musikpapst der *Neuen Freien Presse*. »Vater Korngold«, wie Karl Kraus ihn nannte, setzte sich bemerklich für die musikalische Karriere seines Sohnes Erich Wolfgang Korngold (1897-1957) ein. Der alte Korngold war laut eigenem Bekenntnis »für alles gesunde, wertvolle Neue« und gegen »all die Ausschreitungen des Mißklangwahns, der Verjazzung«, gegen die »Verpönung von Seele und Gefühl«, gegen »eine in der Retorte des Intellekts gebraute ›Neumusik‹« (*»Kunst- und künstlerfeindliches Treiben«. Eine Abwehr*, in: Allgemeine Musikzeitung, Berlin, Nr. 12, 20. März 1931, S. 202). Im selben Artikel hob Korngold seine eingehende Würdigung des Wozzeck hervor, »wenn sie auch im Grundsätzlichen nicht zustimmend sein konnte«.

146

ich, ganz im Bild über meinen derzeitigen Zustand. Mehr hätte ich dem Shaw auch nicht berichten können! Und nun erzählen Sie uns auch von Ihren Plänen, den allernächsten u. nächsten, u. seien Sie herzlichst gegrüßt von

Ihrem alten Berg.

Alles Liebe Frl. Inge und der gnädigen Frau u. May[1]

Meine Frau dankt Ihnen und dem Fräulein Inge nochmals für die lieben Zeilen und grüßt Sie beide innigst. Leider ist sie krank: eine hier grassierende Grippe. –

⟨Anmerkungen von Morgenstern:⟩

a) Mein Brief, für den mir Alban hier dankt, ist mit etwa einem halben Dutzend anderer verlorengegangen, was sehr merkwürdig ist. Denn bei Alban ging nichts verloren, erstens weil er – im Gegensatz zu mir – sehr ordentlich war, und zweitens weil er seine Wohnung nie gewechselt hat – auch das im Gegensatz zu mir.[2]

b) Das Haus in Trahütten gehörte Helenes Familie. Es war ein Sommerhaus, das von den Angehörigen abwechselnd benützt wurde. Albans Turnus war offenbar abgelaufen. Diese Begrenzung seiner Ferien bereitete Alban viel Ärger.

c) Es handelt sich um Fußball-Meisterschaften, für die Alban immer großes Interesse hatte.

d) Die Engländer dürften auf ihren Tourneen in Europa weniger fair sein als im eigenen Lande. Aber so roh, wie der von Alban bevorzugte Rapid-Club war keine Mannschaft auf dem Kontinent. In diesem Falle machte die Liebe nicht sehend, sondern, wie es ursprünglich heißt, blind.

e) Dieser Roman von Thomas Mann war der einzige, von dem Alban in solchen Tönen der Begeisterung sprach und schrieb. Das macht: die ewigen Debatten zwischen Settembrini und Naphta. Alban liebte Debatten in jeder Form über alles, die Leistungen des Sportklubs »Rapid« ausgenommen.

1 Marianne (»May«), eine Schwester Ingeborg v. Klenaus.
2 In der Tat ist Morgensterns Brief vom 31. Mai 1926 erhalten (s. Nr. 5) und wird, mit anderen seiner Briefe und Karten an Alban und Helene Berg, seit dem Tod der letzteren in der Musiksammlung der Österreichischen Nationalbibliothek bewahrt.

7 Morgenstern an Helene und Alban Berg

Verehrte liebe gnädige Frau
Lieber verehrter Herr Berg
Bitte es meiner Sorge um Ihr Wohlergehen zugute zu halten, wenn ich
– sonst kein Ungeduldiger – erinnern muß, daß mein Brief aus
Beuerberg unbeantwortet blieb.[1]

Ich habe am 15. Keilhof verlassen und bin jetzt in Pertisau am
Achensee (Hotel Alpenhof). Das Wetter ist auch hier miserabel, aber
lange nicht so wie in Bayern. Wie ist es in Trahütten? Bitte um eine
Zeile: ich bin nämlich *wirklich* sehr besorgt.

Viele Grüße und viel Liebes von
Pertisau am Achensee 19. Juni 1926   Ihrem Soma Morgenstern

8 Morgenstern an Alban Berg und Helene Berg

Lieber verehrter Herr Berg
Für die Unehre, die Sie Bernhard Shaw antun, danke ich mit Herz und
Sinn; es geschieht ihm schon recht also muß es mir auch billig sein.
Daß Sie aber in so kurzer Zeit sich in den dunklen Herzenskammern
Mann'scher Prosa einzuklausulieren verstanden haben, erfüllt mich
mit einem Respekt, der dem Bruder – also einem Heinrich des
Grauens ähnlich ist! Wollen Sie vielleicht in diesem Stil »Castorp's
Traum« vertonen? Dann müßten Sie aber – ich warne Sie! – Ihr
Vorhaben – oh ich fühle so was! – jenes Ton-Werk mir zu widmen –
aufgeben. Nicht geschenkt!!

Polgars Nekrolog kannte ich schon, aber ich habe ihn trotzdem
wiederholt gelesen und mein Erstaunen war noch größer als Ihre Bestürzung, da ich ja noch zu staunen hatte darob, daß mir die von Ihnen
herausgestrichenen Sätze nicht schon früher aufgefallen sind. Aber
ich muß wohl den Aufsatz gelesen haben, als ich Sie lieber Herr Berg
noch nicht kannte und demzufolge auch *noch* nicht wissen durfte, in
welcher Lage Ihr Knie einschlummert.[2]

---

1 Bergs nach Beuerberg adressierter Brief vom 14. Juni 1926 (Nr. 6) hatte Morgenstern in Tirol
noch nicht erreicht.
2 Berg hatte seinem Brief vom 14. Juni 1926 (Nr. 6) Alfred Polgars Feuilleton *Nekrologie* (als
Ausriß aus der *Thüringer Allgemeinen Zeitung*) beigefügt, mit Unterstreichungen und einer Randnotiz versehen (siehe unten das Kapitel »Manövrierte Nekrologie«).

Aber Scherz beiseite (1.) – ich habe auch wirklich Ernstes und Wichtiges. Zunächst muß ich gestehen, daß ich über die von Ihnen so begutachtete Verkürzung Ihres Aufenthalts in Trahütten sehr betrübt bin. Auch aus rein egoistischen Gründen: ich habe mich nämlich schon die ganze Zeit so sehr gefreut, Sie bald in Trahütten besuchen zu dürfen und jetzt? Nun, lieber Herr Berg, bitte Sie sehr, mir ganz unumwunden zu sagen, ob es in Ihren vermutlich geänderten Arbeitsplan noch hineinpaßt, wenn ich Sie im Juli heimsuchen will?

Wenn ich nicht, wie ich in Wien gedacht hatte, gleich von Bayern nach Trahütten gereist bin, geschah es aus ein paar guten Gründen: weil Sie mir immer von einem Aufenthalt in Trahütten bis tief in den Herbst gesprochen hatten, überlegte ich's mir in Beuerberg, daß Sie, lieber Herr Berg, je später in den Sommer – einen desto größeren Menschenfresser-Hunger nach Bekannten verspüren werden, habe also auf eine größere Portion Liebe (und Rindfleisch und *Suppe*!!) spekuliert und mir vorgenommen mit Ihrer Erlaubnis im Juli oder August zu kommen.

Zweitens: Ich habe in Beuerberg – nicht gearbeitet und ich wollte Sie ja gerne in Trahütten mit einem frisch-»feuchten« Drama überraschen.

Zum Dritten: Für eine Reise ins *nahe* Gebirge, hatte ich Aussicht, Inge für kurze Zeit – in aller Verschwiegenheit seis gesagt! – zu entführen.

Nun, lieber verehrter Herr Berg, ich habe alle Gründe genau ausgebreitet, damit Sie sehen, wie wichtig und kostbar mir Ihre Einladung war. Nun bitte ich Sie nochmals, mich wissen zu lassen, ob ich kommen darf. Bitte Sie aber noch mehr, irgendwelche Rücksichten nur gelten zu lassen, soweit sie Ihrer Nerven- und Arbeitsruhe dienen. Daß Sie, lieber Herr Berg, so was wie »Größenwahn« verspüren, wenn Sie komponieren, freut mich sehr. Nicht nur, weil ich weiß, daß sowohl die Größe als der »Wahn« dem Quartett, also uns allen, also auch mir zugute kommen wird, sondern weil diese Mitteilung mir auch in einem sozusagen nebensächlich-persönlichen Sinne zugute kommt: Weil nämlich *sogar* ich mit mir sehr zufrieden bin, seitdem ich richtig in der Arbeit stecke. Ich bin jetzt ganz bei meiner Sache und hoffe diesmal ein recht ein »schmissiges« Werk zustande zu bringen: wenn auch nicht halb Legende halb Burleske – aber doch viel-

149

leicht einen Alban-Berg-Text! ←(Bitte um Entschuldigung!)
↓

Ich umarme Sie innigst
Ihr Soma Morgenstern

Liebe verehrte gnädige Frau, über die peinigende Frage, ob ich *Sie* sehr bemitleiden soll wegen der Grippe, oder noch mehr *mich*, weil Sie mir keinen Gruß schreiben wollten, schreite ich kurzentschlossen hinweg und erkühne mich auch Sie in jene ↑ Umarmung einzuschließen, jawohl! auch Sie liebe gnädige Frau!

Pertisau am Achensee 25. Juni 26[1]

9 Morgenstern an Berg (Ansichtskarte: Mayrhofen; in Kuvert)

⟨Mayrhofen im Zillertal, Anfang Juli 1926⟩
Lieber Herr Berg, wie Sie sehen habe ich mich tief ins Zillertal geflüchtet: vor den Saisonpreisen in Pertisau! Ich habe einen langen Brief in Pertisau aufgegeben, jetzt will ich nur als Antwort auf Ihre schöne Karte[2] sagen: wenn ich nichts wesentliches über die Angelegenheit erwähnt habe, geschah es nur, weil ich alles *erzählen* will. Daß Sie, lieber Herr Berg, nicht aus Neugier fragen, mußte nicht erst gesagt sein. Herzlichste Grüße und Handküsse

Ihr S. M.

10 Berg an Morgenstern

Trahütten, 7./7. 26 ⟨Poststempel: 6. 7. 1926⟩
Heute nur in Eile, mein lieber Doktor Morgenstern, das Wichtigste, damit Sie mit Ihrer Zeit disponieren können. Unser Aufenthalt hier ist

---

1 Morgenstern schrieb 25. *Juli* 26 – ein Schreibfehler, der aus seinem Wunsch gekommen sein mochte, die Bergs im Juli in Trahütten zu besuchen. Berg erhielt den Brief am 7. Juli, wie sein Eingangsvermerk zeigt, und beantwortete ihn am selben Tag (s. Nr. 10).
2 Diese Karte Bergs scheint nicht erhalten zu sein; es existiert aber ein Entwurf, in dem Berg Morgensterns verfrühten Aufbruch vom Keilhof nach Tirol erwähnt und sich dann nach Morgensterns Zukunftsplänen erkundigt, wobei er betont, daß er nicht aus Neugier frage (Musiksammlung der Österreichischen Nationalbibliothek: F21 Berg 481/26).

augenblicklich tatsächlich ein fraglicher. Es kann sein, daß wir in 1, 2 Wochen hier fortmüssen; die Umstände die mich veranlassen familiärem Zwang nachzugeben sind wirklich zu ernste u. triftige. Dem derart verkürzten Sommer entsprechend, arbeite ich mit nervösester Hast, um wenigstens vor der Rückkehr nach Wien mit der Skizze fertig zu werden. Aus diesem Grund, aber auch, weil die Zeit wirklich zu kurz ist, um Sie von *so weiter* Entfernung herzulocken, haben wir uns, schweren Herzens, entschlossen von einer augenblicklichen Einladung abzusehen u. Ihnen folgenden Vorschlag zu machen: Für den Fall, daß wir in 1, 2 Wochen hier fortmüssen, bleiben wir den übrigen Theil des *Hoch*sommers in Wien [»fausse-couche« würde Frau Stöhr sagen (statt faute de mieux)][1]. Anfangs September fahren wir aber dann bestimmt hier herauf u. das wird dann auch die bessere Hälfte der »Ferien« sein: wir (meine Frau u ich) sind *allein* (ohne den kranken Bruder[2], der jetzt auch noch hier ist u. ebenfalls keine Annehmlichkeit für Besucher bildet). Meine Arbeit wird dann auch in ein weit ruhigeres Fahrwasser gelangt sein, so daß wir uns vorgenommen haben, Sie, lieber Doktor, dann zu bitten u Sie schon heute bitten, im September, sobald wir heroben sind zu uns zu kommen. Würde das in Ihr Programm passen? Ich kann mir vorstellen, daß Ihnen, der Sie ja auch mitten in einer Arbeit stecken u. der Sie ja die bayrische Nähe nicht absichtslos gewählt haben werden, eine solche Verschiebung auch nicht ganz unsympathisch sein könnte. Umsomehr als *vor* Oktober ja doch kein Berufswinter beginnt.

Für den Fall aber, daß uns die vorzeitige Abreise von hier erspart bleiben sollte [u. das ist nicht ganz ausgeschlossen; denn aus demselben Grund, aus dem wir hier fortmüssen: der schweren Krankheit unseres Schwagers Lebert[3], der dringend Luftwechsel bedarf, aus demselben Grund könnte es passieren (u. es hat augenblicklich den Anschein), daß der Besagte überhaupt nicht herauf *könnte*, in welchem Fall uns also das Landhaus die ganzen nächsten 2, 3 Monate zur Verfügung stünde]... für diesen Fall also könnten wir Sie bestimmt bitten, schon im August herauf zu kommen, was natürlich noch schöner wäre als erst im Sept.ᵃ

---

1 Frau Stöhr: Figur in Thomas Manns Roman *Der Zauberberg.*
2 Helene Bergs Bruder Franz Joseph Nahowski.
3 Arthur Lebert, mit Helene Bergs Schwester Anna Nahowski (1882-1973) verheiratet.

Jedenfalls werden wir alles daran setzen, daß wir 3 in diesem Sommer hier eine Zeit verbringen; das haben wir uns fest vorgenommen u. wir freuen uns, daß Sie, lieber Doktor, die ernstliche Absicht haben. Auch sonst hat uns Ihr Brief gefreut, namentlich die Mitteilung über Ihre *Arbeit*, u. uns stellenweis sehr amüsiert. Leider aber enthält auch er wiederum nichts von dem *Wichtigsten*[b], wovon Sie uns doch in Kürze berichten sollten. Von dem *familiären* Ergebnis des Keilhofer Aufenthalts, Ihren *nächsten* Plänen u. d. *Zukunfts*absichten. (Ich kann Ihrem Brief nicht einmal entnehmen ob Sie Ihre Absicht »Inge ins nahe Gebirge zu entführen« realisieren konnten.)

Ich erwarte also Ihre diesbezüglichen Mitteilungen, soweit Sie gewillt sind, mich weiterhin einzuweihen, und Ihren Bescheid hinsichtlich Ihres Trahüttner Besuchs, auf den wir, wie gesagt bestimmt rechnen u. uns umsomehr freuen als Sie uns das neue Drama in Aussicht stellen. Seien Sie herzlichst gegrüßt von Ihrem

AB

Meine Frau konstatierte richtig, daß ihr von der mir zugedachten Umarmung, in die Sie sie mit einschließen, nicht allzuviel übrig bleibt. Trotzdem grüßt S. M.[c] S. M. herzlichst!

– Bitte bis auf Widerruf *hierher*zuschreiben! –

P. S. I
Wer ist Friedrich Burschell?[1] (Im Zusammenhang mit ihm u. Döblin soll ich irgendwo mittun (musik-schriftstellerisch))
Bitte raten Sie mir 1, 2 große schöne Romane à la Zauberberg: was gibt's noch von *Mann* außer Buddenbrooks u. Tod in Venedig?
Anatole France?
Victor Hugo?
Oder *Neueres*. Ich hab hier gar keinen Katalog u bin so ungebildet, möchte aber baldigst entsprechende Lektüre haben. –

---

1 Friedrich Burschell (1889-1970), Schriftsteller und Germanist, gab 1926 eine Jean Paul-Edition heraus.

P. S. II
Ich habe bis jetzt nicht gewußt, daß es das gibt: »einen Obmann des Leichenvereins der Markthelfer« eben erfahre ich es aus der N. Fr. Presse[1]. (Das wäre eine Stellung für den Schneiderhan)[d]

⟨Anmerkungen von Morgenstern:⟩
a) Schon damals fingen auch in den Briefen die sich immer wiederholenden Einladungen zu einem Zusammensein in den Ferien an, die ich immer bona fide angenommen und leider nur einmal das gegebene Versprechen eingehalten habe. Heute, beim Lesen dieser Briefe, kann ich mich nicht von meiner Schuld in dieser Hinsicht freisprechen. Damals glaubte ich allerdings, immer wieder einen guten Grund zur Absage zu haben. Es war immer derselbe Grund: zwischen den Jahren 1921-1933 war ich ein leidenschaftlicher Bergsteiger, und ich pflegte meine Ferien meist mit Wanderungen in den Tiroler Bergen zu verbringen. Jetzt, da mir das Alter unter anderem auch diese Leidenschaft (oder gar dieses Laster) fast völlig ausgetrieben hat, fällt es mir leicht einzusehn, daß der Grund nicht gut genug war. Freilich konnte ich damals nicht ahnen, wie wenige Sommer meinem Freund noch vergönnt sein sollten.

b) »Das Wichtigste« war ihm und Helene zu hören, ob Inge und ich bereits beschlossen hätten zu heiraten.

c) S. M. ist eine ironische Anspielung auf Helenes Abstammung.

d) Der damalige Intendant der Staatstheater, den Alban verachtete, und ich auch.

11 Morgenstern an Berg

Lieber verehrter Herr Berg
Gestern bekam ich Ihren lieben Brief nachgeschickt und will Ihnen gleich heute auf alle Fragen ausführlich antworten.

Ich bin selbstverständlich bereit, Ihrer Einladung wann immer zu folgen und bitte Sie nur noch, mich rechtzeitig wissen zu lassen, wann ich kommen darf, damit ich's mir mit der Zeit und meiner Arbeit recht einteilen kann. Ich habe an meinen Dramen noch sehr viel zu arbeiten und werde kaum im Juli fertig werden. Aber meine Werkzeuge sind ja leicht transportabel, also kann ich auch unterbrechen und weiterreisen.

1 Die Wiener *Neue Freie Presse.*

153

Mir wäre – für den Fall, daß Sie ununterbrochen in Trahütten bleiben – Mitte August am liebsten, weil ich für die ersten zwei August-Wochen zu Thimigs[1] reise nach Wildalpen, Steiermark. Wenn Sie aber inzwischen nach Wien müssen, komme ich gern im September. Jedenfalls bleibt es dabei, lieber Herr Berg, daß ich mich ganz nach Ihrer Einteilung richten will – also ist auch die Reise zu Thimigs kein Hindernis, nur insofern als Hermann Th. am 15. nach Salzburg muß und ich mit ihm die Uraufführung meines »Kunstkreises« im Rahmen des »Theater des Neuen« am Josefstädter Th. endlich perfekt machen will. Aber ich könnte ev. auch Ende Juli hinreisen, ich werde es von Ihrer Antwort erst recht abhängig machen, weil ja diese Sache aufschiebbar ist. –

Von T. Mann gibt es noch einen entzückenden Unterhaltungsroman »Königliche Hoheit«[2], der Ihnen und ganz besonders der gnädigen Frau sehr gefallen wird: es handelt sich hier um Hoheiten.

Noch einen Roman könnten Sie sich kommen lassen: Döblins: Berge Meere und Giganten oder so ähnlich.[3] Es ist derselbe Döblin, mit dem Sie musikschriftstellern sollen. Es ist ein guter Name – Sie können's mit ihm versuchen.

Über Ihren zweiten Redaktionskollegen kann ich Ihnen leider nichts sagen, umso weniger als es mir nicht möglich ist, seinen Namen zu entziffern. Sie haben nämlich diesmal mit Ihrer »andern« Schrift geschrieben, was kein Vorwurf sein soll, im Gegenteil, es hat mich sehr gefreut zu sehen, daß auch Sie, lieber Herr Berg eine »andere« Schrift haben.

Überhaupt hätte ich Ihren Brief diesmal kaum genau herausbekommen, wenn mir Inge dabei nicht geholfen hätte. Auf diesem Umweg beantwortet sich Ihre Frage, ob mir die Entführung in die Berge gelungen, sozusagen von selbst.

Nun wären wir also bei *der* Angelegenheit. Um es kurz zu machen: Es ist zu keinerlei Entscheidung gekommen – ich meine zu keiner »äußeren« Entscheidung. Uns beiden – Inge also und mir ist es nach vielen Aussprachen mit beiden Elternteilen, sozusagen, klar geworden, daß alles von uns abhängt, von niemandem sonst in der Welt.

---

1 Die berühmte Wiener Schauspielerfamilie: Hugo Thimig, seine Tochter Helene, seine Söhne Hermann und Hans Thimig
2 Thomas Mann, *Königliche Hoheit*, Berlin 1909.
3 Alfred Döblin, *Berge Meere und Giganten*, Berlin 1924.

Daß es zu keinerlei Entscheidungen gekommen ist, ist uns beiden sehr recht. Inge hat sich in allen Fällen fabelhaft benommen – es endete damit, daß wir die Erlaubnis erhielten nach Tirol zusammen zu reisen. Inge war die ganze Zeit mit mir, am 14. fährt sie heim. Frau v. Kl⟨enau⟩ ist mehr dafür, er mehr dagegen – aber die Sache ist jetzt eben auf der richtigen Bahn: es hängt in *allem* nur von Inge und mir ab, ob wir zueinander gehören. Details über meinen Aufenthalt in Beuerberg werde ich Ihnen gelegentlich erzählen. – Diesmal umarme ich Sie gnädige Frau mit äußerster Absicht und innerlichster Vorsicht *zwei*mal und Sie nur *ein*mal

Euer ergebener Soma Morgenstern

⟨Mayrhofen,⟩ 10. Juli 26
– Adresse: Mayrhofen Eberlhaus 309 Zillertal

12 *Morgenstern an Berg (Postkarte)*

Lieber Herr Berg
Ich schreibe in großer Eile am Bahnhof, damit die Karte gleich befördert wird: Bitte mir womöglich *umgehend* u. expreß Dr. Wiesengrunds Adresse mitzuteilen. Grüße u. Handküsse
⟨Mayrhofen,⟩ 16. Juli ⟨1926⟩   Soma Morgenstern

13 *Morgenstern an Berg*

Verehrter, lieber Herr Berg,
ich bin seit 10 Tagen schon in Wien: ich mußte »in Sachen« meiner Einbürgerung in Wien herreisen und – das Wetter war scheußlich – blieb länger, als ich's im Plan hatte. Von Mayrhofen habe ich meine ganze Post nachgeschickt bekommen, leider keine Zeile von Ihnen!

Kommen Sie bald nach Wien? Ich habe ein paarmal bei Ihnen angerufen, aber – oh Wunder! – niemand hat sich gemeldet. Bitte um ein paar Zeilen über Ihre weiteren Sommerpläne. Ich wohne im Hotel Eduard Kleingasse 9 (Alte Adresse!) – In Wien ist's nicht gerade angenehm jetzt und ich werde auch nicht den Sommer hier abschließen – ich reise wahrscheinlich Ende dieser Woche nach Salzburg, dann zu Thimigs. Sie müssen lieber Herr Berg entschuldigen, daß ich so viel von mir schreibe, aber ich denke mir, Sie müssen doch eigentlich wissen, wo ich bin? –

K. K. hielt in der Renaissance-Bühne große Siegesfeier: Békessy ist geflüchtet und sein Generalstab sitzt schon im Landesgericht – der Vortrag hieß: Die Stunde des Todes, dauerte 3 Stunden, es war ganz ausverkauftissimo, wird wiederholt, am 9., morgen also, und ist wieder ausverkauftissimo![1] Ich habe mir *ausnahmsweise* sogar ein Programm gekauft, um es Ihnen zu schicken, aber ich hab's mir gerade überlegt und schick's Ihnen *nicht*! Ich hab's nämlich verloren. (Die gnädige Frau wird jetzt sagen: »Das sieht ihm ganz ähnlich« oder: »Wie denn nicht?« oder was Ähnliches!) Viele Grüße und Handküsse

⟨Wien,⟩ 9. Aug. 26   Soma Morgenstern

Verzeihen Sie, daß ich so gekritzelt habe: ich bin sehr müde und sehr nervös! –

14 Morgenstern an Berg

⟨Wien,⟩ Donnerstag 23 Sept 1926

Sehr verehrter und sehr lieber Herr Berg

Gleich nach Ihrer Abreise[2] habe ich den »Dybuk« besorgt und gehofft, ihn bald selbst nach Trahütten hinaufbringen zu können. Leider werde ich nicht von Wien weg können, aus Gründen, die ich Ihnen lieber mündlich mitteilen mag, weil sie etwas reichlich kompliziert sind.

Den »Dybuk« schicke ich, obwohl ich ihn viel lieber selbst vorlesen möchte, um über die schauderhafte Übersetzung hinweg zu lauschen, aber vielleicht sind Sie schon ungeduldig, denk ich mir und

---

1 Imre (Emmerich) Békessy, den Karl Kraus als einen »Protektor der Pest«, nämlich als korrupten und erpresserischen Zeitungsverleger bekämpfte, setzte sich nach Paris ab, nachdem die Wiener Staatsanwaltschaft schließlich doch ein paar seiner Helfershelfer hatte verhaften lassen. Der große Vortrag, worin Kraus am 3. August 1926 und nochmals am 9. August skeptisch Bilanz zog, erschien im selben Monat als Heft Nr. 732-734 der *Fackel*. – Die Wendung »ausverkauftissimo« kommt bei Kraus vor.
2 Die Bergs hatte ihren Aufenthalt in Trahütten im August unterbrechen müssen und sich bis Mitte September in Wien aufgehalten.

sende ihn eben ab.[1] Eine peinliche Neuigkeit: ich höre, daß *Willy Grosz*[2] den »Dybuk« zum Vertonen übernommen hat, es soll sogar schon offiziell sein.

Wissen Sie etwas davon?

Entschuldigen Sie den Bleistift, bitte: ich habe mir meinen rechten Daumen zerschnitten. Danke für Ihre liebe Karte (ich erhielt nur *eine*) und hoffe sehr Sie und Frau Helene bald in Wien begrüßen zu können: ich bin ganz vereinsamt und recht traurig

Mit besten Grüßen und Handküssen
Euer Soma Morgenstern

15 *Morgenstern an Berg (Telegramm)*

Aufgenommen:
Wien, 24. 9. ⟨1926?⟩

Alban Berg
Trahütten

Brief und Buch abgesandt Abreise leider unmöglich Herzlichst
Morgenstern

16 *Morgenstern an Berg*

Lieber verehrter Herr Berg

Es regnet hier so, daß ich mir denke, Sie müßten schon vor dem 7. Oktober nach Hause kommen und so freue ich mich des schlechten Wetters. Es ist nicht so häßlich-egoistisch, wenn Sie bedenken wollen, daß ich Mitte Oktober nach Berlin muß. Ich habe noch Texte für Sie gesucht und eine Legende, (eine wirkliche Legende, keine gewerfelte![3]) gefunden, die Sie vielleicht interessieren wird. Bitte

---

1 S. Anski (d.i. Salomon Rappaport), *Der Dybuk. Dramatische Legende in vier Akten.* Aus dem Jüdischen übersetzt von Arno Nadel. Einzige vom Dichter autorisierte Übertragung, Berlin 1921. (Siehe oben S. 131, Anm. 1.)
2 Der Wiener Komponist und Pianist Wilhelm Grosz (1894-1939).
3 Anspielung auf Franz Werfels *Paulus unter den Juden. Dramatische Legende in sechs Bildern* (1926). Welchen Text Morgenstern damals für Berg gefunden hatte, ist nicht bekannt. Um den *Dibbuk*, den er Berg ja bereits geschickt hatte, kann es sich nicht gehandelt haben.

sehr: kommt bald nach Hause! Viele Grüße und Handküsse und alles Liebe, Herzliche von Euerem

Soma Morgenstern

Wien, Donnerstag 3⟨0.⟩ September 26
⟨Poststempel: 30. September 1926⟩

17 Morgenstern an Berg

Berlin 16. Nov. 26

Sehr lieber verehrter Alban Berg, Sie können sich denken, wie sehr ich mich über Ihren Prager Erfolg und besonders über Ihre persönliche Mitteilung gefreut habe: was für ein Erfolg es gewesen sein muß, kann ich mir erst jetzt vorstellen, wenn ich sehe, daß Sie selbst nicht »umhin« können, ihn zu bestätigen. Also beglückwünsche ich Sie nochmals von Herzen. Ein bißchen habe ich ja auch Ängste ausgestanden wegen des Bürgermeisters, der sich ja schließlich auf eine anständigere Art um seine Unsterblichkeit hätte kümmern müssen.[1] Diese Nachricht hat hier nur eine Zeitung gebracht: der »Lokalanzeiger«. Zwar denke ich mir, daß jener so bedauernswerte Unfall im Theater unbemerkt geblieben ist, aber hat es Sie doch nicht zu sehr deprimiert? Mußten Sie am Ende noch auch zum Begräbnis gehen? Mein Gott, ein Bürgermeister!

Ich war sehr traurig, nicht nach Prag reisen zu können; so sehr, daß ich mich bei einem stillen Wutausbruch gegen Wiesengrund ertappte, der ja gewiß nichts dafür kann, immer das nötige Reisegeld zu haben. War er da? Hier weiß man noch immer nicht, wann der »Wozzeck« drankommt, wegen des Umbaus.

Jetzt eine Frage: ich habe gestern mit dem jungen Dirigenten Jascha Horenstein gesprochen: er möchte gerne Ihr Klavierkonzert

---

1 Bergs Oper *Wozzeck* hatte im Nationaltheater Prag, mit einer Inszenierung in tschechischer Sprache und unter dem Dirigenten Otakar Ostrčil, bei der Premiere am 11. November und bei der zweiten Vorstellung großen Erfolg. Während der dritten Vorstellung kam es jedoch zu einem von tschechischen Nationalisten organisierten Eklat. Die Vorstellung wurde abgebrochen und weitere Aufführungen schließlich staatlicherseits verboten, gegen den entschiedenen Protest tschechischer Komponisten, Künstler und Schriftsteller. Während der Theatertumulte war Prags stellvertretender Bürgermeister einem Herzschlag erlegen.

158

machen.[1] Wären Sie damit einverstanden? Er ist eine ganz ungewöhnliche Begabung und versteht – wie ich mich im Gespräch über »Wozzeck« und Ihr Quartett überzeugen konnte – Ihre Musik mit dem Verständnis wahrer Liebe und Begeisterung. Wollen Sie mir Bescheid sagen?

Meine Affairen entwickeln sich langsam, aber ich hoffe bald auf meine Unterhalts-Kosten zu kommen – das muß momentan das Wichtigste sein.[2] – Vielleicht interessiert es Sie: W. Grosz, den lieben Schneck, habe ich überall, wo es jüdische Musik zu hören gibt, gesehen. Wie gern, können Sie sich denken. Ich weiß nicht, ob ich Ihnen schon über die hebräische Aufführung des »Dybuk« geschrieben habe: also unerhört![3] Wie schade, daß Sie das in Wien nicht gesehen haben. –

Lieber Alban Berg, schreiben Sie mir bald und lassen Sie sichs recht gut gehen in Prag und den Plan Ihrer Berliner Reise nicht fallen. Jetzt werden Sie ja Czechinen haben, liebe verehrte Frau Helene! Und brauchen nicht mehr auf mein Herz zu wetten! Alles Liebe Herzliche

von Ihrem Soma Morgenstern

18 Berg an Morgenstern

Alban Berg   Wien XIII/I
Trauttmansdorffgasse 27

22./11. 26

Mein lieber Doktor, ich dank' Ihnen allerherzlichst für Ihr liebes und ausführliches Telegramm. Aus den Zeitungen haben Sie wohl Vieles, besonders alles Sensationelle der Prager Aufführungen gehört. Allein so unerfreulich, als es vielleicht nach außen hin den Eindruck macht, war es gar nicht. Im Gegenteil: ich hatte vor allem größte künstlerische Freude an der musikalisch ganz ausgezeichneten Aufführung,

---

1 Das zwischen 1923 und 1925 entstandene *Kammerkonzert für Klavier und Geige mit 13 Bläsern* ist von Hermann Scherchen am 20. März 1927 in der Berliner Singakademie uraufgeführt worden.
2 Morgenstern war in Berlin auf der Suche nach Möglichkeiten der Mitarbeit bei Zeitungen und Zeitschriften, vornehmlich als Theater- und Literaturkritiker.
3 Siehe oben S. 131, Anm. 1. Der jiddisch geschriebene *Dibbuk* wurde in Chaim Nachman Bialiks hebräischer Übersetzung durch zahlreiche Gastspiele der Habima, des 1916 in Moskau gegründeten jüdischen Theaters, in der Inszenierung Jewgenij Wachtangows weltweit bekannt. Die Habima gastierte im Herbst 1926 auch in Wien und Berlin.

die mich auch von in mancher Hinsicht (namentlich in punkto *Sing-barkeit*) gehegten Zweifeln völlig befreite. Meine Oper wurde in diesem doch gewiß nicht allerersten Theater recht oft herrlich *gesungen*, u. zw. *schön* gesungen, wodurch eben die Aufführbarkeit, die trotz Berlin[1] immer noch bestritten wurde, endgültig bewiesen erscheint. – Aber auch alles weitere, die Première betreffende war hocherfreulich. Die vollkommene Ergebenheit des Theaters – vom Portier bis zum Opernchef – dem Autor u. Werk gegenüber, u. daher Möglichkeit jedweder Einflußnahme von meiner Seite. Die Première selbst (verzeihn Sie, daß ich so viel von *mir* rede; aber es wurde so viel gelogen, daß ich den paar Freunden gegenüber *richtig*stellen *muß*!) war ein kolossaler Erfolg: Gleich nach dem I Akt u. dann ansteigend nach jedem weiteren. Im ganzen wurde ich etwa 30-40 mal gerufen, bis der Eiserne fiel. Opposition verschwindend. Von dem Tod des Bürgermeisters im Theater merkte man im Zuschauerraum überhaupt nichts u. erfuhr es erst am nächsten Tag aus den Zeitungen.

Ebenso verlief die I. Wiederholung zwei Tage später, bei voll besetztem Haus: Großer Erfolg für alle Mitwirkenden. Von Störung keine Spur. – – Dies ließ die čechischen Hakenkreuzler (Čechisch Nationale [Kramař Partei] u. Klerikale) nicht ruhen. Große Zeitungshetze (die Aufführung sei von Bolschewiken bestellt, die »Weisen von Zion« stecken auch irgendwie dahinter; ich selbst sei Berliner Jude: Alban (Aron?) Berg, u.s.w.) so daß es 3 Tage später bei der III. Auff. zu dem Ihnen gewiß bekannten organisierten Krach u. Abbruch der Vorstellung kam. Das Bestreben dieser Partei scheint zu sein weitere Aufführungen zu verhindern, ja *verbieten* zu lassen. Das ist ihnen bis heute nicht gelungen, obwohl sie es in ihren Blättern bereits verkündet haben. Aber es besteht Aussicht, daß die große Majorität, die ⟨auf⟩ č e c h i s c h e r u deutscher Seite *für mich* ist, die ganze Affaire noch zum Sieg führt.

Bei der 3. Aufführung waren auch Alma Mahler u. Werfel dabei u. erleichterten uns, namentlich meiner Frau die immerhin große Aufregung. Tags drauf reisten wir nach Wien.

Und nun zu Ihnen, mein lieber Doktor. Wie geht es Ihnen eigentlich jetzt, nachdem Sie sich doch gewiß schon akklimatisiert haben. Erzählen Sie bitte auch etwas von Ihren *beruflichen* Angelegenheiten. Hatten Sie Erfolg, bei Zeitungen z. Bsp. Was macht die Wiener Auf-

---

1 Das heißt: trotz der erfolgreichen Uraufführung der Oper.

führung? – Wie schlagen Sie sich durch? Diese Frage ist nicht Indiskretion sondern wärmste Anteilnahme an Ihrem Geschick, das ja mit Ihrer Übersiedlung nach Berlin immerhin eine bedeutsame Wendung genommen hat.

Ad Berlin! Sobald der Wozzeck dort wieder gegeben wird, kommen wir auf ein paar Tage hin. 1.) wegen Wozzeck. 2.) um Sie zu sehn 3) weil uns vor Wien bereits graust. Ich würde auch trachten, Wiesengrund hinzubestellen, damit das 4blättrige Kleeblatt voll wird. Wir würden alle in Ihrer Pension wohnen: zwecks unbegrenzter Teikizerei (?)ᵃ. – Um zu wissen, ob Sie aber auch *ganz* frei sind (denn Frauendienst geht bekanntlich vor Herrendienst!) worauf wir die paar Tage, wo wir in Berlin sein werden, großen Wert legen würden, frag ich Sie heute schon, wann Inge bei Ihnen sein wird. Wir möchten Sie ihr keine Stunde wegnehmen (was uns auch sicher nicht gelänge) andererseits beabsichtigen wir, Sie so in Beschlag zu nehmen (schöne Aussichten!), daß Ihnen nicht einmal der Vormittagsschlaf gegönnt sein wird. Wann sind Sie also in den nächsten Wochen u. Monaten voraussichtlich Strohbräutigam? Und wie geht es überhaupt Inge? Hat sie sich vom Keilhof od. Frankfurt losmachen können? Von ihrem Papa[1], der sich nach wie vor sehr reserviert uns gegenüber verhält, erfahr ich ja doch nichts über Euch beide u. möchte auch gar nicht fragen. –

Die letzten Wochen, wo Schönberg in Wien war, war es hier noch erträglich u. wir verbrachten oft wundervolle Stunden mit ihm. Nun geht er aber dieser Tage nach Berlin. Und wir sind wieder verwaist. Auch Alma Mahler ist nur auf der Durchreise hier. Sie geht mit Werfel, der nach seinen Reichsdeutschen Triumphen nun ebenfalls heimkehrte, nach dem Süden. Was spricht man im Romanischen Kaffee über den »Paulus unter d. Juden«?!ᵇ

Ich selbst hoffe, wenn ich wieder zur Ruhe komme, zu komponieren zu beginnen: erstmal Lieder… Auf einen Operntext warte ich vergeblich…ᶜ

Kraus hat hier die 400. Vorlesung gehalten. Ein paar Tage früher den »Coriolan« mit Steuermann am Klavier.[2]

---

1 Paul von Klenau.
2 Karl Kraus hielt seine 400. Vorlesung am 20. November 1926 im Wiener Großen Konzerthaussaal. Shakespeares *Coriolanus* trug er, von Eduard Steuermann am Klavier begleitet, am 1. November zum erstenmal vor.

Aufführungsaussichten für die nächste Zeit: das »Kammerkonzert«
Uraufführung vermutlich in Amerika, später Wien, Zürich, etc? Die
unvermeidlichen »Bruchstücke«[1] macht Klemperer, nachdem er sie in
seinen Konzerten sehr erfolgreich machte, demnächst in New York.
Fußball: siehe Beilage I
Weitere Konzertpläne: siehe Beilage II
Und nun Schluß! Schreiben Sie bitte ebenso ausführlich Ihrem Sie
herzlichst grüßenden Alban Berg
Gelesen, korrigiert u mit herzlichen Grüßen versehen von
Helene Berg

⟨Anmerkungen von Morgenstern:⟩

a) Daigetzen – Alban liebte das Wort, das vermutlich Wiener Jiddisch sein dürfte,
da ich es nur in Wien gehört habe. Es bedeutet ungefähr: tiefsinnig quatschen.[2]
Dr. Wiesengrund, der größte Daigetzer aller Zeiten, wird das hoffentlich ohne
Groll mit Humor hinnehmen.

b) Drama von Werfel[3]

c) Alban hatte, wie man sieht, noch immer den Gedanken nicht aufgegeben, mein
Drama *Im Kunstkreis* zu vertonen, und erinnert mich hier an mein Versprechen,
einige neue Szenen hinzuzufügen.

19 Berg an Morgenstern (Postkarte)

Wien, 22./11 26.
In der Elektrischen
Mein lieber Doktor, soeben, 2 Stunden nach Absendung meines
rekomm⟨andierten⟩ Briefs erhalte ich den Ihren von Prag hierher
nachgesandt. 1000 Dank! Dies nur in Eile, damit Sie nicht glauben,
daß Ihr Brief verloren gegangen ist. Antwort folgt gelegentlich.

Herzlichst Ihr Alban Berg

1 *Drei Bruchstücke aus Wozzeck für Sopran und Orchester* (1924).
2 Hans Weigel übersetzt: »übermäßig herumreden«; im Theaterjargon: »das probenbremsende,
scheinbar tiefschürfende analytische Gerede von Schauspielern« (*Große Mücken, kleine Elefan-
ten. Vierzig Plädoyers für das Feuilleton*, Zürich, München 1980, S. 63).
3 Franz Werfels Dramatische Legende *Paulus unter den Juden*, Ende Oktober 1926 gleichzeitig
in Düsseldorf, Köln und München uraufgeführt und auch in Berlin und Breslau auf dem Spielplan, fand bei Publikum und Kritik große Zustimmung.

162

20 Morgenstern an Berg

Lieber lieber Herr Berg,

ich habe mich sehr gefreut über alles, was Sie mir über Prag erzählen. Wenn ich auch Zeitungsnachrichten auf das niedrigste Maß der Glaubwürdigkeit herunterdrücke, war ich ja doch über die entschieden⟨en⟩ Meldungen über ein Verbot der weiteren Aufführungen bestürzt. Was sonst alles passierte, kann ja dem Wozzeck nicht schaden, im Gegenteil *sehr nützen* – das gehört mit zum Theater.

Gestern abend war ein Konzert des Wiener Quartetts. Ich konnte schwer abkommen, aber einzig der Gedanke, daß Frau Helene vielleicht wieder eine Wette gewinnen und für mein Geld dem Luxus zu frönen in die Lage kommen könnte, veranlaßte mich alles beiseite zu schieben und mir das Quartett von Alban Berg[1] nochmal an⟨zu⟩hören. Also, wenn Sie gewettet haben sollten, jetzt sind Sie an der Reihe einen Velour⟨s⟩-Hut zu kaufen. Übrigens war's ein sehr schöner Abend. Das Wiener Quartett habe ich noch nie so spielen gehört: prachtvoll. Ganz besonders ist Webern ausgefallen: die fünf Stücke[2] haben *hinreißende* Wirkung erzielt. Es hat mich persönlich sehr gefreut einige Webern-Belächler mit ein paar Worten auf bessere Gedanken zu bringen.

Jetzt will ich's versuchen, kurz auf alle Fragen zu antworten: ich habe mich natürlich in Berlin noch lange nicht akklimatisiert, aber so viel kann ich schon jetzt sagen: es war eine große Dummheit von mir so lange in Wien zu sitzen. Ich glaube hier bald gut durchkommen zu können: ich habe jetzt schon ein paar Zeitungen und Zeitschriften, die mich gerne nahen sehen. Beiliegender Aufsatz ist in der »Frankfurter« zwei Tage nach der Einsendung erschienen[3]; dann kam ein Brief mit einer Bestellung auf einen Aufsatz, eine Frage, ob ich an dem Literaturblatt[4] mitarbeiten möchte und die Mitteilung, daß nun auch die »Personenwage«[5] erscheinen würde. Finden Sie diesen Aufsatz über

---

1 Bergs *Streichquartett*, op.3 (1910).
2 Anton Weberns *Fünf Sätze für Streichquartett*, op.5 (1909).
3 *Theater künstlicher Menschen*, Morgensterns erste Veröffentlichung in der *Frankfurter Zeitung*, erschienen am 23. November 1926 (s. oben S. 121, Anm. 2).
4 Literatur-Beilage der *Frankfurter Zeitung*.
5 Diese kleine Erzählung von Morgenstern erschien am 13. Februar 1927, nachdem sie vom Frankfurter Rundfunk in einer Lesung (»Die Stunde der Frankfurter Zeitung«) am 9. Dezember 1926 gesendet worden war.

163

das Marionettentheater wirklich so gut? Auch im Berliner Tageblatt waren zwei Aufsätze abgedruckt.[1]

Was die Aufführung in Wien anlangt: ich habe gute Chancen, aber der Rummel um Reinhardt[2] muß vorbei sein, bis man damit was beginnen kann. –

Nun zur Frage Ihrer Berliner Reise: Wenn Sie es genau auf den Tag und eine Zeit vorhersagen können, wann Sie kommen, werde ich wohl imstande sein, Sie hier einzuquartieren. Es sind nämlich nicht viele Zimmer hier und das Menschen-Inventar ziemlich konstant. Aber hoffentlich geht es.[3]

Was meine und Ihre Zeit-Einteilung angeht, ist es selbstverständlich, daß ich für die Zeit Ihres Berliner Aufenthalts *ganz* zu Ihrer Disposition stehe. Inge, die schon längst hier ist, ist da kein Hindernis. Sie versteht sowas sehr gut und ist überhaupt in jeder Hinsicht ein reifes und herzensgutes Geschöpf. Übrigens wohnt sie nicht in unserer Pension, also haben wir Zeit zum Daigetzen (!bin nicht sehr sicher ob meine Schreibart die »originale« ist) so viel wir wollen. Wenn Wiesengrund nach Berlin[4] käme, würde es mich sehr freuen. Um aber nicht lauter Fragen zu beantworten: ich war auch schon bei der alten Simon[5] und denken Sie mal: mit durchschlagendem Erfolg. Nun noch eine Antwort auf eine Frage: Was man im Romanischen Café über Paulus spricht, kann ich Ihnen leider nicht sagen. Dieses Café ist widerlich. Ich war ⟨dort⟩ bis jetzt sage und schreibe fünf mal und zwar am Vormittag: zu dieser Zeit ist ⟨es⟩ nämlich leer, da gehts noch. Heute war ich dort auch am Vormittag mit lauter Musikern, darunter Kolisch, Eisler, Erwin Weil[6]. Trotzdem ist Werfels Paulus ein Dreck.

1 Kurze Besprechungen zweier Leseabende des damals bekannten Rezitators Ludwig Hardt (s. oben S. 80, Anm. 1), im *Berliner Tageblatt* am 16. und 21. November 1926 erschienen.

2 In den Herbst 1926 fiel das fünfundzwanzigjährige Regiejubiläum Max Reinhardts, ein Ereignis, das allseits festlich begangen wurde.

3 Morgenstern wohnte zu dieser Zeit in der Pension Duncan, Augsburger Straße, nahe dem Kurfürstendamm.

4 Im Original irrtümlich: Wien.

5 Therese Simon-Sonnemann, Ingeborg von Klenaus Großmutter, lebte in Berlin.

6 Der österreichische Dirigent und Geiger Rudolf Kolisch (1896-1978) gründete 1922 das ›Wiener Streichquartett‹, das – seit 1927 unter dem Namen ›Kolisch-Quartett‹ – mit seinen Interpretationen der europäischen Moderne internationalen Ruhm erlangte. Im amerikanischen Exil löste sich das Quartett 1939 auf. – Der Komponist und Kritiker Hanns Eisler, mit dem Morgenstern seit Beginn der zwanziger Jahre bekannt war. – Möglicherweise der Komponist Kurt Weill (1900-1950). In Morgensterns Transkription der Briefe ist der Vorname fortgelassen, der Nachname aber unverändert in der Schreibung »Weil« beibehalten.

Haben Sie bei Frau Thimig wegen Karten angerufen? Tun Sie es und sehen Sie sich Hauptmann an![1]

Liebe Frau Helene, sind Sie mir böse, wenn Sie diesmal eine Wette verloren haben? Ich hoffe nicht: schließlich wird ja meine Treue auch Ihnen zustatten kommen!

Ich küsse Ihre Hände und umarme Euch Beide Lieben herzlichst

Berlin 26. Nov 26   Soma Morgenstern

⟨Auf der ersten Seite:⟩ Inge läßt herzlichst grüßen.

21 Berg an Morgenstern

                                                           Wien, 15/12 26

Lieber Doktor,

ich komme mit einer großen Bitte. Wie alljährlich beschenken wir Schönberg zu Weihnachten. Da es wegen Zoll u. ungewisser Postverhältnisse von hier aus Schwierigkeiten macht, möchte ich es von Berlin aus tun u. bin so unbescheiden Sie, lieber Doktor, zum Vermittler auszuersehen. Es handelt sich um folgendes.

Besorgen Sie bitte *echtes* Köllnerwasser (»gegenüber«...). Zu diesem Zweck beiliegende *20 Mark*. Und zwar entweder 1 sehr große Flasche, oder (*was mir praktischer erscheint*, und uns auch *lieber* wäre:) zwei mittelgroße Flaschen, oder schließlich, (wenn nicht anders erhältlich:) 3-5 normale.

Bitte keine *stroh*geflochtenen Flaschen!

" *kein* 4711!

Und wenn es weniger als 20 Mark kostet (etwa 15): umso besser! Event. Spesen, Verpackung, Zustellung bitte mir *unbedingt* anrechnen!!! –

Weiters sende ich dieser Tage Noten an Ihre Adresse (die endlich erschienene Wozzeck-Partitur u. den Klavier Auszug des »Konzerts«), die auch für Schönberg bestimmt sind.

1 Helene Thimig (1889-1974), Wiener Schauspielerin am Theater in der Josefstadt, wo am 20. November 1926 Gerhart Hauptmanns Tragödie *Dorothea Angermann*, inszeniert von Max Reinhardt, in Anwesenheit des Autors uraufgeführt worden war. Die Uraufführung dieses Stücks hatte gleichzeitig in siebzehn Städten stattgefunden.

Alle diese Sachen bitte ich Sie nun, am Weihnachtsabend Schönberg zukommen zu lassen. Er ist in der Hinsicht sehr empfindlich; es darf also nicht *später* als am 24. Abends in seine Hände gelangen.

Kann ich all dies von Ihnen, lieber Doktor, erbitten u. verlangen?!? Bitte diesbezügl. gleich eine kurze Zeile!

Und nun rekapituliere ich:

1. Eau de Cologne (gegenüber) besorgen,

2. erhalten Sie die Noten aus Wien als rekomm⟨andierte⟩ Drucksache dieser Tage zugesandt

3. All dies zusammenpacken und beiliegendes Kärtchen an die Eau de Cologne Schachtel (oder Flasche) *auffällig* befestigen

4. das Paket adressieren mit »Herrn u Frau Arnold Schg. p.b.«

5. am 24. (*womöglich* am Spätnachmittag) bei Schönberg abgeben bzw. abgeben lassen: Charlottenburg »Pension Bavaria« Steinplatz 2

6. Diesen Brief so lange aufheben bis die Angelegenheit erledigt ist (übrigens werde ich Sie, lieber Doktor, wenn die Noten hier abgehen noch durch eine Korrespondenzkarte »stupfen«)

Heute von nichts anderm, 1.) weil ich diese brennende Angelegenheit mit keiner andern kollidieren will   2) weil ich so viel zu tun hab' wie noch nie. Alles Liebe Ihnen u. Inge von

Ihrem Alban Berg

Und 1000 Dank im Voraus!

22 *Berg an Morgenstern*

⟨Wien,⟩ 17/12 26

Mein lieber Doktor, mit gleicher Post geht »eingeschrieben« u. »durch Eilboten« (zu deutsch: expreß u. rekommandiert) als »Drucksache« die Wozzeckpartitur an Ihre Adresse ab. Meinen rekomm⟨andierten⟩ Brief mit den 20 M. haben Sie indes wohl erhalten. Bitte bestätigen Sie mir ganz kurz *beides*. Zugleich erinnere ich Sie an die 6 Punkte meines Briefs, die ich rekapituliere:

1.) Köllnerwasser besorgen (echtes: gegenüber... 15-20 M.)

2.) Kuvert mit Visitkarte daran befestigen

3.) Wozzeckpartitur in Empfang nehmen (NB. *weitere* Noten, von denen ich Ihnen schrieb, kommen *nicht* [also Konzert-Klavierauszug

166

schenke ich Schönberg *nicht*, {da er ihn schon hat}]); hingegen Punkt 3 a) beiliegendes Widmungsblatt der Wozzeckpartitur *beilegen*.
4.) Alles zusammenpacken u. adressieren A.S. Berlin-Charlottenburg 2 Pension Bavaria Steinplatz 2
5.) das ganze im Lauf des 24. Dez. (*womöglich* Spätnachmittag) hinbringen bzw. hinbringen lassen
6.) um mich militärisch auszudrücken »Vollzug melden!«
7.) die aufrichtige Versicherung meinerseits entgegen zu nehmen, daß ich mich, ob der Fülle von Bitten u. Wünschen, die schon fast wie Befehle aussehn, geradezu vor Ihnen, mein lieber Doktor, *schäme*...und weiters die Bitte entgegenzunehmen wirklich nicht bös zu sein Ihrem Sie allerherzlichst grüßenden

Alban Berg

Anbei ein »Widmungsblatt«. –

Alles Liebe an Inge, die Sie zu Weihnachten wohl verlassen wird (?!)
    Kolisch's probieren bereits mein 2. Quartett.[1] Ich glaub es wird so, daß es Ihnen (zum Unterschied vom I. Quartett) gefallen wird! Uraufführung 8. I. 27 Kl. Musikvereinssaal

⟨Anmerkung von Morgenstern:⟩
Meine Solemn Mission für Schönbergs Weihnacht
Ich habe einen – wie auch Schönberg – katholisch stehend getauften Freund, dem ich zwischen den Jahren einen Glückwunsch zu schreiben pflegte, offenbar ausdrücklich zum Neuen Jahr, ohne der Weihnacht zu gedenken, was ich selber nie bemerkte. Nach vielen Jahren erhielt ich von ihm ein Weihnachtsgeschenk mit einem Begleitbrief, der mit dem Satz begann: »Ich weiß, lieber Soma, daß Du gegen Weihnachten von getauften Juden allergisch bist. Dennoch schicke ich Dir zu Weihachten ein Geschenk«...usw. Ich weiß nicht, ob Alban diese meine Allergie aufgefallen ist, obwohl wir beide den Entdecker dieser Krankheit, Professor Clemens Pirquet[2], gekannt haben und vermutlich von der Existenz dieser Krankheit schon damals wußten. Alban muß es aber gefühlt haben, daß ich nicht der richtige Vermittler für ein solches Geschenk war. Aus diesem zusätzlichen Grunde hat er offenbar diese Mission mit einer ihm selbst komisch vorkommenden Pedanterie mir aufgetragen. Der Hauptgrund ist natürlich die bei allen seinen Schülern stets wache Andacht vor der Autorität des Meisters. Ich habe Zeugen,

1 Bergs *Lyrische Suite für Streichquartett* (1925/26).
2 Der Wiener Arzt Clemens Pirquet (1874-1929) prägte im Jahre 1906, zusammen mit Béla Schick, den medizinischen Ausdruck »Allergie«.

daß ich noch heute, nach mehr als dreißig Jahren, diesen Brief nicht lesen kann, ohne Tränen zu lachen.

Um der Schönberg-Affaire wenigstens den verdienten humorigen Abschluß zu geben, habe ich den Vollzug militärisch und obendrein telegrafisch gemeldet. Alban hat den militärischen Ausdruck nicht ganz genau zitiert. Eigentlich hieß es: Vollzug anher melden.

23 Morgenstern an Berg

⟨Berlin,⟩ 18. Dezember 26

Lieber verehrter Herr Berg

habe soeben Ihren zweiten Brief bekommen; gestern einen mit 20 Mark drinnen. Ich werde alles nach Ihrem Wunsch besorgen und am 24. Nachmittag Schönberg zukommen lassen. Ich tu es selbstverständlich sehr gern und wollte – falls Sie noch ein paar Pullen Wünsche hätten – alle Ihre Wünsche ebenso leicht und gerne in Erfüllung gehen lassen.

Es tut mir sehr leid, daß ich bei der Uraufführung Ihres Quartetts nicht dabei sein kann – ich habe halt Pech mit Ihren Uraufführungen! Übrigens ist es diesmal wirklich Pech, weil ich wegen meiner Staatsbürgerschaft im Jänner oder Feber in Wien sein muß –; vielleicht kommt aber noch eine kleine Verschiebung zustande, ich meine eine Verschiebung der Uraufführung. Übrigens: wer hat Ihnen gesagt, daß mir Ihr I. Quartett nicht gefällt? Wir haben es doch *sogar* zusammen in Wien gehört! Nur aus diesem Grunde schrieb ich Ihnen nichts darüber nach Kolisch's Berliner Konzert!![1]

Inge fährt natürlich nach Hause. Ich wurde mehrfach eingeladen; weil ich aber fürchte, daß die auf den 25. Dezember festgesetzte Uraufführung von Klenaus Oper in Frankfurt[2] sozusagen eine Familientrauer zur Folge haben wird, bleib ich lieber in Berlin. Ist Wiesengrund noch in Wien?

Sie sind mir, lieber Herr Berg, noch eine Menge Antworten schuldig: Wie ist das Quartett von Wiesengrund?[3] Meine Freundin (die was

1 Konzert des ›Wiener Streichquartetts‹ vom 25. November 1926.
2 Paul v. Klenaus Oper *Die Lästerschule* wurde am 25. Dezember 1926 von Clemens Krauss im Frankfurter Opernhaus uraufgeführt.
3 Adornos *Zwei Stücke für Streichquartett*, op. 2 (1925/26) waren am 11. Dezember 1926 in Wien vom ›Wiener Streichquartett‹ uraufgeführt worden.

168

versteht!) schrieb mir, es hätte sehr matt gewirkt. Sagen Sie ihm bitte das nicht. Diesen Satz schreibe ich nur als Revanche auf Ihre zwei Briefe: sie sind in ihrer ängstlich auf Reprisen-Wirkung basierten Art, als hätten Sie diese Briefe schon zu jener Zeit verfaßt, als Sie ein Dienstmädchen hatten, »die was ein Trottel« war. Nichts für ungut, lieber Herr Berg!

Entschuldigen Sie das Gekritzel: Ich schreibe in großer Eile, Sie würden es gar nicht glauben, in was für Berliner Eile ich noch imstande bin, an Euch Beide Lieben in Liebe zu denken und *sogar* zu schreiben. In Liebe

Ihr Soma Morgenstern

⟨Am Rand der ersten Seite:⟩

Inge läßt herzlichst grüßen und wünscht gute Weihnachten. Die Wozzeck-Partitur ist noch nicht gekommen

24 *Morgenstern an Berg*

⟨Berlin,⟩ 20. XII. 26

Lieber verehrter Alban Berg

Vor einer Stunde kam die Partitur. Ich beeile mich Ihnen mitzuteilen, daß ich sie schon in den Händen habe, damit Sie den Auftrag als erledigt betrachten. Wenn Sie meine »Fixigkeit« etwa staunen macht, bitte ich Sie mit weihnachtlicher Feierlichkeit zur Kenntnis zu nehmen, daß ich nur in *meinen* Angelegenheiten nachlässig zu sein, den verdienten Ruf habe. Sonst bin ich unbescholten.

Jetzt eine Überraschung: man sagt mir, daß die Neueinstudierung »Wozzeck's« im Theater[1] bereits *aufgeschrieben* steht. Hurra!!

Ich wünsche Euch Beiden Lieben schöne Weihnachten

Ihr Soma Morgenstern

---

1 Erich Kleibers Neueinstudierung des *Wozzeck* an der Staatsoper Berlin.

25 Morgenstern an Berg

Lieber verehrter Herr Berg

An Ihrem Verlust und Ihrem Schmerz[1] habe ich so teilgenommen, wie es einem mitzufühlen gegönnt ist, der fast ein Kind noch seinen Vater verloren hat und sich den eigenen Schmerz über solchen Verlust, Gottseidank für immer ungetröstet, erhalten konnte. In inniger Freundschaft

Ihr ergebener

Berlin 27. Dezember 26   Soma Morgenstern

⟨Beilage:⟩

Den Auftrag für Schönberg habe ich so erledigt: ich habe das Blatt mit der Zueignung in die Partitur, zwischen beiden Titelblättern – gelegt, selbst verpackt, was ich durchaus nicht als Vorteil anführe (ich habe mir aber Mühe gegeben!) und zusammen mit einer schönen großen Flasche »gegenüber« (18 M 50, 1 Liter, keine geflochtene, sondern sehr schöne Flasche) sowie dem Briefchen eigenhändig in die Pension Bavaria getragen. Hier übergab ich das Paket am 24. Dezember 4 Uhr nachmitt einem Stubenmädchen und – entfloh so rasch als möglich. Ich habe sogar je ein Tannenzweiglein auf Partitur und Kiste (Flasche) gelegt, damit man die nicht ganz perfekte Verpackung ⟨nicht⟩ gleich merkt. Hoffentlich hat Schönberg Euch schon gedankt u zwar *tätig*.

———

Ich habe schrecklich viel zu tun und kann nicht sagen, daß ich mich dabei wohl fühle.

Ich habe große Eile auch jetzt und bitte mir dieses schandbare Gekritzel zu vergeben. Herzliche Grüße und Handküsse

28/XII. 26   Euer Soma Morgenstern

26 Berg an Morgenstern

Wien, 3./I. 27

Mein lieber Doktor, für die lieben, warmen u. sehr schönen Worte die Sie mir anläßlich des Todes meiner Mutter geschrieben haben, danke

---

1 Am 19. Dezember 1926 war in Wien Alban Bergs Mutter gestorben.

ich Ihnen innigst. Meine Mutter, die eigentlich nur 3, 4 Tage krank war, hatte gar nichts zu leiden u. wußte nichts von ihrem Sterben. Das ist natürlich ein Trost; trotzdem aber: es waren die traurigsten Weihnachten meines Lebens u. natürlich auch das meiner Frau, die meine Mutter ganz besonders gern gehabt hat. Kommt dazu, daß ich infolge einer Fußverletzung (mir fiel ein schwerer Gegenstand darauf) die ganzen Feiertage im Bett verbringen mußte. Und daß die meisten unserer Freunde nicht hier sind: Sie, Schönbergs, Alma Mahler z. Bsp. – Nun seit einiger Zeit steck ich wieder mitten im Leben: Ich habe täglich 1-2 Proben mit dem Kolisch-Quartett, das am 8. I. meine Suite für Streichquartett[1] im Kleinen Musikvereinssaal uraufführt. Da sie – gegen meine Erwartung – doch wiederum sehr schwer ist, sind das aufregende Tage; denn die Frage, ob u. wie so ein ganz neues noch nie ausprobiertes Werk in Erscheinung tritt, in welchem Stadium der Probenvollendung, der Reife, ist neben allem Schönen eines so eifrigen Studiums doch sehr quälend. – Nach vollbrachter Tat werde ich Ihnen, lieber Doktor, berichten.

Sonst nichts Neues. Klenaus Lästerschulzeugnis[a] las ich in der Frankfurter Zeitung. Wissen Sie Näheres davon? Wiesengrund, der seit ca 23. XII. wieder in Frankfurt ist, wird mir wohl berichten. Aus diversen Karten an Sie konnten Sie wohl auch ersehn, daß sein Quartett, eine wirklich famose Arbeit, hier großen Erfolg hatte u. daß er baldigster Aufnahme in die Universal-Edition gewiß sein kann. Er selbst ist bedeutend männlicher geworden, sonst aber der Alte. Wir verbrachten schöne Nachmittage u. Abende miteinander.

Wann kommen Sie nach Wien? Können Sie das nicht bald vorhersagen? Damit wir bestimmt hier sind u. es uns auch mit unserm eventuellen Berliner Besuch danach einteilen könnten. Auch steht ja Petersburg (wohin ich wohl sehr gerne führe) vor der Tür.[2] Die Nachricht von Ihrer Nach-Wien-Kunft hat uns schon sehr gefreut; hoffentlich wird *bald* was draus. Sie werden Hietzing nicht sehr verändert finden. Außer dem, daß das Parkhotel-Kaffee fabelhaft renoviert wurde u. daß die Safes ober uns infolge der Pleite ihres Besitzers, den der Sturz *Bosels*[3] mitriß, wiederum zugemauert wurden.

---

1 Bergs *Lyrische Suite für Streichquartett* wurde am 8. Januar 1927 vom Kolisch-Quartett in Wien uraufgeführt.
2 Nämlich die *Wozzeck*-Inszenierung am Leningrader Marientheater, die dann am 11. Juni 1927 in Bergs Anwesenheit Premiere hatte.
3 Siegmund Bosel, österreichischer Nachkriegsspekulant.

171

Und nun danke ich Ihnen, mein lieber Doktor, auf das Allerintensivste für die fabelhaft prompte u. für mich so beruhigende Art, mit der Sie die Schönbergsche Weihnachtsbescherung erledigt haben. Sie werden meine Pedanterie vielleicht eher verstehn, wenn ich Ihnen sage, daß ich daraufhin von Schönberg selbst bis heute kein Wort des Erhalts erhalten habe, daß ich also der Beruhigung von anderer Seite (in diesem Fall der Ihren) umso bedürftiger war. Daß Sie sie mir in so großem Maß verschafft haben danke ich Ihnen ebenso wie für die große Mühe die Sie in der ganzen Affaire hatten. [Übrigens: von Schönberg erhielt ich zu Weihnachten 2 Dramen von Bronnen (auch als Anregung für Operntextquellen) Katalaunische Schlacht u. Rheinische Rebellen[1]. Was halten Sie davon?][b] Und nun: Alles Liebe von uns Beiden!

Ihr Alban Berg

⟨Anmerkungen von Morgenstern:⟩

a) Es handelt sich um eine Oper von Klenau mit dem Text der *Lästerschule* von Sheridan (die, wie alle seine Opern, ausgesucht gute Texte hatte und trotzdem mit Pauken und Trompeten durchgefallen ist[2]). Der Wiener Witzbold Hans Liebstoeckl[3], in seiner Kritik über Klenaus Vertonung von Rilkes *Die Weise von Liebe und Tod des Cornets Christoph Rilke* machte die Bemerkung: »Klenau hat das Werk unter Musik gesetzt«.

b) Diese Anregung von Schönberg hat mich irritiert. Die Idee, daß Alban einen Bronnen vertonen sollte, empörte mich dermaßen, daß ich ihm meine Verachtung für Bronnen und seine Machwerke, aber auch meine Mißachtung für den Geschmack Schönbergs, was Operntexte betrifft, klar und scharf zum Ausdruck brachte. Es hat mich geradezu entsetzt, daß ein Arnold Schönberg, der zeit seines Lebens ein eifriger Strindbergianer war, eine Erscheinung wie Bronnen auch nur beachtete. Leider hat Helene diesen Brief[4], wie andere Briefe, bis jetzt nicht gefunden. An den Briefen, die sie mir bisher geschickt oder übergeben hat, habe ich bemerkt, wie sorgfältig Alban meine Briefe aufbewahrt hatte. Mit Umschlägen und einer Notiz mit den Daten – noch viel sorgfältiger als ich seine. Trotzdem habe ich bis jetzt gut ein Drittel meiner Briefe von Helene nicht erhalten. Bei

---

1 Arnolt Bronnen (1895-1959); *Katalaunische Schlacht* war 1924, *Rheinische Rebellen* 1925 erschienen.
2 Das von Rudolf Stephan Hoffmann eingerichtete Libretto der Klenauschen Oper basiert auf Richard Brinsley Sheridans zeitsatirischer Komödie *The School for Scandal* aus dem Jahre 1777. Der Musikkritiker der *Frankfurter Zeitung*, Karl Holl, urteilte über die Uraufführung, diese »Konversationsoper alten Stiles« habe dem Komponisten »kaum mehr als einen Achtungserfolg« eingebracht (FZ 962, 27. Dezember 1926).
3 Der Wiener Theater- und Musikkritiker Hans Liebstoeckl (1872-1934).
4 Dieser Brief Morgensterns scheint nicht erhalten zu sein.

meinem letzten Besuch hat sie mir versprochen, weiter zu suchen. Aber nach drei Jahren hab ich nichts mehr erhalten. Sie übt auf diese Weise eine Art Zensur meiner Briefe an Alban aus. Ich hoffe noch immer, daß sie ein besseres Einsehen haben wird und weitere Briefe suchen und hoffentlich finden wird.

27 Morgenstern an Berg

Lieber verehrter Herr Berg

Also ist »Wozzeck« als Erstaufführung für den 15. angesetzt, d. i. *Samstag* – werden Sie herkommen? Bitte mir umgehend Bescheid zu sagen und *jedenfalls* bei Kleiber oder sonst jemandem wegen Karten für *e i n i g e* (mindestens 3!!) Vorstellungen für mich zu intervenieren

Bitte, kommen Sie, liebe gnädige Frau kommt jetzt nach Berlin – wann denn sonst? Mit einem *Schrei*: Aufs baldige Wiedersehen!!

⟨Berlin,⟩ 9. I. 27   Euer Soma Morgenstern

28 Berg an Morgenstern

Wien, 10./I. ⟨1927⟩

Anbei, l. Dr., Anweisungen für die ersten 2 Wozzeck Aufführungen. Wenn Sie dann nicht schon genug haben, schick ich Ihnen gerne weitere. Gestern hatte ich Schönbergs Bestätigung des Weihnachtsgeschenks. – Vorgestern war Uraufführung des Quartetts unter dem Kolischquartett. In jeder Hinsicht glänzend ausgefallen: Kl. Musikvereinssaal steckvoll, Aufführung fabelhaft virtuos u. stimmungsvoll (35 Minuten Spieldauer) Erfolg ganz groß u. einstimmig. Sie haben gefehlt! Auch darnach im Museum[1] wo wir (20-30 Leute) den Abend feierten.

In höchster Eile grüßt Sie herzlichst (auch von meiner Frau)

Ihr B

– 2 Beilagen –

Die Karten bekommen Sie in der Verwaltung: NW Dorotheenstr. 3

---

1 Das von Adolf Loos eingerichtete Café Museum war in jenen Jahren Morgensterns bevorzugtes Café in Wiens Innerer Stadt, nahe der Oper.

173

⟨Auf einer Visitenkarte:⟩

An die Verwaltung der Staatsoper in Berlin: ALBAN BERG bittet höflichst, seinem Freund, Herrn Dr. S. Morgenstern zu der Aufführung des Wozzeck am 15./I. zwei Karten ausfolgen zu wollen u. dankt im Voraus bestens dafür.

⟨Auf einer weiteren Visitenkarte:⟩

An die Verwaltung der Staatsoper: ALBAN BERG bittet höflichst, seinem Freund, Herrn Dr. S. Morgenstern zu der Reprise des Wozzeck am / zwei Karten ausfolgen zu wollen u dankt im Voraus bestens.

29 Berg an Morgenstern

Wien, 12./I. 27

Dank, lieber Freund, für den lieben Brief! Am 15. können wir leider nicht nach Berlin kommen. Es kam etwas übereilt; auch habe ich in der Woche noch eine dringende Arbeit zu erledigen. Aber vielleicht zu einer der nächsten Reprisen, wenn's dazu kommt. Jedenfalls möchte ich Sie *sehr* gebeten haben mir nach der I. Aufführung sogleich etwas ausführlich zu telegraphieren (natürlich auf meine Kosten) I. Güte der Aufführung II. Aufnahme seitens des Publikums III. Besuch des Theaters. Daß ich natürlich last not least *Ihr* Urteil über meine Oper hören möchte, können Sie sich denken; da hoffe ich aber *sehr* auf einen ausführlichen Brief, der mich (und ich muß wohl sagen auch meine Frau) darüber etwas trösten soll, daß wir nicht dabei sein können wenn *Sie* den *Wozzeck z u m   e r s t e n m a l* hören[a].

Die Visitkarten zur Theaterkartenbeschaffung sind unterwegs; ich schrieb Ihnen vorgestern diesbezüglich.

Falls wir uns zu einer Berliner Reise entschließen: kommt ein Logis für 2, 3 Tage in Ihrer Pension in Betracht? ein 2bettiges *s e h r   r u h i g e s* Zimmer? Jedenfalls verständige ich Sie rechtzeitig von unserm Kommen

Bis dahin alles Liebe von Ihren

Bergs

174

⟨Anmerkung von Morgenstern:⟩
a) Alban hat hier vergessen, daß ich den *Wozzeck* schon bei der Première (Uraufführung) in Berlin gehört hatte.[1]

30 Helene und Alban Berg an Ingeborg v. Klenau (Ansichtskarte: »Berghof« am Ossiacher See)

⟨Poststempel: Wien, 26. I. 1927⟩

Liebes Fräulein Inge, für Ihre schönen Nelken innigen Dank – ich erfreue mich noch täglich an ihnen – sie sind *noch* schöner u. größer geworden!

Sehr, sehr leid war mir, daß ich Sie in unsrer Pension[2] nicht mehr angetroffen habe! Ich kam so knapp, mußte Hals über Kopf packen zu Albans vollster Verzweiflung (man bedenke sein Reisefieber!!!) –

Ich hoffe, daß Ihr Patient wieder ganz hergestellt ist u. es Euch Beiden recht gut geht! Alles Herzliche u. Liebe!

↓   Ihre Helene Berg

auch von Ihrem Alban Berg, der geradezu Heimweh nach dem lieben Bayr. Viertel hat. –

⟨Bildunterschrift der Ansichtskarte: »Berghof« am Ossiacher See, Kärnthen⟩, *unser* vor ca. 5 Jahren verloren gegangener »Keilhof«

31 Berg an Morgenstern

Wien, 27. I. 27

Mein lieber Doktor, wie geht es Ihnen? Hoffentlich sind Sie wieder ganz wohl u. hoffentlich ist Inge von der Grippe verschont geblieben. Wann kommen Sie nach Wien? Es drängt mich mächtig, das, was wir in Berlin versäumt haben u. worauf wir uns eigentlich monatelang gefreut hatten u. was durch eine Kette von Umständen nur mit einem kleinen Bruchteil in Erfüllung ging – – ausgiebig nachzuholen. Wir (ihr zwei u wir zwei) hatten wirklich zu wenig voneinander in jenen

---

1 Hier irrt Morgenstern: er hatte Berg zur Uraufführung per Telegramm aus Wien gratuliert (s. Nr. 4), muß also später eine Reprise besucht haben.
2 Bergs wohnten während ihres Berliner Aufenthalts in Morgensterns Pension Duncan in der Augsburgerstraße.

175

8 Tagen, weshalb unsere Freude, Sie bald in Wien zu sehn, täglich im Wachsen begriffen ist. –

Von mir nichts Neues. Sehr, sehr viel zu tun, hauptsächlich geschäftliche Korrespondenz u. dgl.

Von Inges Mutter erhielten wir einen sehr lieben Brief. Sie ist besorgt um Euch, u. ich wollte ich könnte sie mit Nachdruck beruhigen, daß »Ihr's nicht schwer habt«.

Ein paar Zeilen von Ihnen, mein lieber Doktor, würde⟨n⟩ sehr freuen Ihren Sie u. Inge (auch im Namen meiner Frau) herzlichst grüßenden

Alban Berg

Grüßen Sie auch die liebe Augsburgerstraße!

32 Berg an Morgenstern (Ansichtskarte: Wien, Hietzingerkirche)

⟨Wien,⟩ 30/I. 27 Mein lieber Doktor, in Eile teile ich Ihnen folgendes mit: Steuermann[1], den ich schon des öfteren wegen seines säumigen Schwagers Viertel[2] interpelliert habe, verständigt mich soeben, daß er mit seinem 2. Schwager Josef Gielen[3] intensivst wegen Ihrer Stücke gesprochen hat u. dieser, der *sehr* einflußreich ist (Regisseur am Dresdner Schauspielhaus), ihm versprochen hat, sich Ihrer Sachen eingehendst u. liebevollst anzunehmen. Wohl kommt das polnische von Ihnen übersetzte Drama *nicht* in Betracht.[4] Aber *Ihre* Stücke[5] senden Sie bitte baldmöglichst an Regisseur *Josef Gielen Dresden Gerhart Hauptmannstr. N° 21* u. berufen Sie sich hierbei auf seinen Schwager Steuermann.

Meinen letzten Brief haben Sie wohl erhalten. Wann kommen Sie? Lockt Sie nicht umstehendes Bild?? Herzlichst Ihr

Alban Berg

---

1 Der Komponist und Pianist Eduard Steuermann (s. S. 14, Anm. 1).
2 Der Regisseur, Schriftsteller und Lyriker Berthold Viertel (s. oben S. 130, Anm. 1).
3 Der Regisseur Josef Gielen (1890-1968) arbeitete seit 1924 am Schauspielhaus Dresden, später an der Staatsoper, dann in Berlin und am Wiener Burgtheater, bis er ins Exil nach Buenos Aires ging.
4 Nach seiner Promotion im Mai 1921 hatte Morgenstern das Versdrama *Die Richter* von Stanisław Wyspiański (1869-1907), dem Begründer der modernen polnischen Dramatik, den er sehr schätzte, ins Deutsche übertragen und suchte auch dafür nun eine Bühne.
5 Es handelt sich um Morgensterns nach der genannten Übersetzung entstandenen Bühnenstücke *ER oder ER* und *Im Kunstkreis*.

33 Berg an Morgenstern (Postkarte)

Wien, 8. 2. 27

Warum hören wir nichts von Ihnen, lieber Doktor? Wann kommen Sie nach Wien? Können Sie mir die Zeit nicht angeben? Ich wüßte sie sehr gerne, weil wir doch *hier* sein möchten, wenn Sie herkommen u. traurig wären, wenn dies nicht der Fall ist. Diverse Aufführungen und Einladungen dazu (u. a. in die Schweiz!!) verursachen, daß wir in den nächsten Monaten öfter von Wien abwesend sein werden. Und ich möchte nicht, daß das mit Ihrer Anwesenheit in Wien zusammenfällt. Ich bitte Sie, lieber Doktor, also, mich Ihre Wien betreffenden Dispositionen baldigst wissen zu lassen – u. auch sonst, wie es Ihnen u. Inge geht. In Ermahnung dessen grüßt Sie herzlichst Ihr

Berg

Meinen Brief u. den Kartenbrief haben Sie hoffentl. erhalten.

Durch Thimigs besuchen wir des öfteren mit viel Vergnügen die Josefstadt (Viktoria u. Österr. Komödie[1])

34 Morgenstern an Berg

Lieber verehrter Herr Berg

Ich habe so lange nicht geschrieben, weil ich schon längst nach Wien wollte, aber immer wieder kam was dazwischen. Sind Sie mir bitte deswegen nicht böse. Ich habe die Grippe gut überstanden, mußte aber dann noch eine Woche für Inges Pflege mich tätig bedanken: sie war auch an Grippe erkrankt und noch schwerer als ich.

Ich hoffe nächste Woche, gegen Ende wahrscheinlich erst, abreisen zu können. Daß Sie jetzt irgendwohin durchbrennen, ist ja Gottseidank nicht anzunehmen: Herr Professor![2] Professoren sind ja an ihr Amt gebunden, und das ist – wie ich eben erst einsehe, gut so.

Es hat mir schrecklich leid getan, daß die kurzen Stunden, die wir zusammen sein konnten, durch meine Krankheit noch verkürzt wur-

---

1 *Viktoria*, Farce in drei Akten von William Somerset Maugham, und Alexander Lernet-Holenias dreiaktike *Österreichische Komödie*.
2 Das Wiener Blatt *Die Stunde* hatte am 8. Februar 1927 die Meldung gebracht, Berg sei von Max Springer, dem neuen Direktor der Wiener Musikakademie, zum Professor berufen worden – eine Falschmeldung.

den. Ich tröste mich damit, daß ich bald nach Wien komme und Euch Beide Lieben bald wiedersehen werde. Alles Liebe

⟨Berlin,⟩ 12. II. 27 von Ihrem Morgenstern
herzlichste Grüsse Ihre Inge v. Klenau

35 Helene Berg an Morgenstern

⟨Wien, 20. März 1927⟩
Lieber Doctor, eben kam ein Telegramm: mittelmäßige Aufführung, fast einmütiger, kaum durch Zischen getrübter Achtungserfolg. Ungemein herzliche Hervorrufe! (Es klingt doch sehr mäßig! Leider!⟨⟩) Schade, daß wir uns nicht mehr sahen! Von Teddie kam ein langer Brief mit Kritik über die Lästerschule![1] Buschbeck[2] hatte letztesmal 2 Sitze I. Reihe Parqu. für uns! Rief noch abends u. am andern Morgen an. Es war ein Mißverständnis. –
Ich erwarte Sie morgen um $^1/_2 9^h f r ü h$ (!!!) am Westbahnhof!!!
Herzlichst Helene

36 Berg an Morgenstern (Ansichtskarte: Zürich, Tonhalle)

⟨Poststempel: Winterthur, 26. März 1927⟩
Mein lieber Doktor, in umstehendem reizenden Gebäude fand eben die »Konzert«aufführung[3] statt, es ist alles sehr günstig ausgefallen.
Herzlichst Ihr Berg
⟨Folgen die Unterschriften von Helene Berg, Othmar Schoeck und Andreae[4]⟩

1 Adornos Brief mit beigefügter Kritik von Klenaus Oper *Die Lästerschule* stammt vom 16. März 1927 (Musiksammlung der ÖNB, F21 Berg 1535/29 und F21 Berg 3053). Berg gab das Telegramm an seine Frau am 20. März 1927 in Berlin auf (Musiksammlung der ÖNB, F21 Berg 1581/1927/19; diese Informationen dankt der Herausgeber Herrn Dr. Günter Brosche und Herrn Dr. Joseph Gmeiner von der Musiksammlung). In seinem Telegramm berichtet Berg seiner Frau von der Uraufführung seines *Kammerkonzerts für Klavier und Geige mit 13 Bläsern* in der Berliner Singakademie unter der Leitung von Hermann Scherchen.
2 Der österreichische Regisseur und Schriftsteller Erhard Buschbeck (1889-1960).
3 Aufführung von Bergs *Kammerkonzert für Klavier und Geige mit 13 Bläsern* in der Zürcher Tonhalle, wiederum unter Hermann Scherchen.
4 Die schweizer Komponisten und Dirigenten Othmar Schoeck (1886-1957). und Volkmar Andreae (1879-1962).

37 Berg an Morgenstern (Ansichtkarte: Küb an der Semmeringbahn)

⟨Poststempel: Küb, 16. April 1927⟩

Schönste Grüße, lieber Doktor, von hier, wo wir Ostern verbringen, und herzlichste Osterwünsche Ihnen u. Inge.

Was ist mit Ihnen? Meine Hoffnung, Sie doch noch in Wien anzutreffen, hat sich leider nicht erfüllt. Nun hat sie sich dahin gewandelt, daß Sie vielleicht bald *wieder* nach Wien kommen. Stimmts? Schreiben Sie doch einmal ein paar Zeilen Ihrem Sie herzlichst grüßenden

Berg

Haben Sie unsere Karte aus Zürich erhalten?

38 Morgenstern an Berg

Lieber verehrter Herr Berg

Ich habe vor gut einem Monat einen langen Brief[1] geschrieben und warte noch immer auf Antwort. Haben Sie diesen Brief vielleicht nicht bekommen? Ich glaube es war knapp vor Ihrer Abreise nach Küb. Schreiben Sie mir bitte ein paar Zeilen, weil ich schon ein bißchen unruhig geworden bin. Wie geht es Frau Helene? Wann wollen Sie in die Sommerfrische? Und wohin? Einmal war »Wozzeck« wieder angesetzt, ich telephonierte eifrig um Karten – dann wurde er abgesetzt: ich glaube weil Kleiber abreisen mußte. Aber das wissen Sie ja wahrscheinlich besser als ich. Mir geht es nicht besonders gut: immerzu Geldsorgen!

Bitte schreiben Sie bald!

Herzliche Grüße und Handküsse für Frau Helene

Berlin 9. Mai 27   Ihr Soma Morgenstern

Ist Frau Mahler noch in Wien? Wie war der »Paulus« im Burgtheater?[2]

---

1 Dieser Brief scheint nicht erhalten zu sein.
2 Franz Werfels *Paulus unter den Juden*.

179

39 Berg an Morgenstern (Ansichtskarte: Schloß Schönbrunn)

⟨Wien,⟩ 11. 5. 27 Was ist mit Ihnen, lieber Doktor? Wir hören seit über 6 Wochen *nichts* von Ihnen u. wenn ich auch gestehen muß daß auch ich schreibfaul war, so schrieben wir immerhin Karten von Zürich u. zu Ostern von Küb, wo wir ein paar Tage zubrachten. Aber nun bin ich, trotz der Nachrichten, die Klenau von Berlin brachte, schon ernstlich besorgt und bitte dringendst um ein paar Zeilen.

Von uns nichts Gutes zu berichten. Helene wurde vor ca 10-12 Tagen operiert (Ciste am Hals) Es war eine sehr schwere komplizierte Operation an deren Folgen sie furchtbar leiden mußte, aber dabei sehr tapfer war. (Tapferer als ich) Sie ist zwar schon aus dem Sanatorium, wird aber noch lange brauchen bis sie ganz erholt ist. Alles Liebe von uns beiden Ihnen beiden!

Ihr Berg

40 Berg an Morgenstern (Ansichtskarte: Wien, Michaelerkirche)

Wien, 16/5. ⟨1927⟩ Lieber Doktor unsere Briefe haben sich *natürlich* gekreuzt. Ihre schlechten Nachrichten darin haben uns *sehr* leid getan. Ich zerbreche mir oft u. oft den Kopf, wie Ihnen beruflich zu helfen wäre. Hat sich denn bei Zeitungen oder Theater (Josefstadt und Dresden z. Bsp.) gar nichts aussichtsreiches für Sie ergeben? Bitte schreiben Sie mir diesbezügl. einmal ausführlich. Meiner Frau gehts langsam besser. Heute zum 1. mal aus bis in die Maxingstraße. Ich selbst bin sehr abgehetzt u. nervös. Alles Liebe Ihnen beiden v. uns.

Ihr Berg

41 Morgenstern an Berg

Lieber verehrter Herr Berg
Ich danke Ihnen sehr für Ihre herzlichen Worte.

Es hat mir weh getan zu hören, daß Frau Helene eine Operation durchmachen mußte. War das im Zusammenhang mit ihren Fieberzuständen? Und wie ist es jetzt?

180

Soeben habe ich mit Freude über einen Erfolg Ihres Konzerts in New York gelesen[1] Ich lege den Ausschnitt aus der Frankfurter Zeitung bei, obwohl ich annehme, daß Sie schon Kenntnis davon haben.

Von Rathaus[2] ist ein Ballett in der Staatsoper aufgeführt worden. Mit gutem Erfolg.

Was hören Sie von Wiesengrund? Sie haben vermutlich wenig Zeit und ich frage so viel. Aber vielleicht finden Sie mal Muße und Schreiblust. Ich sehne mich momentan sehr nach Hietzing. Für Frühling und Sommer ist Berlin nicht sehr erfreulich.

Mit den herzlichsten Grüßen und Handküssen für Frau Helene

⟨Berlin,⟩ 18. Mai 27   Ihr Soma Morgenstern

Wollen Sie mich gelegentlich Frau Mahler bestens empfehlen?

42 Berg an Morgenstern

Wien, 6. 6. ⟨1927⟩ Mein lieber Doktor, endlich weiß ich auch über Ihre Fragen Bescheid u. kann endlich (wenn auch in Kürze, denn ich habe *sehr* wenig Zeit) Ihren letzten Brief mit Ausschnitt, der mir neu war, dankend bestätigen.

Nach langem Hin u. Her bin ich nunmehr nach Leningrad zur Wozzeckpremière am 11. 6. eingeladen worden u. reise morgen dorthin. Mitte Juni hoffe ich wieder in Wien zu sein, von wo ich nach ca. 2, 3tägigem Aufenthalt mit meiner Frau (mit 3wöchentlicher Verspätung!) nach Trahütten Post Deutsch Landsberg via Graz fahre. (»3wöchentliche Verspätung«: in Hinblick auf die Arbeit, die ich gerne am 1. Juni in Angriff genommen hätte.) Wir bleiben dort bis 31. Juli. – 1. bis 15. August wieder Wien und dann – wenn es der in letzter Zeit stark strapazierte Geldbeutel erlaubt – auf 3, 4 Wochen in einen Curort (etwa Karlsbad) wegen meines stark strapazierten Magens. Mitte Sept. hoffe ich (im Stillen) noch auf 1, 2, 3 Wochen nach Trahütten zurückkehren zu können.

---

1 Bergs *Kammerkonzert* war von der ›International Composer's Guild‹ zum erstenmal in Amerika aufgeführt worden, wie die *Frankfurter Zeitung* am 18. Mai 1927 gemeldet hatte.
2 Der Komponist Karol Rathaus (s. oben S. 24, Anm. 3), dessen Ballett *Der letzte Pierrot* (1927) die Staatsoper Berlin aufführte.

So da haben Sie *unsere* Sommerdispositionen! Wie sind die *Ihren*? Wär's nicht nett, wenn wir uns 1.-15. August in Wien wiedersähen! Alma Mahler ist seit der Paulus-Première ziemlich viel in Wien u. fährt dieser Tage mit Werfel nach Karlsbad auf 3 Wochen; dann Semmering Breitenstein.

Was sagen Sie zu dem Riesenerfolg des Paulus, jede Woche 2-3 Aufführungen *ausverkauft*. – Was sagen Sie zu der letzten Fackel?

Ich hätte viel mit Ihnen zu reden! Leben Sie wohl, lieber Doktor!

Alles Liebe Ihr Alban Berg

Wiesengrund musikschriftstellert viel u. in immer gemeinverständlicherem Stil.

43 Berg an Morgenstern (Ansichtskarte: Leningrad, Opernhaus)

⟨Leningrad⟩ 14. 6. ⟨1927⟩

Lieber Doktor nach einem äußerst günstigen Ergebnis meiner neuerlichen Wozzeckexpedition geht's wieder heimwärts. Jetzt hätte ich erst recht viel mit Ihnen zu reden: über das herrliche Rußland, über Polen, über das Theater hier. Auch Stanislawski[1] ist hier; er war sehr begeistert vom Wozzeck. Und Moskau wills nun auch wagen. Am 21. hoffe ich in Trahütten Post Deutsch-Landsberg via Graz zu sein. Alles Liebe Ihnen u. Inge

Ihr Berg

⟨Auf der Bildseite:⟩ Das Opernhaus in Leningrad

44 Morgenstern an Berg

⟨Beuerberg⟩ 25. VI. 27

Lieber verehrter Herr Berg

Entschuldigen Sie mir bitte, wenn ich erst heute dazu komme Ihnen für die Karten aus Wien und Leningrad zu danken.

Ich war mit meinen Vorbereitungen zur Abreise beschäftigt: nun bin ich wieder in Keilhof. Es ist sehr still hier und wenn das Wetter

---

1 Der Schauspieler und Leiter des Moskauer Künstlerischen Theaters Konstantin Stanislawski (1863-1938).

noch gut wäre, gäbs nichts zu klagen. Berlin habe ich sehr gern verlassen: so gut und zweckdienlich diese Stadt für jedermann im Winter ist, so abscheulich ist sie im Sommer, besonders für jene, die kein Auto haben, um täglich ein bißchen in Gottes Natur zu sausen.

Ich habe den bösen Willen, Ihnen heute einen mächtig langen Brief zu schreiben; aber so vieles und Viele möchte ich mit Ihnen bereden, daß ich nicht weiß, womit man gut beginnen könnte. Also mit dem Wichtigsten: ich habe mich schrecklich über Ihren Erfolg in Leningrad gefreut. Sie müssen mir aber nicht darüber schreiben. Daß »Wozzeck« in Moskau gemacht ⟨wird⟩ ist ja eine große Sache, die Sie sehr zu freuen *hat*!! Wie schön wäre es, wenn ich so morgen nachmittags in ⟨die⟩ Trauttmannsdorfferstraße ⟨sic⟩ kommen könnte und mit Ihnen alles genau besprechen! Ich fürchte, wir werden das erst Mitte September tun können, wenn Sie nicht noch länger in Trahütten bleiben.

Wie geht es Frau Helene? Sie haben mir leider auf diese Frage nie geantwortet und wenn ich auch *demzufolge* annehmen darf, daß es ihr gut geht, so würde ich doch gerne hören, daß ihr die Operation gut getan hat, daß sie kein Fieber mehr hat und noch Schöneres auch.

Vom Berliner Musik-Leben könnte ich Ihnen wohl manches erzählen, aber das was oft immerhin noch der Rede wert scheint, ist andererseits so gar nicht⟨s⟩ besonderes, daß ich lieber nicht schreibe. Apropos: Lesenswertes! Wenn Sie während der Ferien wochenlang lachen wollen, bestellen Sie bitte gleich das Buch: »Die Abenteuer des braven Soldaten Schwejk im Weltkriege« von Jaroslav Hasek. Vier Bände. Ein *unerhörtes* Werk! Die »letzten Tage der Menschheit« sind dagegen – nun sie sind noch immerhin von K. K.! Aber lesen Sie Hasek! Unbedingt! Und Frau Helene soll auch lesen!

II.

Das Konzert der Meisterklasse Schönberg[1] hab ich gehört. Ich glaube es war ein großer Erfolg für Schönberg. Es sind begabte Stücke vorgeführt worden und man merkte die Führung Schönbergs sehr! Kolisch wollte mich zum Essen nachher mitnehmen, aber ich habe kein Geld gehabt und so bin ich nicht dabei gewesen. Meine Finanzen

---

1 Schönberg leitete damals, als Nachfolger des verstorbenen Ferruccio Busoni, assistiert von seinem Freund Josef Rufer, die ›Meisterschule für musikalische Komposition‹ an der Preußischen Akademie der Künste in Berlin. An jenem Abend wurden Werke seiner Schüler Walter Göhr, Walter Gronostay, Adolphe Weiss und Winfried Zillig vorgestellt.

haben sich inzwischen etwas gebessert; ich habe für die »Vossische Zeitung« Aufträge bekommen und habe auch gute Chancen fürs nächste Jahr. Ich bin sehr froh darüber, umso mehr, als ich mich so nicht auf die »Frankfurter Z« nicht ⟨sic⟩ einstellen muß.

III.

Herr v. Kl⟨enau⟩ war in Berlin; und mir gegenüber so, als hätte er mich schon immer für ein Juwel gehalten. Er scheint sehr deprimiert zu sein und tut mir ordentlich leid.

Frau v. Kl⟨enau⟩ erkundigt sich immerzu nach Ihnen und Frau Helene: ich habe den Eindruck, daß sie Euch Beiden wirklich von Herzen zugetan ist und nehme ihre herzlichsten Grüße gerne in diesen Brief auf.

IV.

Von Wiesengrund habe ich nichts gehört, nur im »Anbruch« so Sätz-chen[1] gelesen, die gelesen, ⟨sic⟩ die ja sehr ansprechend sind, aber leider auch reichlich prätentiös. Finden Sie nicht auch?

Die letzte Fackel hab ich leider nicht gesehen. Vielleicht schickt man sie mir jetzt aus Wien.

V.

Daß Werfels »Paulus« im Burgtheater so großen Erfolg hat, über-rascht mich gar nicht. Es bleibt trotzdem bei unserer Verabredung: Es ist ein Dreck!

Am Kurfürstendamm begegnete ich neulich Herrn Schützendorf[2] und erzählte ihm vom »Wozzeck« in Leningrad. Er hat sich sehr ge-freut. Ich soll auch Grüße bestellen.

VII. ⟨sic⟩

Sie sind, lieber Herr Berg, hoffentlich nicht böse, daß ich in diesem Brief plötzlich die Kerr-Numerierung[3] eingeführt habe. Ich tat es nur, damit die Dinge nicht stofflich aneinander »geraten«.

---

1 Theodor Wiesengrund-Adorno, Motive. In: Musikblätter des Anbruch (Wien), Jg. 9, Nr. 4 (April 1927), S. 161-162.
2 Leo Schützendorf sang in der Uraufführung wie auch in der Neueinstudierung des Wozzeck an der Berliner Staatsoper die Titelrolle.
3 Der Berliner Theaterkritiker Alfred Kerr hatte die Manier, seine Kritiken in lauter römisch numerierte Abschnitte aufzuteilen.

Ich würde den Brief noch gern ein paar Seiten länger machen, aber Sie haben mir immer so kurz geschrieben und ich bin – wie es Ihnen *vielleicht* schon aufgefallen ist – kein Christ, sondern eher ein Jud und habe also meine Nächsten nicht lieber als *sie* mich

In diesem Sinne Ihr und Ihr
Euer Soma Morgenstern

⟨Am Kopf der ersten Seite:⟩ Herzliche Grüße von Inge.

45 *Berg an Morgenstern*

⟨Trahütten⟩ 3./7. 27 Mein lieber Doktor, ich habe mich wirklich außerordentlich gefreut, daß Sie mir einen so ausführlichen Brief geschrieben haben. Und daß sie nun endlich Aussicht haben, Ihre journalistische Tätigkeit zu erweitern; und daß Sie am schönen Keilhof sind u. sich alles dessen, was er bietet, erfreuen können, jetzt vielleicht gerade im herrlichen See baden, welcher Gedanke allein mich geradezu mit Neid erfüllt. Aber verargen Sie mir diesen Neid nicht; ich darf an all dies nicht einmal denken: ich bin so krank wie noch nie. Seit 10 Tagen, die Zeit die ich hier bin, schweres Asthma, Tag und Nacht, u. sonstige Beschwerden. Das ganze in Form eines Nervenzusammenbruchs. Diese letzte Saison, die ich eigentlich schon als Kranker begann, hab ich meinen Nerven anscheinend zu viel zugemutet. Und außer den beruflichen Strapazen, an denen dieses Jahr so reich war [Premièren, Uraufführungen, Reisen (Prag, 2 mal Berlin, Zürich, Leningrad – *Trahütten*)] gab's auch genug persönliche Sorgen u. Aufregungen in diesen letzten 10 Monaten, die, wenn man sie mir auch nicht gleich ankennt, sich doch so in mich hineinfressen, bis es dann plötzlich zu einer Katastrophe kommt. Alt wird man, langsam aber sicher, auch. So erklärt sich also der augenblickliche Tiefstand meiner Gesundheit u. meine Unfähigkeit zu arbeiten! was mich erst recht bedrückt; denn ich habe bis 1. Aug. nur mehr 4 Wochen. Die 2. Sommerhälfte *muß* ich – so verhaßt es mir ist – irgendeine Kur machen. Aber vom 1. - 14. Aug sind wir in Wien u. da frag' ich Sie nochmals, ob Sie da vielleicht in Wien sein werden? Wer weiß wann wir im Sept. nach Wien kommen. Oder käme es event. in Betracht, daß Sie etwa 20. Aug. - 10. Sept nach Karlsbad kämen (das ist nämlich vermutlich die Kur, die mir blüht) Ich erinnere mich, daß Sie die Notwendigkeit einer solchen Kur auch für Ihre Gesundheit einmal erwähnten. Teuer ist es dort – *so wie wir's machen* – auch nicht, arbeiten kann man während der Kur ganz gut.

Ich schlage das alles vor, weil ich mir natürlich sehr wünsche, wiedereinmal mit Ihnen längere Zeit beisammen zu sein. Ich hätte nämlich viel mit Ihnen zu reden u. mit dem Briefschreiben ist es bei uns Komponisten ja doch nicht das rechte. Dies – aber noch mehr mein ungeheures Beschäftigtsein in den letzten Monaten ist ja auch der Grund, warum ich Ihnen so wenig schrieb.

Was möchte ich Ihnen nicht alles von Leningrad erzählen. Aber wo anfangen? Zuhaus' könnte ich Ihnen eine große Anzahl von Bühnenbildern zeigen, die Ihnen schneller einen Begriff von der expressionistisch-konstruktiven Inscenierung geben würden, als ich hier schriftlich ausführen könnte. Leider ist auch das unendlich Viele, was über das Werk u. die Aufführung geschrieben wurde, *russisch*, also völlig unleserlich. Ich kann Ihnen nur sagen, daß ich durchwegs (auch seitens der Moskauer Kritiker) glänzende Kritiken hatte u. überhaupt in einer Weise gefeiert wurde, wie noch nie in meinem Leben: Die Wozzeck-Aufführung war tatsächl. eine Sensation für Petersburg, aber keine politische sondern eine rein künstlerische. Überhaupt war es für mich erstaunlich wie wenig das Politische – u. noch dazu in einer so kritischen Zeit – dort zu verspüren war. Wenn ich Ihnen nun noch sage, daß ich von dem Land selbst u. von der herrlichen (wenn auch verwahrlosten) Stadt u. der Bevölkerung einen ungemein starken Eindruck bekam, daß die Reise (120 Stunden ca) in den wunderbaren russischen Waggons (wo *jeder* Mensch liegen kann!) eine Erholung ist, so werden Sie begreifen, wie leid es mir tat, all dies ohne meine Frau erlebt zu haben. Die Arme hatte u. hat nun nur die von ihr so gern u. wunderbar erfüllte Aufgabe, mich, das heimkehrende Wrack von einem Menschen, zu pflegen. –

Auf der Fahrt nach Leningrad las ich den I. Band vom Schwejk u. konnte mich der *Größe* dieses Buchs nicht entziehn. Ich empfand es aber so qualvoll, daß ich eigentlich nicht lachen konnte – u. daß ich es eigentlich nicht weiter lesen möchte. Dort wo es unbedingt zum Lachen ist (u. es gibt unzählige Stellen u. Kapitel), müßte man von Rechts wegen heulen. Und diese fürchterliche Diskrepanz nimmt mir die Freude an diesem Buch, eine Art von Freude die immer noch wächst wenn ich die letzten Tage der Menschheit in die Hand nehme.

Dank für Ihren Zeitungsausschnitt. Die Rezension hat mir *sehr* gefallen. *A n   s i c h* schon ist es ein Vergnügen, so etwas Satz für Satz zu lesen. Und ⟨man⟩ ist verwundert, daß man außerdem plötzlich *so ganz im Bild ist* über etwas, wovon man bisher nichts gewußt hat (wie ich über diese ⟨ein Wort unleserlich⟩)

Wo ist eigentlich Herr von Klenau? In Frankfurt beim Musikfest vielleicht? Kommt er nach Keilhof? Bleiben Sie den ganzen Sommer dort? Apropos Musikfest: Dort wurde gestern mein »Konzert« gespielt. Können Sie mir die Rezension in der Frankfurter Zeitung herüber schicken (auch über das Baden-Badener Musikfest Mitte Juli, wo meine »Lyrische Suite f. Streichquartett« gespielt wird (Kolisch)) Da sie (die Kritik) schlecht ausfallen dürfte, würde sie mich sehr interessieren. U. da jedermann glaubt, jedermann sendet sie mir, unterläßt jedermann die Sendung u. ich erfahre *nichts*. Das hab' ich auch jetzt mit 2 Interviews erlebt, die vor einiger Zeit im N. Wr Journal u. Tagblatt[1] erschienen sind u. die ich nicht erhalten kann.

XXIII

Grüßen Sie, bitte, Frau von Klenau auf das allerherzlichste von uns. Wir reden oft von ihr u. den schönen Keilhofer Tagen u. möchten auch öfter schreiben. Aber es ist schon so mit dem Briefschreiben, wie ich früher sagte. Übrigens glaube ich bestimmt, vor einigen Monaten *als letzter* einen ausführlichen Brief an sie geschrieben zu haben. Ist der angekommen?

CXXIV

Wiesengrund schrieb auch mir wenig. Er steht vor Vollendung seiner Habilitationsschrift, hat auch sonst viel Böses erlebt. Er hat übrigens in letzter Zeit viel für Anbruch*[2] u Pult u Taktstock[3] u. sonst geschrieben u. sich einer so großen Klarheit befleißigt (?), daß er sogar Schönbergs Gnade gefunden hat. Ich hoffe, jetzt, nach den Frankfurter Konzerten, mehr von ihm zu hören. –

---

1 *Neues Wiener Journal* und *Wiener Tagblatt.*
2 Längere Einfügungen pflegte Berg, durch ein Sternchen markiert, zumeist an den Fuß der betreffenden Briefseite zu setzen. In der vorliegenden Ausgabe stehen solche Einfügungen am Schluß des jeweiligen Briefes.
3 Die Zeitschriften der Wiener Universal Edition, *Musikblätter des Anbruch* und *Pult und Taktstock.*

Ich bin auf Seite 8 angelangt, also ebenso weit wie Sie kamen, als Sie mir schrieben. Sie sehn: ich bin ein mindestens ebenso guter Jude: Blatt auf Blatt, Bogen auf Bogen! Aber jetzt hab' ich erst recht Lust, mich mit Ihnen auszuplauschen. Vielleicht geht's doch einmal in den Monaten August od September. *Ich* werde Sie jedenfalls im Laufenden halten über meinen Verbleib. Tun Sie es bitte auch!

Grüßen Sie bitte vielmals Fräulein Inge und auch alle andern Keilhofer u. seien Sie selbst auf das allerfreundschaftlichste gegrüßt von uns!

Ihr Alban Berg

* die Aphorismen, die Sie meinen, sind älteren Datums, inhaltlich nicht schlecht, aber sprachlich etwas geschraubt

MDLXVIII

In der »Josefstadt« bewunderte ich *auf das Höchste* Hermann Thimig als Nickel (in Die 36 Gerechten), welches Stück mir übrigens sehr gefiel.[1] Auch »Peripherie« war ein starker Theatereindruck.[2]–

46 Morgenstern an Berg

⟨Beuerberg, Mitte Juli 1927⟩

Lieber verehrter Herr Berg

Ich konnte leider nicht mehr Kritiken auftreiben: ich hab ja keine Zeitungen hier. In der »F. Z.« war vorläufig nur eine Vorbesprechung: es war hervorgehoben, daß Ihr Konzert und Hauers Orchesterstücke der Gewinn der Veranstaltung waren.[3] Ich denke, Wiesengrund wird Ihnen wohl geschrieben haben. Nun muß ich Sie

---

1 *Nickel und die sechsunddreißig Gerechten*, Komödie in drei Akten von Hans José Rehfisch.

2 *Peripherie*, Singspiel in zwölf Bildern von František Langer.

3 Beim fünften Musikfest der ›Internationalen Gesellschaft für Neue Musik‹ in Frankfurt am Main wurde am 3. Juli 1927 Bergs *Kammerkonzert* unter Hermann Scherchens Leitung von dem Pianisten Eduard Steuermann, dem Geiger Rudolf Kolisch und dem Bläser-Ensemble des Frankfurter Opernorchesters gespielt. In seiner Kritik schrieb Karl Holl über das Werk: »Es ist gedichtet – wie kaum eine andre Musik dieser Zeit gearbeitet, verdichtet, ausgetragen, eigen und fesselnd in jedem Takt – sozusagen am äußersten Rande heutigen zivilisatorischen Musikempfindens und Musikdenkens« (FZ 487, 4. Juli 1927).

zur Kritik des alten Marschalk[1] beglückwünschen. Was sagen Sie dazu? Diese Kritik wird Ihnen sehr nützen, weil M. Sie doch immer verleugnen wollte.

Wie geht es sonst? Wann reisen Sie nach Karlsbad? Ich konnte nichts Bestimmtes vornehmen bis jetzt, nun ist meine Situation folgende: ich komme Mitte August (15) nach Wien und hoffe dort bis Mitte September zu bleiben. Es wäre mir ein großer Schmerz, wenn ich nicht wenigstens zwei Wochen lang *täglich* in die Trauttmansdorferstraße ⟨sic⟩ dürfte. Bitte schreiben Sie mir gleich, ob Ihre Einladung noch besteht: ich werde mein möglichstes tun, um mich ihr anzupassen. Nach Karlsbad kann ich leider nicht, wegen der Finanzen.

Wie ists mit Ihrer und Frau Helenes Gesundheit? Ich hoffe, daß es schön war in Trahütten und daß Sie sich gründlich erholt haben.

Ich habe Ihnen viel zu erzählen und freue mich sehr auf Wien.

Bitte mein langes Schweigen zu entschuldigen. Mit herzlichen Grüßen und Handküssen für Frau Helene

Euer Soma Morgenstern

Herzliche Grüße bitte auch an Frau Berg im Namen der Familie Klenau

Ihre Inge

47 Berg an Morgenstern (Ansichtskarte: Trahütten-Fernblick)

⟨Poststempel: Deutsch-Landsberg, 1. August 1927⟩

Lieber Doktor, knapp vor unserer Abreise kam Ihr Brief mit dem famosen Schwejkartikel, auf Grund dessen ich mir nun den ganzen Schwejk kaufen werde.[a] Morgen den 2. 8. fahren wir nach Wien. Ca 15. August auf 3-4 Wochen nach Karlsbad. Wenn Sie also *vor* dem 15. Aug. in Wien sein könnten, wäre das sehr nett u. erfreulich für uns. Denn wer weiß ob ich Mitte September nicht wieder auf ein paar Wochen da herauf fahre um zu arbeiten, nachdem der Sommer in dieser Hinsicht bis jetzt ganz unergiebig war. Körperlich hab' ich mich wohl sehr erholt. Das Wetter war auch über alle Maßen schön u. ich

---

1 Der Berliner Musikkritiker Max Marschalk widmete »dem schwierigen und problematischen Werk des Wozzek-Komponisten« knappe sechs Zeilen, rechnete es immerhin aber dem zu, »was ein hohes Niveau hielt und was interessierte« (Vossische Zeitung, 16. Juli 1927).

gehe so schwer wie noch nie von hier fort. – Dank auch für die Baden-Badener Kritik. Dort hatte ich, wie ich ausführlichen Berichten entnehme tatsächlich einen »Riesenerfolg«, so daß ich wiederum an mir zu zweifeln beginne.[1] Also hoffentlich auf *baldiges* Wiedersehn!

Ihr Berg

Alles Liebe allen Keilhofern v. uns
Bitte Nachricht über Ihr Nach-Wien-Kommen.
Zum 2. mal: *WO* IST HR. V. KLENAU?

⟨Anmerkung von Morgenstern:⟩
a) Es handelt sich um meinen Artikel über den Roman *Der brave Soldat Schwejk*, der in der *Vossischen Zeitung* erschien zu einer Zeit, da dieser große Roman in Deutschland noch völlig unbekannt war.[2]

48 *Morgenstern an Berg*

⟨Beuerberg⟩ 8. VIII. 27

Lieber verehrter Herr Berg
Ich bedaure sehr, nicht vor dem 20 August nach Wien kommen zu können. Abgesehen von anderen Hindernissen, die mit meinen Plänen zusammenhängen, kommt mir noch eine zuwidere Paßgeschichte, die kaum vor dem 20 erledigt sein wird: ich habe meinen Paß nach Wien geschickt, die deutsche Paßstelle machte Schwierigkeiten, ich konnte nicht einmal nach Salzburg hinüber, wo ich zu den Dre⟨c⟩kspielen Reinhardts für die »F. Z.« gern ein paar Bemerkungen geschrieben hätte. Ich hoffe aber sehr, daß wir eine Zeit lang in Wien zusammen sein werden. Ich denke mir, daß ich in Wien ja doch viel länger bleiben werde, als ich soll – irgendwie wird das schon gehen. Daß Sie sich so gut erholt haben, freut mich: Sie haben es gewiß schon sehr nötig gehabt.

Mit meiner Erholung ging es auch besser als mit der Arbeit – aber das ist ja bei mir schon mehr Natur als Malheur. Im stillen hoffe ich

1 Bergs *Lyrische Suite*, gespielt vom Kolisch-Quartett, wurde zum gefeierten Mittelpunkt des Kammermusikfestes in Baden-Baden und mußte, als einziges der aufgeführten Werke, in einem Wunschkonzert wiederholt werden.
2 *Der Mythos vom Maulhelden Schwejk*, Vossische Zeitung, 15. Juli 1927 (Unterhaltungsblatt).

ja, daß es mit Ihrer Arbeitslust im September auch nicht so arg sein wird. –

Etwas wollte ich schon ein paar mal fragen, aber heute kann ich wirklich nicht umhin: Ist Frau Helene etwa böse mit mir? Und warum? Nie schreibt sie eine Zeile, das ist doch kein Zufall? Ist es aber einer, bin ich wiederum böse – was wirds also werden?

$$CMDL - \alpha$$

Ihre Frage nach Herrn v. Klenau haben Sie doch nicht wiederholen müssen! Sie fragen ja zum ersten mal. Also am Samstag kommt er her. Er war irgendwo in Kärnten, oder Steiermark, ich glaube Weissensee heißt es. Jedenfalls kommt er Samstag her.

Ich beneide Sie sehr, daß Sie nach Karlsbad gehen: ich bin auch schon in dem Alter, scheint es, aber solange ich keine anderen Erfolge habe, muß ich mir Karlsbad versagen. Ich umarme Sie herzlichst

Ihr Soma Morgenstern

Frau Helene umarme ich ausnahmsweise – nicht!

49 *Berg an Morgenstern*
(Ansichtskarte: Nisselgasse/Hadikgasse, Hietzing)

Wien, 21. 8. ⟨1927⟩

Lieber Doktor, ich habe bisher Ihren lieben Brief vom 8. d. M. nicht beantwortet, weil ich hoffte – u. auch noch hoffe, dies baldigst mündlich in Wien tun zu können, wo wir seit 3 Wochen sind u. auch bis auf Weiteres bleiben, nachdem ich *nicht* nach Karlsbad fahre. Zweck *umstehender Ansicht* ist nur, Ihre Sehnsucht nach Hietzing ins Unermeßliche zu steigern. Also auf frohes Wiedersehn!

Ihr Berg

Alles Liebe allen Lieben auf Keilhof!

⟨Auf der Bildseite:⟩ Einer der schönsten Plätze von ⟨Bildaufdruck:⟩ *Hietzing, Wien XIII/2.* (Leider ist die würzige Luft gerade dieser Haltestelle nicht wiedergebbar)

Wien, 22. 9. 27

Mein lieber Doktor, auch ich habe Sie seit Wochen täglich erwartet. Und Ihr Nichtkommen gar nicht verstanden. Nun ist es aufgeklärt und ich hoffe *sehr s e h r*, daß Sie es, trotz Berlin, möglich machen nach Wien zu kommen, wo ein ewiger Sommer Ihrer wartet. Wir sind ja seit den ersten Augusttagen auch in Wien, u. nicht mehr fortgewesen. Trotzdem – oder ebendeshalb – hab' ich mich gesundheitlich sehr erholt, bin dick – – u. träg geworden, habe nicht gearbeitet – also hasse mich selbst.

Hier gab's eine ganze Woche Festlichkeiten, anläßlich der sogen. Coolidge-Konzerte, bei denen Schönbergs III. Streichquartett uraufgeführt wurde.[1] Sie haben Gelegenheit, es sehr bald zu hören, die Coolidge Konzerte werden 26., 27., 28. d. M. in Berlin wiederholt. ⟨Rudolf⟩ Kolisch wird Sie direkt oder indirekt durch ⟨Karol⟩ Rathaus dazu einladen. Und Ihnen alles Interessante erzählen, wodurch ich's mir brieflich erspare. Aber nun hoffentlich ganz bestimmt Aufwiedersehn!

Ihr Berg

51 Morgenstern an Alban Berg und Helene Berg

⟨Berlin,⟩ 11./XI 27

Lieber lieber Alban,

Bist mir hoffentlich nicht *zu* sehr böse, daß ich erst heute schreibe. Ich habe eine sehr nervöse Zeit hinter mir: ich mußte mich sehr beeilen nach Berlin zu kommen und konnte nicht mehr als ein paar (Nacht)-Stunden in Wien bleiben. In Berlin wieder mußte ich zunächst mich um eine neue Wohnung umsehen, weil ich eine Nachbarin bekommen hatte, die den ganzen Tag in gräßlichster Art Klavier spielte. Ich war sehr verärgert deswegen, weil ich gerade jetzt so viel zu tun hatte.

Seit gestern bin ich nun schon in der neuen Wohnung: Joachimsthalerstraße 17/III. (bei Schlosser)

Ich bin sehr neugierig, wie weit Dein Arbeits-Plan (Lulu) inzwischen gereift ist. Ich habe mir jedenfalls die Bücher besorgt und

---

1 Arnold Schönbergs *Streichquartett Nr. 3*, op. 30 (1927).

denke oft über Kürzungen, Zusammenfassungen u. s. w. nach. Hoffentlich kann ich Dir auch in dieser Hinsicht einen guten Rat geben. (Ich glaub, ich werde es können) Nur bitte ich Dich, schreib mir ob Du dabei bleibst.

Wie geht es Dir Lieber gesundheitlich? In Berlin ists plötzlich furchtbar kalt geworden. Von neuer Musik hab ich nichts gehört: aber die Dirigenten-Schlacht ist voll im Gange.

Was ist mit Deiner Amsterdamer Reise?

Bitte, lieber Alban, üb' keine Vergeltung und schreibe mir bald

Ich umarme Dich herzlichst
Dein Soma Morgenstern

Liebe verehrte Helene

Diesmal hast vermutlich wieder irgend eine Wette gewonnen – ich bin sehr neugierig wie viel. Wenn Du meinen Brief an Alban liest, wird es Dir klar werden, daß ich schrecklich nervös war diese ganzen Tage in Berlin. Dir, Liebe, kann ich ja mehr klagen als vor Alban, weil er ja als Musiker gar nicht so verstehen kann, wie man einen Menschen mit einem Klavier erschlagen kann.

Ich hoffe es geht Dir gut und bitte Dich sehr, mir nicht böse zu sein, daß ich erst heute dazu komme, Dir für die vielen schönen Abende zu danken.

Dafür bin ich bereit Dir jede gewonnene Wette von Herzen zu gönnen.

Wenn Du mir jetzt nicht eine Zeile schreibst, werde ich wieder glauben, daß Du ⟨mir böse⟩ bist, also bitte ich Dich sehr darum, mir nicht nur Grüße schreiben zu *lassen*.

Mir wäre in Berlin jetzt recht traurig zu Mute, weil ich diesmal wirklich nicht weiß, wann ich je wieder nach Wien kann; aber ich habe so viel zu tun, daß ich an Wien nur noch als an eine Stadt denke, aus der ich Euch Lieben bald heraus bekommen möchte.

Wann fahrt Ihr nach Holland? Kommt Ihr da nach Berlin?

Ich küsse Deine Hände liebe Helene und umarme Dich innigst

Dein Soma Morgenstern

Wien, 27./11. 27

Mein lieber Soma, Dank für Deinen Brief, dessen Fassung (u. Inhalt) wieder darnach angetan war (so ergeht's einem ja immer mit Dir!) – nicht bös sein zu können. Aber ich war es wirklich! Nicht, daß wir uns nicht mehr, wie verabredet, trafen, sondern daß Du uns, wo wir uns irgend wie darauf einstellten, solange vollständig hängen ließest, kränkte u. ärgerte uns. Als schließlich die ersten 8-10 Tage vergangen waren, in denen wir uns den Kopf zerbrachen: bist Du in Böhmen, oder in Wien, oder schon in Berlin, *warst* Du schon da oder *kommst* Du erst, gaben wir's auf u. vermuteten Dich schließlich in Berlin. Aber weitere 2, 3 Wochen vergingen, bis durch Deinen Brief uns erst Gewißheit wurde.ᵃ Also, versteh mich,: nicht die nur zu begreifliche Tatsache Deiner geänderten Reisedispositionen versetzte uns in jenen schmerzlichen Zustand des Böseseins, sondern daß Du in dieser ganzen langen Zeit nicht einmal, so zwischen zwei Beschäftigungen – etwa auf der Elektrischen, im Café, im Bett –, die Möglichkeit fandest, mit 3 Zeilen auf einer Karte uns zu orientieren. – Auf Deinen lieben Brief hin wollte ich über diese Sache (bei Gott) nicht so viel Worte machen. Wenn es aber nun dennoch geschah, so war's *wirklich* nicht meinetwegen, der ich mich beim Schreiben erst erinnern mußte, wie das war: das Bössein, sondern Deinetwegen, der Du in jener Hinsicht wohl einen Einzelfall vorstellst. Glaub mir, mein lieber Freund,: ich kenne viele u. darunter *sehr* beschäftigte u. *sehr* zerstreute Menschen, aber dieses Versagen vor den *Neben*dingen des Lebens, wie es z. Bsp. ein Telephonanruf, oder eine rechtzeitige Verständigung u. dgl. ja meist ist, ist mir noch bei niemandem vorgekommen, u. das erfüllt mich immer wieder in Sorge um *Dich*, mein Lieber, der Du ja mit dieser Deiner Lebensart auch vor Deinen *eigensten*, also vor den *Haupt*dingen des Lebens nicht Halt machst! Statt 4 Worte, 4 Seiten! Verzeih!ᵇ

Ich war in der Zwischenzeit sehr krank. Meine Furunkulose hatte schauderhafte Dimensionen angenommen. 8 Tag⟨e⟩ lag ich im Bett mit argen Schmerzen u. Fieber. Aber eine sehr radikale Kur scheint eine endgültige Heilung hervorgerufen zu haben.

Außerdem steh ich in einer schweren Krise. Seit Wochen befaßte ich mich mit der Lulu-Einrichtung (allerdings immer noch mit einem ganz kleinen Schatten von Zweifel), da sah' ich mir die, eben im

Burgtheater neuinscenierte »Pippa« an u. der Effekt ist daß ich *ganz* schwankend geworden bin. *Eins von beiden* werde ich *g a n z   b e - s t i m m t* komponieren. Aber welches? Was sagst Du dazu? Du kannst Dir denken, daß mir selbst alles, was Für u. Wider spricht, bewußt ist. *F ü r* Lulu: die mir, u. dem was man von mir erwartet entsprechende Steigerung nach Wozzeck; die *Stärke* dieses Stücks; der Umstand daß ich schon viel an dem *Buch* gearbeitet u. viele gute Lösungen* gefunden habe.

G e g e n Lulu: Die Gewagtheit des Stoffs, die so groß ist, daß es mir passieren könnte, daß ich nach jahrelanger Arbeit ein Werk in der Schublade hab', das nur vor geladenem Publikum aufführbar ist. Die trotz unserer guten Bearbeitungs-Ideen nach wie vor bestehende große Schwierigkeit, einen so auf's Dialektische gestellten Text wie den Wedekinds auf die *Opern*bühne zu bringen, wo man kaum ein Wort versteht. –

F ü r Pippa: Die von vornherein gegebene Musikalität dieser *Dichtung* (die im wahrsten Sinn des Wortes eine ist) die leichtere Möglichkeit daraus ein *Opernbuch* zu machen (die Zusammenziehung von Akt III u. IV ist eine Leichtigkeit)[c] die leichte Verwertbarkeit einer solchen Oper für den europäischen Opernbetrieb.

G e g e n Pippa: die etwas verschwommene Symbolik dieses Märchens, das gegen Schluß etwas »abrutscht« u. der Umstand, daß es rein menschlich u. *allgemein* künstlerisch keine Steigerung gegenüber Wozzeck, sondern eher ein Abbauen in diesen Belangen bedeuten könnte, ein Zurücknehmen der Front!

Es fragt sich bei dieser summarischen Gleichheit von Für u. Wider also nur, welches das *Stärkere* bzw schwächere ist, richtiger gesagt: *wo* zwischen Wider u. Für die Differenz kleiner ist. – Kannst *Du* mir das sagen?

In acht Tagen gibts hier (mit der Koeppke) im Volkstheater den »Erdgeist«.[d] Das wird für meinen schweren Entschluß ja vielleicht entscheidend sein. Die Aufführung der Pippa war ja wirklich sehr mittelmäßig u. dennoch besonders im III. u. IV. Akt sehr stark. Leider unzulänglich, Mahr (Huhn) famos!! Wann (Heine) sehr gut, aber in der Erscheinung etwas komisch. Mussi (Hellriegel, eine ganz neue Kraft) entsprechend, gegen Schluß sogar von großer Innigkeit, alles andere mittelmäßig, schlecht u. *ganz* schlecht.

195

Sahst Du die »Mutter« im Film? Nachdem ich Potemkin nicht sah: das herrlichste von allem!!!^{1} Geht *u n b e d i n g t*^{2}! Hoppla wir leben, bis auf 1 gute Idee, und 2, 3 Scenen sehr schwach!^{3}

Sonst tappen wir hier seit einem geschlagenen Monat in dem unbeschreiblichen Dreck den das »Wunder der Heliane«^{e} aufgewühlt hat herum. *D a s*^{4} *ist nur in Wien möglich!* Ich möchte tagelang mit Dir darüber reden. Heute nur soviel, daß Du mir glauben mögest, wenn ich Dir bei allem, was mir heilig ist, *schwöre*, daß es ein Scheißdreck ist.

Ja mehr denn je, hätte ich das Bedürfnis, mit Dir ausführlich zu reden! Aber das scheint nicht so bald möglich zu sein. Ich weiß gar nicht, ob ich in der Saison nach Berlin oder in die Nähe komme. Umso mehr müssen wir uns *schreiben*. Bitte tu dies auch ausführlich. Über Dich u. Dein Leben. Über Inge. Über Deine Berliner Freunde namentlich Horenstein, Rathaus⟨,⟩ Eisler, die ich alle herzlich grüße, u. überhaupt über Berlin und seine künstlerischen Vorgänge: Piscator^5!! Die Dirigentenschaft: Was sagt man in *unsern* Kreisen zu Klemperer?^{6}Wie war der Erfolg Zemlinskys?^{7} Sahst Du »Jonny«?^{f} Leb wohl, mein lieber Soma, u. schreibe bald Deinem

Alban Berg

Alles Liebe an Inge!

* Wie würden mich Deine Vorschläge diesbezügl. interessieren. Sind sie mehr *allgemeinerer* Natur? So daß Du mir davon kurz schreiben könntest?

P. S.

Ist wichtig. Kannst Du von Berlin aus erreichen, daß ich umsonst in die Josefstadt komme. Dann bitte tu' es! Und verständige mich davon. Und von den weiteren Formalitäten!

———————————

1 Wsewolod Pudowkins Film *Die Mutter* (1926, nach dem Roman von Gorki) und Sergej Eisensteins *Panzerkreuzer Potemkin* (1925).
2 Im Original dreifach unterstrichen.
3 Ernst Tollers Stück *Hoppla, wir leben!*
4 Im Original dreifach unterstrichen.
5 Der Theaterregisseur Erwin Piscator (1893-1966).
6 Otto Klemperer (1885-1973) hatte im November 1927 in Berlin seine ›Krolloper‹ mit einem Konzert (u. a. Leoš Janáčeks *Sinfonietta*) und Beethovens *Fidelio* eröffnet.
7 Der Komponist und Dirigent Alexander von Zemlinsky (1871-1942), den Klemperer als Kapellmeister an die Kroll oper gezogen hatte, begann dort mit Smetanas Oper *Der Kuß*.

Hast Du das gelesen, es stand in fast allen Zeitungen. Das war für mich eine wirklich große Freude – u. Genugtuung:

⟨folgt ein Zeitungsausriß mit der Meldung, daß dem Opernchef des Prager Nationaltheaters, Otakar Ostrčil, für die Aufführung von Bergs *Wozzeck* der tschechische Staatspreis verliehen worden sei: »Diese ehrenvolle Auszeichnung ist zugleich eine klare Absage an jene nationalistischen Kreise, die aus chauvinistischen, unkünstlerischen Gründen seinerzeit gegen die Oper demonstriert und ihre zeitweilige Absetzung vom Spielplan erzwungen hatten.«⟩

⟨Helene Berg:⟩

Du hast es erraten, lieber So, ich wollte wirklich wetten, aber die Aussichtslosigkeit etwas zu gewinnen, (wo augenblicklich nichts zu holen ist!) ließ mich davon absehen. [g]

Bös bin ich nicht, denn ich bin im Verkehr mit Dir schon ziemlich dickhäutig geworden u. stell mich jetzt schon immer dementsprechend (auf alles Mögliche u. Unmögliche!) ein. Aber nun: im Ernst! Du warst ja *krank*, als Du wegfuhrst u. das genügt, daß sich mein mütterliches Herz regt! Ich hoffe, Deine Inge hat Dich bald wieder in Ordnung gebracht. Herzlichste Grüße Euch Beiden!

Helene

⟨Anmerkungen von Morgenstern:⟩

a) Ich war damals im Auftrag der *Frankfurter Zeitung* auf Reisen in der Tschechoslowakei. Ich hatte bis dahin nie Reiseberichte geschrieben und war begreiflicherweise von beständigem Lampenfieber geplagt für die ganze Dauer der Reise.

b) Auf die berechtigten Vorwürfe, die mir Alban in diesem Briefe macht, habe ich nicht in einem Brief geantwortet. Darüber wäre mehr zu sagen gewesen, als ich es in einem Brief tun wollte. [1] Aber beim nächsten Wiedersehen in Wien erinnerte mich Alban daran. »Ich hab dir schon einmal angedeutet«, sagte er, »daß ich mir deinetwegen Sorgen mache. Vielleicht hast du mich mißverstanden. Du hast darauf nicht reagiert. Hab ich unrecht gehabt?« – »Du hast recht gehabt, und du hast Grund gehabt, bös zu sein, und auch Grund, besorgt zu sein. Du hast recht, wenn du glaubst, daß ich nicht nur in kleinen Dingen, wie Telefonanrufen, sondern auch in meinen eigensten, also Hauptdingen des Lebens, indolent bin. Ich kann es dir nur schwer erklären. Es ist nicht Indolenz allein – es ist viel

---

1 Beim Schreiben seiner Anmerkungen, etwa vierzig Jahre später, erinnerte sich Morgenstern nicht mehr, daß er auf Bergs Vorhaltungen sehr wohl schriftlich eingegangen war, wie sein Antwortbrief aus Berlin (Nr. 53) zeigt. Dieser Brief lag ihm in New York nicht vor, wie er unten (S. 301) auch erklärt.

schlimmer. Ich weiß nicht, wie es kommt. Aber es ist so, daß ich schon seit jungen Jahren hin und wieder von der Einsicht überkommen werde, daß alles menschliche Streben nicht den Aufwand wert ist. Das ist nicht etwa ein Gefühl, und kein pessimistisches: Alles ist eitel. Es ist eine Art Kurzschluß. Ein Zustand, da alles Fühlen und Denken von diesem Zustand überschattet wird. Jeder Drang, etwas zu tun, ist ausgeschaltet. In diesem Zustand befinde ich mich immer, wenn ich im Sommer allein in den Bergen wandere. Wie du siehst, ist es also kein Zustand der Depression. Ich möchte fast sagen: im Gegenteil. Das überfällt mich auch mittendrin im Wirbel des Stadtlebens. Es ist mir einfach unmöglich, dann auch nur das geringste zu tun – das Geringste so wenig wie das Wichtigste. Z. B. ans Telefon zu gehn und einen Freund anzurufen, und wäre der Freund selbst du. Oder ein Manuskript einzupacken und wegzuschicken, wie du mir in einem Brief geraten hast.« – »Was du auch nicht getan hast, wie ich dir geraten habe, das Manuskript vom *Kunstkreis* an Steuermanns Schwager zu schicken. Wozu schreibst du, wenn du es nicht anbringen willst?« – »Schreiben tu ich aus demselben Grunde, aus dem du komponierst. Grob gesprochen, ich will das bißchen Leben, das mir zugemessen ist, soweit ich es schaffen kann, in anderen Dimensionen erleben, d. h. es erweitern und bereichern. Was damit in Wirklichkeit geschieht, ist mir, offen gestanden, nicht von dringender Wichtigkeit.« – »Aber damit wirst du nicht sehr weit kommen.« – »Das ist es eben. Wenn ich nur an dieses Weiterkommen denke, überkommt mich sogleich jener Zustand.« – »Dafür sollte es eine Kur geben«, sagte Alban. »Wenn es eine Krankheit wäre, gäbe es eine Kur. Ich bilde mir aber ein, daß jener Zustand, den ich dir nicht ganz genau geschildert habe, meine Gesundheit ist. Eine Gesundheit, die mich vor vielen Krankheiten bewahrt. – Wenn wir aber schon darüber sprechen, muß ich dir sagen, daß deine Sorge um mich mich sehr gerührt hat. Ich habe Freunde, die mich zweimal so lange kennen wie du, die diese meine Schwäche (nennen wir es so) gar nicht bemerkt haben, sei es, daß sie andere Schwächen an mir entdeckt haben, sei es, daß sie sich nur um ihr eigenes Fortkommen Sorgen machen. Daß ich das Manuskript vom *Kunstkreis* nicht an Steuermanns Schwager geschickt habe, hat aber noch einen leichter zu erklärenden Grund. Ich habe von diesem meinem Drama, wie du weißt, schon immer nicht so viel gehalten wie du. Jetzt bin ich so weit darüber hinaus, daß ich nicht einmal an den Szenen arbeiten kann, die du ergänzt haben wolltest. Ich kann mich mit diesem Werk nicht vorstellen. Hinzu kommt das peinliche Gefühl, daß ich nicht von dir so huckepack auf deinem Pegasus auf den Parnaß mitgenommen werden möchte. Wenn du wirklich auch weiterhin darauf bestehen solltest, daß ich das Stück als Libretto für dich einrichte, mußt du noch eine Zeit Geduld haben, bis ich in der Öffentlichkeit einigermaßen allein für mich bestehe.«

c) Ich habe ihm gleich, als ich ihm die Idee zur Vertonung der *Pippa* gegeben habe, eingeschärft, daß der III. und der IV. Akt in einen Akt zusammengezogen werden müßten, und daß er diese Bedingung dem Fischer Verlag rechtzeitig vor-

198

halten sollte. Wie erinnerlich, ist dieses Produkt nie zustande gekommen, weil der Verlag 50% Tantièmen verlangte.

d) Die arme Margarethe Koeppke hatte keinen Erfolg in der Rolle der *Lulu* und hat, wie behauptet wurde, aus diesem Grunde Selbstmord begangen.[1]

e) Es handelt sich um die Oper von Erich Wolfgang Korngold.

f) Es handelt sich um die Oper *Jonny spielt auf* von Ernst Křenek, die ich in Berlin gehört und über die ich Alban geschrieben habe.

g) Wie ich vielleicht schon an anderer Stelle erzählt habe, haben mich beide jeden Sommer aufs herzlichste eingeladen, sie zu besuchen. Ich versprach immer zu kommen, habe aber das Versprechen nur einmal eingehalten. Von Alban wußte ich, daß Helene immer mit ihm gewettet hat, ich würde nicht kommen. Diesmal hatte sie offenbar ausnahmsweise nicht gewettet – wie sie selbst sagt, weil Alban kein Geld hatte.

53 Morgenstern an Berg

Lieber Alban, mein geliebter verehrter Freund
Ich habe Dir sehr zu danken für Deinen Brief diesmal. Für die ersten vier Seiten besonders, weil ich aus jedem Wort heraus*fühlen* kann, daß Du sie der Güte Deines Herzens erst abringen mußtest, weil Du ja annehmen mußtest, mir sogenannte bittere Wahrheiten zu sagen. Nun denn: es sind Wahrheiten; und bitter wären sie auch, wenn ich mich zu jenen Glücks-Kindern zählen dürfte, die ihre Mängel erst in einem sehr belichteten Spiegel sehen müssen, um wahrzunehmen was für Mängel das sind! Leider ist es – wie Du ja selbst wissen wirst – nicht der Fall. Und was Du mir da sagst, Alban, ich weiß das. Ich weiß es wie sehr Du recht hast und verstehe auch, daß Du Dir meinetwegen oft Sorgen machst. Seitdem ich mich dazu bequem⟨en⟩ mußte, mir über mich selbst Gedanken zu machen, und das ist schon sehr lange her, weiß ich, daß ich zu jenen Menschen gehöre, die verdammt sind, gerade das, was für sie wichtig ist im Leben in einer Art zu behandeln, die einem freundlichen Betrachter nicht Sorge bloß, sondern Empörung und Ärger einflößen muß. Ich weiß mich keiner Heuchelei und keiner Eitelkeit schuldig, wenn ich Dir sage: es ist eine Art Wahnsinn und das Schlimmste daran ist, daß in diesem absurden

---

1 Morgenstern veröffentlichte einen kleinen Nachruf auf Margarethe Koeppke (FZ 700, 15. September 1930).

Wahnsinn gar keine Methode steckt. Ich habe dagegen bittere Kämpfe geführt und was Du jetzt an mir noch beunruhigend findest, das ist schon ein Resultat großer Siege, die nur die äußerste, blutigste Willensanspannung eintragen kann. Ich weiß wohl, lieber Alban, daß ich mich noch gegen den sehr nachhaltigen Verdacht zu schützen habe, gegen scheinbar berechtigte Vorwürfe, daß ich's mir eben bequem machen möchte. Aber das ist es durchaus nicht. Es ist bloß so, daß ich mich – schon immer – bei all der Lebensfreude, geistiger Interessiertheit, Wissensdrang, Erlebnishunger und asiatisch-jüdischer Andacht vor des Lebens Fülle, Schönheit und Zauber etc. – kurzum bei all diesen Eigenschaften, die mich meiner Umgebung noch als quietschvergnügten Draufgänger erscheinen lassen, daß ich mich im Grunde schon immer als einen recht überflüssigen Menschen empfunden habe. Das ist, verstehe mich wohl, keine Sentimentalität, nicht einmal Werturteil oder sonst ein geistiges Manko, es ist sozusagen ein Weltgefühl, wenn man schon zu großen Worten greifen soll. So mußte ich mir schon immer alles was ich für mein Fortkommen, Erfolg u.s.w. tun mußte – richtig wie mit Zangen herausreißen. Es ist das, glaube mir eine sehr peinliche Operation, aber mit der Zeit habe ich mir einige Übung darin zu eigen gemacht und es geht. Es wird sogar immer besser gehen. Nur bin ich mir ganz im klaren darüber, daß ich eine kleine Portion von all dem bekommen werde, was mir als Gebilde zukommt. Ich sage »Gebilde« um all dem auszuweichen was mit den Worten Mensch Person oder »Künstler« gar mitgeschleppt kommt. Ich sage Dir das alles in dankbarster Erregung über Deine Besorgtheit. Leider läßt sich da so im allgemeinen wenig mehr als Andeutungen über diesen »Zustand« schreiben. Zum Vorfall selbst, der Dir Gelegenheit gab, mich richtig zu ertappen, kann ich Dir noch verraten, daß ich die ganze Zeit da ich Dir nicht schrieb, täglich stündlich nicht nur daran dachte Dir zu schreiben, sondern auch *wirklich* schrieb. »Wirklich schrieb« heißt in diesem Fall: ich habe mich täglich in Gedanken mit Dir und Helene unterhalten, Verschiedenes erzählt und gehört – von Euch – und immer einen heißen Entschluß gefaßt: heute schreibst du Alban und Helene einen langen Brief. Ich tat es *natürlich* nicht: aus äußeren Gründen, Widerwärtigkeiten kleiner und aller Art – wie ich Dir dann auseinandergesetzt habe – aber *daß* diese Widerwärtigkeiten mich so erledigen können, das ist es! So schreibe ich ja auch meine »Werke«. Nun genug darüber. Wie gesagt: ich habe mich ja

200

schon halbwegs aufs fast normale Maß gebracht und werde es viel- leicht noch zu was bringen. –

Jetzt aber zu *Deinen* Problemen. Ich habe mir heute ein paar Stun- den Deine Fragen: »Lulu« oder »Pippa« gründlich überlegt. Ich habe das auch schon getan bevor Du gefragt hast und alle Deine Bedenken gegen »Lulu« pro »Pippa« und umgekehrt – ich habe mich in Wien schon mit diesem Problem herumgeschlagen und möchte Dir vorläu- fig nur sagen: Ich bin aus praktischen Erwägungen für Pippa. Das heißt, ich würde Dir raten *zunächst* Pippa zu machen, weil Du bei Wedekind die Gefahr auf Dich nehmen mußt, ein Werk zu geben, das in darstellerischer Hinsicht – nicht nur »praktisch« – also trivial-ma- teriell gedacht, – sondern auch in künstlerisch-darstellerischer Hin- sicht enormen Schwierigkeiten begegnen wird. Ich denke da gar nicht an Publikum, Erfolg u. s. w.: sondern rein an die Frage: Wer wird *in der Oper*! diese Gestalten glaubhaft machen können? Nun: auf lange Frist ist das gewiß keine Gefahr: mit einem großen Werk kommt dann auch der Stil der Wiedergabe und auch die Mittel (Sänger Orchester). Aber willst Du nicht lieber zuerst etwas bringen, was Dir dann die in- nere und die äußere Unabhängigkeit gibt zu allen streichen, die Du noch spielen willst, und wären es die extravagantesten Geniestreiche? Ich bin kein Musiker, lieber Alban, aber ich habe das Gefühl, daß Du gar nicht die Front zurücknimmst, wenn Du Pippa vertonst. Pippa ist eine spielerische, eine märchenhafte Welt. Diese Welt nimmts mit al- len Sphären der Kunst auf, wenn sie alle anderen (als Gattung) nicht noch übertrifft. Übrigens haben wir ja ⟨über⟩ alles, was für und wider Pippa spricht, schon oft gesprochen. Ich glaube mich sogar erinnern zu können, daß Du am Anfang, als ich Dir den Text vorgeschlagen habe, gar keine Bedenken hattest. Ich hab Dir auch die Pippa nur vor- geschlagen, weil Du etwas »Spielerisches« gesucht hast. Wiesen- grund war glaub ich dagegen. Wiesengrund versteht natürlich mehr von Musik als ich, aber Wiesengrund hätte gewiß auch *vor* dem Wozzeck gegen den Wozzeck Bedenken gehabt, weil er eben Rück- versicherungen gegen alle Seiten haben möchte. Wiesengrund wird vermutlich auch gegen Lulu Bedenken haben, die ich auch verstehen werde, die Du selbst weißt.[1] Aber wo ist der sichere Schlagertext

---

1 Am selben Tage, da Morgenstern in Berlin seinen Brief an Berg schrieb, richtete dieser auch an Adorno die Bitte, ihm seine Ansicht zur Stoffwahl zu sagen (siehe das Faksimile des Briefes in Adornos Monographie: *Berg. Der Meister des kleinsten Übergangs*, Wien 1968, S. 33 f.).

bevor man ihn als solchen durch ein Werk (und einen Erfolg) legitimiert hat? Aus sozialen Gründen wären natürlich die – »Weber« ein besserer Text als die »Lulu« und die »Pippa« zusammen, aber suchst Du einen »sozialen« Text? Es ist so schwer über derlei Dinge zu schreiben – hingekritzelt sieht es gleich so entschieden aus, dabei fühle ich wohl die Verantwortung und möchte Dich von mir aus nicht drängen. Ich denke nur, daß Du mit Pippa in (relativ!) kurzer Zeit fertig wirst; daß dieses Stück ein »Fressen« für die Opern-Bühnen werden kann und daß Du so dann Zeit und Freiheit und Mut bekommst, Dich auf erotische Abwege zu begeben. Denn das ist ja »Lulu«. Jedenfalls wird's mir schwer, Dich *nicht* zu bitten auch andere um ein Urteil zu befragen. Aber wen? Schönberg? Wiesengrund? Wen noch? In Berlin erzählte mir sowohl Rathaus als auch Horenstein, daß Du Pippa vertonst. Also hat es doch zwei Jahre gebraucht, bis es sich herumgesprochen hat.

Für heute wirds wohl genug sein. Schreibe mir bald. Ich will desgleichen tun. Ich fühle mich hier doch sehr vereinsamt. Trotz Anhang. Ich werde mich in Berlin nie glücklich fühlen. Wenn ich an Helene und Dich denke, könnte ich mich gleich in den Zug setzen und nach Wien fahren und dort bleiben. Ich denke einmal kommts wohl dazu. Ich muß mir von hier aus eine Existenzmöglichkeit nach Wien schaffen. Hoffentlich gelingts einmal. Ich arbeite ziemlich viel für Zeitungen und diese Zeit ist nicht ganz verloren.

Helene, der sehr Lieben danke ich von Herzen für ihre gütigen Zeilen und – das sage ich im Ernst – schon ihr zuliebe will ich mich gründlich bessern. Ich umarme Euch alle Beiden Lieben innigst und bin in aller Liebe

⟨Berlin,⟩ 30. November 27   Euer Soma Morgenstern

Herzliche Grüße – Inge.

Wien, 8/12 27

Mein lieber, lieber Soma, Dein herrlicher Brief kam wie eine warme Br*ie*se (Br*i*se?) über unsere Wiener Eiseskälte. Dank, tausend Dank. Ich werde Dir *s e h r   b a l d   ausführlich schreiben*. Heute nur so viel, daß es also vorerst bei *Pippa* (Diskretion!) bleibt u. ich *f e s t   vorhabe Lulu darnach* zu komponieren. (Nur *so* nämlich komme ich über den Schmerz hinweg, Lulu stehen zu lassen.) Wiesengrunds Brief, der *eben* kam, hat mich nicht schwankend gemacht, wohl aber jene obige Vornahme, Lulu später zu komponieren, noch verstärkt.[1] Ich sende Dir diesen Brief *W*'s, weil ich sicher bin daß er Dich sehr interessiert.[a] N. B. sonst frug ich niemand um Rat! Auch Schönberg nicht. – Da ich mit Sicherheit annehme, daß *Dir* Wiesengrund das, was er mir über Dich u. die Frankfurter Zeitung schreibt, auch sagen würde, glaube ich keine Indiscretion zu begehen, wenn ich Dir seinen Brief schicke.

Der *Hauptgrund* meines heutigen Schreibens ist aber: Am *1 1 .* d. M. (oder 12.) spielt Kolisch meine lyrische Suite in Berlin (Intern. Gesellsch. f. Neue Musik??) Es ist mir kolossal wichtig, daß Du hinein gehst. Bitte versäume das nicht! Kolisch wird glücklich sein, Dir Karten geben zu können. Auch Rathaus wird das leicht können.

Nach dem Konzert schreibe mir bitte *e i n   p a a r* Zeilen darüber. *A u f r i c h t i g*[2]!! u. sende mir *2.* Wiesengrunds Brief retour u. *drittens* denk' an die Freikarten-Vermittlung beim Josefstädter Theater!!!! Sei nicht bös über die Eile u. Flüchtigkeit dieses Briefs bald schreibt Dir mehr

Dein Alban

⟨Anmerkung von Morgenstern:⟩

a) Den hier erwähnten Wiesengrund-Brief hat mir Alban zugeschickt, um mir zu zeigen, daß ich mit meiner Annahme recht hatte, Wiesengrund würde entschieden gegen *Lulu* als Text für eine Oper sein. Nachdem er aber eingesehen hatte, daß seine Meinung Alban keinen Eindruck gemacht hat, bat er Alban, ihm den Brief

---

1 Adorno hingegen notiert im Jahre 1955 über seine Antwort an Berg: »ich redete ihm mit allen Argumenten zur Lulu zu«, und weiter: »Soma Morgenstern hat sicherlich in der gleichen Richtung argumentiert, doch bilde ich mir ein, wesentlich das Verdienst für Bergs Entscheidung zu haben.« (Theodor W. Adorno, *Im Gedächtnis an Alban Berg*. Gesammelte Schriften, Bd. 18, Frankfurt a. M. 1984, S. 503)

2 Im Original vierfach unterstrichen.

zurückzuschicken. Darum schickte Alban mir diesen Brief nach Berlin zur Einsicht.[1]

55 Morgenstern an Berg

⟨Berlin,⟩ 13. Dezember 1927

Mein lieber Alban, ich hätte Dir gern schon gestern geschrieben, gleich nach dem Konzert[2], aber immer fällt was dazwischen, und so komm ich erst heute dazu, Dich zu Deiner Lyrischen Suite zu beglückwünschen. Ich hab ja viel gelesen und viel Lob auch gehört, weiß sogar selbst, was ich von Dir alles erwarten darf – kurzum ich war trotz alldem überrascht und erschüttert. Ich möchte mir nicht das Loben und Lieben zu leicht machen und etwa den dritten Satz enthusiastisch herausstreichen, oder den fünften, oder den letzten Satz – ich glaube vor Dir mich keiner Übertreibung schuldig oder auch nur verdächtig zu machen, wenn ich gleich feststellen will, daß diese Suite das geglückteste Kammerstück ist, das die moderne Musik aufzuweisen hat.[a] In dem Konzert von gestern waren so ziemlich lauter Musiker, Kritiker und auch sonst abgebrühte Individuen, die sich nicht leicht hinreißen lassen. Trotzdem konnte ich auf allen Gesichtern, auf allen Ponems[3], ja sogar auf den Visagen nicht Anerkennung, Respekt oder Beifall bloß, sondern geradezu Dank und Ergriffenheit ablesen.

Wenn es Deiner Eitelkeit – und daß Du ein eitler Kerl bist wissen wir![b] – schmeicheln wird: Albert Einstein – der Philosoph, nicht Alfred der Kritiker (der übrigens ein anständiger Mensch ist) – hat fast so stürmisch applaudiert wie ich. Was willst Du noch? Vor dem Erfolg des Stückes soll Dir nicht bange werden. Nur so weiter bitte. Das Stück liegt übrigens in derselben Sphäre, wie das beste im »Wozzeck« und daß es nicht bloß Kennern gefällt, sondern auch dem

---

1 Nach Auskunft der Musiksammlung der Österreichischen Nationalbibliothek befindet sich Adornos Brief nicht im dortigen Berg-Nachlaß. Morgensterns Erinnerung zufolge machte sich Berg aber, bevor er Adorno den Brief zurückschickte, davon eine Abschrift (s. oben S. 137). Auch diese Abschrift scheint jedoch in der ÖNB nicht zu existieren.

2 Dieser Kammermusikabend der ›Internationalen Gesellschaft für neue Musik‹ fand am 12. Dezember 1927 statt. Das Kolisch-Quartett spielte Bergs *Lyrische Suite* und Schönbergs *Streichquartett Nr. 3*. Ferner wurden an diesem Abend Hanns Eislers *Zeitungsausschnitte*, op. 11, uraufgeführt.

3 Nämlich allen jüdischen Gesichtern (*ponem*, jiddisch – Gesicht; Morgenstern benutzt im Brief an Berg, der nicht Jiddisch verstand, nicht den jiddischen Plural *penemer*).

simpelsten Ohr *schön* klingt, das finde ich ganz in der Ordnung. Kunst soll, wenn sie es kann, nur ruhig auch Glück und Lust spenden, nicht bloß mit Niveau und Faktur und Geist imponieren. Tu nur so wie es Dir vom Herzen kommt – so bleibst Du mit Mensch und Natur am tiefsten verbunden. Ich höre aus der Suite heraus, was ihr Sommer, Hohe Nacht, Einsamkeit, Schmerz und Glück *wahre* Naturnähe mitgegeben haben und ich war Inge gar nicht böse, daß Sie mit der Unbefangenheit einer unverbildeten Seele die einfachen, vielleicht sogar simplen Worte gesagt hat: »das klingt wirklich wie Sphären-Musik, es ist ein Klang vom Himmel und ein Klang aus der Hölle, es ist Traum und Vision – ich mußte immerzu an Dante denken«. Also das mit Dante hat mich ein wenig »chockiert« – ich liebe keine direkten Vergleiche, aber schließlich, warum sollst Du es nicht erfahren, wie sehr man Dich rühmt in meiner Umgebung.

Eisler hat auch einen großen Erfolg gehabt, auch bei mir: dieser kugelrunde Jud hat mehr Geist und Witz, er hat einen gefährlichen Humor, der das frechste und absurdeste an Textvorlagen beglaubigt.[c] Ich hab ihn sehr gern, diesen Eisler, weil er weiß was er will, und das auch kann und weil er die Tänze um den Erfolg, die mir diese von einem plebejischen Ehrgeiz befallene Stadt so widerlich und hassenswert erscheinen lassen nicht mitmacht.

Mit Schönbergs Quartett konnte ich drei Sätze mitgehen, als wäre es was für mich. Beim letzten – Rondo – blieb ich stecken. Aber vielleicht lag das nicht bloß daran, daß man so ein Werk öfter hören muß, sondern mehr noch an einer Übermüdung des Ohrs und noch mehr an der inneren Überspannung der Aufnahmefähigkeit. Kolisch müßte dieses Quartett immer als ersten Punkt spielen. Aber ich glaube schon, daß Du sehr recht hast, wenn Du gerade dieses Quartett, das heißt auch dieses so hoch einschätzt. –

Nun muß ich mich kürzer fassen: es muß diesmal bei 4 Seiten bleiben. Also 1. Wegen Karten wende Dich in meinem Namen an Dr. *H o r c h* Dramaturgen im J⟨osefstädter⟩ Theater.

2. Ich fahre am 20 nach Frankfurt. Was Wiesengrund Dir schrieb, stimmt. Ich wußte es auch schon von anderer Seite.[d]

3. Den Brief von Teddie schick ich Dir erst im nächsten Brief retour weil ich seine Ausführungen über Pippa und Lulu noch nicht ganz entziffern konnte. Ich hab ihm geschrieben, er mir auch: wir werden in Frkfrt Zeit genug haben zum »daigetzen«. Schade, daß He-

205

lene und Du nicht auch nach Frankfurt kommt. Könnt Ihr Euch nicht auch einladen lassen?

Sei nicht böse, daß ich noch immer nicht alle Fragen beantwortet habe – im nächsten Brief. Helene und Dir viele Küsse

Euer Soma Morgenstern

⟨Anmerkungen von Morgenstern:⟩

a) Die Lyrische Suite hat mich so beglückt, weil dieses Werk mir ein Beweis war, daß Alban sich hier von allen Einflüssen vollkommen freigespielt hatte. Ich habe bei der nächsten Gelegenheit dieses vom Sport hergeholte Verb ausgesprochen, und er fand den Ausdruck zutreffend.

b) Der vergeßliche Leser wird mit mehr oder weniger Befriedigung zur Kenntnis nehmen, daß A. B. ein besonders eitler Mann gewesen sein muß, wenn ich in einem sehr ernsten Satz ihm seine Eitelkeit vorhalte. Dieses lehrt, was man schon weiß, aber nicht oft genug beherzigt, daß ein Brief an einen Freund ein Privatissimum ist, das nur der Freund richtig lesen kann. Der Biograph, der weder den Briefschreiber noch den Empfänger kennt, schließt oft mit gutem Gewissen auf das Gegenteil von dem, was der Briefschreiber sagt und nur der Empfänger verstehen kann: von allen Musikern, die ich kannte – und ich kannte sehr viele – war A. B. der uneitelste. Der aufmerksame Leser wird sich vielleicht erinnern, daß ich schon irgendwo in meinen Erinnerungen diese seine Eigenschaft gebührlich gerühmt habe. Ich habe oft Anspielungen darauf gemacht, und auch hier ist eine jokose Anspielung auf seinen *Mangel* an Eitelkeit.

c) Ich habe jetzt noch, im Jahre 1968, in deutlicher Erinnerung einen Satz aus einem von Eisler selbst verfaßten Text, und ich kann nicht widerstehen, ihn hier zu zitieren:»Nur wenn wir gesiegt haben, wird am Himmel ein ganz anständiges Blau sein.« Das ist kommunistisch-frech gedacht, aber fast schon mit einem Humor ausgedrückt, der an den großen Tschechen Jaroslav Hašek erinnert.

d) Es handelt sich hier um mein bevorstehendes Engagement an die *Frankfurter Zeitung*, von dem Wiesengrund eher hörte als ich.

56 Berg an Morgenstern

Wien, 16./12. 27

Zu viel, viel zu viel, mein lieber guter Soma. Ich müßte eigentlich tief beschämt sein über all das Lobende u Liebende was in Deinem Brief steht. Aber ich bin eben doch so »eitel«, dies nur mit größter Herzensfreude in Empfang zu nehmen. Ja, *wie eitel* ich bin, wirst Du, Lieber, erst erkennen, wenn ich Dir sage, daß mich Dein erster Gruß (*auf dem Programm*!) wo Du *nichts Spezielles* über die lyrische Suite sagtest (»das ganze Programm, die Sängerin, Eisler, alles herrlich etc«) fast etwas enttäuschte, ja daß mich Inges lakonische Unterschrift: »Inge v Klenau.« fast schmerzte. Nun aber, wo Du nicht nur selbst so viel u. so schönes, *wie ich n o c h n i e hörte*, über meine Musik sagtest, sondern auch mir verrietst, daß Inge ebenso denke, sehe ich wie blöd ich war – – – – u. wie eitel ich bin!

Ich spüre aber auch, *w i e s e h r* es mir abgeht, nicht die Möglichkeit zu haben, im stetem mündlichen Kontakt mit Dir zu leben. Ich habe so viel *berufliche* Korrespondenz, daß die, die man *vom Herzen aus* führen möchte, zu kurz kommt. Auch heute wieder muß ich das Viele, was ich Dir sagen möchte, unterdrücken u. verschieben.

Ich freue mich sehr, daß Ihr nach Frkft. fahrt. Ihr werdet dort schöne Weihnachten haben. Schon darum schön, weil im Kreise vieler lieben Menschen. Ich werde in Gedanken oft bei Euch sein. Bei Euch u. Klenaus*, u. Wiesengrunds*, Seligmanns*[1]. Umsomehr da wir selbst höchst einsam sein werden. *Wie einsam magst Du daraus ersehn*, daß wir uns so halb u halb entschlossen haben, die 2 Feiertage in – – – Küb zuzubringen.

Mit Wiesengrund wirst Du wohl auch über Pippa–Lulu sprechen. Könnte einer von Euch das Ergebnis dieses Disputs kurz mitteilen (wobei ich allerdings hinzufügen muß daß ich fest entschlossen bin, zuerst Pippa zu vertonen)

Bitt Dich, halt mich im Laufenden über Deinen Verbleib u. sei nochmals mehr als innigst bedankt für Deinen lieben lieben Brief.

Dein Alban

* die ich *alle* herzlichst grüße, auch im Namen Helenens

Ich umarme Inge u. Dich von Herzen für Eure lieben Worte über Albans Quartett. Innige Wünsche für Weihnachten

Helene

---

1 Das Frankfurter Haus Dr. Milton Seligmanns und seiner Frau stand stets für Musiker offen. Auch Berg und Webern zählten zu ihren Gästen. Berg berichtete 1921 seiner Frau beeindruckt: »Kolossale Dienerschaft. Ein kleines Palais, unerhört vornehm.« (Alban Berg, *Briefe an seine Frau*, a.a.O., S. 480). Milton Seligmann war ein Kammermusikenthusiast und ausgezeichneter Amateurgeiger.

57 Ingeborg v. Klenau und Soma Morgenstern an Helene und Alban Berg ⟨Dezember 1927?[1]⟩

⟨Visitenkarte »Dr Soma Morgenstern, Frankfurter Zeitung«; auf der Rückseite von der Hand Ingeborg v. Klenaus:⟩

In Ermangelung eines jüdischen Weihnachtsschnapses: ein Oster-Sliwowitz. Die hebräische Aufschrift wird Gerhart Hauptmann vielleicht für Helene entziffern können! Fröhliche Weihnachten!

herzlichst Inge u. Soma

58 Morgenstern an Bergs

Liebe Helene lieber Alban,
Also um es kurz und jauchzend zu sagen ich komme Anfang Feber nach Wien als Theater und Musik Kritiker der F. Z.
  Näheres mündlich. Hoffentlich kann ich wo in Hietzing wohnen.
  Ich habe furchtbar viel zu tun. Entschuldigt die Eile

Herzlichst
Berlin 20. I. 28   Euer Soma Morgenstern

59 Berg an Morgenstern

⟨Wien, 15. März 1928⟩
Wenn Du kannst, mein Lieber, geh' *mit mir* in dieses Fitelberg-Szymanowski-Konzert[2]. Ich bin heute so viel außer Haus, daß ich wahrscheinlich gar nicht telefonisch erreichbar bin. Daher dieser Weg übers Kaffeehaus. In der Josefstadt wars gestern sehr schön. Wallburg[3] zum Hassen gut, Thimig zum Verlieben. Auf Wiedersehn!

Dein Alban

---

1 Alma Mahler hatte Berg und seine Frau für Ende Januar 1928 nach Santa Margherita eingeladen, um ihn, seiner *Pippa*-Pläne wegen, mit Gerhart Hauptmann bekannt zu machen.
2 Am 15. März 1928 fand in Wien ein Konzert mit Werken polnischer Komponisten statt, unter ihnen auch Karol Szymanowski (1882-1937); die Leitung hatte der Komponist Grzegorz Fitelberg (1879-1953).
3 Der Wiener Schauspieler Otto Wallburg (geb 1889, 1944 in Auschwitz ermordet).

60 Morgenstern an Helene und Alban Berg

Liebe Helene
Lieber Alban
Ich bin sehr zornig, daß ich so lange nicht geschrieben habe. Aber diesmal ist es so, daß ich *wirklich* schrecklich viel zu tun habe. Ich bleibe aber Gottseidank nur noch bis Ende des Monats, dann komm ich nach Wien.

Hoffentlich ist es bei Euch schöner als hier: das Wetter ist schrecklich, es regnet, Kaffeehäuser gibts keine, nichts gibts hier – nur reiche Juden. Ich umarme und küsse Euch (Beide!)
⟨Frankfurt am Main⟩ 17. IV. 28   Soma

61 Morgenstern an Berg (Telegramm)

Ausgefertigt:
Frankfurt am Main, 4 Mai ⟨1928?⟩ [1]

alban berg
trauttmansdorfgasze 27
wien 13

ankommen sonntag bitte zwei billets zu kraus

herzlichst morgenstern

62 Morgenstern an Berg

Liebster Alban,
es ist so schrecklich heiß, daß man zu gar nichts kommt, wenn ⟨man⟩ das bißchen Energie, das man für die beruflichen Schreibereien aufbringen muß, sich mit Not abgezapft hat. Du tust sehr gut, jetzt oben zu sitzen, wo es vermutlich nicht minder heiß ist, aber doch schöner.[2]

---

1 Sollte das Telegramm aus dem Jahr 1928 stammen, wofür auch der Aufgabeort Frankfurt spricht, so wäre Morgenstern, wohl in Begleitung Ingeborg v. Klenaus, am 6. Mai in Wien eingetroffen. Am darauffolgenden Tage gab Karl Kraus zum erstenmal eine Lesung seines Nachkriegsdramas *Die Unüberwindlichen.*
2 Nämlich in Trahütten in den Steirischen Alpen.

209

Nach spannender Lektüre werde ich mich morgen umsehen und was schicken, zu Hause hab ich nichts.

Viel zu schaffen wird mir jetzt das Sängerbundfest machen. Es wird bestimmt schrecklich sein: 250.000 deutsche Spießer auf einmal!ᵃ

Dein Triumph mit »Rapid« macht mir gar nichts. Über »Hakoah« siegten die Rapidler auf ihrem eigenen Platz wie immer mit Hilfe des Schiedsrichters. Wie ein anständiger Richter aus Berlin kam, gleich haben sie was abgekriegt. Übrigens, wenn »Rapid« gegen die Hakoah-Amerikaner spielt, ist es so wie wenn Oskar Nedbal gegen Klemperer dirigieren würde.[1] Ich hasse diese Tschechen von »Rapid«! So jetzt hast es!…

Eine ungarische Provinzmannschaft hat die Rapidler auch geschlagen.

Übrigens, wenn Du nicht bald Anhänger der »Hakoah« wirst, werde ich Anhänger der »Rapid«.

Herzlichste Grüße Helene und Dir von Inge und

Wien 13. Juli ⟨1928⟩   Deinem Soma Morg.

N e u e   A d r e s s e 13. Lainzerstraße 41 bei Probst

⟨Anmerkung von Morgenstern:⟩
a) Es war das Jahr der Zentenarfeier von Franz Schuberts Tod.

63 *Helene Berg an Morgenstern und Ingeborg v. Klenau*

Liebe Morgensterne – diese beiden Briefe wurden uns heute, zugleich mit andrer in unsrer Wohnung liegen gebliebener Post, zugeschickt. Ein Freund, der – anläßlich unsrer baldigen Übersiedlung nach Kärnten – unsern für dort vorbereiteten Koffer holte, fand sie bei unsrer Eingangstür vor! So gelangen nun die Briefe viel zu spät an Euch, was uns sehr leid tut.

Hoffentlich geht's Euch gut. Wir grüßen Euch beide herzlich.

Trahütten, d. 24. Juli 28   Helene u. Alban

---

1 ›Rapid‹ war Bergs favorisierter Fußballklub in Wien, ›Hakoah‹ der jüdische Fußballklub. – Der tschechische Komponist Oskar Nedbal (1874-1930) wirkte als Dirigent in Prag und Wien.

Trahütten, 28./7. 28[1]

Mein Lieber, nun bin ich bald 14 Tage hier! Die erste Zeit war ich wieder sehr krank: schauderhafte Asthma-Anfälle oft 20 Stunden im Tag. Schlaf nur sitzend über einen Tisch gebeugt. – u. es war höchste Zeit, daß Helene kam, mich wieder zurecht⟨zu⟩biegen. Seit einigen Tagen bin ich wieder arbeitsfähig u. versuche es also mit Lulu. Nach einer so langen, fast 2jährigen Komponier-Pause fällt es mir übrigens schwer genug, wieder regelmäßig u. zielbewußt zu *arbeiten*. Noch bin ich über die erste Sorge, was dabei herausschauen wird, nicht hinaus. Aber Du kennst das ja alles selber, diese Schwangerschaftserscheinungen....

Mehr als sonst hab ich in diesen Tagen *gelesen*. Als *größten* Eindruck allerdings »Ginster«[a] behalten. Allein die Idee, den Hinterlands-Krieg, der uns – zu unserer Schande sei's gesagt: – ja doch näher ging, als der an allen Fronten der Welt, zu gestalten, ist ein genialer Wurf – von der *Art, wie* es geschieht, gar nicht zu reden. Ich – u. auch Helene – freue mich (freuen uns) riesig auf das ganze Buch.

Freude beim Lesen machte mir auch: *Kuzmins* »Der stille Hüter« u. *John Erskine's* »Das Privatleben der schönen Helena«; während *Dreiser's* Jennie Gerhardt bis zum Schluß langweilig ist.[2] Und da möchte ich Dich bei der Gelegenheit gleich um etwas bitten. Hast Du Bücher dieser Art, also moderne Romane, die Du mir leihen kannst? Es ist auch kein Malheur, wenn sie spannend – ja *nur* spannend sind. Gerade in Zeiten angestrengter Arbeit, brauch ich solche zeitweise Ablenkung, um auszuspannen. Wenn Du also solche paar Bücher (oder eins) hast, und entbehren kannst, sende sie mir bitte als Drucksache rekomm⟨andiert⟩ ganz einfach in Papier eingeschlagen u. lose zugebunden. Nach 1, 2, 3 Wochen erhältst Du sie unversehrt zurück. Hast Du noch Kafkas: Amerika?[3] Aber es kann auch ein weitausholender Roman eines sogen. gediegenen Erzählers sein. – –

Nun genug von mir! Jetzt erzähl' mir auch etwas von Dir u. Deiner Arbeit. Vielleicht hast Du ein oder den andern Ausschnitt, den Du mir

---

1 Berg schrieb irrtümlich: 28. 8. 28 – ein Zeitpunkt, zu dem er nicht mehr in Trahütten, sondern schon auf Gut Berghof war.

2 Michael A. Kuzmin, *Der stille Hüter.* Roman. Heidelberg, Baden-Baden 1928; John Erskine, *Das Privatleben der schönen Helena*, München 1927; Theodore Dreiser, *Jennie Gerhardt.* Roman, Wien 1928.

3 Franz Kafka, *Amerika.* Roman, München 1927.

überlassen (ganz oder auch leihweise) kannst. Du weißt, wie mich alles, was Du schreibst, stark berührt. Auch Helene!

Zu meinem Fußballsieg über Dich (Rapid – Hakoah) gratuliere ich *mir*! Zu dem Sieg *Atterbergs* über die gesamte zeitgenössische Musik kannst *Du mir aber kondolieren*. Ist so etwas in der *Literatur* möglich?[1]

Wie lang bleibt Ihr in Wien? Was habt Ihr eigentlich für Sommer-Pläne? Dieser Tage muß es ja schrecklich in Wien gewesen sein. Es war hier schon fast unerträglich heiß (nachdem es vor 8-10 Tagen noch 5° gehabt hatte!)

Hörst Du was von unsern gemeinsamen Bekannten? Erzähl' mir nur recht viel, wenn Du auch Gescheiteres zu tun hast u. sag mir auch wie's Inge geht, die wir herzlichst grüßen lassen.

Dir selbst alles Liebe von uns beiden!

Dein Alban

Was sagst Du zum »Durchfall« des Erdgeist in Paris

⟨Anmerkung von Morgenstern:⟩

a) Es handelt sich um den Roman *Ginster* von S. Kracauer, den ich ihm geschickt hatte.[2]

65 Morgenstern an Berg

Lieber Alban

Entschuldige bitte, daß ich Dir letztens so kurz geschrieben habe: ich war ein bißchen erschöpft von dem vielen Getriebe und auch von dem Stadtaufenthalt im langen Sommer. – Ich wollte Dir sagen, daß Du Dich vom Mißerfolg Wedekinds in Paris nicht beunruhigen lassen sollst. Ich habe dieses Gastspiel gründlich studiert[3] – für Dich natürlich – und kann Dir nur sagen, daß es *nicht* an Wedekind sondern an

1 In einem großangelegten Wettbewerb, veranstaltet von der Columbia Phonograph Company zur Franz Schubert-Jahrhundertfeier, sprach die international besetzte Jury den mit zehntausend Dollar dotierten ersten Preis überraschend dem schwedischen Komponisten Kurt Atterberg (1887-1974) für seine Sechste Sinfonie zu.
2 Größere Teile des Ende 1928 anonym erschienenen Romans *Ginster. Von ihm selbst geschrieben* waren im April des Jahres von der *Frankfurter Zeitung* in siebzehn Folgen bereits veröffentlicht worden.
3 Über das Gastspiel des Berliner Regisseurs Eugen Robert mit Frank Wedekinds *Erdgeist* hatte Friedrich Sieburg aus Paris berichtet (FZ 492, 4. Juli 1928).

der Art, *wie* es dort gespielt wurde gescheitert ist. Herr Robert – ein Ungar – inszenierte das Drama als Salonstück, um Wedekind den Franzosen anzunähern. Kannst Dir vorstellen, was dabei herausgekommen ist.

Wie geht es Helene? Dir? Deiner Arbeit? Schreibe mir, wenn Du dazu kommst. Wie ist Deine neue Adresse?[1]

Danke für die Zusendung der Briefe. Ich weiß nicht, warum sie an Deine Adresse gingen. In Wien ist es jetzt nicht mehr so heiß. Aber ich möchte doch bald für 2-3 Wochen aufs Land. Leider komm ich wegen der *B e h ö r d e n* nicht ab. Wir wollen jetzt endlich heiraten und immerzu werden Papiere gefordert – ich bin schon ganz verzweifelt.

Meine Artikel laß ich Dir heute – unter Kreuzband – zugehen. Es sind viele geworden inzwischen, sie gehen nicht mehr in einen Brief. Herzlichste Grüße Helene, Dir von Inge und mir,

Wien am 31 Juli 28   Soma

66 Berg an Morgenstern

Gut Berghof
Post: Sattendorf am Ossiachersee
Kärnten

                                    23./8. 28 ⟨Poststempel: 22. 8. 1928⟩
Mein lieber Soma, wir sind seit ca 8 Tagen hier u. sind sehr zufrieden. Ein Häuschen (mit Telefon, elektr. Licht, Wasserleitung) ganz für uns allein, in ruhigster Lage u. dennoch durch Autobus u. Motorboot mit der Civilisation* in Verbindung. Und das Ganze zum Berghof gehörend, wo ich als Kind, Jüngling u. junger Ehemann über 20 Sommer verbrachte. Dazu der See, mein Riesenlavoir, wo ich täglich bade.

Fast ist es zu schön**, ich muß alle Kraft zusammennehmen, um bei der Arbeit zu bleiben, die in Trahütten (infolge Krankheit [ich habe dort 6 kg abgenommen] u. sonstigen Nervenstörungen [Blitzschlag]) ohnehin sehr langsam von statten ging. Was sie aber sonst

---

1 Bergs hatten vom August 1928 an als Sommerfrische ein kleines Haus, die ›Denishube‹, gemietet, das zu dem 1920 verkauften Gut Berghof am Ossiacher See in Kärnten gehörte (s. oben S. 124, Anm. 1).

213

betrifft, so macht sie mir schon Freude u. ich glaube, der Gestalt der Lulu solche Musik zu geben, daß sogar die Frauen diese Gestalt lieben werden. –

Wir wollen bis in den Oktober hinein hier bleiben. –

Nun zu *Dir*: Wenn wir nicht von anderer Seite »Der Graf, der ein Tänzchen wagt« u. die Fiakerrevue (im Prater)[1] erhalten hätten, die mir (besonders erstere) sehr gefallen haben, hätte ich von Dir überhaupt nichts gelesen. Denn die mir von Dir angekündigte Sendung Deiner div. Artikeln ist nie angekommen (wobei Helene wettet, daß nicht die Post daran schuld ist)

Ich hoffe, daß Du mir doch noch etwas schickst! Wenn Du überhaupt in Wien bist. (?) Warst Du in Salzburg? Schau, daß Du Deine Abwesenheit von Wien *so* einrichtest, daß Du im November wieder in Wien bist, allwo wir bestimmt dort sind. Kommst Du auch zu andern Arbeiten? Du plantest ja etwas Neues für's Theater.

Wie geht's Dir u. Inge sonst; wie habt Ihr die fürchterliche W⟨ien⟩er Hitze überstanden? Wie steht's mit der Heirat?

Dank Dir für Deinen Brief vom 31./7., dessen Passus über die Pariser Erdgeist-Auff⟨ührun⟩g mich besonders interessiert hat.

Heut erhielt ich von Wiesengrund ein Heft neuer Lieder (Däubler, Trakl, Heym) die wirklich famos sind, was mich doppelt freut, weil sie mir gewidmet sind. Jetzt geht er erst auf Sommerfrische.

Was hörst Du von Klenau? Wir – obwohl ich (ins Ungewisse seiner W⟨ien⟩er Adresse) schrieb – *nichts*.

Weißt Du, daß Kolisch schwer krank war (Alt Aussee) Rippenfell u. Lungenentzündung. Nun scheint er so weit zu sein, daß er doch das Trio Weberns u. d. Quartett Schönbergs in *Siena* wird spielen können. Und die 100 Konzerte 1928/9!

Habt ihr die Revellers gehört? Erzähl mir davon! Oder hast Du geschrieben darüber? Dann sende mir den Artikel bitte!

Und *Rapid* haben doch wieder gesiegt!!!!!

Womit *herzlichst* schließt Dein Alban

☐ siehe Beilage***

* sogar mit Bonsels[2], der am Berghof wohnt

---

1 *Ein Graf, der ein Tänzchen wagt*, FZ 535, 19. Juli 1928; *220 Fiaker, 200 000 Zuschauer*, FZ 475, 27. Juni 1928.
2 Der Schriftsteller Waldemar Bonsels (1881-1952).

214

** von der Herrlichkeit der Kanzelbahn, dank der wir in 26 Min in der fabelhaftesten Alpenwelt sind, zu schweigen.

*** ⟨auf angeklebtem Zettel:⟩ Es ist üblich, daß man, obwohl sich das von selbst versteht, am Schluß von Briefen Grüße sendet. Auch solche im Namen der Frau; u. auch solche an die Frau (u. ev. weiteren Angehörigen) des *Adressaten*; ja hiebei sogar stilistische Abwechslung in der Art der Grüße u. der Begrüßung anstrebt. Um dies zu vereinfachen, führe ich im brieflichen Verkehr mit Freunden ein Zeichen ein, das die 3, 4, 5 od. mehr (wenn ehrenbezeugungsfähige Kinder vorhanden) sich gegenseitig Grüßenden auf die einfachste Weise verbindet.

Also: Δ, wenn ich einem Junggesellen, $\square$, wenn ich einem kinderlosen Ehemann schreibe[1]

67 *Morgenstern an Berg*

Lieber Alban,

Zuvörderst möchte ich Dir grinsend mitteilen, daß wir die unsympathischen Rapidler wieder einmal geschlagen haben. Wir werden sie noch öfter schlagen. Samstag werden wir sie aufs Haupt schlagen und aus dem Cup[2] werfen. –

Nun zu den Nebensachen. Es freut mich, daß Du nun richtig zur Arbeit kommst. Ich fühle mich nämlich für die Lulu verantwortlich, als hätte ich sie für Dich verführt und müßte von ihr bald erschossen werden.

Wenn Helene wieder einmal gegen mich gewettet hat, so hat sie diesmal gewonnen. Aber nur halb. Ich hatte, d. h., Inge hatte nämlich die Artikel schon ausgeschnitten und wartete, ich, mit der Absendung auf Deine neue Adresse. Du hast ja einen Brief angesagt und der kam lange nicht.

Helene darf mir aber nicht böse werden, wenn sie diesmal nur halb gewonnen hat. Sie wird noch öfter Chancen haben.

Uns beiden geht es gut. Es tut mir jetzt nur schrecklich leid, daß wir diesen ganzen herrlichen Sommer in Wien verbracht haben. Ich

---

1 Also hätte Berg unter diesen Brief eigentlich das Dreieck setzen müssen: noch war Morgenstern nicht verheiratet.
2 »Wir« –: die Mannschaft des von Morgenstern favorisierten Wiener Fußballklubs ›Admira‹. Morgensterns Ankündigung erfüllte sich nicht.

mußte es aber tun, um mich richtig vorzudrängen in der Zeitung. Ich glaube daß mir das gelungen ist. Ich bin aber ein bißchen müde geworden dabei – es ist nicht gut bei solchem Wetter in der Stadt zu sitzen.

Bis jetzt war es andererseits sehr nett in Wien. Aber am 1. Sept. kommt Herr K⟨lenau?⟩.

Wenn die Lieder von Wiesengrund wirklich so gut sind, mußt Du ihm nahelegen, bei der Musik zu bleiben und alle anderen Schmonzetten zu lassen. Du wirst ihm sehr nützen, wenn er Dir folgt.

Über die Revellers, die herrlich waren, hab ich einen kleinen Artikel geschrieben.[1] Ich hab überhaupt viel geschrieben. Die größte Arbeit, ein 10 Spalten Artikel über die Sangesbrüder – der sich gewaschen hat – ist noch immer nicht erschienen.[2] Die Juden wollen den Anschluß und haben Angst.[a]

Ich schreibe spät in der Nacht und bin plötzlich sehr müde geworden. Ein anderes mal mehr. Herzlichste Grüße ⟨Euch⟩ Beiden Lieben ⟨Wien,⟩ 28. Aug. 28   von uns Beiden.

⟨Anmerkung von Morgenstern:⟩
a) Mit den Juden sind hier die politischen Redakteure der *Frankfurter Zeitung* gemeint, unter denen sehr wenige Juden waren. Die *Frankfurter Zeitung* war leider auch für den Anschluß. Ich war natürlich als Alt-Österreicher dagegen.

68 *Morgenstern an Helene und Alban Berg*

⟨Wien, 5. September 1928⟩

Liebe Helene
Lieber Alban
Heute nur die kurze Mitteilung, daß wir gestern unsere Trauung glücklich überstanden haben. Wir hätten gerne Dich, liebe Helene und Dich lieber Alban – alle Beide Zwei – als Zeugen geführt, da Ihr ja ohnehin an allem schuld seid, aber die Ferien wollten es anders.

---

1 Morgenstern, *The Revellers in Wien*, FZ 652, 31. August 1928.
2 Dieses im Nachlaß erhaltene Manuskript von 11 Seiten Umfang, *Der Zaungast der Pressetribüne*, blieb ungedruckt.

216

Die Amtshandlung selbst war gar nicht so schlimm, wir haben das Lachen deutlich unterdrücken können. Näheres mündlich. Wann kommt Ihr heim? Herzlichste Grüße

von Soma und

ich war auch dabei! – Inge Morgenstern.

69 Berg an Morgenstern

Gut Berghof, 11./9. 28

Mein lieber Soma, Dein Schaden-Freudengeheul über die Rapids dürfte auf ihre siegreiche Niederlage in Prag hin (denn nur die ersten 40 Minuten mit ihrem 3 zu 1 zählen für mich, die weiteren 50 Minuten ohne Sramscheiß[a] gelten nicht!) wohl verstummt sein, und ich nehme an, daß Du endlich die Gelegenheit wahrnimmst, einen Dithyrambus auf die Elf in der Frz. loszulassen! Bis dahin muß ich mich mit den mir übersandten bereits erschienenen Feuilletons dieses Blattes begnügen die mir – – u. nun im vollsten Ernst: wiederum sehr viel Freude u. Vergnügen bereitet haben. *Besonders* das Helena-»Referat«![b] Dieses halte ich für das allerschönste. U. zw. nicht etwa, weil es in meine Sphäre hereinspielt, sondern weil es zweifellos das inspirierteste, das – ich möchte sagen – männlichste, eindeutigste ist. Als einen entzückenden Gegensatz empfinde ich das wahrhaft poetische Stück vom Lavendellied. Sehr gerne habe ich auch die Essays über die Fiaker u. das Taubenschießen.[1]

Wenn Du sie alle nicht brauchst, möchte ich sie gerne behalten u. zu den übrigen von mir gesammelten dazulegen – – – – bis sie in Buchform erscheinen........

Wirst Du über den Fall Loos schreiben?[c] Ich glaube, daß Du das *mußt* – – u. wohl auch gerne tust – wenn es auch sehr schwer sein dürfte – – Jedenfalls halte mich bitte darüber – – u. über Dein weiteres Schaffen im Laufenden. Dann – – u. nun wieder im Scherz: verliere ich auch gerne wieder eine Wette Deinethalben u. sei es auch wieder eine *ganze*: Helene, die am 7. Aug. Inge unsere neue Adresse

---

1 Morgensterns Feuilletons: *Volkslied auf dem Korso*, FZ 612, 17. August 1928, *220 Fiaker, 200 000 Zuschauer*, FZ 475, 27. Juni 1928, und *Großes Wiener Taubenschießen*, FZ 541, 21. Juli 1928.

angegeben hat, ließ, da nach 4 Wochen die angekündigten Ausschnitte noch nicht da waren, nicht mit sich handeln! –

$\square$ Dein Alban

⟨Anmerkungen von Morgenstern:⟩

a) Der Mann hieß eigentlich Schramseis – A. B. änderte den Namen absichtlich.

b) Alban meint hier meinen Aufsatz über die *Ägyptische Helena* von Richard Strauss in der Wiener Staatsoper.[1]

c) Es handelt sich um den Strafprozeß gegen Adolf Loos. Ich habe darüber nicht geschrieben, wie auch sein treuester Freund, Karl Kraus, mit Recht nicht geschrieben hat. Der Prozeß wurde, gegen jede Befürchtung, mit Nachsicht geführt, und die *Frankfurter Zeitung* hatte kein Interesse dafür.

70 Berg an Morgenstern

Der Vorsitzende
des
Österr. Fussball-Bundes

Wien, 16. April 1929

Lieber Soma Siegl!

Ich lese eben folgende Sätze:

»Ehe ich mich auf das Thema überhaupt einlassen will, möchte ich betonen, daß Jazz-Musik mir verhaßt ist. Ich halte es für unmöglich, daß ein ernsthafter Künstler seinen Ideen durch diese gebrochenen Rhythmen Ausdruck zu verleihen wünschen kann.«

Sie stammen aus einem Artikel: J a z z – e i n e m u s i k a l i s c h e P e r v e r s i t ä t von H u b e r m a n n[2].

Ich glaube also – wie immer – recht behalten zu haben, wenn ich einem Musiker, der eine solche Trottelei (und auf so tepperte Weise) von sich gibt, wohl zutraue, Violine – nicht aber Beethoven zu spielen. Mit kollegialem Gruß

Neugschweidl[a]

⟨Anmerkung von Morgenstern:⟩

---

1 *Großer Abend. (Zur Erstaufführung der »Ägyptischen Helena« in der Wiener Staatsoper)*, FZ 453, 19. Juni 1928.

2 Der polnische Geiger Bronislaw Hubermann (1882-1947), mit dem Morgenstern bekannt war.

218

a) Wie ich bereits erzählt habe, war Alban ein Anhänger des Sportklubs Rapid. Ich zog den Sportklub Admira vor. Alban schickte mir oft Zeitungsausschnitte, verspottend und mit von ihm in kindlicher Schadenfreude (und auch kindlicher Fertigkeit) gezeichneten Karikaturen populärer Spieler der Admira, sooft diese ein Spiel verloren haben. Sein Lieblingsobjekt war der Außenstürmer Siegl, ein behäbiger, aber glänzender *goalgetter*, den der Volksmund den Bürgermeister nannte.

Dieser Brief ist auf dem amtlichen Papier vom Vorsitzenden des Österreichischen Fußball-Bundes geschrieben. Alban kannte den Mann, der, wenn ich mich recht erinnere, ein hoher Richter und später ein eifriger Nazi war. Die Unterschrift: Neugschweidl, ist eine Anspielung auf den Namen eines berühmten Zenterstürmers vom Sportklub Vienna, der Gschweidl hieß.

71 Berg an Morgenstern

Gut Berghof, 12. 6. 29

Mein lieber Soma, ich komme mit einer großen Bitte an Dich: ich bin eben beim Komponieren der Wein-Gedichte von Baudelaire-George.[1] Und da kommen mir einige Stellen sprachlich ganz rätselhaft vor. Ich habe die Gedichte abgetippt und alles, was mir – besonders die Syntax betreffend – nicht geheuer vorkommt, mit *rotem* Bleistift angezeichnet. Ich bitte Dich nun, die Lösungen daneben hinzuschreiben; vielleicht in der Art, daß Du die in Frage kommenden Stellen in Prosa übersetzest, oder zumindestens durch Interpunktionen und Klammern andeutest, ob das als Satz oder als Nebensatz oder nur als Ausruf zu verstehen ist?!

Wie geht es Euch? Arbeitest Du viel? Wie hat sich die Frankfurter Zeitung zu Deinem Ultimatum (das 2. Toscanini-Feuilleton betreffend) gestellt. Erschien es?[2] Und was noch? Doch sicherlich ein Be-

---

1 *Der Wein / Le Vin, Konzert-Arie mit Orchester,* nach drei Gedichten von Charles Baudelaire in Stefan Georges Übersetzung. Berg schloß diese von der tschechischen Sopranistin Růžena Herlinger bei ihm bestellte Komposition im Juli 1929 ab.

2 Ein erster Bericht war unter dem Titel *Die Mailänder Scala* erschienen (FZ 380, 24. Mai 1929). Das von Berg erwähnte »2. Toscanini-Feuilleton«, eine im Nachlaß erhaltene Kritik von Verdis *Falstaff,* den Toscanini in Wien dirigiert hatte, blieb ungedruckt, wohl, weil zusammen mit Morgensterns erstem Bericht bereits eine von Karl Holl anläßlich des Berliner Gastspiels geschriebene Kritik dieser *Falstaff*-Inszenierung publiziert worden war. Aus seinem ungedruckten Manuskript übernahm Morgenstern später eine Passage in *Toscanini konzertiert* (FZ 385, 24. Mai 1930).

richt über den Festzug.[1] D e n würde ich gerne lesen und endlich daraus ersehen, ob das Ganze ein Blödsinn war oder doch etwas Nettes! Hier lese ich nur den »Tag« und das »N. Wr. Journal«.[2] Und wie war »Danton«?[3]

Und was plant Ihr sonst: Im Sommer vor allem?

Uns gehts hier wiederum recht gut: eigentlich immer schönes, nicht zu warmes Wetter. Wunderbares Bad und genügend Ruhe zur Arbeit, in die ich wiederum nach der langen Winterpause schwer genug hineinfand.

Daneben vermehrte Lektüre (Spittelers »Imago«, ein sehr eigentümliches Buch[4]), etwas Korrespondenz, viel Spazierengehen und Schlafen........

Wenn Du so lieb bist, mir wegen der George-Gedichte zu schreiben, erzähl mir auch kurz von Dir und Inge. Oder – was uns noch lieber wäre –: ausführlich! Denn Ihr geht uns schon sehr ab, wenn wir auch in diesem Winter wenig beisamm ⟨sic⟩ waren.

Und damit neben dem Ernst des Lebens auch die Heiterkeit der Kunst stehe:

1.) ⟨eine eingeklebte Zeitungsreklame der Grammophone Company, Wien (»Gramola«), die für Märsche und Tänze des Gewerbe-Festzuges 1929 wirbt, u. a. mit folgenden Formulierungen: »Schallplatten aufgenommen *unter persönlicher Leitung der Komponisten*« (Unterstreichung von Berg), sowie: »Die berühmtesten Künstler / Vollendetste Aufnahmen«, darunter – von Berg angestrichen – auch ein Marsch aus Max Brands Oper *Maschinist Hopkins*.⟩

2.) eine die Kunst des Fußballs betreffende Beilage.

Tausend innige Grüße Euch Beiden von uns!

Dein Alban

---

1 Berg dachte wohl an den Festzug im Rahmen der Wiener Festwochen. Morgenstern hat nicht darüber berichtet.

2 Die Zeitungen *Der Wiener Tag* und *Neues Wiener Journal*.

3 Das Büchnersche Revolutionsdrama führte Max Reinhardt, in der ihm eigenen Massendramaturgie und mit einem aufwendigen Bühnenbau von Oskar Strnad, vom 2. bis 16. Juni 1929 anläßlich der Wiener Festwochen im Arkadenhof des Rathauses auf, in dem 2000 Zuschauer Platz hatten.

4 Der psychologische Roman *Imago* (1906) von Carl Spitteler.

72 Morgenstern an Berg

Lieber Alban

Gestern war Pressempfang bei Clemens Krauss.[1] Es wird Dich vielleicht interessieren, daß ich dabei war, daß Clemens Kr. von »Wozzeck« in den höchsten Tönen gesprochen hat und eine Aufführung mit größter Entschiedenheit als gewiß angekündigt hat. Du sollst als erster drankommen, Wozzeck steht auf dem Programm der ersten *fünf* Monate der neuen Aera.

Nach der Rede Krauss' wurde er ausdrücklich befragt, ob nicht am Ende noch was dazwischen kommen könnte und er erwiderte, so etwas würde er sich nie gefallen lassen. Ich hatte den Eindruck, daß er bereits vorgearbeitet hat und nehme an, daß er sich hüten wird, zu lügen. Also – freue Dich.

Wir bleiben nicht mehr lange hier. Anfang, spätestens Ende nächster Woche reisen wir ab.

Schreibt bald, wie es geht und seid herzlich umarmt von

Soma Morgenst

Wien, 13. Juni 29

P. S. Lieber Alban, dieser Brief ruhte ein paar Tage: wir sind vor der Abreise und hatten schrecklich viel zu tun. Morgen fahren wir. Auf Deinen lieben Brief gebe ich bald ausführliche Antwort

Noch lb Grüße Dein Soma

73 Morgenstern an Berg (Ansichtskarte: Universität Frankfurt a. M.)

⟨Poststempel: Frankfurt a. M., 25. Juni 1929⟩

Lieber Alban, ich hatte noch keine Zeit Dir zu schreiben: ich war auf Reisen. Morgen gehe ich endgültig in die Frische. Ich schreibe bald.

Herzlichst Dein Soma

Liebe u. herzliche Grüße.

Annemarie v. Klenau

⟨Folgt ein Gruß von Theodor Wiesengrund-Adorno⟩

---

1 Clemens Krauss übernahm am 1. September 1929 die Leitung der Wiener Staatsoper. Am 30. März 1930 wurde dort dann, zum erstenmal in Österreich, Bergs *Wozzeck* mit enthusiastischem Beifall aufgeführt; die musikalische Leitung hatte Clemens Krauss, Regie führte Lothar Wallerstein, das Bühnenbild war von Oskar Strnad. Morgenstern schrieb eine Besprechung: *Bergs »Wozzek« in Wien* (FZ 267, 9. April 1930).

Mein lieber Alban, sei bitte nicht böse, wenn ich erst heute den versprochenen längst schuldigen Brief schreibe. Ich war krank. Dieselbe Zahngeschichte wie im vorigen Jahr, in noch viel stärkerem Maß. Dazu noch im Dorf, ohne Arzt. Ein »Doktor« aus Rosenheim hat mich operiert und behandelt mich noch. Es war ganz schlimm: ich habe bis 39° gefiebert. Wenn man Pech hat, geht es auch in der Sommerfrische mit. –

Vorher hatte ich großen Ärger und Streitereien mit der Zeitung. Ich war in Frankfurt und dort hat es mächtigen Krach gegeben. Ich hatte die Zeitung schon verlassen gehabt – wir haben uns dann versöhnt. Es ist nicht leicht bei Zeitungen zu arbeiten, wenn man weiß was man will; noch schwerer wenn man weiß was man ist (und die anderen nicht sind!) Näheres darüber gelegentlich mündlich: es ist doch im allgemeinen zu albern. –

In Frankfurt war ich 2 Tage. Mit Teddie 3 mal beisammen. Er ist wieder sehr nett und wir haben uns endgültig ausgesöhnt.

In Wien haben wir die alte Wohnung behalten und wissen nicht, was wir im Herbst neues finden werden. Es ist auch möglich, daß ich ab Jänner 1930 nach Berlin muß (aber das ist noch redaktionelles Geheimnis: die Zeitung will sich in Berlin verstärken und da müssen die »besseren Schützen« hin. Das wie gesagt im Vertrauen!!)

Ich schreibe heute nur gerade das Wichtigste. Das Wetter ist nicht das schönste; ich muß mich erst ein bißchen erholen, um dann auch arbeiten zu können, für mich nämlich: ich plane ein Stück!
Inge geht es gut. Sie sieht sehr wohl aus. –

Schreib mir bald, wie es Helene, wie es Dir geht; wie weit bist Du mit der »Lulu«? Übrigens ist ja die Sache schon ganz publik geworden.

Wegen der Zeitung hab ich eben an die Expedition geschrieben. Wenn Du in den Wiener Blättern was Interessantes findest, schick es mir bitte ein. Ich bekomme nur den »Tag«.
Herzlichste Grüße Helene und Dir von Inge und Deinem
⟨Beuerberg,⟩ 7 Juli 1929   Soma

Berghof, den 24. Juli 1929

Liebes Ingelein, laßt Euch von ganzem Herzen von uns beiden zu dem kommenden freudigen Ereignis gratulieren! Alban triumphiert, da er seit Winter behauptet daß Du »in Erwartung« seiest und ich es immer bestritt, sodaß mir Deine Nachricht tatsächlich eine große und äußerst liebe Überraschung war.

Also meine liebe Inge: alles erdenkliche Liebe, Gute und Schöne für Dich und Dein Kindchen! Der Keilhof mit seiner wundervollen Ruhe ist jetzt gerade der rechte Platz für Dich, da kannst Du Dich so richtig pflegen, um die letzten, wichtigsten Monate recht gesund und kräftig zu sein. Iß nur recht viel Obst und Gemüse, damit dann alles gut und leicht geht. Daß Du Dich so wohl fühlst, ist sicher als ein gutes Zeichen dafür zu deuten. –

Hoffentlich ist das Wetter (über das wir eigentlich hier nie klagen können – die Kärntner Seen sind dafür berühmt –) nun endlich auch bei Euch schön und Somas böser Zahn wieder in Ordnung. Alban läßt ihm herzlich für seinen Brief danken; er wird ihm schreiben bis er etwas weniger zu tun hat. Die Konzert-Arie ist bereits fertig und ich glaube, es ist was Gutes geworden.

Wir leben hier herrlich und in Freuden. Vor allem spielt das Bad eine große Rolle (von dem ich allerdings nur das Zusehen habe, was weniger herrlich ist). Dann laufen wir ziemlich viel, nicht nur um etwas für unsere Leiblichkeit bzw. gegen unsere Beleibtheit zu tun (ich habe bereits 3 kg abgenommen) sondern auch, weil die Autobusse hier, die nach allen Richtungen – um ganz wenig Geld verkehren, einen in die herrlichsten Gegenden führen, wo man die allerschönsten Wanderungen machen kann: Treffnertal, Afritzer-, Brenn-, Millstätter-, Wörther- und *Faaker*-See, Plöcken-Pass, Glockner-Gebiet etc.

Viel zu rasch vergeht uns die Zeit, schon ist der halbe Sommer bald um! Heute sah ich das erste gelbe Blatt an einem Kastanienbaum, das mich mit schrecken erfüllte. Wir fahren – leider – Anfang August nach Trahütten, wo wir wohl – wenn der Herbst halbwegs schön wird, bis in den October hinein bleiben wollen. Alban ist jetzt so gut im Arbeiten drin, daß man das so lang als möglich ausnützen muß.

2. November ist dann der Wozzeck in Köln. Falls es tatsächlich dazu kommt, fahren wir wahrscheinlich hin.

223

Und wenn wir wieder in Wien sind, hoffen wir Dich recht bald –
mitsamt Deinem Kindchen zu sehen.

Alles Liebe den ganzen Keilhofern, aber vor allem Dir von

Deiner Helene

Was sagst Du zu meinem Maschin-Schreiben? Es geht zwar noch
nicht sehr geläufig, ich übe aber fleißig, damit ich Alban endlich was
von seiner großen Korrespondenz abnehmen kann.

76 Berg an Morgenstern

Trahütten, 6. 8. 29

Mein lieber Soma, mein langes Schweigen soll natürlich keine
Revanche dafür sein, daß Du meine dringende Anfrage, die
Baudelaire-Texte betreffend, fast 5 Wochen unbeantwortet ließest. So
lange, bis ich mit der Komposition fast fertig war. Nein, ich hätte Dir
längst geschrieben, wenn ich nicht tatsächlich meine gesamte
Freundes-Post in der letzten Zeit hinausschob, bis ich mit der Arie,
die pünktlich fertig werden mußte, unter Dach war. Das bin ich nun
Gott sei Dank seit 8 Tagen ca. Dann kam die Übersiedlung hierher,
die ersten Tage mit dem unvermeidlichen Asthma, Erledigung vieler
beruflicher, ebenfalls liegen gebliebener Korrespondenz und jetzt
endlich der erste Ruhepunkt in diesem Sommer, den ich mit Freude
dazu benütze, Dir zu schreiben.

Vorerst: Heil, mein Lieber, zu der erfreulichsten Nachricht! Das
hat uns riesig gefreut und wir sehen mit Euch voll innigster
Teilnahme diesem großen Ereignis entgegen. Helenens Brief an Inge
ist indessen wohl an diese gelangt. Wenn Du mir wieder einmal
schreibst, vergiß nicht, uns zu sagen, wie es ihr gesundheitlich geht.

Dann: Du bist doch mit Deiner Zahngeschichte hoffentlich ganz in
Ordnung! Da mußt Du einmal radikal dazuschaun, daß sich so etwas,
was doch bei regelmäßig und rechtzeitig in Behandlung stehenden
Städtern nicht vorkommt, nicht mehr wiederholt. Du mußt ja schauerlich gelitten haben!!!

Dann: Gratuliere zur weiterhin gefestigten Stellung bei der Frankfurter Zeitung. Allerdings, wenn daraus wirklich Eure Übersiedlung
nach Berlin resultiert, so ist das mehr als traurig für uns, wenn ich

auch einsehe, daß es für Dich von ganz großer Bedeutung sein wird, dort zu sein. Auch wegen Deines sonstigen, nicht nur im Rahmen der Zeitung geplanten Schaffens. Diese Deine Andeutung hat mich besonders gefreut; wie stehts damit?

Was mich betrifft, so plane ich, wenn ich jetzt mit den Schreibarbeiten an der Arie, mit der ich recht zufrieden bin, fertig bin (Partitur-Reinschrift, Klavierauszug etc.) endlich wieder an die »Lulu« zu gehen. Mit Frau Wedekind bin ich indessen nach hartnäckigen Unterhandlungen zu einem recht befriedigenden Abschluß gekommen. Leider ist dieser mein Opernplan, wie Du auch schreibst: public geworden. (Ich weiß nicht wer dahinter steckt.) Ich sage »leider«, weil es bei dem langsamen Tempo meiner Produktion bis zur endgültigen Realisierung ja noch jahrelang hin ist. Es wird Dich übrigens interessieren, daß mir Karl Kraus sagen ließ, daß er mir die Urfassung der »Lulu« zur Verfügung stellen kann. Und da fällt mir ein, daß Du ja vielleicht gar nichts von der neuen Affaire gehört hast! Lies zu diesem Zweck zuerst die beiliegende Kritik Pisk's über die Offenbach Vorlesungen. Eine von uns (Steuermann, Kolisch und Kapellmeister Fritz Mahler |:jenem Schüler von mir, der eine Offenbachoperette mit der Regie Karl Krausens in Stendal uraufführte:| und mir) entrierte Aktion, die den Zweck haben sollte, das hohe musikalische Niveau jener Vorlesungen zu beweisen – ich dachte an eine Adresse, die von möglichst vielen wirklichen und prominenten Musikern unterzeichnet hätte werden sollen – fiel leider nicht so wirksam aus, als ich erhoffte. Sie beschränkte sich schließlich auf einen (übrigens sehr feinen) auch in meinem und Kolisch's Namen an Kraus adressierten Brief, der in der nächsten Fackel (Anfang Aug.) erscheinen wird.[1] Schad, schad, daß ich nicht in Wien war! Ich habe dabei übrigens einige interessante Erfahrungen gemacht. Hievon mündlich mehr!

Aber auch eine andere Erfahrung habe ich in diesen Sommerwochen gemacht. Nämlich wiedereinmal die Erfahrung, Recht zu behalten, wenn es keine Freude mehr ist (wie etwa im scharfen Disput, wo ich selbst schwächeren Wortkämpfern, als Du einer bist, rettungslos unterliege). Ich meine die Erfahrung im Falle »Maschinist Hopkins«.[2]

Dieses Machwerk hat also tatsächlich den Erfolg erzielt, den ich ihm prophezeit habe, prophezeit auf Grund meiner Kenntnis von Pu-

1 Fackel Nr. 811-819, Anfang August 1929, S. 91-93 (s. oben S. 27, Anm. 1).
2 Zeitoper des Wiener Komponisten Max Brand (s. oben S. 29, Anm. 1).

blikum und seinen augenblicklichen Wünschen, und von der Art, wie in diesem »Werk« diesen dreckigen Wünschen in *jeder* Beziehung und auf geschickteste Weise Rechnung getragen wird. Du, der Du Dich in Dingen des Theaters und der Zeitung doch gut auskennst, wirst jetzt nicht mehr behaupten, daß es sich hier lediglich um einen von der U. E.[1] aufgezäumten Provinzerfolg handelt, der in Nichts zusammenfällt, wenn die Großstadt-Kritik eingreift, wenn die derzeitigen Macher der großen Opernbühnen ein Wort zu reden haben; und die Rathäuser und Horensteine können nicht mehr leugnen, daß der Brand, »dem die einfachste Harmonisierung eines Volksliedes nicht zuzutrauen ist« (wie schlagend klingt so ein Argument im Disput; da fällt einer wie ich natürlich »auf die Pappen«) da nicht etwas zuwege gebracht hat, was derzeit als veritable »Oper« Geltung hat, die ihr im Hinblick auf andere (wertvolle und auch wertlose) Produkte immerhin sehr großes Publikum findet, und selbst von denen, die diese Musik durchschauen und ablehnen, ernst genommen wird.

Lies auf das hin allein das Feuilleton Einsteins[2], der als einer der feinsten und heute als führender Musikkritiker Deutschlands gilt, und der nicht die geringste Beziehung zur U. E. hat.

Bedenke, daß selbst die *Frankfurter Zeitung*, die anderen Dreck dieser Opernwoche (ebenso wie die Berliner Zeitungen) rückhaltlos geißelt, es »geradezu als ein Glück« bezeichnet, »daß die Opernwoche wenigstens mit einem theatralisch zugkräftigen und musikalisch annehmbaren Stück schließen konnte«, das sich »als das Werk eines Könners darstellt, der mit genauer Kenntnis der Bedürfnisse des Publikums seine bescheidene Potenz höchst rationell auswertet.«[3]

Und der gegen die U. E. grundsätzlich feindlich eingestellte Marschalk (Vossische) schreibt sogar von einem »in gewissem Sinne interessanten Werk«, das zumindestens »dem *Dichter* gelungen ist« dessen »Maschinist Hopkins« »einen dem Leben und dem Geist unserer Zeit zugewandten Dichter-Komponisten(!) zeigt«.[4] Daraus magst Du, lieber Soma, aber auch ersehen (wovon ich Dich im Wortstreit nie überzeugen konnte), was als Operntext *möglich* ist, über dessen

---

1 Die Universal Edition, Bergs Musikverlag.
2 Alfred Einstein, *Opern-Woche im Industrie-Gebiet*, Berliner Tageblatt, 10. Juli 1929.
3 Karl Holl, *Das Duisburger Musikfest*, FZ 501, 8. Juli 1929.
4 Max Marschalk, »*Maschinist Hopkins*«, Vossische Zeitung, 12. Juli 1929, Unterhaltungsblatt Nr. 160 (die Hervorhebung stammt von Berg).

Inhalt und dramatische Konzeption tatsächlich jeder Musikrezensent und Musikschriftsteller(!) in ernsthaftem und nicht etwa in ironischem, geschweige vernichtendem Ton referiert, und weiters, daß Deine felsenfeste Annahme, der Erfolg dieser Oper werde der darin enthaltenen Jazzmusik (Du weißt, was ich meine) zu verdanken sein, falsch ist, und *meine* Annahme, selbst in solchen Details, die richtige war, daß diese Musik *ebenso* wertlos ist, wie die übrige, ja noch weniger inspiriert als die mancher anderen lyrischen oder dramatischen Stellen. »Moderne Tänze mit mehr Geist und mit mehr Witz zu schreiben und raffinierter zu instrumentieren, gelingt heutzutage vielen«.

Aber nicht nur die *Presse* hat alles getan, damit ich Recht behalte; auch die Kunststätten selbst tragen das Ihre dazu bei:

⟨Zeitungsausriß:⟩

Aus F r a n k f u r t wird berichtet: Intendant Professor T u r n a u hat die vor kurzem auf dem Opernfest in Duisburg mit großem Erfolg uraufgeführte Oper »M a s c h i n i s t Hopkins« des Wiener Komponisten Max B r a n d für das Frankfurter Opernhaus erworben.

Also nicht etwa München, die dümmste Stadt Deutschlands; nein ausgerechnet die intelligenteste fällt auf das hinein. Fällt ebenso hinein, wie Moskau, der Hochsitz des Theaters, die Stadt Stanislawskis, Meyerholds und Tairows[1]:

⟨Zeitungsausriß:⟩

Die M o s k a u e r O p e r beabsichtigt im Laufe der kommenden Spielzeit den »F i d e l i o« unter Leitung von Otto K l e m p e r e r aufzuführen. Weiterhin stehen auf dem Spielplan H i n d e m i t h s »N e u e s v o m T a g e«, B r a n d s »M a s c h i - n i s t Hopkins« und drei russische Opern »Almaste«, »Sagmok« und »Die Mutter«.

Womit – selbst wenn es nicht zur Aufführung kommt – bewiesen ist, daß selbst eine auf solcher Höhe des Theaters stehende Bühne diesen Brand'schen Blödsinn als richtiggehendes Theater zu empfinden scheint und es geeignet findet, damit dem verwöhntesten Publikum der Welt, dem Publikum eines Millionenreiches nicht anders den »Tritt der Arbeit« zu versetzen als dies seitens eines obskuren Pro-

---

1 Konstantin Stanislawski, Wsewolod Meyerhold und Aleksandr Tairow, die russischen Schauspieler, Regisseure, Theaterleiter.

vinzregisseurs den paar tausend Duisburgern gegenüber geschehen ist.

Reicht sich damit Ost und West in schönster, von mir vorausgesehener Eintracht die Hand – und gleich alles was dazwischen liegt:

⟨Zeitungsausriß, Hervorhebungen von Berg:⟩

Der Erfolg eines Wiener Komponisten. »Maschinist Hopkins« bereits von mehr als *zehn* Opernhäusern angenommen
Max B r a n d s Oper »Maschinist Hopkins« wurde auf Grund außerordentlichen Erfolges beim Duisburger Tonkünstlerfest sofort von einer großen Reihe von Opernhäusern zur Aufführung erworben, darunter: Städtische Oper *Berlin*, Opernhaus *Dresden*, Staatsoper *Stuttgart*, Stadttheater *Nürnberg*, Opernhaus Frankfurt am Main, Nationaltheater *Weimar*, Opernhaus *Breslau*, Landestheater *Braunschweig*, die Stadttheater *Hagen* in Westfalen, *Chemnitz und andere*.

– so geschieht dies nicht nur, damit ich Recht behalte, sondern auch auf meine Rechnung (woraus Du allein ersehen kannst, daß mich dieses Rechthaben gar nicht freut) indem ausgerechnet in Frankfurt und Moskau der dort seit Jahren und auch heuer wieder angekündigte »Wozzeck« zugunsten jenes Schundes zurücktreten muß. Woraus Du aber weiter auch ersehen kannst, daß Du den Anteil der U. E. (die sich übrigens für meine Oper seit 5 Jahren zerkratscht) an solchen Erfolgen, und die Beeinflussung der Opernbühnen seitens Hertzkas und Heinsheimers[1], weit überschätzt. Dort wo nichts zu holen ist (wie etwa in dem von ihnen gleichermaßen in Duisburg lancierten »König Roger« von Szymanowski[2]) ist ihr Einfluß auch nicht größer, als der anderer *Verlagsunternehmungen* und ihre Praxis auch nicht verwerflicher als die der *Opernbühnen*, die ihre Geschäfte machen wollen, und als der Anteil *von Presse und Publikum*, die die von der U. E. in jeder Saison herausgestellten Unsterblichkeiten erst zu solchen machen; und sei es zu einer Unsterblichkeit von einem Fünfviertel-Jahr, die ich dem »Maschinist Hopkins« von vornherein konzedierte, oder einer von fünf Jahren, wie die Jonnys und der Dreigroschenoper[3], oder ei-

---

1 Siehe oben S. 32, Anm. 1.
2 Auf Betreiben der Universal Edition hatte im Oktober 1928 in Duisburg die deutsche Erstaufführung der Oper *König Roger* von Karol Szymanowski stattgefunden; daraufhin war sie in die Duisburger Opernfestwoche 1929 übernommen worden (vgl. K. Szymanowski, *Briefwechsel mit der Universal Edition 1912-1937*, hg. von Teresa Chylinska, Wien 1981, S. 94 ff.).

ner von fünfzig Jahren, wie....., und welche Presse und welches Publikum eine solche Unsterblichkeit von fünfhundert Jahren, wie die von Schönbergs Opernmusik, nicht wird hindern können.

Bei welcher fast statistischen Aufzählung ich ein Werk, dem ich die Geltungsdauer von fünfzig Jahren zubillige, aus rührender Bescheidenheit nicht nennen konnte und von dem ich nur sagen kann, daß Du den Namen seines Autors nie erfahren wirst: es ist der Deines

Dich innigst grüßenden Alban Berg

Sage bitte auch Inge alles Liebe und Gute von mir. Und auch ihrer lieben Mutter und den übrigen Keilhofern. Und all dies auch im Namen von Helene.

Der Ordnung halber: Die von Dir angekündigte Frankfurter Zeitung ist nie eingelangt.

P.S. Ich erhalte eben aus Wien die neue »Fackel« (811-819) 176 Seiten. Laß sie Dir kommen; sie scheint hochinteressant zu sein!

Zwei Beilagen

77 *Morgenstern an Berg*

Liebster Alban

Ich danke sehr für den langen und so schön geschriebenen Brief. Ich denke nicht daran, es Dir zu vergelten, daß Du so lange nichts zu schreiben hattest – wie ich ja auch nicht gedacht habe, Du hättest zur Strafe so lange geschwiegen. Auch habe ich Dir ja Gründe angegeben, warum ich Deine Anfrage zu Baudelaire nicht gleich hatte beantworten können. Den Rest von Groll darüber hoffe ich noch mündlich beseitigen zu können ebenso Deinen Vorwurf wegen der ausgebliebenen F. Zeitung. Es lag, glaub mir, nicht an mir – sondern an den vielen Konflikten, die ich auszutragen hatte. Genug darüber.

Es freut mich, daß Du mit der Arie zufrieden bist: wenn Du es schon selbst bist, werden die Anderen es gewiß noch besser treffen.

3 Die Opern *Jonny spielt auf* von Ernst Křenek und *Die Dreigroschenoper* von Bertolt Brecht und Kurt Weill.

Hoffentlich hast Du auch ein Stück »Lulu« bebaut. Vergesse aber nicht an Erholung.

Was Du mir über K. K. mitgeteilt hast, interessiert mich sehr. Ich habe nichts davon gehört. Wird Dir die Urfassung der »Lulu« noch von Nutzen sein?

Wie hat die Adresse an K. K. gewirkt? Schade, daß Du nicht für größere Beteiligung hast sorgen können. Daß aber K. K. Herrn Pisk so ernst nimmt ist doch andererseits auch zu beklagen. Wer ist schon Herr Pisk? –

Brands Erfolge haben mich keineswegs so überrascht – ich weiß was in Deutschland mit einem Regisseur und mit Maschinen angerichtet werden kann schon vom Theater her. Daß in der Oper noch Unmöglicheres möglich ist – liegt ja auch an der Gattung. Ich bleib dabei, daß Text und Musik so ein versuchter Furz ist wie er ist. Nicht einmal ein Dreck. Die Erfolge? Man wird doch da sehen!

Übrigens wird es Dich gewiß schmerzen, zu hören, daß man in Deutschland glaubt, Du hieltest Werk und Verfasser für bedeutend. Ich habe drei Menschen, die mich darnach gefragt haben, überzeugen können daß es nicht wahr sei. Aber Einstein vom B. T.[1] hat mich leider nicht gefragt.

Weißt Du übrigens, daß Brand sich überall in Deutschland für einen aktiven k. k. Rittmeister ausgibt? Offen gestanden, ich habe mich dabei ertappt, daß ein Erfolg dieses Mannes mich doch sehr freuen würde. Weil er ja zeigt, was heute alles »moderne« Musik mit sich bringen kann. –

Ich reise 1. September nach Wien. Inge, der es Gottseidank sehr sehr gut geht, bleibt hier. Wann kommt Ihr nach Wien? Erholt hab ich mich diesmal gründlich – gearbeitet bloß in Entwürfen – aber nicht schlecht, wenn auch nicht viel.

Helene und Dir herzlichste Grüße von Inge und Deinem

⟨Beuerberg,⟩ 18. August 29   Soma Morgenst

---

1 Alfred Einstein, Musikkritiker am *Berliner Tageblatt.*

Trahütten, 25. 8. 29

Mein lieber Soma, bei der Lektüre Deines Briefes sehe ich erst, wie mir der Disput – und eigentlich nur der Disput mit Dir – abgeht. Obwohl ich keine Zeit habe, muß ich Dir daher gleich antworten.

Vor allem: es lag mir – bei Gott! – nichts ferner, als Dir wegen der Frankfurter Zeitung einen »Vorwurf« zu machen; ich habe es nur für notwendig gehalten, Dich davon zu verständigen, daß sie nicht eingelangt ist, weil Du mir (Anfangs Juli) schriebst, daß Du deswegen »soeben« an die Expedition geschrieben hast, und ich annehmen konnte, daß Du der Meinung bist, daß auf das hin alles klappt. Welche Meinung ich Deinethalben richtigstellen mußte. Nicht meinethalben! Denn so sehr es mich natürlich gefreut hätte, Deine Beiträge darin zu lesen (das kann man nachholen!), so froh bin ich fast, die Zeit, die das Zeitunglesen leider kostet, verkürzt zu haben. Hindern mich die zwei Wiener Zeitungen, die ich halte, ja fast an anderer Lektüre.

Karl Kraus: In Wien wirst Du gewiß die »Fackel« als erstes lesen; was sich diesmal besonders lohnt. Da wirst Du dann auch die PAP-Angelegenheit verstehen. Nicht um die Person Pisks, dieses armen Waserls, handelt es sich, sondern darum, daß in diesem Organ der Arbeiterschaft, (dem einzigen übrigens, das von den Offenbach-Vorlesungen Notiz nahm und dem eines Großteils jener Leser, die an Karl Kraus glauben) verbreitet wird, daß seine Offenbach-Darbietungen musikalisch wertlos seien und daß das ein »Fachmann« sagt, der eben jenen Lesern als maßgebend erscheint, und schon deshalb erscheinen muß, weil er, als der strengsten Schule – dem Schönbergkreis – angehörig, bekannt ist. Durch unseren, eben aus derselben Gegend kommenden Brief an Karl Kraus ist zumindestens *dem* entgegen getreten. Und nur *dem*! Denn Pisk zu vernichten ist schon deshalb überflüssig, weil er es selbst besorgt hat.[a]

Brand: Du sagst: »Man wird doch da sehen.« Nun, ich finde, man hat schon da gesehn! Und zwar das, was ich prophezeit habe. Was noch an »Welterfolg« und »Unsterblichkeit« übrig bleibt, wird sich programmäßig – und zwar nach meinem Programm – in der Saison 1929/30 abspielen. Der »Furz« ist also nicht nur »versucht« sondern heute schon als *gelungen* zu betrachten. *So* gelungen, daß er von der großen Öffentlichkeit, der er zugedacht war, mit Andacht und Respekt, und selbst dort, wo er Ablehnung fand, ernsthaft … aufgerochen wurde. Wie Du weißt, auch vom Musikreferenten der FrZ![1] Holl, der ja zu denen gehört, der ⟨sic⟩ das Ganze durchschaut, sagt resumierend in einer der großen Fachzeitschriften (für Exkremente und Blähungen), die mir jetzt allenthalben zu Gesicht kommen,: »Man wird auf diesen Hopkins noch öfter zurückkommen; denn er erfüllt immerhin äußerlich ein gewisses Bedürfnis nach Einbezug unseres heutigen Lebens in die Welt der Opernbühne und hat szenisch wie musikalisch Hand und Fuß.«

Du hast, lieber Soma (verzeih daß ich persönlich werde!) eben *doch* nicht gewußt, was alles auf dem Gebiet des Operntheaters und überhaupt in der »Gattung der Oper möglich ist.« *Ich* wußte es, und deshalb brauche ich mich nicht einmal zu schämen, daß ich den »Hopkins« »empfohlen« habe (wenigstens nicht *mehr* zu schämen, als darüber, daß ich anderes, wie diese »Tullia« z. Bsp. nicht verhindern konnte[2]). Es ist eben ein Unterschied zwischen der Annahme eines Werkes für ein sogenanntes »Musikfest« und der Ehrung durch eine Preiszuerkennung; diese hintangehalten zu haben, kann ich ebenso vertreten als jene Befürwortung.[3]

Inzwischen hat die Richard Strauss-Stadt Dresden – nach langem »reiflichen Erwägen«, das auch dem »Wozzeck« galt, sich für Hopkins, als vorläufig einzige Novität für 29/30 entschieden. Und ebenso Leningrad – neben »Neues vom Tage«[4]. Die Auswirkung dieses Furzes wird sich also nicht auf Deutschland beschränken (das übrigens nicht zu unterschätzen ist; denn das andere Europa hält, was deutsche Opernmusik betrifft, ja doch erst bei Richard Strauss, trotz Jonny in Paris und Tote Stadt[5] in New York) und damit schwächt sich auch Dein Argument, Du wüßtest, »was in Deutschland mit einem Regisseur und mit Maschinen angerichtet werden kann«, von selbst

---

1 Karl Holl schrieb in der *Frankfurter Zeitung* noch ein weiteres Mal über das Duisburger Tonkünstlerfest (FZ 546, 25. Juli 1929), ferner in: Schweizerische Musikzeitung (Zürich), Jg. 69, Nr. 15/16 (15. August 1929), S. 546-549.
2 *Tullia*, eine – bei der Uraufführung in Duisburg durchgefallene – antikisierende Römer-Oper von Paul Kick-Schmidt.
3 Als Mitglied der Jury, die das Programm der Duisburger Opernwoche festzulegen hatte, befürwortete Berg die Aufführung von Brands *Maschinist Hopkins*. Als Juror des Musikpreises der Stadt Wien für das Jahr 1929 hatte er mangels entsprechender Werke die Preisvergabe abgelehnt. Einer der Bewerber war Max Brand mit seiner Oper gewesen.
4 Paul Hindemiths Zeitoper, im Juni 1929 von Otto Klemperer im Rahmen der Berliner Festwochen uraufgeführt.
5 *Die tote Stadt*, Oper von Erich Wolfgang Korngold (1897-1957), uraufgeführt im Dezember 1920 in Köln von Otto Klemperer.

ab. Na ja natürlich gehören Regiemöglichkeiten, Maschinen⟨,⟩ Jazzelemente, Kriminalität, Soziales und sonst noch einiges dazu, daß der Furz so wohlriechend für die Mitwelt wurde. Nicht aber die von Dir so oft ins treffen geführten Argumente, wie *Provinz*erfolg, Verlags-Makelei, nicht bekannt gewordene Jazz-Plagiate und – jetzt neuerlich – seine angebliche »aktive k. k. Rittmeisterschaft« (Also doch Meisterschaft!). Daß er sich »überall in Deutschland für einen solchen ausgibt«, wird ebenso wahr sein, wie das »was man in Deutschland von mir glaubt«, daß ich nämlich »den Brand und sein Werk für bedeutend halte«. Du weißt doch selbst am besten, wie so was entsteht. Ich kann mir vorstellen, daß der Brand, bei der unvermeidlichen Angabe seiner biografischen Daten nicht verschwiegen hat, daß er im Krieg Offizier war. Oder war er das nicht? Ich habe selbst sowas gelesen, erinnere mich aber nicht genau; werde der Sache aber nachgehen. Im Übrigen: sollte doch eine Schweinerei dahinter stecken, so ist es nicht eine solche, die »zeigt, was alles ›moderne‹ Musik mit sich bringen kann«, sondern einer von vielen hundert Beweisen (s. Fackel), was *überhaupt* heute möglich ist.

Damit Du aber nicht glaubst, daß ich mit dem eben Gesagten den »Musikern« die Stange halten will,: ein Beitrag, was auch in der Welt der unmodernen Musik möglich ist.

Die von Schumann gegründete »Zeitschrift für Musik«, eine der angesehensten Deutschlands (卐), die übrigens die Oper Brands, trotz seiner aktiven Rittmeisterschaft, vollständig verriß und als »Giftpflanze« entlarvte[1], bringt in der Rubrik »Buntes Allerlei«:

> G o e t h e i m J a h r e 1929.
> Hätte Goethe das heutige Nachtleben der Unterhaltungsstätten gekannt, so hätte das »Nachtlied« des modernen Wanderers zweifellos wesentlich anders geklungen. Etwa:
>
> In keinem Saale ist Ruh.
> Bei dem Skandale bis du
> Matt wie ein Hauch.
> Ertaubt sind die Kellner schon lange –
> Sei nur nicht bange,
> Bald bist du's auch![2]

1 Fritz Stege in: Zeitschrift für Musik (Berlin u. a.), Jg. 96, Heft 8 (August 1929), S. 459 ff.
2 a.a.O., S. 490.

Genug! Zu Erfreulicherem: Daß es Inge so gut geht und auch Du Dich so erholt hast, freut uns riesig. Auf Deine Arbeit bin ich schon sehr gespannt; in Wien mußt Du mir davon erzählen. Aber wann wird das sein? Vor Ende September, Anfang Oktober wohl kaum: ich muß hier bleiben und arbeiten. Die langwierigen Schreibereien an Auszug und Partitur der »Arie« und dann fast drei Wochen Asthma (seit ich hier bin), haben bis jetzt die »Lulu«-Komposition verhindert. Aber mit dem Buch beschäftige ich mich wohl, umsomehr als ich jetzt gerade Kutschers sehr aufschlußreiche Wedekind-Biografie[1] lese. Ansonsten freuen wir uns dieses herrlichen Sommers – und fürchten uns auf die Winterkälte. Trotzdem denken wir sehr viel an Wien und seine Kinos und – was mich allein betrifft: an seine Mitropa-Cupspiele!

Wir grüßen Euch alle auf das Herzlichste u. wünschen weiterhin alles Gute, besonders Inge! Dir selbst besonders liebe Grüße von

Deinem Alban

⟨Anmerkung von Morgenstern:⟩

a) Alban war, wie man sieht, sehr verbittert und empört über den Musikkritiker der *Arbeiter-Zeitung*, Pisk,, der eine abfällige Kritik über Karl Kraus' Offenbach-Vorlesungen geschrieben hatte. Er hat daraufhin, wie ich an anderer Stelle erwähne, einen Aufruf verfaßt (und Unterschriften gesammelt), in dem zur Gründung eines Fonds für ein »Theater der Dichtung«, geleitet von Karl Kraus, aufgefordert wird. Ich habe einige Offenbach-Vorlesungen mir angehört und namentlich über seine Darbietung der Operette *La Périchole* in der *Frankfurter Zeitung* einen Bericht veröffentlicht. Kraus hatte den Text bearbeitet und seine eigenen zusätzlichen Couplets, wie das ganze Stück mitsamt den Chören, als Solist meisterhaft vorgetragen. Und ich habe diese große Leistung entsprechend gewürdigt. Ich habe meinem Freund Ernst Křenek Platz gemacht, anschließend meinem Bericht sein fachmännisches Urteil über das Musikalische beizufügen.[2]

79 *Morgenstern an Berg*

⟨Wien, nach 18. September 1929⟩

Lieber Alban,

seit 10 Tagen bin ich in Wien und beginne die Erholung langsam aber sicher wieder abzugeben: in Theatern, in Streifzügen durch die

---

1 Artur Kutscher, *Frank Wedekind. Sein Leben und seine Werke*, München 1922.
2 *Perichole, der elfte Offenbach. In Wien von Karl Kraus gelesen. I. Der Vortrag* / Soma Morgenstern; *II. Die Musik* / Ernst Krenek, FZ 23, 9. Januar 1931.

»Großstadt«, nicht zuletzt auf der Hohen Warte[1]; und vor allem beim Zahnarzt. Ich wurde schon wieder einmal aufgeschnitten und stehe gerade vor einer Kieferoperation, vor der ich mich zwar nicht fürchte, die ich aber noch abzuwehren gedenke. Das ist auch der Grund, warum ich so lange nicht geschrieben habe: ich muß täglich zum Zahnarzt und das macht mich übellaunig und verbittert.

Wie geht es Euch, Ihr Lieben!? Und wann kommt Ihr endlich nach Wien? Zwar ist es mir sehr recht, wenn Du fest arbeitest, aber andererseits geht Ihr mir ⟨in⟩ Wien jetzt sehr ab – zumal ich Strohwitwer bin und sehr anlehnungsbedürftig. (Das sag ich aber mehr für Helene als für Dich!)

Inge bleibt in Bayern und fährt dann Mitte Oktober nach München. Ich bin ziemlich ratlos: ich geh nach Berlin, möchte es aber nicht gern, brauche jetzt eine eigene Wohnung und hab keine –: ich suche aber doch, weil mir eine längere Trennung von Inge gerade jetzt gar nicht behagt. Wie ihre Familie ist weiß⟨t⟩ Du ja und Inge braucht doch gerade jetzt jemanden der für sie ganz da ist. Ach man hat es nicht leicht!

————————

Wie weit bist Du mit Deiner »Lulu« gekommen? Hoffentlich so weit, daß Du in Wien dann instrumentieren kannst. –

»Wozzeck« soll, höre ich, im Jänner herauskommen. Diese Verschiebung freut mich aber: weil Inge und ich schon befürchtet haben, daß Deine und Inge's Premiere kollidieren könnten. –

Den Dichter-Komponisten Brand sah ich im Café Museum: er erzählte mir, daß Du mit der »Lulu« fertig bist. Ich dachte mir: wohl mit seiner (Brands) Lulu, nicht mit Deiner?...

Mein Freund Rathaus ist Vater eines Sohns geworden.[2]
So jetzt weißt Du alles. Übrigens: Mätsch's hab ich noch keine sehr schönen gesehen.

Ich grüße und umarme zuerst Helene und dann Dich sehr herzlich
Soma
Kommt bald nach Wien.

1 Gemeint ist Wiens großes Fußballstadion.
2 Bernt Rathaus, geboren am 18. September 1929 in Berlin.

235

Trahütten, 25. 9. 29

Mein lieber Soma, Dein wirklich lieber Brief hat uns sehr gefreut, und obwohl ich zur gleichen Zeit 14 andere Briefe bekommen habe, die ich größtenteils sofort beantworten mußte, beeile ich mich, Dir (wenigstens kurz) zu schreiben. Diese umfangreiche Geschäftskorrespondenz ist aber auch der Grund, warum ich baldigst nach Wien zurück muß. Wir werden vermutlich am Mittwoch d. 2. nachmittag 6 Uhr ca in Hietzing eintreffen. Diese viele Briefschreiberei ist aber auch *einer d e r v i e l e n* Gründe, warum ich mit meiner Arbeit an der »Lulu« gar nicht recht vorwärts gekommen bin. In *der* Hinsicht werde ich also meine Freunde enttäuscht haben. Aber was ist das gegen die *eigene* Enttäuschung, die mir diese fast verlorene zweite Sommerhälfte bereitet! Wann werd' ich wieder zwei solche Monate finden, wo ich diese Oper um ein großes Stück weiter bringen könnte? Was vor mir liegt, wird eine beruflich so bewegte Zeit werden, daß ich heute schon weiß, daß ich in den nächsten 6, 7 ja vielleicht 8 Monaten nicht zum Komponieren kommen werde. Und dabei darf ich nicht einmal klagen; denn diese berufliche Bewegung ist ja etwas sehr Erfreuliches. Um Dir gleich das Schönste zu berichten: Ich werde in der kommenden Saison 8 bis 10 Bühnen fürn Wozzeck haben: Aachen, Düsseldorf (Horenstein!), Essen, Lübeck, Königsberg, Köln, Hagen und Wien, vielleicht Stuttgart und wahrscheinlich wieder Berlin. Schon aus *diesem* Grund werde ich viel herumkommen. Als erstes Anfang Dez. in Köln, wo ich auch wieder einen »Vortrag« halten muß[1]. Aber auch sonst wirds *Konzert*-aufführungen geben, die mir, auch wenn ich nicht hinfahre, viel Zeit kosten werden (befindet sich ja darunter auch die »Arie«, die zumindestens mit der Sängerin einstudiert werden muß. Am 18. Nov. ist im *Frankfurter* Rundfunk unter Scherchen die Uraufführung[2]) Zu einem Amsterdamer W⟨iene⟩r Musikfest bin ich auch eingeladen. Dort hab ich auch Aufführungen von Werken Eislers und Wiesen-

---

1 Seit der Oldenburger Premiere (im März 1929) hielt Berg des öfteren seinen *Wozzeck*-Vortrag zur Einführung in das Werk; die von ihm ausgewählten Passagen der Oper wurden entweder von einem Pianisten oder vom jeweiligen Orchester gespielt.
2 Die Uraufführung von Bergs Konzert-Arie *Der Wein* war für ein Frankfurter Gastspiel Hermann Scherchens mit dem Königsberger Rundfunkorchester vorgesehen, mußte wegen Erkrankung der Sängerin Růžena Herlinger aber abgesetzt werden. Scherchen holte die Uraufführung am 4. Juni 1930 beim 60. ADMV-Musikfest in Königsberg nach.

grunds vermittelt (Schönberg und Webern selbstverständlich, auch Hauer), und da dort alle hinkommen sollen, wär es vielleicht ganz nett, der Einladung Folge zu leisten. Umsomehr als Helene Amsterdam nicht kennt.

Einen großen Teil meiner Zeit im kommenden Winter wird natürlich die *Wiener* Wozzeck-Auff. beanspruchen, indem man mir versprochen hat, daß ich in jeder Hinsicht auf diese Auff. Einfluß nehmen darf. Was die betrifft, so hab ich damit schon eine große Freude erlebt, indem mein stiller Wunsch, daß Strnad[1] die Inszenierung besorgen wird, in Erfüllung gegangen ist. – Auch sonst scheint man sich ernstlich Mühe zu geben!

Genug von mir. Ich habe Dir noch sonst allerhand Interessantes zu erzählen. Ja sehr interessantes! Aber damit warte ich bis wir uns wieder sehen. D a r a u f freuen wir uns schon sehr, und wenn ich auch weiß, daß Helene bös ist, daß ich »uns« schreibe, *so stimmts ja doch.* Schau, daß Du bis dahin mit Deinen Zähnen in Ordnung bist Dieses Dein Misère damit geht uns sehr nahe, ebenso wie Deine Wohnungssorgen und Dein Dilemma wegen Berlin.... Darüber werden wir noch viel beraten. Denn es *muß* ja jetzt eine Lösung gefunden werden. Wir denken viel an Deine und Inges jetzige Situation, und wie es anzupacken ist, daß das, was nun so schwer erscheint, wieder leicht wird. Über all diesen Sorgen schwebt ja doch die freudige Erwartung auf das Kommende![a]

Und nun auf Wiedersehen, mein Liebster; am Donnerstag ruf' ich Dich an. Sollte mir aber Deine TelefonNr abhanden gekommen sein, so ruf *Du* an, bitte, bei Deinem

Alban

⟨Am Rand der ersten Seite:⟩

Haben Dir Ploderers[2] die Landsberger Zeitung zugestellt?

---

1 Oskar Strnad (1879-1935), österreichischer Architekt und Bühnenbildner.
2 Bergs Freunde Rudolf Ploderer und seine Frau. Ploderer, Anwalt in Wien, war eng mit Schönberg, Berg und Webern befreundet. Er war Mitbegründer und Redakteur der Wiener Musikzeitschrift *23.* Am 20. September 1933 nahm er sich das Leben. Durch das Zeugnis Gordon Claycombes, Weberns amerikanischem Schüler, ist eine Beschreibung des letzten Abends in Ploderers Leben überliefert: »Wie so oft, saßen Claycombe und Ploderer bis lange nach Mitternacht im Café Museum. Ihr Gespräch drehte sich zunächst um Schönbergs Emigration und die düsteren Aussichten auf die Zukunft, gelangte dann bei Plato an und schließlich bei Aristoteles' *Nikomachischer Ethik.* Es gab jedoch keinerlei Anzeichen einer bevorstehenden Katastrophe. Ein paar Stunden später schied Ploderer still aus der aus den Fugen geratenen Welt.« (Hans u. Rosaleen Moldenhauer, *Anton von Webern. Chronik seines Lebens und Werkes,* Zürich 1980, S. 616, Anm. 11)

⟨Anmerkung von Morgenstern:⟩
a) Alban freute sich auf das von uns erwartete Kind ebenso wie wir selber. Beide Bergs waren sehr kinderlieb.

81 Morgenstern an Berg (Telegramm)

Ausgefertigt:
München, 25. Oktober ⟨1929⟩

alban berg
trauttmansdorffgasse 27
wien 13

wir haben einen sohn
soma max josephstraße 2

82 Morgenstern an Helene und Alban Berg

Liebste Helene
Liebster Alban
Täglich nehme ich mir vor, ein⟨en⟩ langen Bericht zu schicken und komme doch nicht dazu. Eine innerliche Spannung, die erst vorbei sein wird, wenn Inge erstmal wieder spazieren geht, läßt kein ruhiges Betrachten zu.

Nur so viel: Inge und dem Kind geht es sehr gut. Das Kind ist soweit ein Vater sich ein Urteil bilden darf: wirklich sehr reizend. Ich bin schon sehr begierig Helenes Mienenspiel zu betrachten, wenn sie meinen Sohn vorgeführt bekommt. Einen Wagen hat er schon. Von Urgroßmutter.

Meinem Sohn habe ich, um ihn dafür zu entschädigen, daß er in München geboren, nach Wien zuständig sein wird, gleich zwei hebräische Namen gegeben: Dan Michael.

Ich bleibe hier noch bis Samstag – da hoffe ich Inge nach Beuerberg begleiten zu können. Dann komme ich spätestens am Montag nach Wien. Mit den herzlichsten Grüßen
⟨München,⟩ 3. November 29

von Inge und Soma

Ich hab Teddie zu seinem Austritt aus dem Anbruch grad gratuliert –
heute schreibt er mir, er sei wieder gut mit ihm, der Verlag. Also
brauchen sie ihn doch⟨,⟩ die Kommis!

83 Morgenstern an Berg

⟨Beuerberg, Anfang Mai 1930⟩

Liebster Alban

Danke sehr, daß Du an mich gedacht und eine Karte zum Mätsch
besorgt hast. Ich hatte schon befürchtet, daß ich werde stehen müssen,
oder überhaupt draußen bleiben.

Ich bin noch immer in Beuerberg. Das Wetter ist wunderbar – alles
blüht und mein Sohn allein: – ein ganzer Frühling[1].

Nach Wien komme ich Samstag abends an. Ich klingle gleich bei
Euch an. Vielleicht gehen wir Sonntag zum Cup-Finale?[2] Ich hab
schon so einen Goalhunger! Herzlichste Grüße Helene*n* und Dir

von Deinem Soma

P. S. Deinen Radiovortrag haben wir hier ganz gut gehört.[3]

Herzlichst grüßt Euch Eure Inge.

84 Berg an Morgenstern (Fotokarte: Bergs Ford Cabriolet)

Berghof ⟨Poststempel: 6. September 1930⟩

Mein lieber Soma, ich habe schon seit einiger Zeit die F. Z. verständigt sie soll Dir die Zeitung nach *Wien* senden. Trotzdem langt sie
nach wie vor hier ein. *Erhältst Du sie trotzdem, oder soll ich nochmals schreiben?* Bitte baldigst Nachricht! Anbei unser 40 PS-Ford-
Wagerl geschlossen. Es ist *vollständig* zu öffnen. Hinten sind zwei
sehr bequeme Notsitze oder Platz für viel Gepäck. – Wir fahren täg-

---

1 Ludwig Börne in seiner Polemik gegen Goethe: »er allein ein ganzer Frühling« (*Goethes
Briefwechsel mit einem Kinde*, Sämtliche Schriften, hg. von Inge und Peter Rippmann, Bd. 2,
Düsseldorf 1964, S. 855).
2 Am Sonntag, den 11. Mai 1930 fand das Fußballfinale des ›Wiener Cups‹ statt.
3 Berg hatte seinen Vortrag in Dialogform *Was ist atonal?* am 23. April 1930 in der RAVAG,
dem österreichischen Rundfunk, gehalten.

lich aus! Ansonsten: gestern schrieb ich einen Gratulations-Kanon f. d. Frankf. Opern-Jubiläum.[1] Dein Pressgesetz-Artikel gefiel mir *sehr*![2] Wie geht's Inge? Seid beide herzlichst gegrüßt von uns!

Dein Alban

85 Morgenstern an Berg

Liebster Alban,

Danke für Deine Karte – das Auto sieht ja prächtig aus, obschon die Aufnahme es ein bißchen verkürzt hat.[3]

Mit der F. Z. ist es so: seitdem Du sie abbestellt hast, bekomme ich sie in zwei Exemplaren!! Und Du bekommst sie auch. Ich nehme an, daß dieser Pallawatsch mit den Wahlen[4] im Zusammenhang steht: brauchst nichts weiter zu machen.

Am 15. Sept. übersiedeln wir – wir haben eine Wohnung (möbliert) Gott sei Dank in Hietzing: Elsslergasse 15. Ich werde am 15. der Expedition meine neue Adresse mitteilen – nach den Wahlen kommt vielleicht wieder Ordnung. – Die neue Wohnung ist gut aber teuer – aber was sollen wir tun?

Die F. Z. behauptet, daß Du in diesem Jahr mit der »Lulu« fertig wirst – stimmt das?

Wie lange bleibt Ihr noch weg? Wie geht es Helene? Kommt bald nach Wien!! Mir schreib mal ausführlicher.

Herzlichste Grüße Helene und Dir

Wien am 9/9 30   von Soma und Inge

86 Berg an Morgenstern

Gut Berghof, 13. 9. 30 Mein Lieber, dank Dir für Deinen Brief. Also nun habt Ihr doch eine Wohnung u. Gottlob nicht weit von uns! Seid beide – u. nun auch bald zu dritt – willkommen darin.

---

1 *In deines Lebens fünfzig Jahren*, Bergs vierstimmiger Kanon nach eigenem Text zur Fünf-zigjahrfeier des Frankfurter Opernhauses am 20. Oktober 1930.
2 *Wirkung des österreichischen Pressgesetzes*, FZ 643, 29. August 1930.
3 Das Auto ist auf dem Hochformat-Foto vorn und hinten angeschnitten.
4 Wohl die Wahlen zum deutschen Reichstag am 14. September 1930.

240

Mit Deinem Artikel über das W⟨iene⟩r Theater hast Du mir eine sehr große Freude gemacht.[1] *Das* ist einmal etwas nach meinem Geschmack. Wie sich da aus der Belanglosigkeit der Aufzählung allmählich immer mehr Wahrheiten zu schließlicher Weisheit über das Theater emporschrauben, das ist schon sehr fein. Und stark ist es auch; vielleicht weil es so ernst ist. – Ich bin also sehr froh, die F. Z. noch zu haben. – Trotz der falschen Nachricht über »Lulu«, die auf einem Druckfehler zu beruhen scheint: Es soll richtig heißen daß ich die Oper im Laufe dieses Jahr-hunderts zu beenden beabsichtige.

Die Photographie unseres Fords ist allerdings verschnitten: es hätte ein waagerechtes Bild werden sollen. Ich hab den Apparat verkehrt gehalten so ☐ statt ▭

Wir sind sehr zufrieden mit dem Wagen u. ich beginne allmählich ein guter Fahrer zu werden. Je länger man fährt, desto mehr sieht man, wie schwer es ist *gut* zu fahren. Leider tritt jetzt eine Unterbrechung in unseren Fahrten ein: Helene mußte nach Wien auf ein paar Tage: Ihr Bruder übersiedelt von Rekawinkel nach Steinhof.[a]

Wir wollen aber noch lange hier bleiben. Ich habe vorderhand auch alle Einladungen zu »Wozzeck« Premièren und Vorträgen (Amsterdam, Köln etc) abgesagt u. werde nur *d o r t h i n* fahren, wo ich unbedingt *nötig* bin.

Ihr seid jetzt wohl schon im Neuen Heim u. habt es gewiß recht hübsch – *das* und seine Einwohner sind eines der wenigen Dinge, nach denen ich mich in Wien sehne. Tausend Grüße von Deinem

Alban

⟨Beilage: zwei aufgeklebte Zeitungsausrisse vom 13. September 1930 – links der *Wiener Tag*, rechts das *Neue Wiener Journal* – mit am 13. September geborenen Personen aus Kunst und Wissenschaft, manche der Namen von Berg unterstrichen, das Fehlen eines Namens von ihm zwischen den Ausrissen wie folgt kommentiert:⟩

13. Sept 1874
Arnold Schönberg
geb.

---

1 *Zum Beginn der Wiener Theatersaison*, FZ 673, 10. September 1930.

241

Ach, da wein' ich!:
Gilt's was Schlecht's
Sind sie einig
← Links und rechts →

⟨Anmerkung von Morgenstern:⟩
a) Der Bruder Helenes war geistesgestört und wurde damals von einer mir unbekannten Anstalt nach Steinhof gebracht. Das war die größte Irrenanstalt in Wien.
Helene hat leider die Krankheit ihres Bruders auch nachher nicht wahrhaben
wollen und geglaubt, es würde ihm gut tun, wenn er in die Sommerfrische mitgenommen würde.

87 Berg an Morgenstern

Gut Berghof, 23./6. 31

Mein lieber Soma, bist Du noch in Wien? Ich wollte Dir *vor* dem 15.,
an dem Ihr abzureisen beabsichtigtet, noch schreiben, um Dich sicher
in Wien zu erreichen, verpaßte aber den »Termin« u. so schreibe ich
jetzt ins Ungewisse. Wenn Dich aber dieses Lebenszeichen erreicht,
so gib auch eins, bitte!

Wir sind hier wieder ganz eingewöhnt u. ich kann mir schon gar
nicht mehr dieses unsinnige Wiener Leben vorstellen. Außer – ich
lese die W⟨iene⟩r Zeitungen u. bekomme doch Lust über manches
dort authentisch orientiert zu werden. Z. Bsp. über die Bacchantinnen[1]. Wenn Du noch in Wien bist, warst Du doch sicher dabei. Was
sagst Du dazu? Schreibst Du darüber? Wenn nicht, *wer* schrieb in der
F. Z. u. wie?

Und wie geht's Euch Dreien? Wie lang bleibt Ihr am Land? Wirst
Du arbeiten? Ich wollte Dich die letzte Zeit immer wieder fragen, was
Dein geplanter Roman macht, wofür Du bereits einen Verleger hast?[2]

Ich arbeite – wie gewöhnlich sehr langsam – an der Lulu weiter
u. bin zufrieden. Daneben täglich Bad u. nachm. längere Autofahrten.

---

1 *Die Bacchantinnen*, eine Oper des ehemaligen Schönberg-Schülers Egon Wellesz (1885-1974).
2 Morgensterns erster Roman *Der Sohn des verlorenen Sohnes* ist Ende 1935 bei Erich Reiss in
Berlin erschienen. Die Idee zu der Trilogie, deren ersten Teil dieser Roman bildet, entstand unter
dem Eindruck eines Kongresses der ›Agudas Jisroel‹, einer internationalen Vereinigung orthodoxer Juden, die sich im September 1929 in Wien versammelt hatte. Morgenstern war als Journalist hingegangen, um Bericht zu erstatten. Dieser Bericht wurde nie geschrieben.

242

Gelesen hab ich bereits: *Leonhard Frank*: Bruder u. Schwester (schlecht!) u. *Hausmann*: »Lampioon küßt Mädchen und kleine Birken« (nicht übel!) Kennst Du etwas davon? Einen *starken* Eindruck macht mir momentan Wolf Solent (Zsolnay).[1]–

Und nun seid 1000 mal gegrüßt von uns!

Euer Alban

Alles Liebe auch Frau von Klenau u. den Kindern, an die wir nach dem urgemütlichen Abend bei Euch mit viel Freude denken.
RAPID endgültig †, hoch Vienna!

⟨Beiliegend ein Ausriß aus dem *Neuen Wiener Journal* vom 18. Juni 1931, von Berg überschrieben: »Wiener Kunstnachrichten!« – u. a. mit Meldungen über neue Opern von Erich Wolfgang Korngold, Egon Wellesz und Max Brand.⟩

88 Morgenstern an Berg

Liebster Alban

Mit Deinem Brief hab ich mich sehr gefreut. Ich hätte Dir noch gern von Wien geschrieben, aber wir sind tatsächlich schon am 15. Juni abgereist und diese Pünktlichkeit hat viel Arbeit und Zeit gekostet; weil wir ja die Wohnung ganz räumen mußten.

Auch ich bin sehr froh Wien ein paar Wochen nicht zu sehen. Es ist ja im Grunde ein lächerlicher Aufenthalt für ernste Menschen. Ein Glück noch, daß wir ja nicht ganz zu diesen zählen – also es vielleicht doch noch eine Zeit in Wien aushalten werden.

Von den Büchern, die Du gelesen hast, kenne ich nur eins. Aber ich mag keine geistigen Fragen erörtern. In diesem Zusammenhang: Ich arbeite an meinem Roman. Ein Kapitel ist eben hier fertig geworden. Ich möchte noch drei in den Ferien niederschreiben und hoffe, daß mir das gelingen wird. Halt ich weiter durch, kann der Roman zum Jänner 1932 fertig sein. Kiepenheuer möchte ihn haben. Doch geb ich den Roman dorthin, wo man den größten Vorschuß zahlt. Was denkst Du darüber?

1 Leonhard Frank, *Bruder und Schwester*. Roman, Leipzig 1929. – Manfred Hausmann, *Lampioon küßt Mädchen und kleine Birken. Abenteuer eines Wanderers*, Bremen 1928. – John Cowper Powys, *Wolf Solent*. Romantrilogie, Wien 1930.

Apropos Brand: hat nicht auch Gustav Mahler in Aussee komponiert?...

Was macht Helene? Hat sie noch Sorgen mit ihrem Bruder? Schreib mal länger.

Willst Du die Frankfurter Zeitung haben?

Inge und dem Buben geht es gut. Ich bin etwas melancholisch. Vielleicht kommt das von der ernsten Arbeit – so was mag ich ja wie Du weißt, nicht.

Ja die »Rapid« ist Gottseidank verstorben. Hoffentlich folgen ihr die Wiener Theater und andere Ordinärheiten.

Ich umarme Euch Beide herzlichst

⟨Beuerberg,⟩ 3. Juli 31   Soma

Alle Beuerberger schließen sich mit herzlichen Grüßen an.

89 Berg an Morgenstern

Gut Berghof, 17./7. 31

Mein lieber Soma, auch ich habe mich über Deinen Brief sehr gefreut. Aus vielen Gründen (daß Ihr »am Land«, daß Ihr wohl seid; sicher ebenso herrliches Wetter habt wie wir etc), am meisten aber über das Werden Deines Romans. Du kannst dir nicht vorstellen wie begierig ich bin u. gespannt, wie so etwas Großes von Dir aussieht (ich kann es mir ja eigentlich nicht vorstellen, da Deine Bühnenwerke u. die kurzen Essays kaum einen Schluß auf die Art, wie Du *Romane* schreibst, zulassen. Trotzdem erscheint mir der Kiepenheuer Verlag, von dem ich mehrere Romane kenne, als der geeignete, was Niveau u. Renommée betrifft. Finanziell??? Ja da kann ich Dir nicht raten. Schon gar nicht jetzt nach der deutschen Katastrophe![1] Die erscheint mir nämlich – aus der Entfernung – ungeheuerlich! Was sagst Du, und die F. Z. dazu: in dem Villach liegt nämlich nur die Münchner N. N.[2] auf. Ev. schon von dem (Tief-) Standpunkt aus, wäre es mir natürlich sehr erwünscht, wenn Du *Deine* F. Z. hierher dirigieren lie-

---

1 Neben der Massenarbeitslosigkeit – in Deutschland waren zu diesem Zeitpunkt 5,5 Millionen Menschen ohne Einkommen – dachte Berg vor allem wohl an die verhängnisvolle Stärkung der Nazis seit den Reichstagswahlen des Vorjahrs, die ihnen 18,3% der Stimmen und damit eine sprunghafte Vermehrung ihrer Parlamentssitze von 12 auf 107 beschert hatten.
2 Die rechtsstehenden *Münchner Neuesten Nachrichten.*

ßest. Aber macht das nicht Umstände u. rentiert sich's noch? Wie lang bleibst Du denn noch am Land? (Ich wünsche Dir: »den ganzen Sommer!«) *Wir* so lang als möglich in den Herbst hinein. Helene hat vor 3 Wochen ihre Autoprüfung bereits bestanden u. fährt dementsprechend viel was eine *Entlastung* für mich bedeutet. Umsomehr widme ich mich meinem wunderbaren 5 Röhren-Apparat, der mich – völlig reibungslos mit ganz Mitteleuropa in Verbindung setzt. Gestern z. Bsp. hörte ich *Schönbergs* Stimme (:der in Frankfurt auf Grammophon-Platte aufbewahrte Vortrag vom Frühjahr[1]) dann besonders gut Rom – Mailand, Toulouse etc. etc. Es macht mir viel Spaß!

Und nun leb wohl, mein Lieber, schreib mir bald u ausführlich (auch über den *Roman*!) u. grüße *a l l e* von uns

Dein Alban

Mahler komponierte nie in Aussee.[a]

⟨Anmerkung von Morgenstern:⟩
a) Gustav Mahler sagte einmal einem Komponisten, der ihn in seiner Sommerfrische besuchte und in dem Ort gleich längere Zeit bleiben wollte, um zu komponieren: »Hier hab ich schon alles wegkomponiert!« Ich hatte Alban in meinem Brief gefragt, ob es sich dabei um Aussee handelte.

90 *Berg an Morgenstern*

Gut Berghof, 3./6 32

Mein Lieber, ich hätte Dir längst schon geschrieben, wenn ich nicht so – fleißig wäre. Aber da mir die Arbeit gut von der Hand geht, geize ich mit jeder Minute. Muß ich sie (die Arbeit) ja in 14 Tagen wieder gehörig unterbrechen (:Mir graut vor Wien) und muß ich zwischendurch auch noch eine Rede verfassen für die Hertzka-Gedächtnisfeier am 20. VI[2].

Damit hab' ich dir aber auch alles berichtet, was mich derzeit angeht (nachdem ich von dem, was mich am meisten angeht [?] tiefbeschämt schweigen will und deshalb auf's Rapideste[a] auf etwas anderes übergehe:) Wie geht's Euch? Bitte um kurzen Bericht über Euch *3* u. wie lang Ihr in Wien bleibt u. was für Sommerpläne Ihr

1 Schönbergs *Vortrag über op 31*, am 22. März 1931 im Frankfurter Sender gesprochen.
2 Emil Hertzka, Direktor der Universal Edition, war am 9. Mai 1932 gestorben.

habt. Wenn Du (oder Inge) aber gar *ausführlich* schreibt, würde uns das besonders freuen. Seid herzlichst gegrüßt von uns!

Euer getreuer Alban

⟨Anmerkung von Morgenstern:⟩
a) Offenbar hatte sein geliebter Fußballklub ›Rapid‹ ein wichtiges Spiel verloren.

91 Berg an Morgenstern

Gut Berghof, 10/8.32

Liebe Somainge (französisch: zweisilbig auszusprechen) Nachdem ich wochenlang Eure Adresse nicht wußte (Salzburg?) beantwortete ich Euern lieben langen Brief nicht u. wollte es schon verschieben bis ich wenigstens einen von Euch wieder in Beuerberg wußte. Nun macht's mir aber Deine Karte aus Lanersbach[1] *früher* möglich. Hoffentlich stimmt die Adresse, die ich der Stampiglie von Kirchler's Gasthaus entnehme.

Ja, das ist ein herrlicher Sommer, was das Wetter betrifft. Und wir könnten recht zufrieden sein, wenn wir nicht wieder so schwere Sorgen mit Helenens Bruder gehabt hätten, die uns fast den ganzen Juli vergällten... u. auch meine Arbeit, die im Juni so glänzend vor sich ging, empfindlich störten. In diesen letzten 3, 4 Wochen waren wir immer wieder abwechselnd in Trahütten und Berghof u. erst jetzt, nachdem Helenes Bruder wieder in Wien ist (er war in Trahütten) sind wir endgültig wieder hier am Berghof. Die 3 mal, die *ich* in Trahütten war, bekam ich jedesmal Asthma, was mir auch immer einige Arbeitstage kostete. Schließlich wurde ich vor zirka 1 Woche von einem Wespenschwarm* überfallen (auf der Landstraße, nachdem ich mich zum 1. mal entschlossen hatte: spazieren zu gehen) u mit 20-30 Stichen auf Kopf, Nacken, Hals, Arm u. Beinen gehörig zugerichtet: wieder 3, 4 verlorene Tage.

Aber nun *geht's* wieder u. ich hoffe, daß mich bis spät in den Herbst hinein nichts mehr stört.

Allerdings muß ich mir da selbst *Zwang* antun. Das Land ist so schön, das Wetter so herrlich u. die ganze Umgebung voll lieber Men-

---

1 Diese Karte aus Tirol und der erwähnte Brief Morgensterns sind wahrscheinlich nicht erhalten.

schen, so daß man viel lieber *nicht* arbeiten möchte. Am Millstädter See sind Steuermanns u. Gielens[1], Kolisch u. sein Quartett, Reichs[2]. Am Wörthersee Křenek (Stuckenschmidts[3] und Rathaus versäumte ich leider); Eberts[4] und GMDir Böhm (Hamburg)[5] traf ich auch dort. Am Paachersee u auf der Kanzel je ein Direktor der U. E. Heinsheimer erwarte ich auch dieser Tage. U. s. w.

Sag Soma: kannst Du, wenn Du nach Wien fährst, nicht *über Villach* fahren? Das wäre nett! *E i n Wort*, wann Du dort ankommst genügt, für *alles andere*: Abholen, Unterkunft etc etc sorgen wir; geh, sei »fesch« u. mach den kleinen Umweg; wir würden uns riesig freuen.

Ich hätte Dir noch *viel* zu erzählen, aber das will ich alles *mündlich* besorgen. Auch Du wirst mir ja eine Unmenge von Dir, Inge und Dan zu berichten haben u von Salzburg und *Horenstein*, den ich ganz besonders herzlich grüßen lasse.

Alles Liebe Euch Dansomainge von Euren Bergs
AUF WIEDERSEHEN!

Ich lese ein besonders schönes Buch eines Schulkollegen: Hermann Broch: Schlafwandler[6]

* vermutlich Hakenkreuzler, obwohl die Uniform auf schwarzgelbe Legitimisten schließen ließ

---

1 Josef Gielen (s. oben S. 176, Anm. 3) war ein Schwager Eduard Steuermanns.
2 Willi Reich (s. oben S. 125, Anm. 2).
3 Hans Heinz Stuckenschmidt (1901-1988), Musikschriftsteller und Kritiker.
4 Carl Ebert (1887-1980), der von Berg geschätzte Schauspieler, Regisseur und Theaterleiter, 1927-1931 Intendant in Darmstadt, 1931-1933 an der Städtischen Oper Berlin.
5 Generalmusikdirektor Karl Böhm hatte im Februar 1931 am Hessischen Landestheater Darmstadt den *Wozzeck* dirigiert.
6 Hermann Broch (1886-1951) veröffentlichte die Romane seiner Trilogie *Die Schlafwandler* in den Jahren 1930 bis 1932.

247

92 Berg an Ingeborg Morgenstern (Postkarte)

⟨Poststempel: Villach, 19. August 1932⟩

Du fehlst uns hier sehr, liebe Inge. Sei herzlichst gegrüßt von:

Alban Berg und Helene

Viele herzlichste Grüße

E Steuermann

Herzlichste Grüße

Erwin Stein[1]

Soma   Berthold Viertel

Hilda Steuermann[2]

KOLISCH-QUARTETT

93 Berg an Morgenstern

Gut Berghof, 7. 9. 32 Mein lieber Soma Dank für Deinen Brief[3], den ich mit einer recht traurigen Nachricht beantworten muß. Helene ist sehr krank. Durch die Unvorsichtigkeit der Annerl[4], die aus einer mehrere Liter fassenden Blechkanne Spiritus in den eben im Verlöschen begriffenen, aber *noch* brennenden Rechaud nachschüttete entstand eine fürchterliche Explosion; Helene die knapp davor stand (sie »richtete« gerade »an«) bekam die ganze Stichflamme mit dem in der ganzen Küche herumspritzenden brennenden Spiritus in's Gesicht. Trotzdem hatte sie die Geistesgegenwart, der Annerl die brennende Schürze vom Leib zu reißen u. sie so vor der sicheren Verbrennung zu retten. Bis ich dazukam*, waren nur noch die letzten Flammen zu ersticken. Und nun zeigten sich erst die Folgen: Helenens Gesicht vollständig versengt mit Verbrennungen (gottlob I. Grades) übersät, teilweise weggebrannter oberer Haut auf Stirn u Wangen und Mund, später Anschwellungen, Entzündungen, die Haare rings um den Kopf versengt, Augen verschwollen. Noch ärger ist die rechte Hand zugerichtet, mit der sie in die brennende Schürze der Annerl gegriffen hatte: *Eine* offene Fleischmasse, von den Fingern könnte man fast,

---

1 Erwin Stein (1885-1958), Dirigent und Musikschriftsteller, war ein Schüler Schönbergs.
2 Die Frau Eduard Steuermanns.
3 Dieser Brief ist nicht erhalten.
4 Anna Lenz, Helene und Alban Bergs Hausgehilfin.

wie Röhren die Haut herunter ziehn: fast durchwegs Brandwunden II. Grades.

Die Katastrophe geschah Donnerstag Abends gegen 9 Uhr. Löwes[1] halfen fabelhaft: um 10 Uhr waren Helene u Annerl (die übrigens verhältnismäßig gut wegkam [Arm u Bein]) bereits in Begleitung v. Frau Dr Löwe** per Taxi im Villacher Sanatorium, das ein famoser Chirurg leitet, u. blieben dort für's erste. Und nun ist Helene wieder zuhaus, (wir haben ein neues Mädel) u. muß nun warten, warten, warten..... Die Heilung des Gesichts wird 2, 3 Wochen währen; bis die letzten Spuren verschwunden sein werden natürlich viel viel länger. Außer den fürchterlichen Schmerzen, die nun gottlob vorüber sind, leidet Helene natürlich tief unter der Angst zeitlebens entstellt zu sein. Aber Arzt u. Schwestern garantierten vom ersten Moment an völliges Verschwinden jedweder Spur. Und ich glaube es!

Vorderhand bleiben wir hier. »Hier« ist gut! Du würdest dieses »Hier« nicht wieder erkennen: Trotz dem Wetter, das womöglich *noch* schöner ist, als die vorhergehenden strahlenden 6 Wochen, trotz der gleichen Umgebung... erscheint es mir wie eine ganz neue Welt, die ich nach einer weiten Reise, alles andere zurücklassend, erreicht habe....

Zu Deinem Brief in Kürze: Helene reiste *allein* hierher. Ihr Bruder blieb in Wien. Sie fuhr damals *noch schneller* als auf der Hinfahrt!

Sehr gerne lese ich in der F. Z. solange Du sie leicht entbehren kannst. Mussolinifilm gefiel uns sehr. Besonders der *nonchalante* Ton mit dem Du dieses schwere Problem Faszismus behandelst.[a]

Broch's III. Band[2] ist wieder *s e h r* lesenswert u. in vieler Hinsicht bedeutend. Lies ihn womöglich bald u. berichte! Herzlichst grüßen wir Dich und Inge der Du diesen Bericht schicken magst –

Dein Alban

* auf die ungeheure Detonation u. die Schreie der Frauen hin –
** ich war gerade nach einer schweren Halssache mit Fieber tagelang im Bett gewesen.

⟨Anmerkung von Morgenstern:⟩

---

1 Dr. Erich Löwe und seine Frau, die Besitzer von Gut Berghof.
2 *1918 – Huguenau oder die Sachlichkeit*, München und Zürich 1932, der dritte Teil von Hermann Brochs Romantrilogie *Die Schlafwandler*.

a) Es handelt sich um einen Propagandafilm über Benito Mussolini, den ich in einem Artikel mit dem Humor behandelt habe, den er verdient hat. Wie ich ihn in der *Frankfurter Zeitung* dann gelesen habe, hat es mich ebenso wie Alban gewundert, daß die Redaktion ihn offensichtlich mit Vergnügen gedruckt hat.[1]

94 Morgenstern an Berg

⟨Wien,⟩ 18. Sept 32

Liebster Alban,

Ich habe es sehr bedauert, nicht auch mit Dir ein Wort telefonisch sprechen zu können. Helene war so deprimiert, daß ich noch unter dem Eindruck ihrer Stimme stehe – hat sie noch Schmerzen?

Ein Facharzt für Haut sagte mir, daß Brandwunden I. Grades gar keine Spuren hinterlassen, aber ich verstehe schon, daß das ein Trost für später ist und die arme Helene macht sich zu den Schmerzen gewiß auch noch Sorgen.

Bitte, schreib mir wie weit die Besserung schon zu sehen ist und wie es mit der Heilung der Hand ist. Ist das Mädchen noch im Spital? Die hat ja noch Glück gehabt, daß Helene so geistesgegenwärtig war – daß es überhaupt Helene war! So was bringt ja auch nicht bald ein Mann fertig!

Grüße Helene herzlichst und sie soll sich wenigstens keine Sorgen machen!

Ich hatte mit der Wohnung schreckliche Scherereien – nun ist der Vertrag geschlossen. Und neue mit der Einrichtung beginnen im Oktober. Wir werden IV. Belvederegasse 10, aber erst ab 1. November wohnen. Bis dahin müssen wir einrichten, mit wenig Geld und also viel Schulden.

1 *Der »Mussolini-Film« in Wien*, FZ 651-652, 1. September 1932.

Beiliegend ein Ausriß aus dem Tagebuch. Das Wort »kacknaiv« trifft die Sache vollkommen. Jetzt wirst Du sehen, daß ich nicht ungerecht war.[1] Herzlichste Grüße

Dein Soma

Inge ist wieder nach Beuerberg, kommt im Oktober her.

95 Morgenstern an Berg (Postkarte)

⟨Poststempel: Wien, 3. Januar 1933⟩

⟨Werbepostkarte der Wiener Kleinkunstbühne ›Der liebe Augustin‹ mit vorgedrucktem Text, darüber Morgensterns handschriftliche Anrede »Lieber Alban«, im Text die Worte »ausgezeichnet unterhalten« von ihm unterstrichen, und unterschrieben: Soma.⟩

1 Diese Bemerkung galt wohl einem Artikel, mit dem die *Frankfurter Zeitung* den Herausgeber der Berliner Zeitschrift *Das Tagebuch*, Leopold Schwarzschild, angriff. In einem Kommentar zu den Todesurteilen eines Beuthener Sondergerichts gegen fünf Nazitäter, welche den kommunistischen Arbeiter Pietrzuch vorsätzlich und auf sadistische Weise zu Tode gebracht hatten, kennzeichnete Schwarzschild diese Tat als Folge auch einer »furchtbaren Verschlammung des Rechtsempfindens«, die durch Parteien, Staat und Justiz der Weimarer Republik verschuldet worden sei; und er schlug vor, die berechtigte Vollstreckung dieser Todesurteile oder aber eine (sofort vielerorts geforderte) Begnadigung zu Zuchthausstrafe davon abhängig zu machen, ob die Nazis ihre Serie von Mord und Totschlag fortsetzen würden: »In die Hand der Kameraden der Verurteilten, – derselben Kameraden, die jetzt um ihr Leben eifern –, seien tatsächlich also diese Leben nun gegeben!« (Leopold Schwarzschild, *Die fünf Todesurteile*, in: Das Tage-Buch, Berlin, Jg. 13, Heft 35, 27. August 1932, S. 1331-1334) Dies nun nannte die *Frankfurter Zeitung* einen Vorschlag zur Geiselnahme und schrieb: »Sehr viel weiter kann man die Unmenschlichkeit kaum mehr treiben, ärger kann man das Recht allerdings kaum mehr auf den Kopf stellen, als indem man vorschlägt, daß der Delinquent nicht seine eigene, sondern daß er f r e m d e Schuld büßen solle! Uns scheint, daß Grundsätze nicht dazu da sind, aufgegeben zu werden, wenn es vielleicht etwas schwierig ist, ihnen treu zu bleiben, und wenn diese Treue nicht ohne weiteres Vorteile mit sich zu bringen verspricht.« (*Die Barbarei steckt an*, FZ 654-655, 2. September 1932) Darauf Schwarzschild, nachdem er den Vorwurf der Geiselnahme entkräftet hatte: »[...] selbst heute, unter den letzten Krämpfen der Abwehr gegen den dergestalt übermächtig gewordenen Gegner, haben die guten Menschen noch immer nicht gelernt, in Kategorien des gegenwärtigen politischen Machtkampfes statt in Kategorien einer politischen Zukunfts-Ethik zu denken. Wir fürchten, es wird ihnen wenig nützen, wenn erst die große nationale Massen-Hinrichtung, betitelt Nacht der langen Messer, die Schlußpointe zu dieser ganzen Politik beschworen ungleichen Kampfes liefern wird. Immerhin muß es schön sein, noch unter den Instrumenten der dann tätigen Exekutoren nachdrücklich betonen zu können, daß man selber aus grundsätzlichen Erwägungen von jeglicher Schärfe stets schärfstens abgerückt ist.« (»*Die Barbarei steckt an*«, in: Das Tage-Buch, Jg. 13, Heft 37, 10. September 1932, S. 1432-1434). Dies der Ausriß, den Morgenstern wohl seinem Brief beilegte. Die fünf Gemeinschaftsmörder waren inzwischen begnadigt worden.

251

96 Berg an Morgenstern (Ansichtskarte in Kuvert: Villach mit Mangart, darüber Hakenkreuz-Emblem in aufgehender Sonne)

28. 4. 33

Du wirst staunen, lieber Soma, wie sich die Gegend hier, seit Du sie im Sommer sahst, verändert hat. Alles Liebe Euch 3en von uns

Dein Alban

⟨Absender auf dem Kuvert: Berg, Florenz Hôtel Savoia[1]; Poststempel: Villach, 28. April 1933⟩

97 Berg an Morgenstern

Alban Berg
»Waldhaus« in Auen
am Wörthersee
Post Velden
Österreich

2. 8. 33   Mein Lieber, mein langes Schweigen hat natürlich nichts anderes zu bedeuten als, durch viel Arbeit u. sonstigen Zeitverlust* hervorgerufenen Zeitmangel. Dann aber auch: Mangel an Erzählenswertem. Denn, nachdem ich mit diesen paar Zeilen (plus Fußnote) jenen letzten Mangel erschöpfend aufgeklärt habe, bliebe nur das andere Gesprächsthema dieser Sauzeit, zu dessen Behandlung in einem *Brief* man sich aber schwer entschließt, so sehr es einen nach wie vor auch beschäftigen mag.

Was dies Letztere betrifft: so viel ich auch davon höre (ich lese täglich Journal u. Tag, hie u da auch andere Zeitungen, habe einigen Verkehr von Informierteren, u. vor allem höre ich nächtlich viel Politik im Radio aller Länder, Deutschland obenan, überfliege auch das neue Tagebuch u. die neue Weltbühne[2]) so sehne ich mich oft nach einem Gedankenaustausch mit Dir und nach den Gesprächen der Café Museums-Runde.

---

1 Berg war im Begriff, nach Florenz abzureisen, um als Ehrengast an einem Musikkongreß teilzunehmen, der anläßlich des ersten ›Maggio Musicale Fiorentino‹ Anfang Mai 1933 stattfand.
2 *Das Neue Tage-Buch* (Paris), hg. von Leopold Schwarzschild, setzte im Exil das Berliner *Tage-Buch* fort. *Die Neue Weltbühne* erschien nach dem Verbot der Berliner *Weltbühne* seit April 1933, zuerst in Prag, dann in Paris.

Wie gehts *Dir*? Erzähle mir doch ein wenig von Dir u Deinen Plänen u. von Inge und DAN u. von der F. Z. u. was Du sonst noch weißt u. denkst: Es ist gewiß interessanter als *mein* Geschreibsel.

Ansonsten leben wir – wie komisch in dieser Zeit: fast idyllisch: das »Waldhaus« (das derzeit voll besetzt ist [: Helenens Bruder u. Tante sind da]), macht uns viel Freude.

Herzlichst Dein Alban

Alles Liebe von Helene auch an Inge

* Korrespondenz, Sommerfrischengebräuche (:wie Baden, Spazierengehn, in die Luft schaun) u. Beschäftigung mit der »Waldhaus«-Installierung[1]

98 Berg an Morgenstern

»Waldhaus«, 7. 9. 33 Mein lieber Soma, lang haben wir nichts voneinander gehört. Dein lieber Brief hat uns *sehr* gefreut und amüsiert*! Indessen sind schöne Sommer- u. schöne Nazi-Wochen vergangen u. der Herbst steht vor der Tür. (Für Beides?)

Von uns ist nichts Neues zu berichten: Arbeit am Klavier u. in Haus u Garten bildet nach-wie-vor die Grundlage unseres Lebens hier. Und wenn uns nicht hie und da die Narrischkeiten meines Schwagers Unruhe bereiten würden, so lebten wir – mitten im Krieg – in schönstem Frieden. »Mitten im Krieg« ist kein Scherz; manchmal erscheint mir das, was ist und kommen wird so fürchterlich, daß ich den Gedanken daran mit aller Gewalt verdrängen muß, um arbeiten zu können.

Was sagst Du übrigens zu Schönberg (Ploderer hat Dir gewiß berichtet)?[2] U. was sagt man über Rintelens Abgang nach Rom?[b] Bitte berichte bald – wenn auch kurz – *über E u c h* : ob Du überhaupt weg warst? Und wann Inge u. Dan zurückkommen? U. über die Fr. Ztg. (die ja einen »Verweis« bekam[3], hörte ich) u. s. w. über alles,

---

1 Nach dem Verkauf des Nahowski-Besitzes in Trahütten hatten Bergs im Herbst 1932 in Kärnten das am Wörthersee gelegene »Waldhaus« erworben.
2 Schoenberg war im Juli 1933 in einer Pariser Synagoge auch formell zum mosaischen Glauben zurückgekehrt.
3 Unter dem Naziregime wurden durch die ›Kulturpolitische Pressekonferenz‹ des Reichspropaganda-Ministeriums gegen die *Frankfurter Zeitung* des öfteren Verwarnungen und Verweise

wovon Du annimmst, daß es mich im Zusammenhang mit Dir interessiert. Alles Liebe von uns!

Dein Alban

* Den Pfitzner-Artikel las ich mit großem Vergnügen. Ist er am End' von Dir?[a]

⟨Anmerkungen von Morgenstern:⟩
a) Alban hat mit seiner empfindlichen Nase richtig gerochen: Der Artikel über Pfitzner war von mir unter einem Pseudonym für die *Weltbühne* geschrieben, die damals schon nach Brünn geflüchtet war. Der Aufsatz wäre vermutlich in Wien damals schon polizeiwidrig gewesen.[1]

b) Rintelen war ein führender österreichischer Politiker, Landeshauptmann von Steiermark. Seine politische Anschauung hing von dem Wind ab, der gerade wehte. Schließlich bereitete er den Einbruch der Nazis vor.[2]

99 Morgenstern an Berg

Lieber Alban,

Dank für Deinen lieben Brief. Ich schrieb nicht, um Dir keine Extraarbeiten aufzugeben, ich hörte, daß du sehr viel arbeitest. Nun will ich erstmal Deine Fragen beantworten.

Was Du mit Schönberg meinst, weiß ich nicht ganz genau: Ploderer hat mir nichts erzählt, ich sprach mit ihm lange nicht. Aber von Leuten, die aus Paris kommen, hörte ich, Schönberg sei ein Jude und zwar ein frommer Jude geworden. Das überrascht mich wenig. Ich

---

ausgesprochen, einmal auch wegen einer lobenden Besprechung der Zürcher Uraufführung von Bergs Oper *Lulu* im Jahr 1937 (vgl. Günther Gillessen, *Auf verlorenem Posten. Die Frankfurter Zeitung im Dritten Reich*, Berlin 1986, S. 339 f.). Die Musik Bergs, wie der Wiener Moderne überhaupt, war in Nazideutschland mit Verbot belegt. Zum letzten Mal erklang eines seiner Werke in einem deutschen Konzertsaal, als Erich Kleiber am 30. November 1934 in Berlin, mit großem Beifall, die *Symphonischen Stücke aus der Oper Lulu* uraufführte. Unter dem Eindruck der prompt einsetzenden Pressekampagne gegen den Komponisten und den Dirigenten trat Kleiber kurz darauf von der Leitung der Staatsoper zurück und verließ wenig später Deutschland.
1 Konrad Pfeiffer, *Kantate von neudeutscher Seele*, in: Die Neue Weltbühne (Prag), Jg. 2 der Wiener Weltbühne, Nr. 28, 13. Juli 1933, S. 872-875.
2 Anton Rintelen (1876-1946), zeitweise auch Minister für Unterricht, war Ende August 1933 als Gesandter Österreichs nach Rom geschickt worden, nachdem er, gegen Dollfuß, für eine Verständigung mit den österreichischen Nazis plädiert hatte. Nach seiner Rückkehr aus Italien war er in den Nazi-Putsch vom 25. Juli 1934 verwickelt.

kenne ja Schönberg persönlich nicht so gut. Aber auch diese Handlung zeigt mir, daß Du Schönberg mit Recht als einen großen Mann verehrst. Ich hatte nie großes Verlangen, Schönberg in die Nähe zu kommen, weil mich ja große Männer nicht so sehr interessieren. Jetzt hätte ich dieses Verlangen und ich glaube, ich könnte jetzt Schönberg mehr geben als er mir. Denn ich habe nicht erst Hitler gebraucht, um das zu sein, was Schönberg werden will.[1] Darüber gibt es noch viel zu reden.

Ich war nicht verreist. Ich habe schwer an meinem Roman gearbeitet und tue es auch weiter. Einen Teil hab ich schon fertig und bin zufrieden. Schönbergs neuer und mein alter Gott wird mir weiter helfen. Denn ich tu' ein frommes »Werk«.

Mit meinen Nerven bin ich ziemlich kaputt, aber das ist nicht so wichtig.

Inge ist noch in Bayern. Sie möchte Anfang Oktober kommen, aber ich hab kein Geld und die Familie meiner Frau kennst Du ja.

In Österreich kommt wahrscheinlich in der nächsten Zeit ein großer Pallawatsch, aber nicht etwa von Naziseite vorderhand. Auch darüber gäb es viel zu reden; aber nur eben zu reden...

Der Zeitung, nach der Du fragst, gebe ich keine lange Dauer mehr. Hoffentlich kommen alle Saujuden ins Konzentrationslager.[2]

Übrigens schätze ich, daß spätestens im Frühjahr in der Welt eine große Zeit anheben wird, eine ganz große, die aber nur ganz Kleine überleben werden.

Wien ist momentan eine Großstadt. In den Straßen drängen sich die Leute wie am Kurfürstendamm 1929! Aber die Politik wird wahrscheinlich alles verwirren.

---

1 Schoenberg schrieb am 16. Oktober 1933 aus Paris an Berg: »Wie Du sicherlich bemerkt hast, ist meine Rückkehr zur jüdischen Religion schon längst erfolgt und ist in meinem Schaffen sogar in den veröffentlichten Teilen erkennbar [...].« (Arnold Schoenberg, *Briefe*. Ausgewählt und hg. von Erwin Stein, Mainz 1958, S. 200) Als Beleg nennt er das zweite seiner *Vier Stücke für gemischten Chor*, op. 27 (»Du sollst nicht...du mußt...«) sowie *Moses und Aron* und *Der biblische Weg*. Seit Beginn der zwanziger Jahre hatte sich Schoenbergs Rückkehr zum mosaischen Glauben vollzogen.

2 Dieser auf den ersten Blick befremdliche Satz hat etwa mit ›jüdischem Selbsthaß‹ gewiß nichts zu tun. Schon durch das sarkastische Zitat des Nazi-Wortes »Saujuden« ironisiert die Bemerkung ihren eigenen Inhalt. Gemünzt war sie auf bestimmte politische Redakteure der *Frankfurter Zeitung*, deren »Anschluß«-Wünsche Morgenstern bereits fünf Jahre zuvor in einer Briefäußerung für die Ablehnung eines seiner Artikel verantwortlich gemacht hatte: »Die Juden wollen den Anschluß und haben Angst.« (Brief Nr. 67 vom 28. August 1928; s. a. Morgensterns Anmerkung dazu).

255

In der Arbeit geht es mir genau wie Dir: man darf an nichts denken, nur so kann man eine Arbeit noch wichtig nehmen.

Entschuldige diese Litanei. Es liegt halt am Stoff und Du hast mich ja gefragt. Ich umarme Euch herzlichst

⟨Wien,⟩ 8/9 33   Soma

P. S. Eine »Fackel« ist noch immer nicht erschienen. Wenn er noch weiter sich ausschweigt, kann »auch Er mich letzten Endes«...[1]

100 Berg an Morgenstern

»Waldhaus«, 10. 11. 33 Mein lieber Soma, zwei Monate sind's her seit Deinem Brief. Indessen ist's Winter geworden. Und es fällt einem physisch schon sehr schwer hier auszuharren. Trotzdem tu ich's noch der Arbeit zulieb u. obwohl wir uns oft schon nach dem beschaulichen Café Museum u. nach den neuen Kinostücken (deren es ja scheinbar ein paar sehr gute gibt) sehnen. Aber ich *muß* ja arbeiten. Lulu muß fertig werden u. nun nähert sichs doch schon einigermaßen einem Ende, dem Schwierigsten allerdings! Casti Piani[2] ist mir – glaube ich – gut gelungen u. auch nicht konventionell etc. –

Und wenn ich Dir nun sage, daß ich außer dieser täglichen 5-10stündigen Arbeit noch viel Radio höre (eben jetzt Hitlers Wahlrede vor den Arbeitern!), hie u da nach Villach oder Klagenfurt komme: Großstadt spielen u. nachts vor dem Einschlafen lese [eben jetzt ein herrliches Buch von dem mir bisher *ganz* unbekannten englischen Schriftsteller Thomas Hardy (1840-1928): »Juda, der Unbe-

---

1 Das vorerst letzte Heft der *Fackel* war Ende Dezember 1932 erschienen. Auf den vollzogenen Machtantritt der Nazis in Deutschland antwortete Karl Kraus mit öffentlichem Schweigen. Erst im Oktober 1933 kam dann ein neues Heft heraus, vier Seiten stark, die außer seiner Grabrede für Adolf Loos das Gedicht »Man frage nicht« enthalten. Es schließt mit dem berühmten Vers: »Das Wort entschlief, als jene Welt erwachte«. Das allgemeine Rätselraten über sein Schweigen ging in die ebenso allgemeine Verurteilung des Schweigenden über. Darauf reagierte Kraus zunächst am 23. Juli 1934 mit einem *Fackel*-Heft, das die »Nachrufe auf Karl Kraus« versammelt und lakonisch kommentiert. Ende Juli folgte dann ein Heft von 315 Seiten Umfang mit einem einzigen Beitrag: »Warum die Fackel nicht erscheint«.
2 Der Marquis Casti-Piani, in *Die Büchse der Pandora* von Frank Wedekind »als die leibhaftige Mission des Mädchenhandels auf die Bühne gestellt«, so Karl Kraus am 29. Mai 1905 (Fackel Nr. 182, 9. Juni 1905, S. 8) in seiner Vorrede zur Wiener Aufführung, in der neben Wedekind selbst auch Kraus mitwirkte. Diese Aufführung hat Alban Berg damals gesehen.

rühmte«[1],... so hab' ich Dir *alles* gesagt, was von mir zu erzählen ist und was Du – ohnehin fast gewußt haben wirst. –

Wie wenig weiß ich aber von Dir u den Deinen. Inge und Dan sind jetzt wohl schon in Wien. Wie geht's Euch: was macht Dein Roman? Was die Frkft Ztg. (die ist in Wien wohl nicht verboten?!)? Wie lebt Ihr: So wie früher: viel Kino Theater Vorträge u. Konzerte? Es gibt ja heuer *mehr* als je davon in Wien u. manchmal, wenn ich vergesse, daß mir vor Wien so graut wie noch nie, stell' ichs mir herrlich vor. Allerdings müßte man das haben, was auch Du nicht haben wirst: Geld.

Nun: das ist nun auch bei mir (nach 7 fetten Jahren) ein Problem geworden. Es wird mir immer schwerer, bis zur Vollendung der »Lulu« u. der Aufführungseinnahme (Saison 1933/34) durchzuhalten, u. die Schulden steigen so, daß die dann zu erwartenden Einnahmen auch schon längst aufgezehrt worden sein werden [Sind das genug Hilfszeitwörter?!]. Ich hab' ja nicht *eine* Aufführung – auch nicht des kleinsten Liedes – in Deutschland u. somit entfallen wohl 9/10 meines Einkommens. Zu allem Unglück, das mir aus dem Regime Hitler erwächst, kommt auch noch das, daß ich – – *nicht* Jude bin u. daß also das Bestreben, das einem von der Naziseite zugefügte Unrecht wenigstens von *anderer Seite* aus gut zu machen u. einem damit Satisfaktion zu verschaffen, bei unsereinem wegfällt. Wieviel Worte und Aktionen für die Märtyrer Bruno Walter, Hubermann u. s. w.[2] u. welches Schweigen darüber, daß von mir – und Webern – u *ebenso* von Hindemith (!!) u. Křenek *keine Note* in einem deutschen Studio oder Konzertsaal erklingt.

Geh u laß wieder einmal ausführlich von Euch hören, auch über Dan ⟨der⟩ ja in jeder Hinsicht kolossale Fortschritte gemacht haben muß. Habt Ihr ein Bild? Alles Liebe von uns Euch 3en!

Dein Alban

---

1 Thomas Hardys Roman *Jude the Obscure* (1895), deutsche Übersetzung von A. Berger (1901).
2 Der Dirigent Bruno Walter (1876-1962), der Geiger Bronislaw Hubermann (1882-1947).

⟨Wien, nach 10. November 1933⟩

Liebste Helene – lieber Alban –

Ich habe ein sehr schlechtes Gewissen wegen meiner absoluten Schweigsamkeit – Aber Ihr kennt ja das Leben am Simssee – wie man den ganzen Tag draußen verbringt u. abends nicht mehr fähig ist – vernünftige Gedanken zu sammeln – weil der Kopf ganz »ausgesonnt« ist. – Jetzt ist die Familie Morgenstern wieder vereint u. langsam findet man Kontakt mit der Stadt u. alten Bekannten.

Dani vor allem ist begeistert von Wien: die vielen Autos! er ist noch immer so närrisch damit u. in Beuerberg kam er nicht sehr auf seine Kosten. Er ist sehr gewachsen – hat sich aber im Aussehen wenig verändert. Es ist ein bissl schwierig – ihn in der Wohnung ruhig zu halten – er ist jetzt die ländliche Freiheit gewohnt u. möchte sich auch hier austoben – rast durch alle Zimmer u. klettert auf den Möbeln herum. Nun soll er in einen Kindergarten kommen – das wird ihm hoffentlich gefallen.

Soma war über Sommer sehr fleißig – u. ich bin sehr begeistert über das Ergebnis.

Ich habe hier noch nicht viel mitgemacht: eine Adolf Loos Gedächtnisfeier vom Werkbund – wo Kokoschka eine Rede hielt – von der man leider wenig verstand – weil er so undeutlich sprach.[1] Ich habe ihn bei dieser Gelegenheit zum ersten Mal gesehen u. er hat mir gut gefallen. Sonst war nichts: 2 mal Kino – der Chevalierfilm ist ganz nett – weil das Baby so drollig ist – aber nicht mit früheren Filmen zu vergleichen.[2] Die guten Sachen kommen wohl erst jetzt.

Gestern abend waren wir besonders nett u. gemütlich bei Křeneks – er ist ganz schlank geworden u. sieht verjüngt u. lebhafter aus dadurch. Das Essen dort war natürlich wunderbar!

Wir haben uns bemüht – unsere Haushaltung einzuschränken u. haben die 2 rückwärtigen Zimmer vermietet – an den Cellisten Stutschewsky[3] – den Ihr ja wohl kennt. Ich mußte natürlich die Tür pol-

---

1 Adolf Loos war am 23. August 1933 gestorben. Der Wiener Werkbund veranstaltete am 27. Oktober eine Gedenkfeier, über die Morgenstern berichtete (*Adolf Loos zum Gedächtnis*, FZ 806, 11. November 1933). Oskar Kokoschkas Rede wurde abgedruckt in: Der Wiener Kunstwanderer, Jg. 1, Nr. 10 (November 1933).
2 Wohl die von Ernst Lubitsch 1932 in Hollywood gedrehte Filmkomödie *One Hour With You*.
3 Joachim Stutschewsky (1891-1982), Cellist und Komponist; gehörte von 1924 bis 1927 Rudolf Kolischs Wiener Streichquartett an.

stern lassen – so stört er uns nicht. Es ging furchtbar rasch: Entschluß fassen – annoncieren – 1. Anruf auf die Annonce: Stutschewsky – ich wartete noch 2 Anwärter ab – dann hatte ich schon so genug – daß wir schnell einig wurden. Dani schläft jetzt bei mir u. weckt mich pünktlich um $7\,^1/_4$ mit dem Ruf: »muß Lulu!« –

Wir haben große Sehnsucht nach Euch – Wollt Ihr noch lange weg bleiben? Kommt Ihr nicht zur Webern-Feier her?[1] –

Vielliebe Grüße von Eurer Inge

Lieber Alban
liebe Helene, Inge hat mir alle Themen weggeschrieben, so habe ich Euch nur zu sagen, daß Ihr doch schon endlich kommen sollt. Ich habe große Sehnsucht nach Euch; Geld haben wir auch keins, aber es muß halt auch so gehen. Wie lange, das ist die Frage, die wir alle nicht beantworten können. Vielleicht aber ist es nicht so schlimm, wie es Euch scheinen mag: Kärnten ist ja eine Hochburg, hier ist es doch anders…

Ich habe sehr gut gearbeitet. Im Sommer. Leider hat mich meine Frau, die Tochter Klenaus, jetzt in der Arbeit aufgestört! Du weißt gar nicht, was Du für einen Schatz in Helene hast. Ich beneide Dich!!

Kommt bald und seid innigst umarmt von Eurem Soma

102 Berg an Ingeborg und Soma Morgenstern
(Fotokarte: Bergs Schreibtisch im »Waldhaus«)

⟨»Waldhaus«, um 20. Dezember 1933⟩
Fröhliche Weihnachten und ein glücklicheres Neujahr wünscht Euch Dreien Euer Alban

Über Eure Briefe haben wir uns szt. sehr gefreut u. Helene antwortet ausführlicher. *Mich* interesssiert besonders Deine neue Arbeit, Soma. Ist es der früher schon geplante Roman?[2]

Ich sitze (an umstehend abgebildetem Schreibtisch) immer noch über der »Lulu«, aber ich überblicke doch schon das ganze Ende. Das

---

1 Am Vorabend von Weberns 50. Geburtstag (3. Dezember 1933) fand im Kleinen Musikvereinssaal in Wien eine Festversammlung der Österreichischen Sektion der ›Internationalen Gesellschaft für neue Musik‹ statt. Aus demselben Anlaß erschien ein Webern-Heft der von Willi Reich redigierten Wiener Musikzeitschrift *23*.
2 Gemeint ist wohl der Plan zum zweiten Teil der Romantrilogie.

kommt davon, daß ich mich hier in diesem selbstgewählten Exil am besten konzentrieren kann, weshalb ich es auch, und weil es mit dem Komfort auch fast stimmen mag, gern Konzentrationslager nenne[1]. Dazu paßt auch, daß unlängst im Bayr. Rundfunk (anläßlich des Ravag-Konzertes Webern–Berg[2]) über die verjudete Ravag u. die 2 jüdischen Komponisten hergefallen wurde. Von einem österr. Gauleiter natürlich!

Gruß Euch! d. O.

103 Ingeborg und Soma Morgenstern an Helene und Alban Berg (Weihnachtskarte)

⟨Poststempel: Wien, 23. Dezember 1933⟩

Liebste Helene u. Alban,

Wir wünschen Euch ein recht schönes ländliches Weihnachtsfest. Kommt Ihr denn überhaupt nicht wieder her? Wir haben schon große Sehnsucht! Auch Dani grüßt Tante Lene, Onkel Alban u. den Ford.

Herzlichst Eure Inge

Liebe Einsiedler,

Ich finde, daß Ihr schon übertreibt! Kommt Ihr wenigstens zu Ostern?

Frohe Weihnachten und alles Liebe von

Soma

1 Die Formulierung findet sich auch in anderen Briefen Bergs aus dieser Zeit. An Schönberg schreibt Berg am 9. Dezember 1933: »Wir sind also tatsächlich noch hier in dieser Einöde, seit bald zwei Monaten von Schnee und Eis umgeben. Außer der Arbeit an der ›Lulu‹ mit den kleinen und kleinlichen Sorgen eines solchen Aufenthaltes behaftet, wie (um nur ein paar Dinge zu nennen, die den äußerlichen Gegensatz Eures und unseres Lebens illustrieren mögen): welcher Bauer das trockenste Holz hat oder ob heute Nacht die Wasserleitung einfrieren wird, ob man eine kleine Autoreise nach Klagenfurt oder Velden unternehmen soll, um sich eines warmen Bades zu erfreuen usw. Dies angedeutet und Dir nochmals wiederholt, daß ich trotzdem lieber hier bin als in Wien, weil ich nur so die Konzentration zum Komponieren finde, wirst Du Dich über die Bezeichnung ›Konzentrationslager‹ für unser selbstgewähltes Exil nicht wundern...« (zit. bei Willi Reich, Alban Berg. Leben und Werk, Zürich 1963, S. 85)
2 Dieses Konzert zu Anton Weberns 50. Geburtstag wurde am 5. Dezember 1933 vom österreichischen Rundfunk gesendet.

Hotel Restaurant
  F o y o t
  Paris

Lieber Alban
Liebe Helene,
Wir – Inge und ich – sind nun schon parismüde geworden und reisen
Ende der Woche, wahrscheinlich am Freitag nach Wien.

Mein Roman ist bis auf einen Übergang von 8-10 Seiten im letzten
Teil fertig. Er heißt »Die Weisen von Zion« und Freunde, die ihn gelesen haben, also auch Feinde, sind mit mir zufrieden. Joseph Roth
sagt immer wieder »Unerhört! Unerhört!« – hoffentlich wird er Dir
und *Dir* – Helene ist ja immer sehr scharf mit mir gewesen – auch
nicht mißfallen.

Ich selbst, also ich kann mich schwer *darüber* auslassen – ich bin
auch sehr zufrieden.

Einen Verlag hab ich schon so gut wie sicher, soweit heute überhaupt was sicher sein kann.

Diese Epistel schreib ich in der vagen Hoffnung Euch bald zu
sehen. Einmal müßt Ihr ja doch auch ein bißchen nach Wien!

Bitte, schreibt mir gleich nach Wien: es wäre schön wenn ich zu
Hause einen Brief vorfände mit der Mitteilung: – ein baldiges Wiedersehen in Wien.

Sobald ich den letzten Teil des Buchs ausgetippt habe schick ich
ein Exemplar. – Nun genug von mir!

Hier, auch hier, fragen alle Leute nach Deiner »Lulu« – lieber
Alban. Wie steht's nun damit? Bist Du fertig? Es wäre schön, wenn
Du einen freien Sommer hättest. Ich spüre es jetzt am eigenen Leib,
was das heißt ein Jahr hinter einer Arbeit hersein. Ich bin schon ganz
kaputt.

Schreibt, wie sich die Saison bei Euch anläßt. Hätte es einen Sinn,
wenn ich in Eure Nähe käme für – Juli-August? Oder nicht? Ich hab
nämlich gar keine Lust nach Beuerberg zu gehen. Und ich muß gleich
einen neuen Roman anfangen – das Thema geht weiter.[1]

Auf Wien freue ich mich schon trotz allem, leider ist mein Schwiegervater jetzt in Wien und das hab ich nicht gern. Ich hoffe, er ist

1 Der zweite Teil der Romantrilogie.

261

schon ganz ein Nazi und also ein Wiedersehen »naturgemäß« ver-
meidlich   Ich umarme Euch herzlichst   Soma M.
Paris Montag ⟨7. Mai 1934⟩

105 Berg an Morgenstern (Postkarte)

»Waldhaus«, 12. 5. ⟨1934⟩ Soeben kommt Dein Brief, mein Lieber.
Vor zwei Tagen träumte ich von Dir. Gestern schnitt ich für Dich
etwas aus der Zeitung (8:0!!!)[1] u. heute wollte ich ausführlich schreiben. Nun kommt uns Dein Brief zuvor. Über *alle* Deine Nachrichten freuen wir uns *ungemein* u. ich möchte seitenlang auf all dies
eingehn u. Dich fragen u. s. w. So viel Zeit hab ich aber leider nicht
momentan, hoffe auch auf ein baldiges Wiedersehn. Aber für's Erste
beauftrage ich Willi Reich, der eben hier ist –, daß er Dich Montag
oder Dienstag in Wien anruft. Er kann Dir viel von uns erzählen
u. wird mir auch noch weiteres von Euch berichten. Die Hauptsache
aber: »Die Weisen v. Z.« (von denen ich schon aus dem »Tagebuch«
weiß) kann ich vor teilnehmendster Spannung u. Ungeduld gar nicht
erwarten. Heute schon gratulieren wir.
                    Herzlichst Helene u. ./. ⟨Verweis auf den Absender⟩

106 Berg an Morgenstern (Postkarte)

                    »Waldhaus« ⟨Poststempel: 18. Juni 1934⟩
Mein Lieber, was bedeutet Euer Schweigen?
   Wir waren gestern wieder im Carolinenheim, wo wir erfuhren, daß
Ihr auch *dorthin* nicht geschrieben habt.
   Indessen sahn wir verschiedenes am Faakersee an u. fanden dort
viel weniger Geeignetes u. komischerweise Teureres. Eine in Betracht
kommende Pension: 9 S ohne Trinkgeld*. Dabei gesellschaftlich sub-
altern, während Ihr in obiger Wörtherseepension[2] nur 20 Minuten zu-
fuß gehn müßt um den König von Spanien zu treffen – – u. dabei in
der Pension selbst *mehr* Ruhe habt als am Faakersee. Herzlichst Euer
                                                        Alban

---

1 Das Resultat des österreichischen Cup-Finalspiels Admira gegen Rapid am 10. Mai 1934.
2 Anspielung Bergs auf seinen Absenderstempel: »Waldhaus« in Auen am Wörthersee.

* ⟨Zusatz von Helene Berg:⟩ aber reichliches, gutes Essen, wie wir uns überzeugten! Herzliche Grüße

Helene

107 Berg an Morgenstern (Postkarte)

»Waldhaus«, 20./VI. 34

Lieber Soma, in Eile: freu mich sehr auf Dein Buch. Hoffentlich bekomm ich's recht bald!

Deinen Entschluß wegen Sommerfrische bitte *nicht* zu *telegrafieren*, das kostet hier fast 2 S. Eine Karte genügt; auf den *einen* Tag, den die braucht, kommt es bei der Miete nicht an. Habt Ihr eventuell 2 kleine Zimmer lieber?

Also wir warten auf Buch u. Nachricht. Im übrigen: wer hat wieder recht: 3:1![1]

Innigst Euer Alban und Helene

108 Ingeborg Morgenstern an Helene Berg

⟨Beuerberg,⟩ 20. VI. 34
Post Söllhuben üb. Rosenheim

Liebste Helene,

Ich danke Dir vielmals für Deine Mühe. Nun ist es wohl doch so, daß wir nach Gmunden am Traunsee fahren, da Bekannte uns dort ihre Sommerwohnung überlassen u. wir dabei hoffentlich billig wegkommen. Das ist ja leider die wichtigste Überlegung! – Ich fahre mit Dani direkt von hier aus hin, so um den 1. Juli herum werden wir wohl dort sein. Hoffentlich regnet es nicht den ganzen Sommer. Ich habe in den 14 Tagen Beuerberger Aufenthalt nur 3 schöne Tage gehabt, sonst immerzu Regen u. Gewitter. Für die Landwirtschaft war das ja gut.

Mai u. Lenka[2] sind braun wie Indianer u. sehr munter, Mami von der Sorge um Werner Riezler[3] leider recht nervös u. herunter. – Dani

---

1 Rapid besiegte am 19. Juni 1934 Slavia Prag im Mitropa-Cup.
2 Die beiden Schwestern Ingeborg Morgensterns.
3 Nicht identifiziert.

263

ist sehr groß geworden u. ein rechter Unnütz, den ganzen Tag muß man schaun, was er anstellt. Er weiß garnicht was anfangen vor Übermut.

Erinnerst Du Dich übrigens an »Brückchen« – Frl. Brückmann – die zu Eurer Zeit bei uns Wirtschafterin war? Sie hat geheiratet, ihr Mann ist unser Pächter, u. so ist sie jetzt wieder hier – mit ihren 2 Prachtskindern. Sie bat, Euch vielmals zu grüßen. – Für Mami ist es gut, daß sie die Sorge um die Landwirtschaft los ist, u. obendrein sind es noch so nette Leute. Alle hier lassen vielmals u. herzlichst grüßen
desgleichen Eure Inge

109 Berg an Morgenstern (Postkarte)

»Waldhaus«, 20. 7. ⟨1934⟩
Sag einmal Soma, was ist mit Dir? Bist Du schon am Land? (Hoffentlich!) Aber wo? Inge schrieb uns die Adresse nicht? Und: WAS IST MIT DEINEM BUCH? Da läßt Du uns aber schon sehr lang darauf warten! Oder verkehrst Du seit Admiras Mitropacupsieg nicht mit einem Rapidler? Wir hätten Euch viel zu erzählen und fühlen täglich – wie schön es gewesen wäre, wenn Ihr herübergekommen wäret! –

Arbeitest Du Soma? Ich – leider – *nur*! Schreibt baldigst
Euren Bergs

U. was sagst Du Inge zu Deinem alten Schwarm Siegl?

110 Morgenstern an Berg

⟨Wien, um 22. Juli 1934⟩
Lieber Alban,
Leider leider bin ich noch immer in Wien! Und das nicht bloß infolge Geldmangels, sondern auch wegen des Romans. Ich muß hier einen Verleger aus Amsterdam abwarten, der am 1. August herkommt. Ich werde also kaum vor Anfang August loskommen. Dabei bin ich, da ich vor einem Jahr schon keine Erholung hatte, nach den Anstrengungen dieses Jahres zum erstenmal in meinem Leben wirklich erholungsbedürftig.

Es ist übrigens sehr wohl möglich daß wir in Eure Nähe kommen; bitte Helene, sie soll genau ausrechnen, wie lange wir drei (Inge, Kind und ich) mit 700 Sch auskommen können. So viel glaube ich bis Anfang Aug. beisammen zu haben.

Ich hätte Dir längst ein Manuskript geschickt, aber ich hab keins, nur das handschriftliche. Es ist nämlich unerwartetermaßen ein großes Interesse bei Verlegern für meinen Roman ausgebrochen und ich mußte sämtliche drei Exemplare verschicken. Sei nicht bös, Lieber. Sobald ich eins wieder habe, schick ich es Dir.

Unter uns: S. Fischer interessiert sich sehr, in zehn Tagen soll die Entscheidung fallen. Alle, die das Buch gelesen haben, sind – toi toi toi! – begeistert, die Frage ist nur ob man's in diesem Deutschland riskieren kann.

Mittwoch großes Match: Admira – Juventus![1] Du mußt im Geiste neben mir sitzen und für Admira drücken. Mit Rapid ist eh' nix mehr für paar Jahre. Mein Siegl ist der große Mann. Und schön ist er, jetzt besonders. –

Ich arbeite natürlich gar nicht, obschon ich den zweiten Roman fertig im Kopf ausgebrütet habe. Aber solang ich keinen Vorschuß für den ersten in der Hand habe, kann ich keinen Ton schreiben.
Arbeite Du nur recht tüchtig, Du Faulpelz; damit Du faulenzen kannst, bis ich in der Nähe bin.

Grüße und küsse Helene. Ich habe vorgestern von ihr geträumt. Sie war sehr schön, und lieb, und allerhand gewährend!…

Alles Gute von Deinem Soma

111 Berg an Morgenstern
(Ansichtskarte: Passagierdampfer-Flotille am Wörthersee)

»Waldhaus«, 17. 8. 34 Also *was ist mit Euch*?! Jetzt, wo's – zum 2ten mal in diesem Sommer – so nahe daran war, Euch hier zu sehn – wieder – wie das erstemal: *tiefes Stillschweigen.* Mag sein daß Euch der Siegeszug der Rapid die Red' verschlagen hat, aber das ist doch kein Grund uns nur noch auf die schmale Kost von Zeitungsnachrich-

---

1 Das Mitropa-Cup-Spiel Admira gegen Juventus Turin am 25. Juli 1934 in Wien.

ten (Sonn und Mon)[1] zu setzen. Bitte ein Lebenszeichen (womöglich ein greifbares) an

Eure Bergs

112 Morgenstern an Berg (Postkarte)

Lieber Alban, seit 10 Tagen sind wir in der Natur. Adresse: *Elisenheim, Post Thörl bei Aflenz* also nicht weit von Euch. Es ist hier schön und billig, wir zahlen pro Tag für $2^1/_2$ Personen 15 Sch. 1000 m hoch, Autobusse kommen vors Haus. Wir wollen noch etwa 10 Tage bleiben. Vielleicht kommt Ihr mal vorbei? Wenn Ihr uns mitnehmt könnten wir noch paar Tage in der von Helene gefundenen Pension verjubeln.

Bei uns sind noch keine Sensationen passiert: ich hab noch immer keinen Verlag sicher. Schreibt bald und seid herzlichst umarmt
⟨Thörl bei Aflenz,⟩ 30. VIII. 34   von Soma M und Inge

113 Morgenstern an Berg (Ansichtskarte: Thörl/Steiermark)

Lieber Alban,
Wir reisen eben heim, das Wetter kürzte den Aufenthalt. Ich schreibe bald ausführlich. Hoffentlich sieht man Euch bald in Wien. Herzlichst
⟨Thörl bei Aflenz,⟩ 4. Sept 34   Soma und Inge

114 Helene Berg an Morgenstern (Postkarte)

»Waldhaus« ⟨Poststempel: 21. September 1934⟩
Lieber Soma, aus Venedig zurückgekehrt, (wo es *sehr* schön u. interessant war)[2] möchten wir Dich herzlich bitten, uns baldigst das Manuscript Deines Buches zu schicken. Hier haben wir nämlich mehr Ruhe

---

1 Anspielung auf die *Wiener Sonn- und Montagszeitung.*
2 Es sollte Bergs letzte Auslandsreise sein. Er gehörte, gegen Widerstände von politischer Seite, dem Ehrenkomitee des Musikfestes an, das anläßlich der Biennale in Venedig stattfand. Auf diesem Musikfest wurde seine *Wein-Arie*, unter Hermann Scherchens Leitung, zum ersten Mal in Italien aufgeführt.

es zu lesen, als dann in Wien, wo der Rummel ja doch gleich wieder einsetzt. Wenn das Wetter schön bleibt, wollen wir noch bis Anfang October bleiben. –

Es war mir letztesmal sehr leid, nicht mehr ein Sprüngerl zu Euch machen zu können – aber ich kam so furchtbar spät von Almschi[1] weg, daß wir eilen mußten, um noch vor Einbruch der Nacht heimzukommen.

Hoffentlich geht's Euch gut, wir freuen uns schon auf ein Wiedersehen mit Euch und grüßen Euch herzlichst

Helene u Alban

115 Morgenstern an Helene Berg (Postkarte)

⟨Poststempel: Wien, 6. Oktober 1934⟩

Liebste Helene,

Das Manuskript, das ich Dir mitgeben wollte, habe ich inzwischen leider verschickt. Nun warte ich täglich bis wieder eins frei wird, um es Dir zu schicken. Leider wird es vor Anfang nächster Woche nicht möglich sein.

Bitte, schreib mir, ob es noch Zeit hat, resp.: ob Ihr nicht bald nach Wien kommt. Bis jetzt war ja das Wetter herrlich und wir beneiden Euch, daß Ihr die herrlichen Herbsttage nicht in der Stadt vergeudet.

Wir haben große Sorgen, weil unsere Gelder aus Deutschland nicht hereinkommen können – ich weiß gar nicht, was wir machen werden. Es hat unter diesen Umständen auch keinen Sinn in einem deutschen Verlag zu erscheinen.

Hoffentlich kommt Ihr recht bald nach Wien. Vielleicht geschieht inzwischen was Vernünftiges. Ist Alban schon bald fertig? Ich feile noch herum und bin ansonsten sehr betrübt. Ich umarme Euch innigst

Soma M

---

1 Alma Mahler-Werfel.

267

116 Berg an Morgenstern
   (Fotokarte: Helene Berg vor dem Ford Cabriolet)

»Waldhaus«, 6. 10. 34

Mein lieber Soma, warum schickst Du mir Deinen Roman nicht, auf den ich ein halbes Jahr lang warte. Hast Du kein verfügbares Exemplar? –

Wie gefiel Dir übrigens die Schönberg-Festschrift?[1]

Laß bitte von Dir hören u. seid zu 3^t herzlichst gegrüßt von

Alban und ./.[2]

117 Morgenstern an Berg (Postkarte)

⟨Wien,⟩ 8. X. 34

Lieber Alban,

Ich hatte das Manuskript bereits expediert, als Deine so schöne Karte ankam. Wegen Geldmangel schickte ich es nicht »eingeschrieben« und nun hab ich Angst, es könnte verloren gehen: bitte Dich mir den Empfang gleich mitzuteilen.

Was Du – und bitte: auch Helene! – was Ihr also da lesen werdet, hat noch nicht die letzte Feile, aber es handelt sich nur noch um »Kleinigkeiten« ⟨der⟩ Sprache, Striche, Einschiebungen. Ich hab nicht alle Exemplare ganz durchkorrigiert. Nun, das wird hoffentlich Euren Eindruck nicht beeinträchtigen.

Das Photo – es ist das beste Bild, das ich seit Jahren von Helene sah – ganz reizend. Ich darf mich aber dazu nicht weiter äußern: es könnte sonst eine zu offene Liebeserklärung, sogar -werbung werden. –

Bitte um beschleunigte Lektüre des Buchs: ich brauche das Manuskript und Euer Urteil

Alles Liebe für Euch Beide von Soma M

Kommt bald nach Wien!!

Sehr herzliche Grüße, Inge

1 *Arnold Schönberg zum 60. Geburtstag am 13. September 1934*, Wien 1934.
2 Das Zeichen »wenden« verweist auf das umseitige Foto von Helene Berg.

118 Berg an Morgenstern (Postkarte)

»Waldhaus«, Sonntag 〈7. Oktober 1934〉
〈Poststempel: 10. Oktober 1934〉

Tausend Dank, mein lieber Soma, für das Ding, das gestern wohl-
behalten ankam. Wir stürzen uns darüber, und werden es, sobald wir's
gelesen haben retournieren u. Dir dann ausführlich schreiben. Heute
nur diese freudige Bestätigung!

Dein Alban

(Dank für beide Karten)

119 Alban und Helene Berg an Morgenstern

»Waldhaus«, 18. 10. 34 Mein lieber Soma, ich habe heute Nacht
Deinen Roman ausgelesen u. kann Dir sagen, daß ich selten einen so
großen Genuß gehabt habe. Ich habe, nach dem was ich bisher von
Dir kannte, wohl erwartet, daß, wenn Du Dich nun einmal zu einem
Roman entschließt, daß also das schon ein hohes Niveau haben
würde; daß es aber *so schön* ausfallen würde, habe ich – offengestanden – nicht erwartet. Ich stehe wirklich in Bewunderung vor diesem
Opus u. freue mich, daß es existiert. Nicht nur Deinetwegen, sondern
auch der Welt wegen, in die – mit ihrer Verlogenheit, ihrer Zerrissenheit ihrem Aus dem Gleichgewicht-Gebrachtsein – – – mit einem
Schlag ein so wahres, ein so abgerundetes und so wohl ausbalancier-
tes Werk gesetzt wurde. Der Welt wegen, deren seit Dezennien inhaltlich *wüstes* Geschehen (von dem sie sich in 6 Tage Rennen erholen muß) mit dem Inhalt Deines Buchs ein *so reines* Geschehen von
sechs Tagen gegenübergestellt wird.

So komisch es Dir klingen mag: ich habe bei der Lektüre dieses
jüdischen Buches oft und oft an – – Rosegger und Stifter denken müssen; und wie mich *das* so ungeheuer sympathisch berühren mußte, so
auch der Schuß Ironie und Zorn, der durch das Ganze geht.

Einer der wenigen Gründe, weswegen ich mich auf Wien freue ist
der, mit Dir über die »Weisen von Zion« zu reden; ich habe *noch
vieles* zu sagen.[a] Auch einen kleinen Einwand in sprachlicher Hinsicht, den ich übrigens auch schon manchmal bei Deinen kleinen Es-
sais laut werden lassen wollte u. den zu berücksichtigen mir bei Her-
ausgabe des Buches wichtig erschiene. Es betrifft meist Um- und

269

Neubildungen von Worten und Redewendungen und Bildern, deren (sicherlich gewollte) Mehrdeutigkeit oft so weit geht, daß der sonstige Fluß der Sprache (und damit der Lektüre) störend unterbrochen wird, was (für *mich* zumindestens) eine Erschwernis bedeutet, die ich sonst nirgends bei den großen Sprach-Künstlern (auch wenn sie ein noch so schweres Deutsch schreiben) empfinde; auch bei Th. Mann nicht u. nicht bei Kraus, nicht bei Roth u. Kafka u. a.

Aber diese kleinen Einwände beeinträchtigen meine sonstige (100%ige) Bewunderung *in keiner Weise*; umso weniger, als sie – wenn Du derselben Meinung werden solltest, – an Hand des Buches leicht behoben werden können.

Heute oder morgen schicke ich es Dir recommandiert zurück. Leider ist es etwas aus dem Leim gegangen. Verzeih! Wenn es möglich ist, das in den alten Zustand wieder zu versetzen, so bitte auf meine Rechnung.

Und nun bald auf Wiedersehen, auf das sich sehr freut – auch auf das mit Inge und Dan –

Dein Alban

⟨Helene Berg:⟩

⟨Papierabriß mit Textverlust⟩ bin auf Alban bös, daß er immer nur in der Einzahl (von sich) u. nicht auch von *mir* schrieb.

Ich umarme Dich jedenfalls in *großer Freude* über das schöne Buch u. gratuliere Dir innigst.

Alles andere bald mündlich.

Tausend Grüße Euch ⟨Papierabriß mit Textverlust⟩

⟨Anmerkung von Morgenstern:⟩

a) Es ist hier von meinem Roman *Der Sohn des verlorenen Sohnes* die Rede. Ich hatte mich noch nicht auf einen Titel festgelegt und das Manuskript an Alban mit einem Brief geschickt, in dem ich es im Scherz vorläufig meine »Weisen von Zion« nannte.

Lieber Alban,

Dank für Deinen lieben Brief. Er kam gerade recht: ich bin in einer schlimmen Situation: ich hätte in Deutschland bald einen Abschluß gehabt, nun sperrt sich Deutschland ganz ab, es kommt keine Mark mehr über die Grenze. Unter diesen Umständen hat es keinen praktischen Wert mit einem deutschen Verleger zu verhandeln und ich muß hier einen suchen.

Hoffentlich kommt Ihr beide bald nach Wien und helft mir: Zsolnay hat einen »getarnten« Verlag in der Schweiz – das wäre gut. Eile tut not, es ist meine letzte Hoffnung.

Inge ist vorgestern nach Deutschland abgereist, um zu sehen, wie man ein bißchen Geld mit Bewilligung überweisen kann. Bis Oktober hatten wir Bewilligung, plötzlich ist sie zurückgezogen. Es ist schrecklich. Ich sitze hier mit dem Kind, muß mir jeden Tag woanders 10 Schilling borgen, kannst Dir vorstellen, in welcher Verfassung ich bin. –

Dein und Helenens Eindruck vom Buch freut mich ganz besonders. Ich habe befürchtet, der »Stoff« würde Euch zu entfernt vorkommen. Aber der Vergleich mit Rosegger schmeichelt mir sehr. Vielleicht hast Du recht, obschon auch ich den Rosegger zu den ganz Großen zähle. Auch Deine Einwände hab ich beherzigt, ich habe inzwischen selbst manche »Mehrdeutigkeiten« eliminiert, die in einem Roman dieser Art, der fast auf legendären Ton abgestimmt ist, tatsächlich den feinen Sprachsinn zuweilen stören müssen. Darüber werden wir noch reden. Wir setzen uns einmal zusammen und gehen das Ganze durch.

Robert Musil, der den Roman fast gleichzeitig mit Dir gelesen hat, hat mich auch in sehr begeisterten Worten beglückwünscht. Überhaupt – an guten Urteilen hab ich Gottseidank bis nun keinen Mangel gehabt. Musil will an Zsolnay schreiben, aber ich habe beschlossen abzuwarten, bis Ihr hier seid. Also kommt bald!! Ich bin sehr unglücklich. Ich umarme Euch innigst

⟨Wien,⟩ 21. Okt. 34   Soma M

P. S. Daß ein Manuskript aus dem Leim geht, ist kein Schaden – wenn es nur äußerlich der Fall ist, lieber Alban.

121 Berg an Morgenstern

⟨»Waldhaus«,⟩ 23. 10. 34 Lieber Soma, eine asthmafreie Zeit (also im wahrsten Sinn: eine Athempause) benütze ich, um auf Deinen mich tief deprimierenden Brief zu antworten. Es war ja schon nahe-liegend, auf die pekuniären Stoßseufzer Deiner vorhergehenden Briefe zu reagieren, bin aber von den »Weisen von Zion«, die meine Aufmerksamkeit *ganz* in Anspruch genommen hatten, davon abge-lenkt worden. – Ja, das ist zu furchtbar, in welche Situation Du gera-ten bist. Hoffentlich gelingt es Inge, etwas in Deutschland zu errei-chen. Ein (wie gesagt schon auf Grund Deiner vorigen Karten nahe-liegendes) Angebot meinerseits, Dir auszuhelfen, unterblieb[a] – und muß leider auch jetzt unterbleiben, da ich – außer meiner *eigenen* Pleite, von der Du ja weißt – seit Monaten Teilhaber einer noch an-derweitigen Pleite bin. Meine Schwester ist, nachdem nun auch die May Keller[1], die vor ihren Gläubigern fluchtartig Wien verlassen mußte, nicht mehr in Betracht kommt u. ihr (meiner Schwester) Ver-mögen auf den vollständigen Nullpunkt (bzw. auf ein paar Versatzzet-tel) gesunken ist, meine Schwester also ist – *vollständig verarmt.* Seit Juli muß ich u. mein Bruder[2] sie vollständig erhalten. Dazu sind wir beide ja gar nicht in der Lage aber es zwingt uns, doch jeden 5 Schillingschein, den wir selbst irgendwie u. irgendwo abzwacken können, ihr zukommen zu lassen. Und das tu ich natürlich u. werde es wohl auch ad infinitum tun müssen, wenn es auch heute schon in Wien heißen soll – bei sogenannten »Freunden« –, »ich lasse meine Schwester verhungern«.

Nun, solange *ich* nicht verhungere wird es auch bei meiner Schwester nicht dazu kommen. Freilich wie es *weiter* gehn soll, wo – wenn kein Wunder geschieht – in ein paar Monaten meine finanzielle Situation noch ungünstiger sein wird als jetzt, wie es weiter mit *mir* u auch *meiner Schwester* gehn wird: das weiß Gott!

Ich erzähl Dir das so ausführlich, nachdem ich Dich bis jetzt mit dieser privaten Angelegenheit (die mich gut 1, 2 Monate Aktionen, Briefe etc etc gekostet hat) nicht gelangweilt habe, – weil Du nur so verstehn kannst, warum ich Dir, den ich in solcher Not wußte u. weiß, nicht einmal mit ein paar kleinen Beträgen ausgeholfen habe. Soweit

---

1 Bergs Schwester Smaragda Eger-Berg (1886-1954) hatte in Wien vordem mit ihrer Freundin May Keller zusammengelebt.
2 Carl Bernhard Christian Berg (1881-1952), Charly genannt, der Exportkaufmann war.

ich die überhaupt noch verfügbar habe (»verfügbar« ist eine große Übertreibung!) wandern sie in 8-14tägigen Raten in die Linke Wienzeile (wo eben meine Schwester – mit der Delvard[1] [auch ein Kapitel – ohne Kapital] wohnt). –

Dein weiteres Pech mit dem deutschen Verleger konsterniert mich ebenso. Aber wie kannst Du Dir vorstellen, daß Dein Buch mit dem menschlich vernichtenden Werfel-Kapitel bei *Zsolnay* erscheinen könnte. Das halte ich für *v o l l s t ä n d i g* ausgeschlossen. Und ohne dieses Kapitel verliert es doch einen integrierenden Bestandteil seiner Tendenz. Wenn Du aber trotzdem eine Möglichkeit finden könntest ihn (diesen Bestandtheil) durch etwas halbwegs Gleichwertiges zu ersetzen [wenn schon nicht durch ebenso wichtiges, wie diese Abrechnung] dann rate ich Dir heute schon: Außer *meinem* Eintreten für Dein Werk [dem man leider immer – teilweis wenigstens –: die Absicht unterschieben wird: ich wolle einem *Freund* helfen] halte ich es für unbedingt ratsam, daß dieses Werk von Romanschriftstellern »empfohlen« wird. Also selbstverständlich von Musil, wenn möglich von Roth u. – das ist nun mein hauptsächlichster Rat: von *Asch*[2]. Ich bin sicher, daß Dein Buch ein Fressen für ihn ist u daß er dann, wenn Du ihn bittest, seinen ganzen Einfluß bei Zsolnay, u. Fr⟨au⟩ Mahler u. Anny[3] etc ausüben wird, daß Dein Roman dort erscheint. Also wenn es Dir halbwegs möglich ist, lasse ihm schleunigst Dein Buch (ohne Werfel Kapitel allerdings) zukommen. Wenn er u ev. Musil u Roth* u. andere Romanciers quasi konzentrisch den Angriff auf Zsolnay leiten, dann wird auch *mein* Urteil – das man dann quasi von mir erbittet, erst herausfordert, möchte ich sagen, auch eine 100%ige Durchschlagskraft haben, während eine von mir *ausgehende* »Empfehlung«, wenn ich sie auch noch so geschickt in das Kleid meiner tatsächlichen 100%igen Bewunderung kleide – – ich garantiere Dir: ein Blindgänger wäre.

---

1 Die aus dem Elsaß stammende Diseuse Marya Delvard (eigentlich Marie Biller, 1874-1965) hatte einst dem Münchner Kabarett ›Elf Scharfrichter‹ angehört, zu dem auch Frank Wedekind gehörte, der sich später von ihr distanziert hat (vgl. Fackel Nr. 521-530, Februar 1920, S. 121). Bergs Schwester Smaragda war seit ihrer Jugend mit ihr befreundet. Die Delvard führte sie schon früh in den Wiener Künstlerkreis um Gustav Klimt, Adolf Loos, Peter Altenberg und Karl Kraus ein. Durch seine Schwester bekam dann auch Alban Berg Zugang zu diesem Kreis.
2 Der jiddische Erzähler Schalom Asch (1880-1957), dessen Werke in deutscher Übersetzung damals bei Szolnay erschienen.
3 Anna Mahler (1904-1988), Tochter Alma und Gustav Mahlers, war mit dem Verleger Paul Zsolnay (1895-1961) verheiratet, von dem sie sich in dieser Zeit gerade getrennt hatte.

Trotzdem bin ich natürlich wenn Du es dennoch für ratsam hältst dazu *bereit*: meine Stellungnahme zu dieser Aktion für Dein Buch soll um Gottes willen nicht den Eindruck einer Weigerung bei Dir hervorrufen.

Also überleg's Dir u berate Dich auch anderweitig: in 8 Tagen ca. sprechen wir *mündlich* davon (denn am 1. *muß* ich in Wien sein, da ich da den Wagen einstellen muß). Hoffentlich bin ich bis dahin wieder gesund, *jetzt* gehts mir sehr schlecht!

Herzlichst Alban

* Du weißt gewiß noch andere Prominente

⟨Anmerkungen von Morgenstern:⟩
a) In diesem Jahr habe ich, wie alle Juden, die für reichsdeutsche Zeitungen gearbeitet haben, meine Stellung als Korrespondent der *Frankfurter Zeitung* verloren.[1] Da das Einkommen meiner Frau in Deutschland gesperrt war, waren wir in einer prekären Situation. Alban wußte das, und man sieht hier, wie er in rührender Weise mir erklärt, warum er mir nicht helfen konnte. Ich hatte ihm, wie schon erwähnt, ein Werk Wedekinds und ein Werk von Gerhart Hauptmann zur Vertonung empfohlen, und er hat beide Ideen mit Begeisterung aufgenommen. Wir haben beide die Einrichtung des Librettos besprochen und daran gearbeitet. Vielleicht auch aus diesem Grund hat Alban sich verpflichtet gefühlt, mir als seinem Mitarbeiter zu helfen. Er hat große Hoffnungen namentlich auf die fast schon fertige Oper *Lulu* gesetzt. Ich habe damals schon keine Möglichkeit gesehen, daß seine Musik in Deutschland in der nahen Zukunft auch nur toleriert werden würde. Aber ich habe mich gehütet, ihm diese Hoffnung zu zerstören. Pekuniär war er damals schon in derselben Lage wie ich. Das wußte ich wohl und las mit Rührung seinen Brief, in dem er sich so sehr um uns sorgte.

122 Morgenstern an Berg

⟨Wien, 24. Oktober 1934⟩
Lieber Alban, Dank für Deinen lieben Brief: es tut mir leid, daß Du Dir nun auch meinetwegen Sorgen machen mußt. Von Deiner Schwester hat mir ja Helene schon erzählt. Sonst hätte ich Dir meine prekäre Lage verschwiegen, damit Du nicht meine Lamentationen mißverstehst: ich weiß ja nur zu gut, daß Du selbst es schwer hast jetzt. Freilich wäre es schön wenn man einander jetzt helfen könnte – aber es ist

---

1 Am 6. April 1934 steht zum letztenmal ein Beitrag Morgensterns in der *Frankfurter Zeitung*.

ja dafür gesorgt, daß es allen anständigen Menschen jetzt auf einmal schlecht geht. Sonst wäre es ja kein rechtschaffenes Elend. –

Nun, wir werden noch viele Leidgedanken auszutauschen haben, denn es ist nicht abzusehen, wie ein Ende kommen sollte.

Wie die Dinge jetzt stehen, ist mein Buch die einzige Rettungsmöglichkeit. Du hast in allem was Du sagst recht – bis auf das Wichtigste: das ominöse Kapitel.

Du sagst: das Werfelkapitel. Es ist aber gar kein Werfelkapitel. Das Mißverständnis ist offenbar durch den Titel des Vortrags entstanden. Ich habe nämlich so einen – ähnlichen – Kongreß in Wien erlebt und tatsächlich wurde dort ein Vortrag des Titels gehalten. Im Jahre 1929. Als ich von einem Leser meines Romans auf die Möglichkeit einer Verwechslung mit dem Werfelvortrag[1] aufmerksam gemacht wurde, habe ich den Titel des Vortrags in meinem Roman geändert. Er heißt nun: »Kann ein Jude ohne Gebet leben?«[2] Abgesehen von allem, lieber Alban, halte ich nicht viel von Invektiven in einem Buch, das solche Ziele hat wie mein Buch. Das überlasse ich jenen Autoren, die keine Gelegenheit haben, ihre Meinung auf andere Weise zu äußern.

Kurzum, ich habe so wenig Bedenken, daß ich Dich bitte, an Franz Werfel umgehend zu schreiben und *ihm Deinen Eindruck mitzuteilen.* Er soll das Buch lesen. Das ist wichtiger als Asch, dem mein Roman gewiß viel sagen wird. Aber Asch hat nicht viel zu sagen im Verlag, und er versteht zu wenig »Deutsch«, um mein Buch richtig zu würdigen. Musil wird an Zsolnay schreiben. Roth, wenn es nötig sein sollte auch. Den Rest mußt Du dann mit Helene via Frau Mahler und Anny etc besorgen. Da Du am 1. Nov. hier bist, ist es ja gerade Zeit. Schreib also an Werfel, dann mir – Werfels Telefonnummer – damit er mit der Lektüre so weit ist, daß Du mit ihm reden kannst. Ich glaube, daß Werfel für mein Buch was übrig haben wird und Zsolnay hat ja jetzt einen getarnten Verlag in der Schweiz, wo Juden erscheinen.

Seid herzlichst umarmt von
Eurem Soma M

---

1 Franz Werfel hatte am 5. März 1932 in Wien den Vortrag gehalten: *Können wir ohne Gottesglauben leben?*
2 Im Roman heißt der Vortrag, den ein »weltbekannter Dichter« auf dem Kongreß hält: »Kann der Jude ohne Gottesglauben existieren?« (*Der Sohn des verlorenen Sohnes*, Berlin 1935, S. 140).

P. S. Auch Heinrich Simon will an Zsolnay schreiben. Er hat das Buch gelesen und ist begeistert. Soll er schreiben? oder nicht ?

123 Berg an Morgenstern

»Waldhaus«, 25. 10. 34
Lieber Soma, Deine Richtigstellung über meinen Einwand, das »Werfelkapitel« betreffend, hat mich leider nicht so überzeugt, daß Vieles, was ich mich genau zu *erinnern* glaube, u. worauf sich mein »Einwand« bezog,... daß also Vieles, ja fast Alles nicht doch *weiter*-besteht. Die Tatsache, daß ein anderer Schriftsteller einen ähnlichen Vortrag beim Congreß gehalten hat, beruhigt mich ja sehr, u. auch der neue Titel des Vortrags. Aber jedenfalls hat (meiner Erinnerung nach) der Vortragende so *ganz* die Züge Werfels u. seine Art vorzutragen, Alles was Du inhaltlich über den Vortrag sagst, deckt sich so vollständig mit dem, was man inhaltlich über Werfels Vortrag sagen kann, ebenso die ganze *kritische* Einstellung dazu, daß jeder der Werfels Vortrag kennt u. seine Art vorzulesen, der Ansicht sein muß (od. zumindestens sein *kann*) daß *er* gemeint ist. Umso mehr, als Du ihn einen der ersten (?) (gemeint ist prominentesten) Schriftsteller nennst u. es ja nicht gar so viele gibt, die da in Betracht kommen, so daß man erst recht wissen müßte, *wer* das damals war, der beim Kongreß den Vortrag hielt. Daß man es nicht weiß, beweist ja, daß es kein *erster* war, daß Du also, wenn Du von einem solchen sprichst, einen *andern* meinst u. der kann kaum ein anderer sein als Werfel. Denn auch der Umstand, daß seine zwiespältige Haltung in den Religionsfragen u seine vage Stellungnahme zum Judentum sich ganz mit der des Vortragenden deckt, berechtigt zu dem Schluß, daß *er* gemeint ist [od. zumindestens, daß auch er es sein könnte].

Vielleicht hab ich unrecht u. ist mein *Erinnern* ganz falsch, dann ist ja natürlich alles gut u. ich kann Deiner Bitte ohneweiters entsprechen. Aber zu diesem Zweck muß ich dieses Kapitel noch einmal lesen. Aber solange ich nicht überzeugt bin [u. Dein Brief hat diese Überzeugung (gegen mein Erinnern) nicht hervorgerufen], daß mir Werfel, wenn ich ihm das Buch zum Lesen gebe, darauf nicht sagt: »Du kannst doch nicht erwarten, daß ich ein *Buch*, selbst wenn ich es für noch so wertvoll halte, goutieren od. gar empfehlen kann, *in dem*

276

ich (Werfel) angegriffen werde, ja wo sogar der Eindruck entstehen könnte, ich hätte bei einem Kongreß so blamabel abgeschnitten. Und ich kann auch nicht glauben, daß Du Alban nicht denselben Eindruck u (hoffentl.) dieselben Bedenken beim Lesen gehabt hast.« – – – solange ich also nicht überzeugt bin, daß mir Werfel das nicht sagen kann u. ich ihm darauf nicht einmal *wider*sprechen könnte, so lange kann ich Deiner Bitte nicht entsprechen.ᵃ Du mußt mir also, bitte, noch Gelegenheit geben, dieses Kapitel durchzulesen. Hoffentlich sehe ich meinen Irrtum dann ein [obwohl ich mir nicht vorstellen kann, daß ich mich so verrannt haben soll]. Oder es findet sich eine Lösung, indem Du die paar Dinge, die eine Möglichkeit offenlassen den Vortragenden mit Werfel zu verwechseln, außer dem Titel des Vortrags *veränderst*. Oder Du schickst dem Werfel das Buch *so wie es ist*, was ich aber (ich kann mir nicht helfen!) für so riskiert halte, daß dann alles weitere verpatzt ist. Da hielte ich es noch besser, das Buch via Simon (u. Roth) direkt dem *Zsolnay* zu senden.

Aber willst u. kannst Du nicht doch diese paar Tage warten, bis ich in Wien bin. Denn ich will Dir *w i r k l i c h   h e l f e n* u. riskiere daher sogar, daß Du jetzt den Eindruck eines Refüs meinerseits empfängst, indem ich mich weigere, etwas zu tun, was meiner Meinung nach gar keine Hilfe wäre – sondern das Gegenteil.

Sobald ich in Wien bin, ruf' ich Dich an u. hoffe daß wir trotz unserer augenblicklichen Meinungsdifferenz schnell zu einer für die Sache günstigen Einigung kommen. Bis dahin auf Wiedersehen!

Dein Alban

⟨Anmerkung von Morgenstern:⟩

a) Heinrich Simon, der Herausgeber der *Frankfurter Zeitung*, der ebensowenig wie ich über die inneren Verhältnisse im Zsolnay-Verlag informiert war, gab mir in einem Brief den Rat, das Buch bei diesem Verlag einzureichen. Er machte sich erbötig, einen Brief an Zsolnay zu schreiben. Da Werfel der Parade-Autor dieses Verlages war, fragte ich Alban, ob er das Manuskript Werfel zu lesen geben wolle. Alban wehrte sich dagegen, wie man in diesem Brief sieht – und mit Recht. In dem Roman, in dem ein Kongreß der orthodoxen Juden geschildert wird, tritt ein prominenter westjüdischer Schriftsteller mit einem Vortrag über die ästhetischen Werte des Gottesglaubens auf. Die frommen Delegierten des Kongresses hören eine Weile verständnislos zu, und da es gerade Zeit ist für das Nachmittagsgebet, verlassen sie den Saal und lassen den eifernden Redner mit seinen ästhetischen Werten allein.

Indessen informierte ich mich in Wien über die inneren Verhältnisse im Verlag Zsolnay, so genannt nach dem Verleger, einem ungarischen Juden. Der Herr Zsolnay hätte schon damals kein Buch mit einem so jüdischen Inhalt publiziert. Zwei Jahre später sagte mir einer seiner arischen Autoren, ein guter Katholik: »Der Zsolnay, der nimmt jetzt schon nicht nur keine Bücher von Juden an, sondern auch von arischen Autoren nicht mehr, die er im Verdacht hat, Anti-Nazis zu sein«.

Nach Erscheinen des Romans schrieb ein ungarischer Kritiker in Budapest hymnisch über mein Buch und genießerisch über die oben genannte Szene, wobei er, als hätte er meine Korrespondenz mit Alban gelesen, einfach die Feststellung macht, daß mit dem westjüdischen Dichter augenscheinlich Franz Werfel gemeint sei. Ich konnte das Alban leider nicht mitteilen. Er starb etwa zwei Wochen nach Erscheinen meines Buches. Ich konnte ihm noch ein Exemplar mit meiner Widmung im Café Museum überreichen. Es war unser letztes Zusammensein in unserem Café.

124 Berg an Ingeborg und Soma Morgensterns

»Waldhaus«, 4. 6. 35

Meine Lieben, ich wollte nur obige Tabelle[1] abwarten, bevor ich den längst fälligen, auch gefühlsmäßig längst fälligen Brief an Euch schreibe.

Wie geht's Euch? Gesundheit, Stimmung, event. Beschäftigung. Was letztere betrifft möchte ich Dir sehr wünschen, daß Du wieder zu Deiner Arbeit (an dem Roman[a]) gefunden hast: Trotz allem, was vorgefallen und unterblieben ist. Es ist glaub' ich das Einzige, sich in diesen Zeiten *halbwegs menschlich* am Leben zu erhalten. Von dieser Möglichkeit mache auch ich (allerdings dank dem Zwang des »Auftrags«[2]) Gebrauch u. fühle mich daher (trotz hie u darigem Asthma, trotz 3wöchentlicher Sintflut u. allem andern was einem Radio u. Zeitung [Tag u N. W. J.] zuträgt) erträglich. Auch Helene, die außerdem auch noch in der Waldhäuslichkeit viel erfreuliche Ablenkung findet.

1 Vereinstabelle der österreichischen Fußball-Spitzenklasse; darin, von Berg unterstrichen, Rapid auf dem ersten Platz, Admira auf dem zweiten, Hakoah weit hinten.
2 Berg arbeitete an seinem Violinkonzert, das der amerikanische Geiger Louis Krasner bei ihm bestellt hatte.

278

Dank Zsolnay hab' ich heuer viel zu lesen mit. Neben viel Mittelmäßigkeiten [Thiess: Der Weg zu Isabelle, Perutz: St Petri-Schnee][1] auch Besseres [Asch: »Onkel Moses«⟨]⟩[2] u. *sehr* Schönes: Bloch »& Co.«[3], welch' letzteres Ihr unbedingt lesen sollt. Und dann gibt's ja Gottseidank wieder »Fackeln« [apropos: damit mir keine Nummer fehlt, schick mir bitte die szt geliehene Learnummer. Ich lege Kuvert bei: zu Deiner Bequemlichkeit u. in der Hoffnung, daß Ihr Euch dann auch bald zu ein paar Zeilen entschließt]. –

Lebt wohl meine Lieben u seid alle Drei innigst von uns gegrüßt.

Euer Alban

⟨Anmerkung von Morgenstern:⟩
a) Ich schrieb damals bereits am zweiten Roman meiner Trilogie.

125 *Ingeborg Morgenstern an Helene und Alban Berg*

⟨Beuerberg,⟩ 5. Aug. 1935

Liebe Helene u. Alban –

Da es einmal regnet finde ich noch anderen als moralischen Anlaß meine Briefschulden abzutragen. Es ist halt mal so – daß es mehrerer Anlässe bedarf mich zur Tätigkeit zu bewegen. Ich habe mit unüberbietbarer Ausdauer dem Nichtstun gefrönt u. habe bestimmt den diesjährigen Record in Sonnenbaden – auf der Wiese liegen u. Arbeitausweichen – was bei der Tüchtigkeit meiner Familie gar nicht so einfach ist – das Arbeitsumgehen nämlich. Mai ist nach wie vor Gärtnerin u. Erdbeerzüchterin – mit gleichbleibender Ausdauer u. Erfolg – Lenka verschönert nicht nur den Blumengarten durch ihre Anwesenheit sondern auch durch Unkrautbekämpfung u. hat noch außerdem eine Werkstatt mit Drehscheibe eingerichtet u. betreibt Töpferei – ihr Versprechen rundum gehenkelte Töpfchen zu liefern hat sie freilich noch nicht erfüllt. Mami – nun Mami ist von früh bis spät auf den Beinen – betreut ihr Haus u. die »paying guests« u. hat den Rasen vor dem Keilhof über die ganze Anhöhe ausgedehnt –

---

1 Frank Thiess, *Der Weg zu Isabelle*. Roman, Wien 1934. – Leo Perutz, *St. Petri-Schnee*. Roman, Wien 1933.
2 Schalom Asch, *Onkel Moses*. Roman, Wien 1926.
3 Jean Richard Bloch, *& Co. Roman aus der Welt der Industrie*, Berlin, Wien, Leipzig 1930.

indem sie tagelang das umgeackerte Gelände geebnet hat u. es fragt sich nur – wie sie nächstes Jahr ohne Motormäher zurecht kommen wird. – Jörgen[1] wird nächste Woche hier erwartet – ich freue mich – ihn zum ersten Mal seit 2 Jahren wieder zu sehen.

Dani bekommt der Landaufenthalt großartig – er hat sich etwas von meinem Schürzenzipfel losgesagt – findet Gesellschaft bei den Pächterskindern u. bemüht sich um ein lausbübisches Benehmen.

Alles wäre also erfreulich – wenn ich mir nicht um Soma Sorgen machte. Er schreibt sehr deprimiert – Verleger gibt es noch immer nicht u. das Alleinsein in Wien bekommt ihm scheints schlecht. Er will nicht herkommen – was ich begreifen kann – will aber auch sonst nicht aufs Land fahren – da er es für einen Luxus hält – trotzdem er es nervenmäßig so nötig hätte.

Darf ich – anbetracht unserer alten Freundschaft – ohne mißverstanden zu werden – fragen: ob Ihr ihn nicht ein bissl zu Euch nehmen könntet? Ich wäre glücklich – wenn er ein wenig aus der Stadt herauskäme. Freilich – ich weiß – Alban will arbeiten u. womöglich habt Ihr das Haus voller Familie. Aber Ihr werdet mir die Anfrage doch nicht übelnehmen – ebenso wie ich Eure Absage verstehen werde. –

Wie geht es Euch immer – Helene ist wohl furchtbar fleißig im Garten – gibt es viel Gemüse? Müßt Ihr fleißig gießen oder ist es nicht so trocken wie hier? Und was machen die Vöglein – kommen sie aufs Fensterbrett geflogen – setzen sie keine Notenköpfchen auf die Partitur? Und das Auto? Mai ist mit ihrem Auto schon ganze 3 mal gefahren – sie hat noch keine rechte Schneid auf den schlechten Straßen u. außerdem war es außer Betrieb da das Öl im Kupplungsgetriebe gestockt war vom langen Stehen!

Alle hier lassen recht herzlich grüßen – auch Brückchen – die sich gern an Euer Hiersein erinnert u. wie Alban zum Tanz aufzuspielen pflegte.

Ich hoffe mal zu hören – daß es Euch gut geht u. Ihr zufrieden seid u. umarme Euch herzlichst

Eure Inge

1 Bruder Ingeborg Morgensterns.

126 Berg an Morgenstern (Postkarte)

»Waldhaus«, 15/10. 35 ⟨Poststempel: 14. Oktober 1935⟩
Mein lieber Soma, ich habe mich schon lang nicht so gefreut wie über die Mitteilung Helenens, daß Dein Buch erscheint. Das ist ja herrlich! Gratuliere innigst. Sag, ist es wahr, daß es ein – deutscher Verleger ist? In 2, 3 Wochen auf Wiedersehn, dann alles weitere mündlich. Bis dahin alles Liebe Euch 3en von uns!

Dein Alban

127 Morgenstern an Berg (Postkarte)

⟨Poststempel: Wien, 23. Oktober 1935⟩
Lieber Alban,
Sei nicht bös, daß ich nicht schrieb, es geht mir schlecht und da red ich lieber nichts.

Ja, das Buch erscheint in Berlin, bei Erich Reiss, der sich jetzt als jüdischer Verleger etabliert hat. Er ist ganz vernarrt in das Buch. Leider ist das vorläufig ein platonischer Erfolg: man kriegt ja das Geld nicht heraus. Das Buch ist übrigens schon gedruckt, es wird Mitte November herauskommen.

Lieber Alban, wenn Du jetzt Zeit und Ruh hast schreib bitte einen Aufsatz über mein Buch, es wäre mir sehr lieb, und auch von Vorteil, wenn Du das öffentlich über das Buch sagst, was Du privat meinst.

Alles Liebe von Deinem Soma M.

281

Die Erinnerungen

Zweiter Teil

Manövrierte Nekrologie

Von einer Reise in Deutschland legte Alban seinem Brief einen Zeitungsausschnitt bei. Es war ein fingierter Nachruf unter dem Titel *Nekrologie* von Alfred Polgar. Alban gefiel offenbar der witzige Nachruf, und er unterstrich im Text alle Stellen, von denen er glaubte, daß sie auf ihn paßten. Alle hier hervorgehobenen Zeilen sind, wie A. B. es getan hat.

Grabreden rühmen das, wodurch der Mann im Sarge seinen Nebenmenschen, wodurch er seiner Zeit, seiner Welt sich nützlich zu machen gewußt hat. Die gesellschaftliche Funktion, die er hatte, da er's Licht noch sah, wird ihm auf die Gruft gestellt, und ein gutes Abgangszeugnis bestätigt ihm, daß er bestanden hat in dieser oder jener Disziplin. ... *Mohnkuchen aß er so gerne. Er trug nur weiche Hüte und fühlte sich erst wohl, bis sie recht zerbogen und verknittert waren. Zu schlafen pflegte er so*, daß er das rechte Knie (*er schlief immer nur auf der rechten Seite*) so hoch zog... *Die eine Hand ruhte unter dem Kissen*, die andere... *Hingegen liebte er mit großer Zärtlichkeit sein Klavier. Wenn er von einer Reise heimkehrte, ging er gleich zu ihm und streichelte es, wie der Reiter seinen Rappen. Beim Spielen behielt er die Zigarre(tte) im Munde und oft fiel ihm Asche auf die Tasten. Er ging leicht vorgebeugt und, wenn in Begleitung, immer links, nicht aus Höflichkeit, sondern weil er sich rechts (ohne daß er einen Grund hätte angeben können, warum) nicht behaglich fühlte. Im Sprechen fügte er sehr häufig die Wörtchen »nicht wahr?« ein, und sein Lachen war seltsamerweise in der Tonlage zwei Oktaven tiefer als seine Stimme.* Er sprach Tenor und *lachte Baß. Er war astmatisch... Kleingeld trug er in der linken Hosentasche*, seine Kragennummer war 40, *und sein Fluch: »Zum Teufel noch einmal«. Im Kino weinte er leicht, doch schämte er sich seiner Tränen... Auf den Rand des Notenpapiers, auf das er seine Partituren schrieb, zeichnete er oft Kreise und Fünfecke und schraffierte sie sorgfältig aus. ... Alkohol vertrug er in großen Mengen... auch ließ er manchmal die Unterlippe fallen...*[1]

Ich habe Alfred Polgar als Theaterkritiker hochgeschätzt, aber seine Maximen der Lebensweisheit waren mir zu gewitzigt, und dieser Ne-

---

1 Alfred Polgar, *Nekrologie*, in: Ders., *Orchester von oben. Erzählungen und Studien*, Berlin 1926; Berg legte seinem Brief vom 14. Juni 1926 (Nr. 6) das Stück als Ausriß aus der *Thüringer Allgemeinen Zeitung* bei, mit Unterstreichungen und einer Randnotiz versehen. Das Wort ›astmatisch‹ lautet bei Polgar ›astigmatisch‹, die Buchstaben ›ig‹ schwärzte Berg ein.

krolog ist das beste Beispiel dafür. Ich nahm mir vor, mit Alban darüber zu reden und habe den Zeitungsausschnitt aufgehoben. (Aus diesem Grund habe ich ihn noch heute.) Indessen hatte ich wohl mein
Vorhaben vergessen, und es vergingen Wochen nach seiner
Rückkehr, bis er eines Tages selbst darauf zu sprechen kam. Er sagte
mir, nicht ohne Enttäuschung, daß einer seiner Freunde – ein Arzt,
dessen Name mir nicht einfällt – ihm von dem Nekrolog Polgars
erzählte, entzückt darüber, daß viele Stellen darin genau auf ihn
paßten. Und es waren meistens die Bemerkungen, die Alban für sich
in Anspruch genommen hatte. Ich sagte Alban, daß er von mir nichts
zu befürchten hätte, denn auf mich paßte nur die tiefe Erkenntnis, daß
es Menschen gibt, die mit hochgezogenen Beinen schlafen. Ernst
beiseite, unterhielten wir uns an jenem Nachmittag, indem jeder von
uns Beiträge zu einem Nachruf für den andern improvisierte. »Fang
du an«, sagte er. Ich fing damit an, ihm nachzusagen, daß er sich nicht
gern das Gesicht wusch. Denn wir hatten ausgemacht, daß wir nur
wahre Eigenschaften verwenden würden. »Das ist wahr«, sagte er,
»aber woher weißt du das?« Es fiel mir eine Szene im Hause Albans
ein, die man kaum vergessen kann. Es war im Jahre 1928. Ich weiß
das Jahr, denn ich wohnte damals in der Trauttmansdorffgasse schräg
vis-à-vis von der Berg-Wohnung. In jenem Jahr sahen wir uns täglich,
manchmal täglich ein paarmal. Aber wir trafen uns nie am Vormittag,
denn anders als Alban, war ich zeit meines Lebens immer ein
unverbesserlicher Spätaufsteher. Abgesehen davon war meine
Arbeitszeit immer die beste: die Stunden nach dem Aufstehen (wann
immer das sein mochte.) Aber an jenem Morgen, da die Szene sich
abspielte, hatten wir uns verabredet, denn ich hatte mir das Libretto
für eine zweite Oper, und zwar *Und Pippa tanzt,* in der Nacht
ausgedacht und Alban gegen zehn Uhr angerufen, worauf er mich
beschwor, sofort zu kommen und bei ihm mein erstes und sein
zweites Frühstück einzunehmen.[1] Um elf klingelte ich an seiner Tür.
Noch ehe das Mädchen schmunzelnd die Tür öffnete – es war schon

---

1 In den Monaten nach seinem Treffen mit Gerhart Hauptmann zu Anfang des Jahres 1928
befaßte sich Berg mit dem *Pippa*-Projekt, zu dem auch Schoenberg und Webern sich zustimmend
geäußert hatten. Ende März schrieb Berg an Schoenberg: »Hauptmanns Buch muß ich für meine
Zwecke natürlich sehr zusammenstreichen, ja ich beabsichtige sogar den 3. und 4. (letzten) Akt in
einen zusammenzuziehen, wodurch auch die Schwäche gerade dieser Partie des Dramas etwas
behoben wird. Hoffentlich gelingt mir das!« (zit. bei Susanne Rode, *Alban Berg und Karl Kraus*,
Diss. Hamburg 1988, S. 225)

Annerl, die dann jahrelang im Hause blieb[1] – hörte ich bereits einen Tumult in der Wohnung, und in Gelächter ausbrechend sagte Annerl: »Heut' werden S' was sehen, Herr Doktor!« und verschwand lachend in der Küche. Der Tumult kam deutlich vom Eßzimmer, dann von seinem Arbeitszimmer, dann wieder vom Eßzimmer – ich hörte Helenes Stimme und Albans schweres Atmen, hastiges Hinundherlaufen. Schließlich brach Alban aus dem Eßzimmer hervor, nur mit einer Hose bekleidet, mit nacktem Oberkörper, hinter ihm Helene in einer weißen Schürze, mit einem nassen Schwamm in der erhobenen Rechten, beide erhitzt und außer Atem. Ohne mich zu begrüßen, kam er mir entgegengerannt, erfaßte mich mit beiden Armen, und mich als Schutzwand gegen Helene wendend, rief er keuchend immer wieder: »Sie will mi woschen! Sie will mi schon wieda woschen!« Alban sprach, wenn in Erregung, schweren Wiener Dialekt. »Seit einer Woche hat er sich das Gesicht nicht gewaschen!« behauptete Helene, schon dicht vor mir, mit dem Schwamm gegen Alban ausholend, der sich aber hinter mir vor solcher Gefahr duckte. »Sie lügt!« schrie Alban, »sie lügt immer! Glaub ihr koa Wort, Soma. Erst Montag hoab i mi g'woschen!« – »Sonntag war's«, sagte Helene, »und heut ist's Freitag.« – »Es war Montag! I wosch mi nie am Sonntag! Da woschen sich die Christen. Sie lügt!« Kurzum, es stellte sich heraus, daß Alban Abscheu davor hatte, sich das Gesicht zu waschen. Er selber gab drei Tage zu, Helene behauptete, es sei fast eine Woche vergangen seit der letzten Gesichtswaschung! Nachdem beide wieder zu Atem gekommen waren, gingen wir ins Wohnzimmer, und eine halbwegs ruhige Debatte über die Notwendigkeit, sich das Gesicht zu waschen, begann. Ich sehe noch jetzt den Ausdruck seiner Augen, wie er sein Gesicht mit den Händen betastend mich immer wieder fragte: »Schau her, Soma, bin ich schmutzig? Bin ich schmutzig?!« Nein, er war nicht schmutzig. Sein edles Gesicht war nicht gerade frisch rasiert, aber fein sauber in seinen reinen Zügen, die damals (er war Anfang der Vierzig) noch nicht mit dem geringsten Quentchen Fett verwischt waren. Helene ließ es sich nicht nehmen, innige Klage zu führen, wie ungern Alban sich wasche, wie eine Mutter Unarten ihres geliebten Kindes erzählt: mit Humor und mit Liebe und mit nicht wenig Kummer. Es war eine herzerquickende Szene, und wir

1 Anna Lenz, zuvor im Hause der Familie Nahowski, war von 1926 bis 1934 dann Hausgehilfin bei Helene und Alban Berg.

vergaßen darüber alle drei den Anlaß zu meinem so ungewöhnlich frühen Kommen.

Nachdem Helene sich in ihrer weißen Schürze in die Küche zurückgezogen hatte, belehrte mich Alban allen Ernstes, wie schädlich Wasser sei, äußerlich wie innerlich schädlich, als Getränk wie als Reinigungsmittel schädlich. Dann ging er hin an seine Bücherwand, zog ein Buch hervor und las mir Stellen aus dem Buch. Es war eine Biographie Michelangelos, und Alban las mir einen Brief, in dem der Vater des Meisters seinem Sohn Ratschläge für's Leben gibt. Ich erinnere mich noch jetzt des Wortlauts: »Sei mäßig in allem, mein Sohn. Wasch dich selten, und du wirst gesund bleiben.« Dann fügte Alban hinzu: »Du weißt, wie alt Michelangelo geworden ist.«

Wie alle Genießer, nahm auch Alban solche Maximen nur zum Teil ernst. Mäßig war er weder im Essen noch im Trinken. Aber in puncto Waschen hielt er die Ratschläge vom alten Buonarroti ein. Doch schwamm er sehr gern im See. Und er war ein guter und ausdauernder Schwimmer. Als ich bei Bergs zu Besuch war – es war am Ossiacher See –, schwammen wir täglich zweimal im See, einmal vorm Mittagessen, einmal am Abend. Das Schwimmen im Ossiacher See mit Alban hatte täglich dasselbe heitere Finale. Alban pflegte sich im See zu rasieren – wahrscheinlich, um sich die Gesichtswaschung zu ersparen. Und täglich, nachdem er sich erstaunlich schnell rasiert hatte – er hatte keinen starken Bartwuchs – fiel ihm irgendein Bestandteil seines Rasierapparats in den See. Täglich tauchten wir, um das Stück zu suchen. Nie fanden wir eins wieder. Jede Woche kaufte er Apparate auf Vorrat, aber er verbrauchte nicht zu viele in einer Woche, weil ja nicht immer die gleichen Teile ins Wasser fielen und er die übriggebliebenen Reste der Apparate kombinieren konnte. Helene mußte er die täglichen Verluste verschweigen. Es hätte sie zu sehr gekränkt, denn Helene war nicht wenig geizig. Daran werde ich noch, in Trauer, zu erinnern haben.

Als weiterer Beitrag zum improvisierten Nachruf fiel mir ein, daß er mit Fremdwörtern nicht gerade sicher war und oft sehr komische Wirkungen erzielte. Eines Abends waren wir beide in Gesellschaft und lernten dort ein besonders hübsches Mädchen kennen. Auf dem Heimweg fragte ich ihn, wie sie ihm gefalle. »Ah«, sagte er mit einem Gesicht, das Entzücken ausdrückte. »Die ist ja geradezu grotesk!« Als er mein Erstaunen bemerkte, fragte er: »Was is? Hab ich schon wieda

287

was ang'stellt? Was hob ich g'sagt?« – »Du hast gesagt, daß sie geradezu grotesk ist.« Er brach in schallendes Gelächter aus, daß so ansteckend war, daß ich mitlachte, obwohl ich noch nicht wußte, was da so komisch war. »Weißt, was ich sagen wollte? Faszinierend! Die ist ja wirklich faszinierend.«

Hin und wieder improvisierte er einen Beitrag zu einem Nachruf auf mich: »Er las und kannte die Literaturen von acht Nationen in ihren Originalsprachen, sprach vier Sprachen fließend, und alle viel zu schnell. Die einzige Sprache, die seinem Sprechtempo entsprochen hätte, wäre die italienische Sprache. Aber just die sprach er nicht.

S. M. liebte den Wiener Dialekt. Aber ohne Gegenliebe. Eines Tages erzählte er mir, er hätte gehört, wie ein Trambahnschaffner einen andern, mit dem er gestritten hat, ›Du notiger Zeitpunkt‹ schimpfte. Jahrelang haben wir beide, Helene und ich, darüber lachen müssen.«

Das stimmt. Jahrelang haben beide mich mit diesem »notigen Zeitpunkt« gefrozzelt. Ja, ich könnte sagen: sekkiert. Sooft sie in meiner Gegenwart einen Unsinn von irgend jemand hörten, sahen sie sich beide an, und mindestens einer flüsterte mir zu: »ein notiger Zeitpunkt!« Eines Tages teilte mir Alban telephonisch mit, ein schönes Lexikon des Wiener Dialekts sei erschienen, er habe es gleich gekauft, und ich möchte hinüberkommen, es mir anzuschauen. In großer Freude zeigte er mir das dicke Buch. Wir setzten uns und er las mir einige Stellen vor mit Wörtern und Redewendungen, die selbst ihm unbekannt waren und ihn entzückten. Nach einer Weile, dadurch ermuntert, schlug ich ihm schüchtern vor, doch vielleicht versuchsweise nachzuschlagen, ob nicht am Ende in dem Buch ein ›notiger Zeitpunkt‹ zu finden wäre. Alban klappte das Buch zu, rief Helene aus der Küche heraus und sagte ihr: »Du wirst es nicht glauben, Soma kommt uns schon wieder mit seinem ›notigen Zeitpunkt‹.« Darauf lachten wir wie immer zu dritt, und nachdem wir ausgelacht hatten, bestand ich darauf, daß ich selber nachschlage. Anstatt mir das Buch für einen Moment zu überlassen, stand er auf, legte einen Arm um Helene, und beide suchten. In angespannter Stille hörte ich Albans blasse Stimme: »Na sowas!« – »Was ist, Alban?« fragte ich. Er nahm mich bei der Hand und zeigte mir mit einem Finger die Stelle, an der im Buch gedruckt stand: Öllender Zeitpunkt. Ich sagte: »Und doch habe ich ›notiger Zeitpunkt‹ gehört.« Alban darauf: »Natürlich hast du's g'hört. Wenn es an öllenden Zeitpunkt gibt, gibt's auch an notigen.« –

288

»Und du hast ihn jahrelang sekkiert! Armer Soma«, sagte Helene. »Wieso armer? Ich war die ganzen Jahre sicher, richtig gehört zu haben. Ich habe mir auch eine Erklärung für dieses Schimpfwort ausgedacht. In vielen Sprachen gibt es das Schimpfwort ›Du Pest‹.« – »Warum hast du mir das nicht erklärt?« sagte Alban, völlig gebrochen. »Ihr habt mich ja nie ausreden lassen. Sooft ich einen Anlauf dazu genommen habe, habt ihr so antisemitisch gelacht, daß ich lieber blöd mitgelacht habe.« Alban wollte Buße tun und legte mir nahe, eine Strafe auszudenken.

Das lehnte ich ab, weil ich längst dahintergekommen war, daß hier ein Mißverständnis mitgespielt hat. Alban hatte offenbar vermutet, daß ich mich für den Wiener Dialekt interessierte, weil ich ihn erlernen, nämlich sprechen lernen wollte. Das war nicht der Fall. Ich hatte die Erfahrung gemacht, daß zum Erlernen eines Dialekts Sprachbegabung allein nicht genügt. Ich hatte Schulkollegen, die – wie ich – als Erwachsene nach Wien gekommen waren und nach einigen Jahren den Dialekt gut sprachen, obwohl sie bei weitem weniger sprachbegabt waren als ich. Aber sie waren ›Volksmenschen‹, die auch beruflich mit dem Wiener Volk täglichen Umgang hatten. Mit Sprachbegabung hat das nichts zu tun, wohl aber mit Sprechbegabung, die das Erlernen einer Mundart erleichtert, aber nicht wesentlich ist. Wesentlich ist, daß man ein Volksmensch ist. Ein Beispiel nur: Der populäre Schalom Asch ist in Polen aufgewachsen und dort als jiddischer Schriftsteller bekanntgeworden. Nach Amerika kam er schon als weltberühmter Autor.[1] Wie groß war mein Erstaunen, als ich ihn zum ersten Mal englisch sprechen hörte. Es war nicht englisch, es war nicht amerikanisch-englisch, es war das Englisch der jüdischen Greißler[2], der Brooklyner »toity-toit«-Dialekt. Ein boshafter New Yorker jiddischer Schriftsteller, dem ich mein Erstaunen hierüber ausgedrückt habe, sagte: »Das ist sein Geschmack.« Über den Geschmack des Verfassers von *Der Gott der Rache*[3] habe ich mir schon in frühester Jugend meine eigene Meinung gebildet. Aber mit seinem Geschmack ist der Dialekt nicht zu erklären. Er hat sich die Brooklyner Mundart angeeignet, weil er ein Volksmensch war. Den Geschmack hatte er als Volksmensch – den Geschmack von Schalom

1 Schalom Asch (1880-1957) lebte von 1914 an in New York.
2 *Greißler* (österr.): Krämer.
3 Schalom Aschs Drama von 1907.

289

Asch. Nebenbei: ich kannte in Wien sehr gute Schauspieler, geborene Wiener, die sehr wohl das Wienerisch von Schnitzler oder von Hofmannsthal trafen, aber nie das Wienerisch eines echten Volksstücks.

Der Leser wird gemerkt haben, daß ich schon längst aufgehört habe, mit Alban zusammen Nekrologisches zu improvisieren. Ich bleibe nur für eine Zeit in diesem Rahmen, weil ich mir in Wehlust einbilde, daß er es gern hören würde.

Das Lexikon des Wiener Dialekts war eines von vielen in seiner nicht sehr großen Bibliothek. Er liebte Lexika und studierte sie eifrig. Das hat ihm einmal ermöglicht, dem alten Korngold eins auszuwischen. Dieser machte in einer boshaften Kritik des *Wozzeck* die Bemerkung, daß hier ein paar Töne »wie eine *idée fixe*« immer wiederkommen. Alban machte sich das Vergnügen, den gelehrten Kritiker zu belehren. Er hielt dem boshaften Kritiker ein Zitat aus einem Lexikon vor, das die *idée fixe*, eine derartige Wiederholung einiger Töne, als das Wesentliche einer Variation definiert.[1]

Alban hatte eine Schwester, die Smaragda hieß.[2] Wohl kein gewöhnlicher Name für eine Wienerin. Er erklärte mir einmal den Ursprung ihres und seines Namens, denn Alban ist auch nicht gerade ein Wiener Heiliger. Sein Vater hatte einen Kompagnon in seinem Kunsthandel, der ein Grieche war. Sie waren eng befreundet, und der Kompagnon war der Taufpate von zwei Kindern. Ihm zu Ehren benannte man die beiden Kinder nach seinem Geschmack.[3] Smaragda war eine

---

1 In etwas anderer Weise, als Morgenstern es hier erinnert, richtete sich eine Bemerkung Julius Korngolds gegen die Verwendung traditioneller Formen der Spielmusik, etwa der Passacaglia, im *Wozzeck*: »Weder in Szene noch in Situation notwendig begründet [...]« (*Operntheater. »Wozzeck«, Oper nach Georg Büchners Drama von Alban Berg*, in: Neue Freie Presse, Wien, 1. April 1930). In seinem Wiener *Wozzeck*-Vortrag ging Berg am 15. Mai 1930 auch auf diese Kritik ein. Morgenstern damals in seinem Bericht: »Um die ›fixe Idee‹, von der sowohl der Arzt als der von ihm gepeinigte Wozzeck befangen, in ihrer dramatischen Abwandlung darzustellen, hatte Berg, wie man weiß, den schönen Einfall: die Variationenform zu verwenden.« Und mit Blick auf Korngolds Vorhaltung fährt Morgenstern fort: »Berg kam diesem Vorwurf entgegen und erzählte, wie er durch den Vorhalt beunruhigt und bestrebt, das in der Musiktheorie offenbar Versäumte nachzuholen: im › R i e m a n n ‹ nachschlug. Und wie er beim Begriff › P a s s a c a g l i a ‹ unter Hinweis auf ›Chaconne und Folia‹, dieser ältesten Form des Ostinatos zu seiner größten Überraschung auf die – im Riemann! – eingeklammert, zur Erklärung stehenden Worte: (›Fixe Idee‹) stieß. Kurzum, der Vortrag war überhaupt ein sehr schöner Vorstoß. Und eine sehr wohltuende Einklammerung aller vom Erfolg des ›Wozzeck‹ Niedergeschlagenen...« (*Wiener Musiker. Alban Berg über »atonale Oper«*, FZ 434, 13. Juni 1930)
2 Smaragda Eger-Berg (1886-1954).
3 Bergs Taufnamen waren Albano Maria Joannes.

gute Musikerin. Sie musizierte oft mit Alban. Sie spielte Klavier viel besser als er. Sie war Klavierlehrerin von Beruf. Smaragda war die einzige von den vier Geschwistern, die Alban sehr ähnlich war. Sie hatte seine graublauen Augen, die leicht geschwungene Nase. Boshafte Freunde fanden ihr Gesicht »genau Alban, nur männlicher«. Sie war eine überzeugte und kämpferische Lesbierin. Ihre Freundin war eine Schweizerin, Frau Keller. Sie lebten zusammen und traten als Ehepaar auf. Obwohl in Wien Homosexualität, die weibliche sowohl wie die männliche – wenigsten damals – recht selten war, gehörte Frau Keller geradezu zur Familie, denn beide, Alban und Helene, waren völlig vorurteilslos. Das ging so weit, daß einmal folgende belustigende Situation entstand. Alban hatte einen Würdenträger – ich kann mich nicht mehr erinnern, wer das war – zu Gast. Es war eine größere Gesellschaft, und diesmal war das lesbische Paar nicht eingeladen. Das Paar war so empört, daß ein großer Familienstreit sich entwickelte. Smaragda nahm das zum Anlaß, Alban eine spießige Gesinnung vorzuwerfen. Alban fühlte sich so gekränkt, daß er beschloß, mich zur Schlichtung dieses Streits zur Hilfe zu rufen. Smaragda war das recht, denn sie hatte volles Vertrauen in meine Vorurteilslosigkeit. Nicht so Frau Keller. Ich verteidigte natürlich Alban und sagte ihr, daß ich bei weitem nicht so vorurteilslos sei wie Alban, und daß es geradezu grotesk wäre, just ihm eine spießige Gesinnung vorzuwerfen. Schließlich trieb sie mich in die Enge mit persönlichen Fragen: ob ich sie und Smaragda nicht eingeladen hätte in so einem Fall. Ich sagte ihr: nicht, wenn ich gerade einen Gemeinderat zu Gast hätte. Schließlich setzte sie mir so zu und verrannte sich so weit, mich zu fragen, ob ich sie beide auch in dem Fall nicht eingeladen hätte, wenn Smaragda ein Mann wäre. Diesen albernen Einfall quittierte ich mit einem ostjüdischen Sprichwort: »Wenn die Großmutter Räder hätte, wäre sie eine Kalesche«. Smaragda, die der Mann im Duo war, war aber keinesfalls der lesbische Typ, den sie in Berlin ›kesser Vater‹ nennen. Sie war von zarter, kleiner Gestalt, eine Dame durchaus. Sie hatte einen guten Sinn für Humor, und so löste sich das Gericht über Alban in Heiterkeit auf.

Seinen Bruder Charly hat mir Alban jahrelang unterschlagen.[1] Eines Tages erschien er unangesagt, und Alban war es sichtlich unange-

1 Carl Bernhard Christian Berg (1881-1952).

nehm, uns bekannt machen zu müssen. Nachdem er sich verabschiedet hatte, sagte Alban erleichtert: »Mein Bruder ist ein Volksmensch. Ich hätte nicht gedacht, daß ihr euch miteinander so gut unterhalten könntet.« Er war ein Geschäftsmann, ein Kleinbürger, aber nicht von einem Typ, wie er in Wien oder in Österreich landesüblich war, sondern eher ein guter Entwurf zu einem amerikanischen Babbit. Ich habe damals schon das Buch von Sinclair Lewis gekannt und möchte bei dieser Gelegenheit mein Erstaunen und Bedauern darüber ausdrücken, daß die amerikanischen Literaturkritiker heute dieses Buch unterschätzen, obwohl es mit Recht ein Welterfolg war und gewiß das beste Buch von Sinclair Lewis.[1] Sein Buch ist einer von den Glücksfällen in der Romanliteratur: die Entdeckung eines Menschentypus, der zum Greifen nahe war, vollkommen lebenswahr, und dennoch als solcher bis dahin in der Literatur nicht sichtbar.

Meine Bekanntschaft mit Charly hat mich sehr erfreut. Bis dahin konnte ich nie verstehn, wieso mein guter, edler Freund Alban ein fanatischer Anhänger des Sportklubs ›Rapid‹ war. Das war eines der besten Soccerteams in Wien, aber es war ein Team, das mit rohen Mitteln kämpfte und nicht gerade zu den fairen Mannschaften zählte, die es in Wien auch gab. Das fairste Team war meiner Ansicht nach der Sportklub ›Admira‹, dessen Anhänger ich jahrelang war, bis der jüdische Sportklub ›Hakoah‹ sich in den Vordergrund spielte und sogar die Meisterschaft von Wien gewann. Dann spaltete sich meine Loyalität zwischen diesen beiden Teams. Alban hatte nichts gegen meine Bewunderung für die ›Hakoah‹, wohl aber kam es oft, wenn ›Rapid‹ gegen ›Admira‹ spielte, zu heftigem Streit zwischen uns. Beinahe so heftig wie nur noch unsere Auseinandersetzungen über Richard Wagner. Nach jedem Spiel, das ›Rapid‹ gegen ›Admira‹ gewann, ließ er es sich nicht nehmen, mir die wichtigeren Berichte über den Sieg per Post einzuschicken oder auch persönlich ins Haus zu bringen. Nach jedem Spiel, das die ›Admira‹ gegen ›Rapid‹ gewann, schickte er mir Karikaturen der Admira-Spieler, die er selber zeichnete, oder in den Berichten erschienene Photos der Spieler, deren Gesichtszüge er in spaßiger Kinderei durch verlängerte Nasen und Ohren verunstaltete. Sein liebstes Opfer war der Rechtsaußen der ›Admira‹, ein grobknochiger, ungeschickt anmutender Spieler, den der Volks-

---

1 Sinclair Lewis (1885-1951) veröffentlichte seinen Roman *Babbit* im Jahre 1922, eine deutsche Übersetzung erschien 1925.

mund wegen seiner Behäbigkeit »Burgermaster« nannte, der aber trotzdem einer der erfolgreichsten Goalgetter war. Einem seiner Briefe, den ich noch besitze, sind noch einige der Karikaturen vom »Burgermaster« Siegl beigelegt.

Trotz seines fanatischen Interesses für Fußball war Alban kein großer Kenner des Spiels. Nicht einmal ein Kenner der Spielregeln, wie ich eines Tags, nach vielen Jahren gemeinsamer Besuche auf Spielplätzen, zu meinem Kummer herausfand. Soccer-Kenner werden es gewiß mit Heiterkeit lesen, daß Alban einmal in Aufregung und Entrüstung geriet, als der Schiedsrichter infolge einer Rohheit, die ›Rapid‹ im Strafraum begangen hatte, einen Elfmeter anordnete. »Das ist eine Gemeinheit«, schrie er laut: »Das gibt's ja nicht! Da steht ja gar kein Verteidiger dazwischen!« Daß es so was gibt wie einen Elfmeter, wollte er mir gar nicht glauben. Erst als Charly es bestätigte, sah er ein, daß es eine solche Regel im Soccer gab. Die fanatische Anhängerschaft zu einem Sportklub ist offenbar mit der Angehörigkeit in einer politischen Partei zu vergleichen; so was geht in Familien um.

Alban war aber nicht der einzige Intellektuelle, der von einem Bruder mit Vorliebe für diesen Sportklub angesteckt worden war. Ein Studienkollege von mir, durchaus kein Volksmensch, gehörte auch zu den fanatischen Anhängern von ›Rapid‹. Sein Liebling in dem Team war ein Verteidiger namens Schramseis. Das war ein festgebauter Junge, hellblond, mit blitzblauen Augen, was die Amerikaner einen ›tough guy‹ nennen. Eines Tages, als die Mannschaft im traditionellen Lauf auf dem Spielplatz erschien, und er den Schramseis strahlend im Sonnenschein erblickte, sagte er zu seinem Begleiter voll Entzücken: »Schau, der Schramseis, die Blonde Bestie!« Ein Volksmensch, der eine Reihe vor ihm saß, wandte sich um und brüllte ihn an: »Bestie schimpfen S'? An Schramseis? Unsern Schramseis?!« Und ehe Dr. Adler ihm erklären konnte, was bei Nietzsche »blonde Bestie« bedeutet, hatte er schon eine kräftige Ohrfeige sitzen. Durchaus lachend erzählte mir das Opfer den Vorfall, offenbar in ungetrübter Liebe für Schramseis und seinen Rapid-Anhang.

Alban Berg liebte Jazzmusik, wie Schoenberg selbst und alle anderen Schüler auch. Als er eines Tages ein Interview mit dem berühmten Geiger Bronislaw Hubermann las, in dem unter anderem eine Äußerung gegen die Jazzmusik zitiert war, war er so empört, daß er mir gleich seine Entrüstung mitteilen mußte. Da er mich telephonisch nicht erreichen konnte, hinterließ er in meiner Wohnung einen Zettel: »Hast du gelesen, was Dein Hubermann über Jazzmusik gesagt hat? Der kann vielleicht gut die Geige, aber sicherlich nicht Beethoven spielen!«[1] Später hat Hubermann die Äußerung über den Jazz dementiert. Ein Jahr hernach, als der amerikanische Geiger Krasner bei Alban ein Violinkonzert bestellte, fing Alban an, sich mehr für Solo-Violinkonzerte zu interessieren.[2] Ich lud ihn ein, mit mir in ein Konzert zu gehn, in dem Hubermann das Violinkonzert von Beethoven spielte. Er war mit der Leistung Hubermanns mehr als zufrieden und sagte: »Jetzt glaub ich ihm auch das Dementi.«

Richard Strauss war seine *bête noire*.[3] Mehr als einmal setzte er sich ans Klavier, um mir »ordinäre« Stellen in Strauss-Opern vorzuführen und, als Gegenstück, »edle, feine« Stellen in der Musik von dem verkannten Alexander von Zemlinsky. (Meiner Ansicht nach war dieser vortreffliche Komponist ein Opfer der Operntexte, die er sich aussuchte, hierin ähnlich seinem großen Schüler Arnold Schoenberg.) Die *Alpensymphonie* nannte er: Gewittergoj-Musik. (Gewittergoj nannte man in Zentraleuropa, namentlich in Theaterkreisen, Kerle, die schon physisch ihr polterndes Ariertum zur Schau trugen). Es fiel ihm leicht, mich zu überzeugen, daß die *Elektra* das originellste und stärkste Werk von Richard Strauss ist.

Der Titel dieses Kapitels: »Manövrierte Nekrologie«, ist nicht von Alban und nicht von mir, sondern von der Dichterin Else Lasker-Schüler. Der berühmte Rezitator Ludwig Hardt[4], mit dem ich seit Jahren befreundet war, hat Alfred Polgars *Nekrologie* in einen seiner »Heiteren Abende« aufgenommen. Als Theaterkritiker hatte ich mich streng an das Prinzip gehalten, nie spät zu einer Vorstellung zu kommen und nie früh wegzugehen. Zu jenem »Heiteren Abend« in Berlin

---

1 Siehe Bergs Brief vom 16. April 1929 (Nr. 70).
2 Anfang 1935 gab der amerikanische Geiger Louis Krasner bei Berg ein Violinkonzert in Auftrag.
3 Der junge Berg hatte Richard Strauss (1864-1949), den deutschen Repräsentanten der Avantgarde um die Jahrhundertwende, verehrt. Später kühlte Bergs Verhältnis zu dessen Musik merklich ab, was auch Morgensterns Erinnerungen hier handgreiflich bezeugen.
4 Siehe oben S. 80, Anm. 1.

hatte ich mich dennoch verspätet. Ich stand allein vor der geschlossenen Tür, als nach einigen Minuten eine Frau hinzutrat. Ich hatte diese Frau nie gesehen, und doch habe ich sie sofort erkannt. Sie hatte zwei dunkel flackernde Augen, mit dem Glanz von schwarzen Oliven, langes, strähniges Haar, und ein Hütchen auf dem Kopf. Sie sah aus wie eine bedeutende Wahrsagerin: Else Lasker-Schüler. Sie sah mich prüfend an und fragte: »Haben Sie gesehen, was mir der Hildenbrandt heute angetan hat?« Ich nahm an, daß sie mich mit jemandem verwechselte, aber ich antwortete ihr: »Ich habe heute das *Berliner Tageblatt* noch nicht gelesen«, im Tone aufrichtigsten Bedauerns darüber, daß ich nicht in der Lage war, der von mir hochverehrten Dichterin dienen zu können.[1] Sie fing an, mir zu erklären, was ihr geschehen war, unterbrach sich aber, als die Tür zum Saal geöffnet wurde, und wir gingen bei schnell hinein.

Ludwig Hardt, der sonst es hätte riskieren können, an einem seiner ›Heiteren Abende‹ aus einem Telephonbuch zu lesen und damit leicht Heiterkeit zu erzielen, fiel an diesem Abend mit Polgars Nekrolog entschieden durch. Nicht eine Hand rührte sich. Nach Schluß ging ich zu meinem Freund ins Künstlerzimmer, wo ich Frau Else Lasker-Schüler wiederfand. Hardt stellte mich vor und fügte spöttisch hinzu: »Aber nehmen Sie sich vor ihm in acht, Frau Lasker-Schüler. Der Herr ist nicht ungefährlich.« – »Oh nein«, sagte Else Lasker-Schüler, »der ist nicht gefährlich, der mit seinen bekennenden Augen. Ich kenn Sie ja schon, ich habe Sie ja angesprochen. Sie haben geglaubt, daß ich Sie mit jemandem verwechselt habe.«

Wir gingen in ein Gasthaus, wo schon ein paar Bewunderer von Hardt am Tisch saßen. Im Laufe des Abends kam Else Lasker-Schüler auf das Programm des Vortragsabends zu sprechen und fragte Hardt

---

1 Der damalige Feuilletonchef des Berliner Tageblattes, Fred Hildenbrandt (geb. 1892, nach 1963 verschollen), sprach in seinem Blatt eines Tages in lamentierendem Ton von dem elenden Schicksal der Lyrikerin, die ihm gesagt habe, sie wolle nun Briefumschläge bemalen, um sie das Stück für fünf Mark zu verkaufen. Hildenbrandt: »Es wird nicht viel Mühe machen, ihr Bestellungen weiterzugeben, und wenn ich mich nicht irre, sitzt sie, mit allen bunten Stiften und einem Stapel Briefumschlägen in der Handtasche, in diesem Augenblick wie ein Kind bekümmert und erwartungsvoll im Café oder daheim im dritten Stock. Für wen, darf ich ihr sagen, soll sie Briefumschläge malen?« (*Handbemalte Briefumschläge*, Berliner Tageblatt, 26. Oktober 1926) Bald danach gab Hildenbrandt bekannt, er sei, »wie sich jetzt unter Blitz und Donner herausstellt«, von der Dichterin zu einer »unnotwendigen Aktion« verlockt worden, und druckte deren Antwort ab: »Ich wohne im Sachsenhofe / Im schönsten Hotel von Berlin / Und lese die Katastrophe / Nämlich, von meinem Ruin. / Daß ich Kuverts verkoofe / à fünf Mark – immerhin – / mein lieber Fred, na weißte / nicht, was und wer ich bin?« (Berliner Tageblatt, 3. November 1926)

etwas brüsk: »Wozu haben Sie diese neckische *Nekrologie* von Polgar vorgetragen? Sie haben doch sonst immer ein erlesenes Programm.« Hardt fragte: »Ihnen hat's auch nicht gefallen?« – »Ach nein«, sagte sie, »bei dem Polgar ist alles immer so manövriert.« Hardt warf mir einen entzückten Blick zu. Ein unschuldiger Tischgenosse wollte wissen: »Sie meinen wohl: maniriert?« Aber ein Blick von Frau Else Lasker-Schüler, sanft und traurig, züchtigte ihn schnell.

In Wien erzählte ich Alban Berg von meiner Begegnung mit der Dichterin und von Polgars manövrierter Nekrologie. Von dem Tage an hörte Alfred Polgar auf, für Alban zu existieren. Denn Else Lasker-Schüler war seit vielen Jahren die von Karl Kraus gekrönte, mit Recht gekrönte, größte Dichterin unserer Zeit.[1] Demzufolge war sie es für alle Leser der *Fackel*. Demzufolge auch für Alban Berg. Auch für Ludwig Hardt, der Else Lasker-Schüler schon immer verehrte, ohne erst die Wiener Krönung durch Kraus abzuwarten.

Alban Berg ist fünfzig Jahre alt geworden. Als Mensch war er es und nach dem Kalender. Als Künstler, als Komponist war er etwa fünfunddreißig. Mystische Denker behaupten, daß die frühverstorbenen Künstler, als ahnten sie einen frühen Tod, ihr Lebenswerk zu Ende gebracht haben. Es ist eine falsche Mystik, zum mindesten eine veraltete. Sie nehmen einen Tod an, der jedem vorausbestimmt ist. Wir wissen heute, daß es keinen Tod gibt, nur ein Sterben. Wie könnte sonst die Lebensdauer eines großen Teils der Menschheit um beträchtliches verlängert werden, dank der besseren Hygiene und der besseren Medizin. Es ist kaum anzunehmen, daß just ein Teil der Menschen im zwanzigsten Jahrhundert und just in den Ländern, wo in diesem Zeitalter im größten Stil gemordet wurde und gemordet wird, diese Gnade verdient. Gewiß hat Mozart ein Lebenswerk hinterlassen, das nur einem Begnadeten gegeben wurde. Es genügt uns und unserem Entzücken. Aber hätte es ihm genügt, wenn er fortgelebt hätte? Oder Schubert? Vielleicht der reinste Quell schöpferischer Liebe in der Musik. Man lese nur seinen kurzen Brief, in dem er seine unheilbare Krankheit erwähnt, und erwäge in Tränen, wieviel Weh und Lust des Lebens noch in diesem fruchtbarsten aller Schöpfer war. Das gilt,

---

1 In einem Kommentar zum Gedicht *Ein alter Tibetteppich* nannte Kraus Else Lasker-Schüler »die stärkste und unwegsamste lyrische Erscheinung des modernen Deutschland« (Fackel Nr. 313/314, 31. Dezember 1910, S. 36).

glaube ich, für alle Frühverstorbenen, ob sie eines sogenannten natürlichen Todes sterben oder, wie Alban Berg, einem Unfall zum Opfer
fallen.

Alban Berg hat vor dem Erfolg seines *Wozzeck* nicht viel Musik geschrieben. Das hat mehrere Gründe. Die strenge Lehre des Meisters
verhinderte leichtherziges Komponieren, was in andern Schulen als
Fruchtbarkeit gilt. Man schreibt was auf, versieht es mit einer Nummer – und das Opus ist da. Ein Werk ist geboren. Arnold Schoenberg
hat so manchem Schüler das Komponieren überhaupt abgewöhnt und
ihn auf andere Gebiete der Musik verwiesen.

Bemerkung 1942: Nach einem Abendessen im Hause Schoenbergs
in Santa Monica, California, wollte Schoenberg die Radiosendung
von Schostakowitschs Siebenter Symphonie hören. Hanns Eisler war
dabei und einige andere Musiker, deren Namen ich nicht erinnere.
Damals war Schoenberg, der sonst kein Freund Sowjetrußlands war,
von den Erfolgen der Russen an der Ostfront umgestimmt, sonst hätte
er wohl kaum einen Abend mit Gästen beim Radio verbracht. Als das
Konzert zu Ende war, war längere Zeit großes Schweigen. Alle warteten auf eine Äußerung Schoenbergs. Er ließ uns lange warten. Bis einer, dem die Weile zu lang wurde, sich vorwagte: »... Aber wenn
man bedenkt, daß ein so junger Mann schon bei der Siebenten Symphonie angelangt ist, muß man doch immerhin zugeben, daß es eine
beachtenswerte Leistung ist.« Darauf Schoenberg: »Bei dieser Art zu
komponieren muß man ihm dankbar sein, daß er nicht schon bei der
Siebenundsiebzigsten Symphonie angekommen ist!«

Alban war ein echter Wiener. Die Besten dieser vielgerühmten und
vielgeschmähten Menschengattung haben eine Eigenschaft, die nur in
dieser Stadt in Reinkultur vorkommt. Der Wiener, der wert ist, es zu
sein, mag er sich noch so ernst nehmen, wichtig macht er sich nicht.
Diese noble Haltung hat auch ihr Schlimmes. Sie bringt es mit sich,
daß er jedem Hindernis nicht nur aus dem Wege geht, sondern einfach
kehrtmacht. Und Hindernisse sind überall in Fülle vorhanden. Und
gar viele für einen Komponisten, der atonale Musik macht, ein
theoretisch treffendes und dennoch fatales Adjektiv, das der
Unwissende geradezu als eine Warnung auffaßt vor einer Musik, die
absichtlich nicht klingen will. Die Folge davon: man komponiert für

die Schublade. Kein Wunder, daß man schon früh in den Ruf kommt, faul zu sein.

Alban selber bekannte sich freiwillig zu dieser Eigenschaft und scherzte oft über seine Faulheit. Auch über meine. Das veranlaßte mich einmal, ihm die jüdische Anekdote von den zwei Faulen zu erzählen: Zwei Reisende kommen in eine kleine Stadt zum Wochenmarkt. Sie kennen einander nicht, bis sie sich in dem einzigen Hotel des Städtchens begegnen. Müde nach des Tages Arbeit verlangt jeder von ihnen ein Zimmer für die Nacht. Der Wirt bietet ihnen, weil keine Einzelzimmer frei sind, ein Zimmer mit zwei Betten an. Sie nehmen es an. Nach dem gemeinsam eingenommenen Abendessen gehen sie auf ihr Zimmer und zu Bett. Beide vergessen, die Petroleumlampe auszulöschen. Eine Zeitlang wartet jeder von ihnen, daß der andere vom Bett heruntersteigt, um die Lampe auszulöschen – ohne Erfolg. Nach einer langen schlaflosen Weile sagt einer: »Ich kann bei Lampenlicht nicht einschlafen. Man muß die Lampe auslöschen.« Darauf der andere: »Ich denke schon die ganze Zeit daran. Aber ich war zu faul, es zu sagen.« Oft haben wir beide, Alban und ich, gestritten, wer von uns der Erste und wer der Zweite ist.

Helene erzählte mir, daß sie ihn oft in sein Arbeitszimmer einsperrte und den Schlüssel an sich nahm, um ihn zum Komponieren zu zwingen, was er nicht bestritt. Aber in ihrer Abwesenheit erzählte er mir, daß er in solchen Fällen zum Trotz nicht komponierte, sondern eine Flasche Cognac, die er unterm Sofa für solche Fälle verborgen hielt, hervorholte und sich damit tröstete. Helene behauptet jetzt, von der verborgenen Cognacflasche gewußt zu haben. Das glaube ich nicht. Nach dem Tode ihrer Männer werden die Witwen von Künstlern wissend. Die Musikwitwen werden allwissend. Cosima Wagner hat hier Schule gemacht. In Wien nannte man eine erst kürzlich verstorbene Musikwitwe: Die Lästige Witwe. Eine andere nannte ich in New York: Die Entfesselte Witwe.

In einem seiner Briefe, wie man sehen wird, teilt mir Alban mit, es sei bekanntgeworden, daß er die *Lulu*-Tragödie vertone, was wir geheimhalten wollten.[1] Um mich zu trösten, fügt er den Witz hinzu, der schon in Wien umlief, auch im Verlag: »Da kann man ja hoffen, daß Alban Berg mit seiner *Lulu* zum Ende des Jahrhunderts fertig sein

---

1 Bergs Brief vom 6. August 1929 (Nr. 76).

wird.«[1] Das amüsierte ihn nach wie vor, obwohl sein Ruf, ein langsamer Komponist zu sein, längst überholt war. Seitdem er mit dem sensationellen Erfolg der *Wozzeck*-Suite bei den Musikfestspielen in Frankfurt am Main sozusagen Blut geleckt hatte, war er ein durchaus energischer Arbeiter geworden. Es fiel ihm nun sogar leicht, auf Bestellung zu komponieren. So ist seine Arie zu Baudelaire-Texten entstanden. Auch sein Violinkonzert wäre nie entstanden, hätte es Krasner nicht bestellt. Daß eine so lange Zeit zwischen *Wozzeck* und *Lulu* vergangen ist, liegt daran, daß er nach dem Erfolg der ersten Oper etwa vier Jahre nach einem geeigneten Text gesucht hat. Er war auch im Suchen sehr fleißig und las ausdauernd ganze Stöße von Manuskripten, die ihm emsige Librettisten ins Haus schickten.

Er war ein eifriger Buchleser, namentlich von Romanen und lyrischer Dichtung. Seine Lieblingsdichter waren Peter Rosegger und Adalbert Stifter. Er las gern Joseph Roth, Robert Musil und Gottfried Keller. Er hat es oft bedauert, daß er kein klassisches Gymnasium, sondern eine Realschule besucht hat. Das hat ihm aber keinen sichtbaren Schaden zugefügt. Er hatte ein sicheres Gefühl für das Echte und einen erlesenen Geschmack für neue Werte. Als ich ihm, noch zu Lebzeiten Franz Kafkas, das Buch *Der Landarzt* zu einem Geburtstag schenkte, rief er mich nach zwei Tagen an und fragte in großer Aufregung: »Warum haben Sie mir von dem noch nie erzählt? Warum hab ich von ihm nie was gehört?« – »Ich war vorsichtig«, antwortete ich ihm. »Franz Kafka ist ein Prager. Sie haben einen älteren Freund als mich, der auch ein Prager ist: Franz Werfel. Fragen Sie ihn, warum er Ihnen nichts von Kafka erzählt hat.« Es hat nicht lange gedauert, und Alban brachte mir Nachricht von Franz Werfel: »Das schaut ihm ähnlich, dem Soma Morgenstern, daß er den Kafka für einen großen Dichter hält.« (Das schaut mir tatsächlich ähnlich.)

Von den zeitgenössischen Musikern liebte er Janáček. Um dessen Oper *Aus einem Totenhaus* zu hören, reiste er zweimal nach Bratislava. Zum zweiten Mal mir zuliebe, weil ich die Oper noch nicht gehört hatte. Wie die ganze Schoenberg-Schule, schätzte er Béla Bartók, Sergej Prokofieff, Maurice Ravel, Alexander von Zemlinsky. Seine *bête noire* war, wie schon erwähnt, Richard Strauss: »Der komponiert ja mit Plastilin.« Karl Kraus schreibt irgendwo über d'Annunzio, des-

---

1 Bergs Brief vom 13. September 1930 (Nr. 86).

sen Sprache ein Journalist als Brokat verherrlichte: »Ich lasse mir kein Brokat ins Ohr einflößen.« Alban meinte, offenbar anspielend auf diese Äußerung: »Ich lasse mir kein Plastilin ins Ohr einflößen.«

»Die Kritiker, die Mahler das zu große Orchester und das Titanische vorwerfen«, sagte er einmal, »bewundern die Kraft der *Alpensymphonie*. Aber die wahre Kraft ist bei Mahler. Die *Alpensymphonie* macht nur gewaltigen Lärm – einen richtigen Heidenlärm.« In einem Konzert, in dem ich zum ersten Mal den *Don Juan* von Strauss gehört habe, kam er aus der Loge zu meinem Sitz im Parterre und fragte ganz streng: »Wie hat's dir mißfallen?« Ich sagte: »Es ist ein glänzendes Virtuosenstück für ein Orchester.« – »Das ist es. Aber ist das alles, was dir dazu einfällt?« – »Ich bin kein Musiker, Alban. Als Schriftsteller kann ich nur so viel sagen: es ist so, wie einer, der mich überzeugen will, daß er ein großer Erotiker ist, das Hosentürl öffnet und es mir zeigt.« Belustigt stürzte Alban davon, um es Alma Mahler gleich zu wiederholen, die mir daraufhin aus der Loge, mich mit ihrem Opernglas durchbohrend, mit einem behandschuhten Finger drohte.

Anton Webern liebte er als Freund und schätzte ihn hoch als Lyriker.[1] Er hielt ihn auch für einen ausgezeichneten Dirigenten. Ich hatte Gelegenheit, Webern als Dirigenten kennenzulernen, als er die Große Choralsymphonie von Mahler einstudierte und Alban mich zu einigen Proben mitnahm. Die Generalprobe wurde von den Zuhörern enthusiastisch aufgenommen. Aber gleich darauf meldete sich Webern krank und sagte ab. Für ihn sprang ein mittelmäßiger Dirigent ein, dem die gedemütigten Freunde Weberns noch dankbar sein mußten, daß er sich dazu bereit erklärte. War es Podiumsscheu? Keine sehr nützliche Eigenschaft für einen Dirigenten. – – Ein paar Wochen später erklärte Webern, er sei gar nicht krank geworden. Er behauptete: er war mit der Einstudierung noch nicht fertig gewesen. Er hätte noch mehrere Proben gebraucht. Es war noch nicht alles so, wie

---

1 Gemeint ist die lyrisch-konzentrierte Formensprache der Musik Anton Weberns (1883-1945), der am 6. Dezember 1927 in einem Dankesbrief an seinen Verleger Emil Hertzka schrieb:.»Wohl weiß ich, daß mein Werk rein geschäftlich noch immer äußerst wenig bedeutet. Aber das liegt wohl auch in seiner bis heute fast ausschließlich lyrischen Natur begründet: Gedichte sind freilich wenig einträglich; aber schließlich müssen sie eben doch geschrieben werden.« (Zit. bei Hans u. Rosaleen Moldenhauer, *Anton von Webern*, a.a.O., S. 276)

er es haben wollte.[1] Er war als Komponist ein Perfektionist, fanatisch der Vollkommenheit ergeben. Das konnte er sich als Meister der kleinen Form leisten sein Leben lang. Ein Dirigent könnte sich das erlauben, wenn er sein eigenes Orchester hat und die Zahl der Proben diktatorisch bestimmen kann.

Ich kenne einen Dirigenten, der auch ein Perfektionist ist und dennoch nach einer Generalprobe nicht aufgibt. Daß er immer das vom Orchester herausbekommt, was er erwartet, kann man kaum annehmen. Dennoch ist er ein Perfektionist geblieben sein Leben lang. Und er hat zu seinem und zum Glück des Publikums ein langes Leben. Er ist jetzt über achtzig und hat seine größten Erfolge im hohen Alter in einem fremden Lande erreicht. Ich spreche von Otto Klemperer[2]. Ich habe Klemperer gehört, wie er noch jung war, in Berlin, wo ich eines Tages in einem Brief von Alban Berg die Frage las: »Was sagt man in *unsern* Kreisen zu Klemperer?«[3] Ich antwortete ihm in einem Brief, der leider nicht auffindbar ist. Helene versprach mir, diesen und noch andere von meinen unauffindbaren Briefen zu suchen. Ich dürfte ihm wohl die Begeisterung in Berlin über den Operndirigenten Klemperer geschildert haben, glaube aber nicht, daß ich in jenem Brief das Geheimnis der Dirigierkunst Klemperers erklären konnte.[4]

Viele Jahre und viele Katastrophen der Weltgeschichte später hörte ich Klemperer in London. Es war im Jahre 1957.[5] Klemperer war damals 72 Jahre alt und war indessen als Dirigent ein Gott in England geworden. Nach dem ersten Konzert sollte ich ihn im Künstlerzimmer

---

1 Die hier angedeutete Lage Weberns, die freilich mit »Podiumsscheu« nichts zu tun hatte, ähnelt eher jener in Barcelona im April 1936, als er sich – aus inneren wie äußeren Gründen – außerstande sah, Bergs Violinkonzert, das letzte Werk seines toten Freundes, zur Uraufführung zu bringen. Hingegen Weberns Absage des Konzertes zur »Republik-Feier« im November 1928 (zum 10. Jahrestag der Revolution von 1918) beruhte auf einer ernsten Erkrankung des damals völlig überarbeiteten Komponisten, für den Erwin Stein als Dirigent einsprang. Auf dem Programm stand übrigens nicht Mahlers Achte, sondern seine Zweite Sinfonie, zusammen mit Schoenbergs Chorwerk *Friede auf Erden*, op. 13. (Vgl. Hans u. Rosaleen Moldenhauer, *Anton von Webern*, a.a.O., S. 413 ff. u. 274 f.)
2 Mit Otto Klemperer (1885-1973) und seiner Tochter war Morgenstern bis zuletzt befreundet.
3 Bergs Brief vom 27. November 1927 (Nr. 52).
4 Morgensterns Antwortbrief ist erhalten (Nr. 53); auf Bergs Frage geht er allerdings nicht ein.
5 Von Ende April bis Ende November 1957 besuchte Morgenstern zum zweitenmal nach dem Krieg Europa. Im Oktober/November führte Otto Klemperer mit dem London Philharmonia Orchestra in seinem ersten großen Beethoven-Zyklus alle Sinfonien und Klavierkonzerte, das Violinkonzert, die *Weihe des Hauses* und die Ouvertüren auf.

abholen. Als ich eintrat, saß er, noch erhitzt, in ein *dressing gown* lässig gewickelt, in einem Lehnstuhl, die Partitur der Beethoven-Symphonie in der Hand. Ich hatte meinen Freund noch nie in einem *dressing gown* gesehen. Quite a sight. Mit Klemperers *dressing gown* konnte man ein Zelt ausspreiten für eine Gruppe. Er faßte mich mit seiner Rechten an der Hand und vertiefte sich wieder in die Partitur. »Helfen Sie mir suchen. Ich habe den ersten Klarinettisten an einer Stelle wiederholt ermahnt, daß es nicht ›f‹ sondern ›fis‹ ist, und jetzt bläst er mir im Konzert ein ›f‹!« Ich half ihm nicht das ›fis‹ suchen. Ich sah ihn an. Ein Besessener? Nein, ein liebevoller Notenhirt. Ihm hat die Musik alle ihre Noten in Obhut gegeben. Er hütet alle seine Notenschäfchen, daß keines, auch nicht das geringste, einen Schaden leidet. Es kam ihm nicht darauf an, recht gegen einen Klarinettisten zu behalten. Er war auf der Suche nach dem verlorenen Notenschäfchen. Indessen trat seine Tochter Lotte (ohne die Klemperer in den letzten zwanzig Jahren sich nicht hätte rühren können) hinzu und sagte ihm, ein Mitglied des Königlichen Hauses, ein Duke Soundso, möchte ihn begrüßen.[1] Klemperer ließ sich von der Jagd nach dem verlorenen ›fis‹ nicht ablenken. Als Lotte den Duke vorführte, streckte Klemperer ihm die Linke hin (mit der Rechten hielt er mich noch immer fest) und sagte, ohne ihn anzusehen: »Thank you, thank you. Good-bye, good-bye.« Und schon war er wieder mit der Nase in der Partitur. Bei dieser Gelegenheit entdeckte ich das Geheimnis seiner ewigen Jugend. Physisch ist Klemperer ein Riese. Als Musiker ist er groß. Wie er es aber so lange bleiben konnte, hat er dem Glück zu verdanken, daß er ein sehr großes Kind geblieben ist sein Leben lang. Er hat sich einmal in die Musik vernarrt und sich diese Liebe rein erhalten. Vor einem Jahr hab ich ihn in Wien in fünf Konzerten und unzähligen Proben wieder gehört.[2] Er war jetzt über dreiundachtzig und war noch immer derselbe als Dirigent, als Freund, als Mensch, offenen Sinnes für alles, was in der Welt geschieht. Aber

---

1 Es war der Earl of Harewood, ein Cousin der britischen Königin, der sich ganz der Musik widmete und später langjähriger Direktor der English Opera war (Mitteilung von Frau Lotte Klemperer, Briefe an den Hg. vom 12. u. 21. 1. 1995).
2 Von Ende Mai bis Mitte September 1968 hielt sich Morgenstern zum drittenmal nach dem Krieg in Europa auf. Von den fünf Konzerten, die Otto Klemperer anläßlich der Wiener Festwochen im Mai und Juni 1968 mit den Wiener Philharmonikern gab, hat Morgenstern, von Klemperer eingeladen, nur die letzten drei gehört.

in erster und in letzter Reihe noch immer das, was ihn jung und groß erhalten hat: ein Musiknarr.

Wie aus seinen Briefen ersichtlich ist, war Alban ein passionierter Theaterbesucher. Sooft es ging, nahm ich ihn zu den Premièren mit. Der Vorgang war dieser: Wenn ich meinen zweiten Sitz frei hatte, rief ich Helene an und lud sie ein. Ausnahmslos war Helenes Antwort: »Geh, Soma, nimm doch lieber den Alban mit. Du weißt, wie wild er drauf ist. Für ihn bedeutet das mehr als für mich. Nimm ihn mit!« So war sie also an der Einladung Albans beteiligt, und wir zwei hatten einen freien Ausgang. An solchen Abenden gingen wir nach dem Theater zum Nachtmahl, meistens in das Gasthaus ›Zum Braunen Hirschen‹. Einmal gingen wir zusammen zu einer Aufführung von *Hamlet* mit Moissi in der Hauptrolle.[1] Nach der Vorstellung hatten wir im ›Braunen Hirschen‹ ein längeres Gespräch. Alban hatte, wie ich, mehrere Hamlets in Wien gesehen. Er hatte den Vorzug, Josef Kainz in der Rolle gesehen zu haben.[2] Ich bin ja erst im Jahre 1912 nach Wien gekommen, ein Jahr nach dem Tod von Kainz wie von Mahler. Natürlich war er von Moissi noch weniger begeistert als ich. Moissi war ganz der »Sweet prince«, und wo er es sein durfte, war der das Entzücken der Frauen. Ich mußte Alban das vorhalten und an Moissi loben, was lobenswert war, weil Alban nicht nur Kainz gesehen, sondern auch allen Hohn und alle Bosheit gelesen hatte, die Karl Kraus für Moissi übrig hat. Alban erinnerte sich natürlich nicht an alle Szenen, wie sie Kainz spielte, wohl aber an die eindrucksvollsten Züge des großen Gestalters, und was ihn am meisten ärgerte, war, daß Moissi, wie viele der jüngeren Generation, Kainz imitierte, wenn auch nicht immer bewußt. Albans Begeisterung für Kainz war noch so frisch, daß er, wie er so neben mir saß, völlig zu vergessen schien, daß Karl Kraus auch für Kainz nicht viel mehr übrig hatte als für seine Nachahmer, die er alle, samt und sonders, als die Schauspieler mit dem »Kainz-Zeichen« auf der Stirn verwarf. An diesem Abend erlebte ich es zum ersten Mal, daß Alban, als ich ihn daran erinnerte, zunächst aus seiner Begeisterung für Kainz in Verwirrung geriet wie ein ertappter Schüler, aber nach einer kurzen Überlegung einfach sagte: »Du weißt, wie Kraus ist, wenn er einen nicht mag. Da hat er

---

1 Alexander Moissi (1880-1935).
2 Joseph Kainz (1858-1910).

sich einmal verrannt und wollte es nachher nicht zugeben.« Ich tat so, als merkte ich nicht, was geschah und versuchte ihm aufzuzählen, wie viele Hamlets ich in meinem Leben schon gesehen hatte. Eindruck haben mir alle gemacht. Die meisten sah ich in einem Alter, da ich ein unentwegter Theaterfanatiker war und wie ein Trinker, dem kein Alkohol zu schlecht ist, von jeder Theatervorstellung beglückt war. »Wie viele von ihnen würden dir jetzt noch gefallen?« – »Ich kann es jetzt nicht genau beurteilen. An einen polnischen Hamlet kann ich mich sehr gut erinnern. Er gastierte oft in unserer Stadt. Wenn ich mich nicht irre, war er schon einer von den Schauspielern mit dem ›Kainz-Zeichen‹, obwohl er Kainz vielleicht nie gesehen hat. Einmal war ein kleiner Skandal um ihn ausgebrochen. In den kleinen Städten, wo er auftrat, waren die meisten Zuschauer Juden. Es wurde ruchbar, daß er einmal privat gesagt haben soll: ›Was hab ich von meinen Erfolgen? Überall verstinken mir die Juden den Saal.‹ Daraufhin boykottierte ihn die jüdische Jugend. Daraufhin dementierte er natürlich mit großem Bedauern. Zum letzten Mal sah ich ihn als älteren Mann, nicht auf der Bühne, sondern beim Ausgang aus einem Hof im jüdischen Viertel von Lwów, wo die Wilnaer Truppe im Jahre 1921 den *Dibbuk* spielte. Er war dort offenbar just an dem Abend, da ich mit meinem Freunde Karol Rathaus zum ersten Mal eine Vorstellung von *Dibbuk* sah. Als wir erschüttert den Hof verließen, sahen wir ihn, den berühmten Karol Adwentowicz[1], sein Gesicht tränenüberströmt, mit offener Hand Geldscheine an Arme verteilen. Das ist aber kaum der Grund, warum es mir jetzt in der Erinnerung so vorkommt, daß sein Hamlet mir einen stärkeren Eindruck machte als Moissi heute abend.« – »Hast du den russischen Hamlet gesehen, wie das Moskauer Künstlertheater hier war?« fragte Alban. »Ich habe Katschalows Hamlet gesehen. Die Wiener Kritiker haben ihn mit Spott und Hohn überschüttet. Ein Witzbold namens Hans Liebstoeckl schrieb seine Kritik unter der Titel: Iwan Iwanowitsch Hamletowitsch.«[2] – »Ich hab ihn leider nicht gesehen. War er wirklich so schlecht?« – »Er war nicht *so* schlecht. Aber in diesem Falle ist es so wie mit dem Türken

---

1 Karol Adwentowicz (1871-1958).
2 Wassili Iwanowitsch Katschalow (1875-1948), eines der bekanntesten Mitglieder des Moskauer Akademischen Künstlertheaters. – Hans Liebstoeckl (1872-1934), damals Theater- und Musikkritiker der *Wiener Sonn- und Montags-Zeitung*, veröffentlichte in diesem Blatt am 7. November 1921 eine durchaus freundliche Kritik der russischen Hamlet-Aufführung unter dem Titel »Theater«; auch im Text kommt jener Namensulk nicht vor.

und dem Zylinder. Ein Türke, der einen roten Fez aufhat, sieht aus wie ein Mensch mit einem roten Fez. Ein Türke, der einen Zylinder aufhat, sieht aus wie ein Türke. Katschalow war so russisch, daß man den Hamlet gar nicht gesehen hat, sondern nur den Russen. Da ich zwar nicht russisch, wohl aber ukrainisch, das heißt ein bißchen russisch verstehe, kam er mir nur als eine Fehlbesetzung vor.« – »Du mußt ja schon den Hamlet in mehreren Sprachen auswendig können«, sagte Alban. »Das nicht ganz. Aber ich habe Hamlet in mehreren Sprachen, sooft ich in eine Vorstellung ging, vorher gelesen, so oft, daß ich mir eine eigene Theorie über Hamlet ausgedacht habe. Ich weiß nicht, wie Kainz Hamlet gespielt hat. Aber alle spielen den Hamlet der Theatertradition. Sie spielen den Hamlet ›von des Gedankens Blässe angekränkelt‹, einen bezaubernden Königssohn, dem weh ist, weil er die Zeit einzurenken kommt, die aus den Fugen ist. Sie spielen eine romantische Figur. Ich bin aber der Meinung, daß man es hier mit einer Renaissancefigur zu tun hat, die Shakespeare als eine solche hinstellt. Hamlet ist ein halber Christ und ein halber Heide. Man kann das, wenn man den Text analysiert, mehrfach begründen. Nehmen wir nur den Anfang, die Mitte und den Schluß. Der Hamlet der ersten Szene überzeugt sich, daß sein Vater von seinem Bruder ermordet worden ist und jetzt als Geist umherirrt und Rache verlangt, Blutrache. Der Heide in Hamlet beschließt, die Blutrache zu vollziehen. Der Christ in ihm will sich noch verge- wissern, daß er nicht vom Teufel verführt wird. Darum das aufge- führte Spiel, als Beweisverfahren inszeniert. Jetzt ist er tatbereit. Die Gelegenheit kommt, als er endlich den Mörder allein überrascht. Eine gute Gelegenheit für den heidnischen Bluträcher. Aber der Christ in ihm lähmt ihm den Arm: der Mörder ist auf den Knien im Gebet. Das wäre zu gut für den Meuchelmörder. Da käme er doch direkt in den Himmel. Und der Schluß des Stückes: Fortinbras erscheint, der christliche Ritter. Das große weiße Kreuz am Rücken darf nicht fehlen! Er ist es, der kommt, die Zeit einzurenken, die aus den Fugen geraten war, weil sie halb heidnisch geworden. Hamlet willens- schwach? Er kann, wenn es drauf ankommt, blitzschnell zustechen und morden ohne Reue. Meiner Ansicht nach weiß er sehr wohl, daß es Polonius ist, den er ersticht.« – »Das ist ja sehr interessant. Hast du darüber je geschrieben?« fragte Alban. »Ich habe mir das oft vorgenommen und nie getan. Über Hamlet ist so viel geschrieben

305

worden. Die Gestalt gilt als ein Rätsel, von Shakespeare als solches aufgefaßt. Ich nehme an, daß ich hier kein Neuland entdeckt habe. In einer Zeit, die der Renaissance näherstand als die unsere, ist die Figur wahrscheinlich so verstanden worden. Aber ich bin kein Historiker der Literatur und bin nicht fleißig genug, um das alles zu lesen. Zwei Professoren, denen ich diese meine Theorie angedeutet habe, haben mir zugestimmt – das genügt meinem schwachen Ehrgeiz. Aber was ich dich fragen wollte – und darum erzähl ich dir das alles: hat Kainz etwas davon gehabt in seinem Spiel?« – »Kainz war als Schauspieler so farbenreich und faszinierend, daß man in seinen Hamlet soviel hineindeuten könnte wie in Shakespeare. Darum war er ja so groß.« An diesem Abend hat Alban Berg, ohne daß er sich dessen bewußt war, zum ersten Mal gezeigt, daß er bei aller Bewunderung für Karl Kraus bereits soweit war, sein apodiktisches Fehlurteil zu mißachten.

Alban Berg war keine Frohnatur. Aber sein starker Sinn für Humor hat ihm über Schwierigkeiten hinweggeholfen. Abgesehen von der Zeit nach der Inflation, die eine allgemeine Verwirrung brachte, hat er ein bescheidenes, aber gesichertes Leben gehabt. Verglichen mit den Nöten eines Webern kann man sogar sagen, daß er in Wohlstand ge- lebt hat. Er hat auch so wenig wie ich für die Biographen übrig ge- habt, die in vermoderter romantischer Manier jedes Künstlerleben als ein Passionsspiel arrangieren: jeder Künstler angeschlagen an das Kreuz seines Talents, von düstern Wolken überschattet. Das ist eine romantische Verfälschung, die den Künstler immer als Leidenden se- hen will. Es ist aber so, daß der Künstler bei weitem weniger leidet als die unartikulierten Sterblichen, eben weil ihm als Künstler gegeben ward, zu sagen was er leidet. Und es also zu überwinden. Das Leiden der stummen Kreatur ist das wahre Leiden. Als Alban einmal in einer reichsdeutschen Zeitung gelesen hat, wie sehr er in Wien in einer Vorstadt jahrelang »gedarbt« hätte, rief er mich an und lud mich zu einem Abendessen in das damals beste Restaurant in eben dieser Vorstadt ein, in den »Hubertushof« in den Weinbergen in Ober St. Veit, um dort »ausgiebig zu darben«. Er aß gern, ein Gourmet, und trank gern einen guten Cognac, ohne ein Trinker zu sein. Er hat es höchstens zu einem Schwips gebracht, und in diesem Zustand war er sehr weich und gesprächig.

306

Schwache Versuche werden von Zeit zu Zeit gemacht, Alban als frommen Kirchgänger zu schildern. Das ist vermutlich darauf zurückzuführen, daß er das »Requiem« für Manon Gropius, Alma Mahlers Tochter, komponiert hat. Er nannte sie schon bei Lebzeiten einen Engel. Es war keine Übertreibung: das Mädchen war schön wie ein Engel. Sie war elf Jahre, wie ich sie zum ersten Mal im Hause Albans gesehen habe. Sie sah aus, als hätte die Natur zum Dank dafür, daß sie ihre schönsten zehn Jahre mit Gustav Mahler gelebt hat, Alma einen Botticelli-Engel geschenkt. Sie war uns allen lieb. Sie starb im 19. Lebensjahr.[1] Alban ging ihr zuliebe und in Freundschaft für Alma zur Totenmesse für das Kind. Auch der Bundeskanzler Schuschnigg war anwesend. Hernach erzählte Alban: »Der Schuschnigg, wenn du gesehen hättest, wie der in der Kirche auf den Knien herumg'rutscht ist wie a Ministrantenbub! Und das will a Bundeskanzler sein!« Ich sagte: »Was willst du, Alban. Er ist ein frommer Katholik.« Webern, der dabei war, sagte: »Fromm? Der? A Klerikaler ist er. Der schwarze Tiroler.« Webern wollte nicht vergessen, daß Schuschnigg Justizminister war, wie man Sozialdemokraten, die die Republik verteidigt haben, in Wien und in der Steiermark gehängt hat[2].

Man wird wahrscheinlich Alban die biographische Gnade antun und ihn als immertreuen Gatten schildern. Dem ist nicht so. In den zehn, elf Jahren unserer Freundschaft kann ich ihm vier Liebesverhältnisse nachrühmen. Eines war eine junge Geigerin, die oft moderne Musik spielte. Wenn sie noch lebt, wird sie mir als eine gute Geigerin keine falschen Dementi vorspielen, sondern stolz darauf sein. Ich hätte nichts bemerkt, denn von ihr erzählte mir Alban nicht. Damals waren wir noch nicht so intim befreundet. Aber Helene, offenbar ahnungsvoll, sagte mir einmal, daß das Mädchen »zwar hübsch aber schmuddlig« sei. Da sie es nicht war, fand ich das verdächtig. Nach vielen Jahren erfuhr ich in London, daß Helene diesmal guten Grund zur Eifersucht hatte. Die ihr folgten, weiß ich von Alban. Eine war die hübsche und kluge Schwester von Franz Werfel, die in Prag lebte.[3] Sooft sie nach Wien kam, mußte ich für Alban »Schmiere stehn« und

1 Manon Gropius, Alma Mahlers Tochter aus zweiter Ehe mit dem Architekten Walter Gropius, starb in Wien am Ostermontag, den 22. April 1935, mit 18 Jahren, an Kinderlähmung. Berg widmete sein Violinkonzert »Dem Andenken eines Engels«.
2 Nämlich unter Dollfuß im Februar 1934.
3 Hanna Fuchs-Robetin, die Frau eines Prager Industriellen.

so tun, als ob *ich* in sie verliebt wäre, wenn wir bei Bergs eingeladen waren. Das war nicht leicht, denn sie war eine scharfe Dame, eine Sorte, die ich gar nicht mag, und weil sie auch nicht gut mitspielte. Ich hatte den Eindruck, daß sie ihrerseits nichts dagegen hätte, daß Helene was merkt. Die dritte meiner Kenntnis war die Frau oder die Geliebte eines berühmten Dirigenten, der mit ihr nach Wien kam zu einem Konzert, das auch ein Werk von Alban auf dem Programm hatte. Die Frau, eine sehr schöne, rassige Südamerikanerin, war so in Alban verliebt, daß sie ihm vorschlug, mit ihm nach Südamerika durchzugehn. Alban war diesmal so leidenschaftlich verliebt, daß er mit mir im Ernst überlegte, ob er es nicht solle. Ich riet ihm davon ab und sagte ihm, daß Helene das nicht überleben würde. Alban war nicht der Mann, der über Leichen gehen konnte. Sie ist nach einigen Jahren, noch vor Alban, plötzlich gestorben. Die vierte war eine sehr liebe Freundin von mir, Anny L. Wenn ich an sie denke, wie sie etwa siebzehn oder achtzehn Jahre jung war und nur die kleine Schwester einer Freundin von mir war, ist es, als erinnerte ich mich an einen hellen Frühlingstag. Alban kannte sie damals noch lange nicht. Er hat sie erst nach mehreren Jahren kennengelernt. Sie war seine letzte Geliebte. Nach Albans Tod fragte mich Helene – und das war das einzige Mal, wo sie mich so etwas fragte – ob es wahr ist. Ich hatte das Herz, es zu bejahen. Sie hatte das Herz zu sagen: »Da bin ich sehr froh, daß er im letzten Jahr noch so was Schönes gehabt hat.« Damals hab ich ihr alle ihre Eifersucht verziehen.

Wenn ich ihn gefragt hätte, wen er in seinem Leben am meisten bewundert hat, hätte er wahrscheinlich ohne Zögern geantwortet: Schoenberg. Aber ich habe ihn danach nicht gefragt, und so sei es mir erlaubt zu sagen: Mahler. Wenn er von ihm sprach, verjüngte sich Alban körperlich. Seine Augen leuchteten, sein Gesicht erhellte sich, und mit jugendlichen Bewegungen eilte er ans Klavier, um die Stellen aus den Symphonien zu zitieren, die ihm besonders am Herzen lagen. Alban hat die Mahler-Epoche in der Wiener Staatsoper als ein sehr junger Mensch erlebt, und Mahler blieb ihm das Idealbild des Künstlers sein Leben lang. Nicht nur den Komponisten bewunderte er. Nicht nur den Dirigenten, der eine neue Epoche in der Geschichte der Oper bedeutet. Er bewunderte vor allem den Menschen Mahler, die Lauterkeit seines Charakters, die Unbeugsamkeit seines Willens und seine Offenheit für alles, was von Wert und Wichtigkeit war in seiner Zeit. Es gibt sehr viele Mahler-Anekdoten. Von Alban hörte ich die zwei: Der Komponist Karl Goldmark war ein naher Freund Mahlers. Er ließ keine Première einer Mahler-Inszenierung aus. Er war aber durch nichts zu bewegen, auch nur einer Vorstellung von Mahlers sensationellem *Ring*-Erfolg beizuwohnen. Mahler fiel das auf, und er stellte ihn zur Rede. »Was ist mit dir?« fragte er ihn. »Boykottierst du mich?« – »Gott bewahre!" antwortete Goldmark. »Ich fürchtete, dein Wagner könnte mich beeinflussen.« – »Aber geh«, sagte Mahler, »du ißt jeden Tag Rindfleisch und wirst deswegen kein Ochs!« Die zweite Anekdote erzählte Alban noch öfter. In irgendein Patrizierhaus am Ring lud man zu irgendeinem Anlaß zu einem Empfang für Mahler ein. An dem Tag geschah es aber, daß die Wiener Arbeiterschaft zum ersten Mal in einer Massendemonstration für das allgemeine, geheime freie Wahlrecht sich auf die vornehme Ringstraße vorwagte. Demzufolge verspäteten sich die Gäste zu dem Empfang. Jeder Gast, erschöpft und erschreckt, erzählte von den Hindernissen, die gerade er hatte, um sich durch den Mob über die Ringstraße durchzudrängen. Als letzter, mit einer Stunde Verspätung, kam Mahler, strahlenden Gesichts, beglückt von dem Erlebnis: »Ich konnte mich von dem Anblick dieser begeisterten, jubelnden Menge nicht losreißen. So etwas hab ich noch nie gesehen. Es war herrlich.« Diese Anekdote hab ich nur von Alban gehört, und so scheint es mir jetzt, daß sie ebenso charakteristisch für Alban ist wie für Mahler. Was Wunder, daß er keinen Spaß verstand, wenn er auf einen Mahler-Gegner stieß, namentlich auf einen, dem die Musik Mahlers zu emotionell oder gar morbid vorkam.

Mit wenigen Ausnahmen waren die Schoenbergianer der Ansicht, daß die atonale Musik von Wagner stamme. Edward Steuermann zum Beispiel, der tiefste Kenner dieser Musik, ist nicht dieser Ansicht gewesen. Er glaubte – und wir haben öfter darüber gesprochen –, daß die neue Musik von Mahler und Brahms beeinflußt war, von Brahms' »kleinen Themen«, wie er sich ausdrückte, und von Mahlers Drang zur Erweiterung der Artikuliertheit in der Musik.

Abwegig ist auch meiner Ansicht nach die Behauptung, daß die Mahler-Symphonien Dramen sind. Wenn man schon literarische Vergleiche sucht (und sie sind bei einem Komponisten, der die Artikuliertheit der Musik zu erweitern suchte, berechtigt), so sind die

Mahler-Symphonien mit Epik zu vergleichen. Mahler war bei weitem mehr beeinflußt von den großen Romanen des neunzehnten Jahrhunderts, namentlich – und leider, möchte ich sagen – von Dostojewski. In diesem Sinne war Mahler der Wegbereiter für Schoenberg, den er auch nach Kräften förderte. Und wenn Schoenberg behauptet, er habe mit der Atonalität die Prosasprache für die Musik eingeführt[1], ist das vielleicht auch der Einfluß der großen Prosaiker des neunzehnten Jahrhunderts.

Man warf Mahler unter anderem vor, daß er übergroße Mittel gebraucht: verstärktes Orchester, gigantische und kombinierte Chöre. Mahler war nicht der einzige im neunzehnten Jahrhundert, der nicht mehr Musik für eine privilegierte Klasse von Konzertgehern schaffen wollte. In Frankreich hat Berlioz Werke für Orchester komponiert, die in ihren Mitteln die Dimensionen Mahlers bei weitem übersteigen und wahrscheinlich aus diesem Grunde auch bis heute noch nicht aufgeführt wurden, obwohl hier auch die Indolenz der Franzosen ihrem größten Komponisten gegenüber eine Rolle spielt. Im Grunde hat die Bestrebung, mit den Mitteln der Symphonie eine Masse von Menschen und nicht bloß die Elite einer Klasse zu erreichen, großartig begonnen mit der Neunten Beethovens.

Edward Steuermann hat einmal seine Mitwirkung bei der Aufführung einer Bach-Kantate, die mit Judenhaß geladen ist, abgelehnt. Alban war zunächst erstaunt. Als er aber auf meine Bitte die Kantate hervorholte und sie mit mir am Klavier durchgelesen hat, sagte er: »Merkwürdig, ich hab mir nie was dabei gedacht. Aber ich finde jetzt, daß es eine starke Zumutung ist, gerade von Eduard Steuermann eine Mitwirkung zu erwarten.« Ich fügte hinzu: »Besonders im Rahmen der Arbeiter-Symphoniekonzerte.«

Eine Zeit später kam Alban darauf zurück, als er wieder einmal mit Empörung eine Bemerkung über die »kranke« Musik Mahlers gelesen

---

1 In seinem Essay *Brahms the Progressive* (1947), der englischen Bearbeitung seines Vortrages im Frankfurter Rundfunk vom Februar 1933 zu Brahms' hundertstem Geburtstag, schreibt Schoenberg: »Ein wacher und geübter Geist weigert sich, Kindergeschwätz anzuhören, und fordert nachdrücklich, daß mit ihm in kurzer und direkter Sprache geredet werde. [...] Große Kunst muß zu Präzision und Kürze fortschreiten. [...] Das sollte musikalische Prosa sein – eine direkte und unumwundene Darstellung von Gedanken ohne jegliches Flickwerk, ohne bloßes Beiwerk und leere Wiederholungen.« (Nach der Übersetzung in: Arnold Schönberg, *Stil und Gedanke. Aufsätze zur Musik*, hg. von Ivan Vojtech, o.O. 1976, S. 38 u. 49; s. a. Hermann Danuser, *Musikalische Prosa*, Regensburg 1975.)

hatte. »Wenn es eine kranke Musik gibt«, sagte Alban, »muß es ja auch eine gesunde geben. Und wenn es eine gesunde gibt, müßte ja die größte die gesündeste sein. Ist die Musik der Bach-Kantate, in der Steuermann nicht mitwirken wollte, gesund oder krank?« Ich erinnerte Alban daran, daß er mir damals gesagt hatte: ›Merkwürdig, ich hab mir nie was dabei gedacht.‹ »Bach drückte den christlich-mittelalterlichen Judenhaß aus«, sagte ich, »er kann vielleicht nichts dafür, daß in der Kantate seine Musik noch krasser ist als der Text. Hingegen wage ich zu glauben, daß das tierische Chorgeheule ›Barrabas! Barrabas!‹ in der Matthäus-Passion sicherlich als Beispiel für sogenannte kranke Musik gelten darf. Hier hat Bach gewiß was dabei gedacht. Hier schreien keine Menschenstimmen. Ich möchte sagen, hier ist vielleicht die einzige Stelle, wo der Judenhaß in der Musik Ausdruck gefunden hat. Das ist mit Gusto komponiert. (Richard Wagner hat sein Antisemitisches in Worten ausgedrückt, komponiert hat er es nicht.) Erinnere dich nur, was da vorgeht. Die Zuschauer sind von dem verregneten Geriesel der Passionsmusik längst eingeschlafen. Plötzlich kommt das Wutgeheul ›Barrabas‹! Vom Schlaf aufgeschreckt genießen sie den morbiden Schauer, der ihnen über den Rücken läuft. Das gilt als gesunde, ja heilige Musik.« Die Trauer, die vom Werden und Vergehen der Schöpfung über Mahlers Musik leuchtet, muß den Kranken krank vorkommen. Sie hören den Trost nicht. Dabei ist Mahler einer von den wenigen Komponisten, die von sich sagen können: »›De profundis clamavi‹ und ›In exelsis cantavi‹.« Alban sagte: »Peter Altenberg schreibt irgendwo, ›das heilige Lachen Mozarts‹[1]. Beim großen Bach gibt's nichts zu lachen. Groß ist er in seinen christlichen Gebeten, größer und tiefer ist keiner. Unbegreiflich, wie man so groß und noch fanatisch sein kann.« – »Vergiß nicht, daß Bach ein guter Protestant war. Luthers Programm für die Juden ist nicht gar so verschieden von dem Programm der Nazis. Und das Programm der Nazis nicht gar so unterschieden von dem der katholischen Tradition, die den Judenhaß schon im vierten Jahrhundert zu lehren und zu praktizieren begonnen hat. Wenn es irgendwo im Kosmos einen Ort gibt, wo die Heiligen sitzen, wird es sicherlich auch ein Plätzchen für den Heiligen Johann Sebastian geben. Vielleicht zu den Füßen des Heiligen Johannes, dessen Namen er hat. Dieser Heilige ist noch einer, der hebräisch sowohl wie

---

1 Peter Altenberg, *Knut Hamsun-Aufruf*, in: *Was der Tag mir zuträgt*, a.a.O., S. 286.

311

aramäisch kann. Vielleicht hat der Heilige Johannes dem traurigen Sänger der Passionen erklärt, was der Name Barrabas eigentlich heißt: Bar = Sohn, Abba = Vater. Barrabas: Sohn des Vaters. Den römischen Mördern muß der Name barbarisch geklungen haben. Aber ist es nicht der Name des Heilands? Das heidnische Rom hat Israel gekreuzigt und den blutigen Canard erfunden von den Juden, den Gottesmördern, der fortdauert bis in unsere Zeit. Das christliche Rom hat die Geschichte der Juden als seine Heilsgeschichte annektiert. Es hat sich selbst als Israel erklärt. Warum nicht? Ein römischer Imperator hat sein Pferd zum Konsul ernannt.«

Vielleicht wird der Leser sich, also mich, fragen: hat Alban Berg denn nur Tugenden und gar keine Laster gehabt? Um die Leser zu trösten, werde ich eines anführen. Mein geliebter Alban liebte Tratsch. Er liebte Tratsch, nicht in der Art und in dem Maße wie Schriftsteller über Schriftsteller, sogar Genies über Genies tratschen, zum Beispiel Tolstoi über Dostojewski, wie Künstler über Künstler im allgemeinen. Alban liebte Tratsch ganz einfach so, wie Weiber tratschen. Das war nicht schwer herauszufinden. Aber da ich, vielleicht im Gegensatz zum Leser, mich mehr für die Tugenden meines Freundes interessierte, habe ich lange gebraucht, das zu bemerken. Einmal, durch einen Zufall, erwischte ich ihn in flagranti. Das geschah in der Zeit, da ich in der Trauttmansdorffgasse schräg vis-à-vis von ihm wohnte und wir nicht umhinkonnten, gelegentlich zueinander hereinzuschneien.

Ich wollte ihm ein Buch, das er sich gewünscht hatte, im Vorbeigehen hineinreichen. In seinem Arbeitszimmer war das Fenster offen. Es war an einem schönen Nachmittag, zu der Tageszeit, da die Wiener zu jausen pflegen. Ich hörte viele Weiberstimmen und Gelächter. Ich wartete ab, bis eine Pause eintrat und rief Alban zum Fenster. Er kam mit geröteten Backen und glänzenden Augen ans Fenster, ein Kind bei einer Bescherung. »Komm herein, komme schnell herein!« rief er in aller Selbstvergessenheit. Ich ging hinein und mir bot sich ein schrecklicher Anblick: Fünf Frauen waren da! Helene, die Schwester Smaragda, ihre Busenfreundin Frau Keller, eine sehr alte, gewesene Kabarettsängerin mit einem französischen Namen (den ich vergessen habe), und die Tochter des noch aus der

Mahlerzeit berühmten Opernsängers Schmedes.[1] Da ich alle Damen kannte, brauchte er mich nicht vorzustellen. Es herrschte große Heiterkeit. Der Tisch war voll Backwerk und Liqueur. Und mittendrin Alban, der einzige Hahn im Korbe. Er forderte mich auf, in dem Korb Platz zu nehmen, aber so, daß ich es nicht schwer hatte zu bemerken, wie er mich plötzlich hier als Fremdkörper empfand und froh wäre, wenn ich mich weigerte. Ich dankte und ging. Er begleitete mich zur Tür und sagte: »Ich hab mich so gefreut, dich zu sehen, daß ich mir nicht überlegt habe, wie wenig du für eine so gemischte Weibergesellschaft übrig hast. Du, was die zusammentratschen! Das ist schon wie ein Rausch!« Ich sah ihm den Rausch an und verließ das beglückte Kind so schnell ich konnte. Draußen rauschte mir noch der wieder ausbrechende Frohsinn nach.

Man wird jetzt verstehen, warum das zwischen uns ausgemachte Geheimnis seiner Arbeit an der *Lulu* nicht von langer Dauer war.

Mein Sohn war sechs Jahre und zwei Monate alt, wie Alban gestorben ist. Aber er erinnert sich an »Onkel Alban«. Erstens, weil er sich an alle meine Freunde erinnert, die glückliche Besitzer von Autos waren, und Albans schwarzem Cabriolet mit weißem Dach gehörte seine besondere Liebe. Aber er hat noch einen wichtigeren Grund, sich an Alban zu erinnern: weil er ihm zu jedem Anlaß Grammophonplatten schenkte. Und das fing schon an, wie Dan drei Jahre alt war. Als er merkte, daß den Jungen besonders Platten mit Jazzmusik erfreuten, machte Alban, er selber ein Jazz-Enthusiast, sich oft das Vergnügen, das Kind mit Jazzmusik zu versorgen. Einmal machte sich Alban den Spaß, ihm eine Platte mit kakophonischer Musik zu schenken (die als *practical joke* gemacht wurde), sei es, weil Alban gern Streiche spielte, sei es um auszuprobieren, wie Dan auf diese Musik reagieren würde. Wie immer, wenn Alban das Geschenk auf den Apparat setzte, stand Dan ganz nahe und schaute zu, wie er das machte. Als aber die gräßlichen Töne losgingen, fing er an, rücklings zu mir zu retirieren, um Schutz zu suchen, und hielt sich die Ohren zu. Ich sah ihn an. Er war grün und gelb im Gesicht und dem Weinen nahe. Ich nahm ihn in meine Arme und trug ihn zum Badezimmer hinaus, um ihn zu beruhigen. Er war damals vier Jahre alt und hielt sich besonders gern im Ba-

---

1 Der Tenor Erik Schmedes (1868-1931). Die Kabarettsängerin mit dem französischen Namen war wohl Marya Delvard (s. oben S. 273, Anm. 1).

dezimmer auf, weil es in meiner Sechs-Zimmer-Wohnung der einzige Raum war, wo man einen klaren Ausblick auf den Kahlenberg hatte (ein seltsamer Architektenscherz). Als das Schlimmste vorüber war und das Kind sich beruhigt hatte, gingen wir ins Wohnzimmer zurück. Ich überlegte, wie ich einen gewiß reuigen Alban trösten sollte. Statt dessen fand ich einen strahlenden, geradezu entzückten Alban. »Ich hab ja g'wußt, daß er ungewöhnlich musikalisch ist. Aber daß er *so* musikalisch ist, hätt' ich nicht gedacht. Weißt Du, Soma, wie Mozart zum ersten Mal eine Trompete gehört hat, ist er in Ohnmacht gefallen.« Mein Sohn hat nur gekotzt. Er ist kein Mozart geworden. Aber seine Leidenschaft für Jazzmusik ist ihm fürs Leben geblieben. Er ist Musikkritiker geworden, und zwar Spezialist für Jazzmusik. Er ist seit Jahren Chefredakteur der Zeitschrift für Jazzmusik *Down Beat.**

Über Brüssel, wo Alban sich sehr glücklich fühlte, dermaßen, daß ihn sogar die sehr schwache *Wozzeck*-Aufführung entzückte, schrieb mir mein lieber Freund, der Pianist Stefan Askenase, folgendes: »Er war viel bei uns zu Gast und lud uns auch mal ein in ein sehr gutes Restaurant ›A l'épaule de mouton‹. Chautraine hieß der Besitzer. Er [Alban Berg] wurde erkannt, da sein Bild an diesem Tage in allen Zeitungen erschienen war und man legte ihm das goldene Buch des Hauses vor mit der Bitte um Eintragung. Er bestellte ein Riz de veau Chautraine und schaute mit Bewunderung zu, wie der Maître d'hôtel die Sauce zubereitete. Der Mann hantierte mit den vielen Ingredienzen mit großer Sicherheit, mischte und dosierte ohne Zögern und wußte offenbar genau wo er hin wollte. Berg imponierte das und er schrieb ins Buch ›Bei der Zubereitung eines Riz de veau Chautraine: so möchte ich komponieren können.‹« Stefan machte auch diese Bemerkung: »Und als in einem Konzert zu Bergs Ehren in der gleichen Woche nach lustigen und harmlosen Kammermusikstücken von Poulenc und Milhaud, die er sehr mochte, man sein Kammerkonzert zu spielen anfing, sagte Berg: ist das aber eine unfreundliche Musik (aber stark wienerisch etwa: ist dös aber a unfreindliche

---

* A. B. subsequently gave me *Eine kleine Nachtmusik*, which I loved. D. M. [Handschriftliche Anmerkung von Dan Morgenstern im Typoskript]

314

Musik).« Und Stefan fügt hinzu: »Ich finde das sehr schön und für ihn charakteristisch.«[1]

Stefan hat recht. Das war bei Alban keine Pose, keine negative Eitelkeit. Ich war oft dabei, wie er jemandem, der ihm mitteilte, er habe dieses oder jenes Werk von ihm eben gehört, die Frage stellte: Da sind Sie wohl nicht wenig erschrocken?

Zum Abschluß der improvisierten Nekrologie setze ich hier einen Brief[2] bei, in dem Alban mich meiner zukünftigen Schwiegermutter empfiehlt – weil der Brief irgendwo anders in diesem Buche noch weniger am Platz wäre.

Alban Berg Wien XIII/I
Trauttmansdorffgasse 27   12. 5. 26

Liebe, verehrte gnädige Frau

Dr Morgenstern ist mir ein so lieber Freund, daß es mir schwerfiele, anderes als Gutes von ihm zu sagen, und ich glaube, daß ich dies – auch bei möglichst strenger objektiver Einstellung – mit gutem Gewissen jedermann gegenüber, wieviel mehr erst so guten Freunden, wie Ihnen gegenüber, tun kann.

Ist damit schon gesagt, daß mich sein äußeres und inneres Wesen, seine menschlichen Züge, seine charakterlichen Eigenschaften so ungemein sympathisch berühren, wie es mir noch selten im Leben passiert ist, so möchte ich, wenn ich von ihm als Künstler spreche, sagen, daß er nicht nur einer von ganz exceptioneller Intelligenz ist, dank welcher er in allem Geistigen und Künstlerischen zuhaus ist, sondern daß er auch einer mit einem *Wissen* um die Dinge seines eigentlichen Berufs ist, wie dies sicherlich Wenige seinesgleichen aufzuweisen haben. Das gilt, meiner Meinung nach, auch von seinen mir bisher bekanntgewordenen Werken, die mir persönlich ganz besonders nahestehn und von denen man – will man sie nicht dem besten heut Geschriebenen gleichstellen – auch bei weniger freundschaftlich gesinnter Stellungnahme unbedingt behaupten kann, daß sie weit besser, wertvoller und bleibender sind, als die vielen Erzeugnisse der Literatur, die heute in großem Ansehn stehn.

---

1 Der aus Lemberg stammende Pianist Stefan Askenase (1896-1985) schrieb den hier zitierten Brief an Morgenstern am 10. Mai 1970, in Erinnerung an die *Wozzeck*-Aufführung des Jahres 1932 in Brüssel, wo er mit seiner Frau damals gelebt hatte.
2 Dieser handschriftliche Brief Bergs an Annemarie von Klenau befindet sich im Morgenstern-Nachlaß in USA. Zu diesem Brief existiert ein auf Kalenderblättern vom April und Mai des Jahres 1926 geschriebener Entwurf (Musiksammlung der Österreichischen Nationalbibliothek: F21 Berg 480/250).

Damit allein dürfte wohl schon eine reale Unterlage für das, was man »eine Existenz gründen« nennt, gegeben sein; eine volle Gewähr dafür ist ja nur aus der Erkenntnis ableitbar, ob jemand nun auch wirklich die Kraft hat, sich auf eigene Füße zu stellen. Aber auch das mute ich meinem Freunde Morgenstern, dort, wo sich ihm die *Notwendigkeit* dafür ergibt, vollauf zu. Es wäre falsch, ihn, weil er Künstler ist und vielfach nach außen hin das Leben eines Bohémiens führt, für einen Phantasten zu halten, für einen der den praktischen, sagen wir sogar: den bürgerlichen Forderungen des Lebens *fremd* gegenübersteht. Im Gegentheil: Dank seiner großen Menschenkenntnis, seiner Lebenserfahrung weiß er wohl, auf was es im Leben ankommt und – so macht es mir wenigstens den Eindruck – es wird ihm im gegebenen Fall an der, zur Gründung einer Existenz und überhaupt zum Leben, nötigen Energie, Zähigkeit ja Härte sicher nicht fehlen, für welche Annahme auch seine, bei allem Mangel an Robustem überraschende körperliche Zähigkeit und Ausdauer (er ist Hochtourist) spricht.

Ist Ihnen, liebe gnädige Frau, damit gedient? Gerne erzählte ich Ihnen noch mehr von den Eindrücken und Erfahrungen, die ich im Verkehr mit diesem lieben Menschen (– wir kennen uns über ein Jahr –) gemacht habe. Aber das ginge mündlich weit besser als schriftlich. Vielleicht ergibt sich einmal die Gelegenheit! Wie freudig ich eine jede solche – und Ihre liebe Einladung für Keilhof im Herbst, wäre eine solche – ergriffe, kann ich Ihnen, gnädige Frau, gar nicht sagen. Aber ich glaube u. fürchte: So bald wird nichts daraus werden können! Meine Aufenthalts-Dispositionen u. Arbeitspläne für das nächste halbe Jahr sind derartige, daß ich mir den Luxus eines Aufenthaltes auf Keilhof nicht in absehbarer Zeit werde leisten können. Jedenfalls danken wir Ihnen innigst für die liebe Einladung und die lieben Worte, die Sie daran knüpfen. Glauben Sie mir, liebe Frau von Klenau, gerade jetzt wo sich unser Aufenthalt bei Ihnen zu jähren beginnt, fühle ich, wie gerne ich dort war, wo mir alles dort, das Haus, der See und jeder der vielen lieben Plätze und Wege vertraut ist und immer in Gedanken vertraut sein wird u. wie sehr wir Ihre u. Ihrer lieben Kinder Gesellschaft entbehren.

In freundschaftlicher Ergebenheit grüßt Sie[,] liebe gnädige Frau

Ihr Alban Berg

Von Helene alles Liebe und Herzliche!

Ich habe meine Frau bei Bergs kennengelernt. Ich war zum Nachtmahl eingeladen und habe dort den Komponisten und Dirigenten Paul von Klenau und zwei von seinen drei Töchtern kennengelernt. Mit meinem zukünftigen Schwiegervater habe ich gleich bei dieser ersten Begegnung eine scharfe Debatte über Literatur geführt – ich glaube, über Oscar Wilde. Papa Klenau war damals schon von seiner Frau geschieden, und zum Beginn unserer Bekanntschaft hat er ein Jahr lang es gern gesehen, daß ich mit seiner ältesten Tochter in Verbindung blieb. Hernach hat er – offenbar unter dem Einfluß seiner zukünftigen Frau, die später ein verbissenes Naziweib wurde – seine Meinung geändert. Er versuchte auch die Mutter zu beeinflussen. Da Frau von Klenau mich nur kurz in Wien traf, wollte sie von Alban Berg seine Meinung über mich hören.

Seine Antwort füge ich diesem Kapitel bei, weil ich glaube, daß dieser Brief noch mehr für ihn spricht als für mich. Ich weiß nicht, ob alles in diesem Brief stimmt – eines stimmt nicht: Alban sagt meiner Schwiegermutter, er kenne mich erst über ein Jahr. Richtig ist vielmehr, daß wir uns damals schon zwei Jahre kannten.[1]

---

1 Wie Morgenstern berichtet, hat er Berg im Juni 1923 persönlich kennengelernt. In seiner Transkription datierte er den Brief Bergs fälschlich auf 1925 vor und kam daher an dieser Stelle auf eine zwei- statt dreijährige Bekanntschaft. Daß Berg, der seinerseits »über ein Jahr« angibt, sich in seinem Brief um nahezu zwei Jahre geirrt haben könnte, ist kaum wahrscheinlich; er wird also wohl die Zeit ihrer beginnenden Freundschaft gemeint haben.

Gedankenaustausch

»Du, Soma, der Schönberg, der bewundert den Byron so, da kann man gar nichts dagegen sagen, da wird er ganz wild.« Über Byron hatten wir schon einmal ein längeres Gespräch, erinnerte ich ihn.

»Ja, ich erinnere mich. Du hast auf ihn geschimpft. Aber ich weiß nicht mehr genau, was du gegen ihn hast. Ich kenn ihn zuwenig.«

Vor Jahren sprachen wir über Byron, wie ich gerade Stendhals autobiographisches Werk gelesen hatte. Ich stand unter dem Eindruck einer Szene, die sich in Mailand abgespielt hat, als Stendhal Lord Byron vorgestellt wurde. Stendhal war damals ein junger Mann, und man führte ihn dem Lord vor als einen, der den russischen Feldzug der Grande Armée mitgemacht hatte. »Ich habe dich damals falsch informiert, oder besser gesagt, nicht genau die Szene geschildert. Ich sagte: Stendhal war so von dem Lord beeindruckt, daß er das Gefühl hatte, er müsse vor ihm niederknien. Ich habe unterlassen, Dir zu sagen, daß er auch das Gefühl hatte, ihm die Hände küssen zu müssen.[1] Ich hatte damals eine unbegrenzte Verehrung für Stendhal. Die hab ich noch heute, was den Dichter Stendhal betrifft. Wenn ich sechs der besten Romane der Weltliteratur aufzählen sollte, wäre Stendhal schon mit seinem *Rouge et Noir* dabei.«

»Geh, zähl sie auf.«

Ich zählte: Cervantes: *Don Quichote,* Stendhal: *Le Rouge et le Noir,* Balzac: *Die verlorenen Illusionen,* Flaubert: *Madame Bovary,* Tolstoi: *Anna Karenina,* Proust: *A la recherche du temps perdu.* Das ist chronologisch und mein sehr persönliches Urteil.«

»Kein deutscher Roman?«

»Versuchen wir zehn aufzuzählen, da wird schon ein deutscher dabei sein. Ein Dickens, sagen wir *David Copperfield,* noch ein Tolstoi, *Krieg und Frieden,* noch ein Flaubert: *L'Education sentimentale,* Dostojewski: *Die Brüder Karamasow*, und einer in deutscher Sprache, aber von keinem Deutschen: Kellers *Der grüne Heinrich.* Das wären

---

1 Stendhal an Romain Colomb, 24. August 1829: »Wenn ich es gewagt hätte, ich hätte Lord Byron unter Tränen die Hand geküßt.« (Henri Beyle-de Stendhal, *Reise in Italien*, Gesammelte Werke, hg. von Friedrich von Oppeln-Bronikowski, 3. Auflage, Berlin o.J., S. 418.) Siehe auch oben S. 74, Anm. 2.

also elf. Die ersten sechs sind nicht nur große, sondern auch formal vollkommene Meisterwerke. Darum setzte ich *Anna Karenina Krieg und Frieden* voran. Natürlich könnte man noch weiterhin eine dritte Reihe bedeutender Romane nennen. Aber ich wollte ja nur meine Bewunderung für Stendhal bekennen. Für den Mann Stendhal ist meine Bewunderung begrenzt. Er hat seinen Eintritt in die Literatur mit einem Diebstahl begonnen.«

»Du meinst wohl: Plagiat?«

»Nein. Ich meine Diebstahl. Regelrechten Diebstahl. Und ich erwähne das nur, weil ich weiß, daß es dich sehr interessieren wird, weil es einigermaßen mit der Musikgeschichte zusammenhängt. Stendhal hat sich in die Literatur mit einer gestohlenen Haydn-Biographie eingeführt. Der Diebstahl geschah hier, in Wien. Stendhal ist hinter Napoleon nach Wien eingezogen. Damals war Haydn der große Mann in der Musik. Stendhal, ein großer Verehrer von Haydn, behauptet, den alten Meister besucht und mit ihm gesprochen zu haben. Das ist möglich, aber strittig. Nach dem Krieg heimgekehrt, schlug er einem Pariser Verleger vor, eine Übersetzung der Haydn-Biographie von einem in Wien lebenden Italiener, einem Musiker und nahen Freund Haydns, herauszugeben. Die Übersetzung wollte er, Stendhal, machen. Der Verleger meinte, keine Katze interessierte sich für eine übersetzte Biographie und schlug ihm vor, selber eine Biographie zu schreiben. Die Verhandlungen endeten damit, daß Stendhal die von ihm geschätzte Biographie des Italieners fast in extenso, mit nicht erwähnenswerten Veränderungen, dem Verleger übergab und mit dessen Einverständnis als sein eigenes Opus veröffentlichte. Obwohl Europa damals wichtigere Sorgen hatte, blieb diese Untat nicht unbemerkt, und der Autor der Haydn-Biographie in Wien erhob schärfsten Protest. Aber sowohl der Verleger in Paris als auch Stendhal ignorierten den armen ›Provinzler‹, und da damals das Copyright noch nicht einmal vorstellbar war, blieb es dabei. Du hast dich eben gewundert, daß ich das Diebstahl nannte und hast Plagiat vorgezogen. Jetzt, wo du weißt, wie es geschehen ist, würde ich als Jurist behaupten, daß es eigentlich ein Raub auf offener Literaturstraße war, weil sich ja das Opfer gewehrt hat und um Hilfe rief. Natürlich hat der spätere Ruhm Stendhals jenes Vorkommnis aus seiner Jugendzeit völlig überschattet. Aber Anspielungen wurden hin und wieder gemacht, bis in unsern Tagen kein geringerer und kein weniger kompetenter Franzose als Romain Rolland sich die Mühe genommen hat, den Fall zu untersuchen. Er ist zu dem Ergebnis gekommen, das ich dir eben nicht nur in kürzerer, sondern vermutlich auch milderer Form mitteilte.«[1]

»Wie, sagst du, hat er geheißen, der Italiener in Wien?«

»Jetzt erinnere ich mich. Der arme Carpani. Aber war er der Arme? War er der Geschädigte? Wenn ein geringerer Mann als Stendhal ihn ausgeplündert hätte, wären beide aus der Geschichte herausgefallen. Jetzt lebt er fort, wie wir beide eben bewiesen haben.«

»Das ist sehr interessant«, sagte Alban. »Ich würde gern lesen, was Romain Rolland zu dem Fall Stendhal noch sagt. Aber ich möchte gern wissen, was du von Schönbergs Bewunderung für Byron hältst?«

»Für Byron bin ich sicherlich nicht der unvoreingenommene Richter, weil das mit meiner gründlichen Abneigung gegen die Romantik zusammenhängt. Er, Byron, ist einer von ihren penetrantesten Vertretern. Er ist im Jahre 1824 im Alter von 36 Jahren gestorben. Er war schon bei Lebzeiten eine Legende. Nach seinem Tode schrieb man unter anderen Lobgesängen: die zwei größten Helden des Jahrhunderts, Napoleon und Byron, sind gestorben. Wenn man die ersten zwei Jahrzehnte seines Lebens abzieht, hat sein Ruhm etwa sechzehn Jahre zur Entfaltung gehabt. Dabei muß man bedenken, daß sein Ruhm auf dem Kontinent bei weitem den in seiner Heimat überstieg. Wenn man annimmt, daß die meisten seiner Leser auf dem Kontinent ihn in Übersetzungen gelesen haben, ist das noch mehr erstaunlich. Was hat dazu beigetragen? Seine Lordschaft. Sein Nationalismus. Sein Rassismus. Sein Satanismus. Der Skandal seines Privatlebens, den er selbst in die Öffentlichkeit getragen hat. Der Rebell Byron, vor allem. Dazu sein theatralisches Gebaren. Er war einer der größten Poseure aller Zeiten, er selbst eine ganze Oper. Kurzum, in jeder Hinsicht: der Träger der Romantik in der höchsten Blüte- und Wütezeit. Sein gigantisches Ego wirkt noch auf die heutige Zeit. Die Legende ist nicht mehr frisch, aber sie ist noch nicht ganz aus der Welt ge-

---

1 Die Rede ist von den *Vies de Haydn, de Mozart et de Métastase*, die Stendhal 1815 in Paris unter dem Pseudonym Louis-Alexandre-César Bombet veröffentlicht hat. Darin hatte er eine Reihe von Texten zeitgenössischer Autoren ohne Namensnennung übernommen, so aus Giuseppe Carpanis Buch *Le Haydine, ovvero Lettere sulla vita e le opere del celebre maestro Giuseppe Haydn* (Mailand 1812). (Vgl. Michael Nerlich, *Stendhal*, Reinbek 1993, S. 58 f.) Diese erste Buchveröffentlichung Stendhals untersuchte Romain Rolland 1913 in seiner Studie *Stendhal et la musique*.

schafft. Namentlich Persönlichkeiten mit ausgewachsenem Ego zieht sie noch immer an. Schönberg ist in einer Zeit geboren, in der die Legende noch bedeutende Träger hatte, die Spätromantiker. Namentlich die das ›épater le bourgeois‹[1] zum Leitmotiv ihres Schaffens machen, finden in Seiner Lordschaft ihren kühnsten Propheten. Schönberg hat sicherlich mehr von Byron gelesen als wir. Aber ich glaube, oder besser gesagt: ich vermute, daß der Rebell Byron ihn mehr fasziniert als der Dichter. – Ich habe absichtlich mit Stendhal begonnen, als du mich nach Byron gefragt hast, um dir zu zeigen, daß der Mensch Stendhal seine Schwächen hatte, die man keinesfalls übersehen kann, wenn man an den großen Dichter Stendhal denkt. Dann hab ich auf die Schwächen Byrons hingewiesen, damit du mir verzeihst, wenn ich auf die schwächere Seite von Schönberg hinweise. Schönberg weiß wahrscheinlich nicht, daß der große Freiheitskämpfer Byron, der ein ziemlich verschnorrter Lord war, am meisten die Satrapen und Herrscher von kleinen Fürstentümern bewundert hat, die die Macht hatten, ihr eigenes Geld zu münzen.«

»Hast du was gegen das ›épater le bourgeois‹?«

»Ja, ich hab was dagegen. Vor allem, und das genügt, weil es nichts mehr zu épatieren gibt. Wir leben nicht mehr im Zeitalter der Bourgeoisie, wir sind schon vermutlich in das schlimmste Stadium der Geschichte eingetreten: in die Epoche des Kleinbürgers. Also, wie du siehst, gibt es lebendigere und gefährlichere Mächte als die Bourgeoisie je war.«

Alban sah mich lange an. »Sagst du das pro domo?«

»Ja, ich sage das mir und ich sage es auch dir. Du kennst gewiß den Vierzeiler von Wedekind, den Karl Kraus oft zitiert:

---

1 »Den Bürger verblüffen«.

Freudig schwör' ich es mit jedem Schwure
Vor der Allmacht, die mich züchtigen kann:
Wie viel lieber wär' ich eine Hure
Als an Ruhm und Glück der reichste Mann!«[1]

»Ob ich den Vierzeiler kenne! Da ist eine hübsche Geschichte passiert. Wedekind befürchtete, daß die Zensur den Vierzeiler nicht durchlassen wird und schlug Karl Kraus eine Variante vor, die lautete:

Freudig schwör ich es mit freier Stirne
Vor der Allmacht, die mich züchtigen kann:
Wie viel lieber wär ich eine Dirne
Als an Ruhm und Glück der reichste Mann!²

Karl Kraus war entsetzt und hat Wedekind diese Selbstverstümmelung so entschieden abgeraten, daß Wedekind das eingesehen hat, und der Vierzeiler war gerettet.«

»Ja, Wedekind, wenn man so wie er épatiert, ist das großartig. Wie ja überhaupt Wedekind das Epatieren an der Wurzel machte. Er hat aus dem ›épater le bourgeois‹ schon ›écraser l'infâme‹³ gemacht. Und das in einer Sprache, die einfacher gar nicht sein kann. In dieser seiner Sprache hat er Ungeheuerliches gesagt. Und das war wirksam. Aber das Epatieren ist in unserer Zeit eine Art snobistisches Schmollen geworden. Mit esoterischen Texten, mit noch so geistreichen Musikphrasen ist man nicht mehr modern. Und überhaupt dieses justament und immerzu modern sein scheint mir abwegig zu sein.«

Über Lord Byron und die Romantik sprachen wir im Laufe der Jahre noch oft. »Ich habe dich oft zu einem Gespräch über die Romantik und über Byron provoziert. Wegen Schönberg. Du hast recht, das ›épater le bourgeois‹ ist schon *vieux jeu,* aber ich werde mich hüten, das dem Schönberg zu sagen.«

---

1 Anfangsstrophe des Gedichts *Confession* von Frank Wedekind (Gesammelte Werke, München 1924, Bd. 1, S. 43).
2 Diese Version der Strophe hat Karl Kraus im Erstdruck des Gedichtes veröffentlicht (Fackel Nr. 172, 31. Dezember 1904, S. 21). Danach erst lernte er die Urfassung der Strophe kennen und erachtete sie als »ungleich wertvoller«, gab sie allerdings mit abgewandeltem erstem Vers: »Frei bezeugt' ich es mit jedem Schwure« (Fackel Nr. 521-530, Januar 1920, S. 109 f.).
3 »Das Niederträchtige vernichten«.

Nachträgliche Bemerkung über die Romantik
(1965)

Die Romantik ist die Nacht in der Literaturgeschichte der Völker. Die Nacht ist eine Notwendigkeit, sie fördert die Ruhe, den Schlaf, die schönen Träume, die Natalität, aber auch die Laster, ja die Verbrechen. In einem Berliner jüdischen Roman kommt diese Szene vor. Ein Paar geht spazieren. Es ist Abend und heller Mondschein. Sie sagt: »Wie herrlich ist diese Mondnacht.« Darauf er: »Diese herrliche Mondnacht möchte ich mir mal bei hellichtem Tag janz jenau anschaun.« Dieser jüdische Satz in korrektem Berlinerisch sollte als Motto in jedem Buch über die Romantik stehen.

Einige Dezennien nach Albans Tod las ich in dem Buch von Bertrand Russell *History of Western Philosophy* folgendes Gedicht von Lord Byron:

> Who hold the balance of the world? Who reign
> O'er conquerors, whether royalist or liberal?
> Who rouse the shirtless patriots of Spain?
> (That make old Europe's journals squeak and gibber all.)
> Who keep the world, both Old and New, in pain
> Or pleasure? Who make politics run glibber all?
> The shade of Buonaparte's noble daring?
> Jew Rothschild, and his fellow Christian Baring.

Lord Russell zitiert dieses Gedicht zum Beweis, daß der Lord der Romantik, wie jeder Romantiker, auch ein Antisemit war.[1] Bedenkt

---

1 Es handelt sich um die fünfte Stanze des XII. Cantos aus Byrons satirischem Versepos *Don Juan*, das unvollendet blieb. Byron veröffentlichte die abgeschlossenen Teile zwischen 1819 und 1824 anonym. Sein Zitat leitet Bertrand Russell, nach einem knappen Hinweis auf den rassistisch-nationalistisch begründeten Antisemitismus der Zeit, mit einer allgemeinen Bemerkung über den Charakter romantischer Opposition zum Kapitalismus ein: »it is an opposition based on dislike of economic preoccupations, and strengthened by the suggestion that the capitalist world is governed by Jews. This point of view is expressed by Byron on the rare occasions when he condescends to notice anything so vulgar as economic power« (Bertrand Russell, *History of Western Philosophy*, 2. Auflage, London 1947, S. 709). Abgesehen davon, daß es bei Byron nicht »conquerors«, sondern »congress« heißt, hat in manchen Textausgaben der Schlußvers der zitierten Stanze die Form: »Jew Rothschild, and his fellow-Christian, Baring.« Baring ist, wie Rothschild, der Name einer bedeutenden Bankiersfamilie. Der Vorname Christian bedeutet im Englischen zugleich »Christ«. – Übrigens schließt die nachfolgende sechste Stanze in Byrons Dichtung mit den Worten: »[...] and even thy silver soil, Peru, / Must get itself discounted by a Jew.« (*Don Juan*, Canto XII, 6. The Works of Lord Byron, ed. by Thomas Moore, Bd. XVII, London 1833, S. 41)

man, daß der Baring vermutlich nur des Reimes willen steht, ist das ganz ein Nazigedicht.

Die Heiligkeit der Kunst in Frage zu stellen, habe ich in meinen Gesprächen mit Alban nicht beabsichtigt. Ich war selber noch lange nicht soweit (oder vielleicht noch nicht so tief gesunken – wie man's nimmt). Aber den romantischen Kult des Künstlers zu bestreiten war mir schon wichtig.

Es gibt in diesen meinen Aufzeichnungen hin und wieder eine Stelle, wo ich ein sogenanntes großes Genie mit wenig Respekt traktiere. Ich tue das, ich bin alt genug dafür, aus didaktischen Gründen. In der Geschichte der Menschheit wimmelt es von großen Männern, Genies, die der Menschheit großen Schaden zugefügt haben. Je größer der Schaden, sagt Kafka irgendwo, je größer der Mann.[1] In der Geschichte der Literatur, in der Kunst gibt es auch solche Genies, die am besten mit dem Wort Monster zu bezeichnen sind. Zum Beispiel Rousseau, zum Beispiel Byron, zum Beispiel Richard Wagner. Das sind die Monster der ersten Reihe. In der zweiten Reihe gäbe es zu viele Namen, denen ich nicht die Ehre erweisen werde, sie anzuführen. Pereant!

---

1 Das Urteil der Nachwelt über den Einzelnen, schreibt Kafka, ist richtiger als das der Zeitgenossen, weil der Einzelne in seiner Art sich erst nach dem Tode entfalte, wenn er allein sei. »Es wird sichtbar, ob die Zeitgenossen ihm oder er den Zeitgenossen mehr geschadet hat, im letzten Fall war er ein großer Mann.« (»Er«. *Aufzeichnungen aus dem Jahre 1920*, in: *Beschreibung eines Kampfes*, Gesammelte Werke, hg. von Max Brod, o.O. 1954, S. 298)

Alban liest mir am Klavier die *Dichterliebe*

Ich hatte sein Versprechen, mir einmal die *Dichterliebe* vorzuspielen[1], längst vergessen und auch meinen Groll darüber, daß er vermutlich das Versprechen nicht einhalten wollte, als er mich eines Tages anrief, um mich an unsere vor Jahren gemachte Verabredung zu erinnern.

Alban schlug vor, auch Dr. Wiesengrund, der damals in Wien lebte, zu diesem ›Seminar‹ hinzuzuziehn.[2] Aber ich lehnte diesen Vorschlag glatt ab. Wir trafen uns um drei Uhr am Nachmittag, und seine erste Frage war, warum ich Dr. Wiesengrund nicht dabeihaben wollte. Ich erinnerte ihn, daß ich schon öfter dabeigewesen war, wenn er mit Teddie vierhändig am Klavier spielte und beide zweistimmig moderne Lieder sangen. Ich gestand, daß mir das kein großes Vergnügen bereitete, nicht, weil keiner von ihnen ein hörenswerter Klavierspieler wäre, aber weil ich Teddies Singstimme schwer vertrug. »Er ist halt ka Sänger«, sagte Alban, »das bin ich auch net. Aber foalsch singt er nicht.« – »Ich spreche nicht von seiner Gesangskunst, sondern von seiner Stimme. Er singt ja nicht – er stöhnt. Das wäre noch erträglich. Aber er stöhnt legato. Und was dabei herauskommt, ist ein gequetschtes Leiden. Du hörst es vielleicht nicht so genau wie ich, weil du neben ihm sitzt und es mit deinem Brummbaß zudeckst.« – »Na ja«, sagte er, »ich hab ihn nach dem Gespräch mit dir auf fünf Uhr bestellt. Da haben wir zwei Stunden Zeit für unser Studium.«

Wir setzten uns ans Klavier. Er spielte und brummte hin und wieder die Stellen, die er besonders genoß, und ich las die Singstimme mit, aber nur mit den Augen. Denn ich hörte sein Brummen zu gern. Es war in der Tat ein Lesen und kein Spielen. Er unterbrach sich oft und kehrte an eine Stelle zurück, um sie wiederholt zu prüfen, manchmal auch, um die Dichtung, wo sie ihm gefiel, mit Kopfnicken zu bejahen. Mich faszinierte die Musik. Er erforschte den Text.

---

1 Siehe oben S. 73.
2 Wann diese Zusammenkunft stattgefunden haben könnte, ist unklar. Nur 1925/26 hat Adorno für längere Zeit in Wien gelebt. Das »du« in dem folgenden Gespräch zwischen Morgenstern und Berg läßt auf die Zeit ab Herbst 1927 schließen, könnte freilich auch auf einem Erinnerungsfehler Morgensterns beruhen.

Ich kann mich begreiflicherweise nicht an alle Pausen, die er machte, erinnern. Aber nach manchen Nummern äußerte er seine Bewunderung für die »glückliche Vermählung«, wie er sich ausdrückte, von Dichtung und Musik in diesem Werk. Als wir zu der Strophe[1] kamen:

> Allnächtlich im Traume seh ich dich,
> Und sehe dich freundlich grüßen,
> Und lautaufweinend stürz ich mich
> Zu deinen süßen Füßen

vor der ich mich am meisten gefürchtet hatte, weil das ja die Stelle ist, die die Heine-Verächter am kitschigsten finden, spielte er die Strophe dreimal durch und sagte zu meinem Vergnügen: »Nicht einmal über die süßen Füße stolpert er, der gute Schumann!«

Als wir zu Ende waren, nachdem er einige Stellen des Werks hin und wieder überprüft hatte, sagte er: »Du hast mir einmal den Satz zitiert, den einer über Goethe gesagt hat: ›Er allein ein Frühling.‹ Wer hat das gesagt?« – »Er allein ein ganzer Frühling. Geschrieben hat ihn Ludwig Börne, und zwar in seiner Polemik gegen Goethe.« – »Ja«, sagte Alban, »Goethe war ein ganzer Frühling im achtzehnten Jahrhundert. Würdest du sagen, Heine war der Frühling des neunzehnten Jahrhunderts?« – »Richtig, Alban, ich würde es sagen.«

Alban war damals schon soweit, daß Karl Kraus nicht mehr für ihn der höchste Richter der Literatur war, wenn auch noch immer das Gewissen Österreichs.

Wir unterhielten uns, bis Teddie Wiesengrund eintrat und den Klavierauszug der *Dichterliebe* sah. Hiermit begann erst recht ein Seminar, das Seminar über die *Dichterliebe* und Heine und Schumann. Teddie war damals ein schmächtiger Jüngling mit einem Kopf von wenig Haar und vollgestopft mit Wissen. Alban lernte langsam seine Kenntnisse in der Musik zu schätzen. Für sein Wissen auf andern Gebieten hatte er nicht viel übrig, weil es ihm schwerfiel, das Deutsch Wiesengrunds zu verstehen, und er zitierte oft geringschätzig den Satz von Kraus: »In einen hohlen Kopf geht viel Wissen.«[2] Alban hatte

---

1 Aus dem LVI. Stück des *Lyrischen Intermezzo* im *Buch der Lieder* (Sämtliche Schriften, hg. von Klaus Briegleb, München 1971, Bd. 1, S. 98).
2 Karl Kraus, *Sprüche und Widersprüche*, in: Ders., *Beim Wort genommen*. Werke, hg. von Heinrich Fischer, Bd. 3, München 1955, S. 86.

eine große Schwäche für Debatten. Und es freute ihn, daß zwischen mir und Teddie Wiesengrund unverzüglich eine losging. Mit einem Blick auf den Klavierauszug eröffnete sie Teddie gleich mit einem professoralen »Tja, der Heinrich Heine«. Er war in jenem Jahr, wie er mir viel später gestand, ein Mitglied der Kommunistischen Partei.[1] Und obwohl er als orthodoxer Marxist für alles eine entschiedene Lösung bereithatte, mußte er sich im Falle Heine eben als solcher mit einem Frankfurter »einerseits-andererseits« begnügen. Einerseits war Heine für Moskau einer von den großen und vergötterten Revolutionären. Andererseits war er in Frankfurt kein Goethe. Obwohl man das schon vor Treitschke und Karl Kraus gewußt hatte, kamen sie, die verdeutschten Juden, immer wieder mit diesem Argument. Teddie führte noch ein anderes an: Heines schändlichen Angriff auf den Dichter und Grafen von Platen. Namentlich Heines Anspielung auf Platens homosexuelle Neigung konnte er Heine nicht vergessen. Daß nicht Heine der Angreifer, sondern Platen, und daß dieser den Juden Heinrich Heine attackiert hatte, ließ man unbemerkt. So hielt es auch Teddie Wiesengrund, mit wenig Erfolg bei mir. Schließlich warf er mir auch die süßen Füße vor. »Du zitierst doch so oft Baudelaire«, sagte ich. »In einem Gedicht heißt es: ›Et tes pieds s'endormaient dans mes mains fraternelles.‹ George übersetzt das: ›Dein fuss entschlief in meine bruderhände.‹[2] Vielleicht gäbe es diese schöne Zeile nicht ohne Heine.« Wiesengrund war nie ein guter Debattierer, aus dem einfachen Grunde: er hörte nie zu, was sein Gegner sagte. Er monologisierte und ließ sich hin und wieder unwillig unterbrechen.

Alban genoß die Debatte sehr, wie jede Debatte über Literatur und Kunst und auch über Politik. Aus diesem Grunde faszinierte ihn Thomas Manns Berg voll faulen Zaubers, wegen der Debatten zwischen dem Juden Naphta und dem Italiener Settembrini. Er mischte sich nur einmal in unsre Debatte. Er wunderte sich, warum Heine so viel mehr vertont wurde als jeder andere Dichter. Teddie meinte, weil er der Modedichter des neunzehnten Jahrhunderts war. Ich führte noch andere Gründe an: weil Heine einen großen Einfluß auf die europäische

---

1 Das Mitglied der Kommunistischen Partei Adorno gehört ins Reich der (komischen) Legenden. Was diesen Punkt betrifft, war sich Morgenstern seiner Erinnerung, wie gezeigt, im Grunde auch gar nicht sicher (s. oben S. 122, Anm. 1).
2 Aus Charles Baudelaires Gedicht *Le Balcon*, *Les Fleurs du Mal, XXXVI* (Sämtliche Werke/ Briefe, hg. von Friedhelm Kemp und Claude Pichois, Bd. 3, München 1975, S. 122; *Die Blumen des Bösen*. Umdichtungen von Stefan George. 3. Auflage, Berlin 1914, S. 53).

Literatur hatte, namentlich auf die französische, sogar auf den großen Baudelaire. Auch weil Heine viele unvollkommene Gedichte geschrieben hat. Vollkommene Gedichte sind zu dicht, um Musik einzulassen. Beweis: das vollkommenste Gedicht von Goethe *Über allen Gipfeln ist Ruh* ist so dicht, daß sogar ein Schubert erfolglos einzudringen versuchte. Natürlich führte Teddie Karl Kraus' Pamphlet gegen Heine ins Treffen. Meiner Ansicht nach endete dieses literarische Husarenstück gegen Heine wie immer, wenn ein Zwerg einem Riesen einen Tritt in den Hintern versetzen will: der Zwerg fällt rücklings auf seinen. Alban meinte: »Teddie, das ha'mer schon gehabt, der Soma und ich. Das wollen wir auslassen.« Um weiteres Blutvergießen zu vermeiden, schlug ich die Formel vor, daß die verdeutschten Juden endlich einsehn sollten, daß ihr Goethe, den sie nicht lesen, in aller Welt mit Recht verehrt wird, und Heinrich Heine, den alle Welt liest, mit Recht bewundert. Dafür gab Dr. Wiesengrund zu, daß man die *Dichterliebe* von Robert Schumann hören muß, um zu verstehen, was der Eintritt Heinrich Heines in die Literatur für das neunzehnte Jahrhundert bedeutet hat. Alban, der indessen auf mein Drängen längst Heines Pariser Briefe und auch andere Prosa gelesen hatte, war mit dem Ergebnis unserer Debatte zufrieden.

Mit Josef Frank

Ich empfahl Alban das Buch meines Freundes Josef Frank, des damals schon berühmten Wiener Architekten, *Architektur als Symbol*[1]. »Den kennst du?« fragte Alban. »Ja«, sagte ich, »wir sind befreundet.« – »So was«, sagte er, »wie kommst du zu dem? Mit dem war ich ja in derselben Klasse.« – »Warum hast du mir das nie gesagt? Siehst du ihn oft?« – »Gar nicht«, sagte er, »seit der Matura hab ich ihn nicht mehr gesehn.« – »Wart ihr die ganzen sieben Jahre zusammen?« – »Ja, aber wir sehen uns nie.« – »Warum denn nicht?« – »Du, der war ja im Gymnasium ein Genie. Der erinnert sich wahrscheinlich gar nicht mehr an mich. Ich war ja ein ganz schwacher Schüler.« – »Aber du weißt, wer er ist?« – »Freilich weiß ich's. Der ist ja berühmt. Woher kennst *du* ihn?« – »Ich hab ihn durch Professor Strnad[2] kennengelernt, und wir haben uns angefreundet. Ich habe von ihm erst gelernt, was Architektur ist. Wir sehen uns sehr oft.«

Alban las das Buch und war begeistert. »Wie steht er zum Loos?« wollte er wissen. »Sehr gut«, sagte ich, »ich glaub auch, daß der Adolf Loos ihn sehr schätzt.« – »Das freut mich«, sagte Alban. »Es

---

1 Josef Frank, *Architektur als Symbol. Elemente deutschen neuen Bauens*, Wien 1931. Mit dem Architekten und Designer Josef Frank (1885-1967) war Morgenstern bis zuletzt befreundet. Nach seinem Studium an der Technischen Hochschule Wien und der Promotion 1910 arbeitete Frank als freier Architekt, oft zusammen mit Oskar Wlach, zeitweilig auch mit Oskar Strnad. Im Jahre 1914 war er Mitbegründer des Österreichischen Werkbundes, in dem er dann eine wichtige Rolle spielen sollte. An der Kunstgewerbeschule in Wien hatte er von 1919 bis 1925 eine Professur für Baukonstruktionslehre. Von 1921 an war er für die Gemeinde Wien tätig. Er zählte zu den Gründungsmitgliedern des ›Congrès international d'architecture moderne‹ (CIAM), La Sarraz. Von 1930 bis 1932 hatte er in Wien die Leitung der Internationalen Werkbundsiedlung und der Internationalen Werkbund-Ausstellung. Auch der Innenarchitektur und dem Möbel- und Stoffdesign widmete er sich und wurde Mitglied der Wiener Werkstätten. Kritisch stellte sich Josef Frank zum Bauhaus-Stil und wandte sich insbesondere gegen die Diktatur des Funktionalismus in der Architektur. 1934 emigrierte er nach Schweden und erhielt später die schwedische Staatsbürgerschaft. 1941 emigrierte er in die USA und lehrte an der New School for Social Research, New York. Nach Schweden kehrte er 1952 zurück. Nach dem Kriege setzte er seine Architektur-Kritik in zahlreichen Schriften fort. Seiner anti-funktionalistischen und undogmatischen Konzeption hat er den Namen »Akzidentismus« gegeben. (Vgl. *Josef Frank 1885-1967*. Ausstellungskatalog, Zusammenstellung und Gestaltung Johannes Spalt und Hermann Czech, Wien: Hochschule für angewandte Kunst, 1981; Astrid Gmeiner und Gottfried Pirhofer, *Der Österreichische Werkbund*, Salzburg, Wien 1985.)

2 Oskar Strnad (1879-1935), Architekt und Bühnenbildner.

wundert mich, daß er mir nie was gesagt hat.« – »Wahrscheinlich, weil du Loos nie gesagt hast, daß du Frank kennst. Soll ich euch beide zusammenbringen?« – »Aber«, sagte Alban, »der wird sich für mich gar nicht interessieren.« – »Warum nicht? Er geht in jedes gute Konzert und bewundert Schönberg. Was willst du noch?« – »Wenn du meinst«, sagte Alban, »wir können's ja versuchen.«

Ich brachte sie beide zusammen, das Genie der Klasse und den schwachen Schüler. Wir trafen uns im Café Museum, dem von Adolf Loos eingerichteten Treffpunkt von Malern, Architekten und andern Künstlern. Alban war aufgeregt, zeigte gleich beim Eintreten auf einen Fensterplatz und sagte: »Also, du setzt dich in die Mitte, und wir zwei sitzen am Fenster vis-a-vis.« Frank traf pünktlich ein. Wir saßen eine Weile in der von Alban vorgeschlagenen Gruppierung. Ich nahm sogleich eine Zeitung und vertiefte mich, um als Fremdkörper die zwei Schulkameraden bei ihrer ersten Begegnung nach so vielen Jahren nicht zu stören. Begreiflicherweise war ich nicht so vertieft, daß mir das Gespräch entgehen konnte. Zuerst rechneten sie aus, wie lange sie einander nicht gesehen hatten. Alban meinte, seit dem Abitur. Das wäre etwa seit 1907, rechnete ich mir aus.[1] Frank erinnerte sich, daß sie sich doch einmal viel später getroffen hatten, aber sie wußten zunächst nicht wo und bei welchem Anlaß. Der lebhaftere Alban erinnerte sich plötzlich, nicht ohne Erregung, daß sie einander bei der Musterung, im Anfang des Jahres 1915, begegnet waren. Frank stimmte zu. Nun tauschten sie ihre Kriegserinnerungen flüchtig aus. Nach einer längeren Unterbrechung nahm sich Alban das Herz und fragte: »Bist verheiratet?« – »Ja«, erwiderte Frank. »Und du?« – »Ja«, sagte Alban. »Hast Kinder?« Frank, sachlich: »Nein. Du?« – Alban: »Leider nicht.« Hernach folgte ein langes Schweigen, hin und wieder unterbrochen von Alban mit einem »No ja«, von Frank mit einem »Tja«.

Professor Dr. Josef Frank war ein Schweiger, der nur auf Herausforderung sehr beredsam, ja sarkastisch, witzig und vernichtend kritisch sein konnte, namentlich wenn er gegen die falsche Moderne in der Architektur, in den bildenden Künsten und gelegentlich auch in der Literatur losging. Ich habe ihn ungefähr zu gleicher Zeit wie Alban kennengelernt, aber obwohl ich ihn in den ersten Jahren öfter sah als Alban, entwickelte sich unsere Freundschaft in viel langsamerem

---

1 Alban Berg absolvierte die Matura 1904.

Tempo. Ich glaube, es lag an seinem Aussehen. Er war von mittlerem Wuchs, hatte einen wohlgebildeten, schmalen Schädel, ein längliches Gesicht und dunkle, ausdrucksvolle Augen, ein El Greco-Gesicht, wäre nicht die Glatze, die ihm so gut stand, daß sie den Eindruck machte, er wäre mit ihr geboren. Nun ging es mir seit Kindesbeinen mit Glatzköpfen und Pfeifenrauchern so, daß ich sie, welchen Alters sie immer sein mochten, für älter und sehr weise hielt. Frank war beides, und es dauerte lange, bis ich ausnahmsweise und nur in seinem Falle diese kindliche Befangenheit überwunden habe.

Eine Zeitlang hörte ich hinter meiner Zeitung diesem Refrain, »No ja« und »Tja«, in aller Unschuld zu. Dann fiel mir ein, daß sie, allein gelassen, sich besser in ihre Knabenzeit zusammenfinden würden. Unter dem Vorwand, daß ich im Bureau der *Frankfurter Zeitung* einen Telephonanruf erwartete, entschuldigte ich mich bei ihnen und verließ sie für eine halbe Stunde. Ins Café Museum zurückgekehrt, fand ich die beiden Mitschüler, die einander fünfzehn Jahre nicht gesehen hatten, hinter zwei in ihren Rahmen ausgespannten Zeitungen lesend vor. Ich nahm meinen Platz wieder ein. Professor Frank legte seine Zeitung nieder und sagte: »Tja«. Alban legte seine Zeitung nieder und sagte: »No ja«. Soviel ich weiß – und ich erinnere mich sehr genau – haben sich die zwei Mitschüler, von denen einer ein Alban Berg und der zweite einer der bedeutendsten Architekten unserer Zeit werden sollte, einander nie wiedergesehen. Alban sagte mir eine Zeit später: »Der Frank, der is aber a starker Schweiger.« Professor Frank sagte nie etwas ohne Herausforderung. Einmal, von mir aufgefordert, sagte er: »Alban Berg war schon in der Schule sehr scheu.«

Nach dieser Begegnung hat Alban Franks Buch *Architektur als Symbol* noch einmal gelesen. Es machte ihm einen noch tieferen Eindruck als beim ersten Mal. Frank schreibt in sehr kondensierten Sätzen und setzt Kenntnisse der Architektur voraus, die nicht jeder Laie besitzt. Alban war nicht ganz ein Laie auf diesem Gebiet. Er zeigte mir ein paar Stellen in dem Buch, die ihm besonders gefielen. Zunächst ein Motto, das er dem Buch vorausschickt:

> *Ein Kunstwerk muß genau so funktionieren*
> *wie eine Maschine.*   Walter Gropius.

»Ich kenn den Gropius«, sagte Alban, »aus der Zeit, wo er mit der Alma verheiratet war.[1] Ich hab ihn für einen Langweiler gehalten. Aber dieser Satz ist schon wirklich saublöd.« Ein anderer Satz, der ihm gefiel, war echter Frank: »Die nackte Wahrheit ist eine Lüge.«[2] Und besonders gefiel uns beiden folgende lapidare Feststellung, die so manchen Leser entsetzt hat und noch ›moderne‹ Architekten entsetzt: »Die ganze romanische Baukunst sieht in ihren gut erhaltenen oder gar restaurierten Stücken immer wie eine Ruinensammlung oder wie deren moderne Imitation aus, während jeder römische Trümmerhaufen lebt.«[3]

1 Der deutsche Architekt und Bauhaus-Gründer Walter Gropius (1883-1969) war mit Alma Mahler seit 1915 verheiratet.
2 *Architektur als Symbol*, a.a.O., S. 84.
3 A.a.O., S. 73.

Mit Alban und dem verzweifelten Webern

Am zweiten Tag des Bürgerkriegs im Februar 1934 rief mich Alban an und sagte mir: »Die Trambahn funktioniert schon. Der Webern ist von Mödling hereingekommen. Er ist ganz verzweifelt. Wenn du Courage hast, geh, komm herüber und hilf mir ihn beruhigen.« Es war keine besondere Courage dazu mehr nötig. In der Stadt hörte man nur noch den Kanonendonner in den Außenbezirken. Es war klar, daß der Schutzbund sich gegen die tschechoslowakische Grenze zurückzog.[1] Ich sagte das Alban und versicherte ihm, daß ich nicht der geeignete Mann wäre, um den verzweifelten Webern zu beruhigen, weil ich, vielleicht nicht weniger als Webern, auch verzweifelt sei. Alban insistierte. Ich versprach ihm, in zwei Stunden dort zu sein, weil ich die Hälfte des Weges zu Fuß machen wollte, um mir mit eigenen Augen anzusehen, wie die Wiener während eines Bürgerkriegs aussehen. Ich ging über den Ring, Babenbergerstraße und über die Mariahilfer Straße bis zum Gürtel zu Fuß. Unterwegs mußte ich an einen Ausspruch meines Kollegen Anton Kuh denken, der einmal gesagt hat: »In Österreich kann man jetzt eine Gesichtspolizei einführen. Man kann auf den Straßen jedem ansehen, ob er ein katholischer Faschist, ein Sozi oder ein Nazi ist.«[2] Ich praktizierte jetzt diese Gesichtspolizei und mußte einsehen, daß Kuh recht hatte. Die Zorn, Empörung

---

1 Seit dem 12. Februar 1934 hatten die österreichischen Sozialdemokraten und ihr bereits verbotener Republikanischer Schutzbund sich gegen die Abschaffung der parlamentarischen Demokratie durch das klerikal-faschistische Dollfuß-Regime mit Waffengewalt zur Wehr gesetzt, doch schon zwei Tage später mußte der demokratische Widerstand, ungenügend bewaffnet und organisiert, dem massiven Aufgebot von Polizei-, Bundesheer- und Heimwehrtruppen weichen. – Berg, dessen finanzielle Lage durch die Unterdrückung »entarteter« Musik in Nazideutschland äußerst prekär geworden war, verbrachte zusammen mit seiner Frau den Winter 1933/34 im »Waldhaus« in Kärnten, aus Kostengründen und um ungestört an der *Lulu* weiterarbeiten zu können. Er müßte also seinen Aufenthalt nach Morgensterns Bericht im Februar vorübergehend unterbrochen haben, um nach Wien zu kommen.
2 In einem – im New Yorker Exil englisch geschriebenen – Bericht über seine letzten Tage in Österreich erzählt Anton Kuh von einem Gespräch, das er in einer Augustnacht wohl des Jahres 1937 in Salzburg bei einem überraschenden Zusammentreffen mit Fürst Starhemberg über die allgegenwärtige Nazibedrohung geführt hatte. Damals sagte er Starhemberg: »Hunters have always the same type of face – incurable hard, malicious, illfavored by nature – as we say nowadays, alas, a German face. In your place, Highness, I should have formed a special ›physiognomic‹ police corps for rooting all such faces out of Austria.« (*Escape from the Mousetrap*, in: The Nation, New York, Juni 1938, jetzt in: Anton Kuh, *Zeitgeist im Literatur-Café. Feuilletons, Essays und Publizistik. Neue Sammlung*, hg. von Ulrike Lehner, Wien 1985, S. 230)

und Trauer im Gesicht zeigten, waren die Sozialdemokraten und ihre Anhänger und die anderen anständigen Menschen in Wien. Das war die Majorität selbst in der Inneren Stadt. Die Triumph, verkrampft durch ein schlechtes Gewissen, offen zur Schau trugen, waren die Putschisten und ihre Anhänger[1]. Die mit offener Frechheit Schadenfreue manifestierten, waren die Nazis. Diese waren eine kleine Minorität. Denn man darf nicht vergessen – aber man tut das überall in der Welt noch jetzt –, daß bei den letzten demokratisch durchgeführten Wahlen in Österreich im Jahre 1932 in Wien die Sozialdemokraten 72% erreicht haben. Die Minorität waren die Christlichsozialen, die nur auf dem flachen Lande die Sozialisten überstimmen konnten. In Wien waren die Deutschnationalen, nun über Nacht Nazi geworden, eine so kleine Partei, daß sie in der Gemeinde Wien kaum eine Vertretung hatten. Ich sage das nicht, um die Österreicher zu verteidigen, wohl aber, um den Sozialdemokraten etwas zugute zu halten. Denn im Jahre 1934 war Österreich das einzige Land und Wien die erste Stadt in Europa, die sich dem Faschismus mit Waffen in der Hand entgegenstellte. Spanien war erst 1936, und hernach kein Land mehr bis zum Ausbruch des Zweiten Weltkriegs. Hätten die Sozialdemokraten in Deutschland an sozialen Reformen für das arbeitende Volk nur das getan, was die Sozialdemokraten in Österreich, namentlich in Wien, getan haben, sie hätten weder Hitler noch Stalin den Weg gebahnt.

Ich fand Webern tatsächlich in Verzweiflung. Ich drückte ihm die Hand und versicherte ihm, wie ich mit ihm fühle. Er nahm das als Beileid auf und sagte: »Ich verdiene das nicht. Ich hab ja auch nicht mitgekämpft.« – »Ich sag das, weil Sie ja den Sozialdemokraten näher stehen als Alban und ich. Zum Kämpfen sind wir alle schon zu alt.« – »Sie erinnern sich vielleicht«, sagte Webern, »was ein kroatischer General, der eine österreichische Armee kommandierte, im Kriege einmal gesagt hat: ›Mir genügt, wenn einer die Kraft hat, an die Front zu kommen, *einen* Schuß gegen den Feind abgibt und dann tot umfällt. Da ist er schon für mich frontdiensttauglich.‹« Ich erinnerte

---

1 Morgenstern nennt hier und an anderen Stellen den Christlichsozialen Engelbert Dollfuß (1892-1934) und seine Leute Putschisten: sie waren es, die seit März 1933, unter formeller Berufung auf das Kriegswirtschaftliche Ermächtigungsgesetz von 1917, über den Nationalrat hinweg nach dem Vorbild des faschistischen Italien die republikanische Rechtsordnung durch das »autoritäre Regime« ersetzt hatten. Seine »Absage an den Parlamentarismus« hatte Dollfuß in einer Villacher Rede öffentlich angekündigt.

mich. Der kroatische General hieß Boroevic[1]. Er ist mit einem anderen Spruch noch berühmter geworden. Er sagte: »Ich werde meinen Soldaten das Sterben schon beibringen.« – »Ja«, sagte Alban, »Karl Kraus hat ihn ja oft zitiert. In seinem Sinne wären wir alle drei noch diensttauglich. Aber wir hätten kaum zum Sieg verholfen.« Darauf Webern zu Alban: »Ich bin neugierig, was Karl Kraus dazu sagen wird.« Alban schwieg in Verlegenheit. Kraus hatte sich längst für die Heimwehr erklärt. Er hat sogar behauptet, daß der Fürst Starhemberg ein größerer Redner als Lassalle ist.[2] Ich antwortete Webern: »Sie erinnern sich an die Szene in Shakespeares *Julius Caesar*; nach der Ermordung fragt einer: ›Was hat Cicero im Senat gesagt?‹ Der Befragte antwortet: ›Cicero sprach griechisch‹.«[3] – »Haben Sie erwartet, daß die ›Schwarzen‹ das wagen werden?« – »Nach der Rede vom General Fey[4] letzten Sonntag in Mauer, in der er offen gesagt hat: Morgen geht's los, hätte man das ja erwarten müssen. Aber, offen gestanden, ich hab's nicht geglaubt. Der Putsch war ja seit Jahren vorbereitet. Vor Jahren, als noch der Schober Bundeskanzler war, war ein Heimwehrgeneral in Graz soweit, den Putsch zu beginnen.[5] Aber Schober, vielleicht weil er einmal Polizeipräsident gewesen und für Ordnung, wenn auch nicht für Anständigkeit, in der Politik war, hat das, sogar mit Hilfe der *Frankfurter Zeitung,* verhindert. Er hat in der Nacht meinen Kollegen Dr. Lachmann[6] zu sich bestellt, ihm die Pläne

---

1 Svetozar Boroevic von Bojna (1856-1920).

2 Vgl. Fackel Nr. 890-905, Ende Juli 1934, S. 271.

3 »*Cassius:* Hat Cicero etwas gesagt? *Casca:* Ja, er sprach Griechisch.« (*Julius Caesar,* Erster Akt, 2. Szene – nicht nach Caesars Ermordung, sondern nachdem er Antonius' Angebot der Königskrone unter dem Jubel des Volkes dreimal ausgeschlagen hatte und dann in Ohnmacht gefallen war.)

4 Der Heimwehroffizier Major Emil Fey (1886-1938), unter Dollfuß von 1933 an zunächst Sicherheitsminister, dann Vizekanzler und danach wieder Sicherheitsminister, war an der blutigen Unterdrückung des Februaraufstandes von 1934 beteiligt. Bei einer Heimwehrübung am 11. Februar hatte er erklärt: »Wir werden morgen an die Arbeit gehen und wir werden ganze Arbeit leisten!« (Zit. nach Walter Kleindel, Österreich. Daten zur Geschichte und Kultur, Wien, Heidelberg 1978, S. 344) Ungeklärt ist Feys Rolle beim nationalsozialistischen Putschversuch im Juli 1934 gegen Dollfuß, bei dem dieser ermordet wurde. Unter Schuschnigg wurde Fey 1934/35 Innenminister. Er endete durch Selbstmord.

5 Mitte Juni 1930 war der reichsdeutsche Major Waldemar Pabst wegen unzulässiger politischer Betätigung aus Österreich ausgewiesen worden. Pabst war Bundesstabschef der österreichischen Heimwehr. Seine Ausweisung hatte Johann Schober (1874-1932), damals Bundeskanzler und Außenminister, veranlaßt.

6 Kurt S. Lachmann, 1899 in Berlin geboren, war nach 1922 politischer Auslandskorrespondent der *Frankfurter Zeitung* in Brüssel, Wien, auf dem Balkan, schließlich für einige Monate in London, bis er Ende 1933 aus politischen Gründen beschloß, seine Stellung aufzugeben und im Exil zu bleiben.

335

des Grazer Generals mitgeteilt und ihn gebeten, das der *Frankfurter Zeitung* noch in der Nacht zu telephonieren. Das ist geschehen. Die katholische *Reichspost* erklärte die Nachricht der *Frankfurter Zeitung* für eine Lüge und erzählte ihren Lesern, daß Dr. Lachmann ›in feiger Flucht Wien verlassen habe‹ an dem Tag, an dem ich mit ihm in einer Frühstücksstube in der Wollzeile saß und er einige Flaschen von Liesinger Port auf das Wohl Schobers getrunken hat. Aus diesem Grunde habe ich geglaubt, daß Dollfuß seinen General Fey auch bändigen wird – wenn auch nicht mehr mit Hilfe der *Frankfurter Zeitung.*« Alban sagte: »Erstaunlich, daß die Nachbarn sich gar nicht rühren.« – »Wer soll sich rühren?« sagte Webern. »Mussolini? Der hat's ja wahrscheinlich arrangiert. Oder der Horthy? Dem ist es ja recht. Oder Hitler? Der muß sich ja diebisch freuen.« – »Aber die Tschechoslowakei«, sagte Alban, »die ist ja auch schon in der Klemme.« – »Die Tschechoslowakei«, sagte ich, »kann sich nicht rühren, ohne Frankreich zu fragen, und Frankreich kann sich nicht rühren, ohne England zu fragen. Also wird nichts geschehen. Der Putsch wird ja schon in der ganzen Welt als Revolte der Sozialdemokraten ausposaunt, und dabei wird es wahrscheinlich bleiben. Die Sozialdemokraten werden Zeter und Mordio schreien, aber glauben wird man – –« – »Den Schwarzen«, unterbrach mich Webern. »Glaubst du, daß der Vatikan damit einverstanden ist?« fragte Alban Webern. »Ich glaub schon. Aber wer wird das beweisen?« – »Gestern, als ich mich von dem ersten Kanonendonner erholt habe«, sagte ich, »ging ich hinunter und über den Ring zu meinem Freunde Karl Tschuppik, der im Hotel Bristol wohnt.[1] Unterwegs habe ich den Gruß von dem Chefredakteur der *Stunde* nicht erwidert, der schon einen hymnischen Siegesbericht im Tone der Weltkriegsberichte gebracht hat. Der Mann war sehr nervös. Er lief hinter mir her und zischte mir ins Ohr: ›Sie brauchen nicht stolz zu sein. Sie sind nicht der erste.‹ – ›In diesem Falle‹, sagte ich ihm, ›wäre ich noch stolz, der letzte zu sein.‹

---

1 »Tschuppik war einer der wenigen Journalisten, mit denen ich in Wien befreundet war«, schreibt Morgenstern in seinen Erinnerungen an Joseph Roth, wo die nachfolgende Episode auch erwähnt ist (*Joseph Roths Flucht und Ende*, a.a.O., S. 134 u. 102). Der aus Mělník bei Prag stammende Karl Tschuppik (1876-1937) war nach dem Studium der technischen Wissenschaften in Prag und Zürich seit 1899 politischer Redakteur, ab 1910 Chefredakteur am *Prager Tagblatt*. Er ging 1918 nach Wien und arbeitete als Redakteur bei verschiedenen Blättern, darunter *Der Friede*, *Der Neue Tag*, *Neues Wiener Tagblatt* und *Die Stunde*, ehe er 1927 in Berlin zum *Tage-Buch* kam. Er verfaßte auch mehrere historische Biographien, die das Naziregime mit Verbot belegte. Nach Hitlers Machtübernahme lebte er wieder in Wien, wo er im Juli 1937 starb.

Tschuppik öffnete mir die Tür. Er sah aus wie ein Mann, der lange nicht geschlafen hat. In dem Moment fiel mir ein, daß er, der gewesene Chefredakteur der *Stunde,* mit seinem Nachfolger befreundet war, und ich sagte ihm gleich: ›Ich habe Ihren Freund Ely[1] eben den Gruß nicht beantwortet. Ehe ich Ihnen meine Hand gebe, möchte ich wissen, wie Sie dazu stehen.‹ Tschuppik antwortete nicht gleich. Er nahm meinen Arm, zog mich ins Zimmer, schloß hinter mir die Tür und schrie: ›Jetzt wird Hitler hier bald einmarschieren und seine SS wird in den Stephansdom einziehen und auf dem Altar sich...‹ Und der alte habsburgtreue Monarchist umarmte mich. Nach einer Weile erzählte er mir folgendes: ›Der Putsch war natürlich von langer Hand vorbereitet. Das wissen wir. In der letzten Kabinettsitzung ist er beschlossen worden. Aber plötzlich stießen sie auf ein unerwartetes Hindernis. Es stellte sich nämlich heraus, daß unser Präsident Miklas[2], der, obwohl auch ein Katholik und ein Christlichsozialer, dennoch ein Christ ist, dem Bundeskanzler Dollfuß sagte: ›Ich hab auf die Verfassung einen Eid geschworen, und ich breche meinen Eid nicht. Ich resigniere.‹ Am selben Nachmittag hat man ihm den Päpstlichen Nuntius geschickt (ich glaube, er hieß Sibilia). Der Nuntius hat dem Präsidenten Miklas die Absolution von dem noch nicht begangenen Eidbruch erteilt. Damit war das letzte Hindernis genommen.«

»Ich hab's ja gewußt«, sagte Webern. »ohne die Schwarzen hätte der Mussolini das nicht gewagt.« – »Woher weiß der Tschuppik so was?« fragte Alban. »Woher er das weiß, kann ich dir nicht sagen. Aber ich habe die Erfahrung gemacht, daß er immer sehr gut informiert ist.«

Annerl, das »gothische Trottelchen«, wie Alban sie liebevoll nannte, servierte Kaffee im Eßzimmer. Wir gingen hinüber, das heißt Alban und ich gingen, Webern, der nichts gemerkt hatte, blieb wie versteinert in seiner Verzweiflung sitzen. Alban lud ihn ein mitzukommen. Webern erhob sich langsam, und während er Alban ins Eßzimmer folgte, sagte er mit zitternder Stimme: »Alban, ich weiß nicht, warum du es so leichtnimmst. Siehst du's nicht? Sie haben unsere

---

1 Ernst Ely, damals Chefredakteur der Wiener Zeitung *Die Stunde.*
2 Der Christlichsoziale Wilhelm Miklas (1872-1956), von Haus aus Gymnasiallehrer, war von 1928 bis 1938 österreichischer Bundespräsident. Er legte das Amt nieder, als er das Gesetz über den »Anschluß« seines Landes an Nazideutschland unterzeichnen sollte, was er ablehnte.

Musik erschossen!« Bei Tisch überlegten wir, was nun folgen würde. »Sie haben den Bürgermeister verhaftet«, sagte Webern. »Sie werden alle sozialdemokratischen Führer verhaften. Sie werden einige erschießen, wenn sie sie erwischen können. Sie werden es den Nazis nachmachen und Konzentrationslager einrichten.«[1] – »Glaubst du das auch?« fragte mich Alban. »Gewiß werden sie das tun. Was glaubst du, was passieren würde, wenn der Bürgermeister Seitz, anstatt im Gefängnis zu sitzen, jetzt über die Straßen von Wien ginge? Ein Aufruhr!« – »Und was wird mit der sozialistischen Jugend?« fragte Alban. »Die wird zu den Nazis überlaufen.« – »Das wird sie sicher«, warf Webern ein, »und recht wird sie haben! Die Bevölkerung wird völlig demoralisiert sein, reif für Hitlers Einzug. Glauben Sie nicht?« fragte er mich. »Die Sozialdemokratische Partei hat in ihrem Programm den Anschluß an Deutschland gehabt«, sagte ich. »Nach der schmählichen Niederlage der Mutterpartei in Deutschland hat sich der nationale Drang der österreichischen Sozialdemokraten etwas abgekühlt, und sie haben sich ihrer Anschlußfreude etwas zu schämen begonnen. Jetzt werden sie sich nicht mehr schämen. Karl Renner war schon immer mehr ein Deutschnationaler als ein Sozialdemokrat.[2] Er wird sich mit der Zeit dieser Jugend anschließen.« – »Arbeiten Sie noch für die *Frankfurter Zeitung*?« fragte Webern. »Ja«, sagte ich, »die *Frankfurter Zeitung* ist noch nicht gleichgeschaltet. Und da ich kein Deutscher bin, sondern ein Österreicher, haben sie mir noch nicht gekündigt.« – »Dr. Morgenstern hat in der *Frankfurter Zeitung* den Fürsten Starhemberg nicht gerade freundlich behandelt. Er ist mehr gefährdet als wir«, sagte Alban.[3] »Ich fürcht mich nicht vor dem

1 Bereits im September 1933 hatte die Regierung Dollfuß/Fey/Schuschnigg eine Verordnung zur »Errichtung von Anhaltelagern zur Internierung politischer Häftlinge« erlassen.
2 Im Oktober 1933, auf ihrem letzten Parteitag in der Ersten Republik, hatten die österreichischen Sozialdemokraten den Anschluß-Artikel aus ihrem Parteiprogramm gestrichen. An anderer Stelle konstatiert Morgenstern: »Der hinterbliebene Führer der Sozialdemokraten, Dr. Karl Renner, brauchte keinen Gewissenskonflikt zu überwinden, als er zur Volksabstimmung über den Anschluß, die Hitler sogleich nach seinem Einmarsch arrangierte, sein öffentliches ›Ja‹ abgab.« (*Joseph Roths Flucht und Ende*, a.a.O., S. 122) Zu dieser inszenierten Volksabstimmung, also im April 1938 noch, kündigte Karl Renner (1870-1950) in einem vom *Wiener Tagblatt* veröffentlichten Interview an: »Als Sozialdemokrat und somit als Verfechter des Selbstbestimmungsrechtes der Nationen, als erster Kanzler der Republik Deutsch-Österreich und als gewesener Präsident der Friedensdelegation zu Saint-Germain werde ich mit ›Ja‹ stimmen.« (Zit. nach Walter Kleindel, Österreich, a.a.O., S. 361)
3 Ernst Rüdiger Fürst Starhemberg (1899-1956), eine Hauptfigur der österreichischen Heimwehrbewegung wie etwas später der austrofaschistischen Diktatur, war im Jahre 1930 Innenminister. Zu dieser Zeit mokierte sich Morgenstern mit seinem Feuilletonbeitrag *Wenn die Polizei die*

Starhemberg«, sagte Webern, »ich fürcht mich nicht um dich. Aber unsere Musik haben sie erschossen.« – »Glaubst du das auch?« fragte mich Alban. »Ich glaube nicht, daß man eure Musik erschießen kann«, sagte ich, »aber man wird von ihr lange nichts hören. Sicher nicht, solange es von Starhemberg und Dollfuß abhängt, ob sie gespielt werden soll. Es wird lange dauern, bis in Wien wieder ein Bürgermeister sein wird, der Alban oder Sie, Herr Webern, zum Preisrichter ernennt, der entscheidet, wer den Preis der Stadt Wien für Musik bekommt. Aber ich glaube nicht an die lange Dauer von diesem Regime, und was nachher kommt, wissen wir alle nicht.« – »Ich weiß«, sagte Webern, »die Nazis werden kommen. Dann wird Richard Strauss entscheiden, was mit unserer Musik geschehen wird.«[1] – »Was hast du vor?« fragte mich Alban. »Ich glaube nicht, daß der Starhemberg mich gleich in den ersten Tagen verhaften läßt. So wichtig bin ich ihm sicher nicht. Aber sehr lange werde ich mich nicht darauf verlassen. Ich werde nach Paris fahren und dort meinen Roman zu Ende schreiben.«[2]

Alban, zufrieden, Webern aus dem Stupor seiner Verzweiflung erwacht zu sehen, sagte: »Soma hätte den Starhemberg vermutlich gar nicht angegriffen, wenn Karl Kraus ihn nicht für einen größeren Redner als Lassalle erklärt hätte. Oder irr ich mich?« – »Ich bin mir dessen nicht bewußt«, sagte ich, »es ist aber möglich, daß du recht hast. Ich darf in der *Frankfurter Zeitung* auch politische Themen berühren, verpflichtet bin ich nicht dazu. Wir haben einen politischen Korrespondenten in Wien. Aber dir haben ja die Komplimente, die ich dem

Wahrheit holt (FZ 824, 4. November 1930) über die Politik der notorischen Zeitungsbeschlagnahmen in den Kaffeehäusern der »›diktaturähnlichen‹ Kulturstadt« Wien. Gegen Ende heißt es in diesem Artikel: »Beispielsweise hatte ich mein eigen Herz immer im Verdacht, es schlüge eigentlich nicht für die Polizei. [...] seitdem der Starhemberg täglich die Polizei besteigt – hab ich ein gesundes Herz für die Wiener Polizei!«
1 Richard Strauss war von Goebbels im November 1933 zum Präsidenten der Reichsmusikkammer gemacht worden, ein Amt, das ihm, sehr gegen seinen Wunsch, im Juli 1935 wieder genommen wurde, nachdem er Opfer seines eignen egoistischen Taktierens geworden war.
2 Gemeint ist *Der Sohn des verlorenenen Sohnes*, Morgensterns erster Roman, den er dann in den drei Monaten seines Aufenthaltes in Paris beendet hat. Gleichwohl steht Morgensterns obige Mitteilung in Gegensatz zu der deutlichen Überraschung, mit der Berg in Kärnten etwas später die Nachricht seiner Abreise aus Wien aufnahm: »Was sagst zu Soma? Ja, Du hast es ja bereits gesagt, daß er in Paris ist!!! Nun, mich hat die Nachricht nicht erfreut: ein Freund weniger in Wien! Und da von dort (Wien) auch sonst nur Unangenehmes kommt, möcht' ich am liebsten ganz weg von dort.« (Alban Berg, *Briefe an seine Frau*, München, Wien 1965, S. 634 f., Brief Nr. 545, vermutlich vom 28. Februar 1934?) Auch entsprechende Stellen über ein Abschiedsgeschenk von Alban Berg scheinen mit dessen Briefäußerung kaum vereinbar (vgl. unten S. 344 sowie *Joseph Roths Flucht und Ende*, a.a.O., S. 93).

Starhemberg gemacht habe, ganz gut gefallen. Du hast mir ja einmal daraufhin einen Kupferstich vom großen Starhemberg geschenkt, der Wien und die ganze Christenheit 1683 gerettet hat.« – »Wie erklären Sie sich, daß Karl Kraus es mit den Schwarzen hält und den Dollfuß so verehrt?« fragte mich Webern. »Ich kann mir das nur so erklären: In seiner Autobiographie beschreibt Trotzki eine Szene, die sich in Leningrad abgespielt hat, als er auf Befehl Lenins zur Rettung der Stadt vor der Armee des Generals Judenitsch geschickt wurde. Diese ›weiße‹ Armee war schon acht Kilometer vor Leningrad. Der Kommandant der Verteidigung war Sinowjew. Trotzki ging zu ihm hin und fragte ihn nach dem Zustand der Verteidigung. Sinowjew lag auf dem Sofa. Er stöhnte und sagte, daß alles verloren sei. Er habe gar keine Reserven. Darauf Trotzki: Ich sah ihn an, ein erschrockener Bürger. Ich ging hinaus, sammelte, was an Kräften noch da war, und schlug Judenitsch. Er war der letzte ›weiße‹ General.[1] Karl Kraus, der sein Leben lang den Revoluzzer spielte, war im Grunde immer ein Bürger. Vor dem Krieg gestand er einmal, daß er mit seiner politischen Gesinnung vor der Französischen Revolution stehengeblieben ist.[2] Kein Mensch hat ihn offenbar aufmerksam gemacht, daß er vor der französischen Revolution als ein böhmischer Jude einen gelben Fleck getragen hätte und als solcher von der Kaiserin Maria Theresia aus Böhmen vertrieben worden wäre. Nach dem Weltkrieg hat er mit den Sozialdemokraten geflirtet. Wir erinnern uns an die Folgen. Vor den Nazis ist der Bürger in ihm offenbar so erschrocken, daß er nun glaubt, der kleine Dollfuß wird mit einem starken Arm die Sozialisten, mit dem anderen Hitler erledigen und Österreich und die Welt retten. Ich habe mir die Nazis näher angesehen als Karl Kraus. In Deutschland und in Österreich. Und ich würde mich nicht schämen zu sagen, daß ich vor diesen Raubmördern

---

1 Trotzki schildert diese Episode aus dem Jahre 1919 in dem Kapitel »Die Verteidigung Petrograds« ausführlich (*Mein Leben. Versuch einer Autobiographie*, Frankfurt a. M. 1974, S. 364 ff.). Petrograd hieß die Stadt von 1914 bis zum Tode Lenins. Der sowjetische Politiker Grigorij Sinowjew (eigentlich Hirsch Apfelbaum, 1883-1936), Mitglied des Politbüros von 1923 bis 1926 und führend in der Komintern tätig, wurde 1936 als »Trotzkist« hingerichtet. – Morgenstern nennt statt Judenitsch im Typoskript Denikow, auch dieser damals ein General der ›Weißen‹.
2 »Meine radikalen literarischen Freunde […] haben geglaubt, ich sei ein Revolutionär, und haben nicht gewußt, daß ich politisch noch nicht einmal bei der französischen Revolution angelangt bin […].« (Karl Kraus, *Sehnsucht nach aristokratischem Umgang*, Fackel Nr. 400-403, 10. Juli 1914, S. 92)

erschrocken bin. Wahrscheinlich mehr erschrocken als Karl Kraus. Aber so erschreckt haben mich die Hakenkreuzler nicht, daß ich mir einbilde, daß Dollfuß mich und uns alle vor ihnen retten könnte.«

Als ich mich verabschiedete, hielt Webern meine Hand lange in seiner und sagte: »Es hat mir gut getan, mit Ihnen zu reden. Wenn ich Jude wäre, würde ich auch wegfahren. Wenn ich einen Roman schreiben könnte, würde ich auch wegfahren. Da ich aber keinen Roman schreiben kann, muß ich in Mödling bleiben mit meiner erschossenen Musik.«

Anton Webern war von kleinem Wuchs. Er war nur zwei, drei Jahre älter als Alban. Seine Bewegungen waren schnell. Man merkte seiner sehnigen Gestalt an, daß er einmal ein geübter Hochtourist war, wie Alban ja auch. Aber sein Gesicht war älter als seine Gestalt. Seine zahlreiche Familie bedrängte ihn mit ihren Kleinbürgereien. Existenzsorgen überschatteten seine Stirn und vergrämten seinen Mund. Seine Werke waren nicht seltener aufgeführt als die der anderen Schoenberg-Schüler. Sie waren gewiß auf einen beschränkten Kreis angewiesen, aber es waren treue und begeisterte Zuhörer, die eine schöpferische Atmosphäre bildeten. Am Anfang waren es die Mitglieder des Schoenberg-Vereins, ein Kreis, der sich später durch die Gründung der Gesellschaft für Neue Musik beträchtlich erweiterte. Die Werke Weberns galten als die radikalsten der Schoenberg-Schule, zunächst wohl nur durch ihre verblüffende Kürze. Das hatte zwei Seiten. Ein Teil, die Elite, genoß die epigrammatische Dichtheit dieser Musik. Die Boshaften, eine Gattung, die in Wien namentlich in Musikkreisen immer üppig gedieh, meinten: der Webern, der is schon sehr schlau. So ein Webern-Opus, ehe man gemerkt hat, daß man es nicht versteht – schon ist es vorbei. Solcher Scharfsinn kehrte sich in Wien nicht nur gegen die neue Musik, sondern auch gegen Geiger und Pianisten, die noch nicht so populär waren, um als anerkannte Meister zu gelten. Ein Beispiel nur: Artur Schnabel war zu Beginn des Weltkriegs bereits ein sehr bekannter Pianist, und er spielte nicht gerade die modernste Musik.[1] Aber als sein Jahrgang an der Reihe war, gemustert zu werden, und als Schnabel als untauglich von der Kommission erklärt wurde, sagte der Wiener Witz: »Was Wunder? Der hat ja keine Finger!«

1 Artur Schnabel (1882-1951), Pianist und Komponist.

An den Aufführungen der atonalen Musik waren begreiflicherweise nicht gerade die anziehendsten Instrumentalisten und Sänger beteiligt. Mit der Ausnahme von Glücksfällen – um nur zwei zu nennen, Edward Steuermann und das Kolisch-Quartett – waren es meistens sehr gute Musiker, sehr wertvolle Menschen, aber nicht gerade Virtuosen. In Jahren hat man sich so daran gewöhnt, daß es einem als selbstverständlich galt, daß diese Musik neu, geistreich, interessant, vielleicht epochemachend, aber niemals, wie Alma Mahler sich ausdrückte, gerade »beglückend« sein wird. Einmal erlebte ich es dennoch – und wenn mich mein Gedächtnis nicht trügt, noch vor dem Durchbruch mit Alban Bergs *Lyrischer Suite* –, daß ein atonales Werk eben das sein konnte: beglückend. Und zwar zufälligerweise bei einem Werk von Webern. Ich weiß nicht, wie es dazu kam, aber eine der reizendsten Sängerinnen der Wiener Staatsoper hatte das Verständnis, den guten Willen und den Mut, in einem Programm von durchaus tonaler Musik Lieder von Webern zu singen. Es war Frau Michalski, die bezauberndste Zerline, die ich je gehört habe.[1] Ich erinnere mich ihrer sehr gut, weil ich gerade an ihrer Zerline zum ersten Mal die Theorie beherzigte, daß dieser dämonische Don Juan eigentlich das Opfer der Frauenschönheit, der Verführte und nicht der Verführer ist. Frau Michalski war von dem Wort ›atonal‹ nicht musikalisch befangen. Es waren Lieder und sie sang sie. Der Beifall des Publikums war so enthusiastisch, daß Webern, sicherlich zum ersten Mal in seinem Leben und wahrscheinlich auch zum letzten, fünfmal auf das Podium gerufen wurde. Er ging zunächst schüchtern und scheu, wie es einem atonalen Komponisten geziemt, auf das Podium, dankte Frau Michalski, machte eine steife Verbeugung und verließ schnell das Podium. Beim dritten Mal bestieg er schön langsam das Podium, die linke Hand in der Hosentasche, wie ein alter applausgehärteter Star, und grüßte mit erhobener Rechte das Publikum, als schickte er seinen Dank über eine tausendköpfige Menge. Ich glaube, die applausgewohnte Frau Michalski war noch nie so glücklich. Und wir auch. Alban flüsterte: »Hast den Webern g'sehn?«

Eine andere heitere Episode erlebten wir mit Webern, die ich in aller Harmlosigkeit hier gern erzähle, weil ich diesen unglücklichen Künstler meistens nur in niedergedrückter Stimmung erlebte und in der Erinnerung behalten habe. Alban, der wußte, wie sehr ich We-

---

1 Aenne Michalski.

berns Musik schätzte, nahm mich einmal zu einer Probe mit. Webern studierte sein Quartett opus 22 persönlich ein.[1] Ich ging gern mit, weil ich die Erfahrung gemacht hatte, daß ich ein atonales Werk erst recht genieße, wenn ich es mehrmals gehört habe. Hier war eine gute Gelegenheit, mich mit einem mir völlig unbekannten Werk vertraut zu machen. Webern, der ein Perfektionist war, studierte den ersten Satz geduldig und gründlich ein, ehe er zum zweiten Satz ausholte. Hier brach er beim fünften Takt gleich ab und ermahnte den Saxophonisten: »Haben Sie nicht gelesen: ›Sehr schwungvoll!‹« Und mit der Rechten anfeuernd: »Schwungvoll! Saxophone!! Sex appeal!!!«

Darauf hörte ich neben mir aus Albans Brust einen gewaltsam unterdrückten Laut. Er hörte sich an wie das abgehackte Gebell eines aufgeschreckten Bernhardiners. Ich sah ihn an. Sein Gesicht war blau. Ich fürchtete einen Asthma-Anfall, nahm ihn bei der Hand, und wir flüchteten aus dem Musiksaal. Draußen fielen wir uns in die Arme und lachten beide so lange, bis Alban sich beruhigt hatte. Als wir wieder in den Musiksaal zurücktraten, begrüßte uns ein durchaus belustigter Webern: »Das war net schlecht, was? Saxophone – Sex appeal?!«

Das Quartett probierte nahe dem Eingang im Saal, nicht auf dem Podium. Er wandte sich wieder den vier Musikern zu und probierte weiter. Als er wieder über die schwungvollen Töne hinweg war, sah mich Alban an und wir freuten uns wortlos, aber innig über das miß-

1 Es handelte sich wohl um die Proben zur Uraufführung von Weberns *Quartett für Geige, Klarinette, Tenor-Saxophon und Klavier*, op. 22, am 13. April 1931 in Wien. Es war das erste Konzert, das ausschließlich dem Komponisten Webern gewidmet war. Dieser saß unter den Zuhörern, denn es wurden kammermusikalische Werke und Lieder gegeben. Interpreten waren neben dem Kolisch-Quartett der Pianist Eduard Steuermann und die Sängerin Aenne Michalski, Johann Löw spielte die Klarinette, Leopold Wlach das Saxophon. Das Quartett op. 22 wurde vom Publikum, großteils Freunde und Bekannte Weberns, nicht ohne Widerspruch aufgenommen, von der Kritik fast ausnahmslos abgelehnt (vgl. Hans u. Rosaleen Moldenhauer, *Anton von Webern*, a.a.O., S. 324 ff.).

verständliche Lachen. Webern lachte über seinen Wortwitz: Saxophone – Sex appeal. Er war ein Lyriker. Alban, der Dramatiker, lachte über den keuschen Sex appeal aus dem Webernschen Saxophon.

Ich habe Webern bis zum Tode Albans nicht mehr gesehn. Ich verließ Wien einige Tage später, nachdem die Führer im Kampf gegen die Heimwehr-Putschisten, wie der heldenmütige Ingenieur Weißel, standrechtlich zum Tode verurteilt und gehängt wurden.[1] Zum Abschied schenkte mir Helene ein Altenberg-Buch und schrieb mir den französischen Satz hinein: »Partir, c'est toujours mourir un peu«.[2] Diesmal war dieser Satz, wie man in Wien sagt, scho joa woahr. Alban schenkte mir einen Reisekoffer, in den viel hineinging und der dennoch leicht blieb. Dieser Koffer begleitete mich auf den endlosen weiteren Reisen in die komplizierte Emigration. Ich benutze ihn heute noch.

Webern sah ich zum letzten Mal 1937. Wir gingen nach einem Konzert zusammen in ein Café. Webern fragte mich, warum ich nie der Sozialdemokratischen Partei beigetreten bin. Ich fühlte mich veranlaßt, auch ihm das genau zu erklären: Nach dem Weltkrieg waren in Wien ich weiß nicht mehr wieviel Tausende von Flüchtlingen aus Galizien zurückgeblieben. Die Unglücklichen waren meistens schon zu Beginn des Kriegs vor den anstürmenden Kosaken und hinter den sich fortwährend zurückziehenden österreichisch-ungarischen Truppen westwärts und schließlich bis in die Hauptstadt des Reiches geflüchtet. Die Männer im Alter von 18-30 hat man dann im Lauf der Kriegsjahre zum Militärdienst herangezogen, ihre Familien haben sich mit der Zeit recht und schlecht eingeordnet. Nun war das österreichische Kronland Galizien ein Teil des auferstandenen Polens geworden. Da die meisten von den in Wien zurückgebliebenen Galizianern Juden waren, die es nun gleich nach dem Ende des Weltkrieges erleben mußten, wie der polnische General mit dem deutschen Namen Haller die Auferstehung Polens mit einem Pogrom

---

1 Morgenstern spricht von »dem schäbigen Sieg der österreichischen Putschisten« (*Joseph Roths Flucht und Ende*, a.a.O., S. 93); denn entgegen der Zusicherung, die Kanzler Dollfuß am Abend des 14. Februar über Radio den kämpfenden Aufständischen für den Fall ihrer Aufgabe gemacht hatte, wurden neun sozialdemokratische Anführer wegen Aufruhrs standrechtlich hingerichtet, unter ihnen der vierunddreißigjährige Ingenieur Georg Weißel, der in der Nacht zum 16. Februar gehenkt worden ist.
2 An anderer Stelle nennt Morgenstern statt des Altenberg-Buchs eine Sammlung von Schriften Schoenbergs, die 1926 in Wien erschienen war (vgl. *Joseph Roths Flucht und Ende*, a.a.O., S. 93).

344

auf die Juden in Lemberg siegreich feierte[1], verspürten nur sehr wenige den Drang, in ihre östliche Heimat zurückzukehren. Sie gaben sich mit der Entscheidung des Friedensvertrags von Saint-Germain zufrieden, der ihnen freie Wahl zwischen Rückwanderung nach Galizien und einer Option für das neue Österreich zusicherte. Da es sich, wie gesagt, meistens um Juden handelte, gefiel dem Stadthauptmann von Wien dieser Punkt des Friedensvertrags nicht, obwohl er ein braver Sozialdemokrat war. Er hieß Hanusch, vermutlich ein gründlich in Wien assimilierter Tscheche.[2] Also tat es ihm in der Seele weh, ein ›volksfremdes Element‹ in Wien zu dulden. Im Jahre 1921 glaubte er, es sich leisten zu können, eine geheime Jagd just auf die ärmsten dieser Juden zu machen, denn die reichen konnten es sich mit den Behörden leicht richten. Er fing mit schriftlichen Ausweisungen an, in ihrer Strenge abgestuft. Und wenn das natürlich nichts nützte, gab er geheime Anweisungen zur Deportierung. Eine mit meiner Mutter befreundete Familie war eines von den ersten Opfern des Stadthauptmanns Hanusch. Ich war gerade mit meinem Studium fertig geworden und hatte Zeit, der Sache nachzugehen. Als die Fälle sich mehrten, verständigte ich sogleich einen von den führenden Wiener Zionisten, der selbst ein Galizianer war. Er beschloß, sich der Flüchtlinge anzunehmen. Die Zionisten begannen Verhandlungen mit den Behörden, indes die Deportationen weitergingen. Da die Freunde meiner Mutter einer Deportation nahe waren, erzählte ich das meiner Freundin Renée, die einen Hofrat kannte, der ein höheres Amt bei der Polizeidirektion hatte. Der Hofrat war kein Sozialdemokrat. Er sagte Renée: »Wir sind nur das ausführende Organ. Die Deportierungsbefehle kommen vom Stadthauptmann Hanusch. Er versucht halt, den Friedensvertrag ein bisserl zu brechen. Warum wenden sich die sogenannten Flüchtlinge nicht an die polnische Gesandtschaft? Die Polen schreien eh, daß sie zu viele Juden haben. Sie werden sicher sofort intervenieren. Und dabei noch als Verteidiger der Juden auftreten.« Das geschah bald, und es dauerte nicht lange und die polnische Regierung, der das Schicksal der Juden in Wien gewiß nicht das Herz abdrückte, benützte die Gelegenheit, um dem kleingewordenen Österreich zu zeigen, wer eine Großmacht war. Eine Demarche genügte,

1 Józef Haller de Hallenburg (1873-1960).
2 Ferdinand Hanusch (1866-1923) stammte aus dem österreichisch-schlesischen Oberdorf.

und die vom Stadthauptmann Hanusch arrangierte Jagd hatte ein jähes Ende.

Wenn ich den tschechischen Namen dieses Funktionärs betone, will ich damit den Tschechen nichts auswischen. Von den elf slawischen Nationen waren und sind mir die Tschechen persönlich die sympathischsten. Wohl aber habe ich die schlechtesten Erfahrungen mit Assimilanten gemacht. Jeder Assimilant hat die Neigung, die schlechten Eigenschaften der Nation, an die er sich assimiliert, noch zu übertreiben und offen zur Schau zu tragen. Was die Sozialdemokraten betrifft, so waren die Wiener wahrscheinlich die echtesten Sozialisten und die echtesten Demokraten. Der Gründer dieser Partei, Dr. Victor Adler, war einer der ehrwürdigsten und bedeutendsten Führer der Sozialdemokratie.[1] Während des Weltkriegs war er einer der entschiedendsten und mutigsten Kriegsgegner. Auch der Chefredakteur der *Arbeiter-Zeitung*, Friedrich Austerlitz, war ein ehrenwerter Mann.[2] Aber gerade er war mir ein Beispiel für die Gefahren, denen ein zu weitgehender Assimilant ausgesetzt ist. Dieser von mir verehrte Mann hat sich einmal ein Stückchen geleistet, das mir unauslöschlich in Erinnerung bleiben wird. Zu einer Zeit, da seine Partei die mächtigste war, fingen bereits in der Wiener Universität brutale Angriffe der Nazistudenten auf ihre jüdischen Kollegen an. Als eine Deputation von jüdischen Studenten beim Chefredakteur Austerlitz vorsprach, fertigte sie dieser an seine internationale Idee assimilierte Jude mit der Antwort ab: »Mich geht es nichts an, wenn an der Wiener Universität die Hakenkreuzler Hakennasen einschlagen.«

Das alles erzählte ich so kurz es ging, um Anton Webern klarzumachen, daß ich den Wiener Sozialdemokraten immer alles Gute wünschte, aber mir schon immer bewußt war, daß ich kein getreues Mitglied der Partei werden konnte. »Es lohnt sich also manchmal, ein Jude zu sein«, sagte Webern, »da wird man früher gescheit als wir anderen.«

Ich hatte an jenem Abend den Eindruck, daß Webern in all seiner politischen Unschuld, seiner Neigung zum Sozialismus gehorchend, bereits zu bedenken schien, ob die Nazis, also die National-Sozialisten, zwar keine Demokraten, nicht doch am Ende vielleicht die stärkeren Sozialisten wären.

---

1 Victor Adler (1852-1918) war gebürtiger Prager.
2 Friedrich Austerlitz (1862-1931) stammte aus dem böhmischen Hochlieben.

Von diesem Gespräch erzählte ich gelegentlich in New York Alma Mahler. Sie sagte mir darauf: »Webern hat mir im Jahre 1937 einmal gesagt: ›Jetzt ist höchste Zeit, sich der Nazipartei anzuschließen.‹« Alma Mahler war gerade von ihrem ersten Nachkriegsbesuch in Wien nach New York zurückgekehrt. Sie hatte viel zu erzählen. Sie hat dort auch die Witwe Webern zum letzten Mal gesehen, die ihr vom traurigen Ende Weberns genaueres berichtete. Alma Mahler glaubte nicht an die Version, die behauptet, daß ein amerikanischer Soldat ihn irrtümlicherweise erschossen hat. Ich glaube an diese Version auch nicht.[1] – Alma hat von dieser Familientragödie mehr gewußt, als sie diesmal erzählen wollte. Und ich habe nicht weiter gefragt.

Nach einer Zeit kam sie wieder darauf zu sprechen. Und diesmal erfuhr ich, was die Witwe Webern ihr von dem Tode ihres Mannes erzählt hatte. Aber ich bringe es nicht zustande, diesen Bericht hier so nebenbei zu behandeln.

---

1 Die Richtigkeit dieser Version hat Hans Moldenhauer in seinem akribischen Bericht *Der Tod Anton von Weberns. Ein Drama in Dokumenten*, Wiesbaden 1970, erwiesen. Was Alma Mahler damals zu wissen glaubte, scheint nicht bekanntgeworden zu sein.

Mit Schoenberg in Kalifornien

Arnold Schoenberg habe ich in USA öfter gesehen als in Europa, aber auch da nicht sehr oft. Ich war einige Male bei ihm, und hin und wieder trafen wir uns bei gemeinsamen Freunden, meistens im Hause von Alma Mahler.[1] Beim ersten Besuch bei ihm zu Hause war er zunächst nicht gerade herzlich. Wir waren zuerst allein. Er wollte wissen, wie es mir in den Konzentrationslagern in Frankreich ergangen war. Auf einmal sagte er: »Sie werden natürlich jetzt anfangen, englisch zu schreiben.« Ich erklärte ihm, daß ich zu alt sei, die Sprache zu wechseln. »Sie können doch englisch sprechen«, sagte er. »Ich habe schon in meiner Jugend Englisch gelernt. Zu Beginn sogar in einer Berlitz School«, sagte ich. »Ich konnte Zeitungen lesen und die englische Belletristrik im Original. In der Emigration habe ich schon in Paris mich im Sprechen geübt. Aber das heißt noch lange nicht, daß ich schreiben könnte.« – »Ich schreibe alles englisch«, sagte er, »Sie müssen das auch tun.« Ich meinte, daß ich wahrscheinlich mit der Zeit es so weit bringen würde, einen Artikel in englischer Sprache zu schreiben, aber sicherlich nie einen Roman. »Warum nicht?« sagte er. Er wollte keinen Unterschied sehen. »Wenn man einen Artikel schreiben kann, kann man auch einen Roman schreiben.« Ich versuchte, ihm den Unterschied klar zu machen. Ohne Erfolg. Er insistierte, und zwar nicht ohne Strenge. Als ich ihm noch einmal erklärte, ich sei zu alt, um die Sprache zu wechseln, führte er natürlich das berühmte Beispiel des Polen Joseph Conrad an, der ein großer englischer Schriftsteller geworden ist. Ich versuchte ihm gerade an diesem Beispiel klarzumachen, daß mein Fall anders sei. Eben wegen des Alters. Joseph Conrad hat seine Heimat verlassen als sehr junger Mann, der Seemann werden wollte. Das ist er geworden, ehe er Schriftsteller wurde. Er hat nie etwas in polnischer Sprache geschrieben. Er ist eben in englischer Sprache Schriftsteller geworden. Schoenberg wollte auch diesen Unterschied nicht einsehen. Als ich ihm sagte: »Herr Schoenberg, Sie sind Komponist. Die Noten, die Sie schrieben, haben nicht deutsch gesprochen, und

---

1 Wie sich inzwischen ergeben hat, lebte Morgenstern wahrscheinlich bereits von Herbst 1941 an in Hollywood. Im Frühjahr 1943 kehrte er nach New York zurück.

348

die Noten, die Sie jetzt schreiben, sprechen nicht englisch. Was Sie englisch schreiben, ist nicht Literatur und will es nicht sein.« Das genügte noch immer nicht, obwohl er etwas nachdenklich wurde. Ich fragte ihn, wie er die vielen schönen Palmen empfindet, an denen wir in Kalifornien im Auto vorbeifahren. »Für mich«, sagte ich ihm, »ist eine Palme noch lange kein Baum. Ich glaube, ich werde jahrelang hier wohnen müssen, bis ich soweit bin. Vorläufig ist für mich eine Reihe von Palmenbäumen eine sehr schöne Kulisse.« – »Sie sind doch kein Maler«, sagte er. »Was gehen Sie die Palmen an?« Jetzt wurde *ich* etwas streng und sagte zu ihm: »Herr Schoenberg, nehmen wir an, ich wäre kein Schriftsteller, sondern ein Pianist. Und Sie verlangen von mir, daß ich Geiger werde. Wäre das nicht zu spät verlangt?« Das hat er endlich eingesehen.

Daraufhin erzählte ich ihm eine Szene, die ich in einem Konzentrationslager in Frankreich erlebt hatte, wo die Insassen zur Hälfte deutsche und zur Hälfte österreichische Flüchtlinge waren, bei etwa 70-80% Juden. Da sagte ein deutscher Jude: »Aber die deutsche Sprache können sie mir nicht nehmen.« – »Warum?« fragte ein Wiener. »Ohne deutsche Sprache können Sie hier im Konzentrationslager nicht leben? Mir können sie meine deutsche Sprache nehmen.« – »Sie sind kein Deutscher. Sie sind eben ein Österreicher.« – »Ich bin kein Österreicher. Ich bin österreichischer Jude.« – »Und was glauben Sie bin ich?« fragte der Deutsche. »Ich bin ein deutscher Jude.« Darauf der Österreicher: »Nein. Ich bin ein österreichischer Jude. Sie sind ein jüdischer Deutscher.« Schoenberg erzählte mir darauf einen Ausspruch von Erich Maria Remarque. Als er gefragt wurde, ob er nicht Heimweh nach Deutschland habe, soll er geantwortet haben: »Warum soll ich mich nach Deutschland sehnen? Bin ich a Jud'?«

Ich weiß nicht mehr in welchem Zusammenhang, erhob sich Schoenberg während des Gesprächs, ging ans Klavier, nahm ein Notenmanuskript, zeigte es mir von der Ferne, ließ es wieder aufs Klavier fallen und sagte: »Ihr Freund, Dr. Wiesengrund, schickt mir fortwährend seine Kompositionen. Diesmal Lieder. Meinetwegen sollen sie gut sein. Aber muß ich sie lesen?« Ich war sehr erstaunt. Ich hatte angenommen, daß er für Komponisten, die Zwölftonmusik machten, Interesse hätte. Ich versuchte Wiesengrund, von dem ich damals schon ein abgekühlter Freund war, in Schutz zu nehmen und erinnerte daran, daß sein Lehrer Alban Berg ihn für recht begabt gehalten hat. »Begabt?« sagte Schoenberg. »Ich hab ja gesagt, meinetwegen sollen sie sogar gut sein!« Schoenberg fragte mich noch, ob ich Dr. Wiesengrund oft sehe. Als ich nein sagte, fragte er warum. Ich erklärte ihm, daß ich nichts gegen Wiesengrund hätte, aber daß ich aus Europa etwas ramponierte Nerven mitgebracht hätte und Dr. Wiesengrund zu den Menschen gehöre, die, wenn sie da sind, zu sehr da sind, auch wenn man sie sonst leiden mag. Schoenberg lachte und sagte: »Zu sehr da? Das ist richtig ausgedrückt. Er ist zu sehr da.«

Jahre später, als der Streit zwischen Schoenberg und Thomas Mann anläßlich des Romans *Doktor Faustus* ausgebrochen war[1] und Dr. Wiesengrund sich als geistiger Adjutant und sogar Mitschöpfer entpuppte, konnte ich Schoenbergs Vorahnung nur bewundern. Seine Abneigung richtete sich offenbar nicht gegen die Lieder, sondern schon immer gegen die Person des Komponisten.

Zu dem Streit zwischen Schoenberg und Thomas Mann ist das Wichtigste nicht gesagt worden. Thomas Mann gesteht öffentlich, wie es zu dem Roman gekommen ist. Er wollte, so sagt er ungefähr, einen Roman schreiben, in dem die Hauptfigur ein großer Musiker, ein Komponist, ein Genie sein soll. Der große Künstler aber, der in ihm steckte, wollte das Musikergenie im Roman so gestalten, daß ihm keiner mit dem Einwand kommen konnte, es wäre mit literarischen Mitteln erreicht. Gesagt, getan. Er heuerte sich einen Musiker, der ihm dabei behilflich sein sollte. Der Musiker war Dr. Wiesengrund, der den Vorzug hatte, ein Musiker der Neuen Schule zu sein, der Schoenberg-Schule. Und er half dem Meister mit Rat, was noch zulässig wäre, aber auch mit Tat. Thomas Mann, der den Roman verfaßt, ertappt das Genie im Roman beim Komponieren. Und wie komponiert er? Genauso, wie Wiesengrund die moderne Musik, also die Schoenberg-Musik, beschreibt. Noch ehe der Streit zwischen Schoenberg und Mann ausgebrochen war, habe ich beim Lesen des Romans in der Beschreibung der genialen Musikschöpfung das Handwerk Wiesengrunds erkannt. Als ich ihn viele Jahre später, genau gesagt im Jahre 1957, in Frankfurt am Main gefragt habe: »Hat Thomas Mann ver-

---

1 Thomas Manns Roman war im Jahre 1947 erschienen. Der öffentliche Streit, der um die Hauptfigur, den »deutschen Tonsetzer« Adrian Leverkühn, vor allem aber um die geistige Urheberschaft der musiktheoretischen Elemente des Romans ging, begann Ende 1948 und wurde ein Jahr später nach versöhnlichen Briefen der beiden Kontrahenten schließlich beigelegt.

standen, was du ihm über die moderne Musik aufgeschrieben hast?«
lächelte Wiesengrund ein süffisantes Lächeln und schwieg.

Ich habe Dr. Wiesengrund diese Mitarbeit nicht übelgenommen,
wohl aber seine Fähigkeit, zwei Göttern gleichzeitig zu dienen: Thomas Mann und Arnold Schoenberg. Was Thomas Mann betrifft, der
die Debatte mit Schoenberg mit olympischer Ruhe und hoher Überlegenheit geführt und mindestens bei seinen Lesern gesiegt hat, so hat
mich seine Haltung nicht überrascht. Es ist dieselbe Haltung, die ihn
mit einer Unbefangenheit ohnegleichen in seinem berühmten Brief an
den Rektor der Bonner Universität das Geständnis machen ließ: »Ich,
der ich eher zum Repräsentanten geboren bin als zu einem Märtyrer...«[1]

Was den »Doktor Faustus« betrifft, so ist er eine seltsam zusam-
mengesetzte Figur. Der Verfasser gibt ihm das Äußere Friedrich
Nietzsches und, wenn ich mich nicht irre, auch seine Krankheit. Innerlich ist er gefüllt mit erhabenen Gedanken über reine Kunst und
ausgeschmückt, um nicht zu sagen: adorniert, mit der fremden Füllfe-
der von Dr. Wiesengrund, also eigentlich mit Schoenberg-Musik. So
ausgestattet, lebt er in seiner *turris eburnea* und komponiert in glet-
scher-reiner Luft seine Musik der Zukunft. Natürlich läßt man den
Einsiedler mit seiner erhabenen Kunst nicht ungestört. Wer stört ihn?
Natürlich: ein Jud. Ein Geschäftsjud, der die Erfahrung gemacht hat,
daß man mit Zukunftsmusik auch Geschäfte machen kann. Ihm gibt
der Verfasser so manches, was mich an einen Doktor erinnert, der in
dem Verlag Schoenbergs eine wichtige Rolle spielte und der – ich er-
kenne ihn – von Geschäften vielleicht weniger, aber genug, und von
Musik mehr versteht als Thomas Mann, der in seinem Verständnis für
Musik nur bis Pfitzner vorgedrungen ist. In dem Roman kommt noch
ein Jude vor, dem der Verfasser die Züge jenes französischen Jüng-
lings namens Bloch gibt, der den Degenerat Baron Charlus zu einer
antisemitischen Tirade anreizt. Es ist der lange Monolog in dem
großen Roman Prousts, der diesen Antisemiten erklären läßt, warum
die Juden sich zu den christlichen Passionsspielen drängen: um die
Kreuzigung des Heilands wieder und wieder zu genießen.[2] Thomas
Mann läßt diesen Juden wild, wie einen Nazi, über Religion reden,
aber mit Gedanken, die er sich von dem großen Denker Oskar Gold-

1 Siehe oben S. 40, Anm. 1.
2 Siehe oben S. 7, Anm. 1.

berg ausborgt.[1] Soweit ich sehe, hat das nur einen Leser geärgert, und zwar einen Professor der Literatur, der die biblische Tetralogie von Thomas Mann für eines der größten Meisterwerke der Weltliteratur hält und Mann sehr verehrt. Er schrieb einen Brief an den Meister, in dem er seine Verwunderung und Entrüstung über diese zwei antisemitisch gezeichneten Juden in dem Faust-Roman ausdrückt. Mann antwortete mit olympischer Gelassenheit: Lieber Freund, beruhigen Sie sich, Sie glauben doch nicht, daß ich ein Antisemit geworden bin? Ich hab mich zehn Jahre lang mit den Juden befaßt und genug für sie getan. Nehmen Sie mir diese zwei nicht übel. Ludwig Lewisohn ließ mich den Brief lesen, und er beruhigte sich.[2] Nicht mich. Ich glaube nämlich nicht, daß Thomas Manns biblische Chinoiserie ein Meisterwerk ist. Ich glaube nämlich nicht, daß Thomas Manns Entdeckung, daß unser Erzvater Jakob dicke Tränensäcke hatte und mit der Sprache des großen *Père noble* des Burgtheaters, Adolf von Sonnenthal, spricht, eine Bereicherung und Vertiefung der Bibel bedeutet. Wie gesagt, war Ludwig Lewisohn der einzige Professor, den der *Doktor*

---

1 Über die Gestalt des jüdischen Privatgelehrten Dr. Chaim Breisacher im *Doktor Faustus* sagte Thomas Mann: »Breisacher ist der jüdische Fascist wie er im Buche steht, der jüdische Diener der faschistischen Epoche, wie Leben und Literatur ihn mir oft genug gezeigt haben. Vieles, was er sagt, steht in Goldbergs ›Wirklichkeit der Hebräer‹.« (Brief an Ludwig Lewisohn vom 19. April 1948, in: *Dichter über ihre Dichtungen*, Bd. 14: *Thomas Mann*, hg. von Hans Wysling, München u. Frankfurt a. M. 1975-1981, Teil III, S. 158). Oskar Goldberg (1885-1953), Arzt und Philosoph in Berlin, hatte 1925 sein Buch *Die Wirklichkeit der Hebräer. Einleitung in das System des Pentateuch* veröffentlicht, das Thomas Mann schon während der Arbeit an den Josephs-Romanen als ein Quellenwerk eingehend studiert hat. Zur Zeit seines Schweizer Exils publizierte Mann in der von ihm herausgegebenen Zeitschrift *Maß und Wert* mehrere Beiträge von Goldberg, und 1941 in Amerika war er ihm mit einem Empfehlungsschreiben behilflich. Später sagte er von Goldbergs Buch, er habe es bei seinem Erscheinen »gleich als das Werk eines typischen jüdischen Fascisten« empfunden (Brief an Jonas Lesser vom 25. Oktober 1948, in: *Dichter über ihre Dichtungen*, a.a.O., S. 193). Thomas Manns höchst ambivalentes Judenbild demonstriert insbesondere am Faustus-Roman Egon Schwarz (*Die jüdischen Gestalten in ›Doktor Faustus‹*, in: *Thomas Mann Jahrbuch*, Bd. 2, hg. von Eckhard Heftrich u. Hans Wysling, Frankfurt a. M. 1989, S. 79-101).

2 In seinem Tagebuch hat Thomas Mann unter dem 12. April 1948 vermerkt: »L. Lewisohn schreibt gekränkt über die Judentypen im ›Faustus‹.« (*Tagebücher 28. 5. 1946-31. 12. 1948*, hg. von Inge Jens, Frankfurt a. M. 1989, S. 248) Manns Antwortbrief vom 19. April 1948 ist in Auszügen abgedruckt in: *Dichter über ihre Dichtungen*, a.a.O., Teil II, S. 329, u. Teil III, S. 158. Er sagt darin: »Ich habe vier Bände lang den jüdischen Mythos verherrlicht, hundert mal dem Antisemitismus meine Verachtung bezeugt […].« – Ludwig Lewisohn (1882-1955), in Berlin geboren, war schon als Kind in die USA gekommen und hatte dort später eine Professur für deutsche Literatur inne. Auch als Romancier, Publizist und Kritiker trat er hervor und wirkte außerdem als Übersetzer. Sein Leben hat er in den beiden Büchern *Up-Stream* (1922) und *Mid-Channel* (1929) dargestellt. Lewisohn übersetzte den zweiten Roman von Morgensterns Trilogie und seine *Blutsäule* für die amerikanischen Ausgaben.

Faustus nicht sehr beeindruckt hat. Lewisohn war kein Emigrant. Im Gegensatz zu ihm waren die deutsch-jüdischen Emigranten von dem Roman mächtig beeindruckt. Viele Professoren haben ihn zum Meisterwerk erklärt. Gustav Mahler hat ein treffendes Wort für solche Meisterwerke gefunden: Meistermachwerk.

Zurück zu Schoenberg. Ich war einmal mit Hanns Eisler bei ihm. Es war in der Zeit, da der Abenteurer Rommel die Engländer in Nordafrika vor sich hertrieb, dank dem abenteuerlichen Einfall Churchills, einen Teil der englischen Armee in Afrika nach Griechenland hinwegzuziehen, um seinen »soft underbelly of Europe« gegen die Nazis und die Italiener zu verteidigen. In der Emigrantenkolonie in Hollywood war Panik ausgebrochen. Die allgemeine Stimmung war: der Krieg ist entschieden, die Nazis haben gesiegt.[1] Der Führer dieses Chorus war Professor Horkheimer und sein Institut für Sozialforschung, das er aus Frankfurt nach Hollywood herübergerettet hat. Nur zweiundeinhalb Optimisten blieben hartnäckig bei ihrer Meinung, daß Hitler den Krieg verlieren wird, Bert Brecht, der Schreiber dieser Zeilen und halb Hanns Eisler.

In Anwesenheit von Schoenberg, der sich auf dem Gebiet der Kriegsführung ausnahmsweise keine autoritative Meinung einbildete, war Hanns ganz ein Optimist. Aus diesem Grunde war damals Schoenberg gern mit uns zusammen. Seine gute Laune ausnützend stellte ich ihm eine persönliche Frage. Ich sagte ungefähr: »Ich habe einmal schon mit Edward Steuermann darüber gesprochen, ich lege aber Wert drauf, Ihre Meinung zu hören. Ich machte Steuermann das Geständnis, daß ich die *Kunst der Fuge* nicht verstehe, weil ich meistens nicht ernstlich zuhöre. Sooft ich eine hören soll, fällt mir eine Stelle aus einem der Pariser Briefe von Heinrich Heine ein: ›im Flur entstand ein Lärm, als wäre eine Ode von Klopstock die Treppe

---

1 Anfang März 1941 zogen die Briten Teile ihrer Truppen aus Nordafrika ab, um sie nach Griechenland zu verlegen. Als Ende des Monats deutsche und italienische Kampfverbände anzugreifen begannen, wurden die britischen Einheiten, durch den Abzug geschwächt, bis an die ägyptische Grenze abgedrängt. Zu jener Zeit war Morgenstern auf seiner Flucht aus Frankreich nach Casablanca gelangt, wo er auf das spanische Transitvisum wartete, um nach Lissabon weiterfahren zu können. Begreiflich, daß sich die hochbrisante Lage in seine Erinnerung eingebrannt hatte. Ein gutes halbes Jahr später – Morgenstern war gerade in Hollywood eingetroffen – war es aber wohl eher der anfängliche Verlauf des Seekrieges im Mittelmeer, und dann vor allem der Beginn des Fernostkrieges im Dezember 1941, was die Emigranten in starke Unruhe versetzte. Bertolt Brecht, ebenfalls in Hollywood, konstatierte angesichts des japanischen Angriffs auf die Philippinen: »blackout an der ganzen kalifornischen küste.« (Bertolt Brecht, *Arbeitsjournal*, Frankfurt a. M. 1973, Bd. 1, S. 335)

heruntergefallen‹[1].« Schoenberg und Eisler brachen in schallendes Gelächter aus; beide behaupteten die Briefe zu kennen, aber dieser Satz war ihnen offenbar nicht aufgefallen. Ich aber trug den Satz immer mit mir herum, denn sooft ich eine Fuge hörte, mußte ich denken, welcher Lärm entstehen würde, wenn eine Fuge von Bach die Treppe herunterfiele. »Natürlich kann man in solcher Laune nicht gut zuhören, und so blieb mir das Vergnügen an und die Bewunderung für diese Kunst völlig verschlossen. Bitte, sagen Sie mir, muß ich mich schämen? Darf einer, dem es so ergeht, sich trotzdem einbilden, daß er von Musik etwas versteht?« Schoenberg sah mich wohlwollend an und fragte: »Was hat Steuermann Ihnen gesagt?« – »Sind Sie mir nicht böse, Herr Schoenberg, ich möchte zuerst Ihr Urteil hören, und sei es ein vernichtendes.« Schoenberg lächelte und sagte (und das ist der Grund, warum ich das hier aufschreibe): »Mir geht es mit Bach so: ich kann mich ans Klavier setzen und eine Stunde oder gar zwei mir Bach vorspielen und ihn lesen. Aber wenn mir einer sagt, daß er stundenlang Bach-Musik zuhören kann, ist er entweder ein Heuchler oder ein Lügner. Meistens schließen diese Zuhörer die Augen und machen sich selber inbrünstiges Zuhören vor. Was die *Kunst der Fuge* betrifft, ist sie zwar eine Kunst, aber ich erlaube Ihnen, sie mit der Kunst Klopstocks zu vergleichen, und Sie brauchen sich durchaus nicht zu schämen. Was hat Ihnen Steuermann gesagt?« – »Steuermann ist ein alter Freund von mir, ich rede mit ihm natürlich anders als mit Ihnen. Ich sagte ihm ungefähr: Ich habe sechsunddreißig Gründe, Beethoven über alles zu schätzen und zu lieben, einer von diesen sechsunddreißig Gründen ist, daß ihm gelehrte Musiker vorwerfen und nachweisen, daß er die Kunst der Fuge nicht recht beherrschte. Was mich betrifft, denke ich, die Fuge heißt nur so, weil man weglaufen möchte, wenn man sie hört. Steuermann erwiderte: Sie brauchen sich nicht zu schämen, Sie sind in guter Gesellschaft, Robert Schumann schätzte auch die *Kunst der Fuge* gering. Er hat sogar denselben Wortwitz gemacht.« Darauf fügte Schoenberg hinzu: »Schumann ist nicht der einzige große Komponist, der die *Kunst der Fuge* nicht schätzt, es gibt noch andere.«

1 »Auf dem Korridor höre ich eben einen Spektakel, als fiele eine Klopstocksche Ode die Treppe herunter.« (Heinrich Heine, *Über die französische Bühne*, Siebenter Brief. Sämtliche Schriften, hg. von Klaus Briegleb, München 1971, Bd. 3, S. 326)

354

Alban fragte mich einmal: »Wann hast du eigentlich angefangen, dich für unsere Musik zu interessieren?« – »Ich habe einmal einen Ausspruch von Schönberg gelesen oder auch nur gehört. Er behauptete, die Prosa in die Musik eingeführt zu haben. Mich interessierte dieser Ausspruch sozusagen aus literarischen Gründen. Im 19. Jahrhundert geschah es, daß eine große Form der Literatur, nämlich das heroische Epos in Versen, eingegangen ist und der Roman in Prosa diesen Platz geerbt hat. Ich dachte mir: vielleicht kann etwas Ähnliches in der Musik geschehen. Ich fing also an, in Konzerte zu gehen, die eure Musik auf dem Programm hatten.« – »Du mußt nicht wenig erschrocken sein.« – »Viel schlimmer, ich habe nichts verstanden. Meine Freundin Renée, eine gute Musikerin, tröstete mich mit dem Geständnis, daß es ihr auch so ginge. Das schreckte mich aber nicht ab. Bald machte ich die Erfahrung, daß nach wiederholtem Hören eines Stücks mir der Knopf aufging, sozusagen. Wenn man eine neue Sprache lernen kann, warum nicht eine neue Sprache in der Musik? Dann lernte ich dich kennen, und so bin ich langsam ein Schönbergianer geworden.« Wir waren uns einig, daß der Umbruch nicht über Nacht gekommen ist, daß es auch da eine Entwicklung gab: Wagner, Reger, Mahler und, wie Steuermann behauptete, »auch Brahms mit seinen kurzen Themen«. Aber wie es immer geschieht, die Vorgänger hatten den Drang zu einem neuen Ausdruck –: Schoenberg hat diesen Drang am stärksten empfunden und bewußt erkannt und demzufolge die Sprache dafür geschaffen. Die Schoenbergianer beriefen sich auf den berühmten gebrochenen Akkord im *Tristan*. Nietzsche hat das besser gesagt. Er meinte, Wagner habe einen neuen Ausdruck für die leidenden Menschen gefunden, aber schlechten Gebrauch davon gemacht.[1]

Natürlich habe ich mit der Zeit ein genaueres Verständnis für die Musik dieser Schule von Alban gelernt. In vielen Gesprächen, die nebenbei auch das persönliche Verhältnis zu seinem Meister und seine Gebundenheit an ihn bezeugten. Aber auch die Ambivalenz des Verhältnisses zwischen Meister und Schüler. Und das Leiden daran. Vermutlich war das auch der Grund, warum er sich von dem Verlangen, mein Drama *Im Kunstkreis* zu vertonen, nicht abbringen ließ. In diesem Drama handelt es sich hauptsächlich um die Beziehung zwischen Meister und Schüler, die ein fatales Ende für den Schüler nimmt. Daß

1 *Nietzsche contra Wagner* (1888).

355

es so war, bestätigte mir jetzt, fünfunddreißig Jahre nach seinem Tode, eine Stelle aus einem seiner Briefe an eine gemeinsame Freundin. Sie schrieb ihm, daß sie nach mehrmaligem Hören der Brüsseler Aufführung vom *Wozzeck*[1] zu erkennen glaubte, was er komponierte, als Schoenberg in Wien war, und was, wenn Schoenberg fern war. Die Antwort Albans lautete: »Mit Deiner großen letzten Frage hast Du ja *s o* recht. Du ahnst damit vielleicht gar nicht, daß Du damit das *Problem meines Lebens* berührst, ein Problem an dem ich jahrzehntelang trage ohne es lösen zu können u. an dem ich ja auch zugrunde gehn werde.«[2]

Er ist nicht daran zugrunde gegangen. Und es war nicht sein persönliches Problem. Es gehört zum Verhältnis Meister – Schüler. Ein Verhältnis ebenso voller Leiden und Gefahren wie fruchtbar und erfolgreich, wenn der Lehrer ein berufener Meister und der Schüler ein berufener Jünger war. Wie in diesem ruhmreichen Fall.

Unsere Gespräche über Schoenberg waren immer harmonisch. Wenn wir über den Musiker sprachen, hatte ich zu schweigen und zu lernen. Wenn wir über den Menschen sprachen, hatte ich oft zu staunen über das Maß der Liebe, mit der Alban von ihm sprach. Helene, die oft dabei war, rief einmal dazwischen: »Du wirst nie glauben, wie die alle vernarrt sind in Schönberg! Wenn sie diskutiert haben und der Schönberg aufg'standen ist und im Zimmer umherging, lief ihm immer einer mit der Aschenschale nach.« – »Auch Alban?« fragte ich. »Er? Er erst recht!« Ich habe, wie gesagt, Schoenberg sehr selten in Wien gesehen, und nur einmal mit Alban zusammen. Aber gewiß waren sie, wie Helene behauptete, alle in ihn »vernarrt«. Selbst der humorvolle und scharfe Hanns Eisler. Als Schoenberg Berlin verlassen mußte, brachte der sonst so kluge Hanns Eisler die Naivität auf, in Moskau vorzuschlagen, daß man seinen berühmten Meister nach Rußland einlade und ihm dort eine Professur gebe. Man ging dort auf diese Idee ein. Aber die Geheimpolizei untersuchte den Fall, wie es dort üblich ist, und kam dahinter, daß Schoenberg eigentlich ein recht konservativer Mann war, ja zeitweise sogar ein Monarchist. Das hat zwar Schoenberg nicht geschadet, der kaum geneigt gewesen wäre, nach Moskau zu gehen, wohl aber Eislers Ansehen in Moskau.

---

1 Im Jahre 1932.
2 Diese Äußerung Bergs ist in einem im Nachlaß erhaltenen Brief des Pianisten Stefan Askenase an Morgenstern vom 10. Mai 1970 zitiert. (Die Hervorhebungen stammen von Berg.)

Einmal kam es doch zu einer Meinungsverschiedenheit über Schoenberg. Es war zu der Zeit, da Alban in seiner vergeblichen Suche nach einem Text zu einer neuen Oper geradezu verzagt war. Schoenberg schlug ihm in einem Brief vor, die Bühnenstücke von Arnolt Bronnen zu lesen. Alban fragte mich, was ich von Arnolt Bronnen hielte.[1] Was ich von Arnolt Bronnen schon damals hielt, könnte ich nicht einmal jetzt nach vierzig Jahren sagen, ohne ihm zu einer Auferstehung durch eine Beleidigungsklage gegen mich zu verhelfen. Alban las daraufhin ein Machwerk von Bronnen und stimmte mir zu. Ich mußte mich über Schoenberg wundern. Ein Leben lang Strindberg verehren und in Arnolt Bronnen irgendeinen Wert finden, schien mir recht bedenklich. »Man kann nicht ungestraft eine Handelsschule absolviert haben«, entschlüpfte mir. Alban sah mich traurig lächelnd an und sagte: »Schon eine Realschule ist gefährlich.« – »Da ist noch ein gewaltiger Unterschied«, sagte ich, »dir hat's nicht geschadet. Du hast dir den *Wozzeck* selbst ausgesucht.« Das tröstete ihn sichtlich. Leider setzte ich in meinem Zorn fort: »Bei Strindberg hat er nichts zu vertonen gefunden. Aber die *Erwartung* und *Die glückliche Hand* inspirierten ihn.«[2] Da wurde Alban zornig. »Ah, das darfst net sagen!« Ich sah, daß ich ein Heiligtum betreten hatte, ohne die Schuhe abgelegt zu haben. Ich schwieg, nicht andächtig, aber lange. Ich merkte, daß er nicht eigentlich zornig war, nur traurig. Schoenberg und seine Schüler waren ein Clan, eine verfolgte Gruppe, und wie alle Verfolgten, sehr empfindsam und wehleidig. Schoenberg war nicht nur der Meister, der Lehrer, sondern das verkannte Genie. Jetzt, nachdem sie alle gegangen sind, alle vielgerühmt, oft gehört und gewürdigt, denke ich oft, daß Arnold Schoenberg wohl umkämpft und auch verfolgt, aber nicht eigentlich verkannt war. Zufälligerweise habe ich hier in New York im Hause eines Wiener Emigranten, der seine Wohnungseinrichtung gerettet hatte, eine alte deutsche illustrierte Zeitschrift vorgefunden. Eine von den landläufigen Illustrierten großen Formats, nicht gerade für intellektuelle Leser bestimmt. Diese Zeitschrift hatte im Dezember 1899 den mir heute geradezu amerikanisch anmutenden guten Einfall gehabt, eine ganze Seite voll

---

1 Siehe Berg an Morgenstern, 3. Januar 1927 (Nr. 26).
2 *Erwartung*, Monodram für Sopran und Orchester, op. 17 (1909), Libretto von Marie Pappenheim nach einer Idee Schoenbergs; *Die glückliche Hand*, Drama mit Musik, op. 18 (1908-13), nach eigenem Text.

Photographien unter dem Titel »Gesichter des kommenden zwanzigsten Jahrhunderts« zu bringen. Unter diesen Gesichtern fand ich zu meiner beglückenden Überraschung das Gesicht Arnold Schoenbergs. Ein Photo des damals Fünfundzwanzigjährigen, mit einem Kopf voll Haar.

Zum letzten Mal sah ich Schoenberg im Jahre 1943 in Hollywood im Hause Alma Mahlers. Er war damals nahe an siebzig. Er war schlank und vom Tennisspielen braun gebrannt und sehr beweglich. Er war sehr guter Laune, geradezu heiter, und als Alma seine Heiterkeit bewunderte, erklärte er gleich den Grund seiner guten Laune: »Ich habe heute das Ballett der Oper *Moses und Aron* zu Ende komponiert.[1] Ich bin sehr zufrieden damit, obwohl ich weiß, daß es nie aufgeführt werden kann.« Er sagte: obwohl, aber mit einer Miene, mit einer so stolzen Miene, als hätte er sagen wollen: ›Ich bin zufrieden, weil ich weiß, daß es nicht aufgeführt werden kann.‹ Ich habe den ganzen Abend, soweit das tunlich war, immer wieder daran gedacht, was es für einen Sinn hat, ein Ballett zu komponieren, das nicht aufgeführt werden kann. Zu fragen habe ich mich nur getraut: »Warum glauben Sie, daß es nicht aufgeführt werden kann? Weil man zu viele Proben brauchen würde?« – »Aber nein, nicht deswegen«, sagte er, noch immer strahlend. »Man wird's nicht spielen können. Es ist zu schwer.« Schade, jammerschade, daß er es nicht erleben durfte, wie sehr er sich geirrt hat. Ich habe leider keine Aufführung seiner Oper erlebt, aber ich habe wiederholt die Platte gehört, und ich gedenke, sie noch öfter zu hören, und zwar wegen des Balletts. Es ist einfach hinreißend, was man von dem ganzen Werk nicht so einfach behaupten kann. Das liegt aber nur daran, weil man eine Oper erwartet. Das Werk ist mehr als eine Oper. Es ist ein Werk von ganz besonderer Art. Eine Oper ist es nicht, obwohl der Text vom Komponisten selbst als Oper gedacht ist. Es ist ein großartiges Oratorium. Oder besser gesagt, ein Werk *sui generis*. Alban Berg hat ihm 500 Jahre Lebensdauer zugedacht. Schoenberg hat diese Prophezeiung nicht gelesen. Wer bin ich, um Alban nicht recht zu geben?

An jenem Abend war Schoenberg besonders liebenswürdig. Das hatte einen Grund. Werfel und ich und mein anwesender Freund

---

1 Siehe oben S. 34, Anm. 1.

358

Dr. Conrad Lester[1] haben uns einen Teil des Abends damit vertrieben, die seinerzeit berühmten Schriftsteller aufzuzählen, die den Ersten Weltkrieg nicht überlebt haben, nicht weil sie im Krieg gefallen sind, sondern weil sie infolge des Krieges am Rande der Literaturgeschichte liegengeblieben sind. Franz Werfel hatte ein scharfes Gedächtnis für solche Nekrologie. Auch ich habe meine Erinnerung angestrengt. Arnold Schoenberg hörte mit sichtlichem Erstaunen zu, aber auch nicht ohne Ängstlichkeit. Plötzlich wandte er sich an mich und fragte: »Und Strindberg? Was ist mit Strindberg?« Ich beruhigte ihn mit Vergnügen: »Strindberg? Der wird von Jahrzehnt zu Jahrzehnt größer.« Werfel stimmte mir bei, und auch Alma und der Freund Lester. Es hätte nicht viel gefehlt und Schoenberg hätte mich umarmt. Strindberg war der Schutzheilige des Schulhauses Schoenberg.

Schoenberg verabschiedete sich diesmal von mir sehr herzlich: »Vom Wedekind haben wir heute nicht gesprochen. Sie haben Ihrem Freund Alban einen guten Dienst mit der *Lulu* erwiesen.« Ich habe ihn leider nie wiedergesehen. Bald nach diesem Abend habe ich Hollywood verlassen und bin nach New York zurückgekehrt.

---

1 Conrad H. Lester (1907 geboren, bis 1941 Kurt Heinz Lichtenstern), Inhaber einer österreichischen Porzellan- und Keramikfabrik, war seit dem Pariser Exil ein treuer Freund, der Morgenstern später in Amerika oft half. In Lesters Haus in Hollywood wohnte er 1942/43 für mehrere Monate. Im Pariser Exil hatte Lester Ende 1938 gemeinsam mit der Germanistin Elisabeth Freundlich und einigen anderen die ›Liga für das geistige Österreich/Ligue de l'Autriche vivante‹ gegründet (er hat darüber 1972 in seinem Wiener Vortrag *Probleme der österreichischen Literatur in der Emigration* berichtet). Kurz vor dem deutschen Einmarsch konnte das erste und einzige Heft ihrer neugegründeten Zeitschrift *Freies Österreich/La Libre Autriche* erscheinen, in dem auch Morgenstern mit seiner Erinnerung *Alt-Hietzing (In memoriam Katharina Schratt)* vertreten ist. Über Algier und Brasilien gelangte Lester 1941 in die USA. Später begann er in Los Angeles ein Germanistik-Studium und wurde nach seiner Promotion Hochschullehrer. 1968 ist er nach Österreich zurückgekehrt.

Wiedersehen in Wien

Wien war noch eine von der alliierten Armee besetzte Stadt, als ich sie im Jahre 1950 wiedersah. Es war ein kalter Wintertag und ein wehmütiges Wiedersehen. Seit meiner Flucht waren nur zwölf Jahre vergangen, und ich fand noch mehr Freunde vor, als ich erwartet hatte. Vielen begegnete ich zufällig, und es war nicht schwer herauszufinden, wer von ihnen ein reines Gewissen hatte. Die anderen benahmen sich so, als wären sie nicht sicher, ob man ihre zur Begrüßung voreilig entgegengestreckte Hand annehmen würde.

Ich hatte meine Ankunft Helene Berg angekündigt und sie gleich am nächsten Tag besucht. Sie lud mich zum Abendessen ein und versprach, mir mein Lieblingsgericht selbst zu kochen. Ich merkte, wie sehr mein Geschmack sich indessen geändert hatte, denn es war mir nicht möglich, mein Lieblingsgericht zu erraten. Das wunderte mich, denn gleich bei der Ankunft am Wiener Westbahnhof habe ich mich zum Beispiel an meine Wiener Telefonnummer erinnert, die ich längst vergessen hatte.

In alter Gewohnheit fuhr ich mit dem »Nanafuchziger« nach Hietzing hinaus, obwohl ich nicht vergessen hatte, daß es längst eine schnellere Verbindung mit Hietzing gab. Ich war für sechs Uhr eingeladen, fuhr aber schon eine Stunde früher hinaus in der Absicht, alle Straßen in Alt-Hietzing, in denen ich gewohnt hatte, wiederzusehen. Nichts hatte sich verändert. Viel weniger noch als alle anderen Bezirke Wiens hatte Alt-Hietzing in den Kriegsjahren gelitten. In der Altgasse gab es noch die Tamburieranstalt, um derentwillen ich einmal die ganze Straße für die *Frankfurter Zeitung* beschrieben[1] und bei dieser Gelegenheit herausbekommen habe, was eine Tamburieranstalt ist. Es war ein Stickereigeschäft, von zwei alten Damen geleitet, deren Name sehr gut zu der Anstalt paßte, den ich aber leider vergessen habe. Als ich aber bei meinem zweiten Wiener Besuch im Jahre 1957 sie mir wieder anschauen wollte, war sie nicht mehr da. Auf dem Wege zur Trauttmansdorffgasse verfehlte ich nicht, ein Stück über die Maxingstraße zu gehen, wo ich jahrelang gewohnt

---

1 S. Morgenstern, *Kleinaufnahmen. Ein altes Gäßchen*, FZ 27, 11. Januar 1932.

360

hatte, wo ich noch mit Freuden die Firma Amadeo Amadei wiedergesehen habe, eine Firma, wo man nicht etwa die Bekanntschaft mit einem Künstler der Renaissance machen, sondern schöne und scharfge-
schliffene Messer kaufen konnte.

Helene wohnte noch immer allein. Ich stand eine Zeit vor der Tür,
wo die Platte mit dem Namen ALBAN BERG war, ehe ich die Kraft
aufbrachte, an die Glocke zu rühren. Ich hörte mit Freude die noch
leichten Schritte, und als sie öffnete, sah ich, daß auch Helene nicht
sehr verändert war. Sie war noch nicht einmal angegraut. Wir umarmten uns und Helene sagte: »Ich hab nicht gedacht, daß ich dich je wiedersehen werde.« Wir gingen in Albans Zimmer. Hier war alles am
alten Platz, die Bücher, die Noten, die Photos an den Wänden. Auf
Albans Schreibtisch noch die Aschenschale und auch noch die Asche,
auf die Helene mich mit einem Blick hinwies. In der ganzen Wohnung war es sehr kalt. Es war nur in einem Zimmer geheizt, und auch
in diesem ließ sie mich eine Zeit den Mantel nicht ablegen, weil sie
sah, daß ich fror. Sie fror nicht. Sie erklärte das damit, daß sie ja nur
in der Küche zu tun habe. Sie kochte allein und hatte auch keine Hilfe
im Haus. Nicht, weil sie sich das nicht leisten konnte, sondern weil
Hilfe schwer zu bekommen war, wie sie sagte. Vermutlich, weil sie
nicht zu fleißig suchte, weil sie geizig war, wie ich wußte. Sie war
auch eher ärmlich gekleidet, weil sie sich nichts gönnte, weil ja doch
der Alban nicht da war. Ich war sicher, daß sie sehr erstaunt gewesen
wäre, wenn jemand sie daran erinnert hätte, wie sehr ihr Alban zureden mußte, ehe sie sich ein neues Kleid kaufte.

Ich hatte noch den Mantel an, als sie aus der Küche kam und
strahlend mein Lieblingsgericht herantrug. Es war ein Kalbsnierenbraten mit Reis. Und sie hatte recht: es war einmal mein Lieblingsgericht, in den zwanziger Jahren, vor meinem jahrelangen Aufenthalt
in Paris, wo ich, wie jeder Mensch, der diesen Namen verdient, erst
recht essen gelernt habe. In diesem Zimmer hing ein Photo, das mir so
vertraute Doppelbild von Peter Altenberg und Adolf Loos. Es
erinnerte mich an meinen ersten Besuch bei Alban, da wir so lange
von dem von uns geliebten Peter gesprochen haben. Mein Blick blieb
offenbar zu lange an dem Photo heften, denn als ich mich wieder an
sie wandte, sah ich, daß sie dem Weinen nahe war. Um sie
abzulenken, erkundigte ich mich bei ihr, ob die Müllers noch im
Hause wohnten. Ich wußte, daß diese Erinnerung geeignet war, sie zu

erheitern. Im Hause waren vier Wohnungen. Im ersten Stock über ihnen wohnte eine Familie Müller.[1] Herr Müller war in administrativer Stellung bei der Zeitung *Neue Freie Presse.* Jahrelang, glaube ich, war er Prokurist. Seine Frau, eine weißhaarige, edel aussehende Engländerin oder Amerikanerin, die eine leidenschaftliche Musikenthusiastin war, hegte eine närrische Liebe für Alban in ihrem Herzen. Nun hatte Alban just von dem Kritiker dieser Zeitung viel Kummer auszustehen. Der alte Dr. Julius Korngold war ein boshafter, und da er für die *Neue Freie Presse* schrieb, ein führender Wiener Musikkritiker. Er war ein Nachfolger des berühmten Hanslick[2], berühmt namentlich als scharfer Gegner Richard Wagners. Dr. Korngold war ein Gegner der Moderne.[3] Er wäre auch ein solcher gewesen, wenn er nicht der Vater des musikalischen Wunderkinds Erich Wolfgang Korngold gewesen wäre. Der fanatische Vater hat im Grunde seinem Sohn mit der Gehässigkeit gegen andere junge Komponisten mehr geschadet als genützt. Er war nicht nur ein scharfer Kritiker, sondern auch ein boshafter Mann und mißbrauchte seine Position als der einflußreichste Kritiker zum Ärger nicht nur der Musiker. Alban glaubte, daß er von dem alten Korngold mit besonderer Gehässigkeit behandelt wurde. Als einmal in der *Neuen Freien Presse* ein Konzert mit einem Werk von Alban angekündigt war, war ein Druckfehler unterlaufen, der just Alban betraf. Auf dem Programm stand nämlich nicht Alban, sondern Albin Berg. Er rief mich an und wir trafen uns gleich im nächsten Kaffeehaus. Er kam mit der *Neuen Freien Presse* in der Hand und war sehr aufgeregt. Er behauptete allen Ernstes, daß hier die Hand Korngolds dahintersteckte. Ich konnte ihm das nicht ausreden. Er bildete sich ein, daß der alte Korngold absichtlich den Namen Albin einsetzen ließ, damit man ihn, Alban Berg, mit dem berühmten Wiener Komiker Armin Berg verwechsle. Er ließ und ließ sich das nicht ausreden. Es gab nur noch einen Menschen, der mehr darunter litt als Alban Berg. Das war Frau Müller.

Wer hätte gedacht, daß diese Frau Müller die Nemesis vom alten Korngold werden würde! Gekommen ist das folgendermaßen: Die *Neue Freie Presse,* die Anfang der dreißiger Jahre in Schwierigkeiten

1 Dr. Stefan Müller, seine Frau Gertrude (Gerti) und die Tochter Steffi.
2 Der aus Prag stammende Musikhistoriker und -kritiker Eduard Hanslick (1825-1904).
3 Siehe oben S. 146, Anm. 3.

362

geraten war, ist schließlich zur Zeit des Dollfuß-Regimes von einem deutschen Konsortium übernommen worden. Es war eine geheime Transaktion, und ich weiß nicht mehr, wer dahinterstand. Dieses Konsortium ernannte den Herrn Müller zu ihrem Bevollmächtigten. Nach außen blieb alles beim alten, bis auf einige wenige Veränderungen: von den prominenten Redakteuren der *Neuen Freien Presse* wurden zwei von den prominentesten entlassen, Dr. Korngold und der weltberühmte Verfasser von *Bambi,* Felix Salten. Man hat allgemein angenommen, daß beiden aus politischen Gründen gekündigt wurde. Warum Salten entlassen wurde, weiß ich nicht, und ich hab es nie erfahren und es hat mich nie interessiert. Aber warum der alte Korngold entlassen wurde, weiß nur ich allein. Das hat mit ihrer Liebe die Müllerin getan. Ich habe erst auf diesem Wege herausgefunden, daß der Herr Müller ein so mächtiger Mann bei der *Neuen Freien Presse* geworden war. Dr. Julius Korngold hat das nie erfahren und sollte es bis zum Ende seiner Tage in Hollywood nicht erfahren. Ich habe den alten Mann, den ich persönlich nicht kannte, dort hin und wieder gesichtet. Er war sehr unglücklich. Den Kummer, den ihm die *Neue Freie Presse* angetan hatte, hatte er vielleicht schon überwunden. Er war der Ansicht, er wäre aus politischen Gründen gekündigt worden. Aber in Hollywood litt er vermutlich vielmehr daran, daß sein Erich Wolfgang Filmmusik komponierte und damit großen Erfolg hatte. Zuweilen überlegte ich in Hollywood, ob ich ihm nicht den wahren Grund für seine Entlassung zukommen lassen sollte. Aber ich brachte die Bosheit, die er wohl oder übel verdient hatte, nicht auf.

Es waren zwölf Jahre vergangen, seit ich mit Helene zum letzten Mal beisammen gewesen war. Wir hatten indessen verschiedenes erlebt. Sie erzählte. Ich hatte mich schon in New York daran gewöhnt, daß wir, die Flüchtlinge, den Zentraleuropäern, die nach dem Krieg gelegentlich nach Amerika kamen, nichts zu erzählen hatten. *Sie* waren es, die Unsägliches gelitten hatten. Und sie sagten es. Begreiflich, aber im höchsten Maße irritierend war es, daß sie das Unsägliche nicht etwa unter der Nazi-Herrschaft erlitten hatten, sondern unter der russischen Besatzung. Die Weiber erzählten von Vergewaltigungen, und ich hörte zu. Bis mir eines Tages ein sehr intelligenter und umsichtiger Schauspieler folgende Geschichte erzählte: Es gab in Wien zwei Schwestern Konetzni. Die schon älteren Damen lebten zusammen in ihrer Wohnung. Eine von ihnen erzählte oft und gern, wie sie von dem gewissen Russen vergewaltigt worden war. Als man die andere Schwester fragte – sie war die Sängerin Hilde Konetzni – ob sie auch vergewaltigt wurde, da sie doch in derselben Wohnung lebte, antwortete sie: »Nein, ich wollte nicht vergewaltigt werden.« Derselbe Schauspieler sagte mir: »Die russischen Frontsoldaten, die die Nazis geschlagen und aus der Stadt vertrieben haben, haben sich hier nicht lange aufgehalten. Die haben auf uns heruntergeschaut wie wenn wir a Dreck wären. Die Besatzungstruppen, die angeblichen Vergewaltiger, waren ausgemusterter Landsturm und haben sich benommen, wie sich Besatzungstruppen eben benehmen. Da sie Russen waren, waren sie oft betrunken.«

Helene erzählte mir keine Geschichten von Vergewaltigungen. Sie hatte am meisten darunter gelitten, daß Albans Musik von den Nazis verboten worden war. Als einmal eine Ausstellung »Entartete Kunst« in Wien gezeigt wurde, ging sie hin – so erzählte sie – und heftete an das Bild Albans ein Blumenbouquet. Sie ging hin mit Albans Schwester, und es ist ihnen nichts geschehen. Das erinnerte mich an den Tag, da mir Alban erzählte, daß er von der Deutschen Musikkammer die Aufforderung bekommen hatte, seine arische Abstammung nachzuweisen. Sie hatten ihm gleich die Formulare mitgeschickt. Ich fragte ihn, was er zu tun gedächte. Er sagte: »Ich muß mir halt die Dokumente verschaffen.«[1] – »Du bist dir wohl im klaren, daß du damit die peinliche Mühe auf dich nimmst, mit Dokumenten nachzuweisen, daß du nicht eines Blutes mit Schönberg, Mahler, Karl Kraus und Altenberg bist.« Er, gesenkten Kopfes: »Was soll ich tun? Alle müssen's machen.« Ich: »Křenek hat mir vorgestern erzählt, daß er diese Formulare von der Deutschen Musikkammer bekommen und gleich in den Papierkorb geworfen hat.« Darauf Alban: »Křenek ist nicht mit Helene verheiratet.«

Ich erkundigte mich bei Helene nach Albans Schwester. Smaragda war noch da. Ich habe sie in derselben Woche wiedergesehen. Das letzte Mal hatte ich sie beim Begräbnis von Alban gesehen. Sie gab

---

1 Im Jahre 1930 bereits erging aus Braunschweig, wo der *Wozzeck* aufgeführt werden sollte, an Berg die Aufforderung, sein »Ariertum« nachzuweisen. Berg entsprach diesem Verlangen mit einer Reihe von Dokumenten, die er seinem Brief an den Braunschweiger Intendanten beilegte. In diesem Brief schrieb Berg unter anderem: »Es ist mir ganz angenehm, daß mir Gelegenheit geboten wird, all dies einmal offiziell zu bescheinigen und damit den nun seit Jahren lautwerdenden, mehr oder minder versteckten Zeitungslügen entgegentreten zu können.« (Berg an T. Himmighoffen, 28. November 1930, abgedruckt in: Ernst Hilmar, *Wozzeck von Alban Berg. Entstehung – erste Erfolge – Repressionen (1914-1935)*, Wien 1975, S. 66)

noch immer Musikunterricht, war ganz weißhaarig geworden und sah noch immer Alban so ähnlich, daß es mir schmerzlich war, sie anzusehen. Albans Bruder Charly, der Volksmensch, wie ihn Alban nannte, lebte auch noch. Wie mir Helene erzählte, hat er mit den Nazis seine Geschäfte gemacht. Das erinnerte mich an den Brief, den mir einer meiner Freunde, Dr. Lifczis[1], eines Tages in Paris zeigte. Das war im Jahre 1938 und er war, wie ich, auf der Flucht vor den Nazis. Er war jahrelang Albans und Helenes Anwalt gewesen. Am Tage, da Hitler in Wien einzog, erhielt er von Helene einen Brief, in dem sie ihm kündigte. Was weder ihn noch mich überraschte. Der Brief schloß mit »Heil Hitler«, was ihn fast so erheiterte, wie es mich bestürzte.

Helene fragte mich, um mein Schweigen zu unterbrechen, ob ich wüßte, daß Schoenberg es abgelehnt hatte, die fehlenden Szenen der *Lulu* zu komponieren. Ich erzählte ihr, was ich darüber wußte. Sie wußte von der Sache mit Casti-Piani nichts und bestritt es entschieden, daß das Wörtchen »jüdelnd« im Text stehe.[2] Sie wollte es auch bei meinen mehrmaligen weiteren Besuchen nicht wahrhaben, und erst nach vielen Monaten, nachdem ich von New York geschrieben habe, wo sie es finden könne, gab sie es zu und war sehr unglücklich darüber.

Bei meinem nächsten Besuch einige Tage darauf erzählte sie mir von einem Brief, den sie von Dr. Adorno erhalten habe, mit einem neuen Plan, die Oper zu vollenden. Ich las den Brief und war erstaunt wahrzunehmen, daß Dr. Adorno Helene nicht etwa den Rat gab, sondern sie geradezu beschwor, die Oper vollenden zu lassen, und zwar von dem französischen Komponisten Pierre Boulez. Ich gestehe, den Namen damals zum ersten Mal gehört zu haben. Dr. Adorno war der Meinung, daß dieser Komponist der einzige sei, der dieser Aufgabe gewachsen wäre. Das müßte aber bald geschehen, denn stürbe diese Generation aus, so würde in aller Zukunft kein Komponist mehr zu finden sein, der dem Stil gerecht werden könnte. Ich habe Helene entschieden abgeraten. Und es hat mich nicht große Mühe gekostet, sie

---

1 Dr. Otto Lifczis (1899-1981) spielte innerhalb der zionistischen Studentenschaft Wiens eine führende Rolle. Später wurde er Alban Bergs Anwalt und Testamentsvollstrecker. Nach dem »Anschluß« 1938 emigrierte er über Paris nach Palästina. Er lebte in Tel Aviv und nannte sich nun Eytan Otto Liff. Seit Gründung des israelischen Staates war er im Staatsdienst tätig. Von 1969 an leitete er die Untersuchungsstelle für NS-Gewaltverbrechen.
2 Siehe oben S. 138, Anm. 1 u. 2.

zu überzeugen, denn im Laufe der Jahre haben alle Freunde Albans von all solchen Plänen abgeraten. Als ich im Jahre 1957 Dr. Adorno in Frankfurt am Main nach vierzehn Jahren wiedergesehen und mein Erstaunen über den Boulez-Brief ausgedrückt habe, wollte er, allerdings nicht ohne Zeichen der Bestürzung, darüber erst gar nicht reden. Ich maße mir nicht an zu wissen, was inzwischen Adornos Meinung über Boulez so gründlich geändert hatte. Sicherlich ist der Grund nicht darin zu suchen, daß Pierre Boulez eines Tages mit der kühnen musikgeschichtlichen Deklaration hervorgetreten ist: Schoenberg est mort![1] Boulez ist im Jahre 1925 geboren – das ist das einzige, was er Arnold Schoenberg, der im Jahre 1951 gestorben ist, voraushat. In diesem Jahre war Alban Berg schon so berühmt, daß man ihn gegen seinen Lehrer ausspielen konnte. Noch hatte der Webern-Kult nicht begonnen.

---

1 Pierre Boulez, *Schoenberg est mort*, in: The Score (London), Nr. 6, Februar 1952.

Letztes Kapitel

Seine letzte Sommeradresse war: Waldhaus in Auen am Wörthersee. Alban hatte ein hübsches Haus gekauft, ruhig, nahe dem heiteren See. Eine ideale Arbeitsstätte. Er ging in seinem letzten Lebensjahr sehr früh im Sommer in die Ferien. Er hatte seine Arbeit an der *Lulu* unterbrochen, um das vom amerikanischen Violinisten Krasner bestellte Violinkonzert zu komponieren, das zum Teil das Requiem eines geliebten Mädchens, der Tochter von Alma Mahler, und auch sein eigenes Requiem werden sollte.[1]

Wie immer, hatte er auch diesmal meinen Besuch erwartet. Aber ich konnte nicht hinreisen, weil in dem Sommer mein Roman *Der Sohn des verlorenen Sohnes* im Druck war und ich mit den Korrekturen beschäftigt war.

Wie immer, wenn sie in die Ferien gingen, nahmen sie Helenes Bruder mit, den sie beide sehr liebhatten.[2] Wir, meine Frau und ich, hatten ihn auch sehr gern. Obwohl er kaum jünger, vielleicht sogar älter war als ich, habe ich ihn als bezaubernden Jüngling in Erinnerung. Leider war er, schon als ich ihn kennenlernte, zeitweise geistesgestört. Er litt an Verfolgungswahn, war aber sehr umgänglich, mindestens wenn wir zusammen waren, was nicht allzu oft der Fall war. Ich erinnere mich wohl, wie wir einmal zu fünft ins Kino gingen, zu Chaplins *The Kid.* Er genoß den Film in demselben Maße wie wir.[3] Er malte gut, war aber besonders mit Stickereien beschäftigt, die er in entzückenden Farben ausführte und gern verschenkte. Wie schon immer, wenn sie mit Franz in die Sommerfrische gingen, war ich beunruhigt, besonders diesmal, weil ich zufälligerweise die Krankengeschichte eines umgänglichen Paranoikers gelesen hatte, die eine arge Wendung genommen hat. Daraufhin hatte ich einen Traum, in dem ich Alban und Franz in einem Boot sah, das der Kranke immer wieder umkippen wollte. Obschon ich im Traum wußte, daß Alban ein vorzüglicher Schwimmer war, erwachte ich wie von einem Alpdruck. Folgenden Tags schrieb ich Alban einen Brief, in dem ich ihn vorsichtig und die

---

1 Siehe oben S. 307, Anm. 1.
2 Franz Joseph Nahowski (1889-1942), Franzl genannt.
3 Siehe oben das Kapitel »Wir sehen Chaplins *The Kid*«.

Gefühle Helenes schonend, vor den unberechenbaren Gefahren eines täglichen Zusammenseins mit einem Paranoiker warnte.[1] Nach einigen Tagen rief mich Alban telephonisch aus Villach an, was er nie zuvor aus der Sommerfrische getan hatte. Er war von meinem Brief sehr beeindruckt, weil er just in der Zeit ankam, da sich folgendes ereignet hatte: beide, Alban und Franz, hackten im Schuppen Kleinholz. Wie von hinten angerufen, drehte sich Alban plötzlich um und hatte noch gerade Zeit, den Kranken in seinen Armen aufzufangen und so der über ihn geschwungenen Axt auszuweichen. Franz erklärte in aller Ruhe, daß er ihn opfern müßte, um Albans Seele und das Seelenheil der ganzen Familie zu retten. Obwohl darüber nicht wenig erschrocken, tat es Alban leid, den Kranken nach Haus zu schicken. Er blieb für die Ferien im Sommerhaus. Helene sollte nichts von dem Vorfall erfahren, und Alban glaubte seltsamerweise, daß ein solcher Vorfall sich kaum wiederholen würde.

Einige Wochen später schrieb er mir, daß er von einem Furunkel geplagt würde, das ihn im Komponieren störte, obwohl es, wie er scherzte, ihm nur beim Sitzen wehtat. Demzufolge nahm ich die Sache nicht mehr ernst als er selber. Als er mir aber nach einiger Zeit, nachdem das erste Furunkel geheilt war, mitteilte[2], daß er wieder ein zweites bekommen habe, rief ich einen mir befreundeten Arzt an, der mich informierte, daß eine Furunkulose nicht ungefährlich, aber jetzt mit Injektionen leicht zu heilen sei. Ich nahm an, daß man in Villach das auch wußte, namentlich, weil Alban selber medizinisch besser unterrichtet war als ich.

Als er im Herbst wieder nach Wien zurückkehrte, schien er geheilt zu sein. Nach einiger Zeit klagte er wieder über Schmerzen. Aber wem wäre es eingefallen, daß er, nunmehr in Wien, wo er mit mehreren Ärzten befreundet war, keinen zu Rate zog und sich anscheinend mit Hausmitteln zufrieden gab. Im Dezember war ich bei Alban und Helene zum Abendessen. Alban sah leidend aus, war aber guten Mutes, und beide erzählten mir, daß es nun mit den Furunkeln vorbei sein werde: Helene hatte, wie sie erzählte, eine Schere in kochendem Wasser sterilisiert und selbst das Geschwür geöffnet und ausgedrückt. Nach Hause gekommen, rief ich sofort meinen Freund Dr. Kasper Blond an, einen vortrefflichen Chirurgen, und erzählte ihm von der

1 Dieser Brief scheint nicht erhalten zu sein.
2 Die beiden hier erwähnten Briefe Bergs sind nicht erhalten.

368

häuslichen Operation.[1] Was ich befürchtet hatte, bestätigte er mir: es sei das Gefährlichste, was man bei einem Furunkel anstellen kann. Eine Blutvergiftung sei zu befürchten. Es war spät am Abend. Am folgenden Tag rief ich Alban an. Ich teilte ihm mit, daß ich die ersten Exemplare meines Romans erhalten hatte und ihm gleich eins bringen möchte. Ich wollte das zum Vorwand benützen um ihm zuzureden, sofort einen Arzt zu konsultieren. Alban war so erfreut über das Buch, daß er in die Stadt hereinkommen wollte, um sich das Buch selbst zu holen. Er war schon lange nicht im Café Museum gewesen, sagte er. Sie würden beide zum Nachmittagskaffee dorthin kommen und sich das Buch holen. Ich rief meinen Freund Dr. Blond an und bat ihn, um diese Zeit ins Café Museum zu kommen, damit ich ihn mit Alban und Helene bekannt mache. Seine Frau war eine Musikenthusiastin und eine Anhängerin der Schoenberg-Schule. Ich verabredete mich mit ihnen eine halbe Stunde vor meinem Rendezvous mit Alban, um Dr. Blond genau über den Fall zu unterrichten. Bergs kamen pünktlich. Beim Gehen sah man Alban nichts an, aber wie es zum Sitzen kam, zog er es vor, auf einem harten Stuhl, nicht auf dem Sofa, Platz zu nehmen. Er saß auch die ganze Zeit seitwärts auf der Kante. Zunächst freute er sich »riesig« mit dem Buch. Seine Freude war ungetrübter als meine, denn ich war mit einem unerwarteten Strich im Text nicht ganz einverstanden.

»Das muß gefeiert werden«, sagte er. Ich schlug ihnen vor, den Abend des 24. Dezember diesmal bei mir zu feiern. »Sehr gern«, sagte Helene, und Alban fügte hinzu: »Wenn ich es schaffe. Wie du siehst, ist das Sitzen für mich ein Problem geworden.« Ich teilte ihnen mit, daß mein Freund Dr. Blond, dessen Name ihnen bekannt war, auch im Kaffeehaus sei, und schlug ihnen vor, seine Meinung und seinen Rat zu hören. Alban hatte nichts dagegen. Helene lehnte es entschieden ab. In den Jahren unserer Freundschaft war mir längst schmerzlich bekanntgeworden, wie vorsichtig Helene mit dem Geld umging, und ich sagte ihr, daß Dr. Blond mich seit Jahrzehnten umsonst behandle und auch meinen Freunden, die ich ihm empfahl, keine Rechnung schicke, ohne mich zu fragen. Helene schlug es trotzdem ab und versicherte mir, daß sie schon einen Arzt zugezogen hatten, den ihr Alma Mahler einmal empfohlen hatte. Nachdem sie

1 Mit dem Arzt Dr. Kasper Blond (1889-1964) und seiner Frau Edith Blond war Morgenstern bis zuletzt befreundet. Seit ihrer Flucht vor den Nazis lebten die Blonds in London.

369

sich verabschiedet hatten, entschuldigte ich mich bei Dr. Blond und erzählte ihm alles.

Das war an einem Samstag. Am Montag morgen weckte mich ein telephonischer Anruf mit der Nachricht, daß das *Neue Wiener Journal* auf der ersten Seite mit Katastrophenlettern berichtete: ALBAN BERG IN DER NACHT INS SPITAL EINGELIEFERT.[1] Ich fand Alban im Rudolfsspital in der Allgemeinen Abteilung. Helene war bei ihm, und sie war mehr verändert als er, der guter Laune war. Er vertröstete mich damit, daß er am nächsten Tag in ein Einzelzimmer kommen würde. Bei meinem nächsten Besuch war er in einem Zimmer für zwei Patienten. Ich blieb nicht lange, denn der Andrang von Freunden war groß. Beim Weggehen begleitete mich Helene den ganzen Weg durch die Allgemeine Abteilung und sagte mir händeringend: »Der Professor Demel ist sehr ekelhaft zu mir.« Um sie zu beruhigen, versprach ich ihr, mir eine Empfehlung zum Professor zu verschaffen. Ich tat es aber nicht, da ich vermuten konnte, warum er »ekelhaft« zu ihr war.

Beim nächsten Besuch fand ich Alban noch immer unbekümmert. Er hatte eine Bluttransfusion bekommen und scherzte: »Ich habe echtes Wiener Blut bekommen. Hoffentlich werde ich trotzdem kein Operettenkomponist werden.« Sein Zimmernachbar, den Alban sehr nett gefunden hatte, war bei diesem Besuch schon still. Mit einem schwarzen Tuch bis übers Gesicht zugedeckt, lag der Tote noch stundenlang im Zimmer. Obwohl ich von meinem Freunde Dr. Blond schonend unterrichtet worden war, wie ernst der Fall war, durchfuhr mich im wahrsten Sinne des Wortes ein Todesschreck: das Doppelzimmer war offenbar der Raum für Moribunde. – Alban bat mich, am nächsten Tag vor der allgemeinen Besuchsstunde zu kommen, damit ich länger bleiben könne. Diesmal fand ich Helene vor der Tür, und noch ehe sie es mir erklären konnte, trat aus dem Krankenzimmer ein Geistlicher, der Alban offenbar die letzte Ölung erteilt hatte. Beim Eintreten sagte mir Alban: »Das war so ein netter Mensch – ich konnte ihm nicht nein sagen.« Das war am 23. Eine Zahl, von der Alban glaubte, daß sie in seinem Leben oft entscheidend war. Ich hielt es zu Hause nicht aus und ging am Abend ins Krankenhaus zurück, wo in dem sehr kalten Korridor viele Freunde standen und, wie ich, offenbar auf ein Wunder hofften. Mit Edward Steuermann

---

1 Berg wurde am 17. Dezember 1935, einem Dienstag, ins Spital gebracht.

stand ich da bis Mitternacht. Wir zogen uns in eine Ecke zurück, denn unter den wartenden und hoffenden Freunden stand auch ein Individuum vom *Neuen Wiener Journal,* das offenbar auch diesmal die traurige Nachricht im Morgenblatt bringen wollte. Etwa zehn Minuten nach Mitternacht trat Helene verzerrten Gesichtes, händeringend, mit ihrer Schwester aus der Tür, und auf der Treppe stehend verkündete die Schwester: »Es ist vollbracht.«

Alban war bei Bewußtsein gewesen bis nach Mitternacht. Als er gewahr wurde, daß er den 23. überlebt hatte, seufzte er tief auf und schlief erleichtert ein – einen Schlaf, aus dem er nicht mehr erwachen sollte.

Post mortem

Am Morgen des Begräbnistages rief mich Stefan Zweig an. Er sagte: »Ich habe Alban Berg persönlich nicht gekannt, aber ich glaube, er war ein bedeutender Mann, und wenn Sie nichts dagegen haben, möchte ich mit Ihnen zum Friedhof hinausfahren.« Wir fuhren zum Alten Hietzinger Friedhof hinaus.[1] Helene war nicht beim Begräbnis. Es gab viele Reden, die ich nicht imstande war zu hören. Auf dem Rückweg sagte Stefan Zweig, übrigens der einzige Wiener Schriftsteller von Weltruf, der dabeiwar: »Es war ein lauter, erschütternder Jammer, wie er nur bei Opfern eines Unfalls vorkommt.« Vielleicht war er schon informiert. Ich hatte nicht den Mut, darauf zu antworten, und war erleichtert, wie er weiter fragte: »Sie werden natürlich einen Nachruf schreiben?« Ich sagte, daß ich keine Erfahrung in Nachrufen habe und sicherlich eine längere Zeit nicht fähig sein würde, es zu tun.

Nach zwei Tagen bat mich ein Schüler Alban Bergs, der mit ihm zusammen eine hin und wieder erscheinende Zeitschrift, betitelt *23. Eine Wiener Musikzeitschrift,* herausgegeben hatte, um einen Nachruf.[2] Ich war noch immer außerstande, es zu tun. Am selben Tage machte ich einen Besuch in der Trauttmansdorffgasse 27. Helene war allein. Sie sah so aus, daß ich nicht glaubte, sie würde lange überleben. Sie führte mich in sein Arbeitszimmer und zeigte mir den

1 Das Begräbnis fand am frühen Nachmittag des 28. Dezember 1935 statt.
2 Dieser Schüler Bergs war Willi Reich (siehe oben S. 125, Anm. 2).

Haufen von Kondolenzbriefen und Telegrammen, und mit beiden Händen auf dem Haufen Post, sagte sie: »Wie würde er sich freuen! Du weiß ja, wie gern er Post hatte.« Tatsächlich freute es ihn, viele Briefe zu bekommen und zu beantworten. Aber erst in den letzten Jahren, nach dem großen Erfolg vom *Wozzeck*. Es war nicht die Freude an Post, von der Thoreau sagt: »Wenn ich sehe, wie einer so gierig ist, Briefe zu bekommen, weiß ich, daß er schon lange von sich nichts gehört hat.« Alban freute es, in der stillen Ecke der Provinz Wien Zeichen des Lebens von der Welt zu erhalten, Lebenszeichen von der großen Welt, die ihn bereits zur Kenntnis genommen hatte. Helene ließ mich in dem Arbeitszimmer allein, um irgendeine Besorgung zu machen. Ich las die Post durch – – – und schrieb ihm den Nachruf, der zum Beginn dieser Aufzeichnungen steht, an seinem Schreibtisch.

Eine längere Zeit war ich in großer Sorge um Helene. Aber nach einigen Wochen geschah etwas, was mir die Zuversicht gab, daß sie gerettet war. Mehr als der Lebenswille, mehr als der menschliche Selbsterhaltungstrieb hat ihr das eifersüchtige, besitzgierige Herz geholfen. Niemand wird ihr ihren Alban wegnehmen, niemand und nichts. Auch der Tod nicht. Wir saßen auf dem Sofa im Arbeitszimmer und sprachen von dem Sommer, in dem ich ihr Gast im »Berghof« war. Sie war lebhaft und fast heiter. Als ich mich erhob und sie abschiednehmend umarmte, erhob sie eine Hand, zeigte auf die Bücherregale, ließ mich hinhorchen und sagte: »Hörst du, wie's knackt? Er ist hier. Er ist eifersüchtig. Er ist immer hier und gibt mir fortwährend Zeichen.« Dabei blieb es, Wochen, Monate, Jahre. Sooft ich bei ihr war, unterließ sie es nie, mich aufmerksam zu machen, wie es in den Bücherregalen knackte. Das gute alte Holz tat mit und ließ sie nie im Stich. Im Winter knackte es mehr als im Sommer.

So ging es bis 1938. In diesem Jahr flüchtete ich aus Wien und dachte nicht, daß ich es je wiedersehen würde. Als ich Helene im Jahre 1950 wiedersah, war sie nach zwölf Jahren völlig unverändert.

Im Frühjahr 1968 war ich einen ganzen Monat in Wien und habe sie oft besucht. Die Wohnung war schon unter Denkmalschutz. Helene war nunmehr sehr verändert. Sie war um einen Kopf kleiner geworden. Sie hatte einen leichten Herzanfall überstanden, aber ihre Stimme war jung, ihr Gesicht ausdrucksvoll, ihre Augen klar und lebhaft wie ihr Geist. In den Bücherregalen das Holz war jetzt still.

Nach mehreren Besuchen und ausgiebigen Gesprächen fand ich keine Erklärung dafür. Erst beim letzten Besuch kam es heraus, zufällig und nebenbei: Sie hatte völlig vergessen, wie das Unglück geschehen war. Der Arzt, Dr. Friedmann, der angeblich die Furunkulose behandelt hatte, war auch schon tot. Er war es, erwähnte sie so nebenbei, der den Furunkel aufgeschnitten hatte. Daß ein Arzt so was machen konnte!... staunte sie nachdenklich. Sie sagte das mit abgewendetem Blick. Ich schwieg. Meine Bestürzung war zu groß, um sie zu verbergen. Als sie mir ihren Blick wieder zuwandte, war es der flehende Blick einer Greisin. Noch immer schweigend, beschloß ich, nicht wiederzukommen und nahm von ihr Abschied für immer.

Anhang

Brief an Helene Berg

entworfen im Hospital in Englewood, New Jersey, im Januar 1970, da ich
kranken Herzens in schlaflosen Stunden mich am Ende meines Weges
glaubte und die Erinnerungen an die Versäumnisse in meinem Leben mit
der boshaften Zudringlichkeit der Erynnien mich hin und wieder überfie-
len. Darunter nicht zuletzt und immer wieder das Versäumnis, diesen
Brief nicht schon im Herbst 1968 geschrieben und meiner Freundin, der
Witwe meines teuren Freundes Alban Berg, zugeschickt zu haben.[1]

Liebe Helene,
ich verbinde das Wort »liebe« mit Deinem Namen nicht aus einer
nahezu fünfzig Jahre alten Gewohnheit. Und nicht ohne Wehmut. Es
war eine Zeit, da mir dieses Wort »liebe« im Zusammenhang mit
Deinem Namen zuwenig war. Ich hätte gern ein damals wahreres
Wort mit Deinem Namen verbunden, das Wort: geliebte. Das war
verfrüht, wie die Gefühle. Damals kannte ich Dich wie auch Alban
nicht persönlich, nur vom Sehen. Dann kam eine Zeit, wo Du dieses
Wörtchen »geliebte« gern gehört hättest, und das Wort ebenso gern
mit meinem Namen verbunden hättest. Aber wie meine Gefühle verfrüht, so waren Deine verspätet: damals war ich schon mit Alban und
Dir innigst befreundet. Es gab in jener Zeit einen schweren Tag in der
Freundschaft, die uns beide, Alban und mich, verband. Es war nach
einem Zusammensein zu dritt im Café Stöckl. Du warst dem Weinen
nahe. Alban brachte Dich nach Hause, kam zu mir zurück, und wir
hatten eine lange Aussprache. Er sagte mir: »Das wird nicht so wei-
tergehn, Soma. Helene beklagt sich, daß Du so ›ekelhaft‹ zu ihr warst,
und wir müssen uns aussprechen.« Um es kurz zu machen: Alban
hatte die Noblesse und die Aufrichtigkeit seines Wesens, mir klipp
und klar zu sagen, er sei kein eifersüchtiger Gatte, und er gab uns beiden *plein pouvoir*. Mit Deiner Zustimmung. Ich lehnte ab. Nicht, weil
ich so zimperlich war. Nicht, weil ich an »veraltete Tabus« glaubte.
Einfach, weil ich nicht so frei und so rein von Eifersucht war wie Al-

---

1 Morgensterns *Brief an Helene Berg*, der sich als durchkorrigiertes und mit Titel versehenes
Typoskript im Nachlaß außerhalb des Berg-Konvoluts fand, hat unverkennbar den Charakter eines
fingierten Briefes und ist nie an Helene Berg abgeschickt worden.

ban. Ich war schon damals kein Heiliger. Ich hatte Affairen mit verheirateten Frauen. Aber in solchen Fällen kannte ich ihre Gatten nicht, vermied es, sie kennenzulernen, und wenn ich sie schon kannte, brach ich den Verkehr mit ihnen ab. – Alban nahm meine Einwände nicht ernst. Er war sehr traurig und sagte: »Helene wird dir das nicht verzeihen. Du kennst sie nicht. Sie wird unsere Freundschaft zerstören.« Ich bat ihn, mir das zu überlassen, mit der Versicherung, daß ich schon einen Ausweg finden würde. »Wie wirst du das machen?« wollte er wissen. »Warum glaubst du, daß dir das gelingen wird?« – »Aus zwei Gründen«, sagte ich ihm. »Ich habe ein Mittel, das ich schon ausprobiert habe. In solchen Fällen rede ich der Frau ein, daß *sie* nicht will, daß sie nicht den Mut hat.« Er wiederholte: »Du kennst Helene nicht. Sie ist zu klug, um das nicht zu merken.« – »Wenn die Frau nicht klug ist, ist es natürlich sehr leicht. Dann glaubt sie's mir, daß sie nicht will. Wenn eine Frau so klug ist wie Helene, merkt sie den Trick und nimmt ihn mir eine Zeitlang übel. Später ist sie froh, daß ich den Trick angewandt habe, und ist mir dankbar.« – »Wir wollen sehn«, sagte Alban, »hoffentlich hast du recht.« Aber er verabschiedete sich von mir mit einem Seufzer, der mich noch trauriger zurückließ. Er kehrte aber gleich wieder und fragte: »Du hast gesagt, du hast zwei Gründe. Was ist der andere Grund?« – »Den andern Grund, Alban, sag ich dir erst, wenn es mir gelingen wird.«[1]

Der andere Grund warst Du, Helene, und Deine Liebe für Alban. Ich merkte schon damals, daß mein Einfluß auf Alban Dir so wertvoll war, daß Du mir alle Sünden verzeihen würdest. Du hast gemerkt, daß ich Alban von Jahr zu Jahr mit steigendem Erfolg von seiner fanatischen Ergebenheit zu Schoenberg zwar nicht kuriert, aber ein gutes Stück weggebracht habe. Du hast auch gemerkt, daß ich ihm das »épater le bourgeois« und auch andere, störende romantische Attitüden ausgeredet habe. Das war Dir wichtiger als die Verwirrung Deiner Gefühle, an der ich vielleicht nicht ganz unschuldig war. Aus diesem Grunde hab ich Dir vieles verziehn. Das war Dein großes Verdienst. Dein Verdienst war es auch, daß Du für Alban ehrgeiziger warst als er selber, der – wie jeder echte edle Wiener – sich nicht zu wichtig genommen hat. Du hast ihn auch oft zur Arbeit gedrängt, ja, gezwungen. Und das war nötig. Nicht weil Alban, wie manche, selbst

---

1 Hinter diesem Satz findet sich im Typoskript der von Morgenstern handschriftlich hinzugesetzte Name seiner Frau, Inge – gewiß beabsichtigte er, auch diesen »Grund« hier zu nennen.

wohlwollende, Dummköpfe glauben, faul war. Sondern weil er, wie viele große Künstler, jedes neue Werk, das er plante, mit großer Vorsicht zaghaft überlegte und geradezu physische Scheu vor dem Beginnen hatte. Deine Hilfe ist da nicht hoch genug zu werten. Aus diesen und andern Gründen, die ich nicht zu erwähnen brauche, hab ich Dir, Helene, manches verziehn. Aber nicht vergessen. Zum Beispiel: Alban kam einmal zu mir. Ich wohnte damals schon nicht mehr in Hietzing. Er zog aus seiner Aktentasche ein dickes Couvert und sagte: »Ich hab dir was Unangenehmes zu zeigen. Ich hab da diese Formulare bekommen. Die Leute von der reichsdeutschen Musikkammer fordern mich auf, meinen Ariernachweis einzu- schicken. Ich brauch dir nicht zu sagen, wie zuwider mir das ist. Aber ich muß es tun.« Ich sah ihm an, wie zuwider ihm das war. Aber ich war nicht der Ansicht, daß er es tun mußte. »Ich würde es dir nicht abraten«, sagte ich ihm, «wenn ich wüßte, daß es dir nützen wird. Deine Musik ist nicht ›arisch‹, und sie wird dem Dr. Goebbels nicht weniger degeneriert erscheinen, weil du einen Ariernachweis hast.« – »Dr. Wiesengrund-Adorno forderte mich auf, ich soll nach Frankfurt kommen und Musik für einen Film über Storms *Schimmelreiter* komponieren. Ich bin natürlich nicht hingefahren, und ich will auch keine Musik schreiben für einen Film. Aber was soll ich mit dem Wisch tun?« – »Ernst Křenek hat auch so einen Wisch bekommen, und er hat mir gesagt, was er getan hat.« – »Was hat er getan?« – »Er hat es in den Papierkorb geworfen – vermutlich, weil er sein Klosett nicht verstopfen wollte.« Alban sagte mit einem Seufzer: »Ernst Křenek ist nicht mit Helene verheiratet.« Ich hab's Dir verziehn, aber, wie Du siehst, nicht vergessen.[1]

Ich bin aus Wien zu meinem Glück noch gerade einen Tag, ehe Hitler einmarschiert ist, geflüchtet. Eine »arische« Freundin, Frau von Demel, begleitete mich zum Westbahnhof.[2] Ihr Mann wußte aus si- cherer Quelle, daß der letzte Zug nach Paris abging, mit dem man ohne Erlaubnis fahren konnte. Am nächsten Tag brauchte man schon eine. Unterwegs bat ich die Freundin, mich zum Haus meiner Mutter zu begleiten, und zu Deinem Haus nach Hietzing, um mich zu verab- schieden. Sie hatte Bedenken und redete es mir aus. Ich bin zum Glück den Raubmördern entronnen. Aus Paris bat ich Inge, Dich an-

1 Siehe oben S. 364.
2 Marianne Demel (Edle von Elswehr; 1901-1973).

378

zurufen und Dir zu sagen, daß ich schon in Paris sei. Eine Woche später kamen die Brüder Lifczis, von denen einer der Rechtsanwalt Albans war.[1] Als ich mich bei ihm ängstlich nach Dir erkundigte, lachten beide Brüder über mich, und der ältere, Hugo, sagte: »Ich kann dich beruhigen, Soma. Eine Woche vor dem Einzug Hitlers hat Frau Berg uns in einem Brief gekündigt und ihn mit ›Heil Hitler‹ unterschrieben. Ihr wird nichts geschehn.« Das hab ich auch nicht vergessen, vielleicht, weil ich mir recht blöd vorkam.

Was ich hier aufgeschrieben habe, ist lange nicht mehr wichtig. Ich habe es mehr für mich aufgeschrieben, als für Dich, um nicht ohne Vorbereitung Dir mit der Mitteilung zu kommen, daß unsere Freundschaft leider zu Ende ist. Eine Freundschaft, die so lange gedauert hat, stirbt nicht so leicht. Es hat ein paar Jahre gedauert, wie ich hier aufzuzeichnen versuchte. Dennoch kam es mir oft vor, als ob ich es nie zuwege bringen würde, Abschied von dieser Freundschaft zu nehmen. Ich habe vor meiner Krankheit einen schwachen Versuch gemacht, Dir die Leviten zu lesen, aus einem Anlaß, der mir gar nicht wichtig war. Eigentlich hatte ich schon damals die Absicht, Dir das zu sagen, was ich Dir jetzt sagen muß. Umso besser. Jetzt kann ich es genau fixieren, wann diese Freundschaft gestorben ist. Es geschah in Deinem Hause im Jahre 1968, bei meinem letzten Besuch. Du hast mir noch ein paar von meinen Briefen, die ich an Alban geschrieben habe, ausgesucht und versprachst, noch andere zu suchen, obwohl ich genau wußte, daß Du nicht zu suchen brauchtest. Du wußtest sehr wohl, wo sie sind und hattest längst beschlossen, welche Du mir »aussuchen« und welche Du unterschlagen wolltest. Es war eine Art Zensur. Ich habe es unterlassen, Dir zu sagen, daß ich diese Zensur sehr wohl durchschaute. Ich sah ein, daß es keinen Sinn hätte, Dir das vorzuwerfen, weil ich ja sicher war, daß Du das, was Dir nicht paßte, schon längst vernichtet hattest. Auch ahnte ich, daß wir uns wohl zum

---

1 Der schon genannte Anwalt Bergs, Otto Lifczis, und sein Bruder Hugo Lifczis, damals in Wien ebenfalls Rechtsanwalt. Im Juli 1938, also später, als Morgenstern erinnerte, verließen die Brüder Österreich. Hugo Lifczis ging mit seiner Frau Annie Renée, geb. Schermant, von Paris nach Buenos Aires, wo sie sich unter dem Namen Lifezis niederließen und eine Literaturagentur gründeten, die sich vor allem exilierter österreichischer Autoren annahm. Annie Lifezis setzte unter dem Namen Annie Reney in Argentinien ihre Arbeit als Übersetzerin fort; mehrere Bücher von Leo Perutz übertrug sie ins Spanische und sorgte für die Verbreitung seines Werks in Lateinamerika. Nach Perons Machtübernahme übersiedelten die beiden nach Barcelona. Hugo Lifezis starb 1970 in Barcelona, Annie Lifezis 1987 in Wien. (Vgl. *Leo Perutz 1882-1957. Eine Ausstellung der Deutschen Bibliothek, Frankfurt am Main*, Wien, Darmstadt 1989.)

letzten Mal sahen, denn ich hatte keinen Plan, Wien je wiederzusehn. In wehmütiger Stimmung saß ich Dir gegenüber und wartete nur noch auf meinen Freund, Dr. Conrad Lester, der versprochen hatte, mich bei Dir abzuholen. In diesem Moment sagtest Du es. Etwas, was Du offenbar schon seit Jahren vorbereitet hattest. Etwas, was Du nicht aufschreiben wolltest, weil Du mit Recht Angst hattest, daß Du Dich zu weit vorwagtest. Ohne mich anzusehn. Mit einem Blick, als ob Du einer verschollenen, aber fatalen Tatsache nachsännest, sagtest Du mit leiser Stimme: »Zu denken, daß ein Arzt so was tut! Einfach zu schneiden!« Obwohl die fatale Tat 33 Jahre zurücklag, wußte ich gleich, welche Tat Du meintest. Die Tat, die *Du* begangen hast. Nicht der Arzt.

Ich bin zu diesem Punkt gekommen, Helene, um Dir zu sagen: Du hast, weiß Gott, Grund zu vergessen, was und wie es geschehen ist. Aber Du wirst mich nie glauben machen, daß ich irgend etwas, was Alban betrifft, je vergessen könnte. Aus diesem Grunde schreibe ich hier auf, was geschehen ist.

Alban schrieb mir schon in den Ferien, daß er an einer Furunkulose leide.[1] Und wie er im Herbst nach Wien kam, hat es ausgesehn, als ob die Krankheit vorbei wäre. Es hat sich aber herausgestellt, daß das Übel nicht geheilt war. Im Dezember 1935 war es so, daß er in seinem Zimmer, da ich bei ihm war, nicht auf seinem Sofa sitzen konnte. Er saß lieber auf einem Stuhl, weil er da nur halb auf dem Stuhl saß, um die andere Hälfte des Gesäßes nicht zu belasten. Bei einem zweiten Besuch war gute Stimmung in Eurem Hause. Alban fühlte sich besser, und Du erzähltest, was geschehen war: »Ich habe meine Schere genommen, sie gut ausgekocht, und das Geschwür aufgeschnitten.« Alban lobte Dich, wie tapfer Du dabei warst, und er fühlte sich wie erlöst von dem langen Übel. Ich hatte keine Erfahrung mit Furunkeln, aber ich erinnerte mich, daß Inges Onkel Heinz einmal eine Furunkulose hatte und in einem Sanatorium mit Injektionen geheilt wurde. Ich war über Deine Mitteilung bestürzt und habe gleich, wie ich nach Hause gekommen bin, meinen Euch dem Namen nach bekannten Freund Dr. Kasper Blond, einen Chirurgen[2], angerufen und erzählte ihm den Fall, ohne Euern Namen zu nennen. Dr. Blond war entsetzt. Entsetzt, Helene, von Deinem

1 Zwei nicht erhaltene Briefe Bergs (siehe oben S. 368, Anm. 2).
2 Siehe oben S. 369, Anm. 1.

380

Versuch in der Chirurgie. Er meinte, eine Sepsis – eine Blutvergiftung – sei zu befürchten. Ich habe daraufhin Alban angerufen und ihm nahegelegt, so dringlich ich es wagte, einen Arzt aufzusuchen. Aber Alban beruhigte mich. Er fühlte sich wohl, meinte er, und das sei die Hauptsache. Ich rief am folgenden Tag an, und er blieb noch immer dabei, daß er sich wohlfühlte, und redete mir meine Beunruhigung aus. Einen Tag später, an einem Samstag, erhielt ich die ersten Exemplare meines Romans *Der Sohn des verlorenen Sohnes*. Ich wußte, wie Alban sich freuen würde und telephonierte ihm die gute Nachricht und schlug ihm vor, daß ich Euch persönlich ein Exemplar ins Haus bringen wollte. Alban wollte das nicht haben. Er wollte eigens in die Stadt kommen, ins Café Museum, um sich das Buch zu holen. Natürlich bist Du mitgekommen. Ich freute mich über diese Wendung. Ich rief sofort Dr. Blond an, erinnerte ihn an den Fall, von dem ich ihm erzählt hatte, nannte ihm diesmal den Namen des Kranken, an dem eine Hausoperation unternommen wurde, und bat ihn, ins Café Museum zu kommen. Seine Frau, die Schwägerin von Jascha Horenstein und eine begeisterte Schoenbergianerin, half mir dabei. Und obwohl er sonst in dieser Stunde zu tun hatte, war er zur Stelle. Wie bei sich zu Hause noch vor dem Eingriff, zog es Alban vor, nicht auf der gepolsterten Bank im Café Museum, sondern auf einem Stuhl zu sitzen. Er war aber lebhaft und Ihr beide hattet Freude an meiner Freude mit dem besonders geglückten Format des Buches, das Ihr so gut im Manuskript kanntet. Ich benützte die Stimmung und erwähnte, daß mein Freund, Dr. Blond, gerade im Kaffeehaus säße und schlug Euch vor, ihn zu Rate zu ziehn. Du, Helene, wolltest nichts davon wissen. Alban folgte Dir. Da ich Dich im Verdacht hatte, daß Du aus Deinem mir wohlbekannten Geiz die Einmischung eines bekannten Chirurgen nicht haben wolltest, versicherte ich Euch, daß Dr. Blond meinen Freunden, denen ich ihn empfehle, keine Rechnung schickte, ohne mich zu befragen. Auch das lehntest Du ab und Alban folgte Dir leider auch hierin. Zwei Tage später, am frühen Morgen, telephonierte mir der Anwalt Albans, mein Freund Dr. Lifczis, und las mir die mit Sensationsbuchstaben im *Neuen Wiener Journal* gebrachte Mitteilung: Alban Berg im Rudolfsspital eingeliefert.

Als ich ihn zum ersten Mal im Spital besuchte, lag Alban noch mit vielen Patienten im großen Krankensaal. Als ich wegging, begleitetest Du mich hinaus, und weinend im Spitalskorridor klagtest Du: »Der

Professor Demel ist so ekelhaft zu mir. Kannst Du mit ihm reden? Bitte!« Ich habe es Dir versprochen. Aber was war da zu reden. Ich nahm an, daß er von Dir wußte, was geschehen und darum ekelhaft zu Dir war. Was konnte ich daran ändern? Ihm sagen, daß Du es gut gemeint hast? Weniger Wisser waren ihm gewiß lieber. Leider waren die Wisser nicht wenige. Denn wie Du Dich vor mir gerühmt hast, was für eine tapfere Tat Du begangen hast, so hast Du Dich vor vielen Freunden gerühmt – guten und auch sogenannten Freunden, die es nach Albans tragischem Ende frei und ohne Hemmung beredet haben.

Im Jahre 1957 war ich zum zweiten Mal nach dem Krieg in Wien. Ich hab Dich leider dort nicht vorgefunden. Ich schrieb Dir nach Kärnten und erhielt Deine Auskunft (auf einer Ansichtskarte), daß Du nicht abkommen kannst, weil in Deinem Sommerhaus ein Ofen repariert wird. In Wien hab ich damals zum ersten Mal gehört, daß Alban von einem Arzt namens F.[1] nicht richtig behandelt wurde und infolge dieser falschen Behandlung gestorben ist. Ich wußte ja, schon im Jahre 1935, daß Alban leider in Wien von keinem Arzt behandelt wurde. Ich wußte auch später durch Alma Mahler, wie wenig der Dr. F. mit der Sache zu tun hatte. Alma, deren Freund Dr. F. war, erzählte, daß Du und Alban und der Dr. F. bei irgendeiner Familie zum Abendessen geladen waret. Alban klagte ihm seine Schmerzen, und der gütige Dr. F. ließ sich darauf ein, die Geschwulst in einem W. C. anzusehen. Dr. F. war entsetzt darüber, daß Alban in keiner ärztlichen Behandlung war und riet ihm dringend, am nächsten Tag zu ihm oder einem andern Arzt in Behandlung zu gehen, was, wie Du weißt, nicht geschehen ist. Ich habe Dr. F. in Wien nicht gekannt. Ich lernte ihn aber in Paris kennen. Wir waren zusammen in Frankreich in einem Konzentrationslager und hatten reichlich Gelegenheit, über unsern gemeinsamen Bekanntenkreis uns auszusprechen. Er erzählte mir, wann er das letzte Mal Dich und Alban gesehn hat, und das stimmte genau mit der Erzählung von Alma überein.

Ich versuchte damals in Wien im Jahre 1957 dahinterzukommen, wer diese Version von Dr. F's Behandlung erfunden und verbreitet hat. Ich hätte gern mit Dir darüber gesprochen. Aber Du hattest Dich geweigert, nach Wien zu kommen. Mit Dir darüber zu korrespondieren hielt ich nicht für wichtig genug. Was tratschte man nicht alles in Wien! Selbst in schöneren Zeiten.

1 Siehe oben S. 373.

Ich habe, wie alle Juden, viele verloren, die mir nahestanden. Vor allem die Nächsten, die von den Raubmördern umgebracht worden sind: Meine Mutter, einen Bruder, eine Schwester und viele Verwandte. Seit dem Abschied von Alban sind 36 Jahre vergangen. Aber ich kann es mit gutem Gewissen sagen: Es verging kaum ein Tag in diesen Jahren, an dem ich den Verlust dieses geliebtesten Freundes Alban nicht schmerzlich empfunden hätte. Wie könnte das anders sein! Er war fünfzig nach dem Kalender, wie er gestorben ist. Als Mensch war er vielleicht so alt. Als Mann war er nicht mehr als vierzig. Als Künstler war er noch jünger. Was hätte Alban uns und der Welt noch alles zu sagen gehabt. Wieviel Freude hätte er noch erleben können an dem großen Erfolg, der seinem Werk bestimmt war. Wenn ein Wesen umkommt, ein lebendes Wesen, geht eine Welt verloren. Wie viele Welten sind mit einem Wesen wie Alban Berg verloren gegangen! Und das aus einem absurden Grund. Ich glaube an den Schöpfer der Welt. Aber ich glaube nicht, daß er uns das Maß unserer Lebensdauer zumißt. Es war, auch wenn man an ein Schicksal glaubt, nicht an Gott, ein verworfener Irrtum des Schicksals. In einer absurden Stunde ist Dir der Seitensprung in die Chirurgie eingefallen.

Ich habe, nachdem es geschehen war, um Dein Leben gefürchtet. Und ich habe erst aufgeatmet, als ich am ersten Tage nach dem Begräbnis Dich besuchte und bemerkt habe, daß Du Dich sogleich in die Welt des Spiritismus hinübergerettet hattest. Schon an jenem Tage knackten die Möbel in der Wohnung, und es war Alban, der es tat und also mit Dir in Eurem Haus geblieben ist. Als ich im Jahre 1950 nach Wien kam, um Dich wiederzusehn, war es mir wieder eine Entlastung zu erleben, daß Alban noch weiter durch das Knacken im Buchgestell mir Dir in Verbindung geblieben ist. Vermutlich war es noch so im Jahre 1957, wo ich Dich nicht in Wien angetroffen habe. Erst im Jahre 1968, und diesmal war ich oft in Deinem Haus, denn ich war fünf Wochen in Wien, hab ich Dir die Veränderung angemerkt. Kein einziges Mal hat es in den Möbeln geknackt. Alles verändert sich, solang wir am Leben bleiben, auch die Arten des Trostes. Du hast mir schon vor Jahren das zu lange »Kleben am irdischen Kleid«, wie Du Dich ausdrücktest, verächtlich zu machen versucht.

Es war aber nicht mehr der spiritistische Aberglaube, der Dich gerettet hat. Das verstand ich erst, als Du das Wagnis versucht hast, selbst mich auf Deinen Ausweg zu locken: Der Dr. F. hat's gemacht –

nicht Du. Nein, Helene, auf diesen Weg kann ich Dir nicht folgen. Ich habe Dir vieles verziehen. Aber nicht um diesen Preis. Weil Dr. F. nicht mehr am Leben ist, soll er der Schuldige sein? Du hast zu lange mit den Nazis gelebt. Offenbar ist etwas von dem Schrei: Der Jud ist schuld, noch haftengeblieben. In einer wahren Stunde wirst Du es noch einmal bereuen. Wenn Du von allen Formen Deines Aberglaubens zurück zu Deinem wahren Glauben findest, wirst Du mir dankbar dafür sein, daß ich an Deiner Lebenslüge nicht den geringsten Teil haben mag. Hiermit Gott befohlen.

Nachwort des Herausgebers

1

Als Soma Morgenstern im Juni 1923 Alban Berg kennenlernte, schrieb der Dreiunddreißigjährige gerade sein zweites Theaterstück, jenes Stück mit dem damaligen Titel *Im Kunstkreis*, aus dem Berg gern seine zweite Oper gemacht hätte. Die Nachkriegsjahre in Wien waren auch für Morgenstern nicht leicht. Hinter ihm lag die Flucht mit Mutter und Schwester aus der ostgalizischen Heimat vor den bei Kriegsbeginn anrückenden russischen Truppen, eine überstürzte Flucht im Pferdewagen über die Karpaten nach Wien. Hinter ihm lag ein dreijähriger Kriegsdienst in Serbien und Ungarn, den er heil überstanden hatte, anders als sein Lieblingsbruder Samuel, der schon bald in einem sibirischen Kriegsgefangenenlager zugrunde gegangen war. Obwohl Morgenstern bereits 1912 nach Wien gekommen war, um sich an der juristischen Fakultät der Universität einzuschreiben, gehörte er zwei Jahre später mit seiner Familie zu den Tausenden von zumeist jüdischen Kriegsflüchtlingen aus den östlichen Grenzländern des Habsburgerreiches, und die waren in Wien alles andere als willkommen. »In Wien hat man Galizien so abscheulich und so lächerlich gemacht, daß es manchen Galizianern in Wien furchtbar schwerfällt, offen zuzugeben, daß sie aus Tarnopol sind.«[1] Nach Kriegsende verdiente sich Morgenstern seinen Lebensunterhalt offenbar als Lehrer für geistig behinderte Kinder. Im übrigen führte er das Leben eines »gemäßigten Bohémiens«[2]. Des öfteren war er am gerade gegründeten Bauhaus in Weimar im Kreis um Johannes Itten zu sehen, den er wohl aus Wien kannte. Einer der Itten-Schüler erinnert sich an »den literarisch hochgebildeten Soma Morgenstern, der so wunderlich hinreißend Nestroy und Altenberg vorzulesen verstand, der nicht höher als Karl Kraus schwor und ein enragierter

---

1 *Joseph Roths Flucht und Ende. Erinnerungen*, Lüneburg 1994, S. 61. Zu Leben und Werk Morgensterns siehe dort (S. 301 ff.) den Überblick des Herausgebers: *Soma Morgenstern – der Autor als Überlebender.*
2 *Alban Berg und seine Idole*, oben S. 71.

Fackel-Leser und Trakl-Kenner war«[1]. Nach seiner Promotion 1921 bewegte er sich in einem Kreis vorwiegend ungarischer Emigranten, welche vor dem faschistischen Terrorregime des Admirals Horthy nach Wien geflüchtet waren. Dieser Kreis residierte im schönen Hietzinger Café Stöckl, zu ihm gehörten Ludwig Hatvany und Béla Balázs. Durch diesen lernte er eines Tages Georg Lukács kennen, und Robert Musil, den er längst vom Sehen aus dem Café Herrenhof kannte, wo Morgenstern in den Kreisen der jüngeren Bohème aus Wien, Prag und Budapest verkehrte.[2] Es scheint also, daß er – ungeachtet eines gewissen Vorbehalts, welcher erst ein Jahrzehnt später in seinem Roman vollen Ausdruck finden sollte – in jenen frühen Nachkriegsjahren in der literarisch-künstlerischen Sphäre Wiens sich einigermaßen heimisch gefühlt, an ihren intellektuellen Auseinandersetzungen jedenfalls lebhaften Anteil genommen hat.

Dies bereitete den Boden für die Freundschaft mit dem fünf Jahre älteren Alban Berg, wie an den ersten Zusammenkünften der beiden zu sehen ist, in denen die gemeinsame Schätzung Peter Altenbergs und wohl mehr noch ihr grundsätzliches Einverständnis über die exzeptionelle Bedeutung von Karl Kraus eine entscheidende Rolle spielten. Denn »Alban Berg war, wie alle Schönberg-Schüler, ein Intellektueller«[3]. Zudem muß Morgenstern – in diesem Punkt Berg durchaus nicht unähnlich – von gewinnendem Charme und Witz gewesen sein und entsprach nicht nur Bergs Interesse für Literatur, sondern auch seinem Vergnügen an intellektuellen Debatten. Bergs Vorliebe für das jiddisch-wienerische Wort ›daigetzen‹ spricht für sich.[4] Im Rückblick auf seine eigene Wiener Zeit schreibt Theodor W. Adorno: »Der Witz und die Schlagfertigkeit Morgensterns haben Berg sehr imponiert, ich war deswegen auf den Älteren und Erfahreneren, den ich sehr gern hatte, gewiß eifersüchtig. Mein eigener philosophischer Ballast fiel wohl für Berg zuweilen unter die

---

1 Erich Pfeiffer-Belli, *Junge Jahre im alten Frankfurt und eines langen Lebens Reise*, Wiesbaden u. München 1986, S. 312.

2 Diese Zusammenkunft hat Morgenstern 1973 in einem Briefbericht an Karl Corino geschildert: Soma Morgenstern, *Robert Musil – György Lukács: eine Begegnung*, in: Annali. Sezione Germanica/Studi Tedeschi (Napoli), Jg. 23 (1980) Heft 2/3, S. 315-321; vgl. auch *Alban Berg und seine Idole*, oben S. 79 f.

3 *Joseph Roths Flucht und Ende*, a.a.O., S. 105.

4 Siehe Berg an Morgenstern, 22. November 1926 (Nr. 18).

Kategorie dessen, was er fad nannte; ich machte einmal einen Spaß darüber, ohne daß er mir ernstlich widersprochen hätte.«[1]

Auch Morgensterns intensives Musikinteresse und seine Offenheit für die zeitgenössische Produktion dürften die Freundschaft mit Berg gefördert haben. »Ich habe mich seit meiner Kindheit für Musik interessiert. Ich hab im Gymnasium im Chor gesungen und im Schulorchester Cello gespielt. Schlecht und recht. Gesungen hab ich recht – ich hatte eine gute Stimme und sang die Soli. Als Cellospieler blieb ich ein Anfänger und blieb ein solcher, bis ich bei Anbruch des Krieges 1914 mit dem Spielen aufgehört habe. Ich hatte schon im Gymnasium keine Zeit zu üben. Mein Tag war ausgefüllt mit Stundengeben, womit ich mir nach dem Tode meines Vaters mein Auskommen verdiente. Ein Musikenthusiast war ich mein Leben lang geblieben, aber ich bin nie ein Musiker geworden.«[2] Die Bedeutung der Musik in seinem Leben, die erst nach den Studienjahren mit der Hinwendung zum Schreiben hinters Theaterinteresse zurücktrat, ging so weit, daß sie ihn auch literarisch bestimmte. Joseph Roth erzählte er einmal: »Wie dir Proust geholfen hat, hat mir erstaunlicherweise kein Schriftsteller, sondern ein Komponist geholfen. Und noch einmal erstaunlicherweise ein russischer Komponist namens Modest Mussorgski. Ich habe in einem Konzert ein Stück von ihm zum ersten Mal gehört, und ich ging hinaus mit dem Gefühl: Jetzt weiß ich, wie ich zu schreiben hab.«[3] Kaum verwunderlich also, daß er mit auffallend vielen Musikern befreundet oder gut bekannt war, darunter Jascha Horenstein, Karol Rathaus, Eduard Steuermann, Hanns Eisler, Ernst Křenek, Rudolf Kolisch, Otto Klemperer, Erich Itor Kahn und Stefan Askenase. Unter ihnen nahm Alban Berg bald die erste Stelle ein.

Morgenstern lernte Berg kennen, als für diesen sich die Dinge allmählich zum Besseren zu wenden begannen. Seit Frühjahr 1922, nach über fünfjähriger Arbeit, war die Oper *Wozzeck* vollendet. Im April des folgenden Jahres endlich wurde auch Berg von der Universal Edition unter Vertrag genommen, wenngleich zunächst nur mit dem *Wozzeck* und den *Drei Orchesterstücken* von 1914 – »ein fast Vierzigjähriger, als eines der letzten der damals fällig gewesenen Talente«, wie er dem Verlag später mit für ihn typischer Ironie

---

1 Theodor W. Adorno, *Berg. Der Meister des kleinsten Übergangs*, Wien 1968, S. 37.
2 *Joseph Roths Flucht und Ende*, a.a.O., S. 72.
3 A.a.O., S. 103.

bescheinigt hat.[1] Es stellten sich Erfolge ein, zunächst mit dem Streichquartett von 1910 beim Salzburger Kammermusikfest im August 1923, im Jahr darauf beim Frankfurter Musikfest mit der Uraufführung der *Drei Bruchstücke aus Wozzeck* durch Hermann Scherchen, der auch die Anregung zu ihnen gegeben hatte. Schließlich mit der Uraufführung der Oper *Wozzeck* am 14. Dezember 1925 durch Erich Kleiber in Berlin. Große Erfolge aber waren Berg immer auch Anlaß zu Zweifeln. Adorno berichtet: »Nach der Berliner Uraufführung des ›Wozzeck‹ im Dezember 1925 gingen wir bis spät in die Nacht in der Stadt herum, und ich hatte ihn über den Erfolg, den größten seines Lebens, zu trösten: wenn das den Leuten so gefalle, meinte er, so müsse etwas an der Sache nicht stimmen.«[2] Doch brachte der Berliner Erfolg für Berg den Durchbruch; zum erstenmal im Leben bekam er feste monatliche Verlagszahlungen, und wenige Jahre später wuchsen mit der Zahl der *Wozzeck*-Aufführungen auch die Tantiemen.

Das Verhältnis zwischen Morgenstern und Alban und Helene Berg hatte bereits freundschaftlichen Charakter angenommen, als Adorno im März 1925 nach Wien kam, um Komposition bei Berg zu studieren. Es scheint, daß Adorno, dessen musikalische Begabung Berg hoch wertete und dem heute die wohl tiefsten Einblicke ins Werk Alban Bergs zu danken sind, bald ›der Vierte im Bunde‹ wurde – Bergs Formulierung vom »Kleeblatt«[3] deutet darauf hin. Für Morgenstern allerdings, der seine Freundschaft mit Adorno in Wien als herzlich empfand[4], wurde die Beziehung zu ihm bald schwieriger. Seine spätere Formulierung »mehr Gehirn als Mensch«[5] läßt ahnen, wie beschwerlich zuweilen der Umgang mit dem jungen Doktor der Philosophie für ihn gewesen sein muß. Und zweifellos, bei aller Dankbarkeit für Gesellschaft in der fremden Stadt – beispielsweise vermittelte Morgenstern sehr bald auch die Bekanntschaft mit Lukács –, herrschte auf seiten Adornos von Beginn an ein Maß an innerem Vorbehalt gegen den anderen, daß schwer vorstellbar ist,

---

1 Berg an die Universal Edition, Charwoche 1934 (zit. nach Volker Scherliess, *Alban Berg*, Reinbek bei Hamburg 1986, S. 99).
2 Theodor W. Adorno, *Alban Berg*, Gesammelte Schriften, Bd. 16, hg. von Rolf Tiedemann, Frankfurt a. M. 1978, S. 86.
3 Berg an Morgenstern, 22. November 1926 (Nr. 18).
4 Vgl. *Alban Berg und seine Idole*, oben S. 122.
5 Ebd.

dieser habe davon nichts gespürt. Die Briefe, die Adorno damals seinem Freund und Mentor Siegfried Kracauer aus Wien schrieb, lesen sich streckenweise wie ein pädagogisches Gutachten, wenn der Einundzwanzigjährige, sichtlich stolz auf die eigne »westliche Geformtheit«, über Morgensterns Leistungsfähigkeit und Grenzen befindet.[1] Adorno gestand später, Berg habe ihm den »Assimilanten-hochmut gegen die Ostjuden abgewöhnt«[2]. Begreiflicherweise war Morgensterns damalige Neigung zur literarischen Bohème in Adornos Augen nicht eben ein intellektuelles Gütezeichen. Das klang noch nach, als er Jahre später Walter Benjamin, der eine Reise nach Wien beabsichtigte, leicht mokant empfahl, dort auch Morgenstern zu treffen, »mit dem eine Nacht im Café zu verbringen der genius loci doch wohl gebietet«.[3] Damals vergrößerte Morgensterns vermeint-licher »Rückzug« ins Judentum schon die innere Distanz, vermutlich auf beiden Seiten. Und entsprechend fiel denn auch Adornos schnei-dendes Resümee aus: »Soma hat im übrigen viele Qualitäten, die ihn empfehlen, leider aber einen unseligen Hang zur Mediocrität auch sich selber gegenüber. [...]. Die Differenzen dürften doch wohl in tiefere Schichten reichen als die bloßer Gereiztheit zwischen Schreibenden.«[4] Nicht nur als Nachhall solcher Differenzen, mehr noch als späten Ausdruck der Verletzung durch eine nicht sonderlich zurückhaltende intellektuelle Überlegenheit hat man wohl Morgensterns Erinnerungen an Adorno zu lesen, zu dem er einst die Freundschaft suchte.

2

Morgensterns Erinnerungen und die vorliegende Korrespondenz zeichnen ein eindrucksvolles Bild seiner Freundschaft mit Alban Berg, welcher nicht viel mehr als ein Jahrzehnt gegeben war. Deutlich wird, wie man am Befinden des anderen Anteil nahm und umeinander besorgt war, deutlich ebenso die Gemeinsamkeit der Interessen, Mu-

1 Die unveröffentlichten Briefe Adornos an Siegfried Kracauer liegen im Deutschen Litera-turarchiv Marbach.
2 Theodor W. Adorno, *Im Gedächtnis an Alban Berg*, Gesammelte Schriften, Bd. 18, hg. von Rolf Tiedemann u. Klaus Schultz, Frankfurt a. M. 1984, S. 501.
3 Adorno am 7. November 1936 an Walter Benjamin (Theodor W. Adorno/Walter Benjamin, *Briefwechsel 1928-1940*, hg. von Henri Lonitz, Frankfurt/M. 1994, S. 210).
4 Adorno am 29. Februar 1940 an Benjamin (Theodor W. Adorno/Walter Benjamin, *Brief-wechsel 1928-1940*, a.a.O., S. 421).

sik, Literatur und Theater, bis hin zur Fußball-Leidenschaft, der man mit Witz und Selbstbelustigung anhing. Der Akzent liegt auf Literatur und Theater, und wo es um Musik geht, auf deren literarischen und kritischen Aspekten. Morgenstern war kein Musiker. Doch als Wiener Kulturkorrespondent der *Frankfurter Zeitung* hat er bis zu seinem Ausschluß 1934 immer wieder auch über musikalische Ereignisse geschrieben, was wohl auf Heinrich Simon, den Herausgeber und Chefredakteur, selbst großer Musikenthusiast, zurückging, der angeregt hatte, auch fachfremde Feuilletonmitarbeiter über Musik schreiben zu lassen. Morgenstern machte dabei aus seiner Nähe zum Schoenberg-Kreis kein Hehl. Als man 1928 die Musikkritikerin des *Neuen Wiener Journals*, Elsa Bienenfeld, einst Schoenberg-Schülerin, inzwischen seine Gegnerin, mit der einige Jahre zuvor auch Berg sich schon kritisch befaßt hatte, in der *Frankfurter Zeitung* nicht mehr drucken wollte, war Morgenstern bereit, an ihrer Stelle Musikreferate zu übernehmen, weil er sich »diebisch darüber freute, Alban Berg und anderen Freunden vom Schoenberg-Kreis zuliebe die gehässige Streiterin gegen die moderne Musik aus der *Frankfurter Zeitung* zu eliminieren«[1]. Und sein erster musikkritischer Beitrag, Strawinskys *Oedipus rex* gewidmet, zeigt unverkennbar die anti-klassizistische Haltung der Schoenbergianer.[2] Zu einer Art Bündnis zwischen Berg und Morgenstern kam es Ende 1928, als nach einer schleppenden Krise der langjährige Direktor der Wiener Staatsoper, Franz Schalk, seine Demission eingereicht hatte und der Posten neu zu besetzen war. Berg hoffte inständig auf Erich Kleiber in Berlin, welcher damals der wohl bedeutendste Dirigent zeitgenössischer Musik war. In einem Brief setzte sich Berg beim Generaldirektor Franz Schneiderhan für ihn ein, doch vergebens. Enttäuscht schrieb er Kleiber: »Es ist so ausgefallen, wie es von dieser Saustadt nicht anders zu erwarten war, und in diesem Sinne ist Dir sogar noch zu gratulieren, daß Dir erspart geblieben ist, hierher zu kommen, wo es ja doch nur ein unaufhaltsames Zugrundegehen gibt. Überall! Am meisten aber in der Musik! So war eigentlich von vornherein meine Aktion bei Schneiderhan eine vergebliche. Er hat auch gar nicht geantwortet!!! [...] Mehr versprach ich

---

1 *Joseph Roths Flucht und Ende*, a.a.O., S. 72. – Vgl. auch Alban Berg, *Zwei Feuilletons. Ein Beitrag zum Kapitel »Schönberg und die Kritik«*, in: Willi Reich, *Alban Berg. Leben und Werk*, Zürich 1963, S. 207 ff.
2 *Igor Strawinskijs Opernlatein. Zur Uraufführung des »Oedipus rex« in der Wiener Staatsoper*, FZ 206, 16. März 1928.

mir ja von dem famosen Feuilleton in der Frankfurter Zeitung, das ich inspiriert habe – das ersahst Du wohl daraus, daß Du als einziger Kandidat genannt wurdest –, und das auch sonst auf hohem schrift-stellerischen Niveau stand. Der S. Morgenstern ist ein guter Freund von mir. Aber auch das half nichts!«[1] Morgenstern hatte nach einer ausführlichen Polemik gegen das offizielle kulturelle Wien, wo »in Lehranstalten und Konzertsälen die provinzielle Mittelmäßigkeit das Musikleben zur Nervenplage gestaltet«, zur Berufungsfrage ange-merkt: »In der Generaldirektion scheint noch immer eine Art zuver-sichtlich entschlossener Ratlosigkeit zu herrschen«, um dann offen Partei zu ergreifen: »Alle glänzenden Namen werden bereits gezählt, geflüstert. Wenn es doch wahr wäre, daß ein Name bereits in den Vordergrund gerückt sei: E r i c h K l e i b e r. Das wäre ein Mann, den Wien braucht. Da Erich K l e i b e r auch noch zu jenen verbann-ten, aber unentwegten Wienern gehört, denen eine Tätigkeit in der Heimatstadt die Erfüllung eines Lebenstraums bedeutet, wäre das wohl die glücklichste Lösung.«[2]

Nicht auf Kleiber, sondern auf Clemens Krauss fiel die Wahl. Unter seiner Leitung fand am 30. März 1930 endlich auch die Wiener *Wozzeck*-Premiere statt. Wie nicht anders zu erwarten, gab es im Vorfeld eine Opposition gegen die Aufführung, an der Front das *Neue Wiener Journal* sowie der von Morgenstern nicht unzutreffend als »Witzbold« eingestufte Theater- und Musikkritiker der *Wiener Sonn-und Montagszeitung*, Hans Liebstoeckl, der dem Wozzeck das Etikett »häßliche Oper« aufklebte[3]. Morgenstern nutzte seine Premierenkritik zum Angriff gegen die konservative Musikkritik: »Die Erkenntnis, daß die devoten Lobhudler, die Wien vor jedem frischen Luftzug be-hüten möchten, die gefährlichsten Feinde und Evakuierer der Stadt sind, setzt sich durch. […] In der guten alten Zeit hatten die Gegner des Neuen noch Geist. Die ach! so böse neue Zeit ist aber die bessere: wer heute Geist hat, ist kein Gegner des ›Wozzek‹.«[4] Zur Opposition gegen die Wiener Moderne rechnete sich auch der Musikkritiker der *Neuen Freien Presse*, Julius Korngold, nur, daß er in seinen Publika-

---

1 Zit. nach John Russell, *Erich Kleiber. Eine Biographie*, München o.J., S. 147 f.
2 *Ein Lehrspiel für Wien. Zur Situation in der Staatsoper*, FZ 938, 15. Dezember 1928 (Sperrun-gen im Original).
3 Hans Liebstoeckl, *Die häßliche Oper. Alban Bergs »Wozzek« in der Wiener Oper*, in: Wiener Sonn- und Montags-Zeitung, 31. März 1930.
4 *Bergs »Wozzek« in Wien*, FZ 267, 9. April 1930.

tionen mit dem Anspruch analytischer Objektivität auftrat und seinen Urteilen nicht selten den noblen Anschein der einräumenden Formulierung gab. So konzediert er in seiner umfangreichen *Wozzeck*-Kritik: »Alban Berg handhabt seine Methode mit stärkstem Talent, mit künstlerischer Überzeugung, mit individueller Technik. Er hat die einzige intransigente mehraktige Opernpartitur radikalst-modernen Bekenntnisses geschrieben, gegen die alle anderen nur einen schwächlich und unreif schwankenden Stilmischmasch darstellen.« Zugleich aber zeigt Korngold auf das angeblich »Unökonomische eines durch Klangdenaturierung und Stimmenhypertrophie verfilzten Satzgefüges« und spricht von »jener hilflosen Entwurzeltheit, wie sie das Los aller destruktiven Neumusik ist«, welche er »negatives Komponieren« zu nennen liebt, um mit dem Fazit zu enden: »wenn das die Musik der Zukunft sein soll, dann hat es nie eine gegeben«.[1] Angesichts solch massiver Opposition ist es begreiflich, daß man im Schoenberg-Kreis publizistische Hilfe begrüßte, zumal, da die eigene musikalische Produktion in jenen Jahren noch keinesfalls durchgesetzt war. Morgenstern war nach seinen Möglichkeiten behilflich und erwies sich als ein zuverlässiger Freund.

Durch den Erfolg des Wozzeck hatte Berg, mit Morgenstern zu reden, ›Blut geleckt‹. Er begann nun einen Text für eine neue Oper zu suchen, und es ist bekannt, daß er in den Jahren dieser Suche eine ganze Reihe recht verschiedenartiger Werke vorübergehend in Betracht gezogen hat. Die meisten kommen in der Korrespondenz der beiden zur Sprache, was eine Vorstellung davon geben kann, wie eingehend zwischen ihnen das Für und Wider des jeweiligen Textes diskutiert worden sein muß. Morgenstern gab zumindest zwei Anregungen: zuerst Gerhart Hauptmanns Märchenspiel *Und Pippa tanzt!*, etwas später Frank Wedekinds Lulu-Dramen. Ein sonderbarer, offensichtlich für die Nachwelt gemachter Vermerk von Helene Berg findet sich unter einem Brief Morgensterns an sie aus dem Jahre 1969. In diesem Brief spricht Morgenstern von der Zeit der Entscheidung zwischen dem *Pippa*- und dem *Lulu*-Projekt. Helene Bergs handschriftlicher Kommentar lautet: »Dr Morgenstern lügt! Niemals hat er die Idee die Pippa zu vertonen Alban vorgeschlagen u. die Lulu war auch nicht von ihm ›Alban eingegeben‹ sondern Alban

---

1 Julius Korngold, *Operntheater. »Wozzeck«, Oper nach Georg Büchners Drama von Alban Berg*, in: Neue Freie Presse (Wien), 1. April 1930.

392

verkehrte doch im ›Karl Kraus-Kreis‹, daher kam sein erster Impuls!«[1] Dieser Darstellung stehen, was die *Pippa*-Idee angeht, zwei Dokumente entgegen. Erstens: Morgensterns Äußerung in einem Brief an Berg selbst: »Übrigens haben wir ja [über] alles, was für und wider Pippa spricht, schon oft gesprochen. Ich glaube mich sogar erinnern zu können, daß Du am Anfang, als ich Dir den Text vorgeschlagen habe, gar keine Bedenken hattest. Ich hab Dir auch die Pippa nur vorgeschlagen, weil Du etwas ›Spielerisches‹ gesucht hast.«[2] Und zweitens: Adornos Mitteilung über eine Postkarte, auf der ihm Berg am 11. Januar 1926 geschrieben hatte, daß Morgenstern ihm zur Komposition der *Pippa* rate.[3] Scheint also der Sachverhalt im Falle des Hauptmann-Stücks eindeutig, so sind Dokumente von vergleichbarer Qualität für die *Lulu* bisher nicht bekanntgeworden. Adorno schreibt in seiner Monographie über Berg: »Ob ich, wie es mir in der Rückerinnerung scheint, ihn zuerst auf die Lulu hinwies, vermag ich nicht mit Bestimmtheit mehr zu sagen; in solchen Dingen irrt man sich leicht aus Narzißmus. Jedenfalls redete ich ihm mit allen Argumenten zur Wedekindoper zu [...].«[4] Die Korrespondenz Bergs mit Morgenstern läßt jedoch darauf schließen, daß dieser erheblich früher als alle anderen mit dem Freund auch über den *Lulu*-Plan gesprochen hat. Jedenfalls schrieb er noch vor Mitte November 1927 aus Berlin: »Ich bin sehr neugierig, wie weit Dein Arbeits-Plan (Lulu) inzwischen gereift ist. Ich habe mir jedenfalls die Bücher besorgt und denke oft über Kürzungen, Zusammenfassungen u. s. w. nach. Hoffentlich kann ich Dir auch in dieser Hinsicht einen guten Rat geben.«[5] Und Adorno scheint, entgegen seiner Erinnerung, Berg bald darauf von der *Lulu* eher abgeraten zu haben: »Wiesengrunds Brief, der *eben* kam, hat mich nicht schwankend gemacht, wohl aber jene obige Vornahme, Lulu später zu komponieren, noch verstärkt.«[6] Und so erinnerte es ja auch Morgenstern.

Wie immer aber die Dinge hier liegen mochten, unzweifelhaft ist die Tatsache der intensiven Mitarbeit Morgensterns bei der schwieri-

---

1 Brief Morgensterns an Helene Berg, [New York,] 20. Mai 1969 (Musiksammlung der Österreichischen Nationalbibliothek: F21 Berg 1961/9).
2 Morgenstern an Berg, 30. November 1927 (Nr. 53).
3 Vgl. Theodor W. Adorno, *Berg. Der Meister des kleinsten Übergangs*, a.a.O., S. 32.
4 Ebd.
5 Morgenstern an Berg, 11. November 1927 (Nr. 51).
6 Berg an Morgenstern, 8. Dezember 1927 (Nr. 54).

gen Texteinrichtung zur *Lulu*, die Berg lange Zeit in Anspruch nahm. Dabei kam ihnen gewiß die große Theatererfahrung zustatten, die auch Morgenstern besaß. Jahrzehnte später notierte er in seinem Tagebuch: »Ich muß das genau erzählen – die ganze Entstehungsgeschichte der ›Lulu‹, an der Alban *nichts* außermusikalisches getan hat ohne sich mit mir zu beraten.«[1] Und nichts erhellt vielleicht die Art dieser freundschaftlichen Zusammenarbeit besser als Morgensterns Bekenntnis: »Ich fühle mich nämlich für die Lulu verantwortlich, als hätte ich sie für Dich verführt und müßte von ihr bald erschossen werden.«[2]

3

Mit der Machtübernahme der Nazis in Deutschland wurde das Leben schwierig. Vor den politischen Zuständen nach den Februarkämpfen 1934 in Wien flüchte Morgenstern für einige Monate nach Paris. Im Frühjahr verlor er, wie alle jüdischen Mitarbeiter reichsdeutscher Blätter, seine Stelle bei der *Frankfurter Zeitung*. Bergs Musik wurde, wie die Wiener Moderne insgesamt, als »entartet« und »kulturbolschewistisch« verboten. Noch bis Ende Mai 1934 aber hielt Berg an der Hoffnung fest, daß die *Lulu* zur Berliner Uraufführung durch den Freund Kleiber zugelassen werde. In der Frage der Regie – Berg dachte an Gründgens oder Fehling – wollte er vor einer Entscheidung eventuell Morgensterns Rat hören.[3] Dann kam aus Berlin die Absage, ausgesprochen von Staatsrat Wilhelm Furtwängler. Bergs Reaktion: »Obwohl er (und man) weiß, daß ich deutscher Komponist u. Arier bin u. auch daß Wedekind Deutscher u. Arier ist.«[4] Statt der Oper riskierte Kleiber am 30. November 1934 die Uraufführung der *Symphonischen Stücke aus der Oper »Lulu«*, unter starkem Beifall des Publikums. Anderntags lief die Pressekampagne gegen den Komponisten und den Dirigenten an. Vier Tage nach dem Konzert

1 *Tagebuch, Heft 13: Amerikanisches Tagebuch* (1949), S. [56], Eintrag vom 24. Mai 1949. (Nachlaß)
2 Morgenstern an Berg, 28. August 1928 (Nr. 67).
3 Berg an Hans W. Heinsheimer (Universal Edition), 9. Februar 1934 (Musiksammlung der Wiener Stadt- und Landesbibliothek).
4 Berg an Erich Kleiber, 29. Mai 1934 (zit. nach Ernst Hilmar, *Alban Bergs Selbstzeugnisse zu Entstehung und Aufführbarkeit der Oper »Lulu«*, in: *Alban Berg. Lied der Lulu*, hg. von der Wiener Stadt- und Landesbibliothek, Wien 1985, S. 18).

legte Kleiber das Amt des Berliner Generalmusikdirektors nieder. Anfang 1935 verließ er Deutschland.

Bergs Werke verschwanden aus den deutschen Opernhäusern und Konzertsälen. Seine Einnahmen gingen rapide zurück. Aus finanziellen Gründen, doch auch, um die Arbeit an der Oper ungestört vorantreiben zu können, verbrachte er zusammen mit seiner Frau den Winter 1933/34 unter schwierigen Bedingungen im »Waldhaus« in Kärnten und blieb dort. Man hat von künstlerischer Vereinsamung gesprochen. Aber es war nicht künstlerische, es war eine politisch verhängte Zwangsisolierung. Den finanziell höchst willkommenen Auftrag des amerikanischen Geigers Louis Krasner für ein Violinkonzert empfand Berg als quälende Last, wie ein Brief an seine Schwester zeigt: »nach zweijähriger ununterbrochener bis zur Erschöpfung an Nerven und Hirn erfolgten Arbeitsleistung an ›Lulu‹ nun diese Viechsarbeit an einem ganzen Violinkonzert, das im Herbst vollendet sein muß!«[1] Die depressive Verfassung sowohl Bergs als Morgensterns spiegelt sich in ihrer Korrespondenz. Im Briefwechsel treten lange Pausen ein. Für einen Brief notierte Berg am 14. September 1935: »Mein lieber Soma, wir haben lang nichts voneinander gehört und das geht mir sehr – u. immer mehr ab. Aber es scheint, daß man wirklich nicht mehr zum Vergnügen auf der Welt ist«.[2]

Zu diesem Zeitpunkt hatte Morgenstern für seinen ersten Roman, *Der Sohn des verlorenen Sohnes*, an dem er seit 1930 gearbeitet hatte, endlich einen Verleger gefunden, Erich Reiss in Berlin, der sich seit dem Machtantritt der Nazis ganz in den Dienst jüdischer Autoren stellte. Anfang Dezember erschien das Buch. Doch es durfte im Nazireich »nur an Juden« verkauft und die Tantiemen durften nicht ausgeführt werden, so daß Morgensterns Freude trotz guter Aufnahme seines Werks gedämpft war und keinerlei Aussicht bestand, daß seine wirtschaftliche Situation sich bessern könnte. Berg hatte den Roman schon im Manuskript gelesen und war voller Zustimmung. Die Korrespondenz der beiden endet mit einer Bitte Morgensterns: »Lieber Alban, wenn Du jetzt Zeit und Ruh hast schreib bitte einen Aufsatz

---

1 Berg an Smaragda v. Eger-Berg, 31. März 1935 (zit. nach Ernst Hilmar, *Alban Bergs Selbstzeugnisse zu Entstehung und Aufführbarkeit der Oper »Lulu«*, a.a.O., S. 22).
2 Berg an Morgenstern, 14. September 1935, Briefentwurf (Musiksammlung der Österreichischen Nationalbibliothek: F21 Berg 480/285).

über mein Buch, es wäre mir sehr lieb, und auch von Vorteil, wenn Du das öffentlich über das Buch sagst, was Du privat meinst.«[1]

Doch dazu kam es nicht mehr. Im November kehrt der Freund krank nach Wien zurück. Am 24. Dezember 1935 ist er tot. Diesen Schlag sollte Morgenstern zeitlebens nicht verwinden. Er war überzeugt, wie er es im letzten Kapitel andeutet, daß dieser Tod nicht notwendig war. Seinem Freund Jascha Horenstein, dem Dirigenten, berichtete er über Bergs Erkrankung: »Als ich eines Tages bei ihm zum Essen war, erzählte mir Helene noch vor dem Essen und in Albans Beisein, daß die Furunkulose nun zu Ende sei. Helene sagte: ›Es ist mir zu dumm geworden. Ich habe meine Schere genommen, sie gut ausgekocht – sie betonte: gut ausgekocht – und das Geschwür geöffnet und gut ausgewaschen.‹ Alban lobte ihre Tapferkeit, und auch er fühlte sich geheilt.«[2] Fünfunddreißig Jahre später, nach einer Herzattacke das eigene Ende vor Augen, schrieb Morgenstern im Hospital seinen *Brief an Helene Berg*. Unverkennbar ist es ein fingierter Brief; er wurde niemals abgeschickt und offenkundig nicht zu diesem Zweck verfaßt. Es ist eine späte Abrechnung mit der Frau, die er schuldig glaubte an dem frühen Tod des Freundes, und der er ihre Lebenslüge nicht vergeben konnte. Morgenstern hat sich der Wahrheit versichert, was seine Bemühungen betraf, damals in Wien für ärztliche Hilfe zu sorgen. Edith Blond, die Witwe seines Freundes Kasper Blond, jenes Arztes, der sich im Café Museum eingefunden hatte, sich um den Kranken zu kümmern, antwortete im Oktober 1970 aus England: »Mein lieber Soma, hier alles, was ich über die Sepsis von Alban Berg weiß. Es ist nicht viel. Ich fuhr damals gerade [...] auf Ski-Urlaub. Ich wußte vorher, daß Helene das Geschwür aufgeschnitten hatte und hatte, als ich wegfuhr, große Angst und las die Todesnachricht paar Tage später in der Zeitung. An dem Tag, als Du, wie Du glaubst, mich und K. ins Museum batest, muß ich schon weg gewesen sein und K. muß allein gekommen sein. Daß er dort war, weiß ich BESTIMMT. Denn Du sagtest zu mir, wahrscheinlich kurz nach meiner Rückkehr nach Wien: ›Dort drüben saß Kasper und ich bat Alban, ihn kennen zu lernen und zu konsultieren, aber es geschah nicht.‹ Ich erinnere mich nicht, daß Du damals gesagt hättest: Helene lehnte es ab. Woran ich aber heute nicht zweifle und absolut

---

1 Morgenstern an Berg, [23. Oktober 1935] (Nr. 127).
2 Morgenstern an Jascha Horenstein, 25. August 1971 (Durchschlag im Nachlaß).

sicher bin, daß *Dich* Dein Gedächtnis nicht trügt. So was kann man ja nicht vergessen oder erfinden.«[1] Das Moment von Ungerechtigkeit aber, das jeglicher Abrechnung auch innewohnt, ist in Morgensterns *Brief an Helene Berg* nicht nur die Spur seines jahrzehntelangen Einspruchs gegen diesen Tod, sondern ebenso seines Gewissens. Jascha Horenstein bekannte er, »daß ich mich einmal nicht eingemischt habe, und lebe nun seit dreißig Jahren in dem Gedanken, daß ein sehr teurer Freund wahrscheinlich noch am Leben wäre, hätte ich mich rechtzeitig eingemischt. [...] Ich versicherte Helene, daß Dr. Blond meinen Freunden, die ich ihm empfehle, keine Rechnung schickt, ohne mich zu fragen, mit Rücksicht auf Helenes Sparsamkeit. Trotzdem ließ sie das nicht zu und wollte nicht einmal die Bekanntschaft mit einem Chirurgen machen. Ich habe damals das Gefühl gehabt, ich müßte jetzt mit der Faust auf den Tisch schlagen, habe das aber leider nicht getan. Ich wollte mich nicht einmischen. Wir waren offenbar alle so erzogen: Man mischt sich nicht in Familienangelegenheiten. Seitdem sind 36 Jahre vergangen. Es vergeht kaum ein Tag, daß ich nicht an die Stunden denke, da ich mich nicht eingemischt habe.«[2] Adorno nahm an Bergs Tod das Wirken anderer Mächte wahr: »Es ist ein trostloser Aspekt von Bergs Biographie, daß er, wahrscheinlich um Geld zu sparen, nicht sogleich die Furunkulose von den besten erreichbaren Ärzten durchgreifend behandeln ließ, obwohl an seinem Tod der Geist des ›Da kann man halt nix machen‹, Resignation, vielleicht seine eigene Müdigkeit ihren Anteil hatte. Angesichts der Morde an Millionen, welche die Nationalsozialisten begingen, vergißt man subtilere Untaten des Dritten Reiches: hätte es sich nicht stabilisiert, so hätte Berg wohl nicht zu sterben brauchen.«[3]

Morgenstern hat seinen *Brief an Helene Berg* nicht ins Berg-Buch aufgenommen. Als ein bitteres Dokument des Erinnerns sei er seinem Buche beigefügt.

---

1 Edith Blond an Morgenstern, 10. Oktober 1970 (Nachlaß).
2 Morgenstern an Jascha Horenstein, 25. August 1971 (Durchschlag im Nachlaß).
3 Theodor W. Adorno, *Berg. Der Meister des kleinsten Übergangs*, a.a.O., S. 39

Einen alten Gedanken aufnehmend, entschloß sich Morgenstern in der zweiten Hälfte der fünfziger Jahre, sein Leben zu beschreiben. Ihm stand die klassische Autobiographie vor Augen, die mehr oder minder kontinuierliche Bewegung durch die Reihe der Jahre, eine schreibende ›Wiederholung‹ der gelebten Zeit, in der erzählend, nämlich als ›Lebensgeschichte‹, die immanente Kohärenz eines individuellen Seins entfaltet werden sollte. Auch in der Abfassung ging er chronologisch vor, beginnend bei der Kindheit. In diesem Sinne schrieb er noch 1972 an Gershom Scholem: »Wie ich Ihnen ebenfalls schon vor Jahren mitgeteilt habe, arbeite ich seit vielen Jahren an meiner Autobiographie. Aber ich bin noch lange nicht an das Jahr gelangt, da ich unsern Freund Walter Benjamin kennen gelernt habe.«[1] Das war Ende 1926 geschehen, zu einer Zeit also, von der sowohl das Roth-Buch als auch das Berg-Buch handelt. Dies bedeutet, daß Morgenstern einige der ihm besonders am Herzen liegenden Erinnerungen in einer Reihe von Kapiteln, relativ unabhängig von seinem autobiographischen Arbeitsplan, vorab zu Papier gebracht hat, gewiß um ihre Bewahrung zu sichern, wohl auch im Gedanken an ihren besonderen Wert. Immerhin handelte es sich um Erinnerungen an Alban Berg und Joseph Roth. Ein weiterer autobiographischer Komplex, der außerhalb jenes Arbeitsplans, möglicherweise überhaupt schon früher entstand, ist sein Romanbericht über die Internierung und Flucht in Frankreich 1940. Er nimmt durch seine Form ohnehin eine Sonderstellung ein. Im Unterschied zu diesem Romanbericht sollten die Kapitel über Berg und Roth dem Gesamtkorpus der ausgeführten Autobiographie später einverleibt werden. Dazu ist es nicht mehr gekommen. Der umfangreiche erste Teil der Autobiographie, von der Kindheit und Jugend erzählend, bricht mit dem Jahre 1912 ab; ein weiteres Kapitel erzählt vom Jahr 1915. Als absehbar wurde, daß das Werk als ein Ganzes wohl unvollendet bleiben werde, entschloß sich Morgenstern, gewarnt durch eine Herzattacke Ende der sechziger Jahre, die von Berg und Roth handelnden Teile zu zwei Konvoluten zusammenzustellen und ihnen damit eine wenn auch notdürftige Ordnung für den späteren Druck zu geben.

1 Morgenstern an Gershom Scholem, 21. Dezember 1972 (Durchschlag im Nachlaß).

Doch die Weise ihrer Entstehung, abseits vom autobiographischen Kontext, wirkt sich in ihrem Innern aus. Den beiden Büchern ist, in merklichem Kontrast zu den Kindheits- und Jugenderinnerungen, kaum mehr anzumerken, daß ihre Kapitel einst als Teile einer Autobiographie entstanden sind, wie es Morgenstern noch in seiner späten »Erklärung« zum Berg-Buch betont: »Dies ist kein Buch der Erinnerungen an Alban Berg. Es ist eine Reihe von lose zusammenhängenden Kapiteln, meiner Autobiographie entnommen, in denen von Alban Berg die Rede ist.«[1] Die dem autobiographischen Plan entgegenwirkenden Tendenzen des Zeitalters wurden bereits an anderem Ort angedeutet.[2] Davon abgesehen war schon die jeweilige Konzentration auf die eine Zentralgestalt, Berg oder Roth, dazu angetan, die autobiographische Absicht außer Kraft zu setzen. Die Darstellung des ›Erlebten‹ in seiner biographischen Bedeutung für den Darstellenden trat hinter den Bericht des Erinnerten zurück. Das gibt beiden Büchern eher Memoirencharakter. Nicht auszuschließen ist freilich, daß diese Teile bei einer Einarbeitung in den Korpus der Autobiographie, wie immer diese am Ende ausgefallen wäre, noch eine durchgreifende Umarbeitung erfahren hätten. Die handschriftlichen Korrekturen jedenfalls, von denen beide Konvolute durchzogen sind, wurden erst in spätester Zeit vorgenommen, wie eine Briefäußerung Morgensterns bezeugt.[3]

Noch eine andere Folge hatte die Konzentration auf jeweils eine Hauptgestalt: sie schloß eine intensivere Beschäftigung mit bestimmten anderen Personen aus. Zu diesem Personenkreis gehört Morgensterns Familie, Frau und Sohn, seine Mutter, die Geschwister, gewiß auch die Schwiegermutter Annemarie von Klenau – wenngleich die unverkennbare Diskretion Morgensterns ihm hier, wie auch im Falle seiner mehrfach erwähnten Freundin Renée, in besonderem Maße Schranken gesetzt hätte. Für Morgensterns Wiener und Berliner Jahre wären ferner zu nennen: Karol Rathaus, Jascha Horenstein, Otto Klemperer, Josef Frank, Eduard Steuermann, Ernst Křenek, Hanns Eisler, Alma Mahler und Franz Werfel, Robert Musil, Béla Balázs, Ludwig Hardt, Abraham Sonne, Walter Benjamin, Siegfried Kra-

---

1 *Alban Berg und seine Idole*, oben S. 7.
2 Vgl. Hg., *Soma Morgenstern – der Autor als Überlebender*, a.a.O., S. 318 f.
3 Zum Roth-Typoskript schrieb Morgenstern am 28. Januar 1975 an Maria Frisé (Frankfurter Allgemeine Zeitung): »Ich habe es vor Jahren diktiert, vor vielen Jahren, und jetzt diktiere ich auch, wie Sie sehen werden, die Korrekturen.« (Durchschlag im Nachlaß)

cauer, Benno Reifenberg. Sie alle kommen nun mehr oder minder *en passant* vor. Und gar nicht erscheint der Freundeskreis um Anna Mahler, in welchem Morgenstern in den dreißiger Jahren verkehrte und zu dem, neben Hermann Broch und Fritz Wotruba, für die kurze Zeit ihres österreichischen Exils auch Ernst Bloch und seine Frau Karola zählten. In der ausgeführten Autobiographie wären wahrscheinlich allen hier Genannten längere Passagen gewidmet worden. Darüber hinaus aber hätte man in einem autobiographisch motivierten Bericht gewiß über Morgensterns Leben nach dem ersten Weltkrieg weit mehr erfahren, also über die Anfänge des Autors Morgenstern, über die Entstehung seiner beiden Bühnenstücke, über seine Berliner Zeit und die Arbeit für Zeitungen, insbesondere die *Frankfurter Zeitung*, vor allem aber über die Entstehung seiner Romantrilogie. Dies alles bleibt nun unerreichbar.

Daß aber dies Werk Fragment geblieben ist, hat Gründe unterschiedlichster Art. Wohl wirkte dabei – zumal seit dem nicht mehr vergehenden Grauen der Nazi-Ära – jenes von Morgenstern selbst beschriebene »Weltgefühl« mit, im Grunde ein überflüssiger Mensch zu sein.[1] Auf etwas weit Ernsteres im Leben des Autors Morgenstern hat sein Sohn hingewiesen: »Das Jüdische war sein Stolz; Stolz auf die Heiligkeit alles menschlichen Lebens, wie es im deuteronomischen Gesetz erreicht ist. Er erinnerte mich oft an die biblischen Verpflichtungen des Menschen gegen *alle* Menschen, eine Idee, die er bei den Griechen Platons vermißte, welche Sklaverei heiter akzeptierten. Heute, glaube ich, kann ich einen tragischen Aspekt seines Lebens erkennen. Hier war ein jüdischer Erzähler, der in den dreißiger Jahren in deutscher Sprache schrieb. [...] Plötzlich wurde ihm seine Leserschaft genommen und dann buchstäblich vernichtet!«[2] Und für einen Schriftsteller eine weitere Katastrophe: selbst die Sprache war ihm genommen worden; die inneren Widerstände dagegen, in deutscher Sprache zu schreiben, überwand er

---

1 Morgenstern an Berg, 30. November 1927 (Nr. 53).
2 »Jewishness was his pride; the pride in the sanctity of all human life as arrived at in Deuteronomic law. He often reminded me of the biblical obligations of man to *all* men, an idea he found lacking in Plato's Greeks who blithely accepted slavery. Now I guess I can see a tragic aspect to his life. Here was a Jewish novelist writing in the German language in the thirties. [...] Suddenly his audience is removed and then literally wiped out!« (Dan Morgenstern, *Jazz – the Jewish-Black Connection*, in: *Creators and Disturbers. Reminiscences by Jewish Intellectuals of New York*. Drawn from Conversations with Bernard Rosenberg and Ernest Goldstein, New York: Columbia University Press, 1982, S. 109)

400

nie mehr ganz und vermochte doch literarisch allein in dieser Sprache zu schreiben.[1] Die Aussichtslosigkeit zudem, für seine Lebenserinnerungen in Amerika je einen Verleger zu finden, dürfte ein übriges getan haben.[2] Und schließlich: wie Morgenstern wohl niemals gebeten worden ist, nach Wien zurückzukehren – aber er wäre auch dann nicht zurückgekehrt –, so hat wohl niemand dort und anderswo in Europa ein sonderliches Interesse an seiner Arbeit und seinen Erinnerungen gezeigt. Man hat ihn nicht gebraucht. All dies zusammen hat ihm über Jahrzehnte hin das Schreiben schwergemacht.

1 Schoenberg erklärte er in Kalifornien: »I maybe will be able to write articles in English. But a novel I do not write in English. For me each word carries emotions.« (Überliefert von Israel Shenker, *Morgenstern*, in: Present Tense, New York, Jg. 1, 1973/74, Nr. 3, Spring 1974, S. 6; s. a. oben S. 348 f.)
2 Überliefert ist die folgende Äußerung Morgensterns vom Frühjahr 1974: »How, he asks, can he publish a work which deals honestly with the living and frankly with the dead? Where is there a publisher in this country for a work in German by an author whose last books were published two and more decades ago?« (Israel Shenker, *Morgenstern*, a.a.O., S. 6)

Editorische Notiz

Dem vorliegenden Band der Soma Morgenstern-Edition liegt das Typoskript *Alban Berg und seine Idole* zugrunde, welches sich im Nachlaß des Autors befindet. Das undatierte Konvolut umfaßt zwei einseitig maschinenbeschriebene Blätter (»Erklärung«), sodann ein Blatt mit der Kopie des Nachrufs für Alban Berg (Soma Morgenstern, *Im Trauerhaus*, in: 23. Eine Wiener Musikzeitschrift, Nr. 24/25: »Alban Berg zum Gedenken«, 1. Februar 1936, S. 16), schließlich das eigentliche Typoskript aus einseitig beschriebenen Blättern, die die maschinenschriftliche Paginierung 1-59 (bis kurz vor Schluß des Kapitels *Der erste Besuch*) und anschließend die handschriftliche Paginierung 60-263 tragen. Die »Anmerkung 1972« zum Eingangskapitel trägt die handschriftliche Paginierung 28A-28F, wurde dem Typoskript also nachträglich eingefügt. Auch Bergs Brief an Annemarie v. Klenau am Schluß des Kapitels *Manövrierte Nekrologie* wurde offenkundig später eingefügt; Morgensterns Transkription trägt die Paginierung 200A-200C. Dasselbe gilt von dem Kapitel *Alban liest mir am Klavier die ›Dichterliebe‹* (208A-208E) und von der Episode mit Anton Weberns Quartett für Geige, Klarinette, Tenor-Saxophon und Klavier, op. 22 (225A-225B) im Kapitel *Mit Alban und dem verzweifelten Webern.*

Das gesamte Typoskript ist handschriftlich durchkorrigiert, und zwar ganz überwiegend von fremder Hand, da Morgenstern seine Korrekturen diktierte, als ein Augenleiden ihn in hohem Alter dazu zwang. Einer Redakteurin, der er das Typoskript seines Roth-Buchs geschickt hatte, erklärte er: »Ich habe es vor Jahren diktiert, vor vielen Jahren, und jetzt diktiere ich auch, wie Sie sehen werden, die Korrekturen. Aber alle sind meine, und hoffentlich die von meiner Hand geschriebenen genügend leserlich.« (Brief vom 28. Januar 1975 an Maria Frisé, Frankfurter Allgemeine Zeitung, Durchschlag im Nachlaß)

Schließlich gehört zum Berg-Konvolut ein Blatt mit einem Verzeichnis der Kapitelfolge, worin auch die Placierung der Korrespondenz angegeben ist. Die im Nachlaß vorhandene Transkription der Berg-Morgenstern-Korrespondenz umfaßt eine Auswahl von insgesamt 71 Stücken und enthält außerdem Morgensterns Anmerkungen zu den Briefen. Ihm lagen während der Arbeit am Buch bis zuletzt bei weitem nicht alle seine Briefe, Karten und Telegramme an Alban und Helene Berg vor, was er auch wiederholt angemerkt hat. Die damals in Helene Bergs Besitz verbliebenen Teile der Korrespondenz sind heute in der Musiksammlung der Österreichischen Nationalbibliothek in Wien deponiert. Die vorliegende Ausgabe publiziert die gesamte Korrespondenz, soweit sie im Morgenstern-Nachlaß und in der Österreichischen Nationalbibliothek erhalten ist, insgesamt 127 Stücke. Morgensterns Anmerkungen zur Korrespondenz wurden jeweils hinter den zugehörigen Brieftext gestellt.

Im Nachlaß fand sich, außerhalb des Berg-Konvoluts, ein Typoskript mit dem Titel *Brief an Helene Berg*. Es besteht aus 17 einseitig beschriebenen Blättern und ist durchkorrigiert, ebenfalls überwiegend von fremder Hand.

Eigenarten der Schreibweise und Interpunktion im Typoskript werden nach Möglichkeit gewahrt, auch wo sie gegen geltende Regeln verstoßen. Die Lektüre störende Abweichungen wurden jedoch behutsam korrigiert. Vereinzelte Anglizismen der Orthographie wurden beseitigt. Die Schreibung von Eigennamen wurde den im Deutschen heute geltenden Formen angepaßt und vereinheitlicht. Sachliche Fehler und Verschreibungen wurden in der Regel stillschweigend getilgt. In einigen Gesprächen Morgensterns mit Helene oder Alban Berg hat der Herausgeber die Du-Form ins ›Sie‹ übersetzt, da diese Gespräche unzweifelhaft vor Herbst 1927 stattgefunden haben. Nur in einigen wenigen Fällen mußte eine leichte Korrektur in der Wortstellung vorgenommen werden, zweimal die Umstellung je eines Satzteils, um den Sinn der betreffenden Textstellen zu wahren. Der Text der Korrespondenz wird, auch was Orthographie und Interpunktion anlangt, unverändert nach den Originalen wiedergegeben; allerdings wurde das vor allem von Morgenstern durchwegs geschriebene ›ss‹ im gebotenen Falle durch ›ß‹ ersetzt sowie der besonders von Berg verwendete Verdoppelungsstrich über dem ›m‹ aufgelöst; die Schreibung der Eigennamen wurde den heute geltenden Formen angepaßt und vereinheitlicht.

Dem Haupttitel des Buches wurde zur Charakterisierung der Textart vom Herausgeber der Untertitel »Erinnerungen und Briefe« beigegeben. Die Fußnoten zu Morgensterns Texten und zur Korrespondenz stammen, bis auf eine Ausnahme, vom Herausgeber.

Korrespondenz-Nachweise

Nachlaß = Privatnachlaß Soma Morgensterns, USA
ÖNB = Österreichische Nationalbibliothek, Musiksammlung
hs. = handschriftlich
masch. = maschinenschriftlich

1 Morgenstern an Helene u. Alban Berg: [Poststempel: Venezia, 16. 7. 1925] (Ansichtskarte); hs.; ÖNB: F21 Berg 1106/2

2 Morgenstern an Berg: [Viareggio,] 31. 7. 1925 (Ansichtskarte); hs.; ÖNB: F21 Berg 1106/3

3 Morgenstern an Helene u. Alban Berg: Wien, 1. 10. 1925; hs.; ÖNB: F21 Berg 1106/5

4 Morgenstern an Berg: Wien, 15. 12. 1925 (Telegramm); ÖNB: F21 Berg 1106/6

5 Morgenstern an Alban u. Helene Berg; Ingeborg v. Klenau an Helene Berg: [Beuerberg,] 31. 5. 1926; hs.; ÖNB: F21 Berg 1106/7

6 Berg an Morgenstern: Trahütten, 14. 6. 1926; hs.; Nachlaß

7 Morgenstern an Helene u. Alban Berg: Pertisau, 19. 6. 1926; hs.; ÖNB: F21 Berg 1106/8

8 Morgenstern an Berg / an Helene Berg: Pertisau, 25. 6. 1926 (im Original irrtümlich: 25. 7.); hs.; ÖNB: F21 Berg 1106/11

9 Morgenstern an Berg: [Mayrhofen im Zillertal, Anfang Juli 1926] (Ansichtskarte); hs.; ÖNB: F21 Berg 1106/30

10 Berg an Morgenstern: Trahütten, 7. 7. 1926 (Poststempel: 6. 7.); hs.; Nachlaß

11 Morgenstern an Berg: [Mayrhofen,] 10. 7. 1926; hs.; ÖNB: F21 Berg 1106/9

12 Morgenstern an Berg: [Mayrhofen,] 16. 7. [1926] (Postkarte); hs.; ÖNB: F21 Berg 1106/10

13 Morgenstern an Berg: [Wien,] 9. 8. 1926; hs.; Nachlaß

14 Morgenstern an Berg: [Wien,] 23. 9. 1926; hs.; ÖNB: F21 Berg 1106/13

15 Morgenstern an Berg: Wien, 24. 9. [1926?] (Telegramm); ÖNB: F21 Berg 1106/29

16 Morgenstern an Berg: Wien, 3[0]. 9. 1926 (Poststempel: 30. 9.); hs.; ÖNB: F21 Berg 1106/4

17 Morgenstern an Berg: Berlin, 16. 11. 1926; hs.; Nachlaß

18 Berg an Morgenstern: Wien, 22. 11. 1926; hs.; Nachlaß

19 Berg an Morgenstern: Wien, 22. 11. 1926 (Postkarte); hs.; Nachlaß

20 Morgenstern an Berg: Berlin, 26. 11. 1926; hs.; Nachlaß

21 Berg an Morgenstern: Wien, 15. 12. 1926; hs.; Nachlaß

22 Berg an Morgenstern: [Wien,] 17. 12. 1926; hs.; Nachlaß

23 Morgenstern an Berg: [Berlin,] 18. 12. 1926; hs.; Nachlaß

24 Morgenstern an Berg: [Berlin,] 20. 12. 1926; hs.; Nachlaß

25 Morgenstern an Berg: Berlin, 27. u. 28. 12. 1926; hs.; Nachlaß

26 Berg an Morgenstern: Wien, 3. 1. 1927; hs.; Nachlaß

27 Morgenstern an Berg: [Berlin,] 9. 1. 1927; hs.; Nachlaß

28 Berg an Morgenstern: Wien, 10. 1. [1927]; hs.; Nachlaß

29 Berg an Morgenstern: Wien, 12. 1. 1927; hs.; Nachlaß

30 Helene u. Alban Berg an Ingeborg v. Klenau: [Poststempel: Wien, 26. 1. 1927] (Ansichtskarte); hs.; Nachlaß

31 Berg an Morgenstern: Wien, 27. 1. 1927; hs.; Nachlaß

32 Berg an Morgenstern: [Wien,] 30. 1. 1927 (Ansichtskarte); hs.; Nachlaß

33 Berg an Morgenstern: Wien, 8. 2. 1927 (Postkarte); hs.; Nachlaß

34 Morgenstern an Berg: [Berlin,] 12. 2. 1927; hs.; Nachlaß

35 Helene Berg an Morgenstern: [Wien, 20. 3. 1927]; hs.; Nachlaß

36 Berg an Morgenstern: [Poststempel: Winterthur, 26. 3. 1927] (Ansichtskarte); hs.; Nachlaß

37 Berg an Morgenstern: [Poststempel: Küb, 16. 4. 1927] (Ansichtskarte); hs.; Nachlaß

38 Morgenstern an Berg: Berlin, 9. 5. 1927; hs.; Nachlaß

39 Berg an Morgenstern: [Wien,] 11. 5. 1927 (Ansichtskarte); hs.; Nachlaß

40 Berg an Morgenstern: Wien, 16. 5. [1927] (Ansichtskarte); hs.; Nachlaß

41 Morgenstern an Berg: [Berlin,] 18. 5. 1927; hs.; Nachlaß

42 Berg an Morgenstern: Wien, 6. 6. [1927]; hs.; Nachlaß

43 Berg an Morgenstern: [Leningrad,] 14. 6. [1927] (Ansichtskarte); hs.; Nachlaß

44 Morgenstern an Berg: [Beuerberg,] 25. 6. 1927; hs.; ÖNB: F21 Berg 1106/14

45 Berg an Morgenstern: [Trahütten,] 3. 7. 1927; hs.; Nachlaß

46 Morgenstern an Berg: [Beuerberg, Mitte Juli. 1927]; hs.; Nachlaß

47 Berg an Morgenstern: [Trahütten, Poststempel: Deutsch-Landsberg, 1. 8. 1927] (Ansichtskarte); hs.; Nachlaß

48 Morgenstern an Berg: [Beuerberg,] 8. 8. 1927; hs.; Nachlaß

49 Berg an Morgenstern: Wien, 21. 8. [1927] (Ansichtskarte); hs.; Nachlaß

50 Berg an Morgenstern: Wien, 22. 9. 1927; hs.; Nachlaß

51 Morgenstern an Berg: [Berlin,] 11. 11. 1927; hs.; Nachlaß; Morgenstern an Helene Berg; hs.; ÖNB: F21 Berg 1961/15

52 Berg an Morgenstern; Helene Berg an Morgenstern: Wien, 27. 11. 1927; hs.; Nachlaß

53 Morgenstern an Berg: [Berlin,] 30. 11. 1927; hs.; ÖNB: F21 Berg 1106/15

54 Berg an Morgenstern: Wien, 8. 12. 1927; hs.; Nachlaß

55 Morgenstern an Berg: [Berlin,] 13. 12. 1927; hs.; Nachlaß

56 Berg an Morgenstern: Wien, 16. 12. 1927; hs.; Nachlaß

57 Ingeborg v. Klenau u. Soma Morgenstern an Helene u. Alben Berg: [Dezember 1927?]; hs. (auf Visitenkarte); ÖNB: F21 Berg 1106/34

58 Morgenstern an Berg: Berlin, 20. 1. 1928; hs.; ÖNB: F21 Berg 1106/16

59 Berg an Morgenstern: [Wien, 15. 3. 1928]; masch.; Nachlaß

60 Morgenstern an Helene u. Alban Berg: [Frankfurt/M.,] 17. 4. 1928; hs.; ÖNB: F21 Berg 1106/17

61 Morgenstern an Berg: Frankfurt/M., 4. 5. [1928?] (Telegramm); ÖNB: F21 Berg 1106/1

62 Morgenstern an Berg: Wien, 13. 7. [1928]; hs.; Nachlaß

63 Helene Berg an Morgenstern u. Ingeborg v. Klenau: Trahütten, 24. 7. 1928; hs.; Nachlaß

64 Berg an Morgenstern: Trahütten, 28. 7. 1928 (im Original irrtümlich: 28. 8.); hs.; Nachlaß

65 Morgenstern an Berg: Wien, 31. 7. 1928; hs.; Nachlaß

66 Berg an Morgenstern: Berghof, 23. 8. 1928 (Poststempel: 22. 8.); hs.; Nachlaß

67 Morgenstern an Berg: [Wien,] 28. 8. 1928; hs.; Nachlaß

68 Morgenstern an Helene u. Alban Berg: [Wien, 5. 9. 1928]; hs.; Nachlaß

69 Berg an Morgenstern: Berghof, 11. 9. 1928; hs.; Nachlaß

70 Berg an Morgenstern: Wien, 16. 4. 1929; masch. (auf Briefbogen des Vorsitzenden des Österr. Fußball-Bundes); Nachlaß

71 Berg an Morgenstern: Berghof, 12. 6. 1929; masch.; Nachlaß

72 Morgenstern an Berg: Wien, 13. 6. 1929; hs.; ÖNB: F21 Berg 1106/18b

73 Morgenstern an Berg: [Frankfurt am Main, 25. 6. 1929] (Ansichtskarte); hs.; ÖNB: F21 Berg 1106/19

74 Morgenstern an Berg: [Beuerberg,] 7. 7. 1929; hs. (auf Briefbogen der ›Frankfurter Zeitung‹, Geschäftsstelle Wien); ÖNB: F21 Berg 1106/20

75 Helene Berg an Ingeborg Morgenstern: Berghof, 24. 7. 1929; masch.; Nachlaß

76 Berg an Morgenstern: Trahütten, 6. 8. 1929; masch.; Nachlaß

77 Morgenstern an Berg: [Beuerberg,] 18. 8. 1929; hs. (auf Briefbogen der ›Frankfurter Zeitung‹, Geschäftsstelle Wien); ÖNB: F21 Berg 1106/21

78 Berg an Morgenstern: Trahütten, 25. 8. 1929; masch.; Nachlaß

79 Morgenstern an Berg: [Wien, um 10. 9. 1929]; hs.; ÖNB: F21 Berg 1106/18a

80 Berg an Morgenstern: Trahütten, 25. 9. 1929; masch.; Nachlaß

81 Morgenstern an Berg: München, 25. 10. [1929] (Telegramm); ÖNB: F21 Berg 1106/28

82 Morgenstern an Helene u. Alban Berg: [München,] 3. 11. 1929; hs.; ÖNB: F21 Berg 1106/22

83 Morgenstern an Berg: [Beuerberg, Anfang Mai 1930]; hs.; ÖNB: F21 Berg 1106/35

84 Berg an Morgenstern: Berghof, [Poststempel: 6. 9. 1930] (Fotokarte); hs.; Nachlaß

85 Morgenstern an Berg: Wien, 9. 9. 1930; hs.; ÖNB: F21 Berg 1106/23

86 Berg an Morgenstern: Berghof, 13. 9. 1930; hs.; Nachlaß

87 Berg an Morgenstern: Berghof, 23. 6. 1931; hs.; Nachlaß

88 Morgenstern an Berg: [Beuerberg,] 3. 7. 1931; hs.; ÖNB: F21 Berg 1106/24

89 Berg an Morgenstern: Berghof, 17. 7. 1931; hs.; Nachlaß

90 Berg an Morgenstern: Berghof, 3. 6. 1932; hs.; Nachlaß

91 Berg an Morgenstern: Berghof, 10. 8. 1932; hs.; Nachlaß

92 Berg an Ingeborg Morgenstern: [Berghof, Poststempel: Villach, 19. 8. 1932] (Postkarte); hs.; Nachlaß

93 Berg an Morgenstern: Berghof, 7. 9. 1932; hs.; Nachlaß

94 Morgenstern an Berg: [Wien,] 18. 9. 1932; hs.; Nachlaß

95 Morgenstern an Berg: [Poststempel: Wien, 3. 1. 1933] (Werbepostkarte der Wiener Kleinkunstbühne ›Der liebe Augustin‹); hs.; ÖNB: F21 Berg 1106/25

96 Berg an Morgenstern: [Villach,] 28. 4. 1933 (Ansichtskarte); hs.; Nachlaß

97 Berg an Morgenstern: »Waldhaus« in Auen am Wörthersee, 2. 8. 1933; hs.; Nachlaß

98 Berg an Morgenstern: »Waldhaus«, 7. 9. 1933; hs.; Nachlaß

99 Morgenstern an Berg: [Wien,] 8. 9. 1932; hs.; Nachlaß

100 Berg an Morgenstern, »Waldhaus«, 10. 11. 1933; hs.; Nachlaß

101 Ingeborg u. Soma Morgenstern an Helene u. Alban Berg: [Wien, nach 10. 11. 1933]; hs.; ÖNB: F21 Berg 1106/33

102 Berg an Ingeborg u. Soma Morgenstern: [»Waldhaus«, um 20. 12. 1933] (Fotokarte); hs.; Nachlaß

103 Ingeborg u. Soma Morgenstern an Helene u. Alban Berg: [Poststempel: Wien, 23. 12. 1933] (Weihnachtskarte); hs.; Nachlaß

104 Morgenstern an Helene und Alban Berg: Paris, Montag [7. 5. 1934] (Briefbogen des Hôtel Restaurant Foyot); hs.; Nachlaß

105 Berg an Morgenstern: »Waldhaus«, 12. 5. [1934 Poststempel] (Postkarte); hs.; Nachlaß

106 Berg an Morgenstern: »Waldhaus«, [Poststempel: 18. 6. 1934] (Postkarte); hs.; Nachlaß

107 Berg an Morgenstern: »Waldhaus«, 20. 6. 1934 (Postkarte); hs.; Nachlaß

108 Ingeborg Morgenstern an Helene Berg: [Beuerberg,] 20. 6. 1934; hs.; Nachlaß

109 Berg an Morgenstern: »Waldhaus«, 20. 7. [1934] (Postkarte); hs.; Nachlaß

110 Morgenstern an Berg: [Wien, um 22. 7. 1934]; hs.; Nachlaß

111 Berg an Morgenstern: »Waldhaus«, 17. 8. 1934 (Ansichtskarte); hs.; Nachlaß

112 Morgenstern an Berg: [Thörl bei Aflenz] 30. 8. 1934 (Postkarte); hs.; Nachlaß

113 Morgenstern an Berg: [Thörl bei Aflenz] 4. 9. 1934 (Ansichtskarte); hs.; Nachlaß

114 Helene Berg an Morgenstern: »Waldhaus« [Poststempel: 21. 9. 1934] (Postkarte); hs.; Nachlaß

115 Morgenstern an Helene Berg: [Poststempel: Wien, 6. 10. 1934] (Postkarte); hs.; Nachlaß

116 Berg an Morgenstern: »Waldhaus«, 6. 10. 1934 (Fotokarte); hs.; Nachlaß

117 Morgenstern an Berg: [Wien,] 8. 10. 1934 (Postkarte); hs.; Nachlaß

118 Berg an Morgenstern: »Waldhaus«, Sonntag [7. 10. 1934; Poststempel: 10. 10. 1934] (Postkarte); hs.; Nachlaß

119 Alban u. Helene Berg an Morgenstern: »Waldhaus«, 18. 10. 1934; hs.; Nachlaß

120 Morgenstern an Berg: [Wien,] 21. 10. 1934; hs.; Nachlaß

121 Berg an Morgenstern: [»Waldhaus«,] 23. 10. 1934; hs.; Nachlaß

122 Morgenstern an Berg: [Wien, 24. 10. 1934]; hs.; Nachlaß

123 Berg an Morgenstern: »Waldhaus«, 25. 10. 1934; hs.; Nachlaß

124 Berg an Ingeborg u. Soma Morgenstern: »Waldhaus«, 4. 6. 1935; hs.; Nachlaß

125 Ingeborg Morgenstern an Helene und Alban Berg: [Beuerberg,] 5. 8. 1935; hs.; ÖNB: F21 Berg 1106/26

126 Berg an Morgenstern: »Waldhaus«, 15. 10. 1935 (Poststempel: 14. 10. 1935, Postkarte); hs.; Nachlaß

127 Morgenstern an Berg: [Poststempel: Wien, 23. 10. 1935] (Postkarte); hs.; ÖNB: F21 Berg 1106/27

Literatur-Nachweise

Außer der im Nachweis des Bandes *Joseph Roths Flucht und Ende* (Lüneburg 1994) genannten wurde folgende spezielle Literatur für die Anmerkungen benutzt, dort aber in der Regel nicht angegeben:

Alban Berg 1885-1935. Ausstellung der Österreichischen Nationalbibliothek. (Katalog: Rosemary Hilmar.) Wien 1985.

Das Atlantisbuch der Dirigenten, hg. von Stefan Jaeger, Zürich 1985.

Baker's Biographical Dictionary of Musicians, rev. by Nicolas Slonimsky. 7. edition, Oxford [u.a.] 1984.

Berg, Alban, *Briefe an seine Frau*, München, Wien 1965.

Berg, Alban, *Lulu. Texte, Materialien, Kommentare*, hg. von Attila Csampai u. Dietmar Holland, Reinbek bei Hamburg 1985.

Berg, Erich Alban (Hg.), *Alban Berg. Leben und Werk in Daten und Bildern*, 2. Aufl., Frankfurt a. M. 1985.

Berg, Erich Alban, *Der unverbesserliche Romantiker. Alban Berg 1885-1935*, Wien 1985.

The Berg-Schoenberg Correspondence, Selected Letters, edited and translated by Juliane Brand, Christopher Hailey, Donald Harris, New York, London 1987.

Die Fackel. Herausgeber Karl Kraus, Bd. 1-12, München 1968-1976, Nachdruck Frankfurt a. M. o. J. (mit dem Personenregister, zusammengestellt von Franz Ögg)

Gold, Hugo, *Österreichische Juden in der Welt. Ein bio-bibliographisches Lexikon*, Tel Aviv 1971.

Hilmar, Ernst, *Wozzeck von Alban Berg. Entstehung – erste Erfolge – Repressionen (1914-1935)*, Wien 1975.

Hilmar, Rosemary (Hg.), *Katalog der Schriftstücke von der Hand Alban Bergs, der fremdschriftlichen und gedruckten Dokumente zur Lebensgeschichte und zu seinem Werk*. (Alban Berg Studien, Bd I/2.), Wien 1985.

Kleindel, Walter, *Österreich. Daten zur Geschichte und Kultur*, Wien, Heidelberg 1978.

Komponisten der Gegenwart, hg. von Hanns-Werner Heister u. Walter-Wolfgang Sparrer, München 1992.

Kosch, Wilhelm, *Deutsches Theater-Lexikon. Biographisches und bibliographisches Handbuch*, Bd. 1 ff., Klagenfurt, Wien 1953 ff.

Moldenhauer, Hans u. Rosaleen, *Anton von Webern. Chronik seines Lebens und Wirkens*, Zürich, Freiburg i. Br. 1980.

Neues Lexikon des Judentums, hg. von Julius H. Schoeps, Gütersloh, München 1992.

Redlich, Hans Ferdinand, *Alban Berg. Versuch einer Würdigung*, Wien, Zürich, London 1957.

Reich, Willi, *Alban Berg. Mit Bergs eigenen Schriften und Beiträgen von Theodor Wiesengrund-Adorno und Ernst Krenek*, Wien, Leipzig, Zürich 1937.

Reich, Willi (Hg.), *Alban Berg. Bildnis im Wort. Selbstzeugnisse und Aussagen der Freunde*. (Sammlung Horizont), Zürich 1959.

Reich, Willi, *Alban Berg. Leben und Werk*, Zürich 1963.

Rode, Susanne, *Alban Berg und Karl Kraus*, Diss. Hamburg 1988.

Rufer, Josef, *Das Werk Arnold Schönbergs*, Kassel, Basel, London, New York 1959.

Scheichl, Sigurd Paul, *Karl Kraus und die Politik (1892–1919)*, Diss. Innsbruck 1971.

Scherliess, Volker, *Alban Berg*, Reinbek bei Hamburg (1975) 1986.

Scherliess, Volker, *Briefe Alban Bergs aus der Entstehungszeit der »Lulu«*, in: Melos NZ (Mainz), Jg. 2 (1976), S. 108-114

Schoenberg, Arnold, *Briefe*, ausgewählt u. hg. von Erwin Stein, Mainz 1958.

Stuckenschmidt, H. H., *Schönberg. Leben, Umwelt, Werk*, Zürich, Freiburg i. Br. 1974.

Danksagung

Verlag und Herausgeber danken Prof. Dan Michael Morgenstern, New York, für die großzügige Übertragung der Publikationsrechte an den Werken Soma Morgensterns und für freundschaftliche Hilfe und Rat bei der Hebung und Erschließung des literarischen Nachlasses seines Vaters.

Ihr Dank gilt ferner der Alban Berg Stiftung in Wien, die die Erlaubnis zum Abdruck der Korrespondenz Alban Bergs und Helene Bergs mit Soma Morgenstern gab und die Herstellung des Bandes großzügig förderte.

Ebenfalls danken Herausgeber und Verlag der Musiksammlung der Österreichischen Nationalbibliothek in Wien, die Kopien von den in der Sammlung befindlichen Teilen der Berg-Morgenstern-Korrespondenz bereitstellte und freundliche Auskünfte erteilte.

Für vertrauensvolle Überlassung privater Korrespondenzen und entgegenkommende Auskünfte dankt der Herausgeber Frau Lotte Klemperer, Zollikon.

Für freundliche Auskünfte oder Überlassung von Materialien geht der Dank des Herausgebers ferner an:

Wiener Stadt- und Landesarchiv
Musiksammlung der Wiener Stadt- und Landesbibliothek
Internationale Gustav Mahler Gesellschaft, Wien
Dr. Clemens Hellsberg, Archiv der Wiener Philharmoniker
Deutsche Schillergesellschaft/Deutsches Literaturarchiv, Marbach am Neckar

A^{t}V

Band 1452

Soma Morgenstern
Joseph Roths Flucht und Ende

Erinnerungen

Herausgegeben und mit einem Nachwort von
Ingolf Schulte

328 Seiten
ISBN 3-7466-1452-X

Soma Morgensterns ergreifende Erinnerungen an Joseph Roth sind ein sehr persönlicher Bericht über den schwierigen
Freund und verlorenen Trinker, darüber
hinaus ein farbiges Zeit- und Alltagsbild
aus oft heiteren Geschichten und bril-
lanten Anekdoten. Eine fast dreißigjährige
Freundschaft hatte Soma Morgenstern mit
Joseph Roth verbunden: beide aus Galizien
stammend, beide Journalisten und Schriftsteller in Wien, als Juden verfolgt und
nach Paris emigriert. Dort endete durch
den frühen Tod Roths die wechselvolle
Geschichte einer komplizierten Beziehung.
Mit diesem ungewöhnlichen Porträt über
die Zerrissenheit eines genialen Dichters ist
ein in Deutschland lange vergessener
Autor kennenzulernen, dessen lustvoll-
souveränes Erzählen in die Tradition der
großen deutschsprachig-jüdischen Literatur gehört.

AtV

Band 8024

Manfred Flügge
Wider Willen im Paradies

Deutsche Schriftsteller im Exil in
Sanary-sur-Mer

163 Seiten
ISBN 3-7466-8024-7

Für deutsche Literaten und Maler war die
Côte d'Azur seit Jahrhunderten ein Magnet
der Sehnsucht. Bis 1933. Danach wurde
die Küste mit der poetischen Patina zur
Zuflucht vieler deutscher Künstler, bis sie
anderswo Exil fanden oder in französische
Internierung gerieten. Sanary-sur-Mer
wurde zur literarischen Diaspora und zum
geistigen Zentrum der Emigration.
Thomas Mann lebte hier und Lion Feucht-
wanger, Ludwig Marcuse, Franz Werfel,
Bruno Frank, Franz Hessel, Friedrich
Wolf. Viele heimatlos gewordene Künstler
machten als Besucher Station: Brecht,
Heinrich Mann, Arnold Zweig, Stefan
Zweig, die Kinder Thomas Manns, Kisch
oder Hasenclever. Sanary-sur-Mer war
zum Wartesaal geworden, zum Sinnbild
der Verlorenheit.

Soma Morgenstern
Werke in Einzelbänden

herausgegeben von Ingolf Schulte

Joseph Roths Flucht und Ende
Erinnerungen
1994, 330 Seiten
ISBN 3-924245-35-5

Alban Berg und seine Idole
Erinnerungen und Briefe
1995, 412 Seiten
ISBN 3-924245-36-3

In einer anderen Zeit
Jugendjahre in Ostgalizien
1995, 421 Seiten
ISBN 3-924245-37-1

Funken im Abgrund
Romantrilogie I
Der Sohn des verlorenen Sohnes
1996, 283 Seiten
ISBN 3-924245-38-X

Funken im Abgrund
Romantrilogie II
Idyll im Exil
1996, 379 Seiten
ISBN 3-924245-39-8

Funken im Abgrund
Romantrilogie III
Das Vermächtnis des verlorenen Sohnes
1996, 398 Seiten
ISBN 3-924245-40-1

Die Blutsäule
Zeichen und Wunder am Sereth
1997, 200 Seiten
ISBN 3-924245-41-X

Flucht in Frankreich
Ein Romanbericht
1998, 432 Seiten
ISBN 3-924245-42-8

Der Tod ist ein Flop
Roman
1999, ca. 180 Seiten
ISBN 3-924245-43-6

Erzählungen. Kurzprosa. Dramen
2000, ca. 380 Seiten
ISBN 3-924245-44-4

Essayistisches. Kritiken. Tagebücher
2001, ca. 380 Seiten
ISBN 3-924245-45-2

Die Edition hat den Charakter einer zuverlässigen Leseausgabe. Die Texte werden vom Herausgeber sorgfältig kommentiert und jeder Band mit einem ausführlichen Nachwort versehen. Die Bände erscheinen in blauem Leinen mit Schutzumschlag.

zu Klampen Verlag
Postfach 1963 · D-21309 Lüneburg